PORTAS
Der Renovierer Nr.1
MEISTER
stuttgart
VELTINS
MAN

Herzlichen Glückwunsch,
liebe Bundesliga,
zur 55. Saison.
Wir freuen uns auf
viele weitere schöne Tore,
spannende Spiele und
lustige Geschichten!

Ben Redelings

55 Jahre Bundesliga

Das Jubiläumsalbum

1. FC Köln **1964**
SV Werder Bremen **1965**
TSV 1860 München **1966**
Eintr. Braunschweig **1967**
1. FC Nürnberg **1968**
FC Bayern München **1969**
Bor. Mönchengladbach **1970**
Bor. Mönchengladbach **1971**
FC Bayern München **1972**
FC Bayern München **1973**
FC Bayern München **1974**
Bor. Mönchengladbach **1975**
Bor. Mönchengladbach **1976**
Bor. Mönchengladbach **1977**
1. FC Köln **1978**
Hamburger SV **1979**
FC Bayern München **1980**
FC Bayern München **1981**
Hamburger SV **1982**
Hamburger SV **1983**
VfB Stuttgart **1984**
FC Bayern München **1985**
FC Bayern München **1986**
FC Bayern München **1987**
SV Werder Bremen **1988**
FC Bayern München **1989**
FC Bayern München **1990**
1. FC Kaiserslautern **1991**

1992 VfB Stuttgart
1993 SV Werder Bremen
1994 FC Bayern München
1995 Borussia Dortmund
1996 Borussia Dortmund
1997 FC Bayern München
1998 1. FC Kaiserslautern
1999 FC Bayern München
2000 FC Bayern München
2001 FC Bayern München
2002 Borussia Dortmund
2003 FC Bayern München
2004 SV Werder Bremen
2005 FC Bayern München
2006 FC Bayern München
2007 VfB Stuttgart
2008 FC Bayern München
2009 VfL Wolfsburg
2010 FC Bayern München
2011 Borussia Dortmund
2012 Borussia Dortmund
2013 FC Bayern München
2014 FC Bayern München
2015 FC Bayern München
2016 FC Bayern München
2017 FC Bayern München
2018 ....

Fotonachweis

Imago: 4, 5(2), 18(u), 19(o), 20, 21(u), 22(2), 23, 27, 29(m), 31(u), 34, 35(u), 36(2), 39(u), 43, 45, 47(2), 48, 49(u), 50(u), 51(u), 53(o), 54(u), 55(o), 56, 59, 61(u), 63(u), 64, 65(2), 67(o), 72(o), 73(2), 75, 77, 78(m), 79(2), 82, 83, 85(2), 91, 92(2), 93(o), 97, 101, 102, 103(3), 104(2), 105, 106, 109(u), 110(o), 111(o), 113(2), 114, 116, 117, 119, 120(m), 123, 124(u), 126, 127(2), 128, 129, 131(2), 132(2), 136(o), 137(2), 138, 139(or), 140(2), 145, 146, 147(u), 150, 152(o), 153(r), 154, 155, 158, 161, 162, 164, 165(2), 167, 171, 172, 173, 174(u), 175(m), 176, 178(2), 179(o), 180, 181, 184, 185(2), 186, 187(r), 188(u), 190, 191, 192, 193(2), 194, 195, 196(r), 197, 198, 200(2), 201(o), 202, 203(2), 204, 205, 206(r), 207(2), 208, 209, 210(m), 212(2), 214(2), 215, 218(u), 219, 220(2), 222, 224(2), 227(ol), 228, 232(o), 233(u), 234, 235, 236, 237, 238(2), 239, 240(o), 241(or), 242(o), 243(2), 244, 245(o), 247(o), 248(o), 252, 253(o), 254, 256(ur), 257(2), 258(2), 259(2), 260(2), 262(o), 263, 265(o), 266(2), 267(3), 268, 269, 270(u), 271(2), 272, 273(u), 274(2), 275(ml), 276, 277(2), 279, 280(2), 283(2), 285(2), 286, 287, 288, 289, 290(2), 293(o), 294, 295(2), 296, 298(3), 299(2), 300(o), 301(2), 302(u), 304(o), 306(u), 307(u), 308(u), 311, 312(ur), 313(o), 314(o), 316(2), 317, 320(2), 321, 322(2), 323, 325(r), 326, 327(2), 328(u), 330(o), 331(ml), 332(2), 335(o), 336(2), 338(u), 339, 342, 343, 345(2), 346(2), 347, 348, 349, 351, 352(or), 353(r), 356(u), 357, 358(2), 359, 360, 361, 362(2), 363(u), 366(o), 367, 368(o), 369(3), 370(2), 371, 372(2), 373(2), 374, 375, 377(2), 378(2), 379, 380(r), 383(2), 384(2), 385(u), 386, 387(u), 388(or), 397(2), 400, 401, 403(ru), 404, 405, 408, 409, 411(u), 412(2), 413, 414(u), 415(u), 416(2).

dpa: 8(o), 13(u), 46(o), 139(ol), 188(or), 245(ur), 261(ur), 298(or), 312(ul), 313(u), 314(u), 355, 365, 393(3).

Firo Sportphoto: 340, 381, 390(u), 394, 395.

Horstmüller: 10, 14, 31(m), 44(l), 66(l), 112, 163, 182, 196(l), 233(or), 260(ml), 354, 364, 380(l), 393(u).

Ottmar Winter: 398.

Witters: 341(o).

Haus der Essener Geschichte / Stadtarchiv, Bestand 488 / Das Essener Fußball-Archiv: 100(2r).

Stefan Barta: 87(o), 135.

Matthias Berghöfer: 143.

Frank Gotta: 275(or).

Oli Hilbring: 382, 389, 399.

Dirk Unschuld: 7.

Nicht in allen Fällen konnte die Urheberschaft an den Fotos ermittelt werden. Der Verlag bittet um entsprechende Hinweise, um berechtigte Ansprüche abzugelten.

Für Lauri, Fietje & Nadine!

Bibliografische Information der Deutschen Nationalbibliothek:
Die Deutsche Nationalbibliothek verzeichnet diese Publikation
in der Deutschen Nationalbibliografie; detaillierte bibliografische
Daten sind im Internet über http://dnb.d-nb.de abrufbar.

Lotzestraße 22a, D-37083 Göttingen
www.werkstatt-verlag.de

Covergestaltung: Kathrin Hanisch
Coverfoto: Sascha Kreklau
Druck und Bindung: DZS Grafik, Ljubljana

ISBN 978-3-7307-0326-7

55 Jahre Bundesliga

DAS JUBILÄUMSALBUM

UNVERGESSLICHE
BILDER, FAKTEN, ANEKDOTEN

gesammelt von

Ben Redelings

VERLAG DIE WERKSTATT

»Die Bundesliga ist das Herz des deutschen Fußballs«

(Johannes Rau)

Zeitgenössische Karte der BRD mit den Gründungsmitgliedern der 1. Bundesliga der Saison 1963/64.

Die Bundesliga startet

Der Deutschen liebstes Kind ist geboren!

Stadion am Betzenberg am 9. November 1963.

Samstag, 24. August 1963, um 17 Uhr ertönt in acht Stadien der Republik der Anpfiff zur Fußball-Bundesliga. 290.000 Zuschauer haben sich an diesem Tag zu Fuß, mit der Deutschen Bundesbahn (60 Prozent Sonderrabatt für Fußballfans) und dem Auto einmal quer durchs ganze Land auf den Weg gemacht, um die Premiere live vor Ort mitzuerleben. Und es dauert weniger als eine Minute, da ist bereits die erste große Legende dieser jungen Bundesliga geboren. Wer es damals nicht rechtzeitig auf seinen Platz im Bremer Weserstadion schafft, der verpasst das 1:0 für die Borussia aus Dortmund gegen den heimischen SV Werder. Friedhelm »Timo« Konietzka heißt der Schütze des ersten Bundesligatreffers. Doch diese Szene ist noch aus einem anderen Grund unvergesslich und wird auf ewig ein Trauma für die deutsche Sporthistorie bleiben. Es existiert kein einziges Foto von diesem bedeutsamen Moment. **Ein riesiger Fauxpas!** Dabei hat am Morgen »Die Welt« noch voller Stolz berichtet: »Die Steinzeit des deutschen Fußballs ist beendet!«

Tatsächlich beendet der Start der Bundesliga den scheinheiligen Amateurstatus. Endlich dürfen die Akteure ganz offiziell mehr als das Vertragsspielergehalt von 400 Mark im Monat bei ihren Klubs verdienen. In der Vergangenheit hat man diese Grenze mit **viel Fantasie und ein wenig krimineller Energie** stets umgangen. Nun bricht eine komplett neue Zeit, eine Ära an. Doch nicht jeder will damals mit dabei sein. Der HSV-Recke Jürgen Werner lehnt das Lizenzspielertum strikt ab und beendet mit 28 Jahren lieber seine Karriere. Seine Begründung klingt im Rückblick sehr weitsichtig: »Da Unterschiede bei den Gehältern gemacht werden, ist jeder des anderen Nebenbuhler, nicht Kamerad. Die Knechtschaft des Geldes lehne ich ab!«

Diejenigen Spieler, die dann am 24. August 1963 beim Start der Erfolgsgeschichte in den 16 Vereinen dabei sind, sehen es eher wie Willi Schulz, Kicker beim FC Schalke 04 und Kneipier in Wattenscheid-Günnigfeld: pragmatisch und dennoch voller Zuversicht!

Willi Schulz

»Man muss ja erst abwarten, ob die Bundesliga anläuft und wie sie anläuft und ob man dadurch gesichert ist als Fußballer. Und dann gleichzeitig, wenn ich meinen Beruf dabei ausführe, werde ich zusehen, wenn meine Lizenzspielerzeit abgelaufen ist, so in circa zehn Jahren hoffe ich, wenn man nicht verletzt wird, dass ich dann gleichzeitig wieder meinen Beruf habe und dadurch dann weiterhin im Leben gesichert sein werde.«

Trainer Georg Gawliczek (hinten) mit Manfred Kreuz (li.), Egon Horst (Mitte) und Willi Schulz.

1963/64

»Es fehlt nur noch, dass man nach einer Niederlage erschossen wird!«

Die Liga ist von Anfang an eine **Erfolgsgeschichte**. Über sechs Millionen Karten werden in der ersten Saison verkauft, das macht einen Schnitt von 25.134 pro Partie. Viel Geld ist plötzlich im Spiel, und das weckt natürlich Interesse. Auch die Kommunen möchten partizipieren und vom rollenden Rubel Bundesliga profitieren. Die Stadt Nürnberg verlangt ein Fünftel der Werbeeinnahmen, die durch Lautsprecherdurchsagen in die Kasse des deutschen Rekordmeisters kommen, und erhebt zudem eine Vergnügungssteuer in Höhe von zehn Prozent auf jede Eintrittskarte. Diese Regelung gilt bundesweit und wird von einigen Ligavertretern scharf kritisiert. Man bemängelt, dass der Steuersatz über dem für Striptease-Lokale liege. Was dieser Vergleich über die Herren der Liga aussagt, soll an dieser Stelle nicht näher thematisiert werden, welches Vergnügen im ersten Jahr der Bundesliga jedoch höher zu bewerten ist, hängt immer vom Einzelfall bzw. vom jeweiligen Spiel ab.

Bisher war der Starruhm für die meisten Fußballer vor allem regional ausgeprägt. Nun schaut ein Publikum in ganz Deutschland Woche für Woche auf die sechzehn Vereine und ihre Akteure. Und die Spieler genießen den Platz an der Sonne. Manch einer vielleicht etwas zu intensiv. Herthas Kapitän Helmut Faeder fliegt, anstatt zum Training zu gehen, lieber nach Stuttgart – mit einem One-way-Ticket. Zurück nach Berlin rast er mit seinem nigelnagelneuen Mercedes, den er bar am Werkstor bezahlt hat.

Der kommende Deutsche Meister 1. FC Köln im Sommer 1963.

Doch bei allen positiven Momenten bleiben die Schattenseiten natürlich nicht aus. Nürnbergs ehemaliger Meistercoach Herbert Widmayer wird am 30. Oktober als erster Trainer der Fußball-Bundesliga nach der 0:5-Heimniederlage gegen den 1. FC Kaiserslautern entlassen. Der **Erfolgsdruck** lässt die Verantwortlichen bereits nach dem neunten Spieltag handeln. Eine völlig neue Entwicklung für den Fußball. Entsprechend geschockt reagiert Herbert Widmayer: »Es fehlt nur noch, dass man nach einer Niederlage erschossen wird!«

Erster Meister der Bundesliga wird der 1. FC Köln. Besonders gönnt man diesen Titel in Fußball-Deutschland dem Kölner Präsidenten. Franz Kremer gilt als der **»Vater der Bundesliga«**, weil er wie kein Zweiter für sie gekämpft hat. Und er kann stolz auf seinen Klub sein. Die Mannschaft marschiert

Saisonverlauf 1963/64

Platz	Tore	Punkte
1.	78:40	45:15
2.	60:36	39:21
3.	65:41	39:21
4.	73:57	33:27
5.	48:40	33:27
6.	69:60	32:28
7.	66:50	31:29
8.	51:53	29:31
9.	45:56	29:31
10.	53:62	28:32
11.	36:49	28:32
12.	48:69	26:34
13.	42:55	24:36
14.	45:65	24:36
15.	34:52	23:37
16.	44:72	17:43

souverän zur Meisterschaft. Nur ein kleiner Stolperstein lauert nach einem Eklat am 22. Spieltag bei der Partie gegen Eintracht Frankfurt (1:1) auf die Kölner. Ein jugendlicher Anhänger des FC verpasst Schiedsrichter Lutz mit einer Fahnenstange einen Schlag auf den Kopf. Der Unparteiische reagiert überaus rücksichtsvoll und nachsichtig. Den jungen Gewalttäter, der direkt in Polizeigewahrsam genommen werden konnte, will Lutz nicht anzeigen. Mit einem großen Pflaster auf der geschwollenen Stirn verlangt er jedoch: »Der unbesonnene Jugendliche muss aber einen Denkzettel bekommen. Er sollte dazu verurteilt werden, einem Waisenhaus einen Geldbetrag zu überweisen.« **Schiedsrichter Lutz mimt den edlen Ritter in Schwarz**, doch der DFB reagiert mit weniger Nachsicht. Man verhängt gegen den 1. FC Köln eine Platzsperre. Die Mannschaft von Trainer Georg Knöpfle weicht nach Wuppertal ins Stadion am Zoo aus. Dort besiegt man am 25. Spieltag die Löwen aus Braunschweig und feiert mit nunmehr sechs Punkten Vorsprung auf den Meidericher SV fast schon die Meisterschaft.

Da die Aufnahme von **Preußen Münster** in die Bundesliga die Fans in Deutschland ohnehin etwas überrascht hatte, kommt der anschließende, sofortige Abstieg des westfälischen Traditionsvereins für viele nicht ganz unerwartet. Was jedoch niemand ahnt – das Gründungsmitglied wird nie wieder ein Bundesligaspiel bestreiten.

Geschichte schreiben die Preußen in ihrem einzigen Erstligajahr dennoch. Am 7. September 1963 erzielt Hermann Lulka für seinen Klub zwischen der 17. und 52. Minute das 1:0 bis 3:0 gegen den Meidericher SV. Es ist der erste Hattrick der Bundesligageschichte. Nicht lupenrein, aber dennoch wird dieses Ereignis beim 4:2-Sieg von Münster über den MSV gebührend gefeiert. Lulka trifft in dieser Spielzeit noch weitere sechsmal und landet damit unter den Top-25-Schützen der Bundesliga. Doch ein anderer Mann überragt alle: Hamburgs Uwe Seeler. KSC-Spieler Klaus Zaczyk sagt nach dem 0:4 im Heimspiel gegen den HSV staunend: »Uwe Seeler sprang mit dem Kopf höher als unser Torwart Charly Paul mit den Fäusten.«

Die besten Torjäger der Saison

Uwe Seeler (Hamburger SV)	30
Timo Konietzka (Dortmund)	20
Rudi Brunnenmeier (1860 München)	19
Willi Huberts (Eintracht Frankfurt)	19

Das »kicker«-Sonderheft für nur eine Mark, aber auch mit nur 32 Seiten.

Timo Konietzka, Stürmer bei Borussia Dortmund, bekommt am 4. März 1964 per Telebild ein Foto seiner Ehefrau mit ihrem neugeborenen Sohn nach Prag geschickt. Konietzka tritt dort mit seinem Verein in einem Europacup-Spiel gegen Dukla Prag an und kann deshalb bei der Geburt seines Kindes nicht dabei sein. Das Foto erreicht ihn kurz vor dem Anpfiff des Spiels.

Timo Konietzka, der Schütze des ersten Bundesligatores, erinnert sich, dass dieser ewige Ruhm beinahe an ihm vorbeigegangen wäre: »In Bremen wollte ich anfangs gar nicht spielen. Ich hatte so eine verdammte Oberschenkelgeschichte – sie hatte mich die Teilnahme am Pokalfinale gekostet –, und ich musste das Bein nachziehen. Aber meine Kameraden überredeten mich: Du musst spielen! Ich ließ mich breitschlagen. Dann kam die erste Minute. Emma zog am linken Flügel los, flankte, ich war da. Schuss, 1:0!«

★ ★ ★

Der Meidericher SV mit seinem **Trainerfuchs Rudi Gutendorf** ist die eigentliche Sensation der Saison. Am Ende landet der MSV auf Platz zwei in der Abschlusstabelle und kassiert mit 36 Toren die wenigsten Treffer der Liga. Der »Bunte Hund« Gutendorf wird als »Riegel-Rudi« gefeiert und sein Spielsystem von allen Seiten ausgiebig gewürdigt. Die MSV-Spieler sehen die Sache allerdings deutlich entspannter, wie Torhüter Manfred Manglitz erzählt: »Was heißt denn schon Rollsystem? Wenn wir den Ball hatten, ging alles nach vorne. War er weg, lief alles nach hinten.« Später wird diese spezielle taktische Ausrichtung auch »Riegel«-Taktik genannt.

Gutendorf liebt Aktionen, die medial groß aufbereitet werden können. Mit dem Spruch »Meine Spieler sollen ruhig sehen, wie früh andere Leute arbeiten gehen müssen« lässt er seine Mannschaft morgens um halb sechs vor den Zechentoren in Meiderich joggen. Ansonsten ist auch Gutendorf ein Verfechter des schönen Lebens. Probleme sind nicht seine Welt. Die umgeht er gerne spielerisch. Wenn er sich mal wieder nicht entscheiden kann, wer in der ersten Elf stehen soll, löst er die verwickelte Angelegenheit auf seine Art: Die Spieler müssen nacheinander per Abschlag vom Fünfer schießen, und wer am weitesten kommt, der steht in der Startelf!

Schiedsrichter bekommen 1963 als **Aufwandsentschädigung** für die Leitung eines Spiels pro Tag 20 DM, ab 100 km Bahnfahrt ein 1.-Klasse-Ticket und eine Übernachtung zu Lasten des DFB. Für die erforderlichen zwei bis drei Trainingstage pro Woche gibt es nochmals 8 DM für jede Einheit, wie der Schiedsrichter der ersten Stunde, Kurt Tschenscher, erklärt.

★ ★ ★

Eintrittspreise zum Bundesligastart: In Saarbrücken muss man 3,50 DM für einen Stehplatz, 6 DM für die Vortribüne und 10 DM für die Tribüne bezahlen. Beim 1. FC Köln kostet der Stehplatz Kurve 3 DM, Stehplatz Mitte 4 DM, Sitzplatz Innenraum 7 DM, Tribünenplatz (nicht überdacht) 14 DM. Hertha BSC nimmt für die Oberkurve 3 DM, Obermitte und Unterkurve 4 DM, Mitteltribüne (650 Plätze) 10 bis 12 DM. Alle Plätze im Berliner Olympiastadion sind zum Sitzen.

★ ★ ★

Klaus Zaczyk

Der jüngste und der älteste Profi im Jahr 1963: Beim Start der Bundesliga ist Klaus Zaczyk 18 Jahre und 91 Tage alt. Er läuft für den Karlsruher SC auf den Platz und beginnt mit einem Bruttogehalt von jährlich 5.000 DM, 7.500 DM im zweiten und 15.000 DM im dritten. Hinzu kommen »gute Prämien« (Zaczyk). Der **bis heute älteste Bundesliga-Debütant** macht bereits zum Start der Liga am 24. August 1963 sein erstes Spiel. Der Frankfurter Richard Kreß ist 38 Jahre und fünf Monate alt. Am 22. Spieltag derselben Saison endet schließlich seine Karriere beim 1:1 der Eintracht in Köln. Seine »kicker«-Note zum Abschied: eine Fünf!

Richard Kreß

★ ★ ★

Am 28. Spieltag fallen in den acht Begegnungen insgesamt **38 Tore**. Köln schlägt Dortmund mit 5:2, Hamburg besiegt Kaiserslautern mit 7:3, und die Partie 1860 München gegen den FC Schalke 04 endet mit 7:1. Das deutliche Ergebnis versetzt den Schalker Trainer Gawliczek verständlicherweise in depressive Stimmung. Bei der anschließenden Pressekonferenz sagt er nur einen Satz – und der ist auch noch eine Bitte: »Ich habe bis jetzt immer freimütig meine Ansicht zum Spiel geäußert. Diesmal habe ich den Wunsch, nichts sagen zu müssen!« Die anwesenden Journalisten nicken mitfühlend und akzeptieren Gawliczeks Bitte ebenfalls schweigend.

★ ★ ★

Am siebten Spieltag muss der 1. FC Nürnberg aufgrund einer Verletzung seines Torwarts Wabra mitten im Spiel eine Umstellung vornehmen. Ferschl wechselt in den Kasten, und Wabra geht als Feldspieler auf Torejagd. Beiden gelingt an diesem Tag jedoch wenig. 1860 München gewinnt mit 5:0. Die kurioseste Szene des Spiels: Der etatmäßige **Club-Keeper Wabra foult den TSV-Torhüter Radenkovic**. Eine besondere Freude für alle Fotografen. Normalerweise können sich die beiden Torhüter nur aus einer Entfernung von circa 100 Metern zuwinken.

★ ★ ★

Die erste Trainerentlassung der Liga gerade hinter sich, bummelt Rekordmeister Nürnberg nach dem elften Spieltag nur auf dem ernüchternden 13. Tabellenplatz hinterher. Unmut breitet sich in der erfolgsverwöhnten Stadt aus. Der Geschäftsführer des Süddeutschen Fußball-Verbandes (SFV), Franz Kronenbitter, macht seinem Namen alle Ehre. Verbittert sagt er: »Nur Hemd und Hose hat diese Mannschaft mit dem berühmten Club gemeinsam. Mehr nicht. In dieser Elf steckt gar nichts. Fußballerisch vor allem nicht. Von Kummant? In 60 Jahren hatte Nürnberg keinen so schwachen Spieler in der ersten Mannschaft. **Morlock ist müde!**«

Der zwölfte Spieltag findet unter dem Eindruck des Todes von US-Präsident John F. Kennedy statt. In vielen Stadien wird die ohnehin geplante **Gedenkminute** zu Ehren des verstorbenen Dr. Peco Bauwens, dem ersten Präsidenten des Deutschen Fußball-Bundes nach dem Zweiten Weltkrieg, nun auch zu einer Gedenkminute für den ermordeten Präsidenten der USA.

★ ★ ★

Abseits der Bundesligabühne wird ein Transfer mit großer Tragweite geschlossen. Gerd Müller hat sich einen Namen gemacht und soll von 1860 München unter Vertrag genommen werden. Für 12:30 Uhr haben sich die Vertreter des Vereins bei seiner Mutter angesagt – doch es kommt anders als gedacht, wie **Gerd Müller** erzählt: »Als ich kam, waren gleich zwei Herren da, die ich in meiner jugendlichen Naivität für die beiden Herren von den Sechzigern hielt. Ich wunderte mich zwar anfangs, als sie sich als Herr Fembeck und Herr Sorg vorstellten, doch nach einer knappen Stunde waren wir klar: 5.000 Mark Handgeld und 500 Mark Monatsgehalt. Das war wie ein Lottogewinn für mich. Ich saß also da und dachte, ich hätte bei 1860 München unterschrieben. Die Herren verabschiedeten sich und wollten komischerweise durch die hintere Gartentür gehen. Da kam meine Mutter und sagte: »Du, Gerd, da sind zwei Herren aus München gerade vorne zur Tür reingekommen, die wollen dich sprechen!« Doch da hatten die Herren des TSV 1860 München Pech. Der FC Bayern hatte den Müller Gerd bereits unter Vertrag genommen.

★ ★ ★

Vielleicht ist es angesichts der Tricksereien beim Müller-Transfer ganz gut, dass in München ansonsten eine Art **Beuteschutz im Raubtiergehege** Bundesliga gilt. Ein Abkommen zwischen 1860 München und dem FC Bayern regelt, dass keiner der beiden Vereine einen Spieler verpflichtet, der nicht mindestens zwei Jahre woanders aktiv ist. Direkte Wechsel – Peter Grosser möchte gerne vom FC zum TSV wechseln – sind so unmöglich, und auch im aktuellen Fall von Manfred Fallisch greift die eigene Sanktionierung der beiden Vereine. Der war vor einem Jahr von 1860 zu Rot-Weiss Essen gewechselt und würde nun gerne zurück nach München – zum FC Bayern. Doch das geht nicht, und beide Seiten halten sich vorerst daran.

★ ★ ★

Die Auswärtspartie der Schalker am 24. Spieltag in Bremen steht unter keinem guten Stern. Nach der unbefriedigenden 1:0-Niederlage müssen die Knappen eine halbe Stunde vor ihrer eigenen Kabinentür warten – **das Schloss klemmt**. Erst das beherzte Eingreifen des Werder-Trainers Willi Multhaup, der höchstpersönlich den Hausmeister herbeiholt und auch beim anschließenden Öffnen der Tür tatkräftig hilft, rettet die Situation.

★ ★ ★

Nach dem 29. Spieltag beginnen in Köln die Planungen für die **Meisterfeierlichkeiten**: Als Erstes wird vor dem Spiel gegen den VfB Stuttgart und in der Halbzeitpause ein Fanfarenkorps aus Groß-Linden für Musik sorgen. Nach der Begegnung fährt die Mannschaft in einem offenen Wagen zum Geißbockheim, wo das

Meister-Bankett und ein Volksfest für die Fans mit Feuerwerk stattfinden wird. Der »kicker« berichtet: »In einem großen ›Bierbrunnen‹ werden 60 Hektoliter Freibier (das sind 30.000 Gläser!) ausgeschenkt, die eine Kölner Brauerei stiftete. Auf der Terrasse des Klubheims wird eine Wasserorgel installiert!«

★ ★ ★

Im April 1964 steht Schalke vor dem Essener Landgericht. Der Vorwurf: **Steuerhinterziehung, Urkundenfälschung und Betrug.** Der Schalker Vorstand soll weniger Karten abgerechnet haben, als er tatsächlich verkaufte. Das mehr eingenommene Geld wanderte in eine »Schwarze Kasse«, aus der Spielern Prämien und Handgeld gezahlt wurde. Egon Horst bekam beispielsweise 30.000 DM, Willi Schulz 25.000 und Koslowski 15.000. Doch das Geld wurde nicht nur durch illegalen Ticketverkauf, sondern auch durch einen anderen Trick erwirtschaftet. Die Honorare für die Platzordner wurden pro forma verdoppelt, aber nie in dieser Höhe tatsächlich ausgezahlt. Gedeckt hat diese Praxis der Platzordner-Obmann Willi Kuzorra (sein berühmter Bruder heißt Ernst mit Vornamen). Er unterschrieb die Abrechnungen blanko, und der 2. Kassierer ließ das Geld in die »Schwarze Kasse« wandern. Dummerweise kommt der Schwindel heraus.

★ ★ ★

Eklat in Dortmund. **Trainer Hermann Eppenhoff** wird fristlos gekündigt. Er soll in der Nacht nach dem Europapokalrückspiel gegen Inter Mailand »diskriminierende Äußerungen« getätigt haben: »Der Vorstand soll Bier verkaufen, aber vom Fußball versteht er nichts« und »Den Vorstand sollte man zum Mond schießen«.

Gehört haben will diese Sätze der 33-jährige Brauerei-Repräsentant und Mitglied des Vorstands Hilbert Homberg. Und das kam so: Nachdem sich die Mannschaft zusammen mit dem Trainer nach der Niederlage in Mailand die Meinung gegeigt hatte (Aki Schmidt zu Konietzka: »Du weißt genau, dass du für mich der Größte von uns allen bist. Aber heute?«), sang man zusammen einige Lieder. Begleitet wurde der BVB-Chor von **Aki Schmidt** am Klavier, doch irgendwann war Torhüter Tilkowski mit dem musikalischen Einsatz von Schmidt nicht mehr zufrieden. Und so entschloss man sich, in den frühen Morgenstunden den Jazzliebhaber Homberg zu wecken und an den Flügel zu bitten. Der hatte zwar bereits tief und fest geschlafen, erfüllte der Mannschaft diesen Wunsch trotzdem gerne und mit Begeisterung. Die Stimmung war prächtig. Konietzka zum Mann am Piano: »Herr Homberg, Sie sind vierter Vorsitzender, spielen aber so gut, dass Sie im nächsten Jahr aufsteigen – zum dritten Vorsitzenden. Wir wählen Sie!« Zwischendurch wurde natürlich auch geredet, und bei einem dieser Gespräche will Homberg die diskriminierenden Äußerungen Eppenhoffs vernommen haben. Von den anwesenden Journalisten, die als Zeugen genannt wurden, wollte jedoch niemand bestätigen, dass diese Sätze tatsächlich gefallen sind. Es bleibt trotzdem beim Rauswurf Eppenhoffs. Heinz Kwiatkowski übernimmt das Traineramt. Doch schon zur neuen Saison sitzt ein alter Bekannter wieder für die Borussia am Spielfeldrand: Hermann Eppenhoff!

Aki Schmidt

★ ★ ★

Das **Halbfinale des Europapokals** gegen Inter Mailand im April 1964 ist für den Dortmunder Bundesligisten und amtierenden Meister ohnehin ein etwas sonderbares Ereignis. Als man sich in der Sportschule Kaiserau auf die Partie vorbereitet, passt Stürmer Timo Konietzka irgendetwas an seinem Trainingsanzug nicht – er trainiert deshalb im Schlafanzug. Trainer Eppenhoff lässt seinen Schützling kommentarlos gewähren. Helmut Bracht, Spitzname »Ölprinz«, verhandelt mitten in der wichtigsten Vorbereitungsphase mit einem Vertreter über den Kauf eines neuen Wagens, und Jürgen Schütz, der von italienischen Agenten umschwärmt wird, gesteht, dass er nachts im Bett, wenn er träume, nur ganz viele Scheine umherfliegen sehe. Irgendwie kein Wunder, dass der BVB aus dem Wettbewerb ausscheidet.

Die Fußballanhänger im Blickpunkt: Beim Tabellenletzten 1. FC Saarbrücken steht im Herbst eine **rote Laterne vor der Umkleidekabine**. Ein Fan hat das Licht dort abgestellt – in der Hoffnung, seine Mannschaft könne ein wenig darüber schmunzeln. In der ersten Bundesligasaison können die Schlachtenbummler noch direkt ans Spielfeld ran. Diesen Umstand nutzt am 24. Spieltag ein eifriger BVB-Anhänger vor der Partie gegen den VfB Stuttgart (7:1) und tauscht die Eckfahne gegen eine gelb-schwarze Fahne der Borussia aus. Der Spaß dauert aber nur wenige Minuten. Noch während der ersten Augenblicke der Partie macht der Spielausschuss-Vorsitzende Sandmann den Schiedsrichter auf die falsche Fahne aufmerksam. Und der lässt sie augenblicklich unter den Buhrufen des Publikums entfernen.

★ ★ ★

1860 München spielt gegen Borussia Dortmund in einer hochklassigen Begegnung 3:3. Doch Münchens Trainer Merkel ist nicht zufrieden mit dem Ergebnis. Etwas martialisch: »Wir hatten es in der Hand, den Rest von Dortmund zu schlagen. Nach dem 3:2 hielt uns der Gegner sein Gesicht hin, und **wir haben nicht zugeschlagen**.« Das lag auch daran, dass der TSV einen Elfmeter verschoss. Merkel in der Kabine nach der Partie zu seinem Spieler Alfons Stemmer: »Fonse, warum hast du den Elfmeter bei diesem nassen Boden hoch geschossen und nicht flach, wo der Ball nur so über den nassen Rasen flitzt?« Stemmer betrübt: »Mir tat der Fuß weh, deshalb konnte ich nicht fest schießen. Ich wollte ja gar nicht. Ich sagte zum Rudi Brunnenmeier: Schieß du!« Brunnenmeier hört das und winkt ab: »Ich hab den Hennes Küppers angeschaut, ob er es nicht machen will; der Hennes hat aber weggeschaut!« Nun schaut auch Merkel weg – sein Blick wandert total entgeistert Richtung Kabinenboden.

★ ★ ★

Noch hat die Bundesliga Respekt vor anderen »Großereignissen«, die ihr Publikum wegnehmen könnten. So will der Karlsruher SC an **verkaufsoffenen Samstagen** grundsätzlich nur noch abends spielen. Die dafür extra installierte Flutlichtanlage verfügt über 400 Lux. Genug Strahlkraft also, um die Menschen nach einem ausgiebigen Einkaufsbummel noch in den Wildpark zu locken.

★ ★ ★

In Dortmund hofft der Vorsitzende Dr. Werner Wilms, dass sich im neuen Bundesliga-Jahr 1964 etwas entscheidend verbessert: »Wir haben leider festgestellt, dass es Zuschauer gibt, die wir nicht gern sehen. Jene Bierflaschen- und **Feuerwerkskörper-Werfer werden wir verfolgen**. Jeder Zuschauer, der einen Rüpel, der den Ruf des Vereins schädigt, dem Ordnungspersonal übergibt, erhält von uns eine Prämie von 50 Mark. Wir werden gegen die Störenfriede wegen Hausfriedensbruch, notfalls sogar wegen Körperverletzung vorgehen.«

★ ★ ★

Willi Sturm

Mit 9:3 überrollt Borussia Dortmund den 1. FC Kaiserslautern. Während Aki Schmidt dreimal für die Borussia trifft, ärgert sich ein anderer schwarz. Willi Sturm hatte in einer Dortmunder Tageszeitung eine falsche Anstoßzeit gelesen und erschien erst mit **einstündiger Verspätung** am Treffpunkt. Trainer Eppenhoff ließ seinen schusseligen Akteur daraufhin nicht spielen. Aber auch so schießt der BVB locker-leicht ein »Handballergebnis« heraus, für das Lauterns Trainer Günter Brocker jedoch sogleich einen Hauptschuldigen ausgemacht hat: »Unser Tormann Horst-Dieter Strich machte mehrere verhängnisvolle Fehler. Er findet sich mit dem Flutlicht noch nicht richtig ab.« Noch ein Satz zur Ehrenrettung von Willi Sturm: Die Anstoßzeiten am Abend wurden erst nach verschiedenen Irritationen nach und nach vereinheitlicht – damit auch ja niemand mehr solch torreiche Spiele wie das obige verpasst.

Helmut Rahn und die Weltmeister beim Ligastart

Drei Weltmeister von 1954 stehen am ersten Spieltag auf dem Bundesliga-Rasen, zwei von ihnen schießen sogar ein Tor: Helmut Rahn für den Meidericher SV und Max Morlock für den 1. FC Nürnberg. Nur Hans Schäfer für den 1. FC Köln geht leer aus.

Neun Jahre nach dem WM-Triumph von Bern ist es auch ein Weltmeister, der als erster Spieler der Bundesliga vom Platz verwiesen wird. Den sichtlich fülliger gewordenen Helmut Rahn erwischt es am vierten Spieltag in der Partie seiner Meidericher zu Hause gegen Hertha BSC (1:3). In der 77. Minute lässt er sich zu einem **Revanchefoul** am Berliner Beyer hinreißen. Mit Kopf und Schulter rammt Rahn den Hertha-Spieler so unsanft, dass Schiedsrichter Deuschel den bulligen MSV-Profi sofort in die Kabine schickt.

Meidericher SpV – Hertha BSC 1:3

Rahn verlor die Nerven

Der erste Platzverweis der Bundesliga traf ausgerechnet Helmut Rahn. Er wird Meiderich fehlen. Foto: Horst Müller

Das ist jedoch nicht der einzige Aussetzer des gebürtigen Esseners, der mittlerweile nebenbei ein Autohaus betreibt. »Verkauf, Vermittlung, Finanzierung – Helmut Rahn« steht über seinem Geschäft. 25 Autos hat er in kürzester Zeit verkauft und berichtet stolz: »Die Leute rufen sogar aus dem Sauerland an!«

Beim MSV läuft es nicht ganz so gut. Im März muss Helmut Rahn versprechen, sich »künftig voll und ganz für den Verein einzusetzen«. Gerüchte wurden laut, dass sich der Meidericher bereits mit einem anderen Verein einig sei, doch Rahn versichert: »Von einer erneuten Abwanderung ins Ausland ist keine Rede.« Mehrmals hat der Weltmeister das Training geschwänzt. Ein **Disziplinarausschuss** des MSV denkt über eine angemessene Strafe nach.

Trainer Gutendorf schwört jedoch weiterhin auf den Weltmeister. »Riegel-Rudi« kaufte Rahn vor der Saison für 60.000 Gulden aus seinem Vertrag in Enschede heraus – gegen die Stimmen eines Großteils der MSV-Verantwortlichen. Rahn hatte in den Wochen zuvor eher private denn sportliche Schlagzeilen geschrieben. Mit seinem Auto war er alkoholisiert in eine Baugrube gefahren. Um eine andere Schwäche des Weltmeisters, die Unpünktlichkeit, besser in den Griff zu bekommen, kauft Gutendorf ein gemeinsames Pferd für Rahn und ihn. Fortan kümmern sich die beiden morgens um sieben um das Renntier und gehen danach direkt zum Training. Den Alkohol kann der Coach Rahn jedoch nicht austreiben. Am Vorabend des Spiels in Köln, so erzählt Gutendorf Jahre später, habe sich der »Boss« **eine halbe Kiste Bier** reingetan. Am nächsten Tag sei er beim 3:3 der beste Mann auf dem Platz gewesen.

Der Neuzugang des Bundesligisten Meidericher SV, Helmut Rahn (re.), wird beim Training im Sommer 1963 kräftig von Trainer Rudi Gutendorf (li.) in die Mangel genommen.

An einem anderen Abend muss Rahn etwas zu lange im Haus seines Trainers warten. Als sich der Gastgeber auch nach über einer halben Stunde nicht blicken lässt, leert der schon vorher nicht vollkommen nüchterne Boss, um des lieben Pegels willen, Gutendorfs feinste Tropfen aus dem Weinkeller. Erst einen **»Domtaler Eiswein«** aus dem Jahr 1949 und dann, als der Trainer immer noch keine Anstalten macht, seinen Besuch zu empfangen, öffnet Rahn auch noch eine edle Flasche der Trockenbeerenauslese »Bernkastler Doktor«. Als Gutendorf schließlich doch noch kommt, blickt er zuerst entsetzt auf die leeren Weinflaschen und dann in die glasigen Augen seines sichtlich angeschickerten Stürmers.

1964 / 65

Die Amerika-Elf und Tickets in Särgen

Die Begeisterung hält an. Die Bundesliga entwickelt sich zu einer echten Wochenendattraktion für die Deutschen. Busse und Züge rollen durchs Land. Die Fans genießen die weiten Auswärtsfahrten und unterstützen ihre Vereine tatkräftig. Der spannende Verlauf einer **rasanten Saison** lässt die Zuschauer zudem in die Stadien stürmen. Im Schnitt kommen pro Begegnung 27.693 Besucher und sehen eine aufregende Spielzeit, bei der sich die Titelfrage erst kurz vor Schluss entscheidet. Der SV Werder Bremen kann sich am Ende überraschend gegen die favorisierten Kölner durchsetzen. Der amtierende Deutsche Meister landet nach einem großen Kampf drei Punkte hinter dem Vorjahres-Zehnten aus Bremen auf dem zweiten Tabellenrang.

Die Grün-Weißen können ihr Glück kaum fassen, wie Torwart Bernard im Rückblick erzählt: »Wenn mir jemand vor der Saison gesagt hätte, wir würden Meister werden, ich hätte ihn für verrückt erklärt!« An der knochenharten Hintermannschaft der Werderaner, die nur 29 Gegentore zulässt, beißt sich die Bundesliga die Zähne aus. Verzückt sagt der ehemalige Torwart der Bremer, Ilic: **»Bei dieser Abwehr könnte ich auch noch mit 100 Jahren im Tor stehen.«**

Willi Multhaup mit dem Meisterkranz.

Bereits vor der Saison studierte die Mannschaft unter ihrem strengen Trainer **Willi »Fischken« Multhaup,** der aus der Malocher-Region Ruhrgebiet stammt, eifrig taktische Varianten ein. Da das Trainingslager im Zuge eines internationalen Turniers in New York stattfand, verpasste man dem Team auch den Beinamen »Amerika-Elf«. Und die Mannschaft der unbegrenzten Möglichkeiten schafft tatsächlich die Sensation. Der Titelgewinn wird ausgelassen gefeiert. Max Lorenz und Klaus Matischak lassen sich sogar die Haare nach einer verlorenen Wette deutlich kürzer schneiden. Ein Gag, der später noch zur großen Mode verkommen wird. In Bremen vergisst man im Meistertrubel nicht, wem man den unerwarteten Triumph am meisten zu verdanken hat: Trainer Willi Multhaup. Seine Devise hat sich am Ende ausgezahlt: »Im Fußball kommt ›a‹ wie arbeiten vor ›f‹ wie feiern!«

Genauso turbulent wie an der Tabellenspitze geht es im **Abstiegskampf** zu. Dorthin hat sich auch ein Verein verirrt, mit dem niemand vor der Saison gerechnet hatte. Doch der FC Schalke 04 schafft es, Woche für Woche immer neue Negativschlagzeilen zu schreiben. Es herrscht Chaos auf allen Ebenen. Beobachter sprechen davon, dass die Mannschaft eine »Schande für den ruhmreichen Klub« sei. Ernst Kuzorra und der völlig hilflose Vorsitzende Fritz Szepan verzweifeln an einem schwierigen Team, das niemand richtig in den Griff bekommt. Höhepunkt der innermannschaftlichen Auseinandersetzungen ist der Fußtritt von Egon Horst in das Gesicht seines Kameraden Bachmann. Das Schlimme: Der Verteidiger

Saisonverlauf 1964/65

Platz	Tore	Punkte
1.	54:29	41:19
2.	66:45	38:22
3.	67:48	36:24
4.	70:50	35:25
5.	48:42	33:27
6.	44:38	32:28
7.	46:48	32:28
8.	50:58	29:31
9.	42:47	28:32
10.	44:48	27:33
11.	46:56	27:33
12.	46:50	26:34
13.	41:53	25:35
14.	40:62	25:35
15.	47:62	24:36
16.	45:60	22:38

tritt mit voller Absicht zu. Der Abstieg kann so nicht mehr verhindert werden. Zusammen mit dem Karlsruher SC steigen die Königsblauen ab – denken alle. Doch dann erschüttert ein erster großer Skandal die Bundesliga.

In Berlin hatte man den Erfolg auf Deubel komm raus einkaufen wollen. Für viel Geld – vor allem üppige Handgelder, die weit außerhalb des Erlaubten liegen – verpflichtet man Spieler für die Hertha. Schnell gerät man in eine finanzielle Schieflage, die man kreativ zu lösen versucht. Herthas Schatzmeister Herzog lässt 55.000 Karten schwarz bei einer Druckerei anfertigen, holt sie persönlich ab und lagert diese in einem Sarg in seinem Beerdigungsinstitut. Später hortet er in einem der hölzernen Ruhestätten auch das Geld, das durch den illegalen Verkauf der Tickets in die Kasse gespült wurde. Doch die Gerüchte, die nach den vielen namhaften wie teuren Transfers durch die Bundesliga wabern, zwingen den DFB zu einer Überprüfung der Bücher. Mittlerweile hat man in Berlin komplett den Überblick verloren, verstrickt sich in immer neue Widersprüche und muss schlussendlich mit ansehen, wie die Hertha durch übereinstimmende Sport- und Bundesgerichtsurteile wegen **»schwerer Verstöße gegen das Statut«** aus der Bundesliga verbannt wird.

Berlins Wolfgang Fahrian freut sich über seinen neuen Porsche!

Nun muss schnell gehandelt werden. Auf einem außerordentlichen Bundestag beschließt der DFB Ende Juli – nur 14 Tage vor dem Start der Liga – die Aufhebung des Abstiegs nicht nur des Karlsruher SC, sondern auch des FC Schalke 04. Gleichzeitig wird Tasmania 1900 Berlin ohne jegliche sportliche Qualifikation in die Bundesliga aufgenommen. Mit dieser »Berlin-Hilfe« trifft der DFB eine **politische Entscheidung**, um die Anbindung Berlins an das restliche Bundesgebiet sportlich nicht zu gefährden. Die Liga wird von 16 auf 18 Vereine aufgestockt.

Die besten Torjäger der Saison

Rudi Brunnenmeier (1860 München)	24
Timo Konietzka (Borussia Dortmund)	22
Christian Müller (1. FC Köln)	19

Mitten in dieses erste Chaos hinein steigen zwei Vereine in die Bundesliga auf, die in den nächsten Jahren das Geschehen an der Spitze maßgeblich prägen werden: **Borussia Mönchengladbach und der FC Bayern München**.

Torschützenkönig wird ein Spieler von 1860 München, über den sein Trainer Max Merkel sagt: »Wenn der Brunnenmeier an Bierwagen vorbeirumpeln hört, kriegt er an Durscht.«

Hans Schäfer, Zézé, Fritz Kremer am Strand von Trouville.

Beim 1. FC Köln spielt erstmals ein Brasilianer in der Bundesliga. José Gilson Rodriguez, genannt **Zézé** (eine Verniedlichung des Namens Josef), wechselt für eine Ablöse von 150.000 Mark von Madureiras Rio de Janeiro zum FC, ohne dass ihn je ein Kölner Offizieller hat spielen sehen. Bei einer Europareise zwei Jahre zuvor soll Zézé aber 18 der insgesamt 22 Tore seines Vereins geschossen haben. Er ist 1,73 m groß, wiegt 64 kg und ist bei seiner Ankunft 21 Jahre jung. Sein Markenzeichen: eine goldene Kette auf der braungebrannten, üppig behaarten Brust. Optisch ein Volltreffer, langt es spielerisch allerdings nur zu fünf Einsätzen.

★ ★ ★

Auswechselungen sind noch nicht erlaubt. Was das bedeuten kann, zeigt das Beispiel des Torhüters **Wolfgang Fahrian**. Beim Spiel seiner Herthaner in Braunschweig (1:1) ist er gleich doppelt angeschlagen, muss aber weiterspielen: »In der letzten Viertelstunde knickte ich bei einem Abschlag mit dem rechten Bein um, konnte dann nur mit Ach und Krach bis zum Schluss durchhalten. Beim Abschlusstraining am Samstagmorgen habe ich mir außerdem eine Daumenverletzung zugezogen. Deshalb habe ich die Flankenbälle nicht fangen können, sondern musste sie fausten.« Ziemlich harte Jungs damals!

★ ★ ★

Am zweiten Spieltag kennt der Himmel bei der Partie TSV 1860 München gegen Eintracht Frankfurt (0:1) kein Erbarmen. Fünf Minuten vor Schluss zieht ein so heftiges Gewitter auf, dass das Publikum eiligst das Weite sucht. Der Regen ist so dicht, dass die Zuschauer dem Geschehen auf dem Platz nicht mehr folgen können. Es ist ein echtes **Geisterspiel**. Die Torhüter können sich erst nach der Partie wieder in die Augen sehen. Wobei Radenković eh die Laune komplett verdorben ist. Den Treffer der Eintracht muss er zu großen Teilen auf seine Kappe nehmen. Einen Schuss von Schämer konnte er nur abklatschen. Doch Radi hatte noch ein anderes Problem: Seine Oberschenkelverletzung zwang ihn, nur abzuwerfen statt abzuschlagen. Kein guter Tag für die Löwen.

★ ★ ★

Aufruhr in Berlin. Trainer Jupp Schneider hat seinen **Vertrag gekündigt**. Eigentlich soll das geheim bleiben, doch eines der sieben Vorstandsmitglieder hat geplaudert. Und in diesem Zuge kommt auch noch etwas anderes heraus, das sich aus heutiger Sicht sehr kurios anhört. Herthas zweiter Vorsitzender Wolfgang Holst: »Herr Schneider erbat von uns ein Zwischenzeugnis für den 31. Dezember 1964. Mit diesem will er seine Bewerbungen stützen.«

★ ★ ★

Borussia Dortmund gewinnt am sechsten Spieltag die Partie beim FC Schalke 04 mit 6:2. In der zehnten Minute gelingt Aki Schmidt das erste Tor. Ein Treffer aus 22 Metern. In späteren Jahren wird von Erzählung zu Erzählung aus diesem Schuss ein Traumtor aus weit über 30 Metern. Man befrage am besten einmal Aki Schmidt höchstpersönlich zu diesem Treffer. Überliefert ist der schöne Schlachtruf der BVB-Fans: »Aki Schmidt, die Punkte nehmen wir mit!«

Bereits nach 36 Minuten haben die BVB-Akteure Schmidt, Konietzka, Brungs und Emmerich ihr Tagewerk vollbracht. Es steht 6:0 für die Borussia. Der »kicker« schreibt: »Wie eine **verheerende**

Naturkatastrophe, die nicht aufzuhalten ist von Menschenkraft, brach der Taifun in der ausverkauften Glückaufkampfbahn, entfacht von Borussia Dortmund, über die Schalker Mannschaft herein.« Dortmunds Trainer Eppenhoff analysiert anschließend betont nüchtern: »Unsere Taktik, den Gegner kommen zu lassen, ist aufgegangen. In der zweiten Halbzeit haben wir verhalten gespielt, um uns zu schonen.« Ganz so nüchtern sind die Borussen zu diesem Zeitpunkt in Wahrheit eigentlich nicht mehr: Bereits in der Halbzeitpause wurde eine Flasche Sekt auf den Sieg geköpft!

★ ★ ★

Beim Fußball lernt **Jürgen Sundermann** seine spätere Ehefrau Monika (zwischen 1971 und 1986 war sie in 153 Folgen die Assistentin von Hans Rosenthal bei »Dalli Dalli«) kennen. Ganz romantisch, wie er selbst sich erinnert: »Es war im Sommer. Wir Spieler von Hertha BSC trainierten im Berliner Olympiastadion gerade Torflanken. Wenige Meter daneben sahen ein junges Mädchen und ihr Vater zu. Statt auf dem Kopf unseres Mittelstürmers landete eine meiner Flanken plötzlich im offenen Auto meiner heutigen Frau. Auf diese Weise sind Monika und ich ins Gespräch gekommen.« Als er den Ball holen geht, sagt Sundermann zu seiner späteren Frau: »Donnerwetter, welch ein hübscher Anblick vor einem Spiel.« Und seine spätere Frau Monika denkt: »Was hat dieser Kerl nur für eine tiefe, versoffene Stimme.« Am Ende klappt es ja schließlich dennoch – wie man heute weiß!

»Assistentin Monika« Sundermann und ihr Chef Hans Rosenthal.

Auch andere Stars kommen gerne zu »Dalli Dalli«: Uwe Seeler.

★ ★ ★

Helmut Kronsbein ist immer für eine Schlagzeile gut. Der lebensfrohe Bundesligatrainer ist mit Hannover 96 aufgestiegen. Nach all den Feierlichkeiten heißt es erst einmal: **Wette einlösen**! Kronsbein muss zehn Kilometer rund um den Maschsee laufen. Für den leicht übergewichtigen Trainer eine echte Aufgabe. Doch bei aller Anstrengung, die ihm der Bundesliga-Aufstieg abverlangt, gibt es auch eine nette Überraschung für Kronsbein. Ein 96-Anhänger schickt ihm ein Ölgemälde. Schätzwert: 10.000 Mark.

★ ★ ★

Beim FC Schalke 04 läuft es in der Saison überhaupt nicht rund. Ob es an den komischen Kommandos von Fußballlehrer Fritz Langner liegt (»Lauft euch schon mal warm. 20 Runden müssten reichen.«)? Oder aber an den kleinen Reibereien zwischen den Spielern? **Friedel Rausch** erzählt von einer Auseinandersetzung der Marke »Aus Spaß wurde Ernst«: »Einmal haben wir auf einem Nebenplatz, auf Asche, trainiert. Da meinte der Stan, ich hätte ihn gefoult. Da lag er dann da, wimmerte und sprang plötzlich auf. Er jagte mich quer über den Platz. Ich bin dann in die Kabine geflohen. Klinke hoch gehalten. Da hat er vor der Tür getobt. Mein lieber Mann!«

Auch beim Hamburger SV ist **Stunk in der Mannschaft**. Abstiegssorgen in der Liga und schwere Verletzungen bei Torwart Horst Schnoor – er wird von einem Mitspieler so unglücklich getroffen, dass er monatelang ausfällt – und Torjäger Uwe Seeler – der nach einem Achillessehnenriss sieben Monate ausscheidet – lassen das Team eh Trübsal blasen. Als Gert »Charly« Dörfel auch noch mitten in der Krise nur an sich denkt und seinen Vertrag kündigt, rebelliert die Mannschaft. Niemand will mehr mit dem Linksaußen gemeinsam auf dem Platz stehen. Dörfels Motiv, durch die Kündigung mehr Geld rauszuschlagen, bringt auch die Zuschauer gegen ihn auf. Als herauskommt, dass Dörfel einen Vorschuss einfordert, um eine Parfümerie zu eröffnen (»Meine Bekannte, die ich heiraten will, arbeitet in dieser Branche«), veröffentlicht eine Zeitung ein Bild Dörfels mit seinem gerade frisch erworbenen Auto, ein rotes Volvo-P-1800-S-Sportcoupé (»Neupreis: 18.300 Mark«). Am Ende bleibt Dörfel nur noch ein Ausweg: Er muss seine Kündigung zurücknehmen, um reumütig in den Kreis der Mannschaft zurückkehren zu dürfen. Aus der Traum von den schönen Düften. Doch schnell findet Charly eine neue Geldquelle. Er nimmt eine Single mit den einprägsamen Titeln »Das kann ich dir nicht verzeih'n« und »Erst ein Kuss« auf und befriedigt so akustische Genüsse.

Charly Dörfel trällert gerne auch mit anderen Stars wie Caterina Valente.

★ ★ ★

Da konnte ja auf dem Weg zur Meisterschaft eigentlich gar nichts mehr schiefgehen: Der Mannschaftskapitän von Werder Bremen, **Arnold Schütz,** ist bei den Fans so beliebt, dass er durch seinen Spitznamen, »Pico«, die Vereinsanhänger zu originellen Ideen animiert. Auch die Bremer Fleischerinnung hat sich etwas Feines ausgedacht. Sie überreicht vor dem Heimspiel gegen den HSV (0:0) im September einen Heidschnuckenbock namens Pico an den Kapitän. Er soll als Maskottchen der Mannschaft Glück bringen. Und das tut es. Als das Team schließlich tatsächlich die Meisterschaft holt, entwirft ein Künstler eine Nachbildung des Tiers. Und als Höhepunkt der »Picoritis« nennt ein Bremer Ehepaar seinen frisch geborenen Sohn ebenfalls nach dem Spitznamen von Schütz.

Zlatko »Tschik« Cajkovski: Mit »Mister Spanferkel« in der Kirche!

Die ersten Erfolge in München will sich Tschik gleich, spitzfindig wie er ist, veredeln lassen – der Bayern-Trainer möchte unbedingt **Ehrenbürger der Stadt** werden. Neugierig fragt der Oberbürgermeister bei Cajkovski nach, wieso er denn so intensiv hinter dieser Auszeichnung her sei, und erhält die überraschende Antwort: »Habe gehört, Ehrenbürger müssen keine Steuern zahlen.«

Tschik, der ehemalige jugoslawische Nationalspieler, ist für sein ausschweifendes Erzähltalent bekannt. Einmal berichtet er seinen Bayern-Profis von einem Länderspiel gegen Ungarn: »Ich spielen gegen Puskás, der bekommen keinen Stich! Leider Ungarn 2:0 gewinnen!« Als Gerd Müller vorsichtig nachfragt: »Und wer schoss die Tore?«, erklingt eine sehr leise, fast beleidigt klingende Antwort aus dem Munde von Cajkovski: »Puskás!«

Tschik Cajkovski auf dem Oktoberfest.

Ein anderes Mal erzählt er seiner Mannschaft: »Ich gespielt 22 Jahre, **nie verletzt**.« Wenig später kommt seine Frau Rada zur Runde hinzu. »Weißt du noch, Tschik, wie du deinen Fuß vier Monate in Gips hattest?« Die Spieler klopfen sich vor Lachen auf die Schenkel.

Und Cajkovski ist ehrgeizig. Franz Beckenbauer erzählt mit einem breiten Grinsen im Gesicht: »Beim abschließenden Trainingsspiel hörte er nie auf, bis die Mannschaft, in der er mitwirkte, gewonnen hat: ›Bis in Nacht, spielen auf Sieg!‹« Auch Kölns Wolfgang Overath kann von den täglichen Übungseinheiten eine Geschichte erzählen: »Der Tschik liebte es, vor oder nach dem Training **Weltauswahlen zusammenzustellen**. Je nach Tagesform der verschiedenen Kandidaten wechselten dann die Namen. Nur die Position des rechten Läufers war immer fest vergeben – Tschik Cajkovski natürlich.«

Richtig zufrieden ist der jugoslawische Trainer aber vor allem beim Essen. Nicht umsonst tauft ihn Torwart Sepp Maier wegen seiner übergroßen Leidenschaft für die kulinarischen Genüsse des Lebens **»Mister Spanferkel«**. Sepp Maier erklärt: »Niemand störte sich daran, dass er beim Essen immer etwas schmatzte. Und wenn er mit seinem Teller in Rekordzeit fertig war, prompt aufstand und wie ein hungriger Hund um unsere Teller strich, wussten wir schon, was als Nächstes kam. ›Hmm, riecht gut. Was isst du denn da? Pommes frites.‹ Und schon hatte er sich mit seinen dicken Wurstfingern eine ordentliche Portion vom Teller eines Langsamessers gefischt. ›Schmeckt das Fleisch?‹ war die nächste Frage, die er sich dann handgreiflich selbst beantwortete.«

Seine größte Leidenschaft ist aber der Fußball. Als Cajkovski einmal den Coach der Sechziger, Max Merkel, zufällig im Kaufhaus trifft, quatschen beide eine lange Zeit angeregt über **das runde Leder**. Nach über einer Stunde gehen beide nach Hause – und haben ihre Einkäufe komplett vergessen. Wolfgang Overath schüttelt grinsend den Kopf: »Mit dem kannst du sogar in der Kirche nur über Fußball reden.«

1965 | 66

Ein Dompteur mit Zuckerbrot und Peitsche

Gleich in der ersten Minute der neuen Saison kommt es zu einem **echten Paukenschlag**. Beim Derby der frisch aufgestiegenen Münchner Bayern gegen 1860 schießt Konietzka den Neu-Bayern-Profi Pitter Danzberg aus kurzer Distanz k.o. Und während der Münchner noch am Boden liegt, spielt Konietzka Drescher elegant aus, zieht an Beckenbauer vorbei und trifft unhaltbar für Sepp Maier ins Tor. 1:0 für 1860 München in der 1. Minute der neuen Saison. Doch das Duell Konietzka gegen Danzberg ist noch nicht beendet. In der 85. Minute streckt der Bayern-Spieler den Torschützen des ersten Treffers der Saison so unsanft nieder, dass dem Schiedsrichter nichts anderes übrig bleibt, als den Neueinkauf der Bayern vom Platz zu verweisen. Das Spiel endet in jeglicher Beziehung 1:0 für den TSV. Ein Start nach Maß also für die Sechziger.

Die Meistermannschaft der Löwen (hinten v.l.n.r.): Reich, Küppers, Wagner, Konietzka, Rebele, Radenkovic, Vizepräsident Beer. Vorne: Perusic, Steiner, Kohlars, Luttrop, Patzke, Heiß und Zeiser.

Und es wird **die Saison des TSV 1860 München** bleiben, auch wenn Trainer Max Merkel noch vor der Spielzeit zwar zuversichtlich, aber dennoch recht bescheiden die Ansprüche so beschrieb: »Wir werden heuer weiter vorn enden als im Vorjahr. Wie weit, hängt davon ab, ob die Mannschaft auch auswärts in etwa jene Stärke zeigt wie zu Hause. Auf eigenem Platz wollen wir ungeschlagen über die Runden kommen. Die Abwehr scheint sich stabilisiert zu haben. Deshalb hoffen wir auf die Erringung des – sagen wir – dritten Tabellenplatzes.«

Der österreichische Trainer ist ohne Frage der **Mann der Saison**. Merkel wird endgültig zum medialen Star, der es wie kaum ein anderer versteht, die Bühne Bundesliga für sich zu nutzen. Seine Sprüche werden von Journalisten geschätzt und von den Fußballfans geliebt: »Ich fühle mich wie ein Dompteur, der in der Manege mit der Peitsche schnalzt. Kehrt er seinen Raubtieren auch nur für einen Moment den Rücken zu – schon greifen sie mit der Tatze nach ihm. Auch Fußballer brauchen die Peitsche. Und wenn es geklappt hat, bekommen sie von mir ihr Zuckerl.«

Merkel bleibt seiner Linie im Alltag stets treu, auch wenn es manchmal weh tut. Er muss seinen treffsicheren Stürmer Rudi Brunnenmeier schweren Herzens während der laufenden Saison suspendieren,

Saisonverlauf 1965/66

Platz	Tore	Punkte
1.	80:40	50:18
2.	70:36	47:21
3.	71:38	47:21
4.	76:40	45:23
5.	74:41	44:24
6.	54:43	39:29
7.	64:46	38:30
8.	70:48	36:32
9.	64:52	34:34
10.	49:49	34:34
11.	42:48	32:36
12.	59:57	30:38
13.	57:68	29:39
14.	33:55	27:41
15.	42:65	26:42
16.	35:71	24:44
17.	32:82	22:46
18.	15:108	8:60

weil dieser das strikte Verbot **»Barbesuche nur von samstags bis montags«** missachtet. Der Durst beim Rudi ist mal wieder größer gewesen als die Vernunft.

Das **Duell an der Spitze** heißt bis kurz vor Schluss: Borussia Dortmund gegen 1860 München und wird erst entschieden, als der BVB den Europapokal der Pokalsieger gegen Liverpool gewinnt. Plötzlich hat die Mannschaft ein Problem, wie Aki Schmidt einmal selbstkritisch erzählte: »Gegenüber war 'ne Kneipe, da war immer was los. Ich bin gar nicht mehr zur Ruhe gekommen. Die ganze Feierei hat uns die Meisterschaft gekostet. Wir spielten noch zu Hause gegen 1860. Hätten wir gewonnen, wären wir Meister geworden. So wurde es 1860.«

Die besten – Torjäger der Saison

Lothar Emmerich (Borussia Dortmund)	31
Timo Konietzka (1860 München)	26
Arnold Schütz (Werder Bremen)	20

Und diese Begegnung des vorletzten Spieltags steht lange auf Messers Schneide: 1:0 führen die Münchner Löwen bei Borussia Dortmund, als es bei den Sechzigern im Strafraum zu einer Szene kommt, die das Saisonfinale noch einmal hätte kippen können. Willi Sturm steht vor dem leeren Kasten, links von ihm liegen nur noch zwei Münchner auf dem Boden. Verzweifelt versuchen sie an den Ball heranzurobben, ihn irgendwie zu erreichen, bevor Sturm verwandelt. Radenkovic ist schon geschlagen, doch dann rollt die Kugel wie von Geisterhand gesteuert weiter zu Siggi Held, der nur noch einzuschieben braucht, als es endlich einem der beiden Sechziger, Stopper Reich, gelingt, heranzurobben und den Ball mit der Fußspitze ins Aus zu bugsieren. Münchens herbeigeeilter Stürmer Timo Konietzka sieht im Fünfmeterraum ungläubig lächelnd dem Leder hinterher, streckt die Arme in die Höhe und ahnt: **Dies ist die Meisterschaft.**

Später erzählt Max Merkel eine kleine Anekdote von diesem Tag in Dortmund: »Der Patzke dribbelt an der Außenlinie entlang, stoppt den Ball, schaut, wo der Multhaup sitzt, und sagt dann mitten im Spiel zu ihm: ›Was, Willi, da machste Augen – das sind Sachen!‹«

Als einer der wenigen ahnt der **österreichische Meistercoach**, dass dieser Triumph ein ganz besonderer ist: »Es gibt Titel, da kommst du mit ins Buch der Rekorde. Meine Meisterschaft mit den Sechzigern zum Beispiel. 100 Jahre vorher war da nix, 100 Jahre danach wird da wohl nix sein.«

Der 1. FC Köln fällt auf einen **Taschenspieler-Trick** rein. Die beiden jugoslawischen Zwillingsbrüder Srdjan und Zvezdan Cebinac wollen im internationalen Fußball Karriere machen, doch nur Zvezdan ist richtig begabt. Das weiß beim 1. FC Köln nur noch keiner. Als sich Srdjan im Probetraining präsentiert, sind alle so begeistert, dass man den Jugoslawen sofort verpflichtet. Als er ein paar Tage später erneut auf dem Platz steht, ist von seiner Klasse nichts mehr zu sehen. Nur drei Partien und ein Tor macht er für den 1. FC Köln. Als zwei Jahre später Bruder Zvezdan beim 1. FC Nürnberg anheuert, überragend aufspielt und mit dem Club Meister wird, geht den Kölnern ein Licht auf. Dieser hoch talentierte Mann damals beim Probetraining muss der Zwillingsbruder von Srdjan gewesen sein. Beide Brüder beteuern jedoch bis zuletzt (Zvezdan ist 2012 gestorben), dass damals in Köln tatsächlich immer Srdjan und nie Zvezdan gewesen sei.

★ ★ ★

Tasmania geht als die **Mannschaft der Rekorde** in die Bundesliga ein: So stammt auch die Allzeit-Minuskulisse aus der Spielzeit 1965/66. Beim Heimspiel des SC Tasmania 1900 Berlin gegen Borussia Mönchengladbach erscheinen am 15. Januar 1966 lediglich 827 Zuschauer im weiten Olympiastadionrund. Dabei sahen knapp ein halbes Jahr zuvor noch 81.524 Zuschauer das Eröffnungsspiel der Berliner gegen den Karlsruher SC. 2:0 schlägt man die Badener. Was niemand auch nur ahnt: Erst im letzten Spiel gegen Borussia Neunkirchen gelingt der zweite Heimsieg der Saison. Vor nur noch knapp 1.000 Besuchern gewinnt man mit 2:1. Tasmania nimmt es mit Humor: »Das erste und das letzte Heimspiel gewonnen, das zählt. Was dazwischen liegt, ist nicht so wichtig.«

★ ★ ★

Hier noch weitere Rekorde: Letzter Platz in der ewigen Bundesligatabelle, schlechteste Saisonbilanz der Bundesliga: die wenigsten Tore (15), die meisten Gegentore (108), die wenigsten Punkte (8:60 nach der Zwei-Punkte-Regel; 10 nach der Drei-Punkte-Regel), die wenigsten Siege (2; zusammen mit Wuppertaler SV 1974/75), die meisten Niederlagen (28), die meisten Heimniederlagen (12), der einzige Bundesligaverein ohne Auswärtssieg, die längste Serie ohne Sieg in Folge (31 Spiele; 14. August 1965 bis 21. Mai 1966), die längste Heimniederlagenserie in Folge (8 Spiele; 28. August bis 8. Dezember 1965) und die höchste Heimniederlage der Bundesligageschichte (0:9 gegen den Meidericher SV am 26. März 1966). Wahrhaft eine **Bilanz des Schreckens und der Rekorde**!

★ ★ ★

34 Treffer hat **Christian Müller** in den ersten beiden Spielzeiten für den 1. FC Köln erzielt. Seit Jahren trifft er zuverlässig für den FC. Doch dann erhält er am 22. Spieltag der Saison 1964/65 einen Platzverweis und fortan läuft es nicht mehr rund. Christian Müller weiß auch genau, woran es liegt: »Man muss es mit Hans Schäfer und Franz Kremer gut können. Nur dann kann man spielen. Denn der Trainer hat nichts zu sagen!« Der Coach ist immer noch Meistertrainer Georg Knöpfle. Nach der Saison verlässt Müller den FC und wechselt nach Karlsruhe. Dort darf er spielen und trifft wieder zuverlässig!

Christian Müller (li.) gegen Werner Mangold, Dieter Pulter und Torwart Wolfgang Schnarr vom 1. FC Kaiserslautern.

Im Mönchengladbach versucht man Trainer Weisweilers taktische Devisen umzusetzen. Und siehe da: Einige Bundesliga-Ergebnisse sind bereits nach dem Geschmack des **Offensivfanatikers**. 4:5 gegen den BVB, 0:7 gegen Werder Bremen, 8:3 gegen Nürnberg und 5:0 über Tasmania. Doch auch Weisweiler schießt lieber selbst Tore, als dass er sie bekommt. Und da nur Tasmania (108) mehr Treffer in dieser Saison kassiert als die Gladbacher Borussia (68), wird den Herren am Bökelberg schnell klar, was man in den nächsten Jahren verbessern muss. Hennes Weisweiler ist jedoch wenig optimistisch: »Meine nächste und schwierigste Aufgabe wird sein, dass ich Berti beibringe, sich in das Kombinationsspiel einzuschalten.«

★ ★ ★

Borussia Dortmund verpflichtet den Schalker **Reinhard Libuda**. Eine komplizierte Sache, wie der BVB-Spielausschuss-Vorsitzende Heinz Storck zu berichten weiß, da er nicht alleine am königsblauen Ausnahmetalent interessiert ist: »Als ich zum ersten Mal vorsprach, saßen die Herren beieinander wie Indianer am Biwak. Ich habe mich auf dem Absatz gedreht und bin zurück nach Hause gefahren.« Am nächsten Morgen kommt er wieder. Diesmal fährt er langsam in seinem Mercedes 300 SE vor, hupt kurz und lässt die Libudas das Auto ausgiebig begutachten. Storck glaubt im Nachhinein, dass dieser Auftritt der Schlüssel zur Verpflichtung des Schalker Ausnahmetalents war. Der BVB-Offizielle darf mit den Eltern alleine sprechen. Stans Mutter diktiert nach der Unterredung den wartenden Journalisten in die Notizblöcke: »Nachdem, was wir jetzt alles erlebt haben, bin ich froh, endlich einen Mann zu sprechen, der es mit meinem Jungen gut meint.« Trainer »Fischken« Multhaup baut Libuda anschließend zu einem Klassespieler auf. Manchmal auch mit ganz einfachen Mitteln. Multhaup zu Libuda: »Du hast eine nette Frau, ein gesundes Kind, du verdienst eine Menge Geld – kannst du eigentlich nicht lachen?«

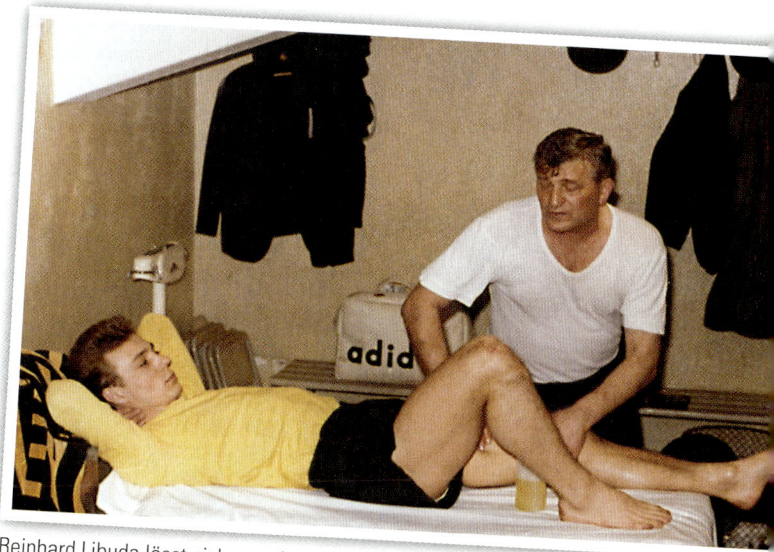

Reinhard Libuda lässt sich massieren.

★ ★ ★

Am 23. April stellt Schiri Herden bei der Partie des 1. FC Kaiserslautern gegen Bayern München (1:2) **vier Spieler vom Platz:** den Lauterer Neumann, weil er seinen Gegenspieler Brenninger geschlagen hat. Dann noch Uwe Klimaschefski nach einer Prügelei mit Koulmann, der natürlich ebenfalls den Platz verlassen muss. Den Abschluss bildet schließlich Wrenger, der als Krönung des Tages Schiedsrichter Herden gleich direkt selbst angreift.

★ ★ ★

Eine Anekdote abseits des Bundesligatrubels erheitert die Fußballfans. Im Frankfurter Waldstadion wird Bayern mit 4:2 Pokalsieger gegen den MSV Duisburg. Der **Meidericher Horst »Pille« Gecks** ist an diesem Tage nicht ganz bei der Sache. Seine Frau liegt schwanger im Krankenhaus. Dort ruft Gecks am Vormittag des Spiels an. Am Telefon meldet sich der Oberarzt – ein eingefleischter Anhänger der Zebras. Fröhlich fragt er den nervösen Spieler: »Wen sollen wir zuerst holen? Den Nachwuchs oder den Pokal?« Da man sich nicht einigen kann, ergreift der Sohn die Initiative und kommt pünktlich zum Anpfiff.

Petar („Radi") Radenkovic, 31, „Bestes Torwart von Welt", konnte innerhalb weniger Tage durch verschiedene Ereignisse weiteren Publicityzuwachs verbuchen. Seine Frau Olga wurde von einer Tochter entbunden, die den Namen „Petra" erhielt, er selbst erzielte durch einen Foulelfmeter beim Messecup-Spiel gegen die türkische Elf von Göztepe Izmir sein erstes Tor für den TSV München 1860, und schließlich durfte er von seiner ersten Schallplatte „Bin i Radi" einen bisherigen Verkaufserfolg von weit über 100 000 registrieren. Zum Dank verpaßte er dem Komponisten Charly Niessen und den Musikern große Zigarren.

Beim Deutschen Meister steht mit dem Jugoslawen Petar Radenkovic ein echtes Multitalent und ein Geschäftsmann vor dem Herrn zwischen den Pfosten. Der Torwart singt und schreibt, dass es nur so eine Freude ist. Nachdem er mit seiner Schlager-Single **»Bin i Radi, bin i König«** einen veritablen Charterfolg landen konnte, veröffentlicht der immer für einen Scherz zu habende Keeper rechtzeitig zum Weihnachtsfest das Buch »Bin i Radi«. Der Copress-Verlag geht mit einer Startauflage von 80.000 Exemplaren gleich tüchtig in die Vollen. Süffisant vergleicht »Der Spiegel« die Erstauflage des Radenkovic-Buchs mit der des Max-Frisch-Romans »Mein Name sei Gantenbein«. Der Suhrkamp-Verlag druckt erst einmal nur verhaltene 20.000 Exemplare. Ein Leser des Fußballbuchs ermuntert den Torhüter auf eine Art und Weise, bei der es schwer fällt zu mutmaßen, ob die Meinung ernst oder eher Verarsche ist: »Nur weiter so, Radi. Du wirst noch ein zweiter Thomas Mann!« Lieber nicht, wird sich der Torhüter da gedacht haben: Im Moment laufen die Bücher von Sportstars einfach besser!

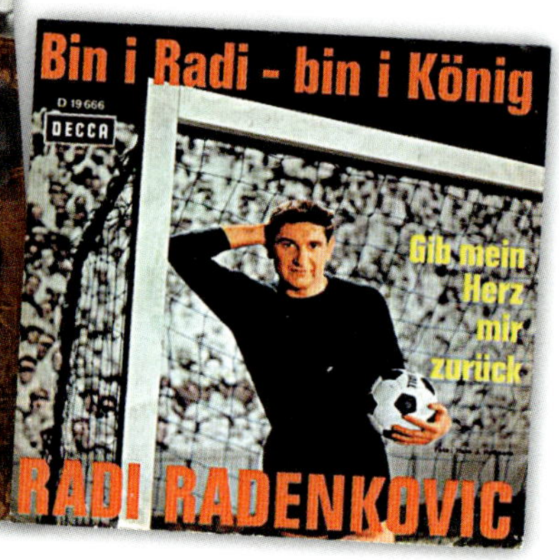

Textausschnitt des Songs »Bin i Radi, bin i König«: »Steh ich im Tor, kommt mir manchmal vor, die Leute nehmen Spiel zu ernst, haben nicht Humor. Ball kommt wie der Blitz, dass ich manchmal schwitz, doch ich fang fast alle mit Humor und Witz.«

★ ★ ★

BVB-Coach Willi »Fischken« Multhaup ist ein lustiger, äußerst geselliger und vor allem **gesprächiger Zeitgenosse**. Vor Auswärtsspielen pflegt er seiner Mannschaft gerne zu sagen: »Wenn wir einen Punkt holen, dann sind wir im Soll. Sollten wir aber zwei holen, dann können wir einen auf den Kamin legen für ganz schlechte Zeiten.«

★ ★ ★

Bayern-Trainer **Tschik Cajkovski** redet Klartext mit seinen Stars. Zu Beckenbauer: »Sie Bohnenstange, unten nichts, Mitte nichts, oben nichts. Sie mehr essen. Nix Frauen, nix Rauchen, nix Saufen. Sie aus Schlagsahne. Sie kein Kämpfer. Sie wie Strohhalm. Sie lieber gehen Schuhe putzen als spielen Fußball.« Doch dann: »Franz. Sie größtes Fußballer seit Tschik. Ich mache Weltmeister aus Ihnen. Tschik und Beckenbauer bald größtes Fußballer-Gespann in Europa und in Welt.« Und über seinen Torjäger Gerd Müller: »Kleines, dickes Müller schießen schneller, als Tschik denken kann.« Ein Kompliment, doch Müllers Ehefrau Uschi ist sauer: »Klein und dick? So eine Herabsetzung. Und das vom Tschik mit seinem Kugelbauch.«

Tasmania: »Wir peitschen die gesamte Bundesliga vor uns her!«

Sommer 1965. Hans-Günter »Atze« Becker, Kapitän der Regionalligamannschaft von Tasmania 1900 Berlin, genießt seinen wohlverdienten Urlaub am Strand. Plötzlich kommt ein Freund auf ihn zugelaufen: »Hör mal, Atze, Radio Luxemburg hat gerade durchgegeben, dass ihr so bald wie möglich nach Hause kommen sollt!« – »Na, wieso das denn?«, fragt Becker verblüfft zurück. Der Freund: »Ihr spielt jetzt in der Bundesliga!« In diesem Moment war **der Anfang vom Ende** schon vorprogrammiert!

Dennoch geht die Mannschaft erst einmal **mit Eifer an die Aufgabe Bundesliga** heran. Uli Sand, der behäbige Stürmer der Tasmania, hat eine Stärke, auf die er ganz besonders stolz ist: seine Freistöße. Im Grunde genommen ist es auch seine einzige. Nicht, dass Sand es damit bereits zu vielen Toren gebracht hätte, aber sein Bums ist immerhin stadtbekannt und gefürchtet. Nur hat sich dies natürlich noch nicht bis in die Höhen der Bundesliga rumgesprochen. Etwas, das Sand offensichtlich nicht bedacht hat, als er sich am fünften Spieltag den Ball kurz hinter der Mittellinie, knapp fünfzig Meter vor dem Tor des Gegners, zurechtlegt. Verdutzt hält er vor der Ausführung noch einmal kurz inne und kratzt sich am Kopf. Irgendetwas ist heute anders als gewöhnlich, bemerkt er, und fragt sichtlich irritiert in die Runde: »Sagt mal, wollt ihr denn gar keine Mauer machen?«

Beckenbauer, Brenninger, Drescher und Ohlhauser halten sich vor Lachen die Bäuche. Sepp Maier eilt **mit einem breiten Grinsen** aus seinem Tor und fragt neugierig, was es denn Lustiges gebe, er wolle doch schließlich gerne mitlachen. Und Uli Sand? Der lässt sich nicht beirren, wiederholt seine Frage gar und erkundigt sich höflich, ob die Bayern denn nun wirklich keine Mauer bilden wollen. Als sie nur lachend mit dem Kopf schütteln, reicht es ihm und er schießt. Besser gesagt, er knallt das Leder mit Karacho hoch in die Wolken. Der Ball hebt sich über Sepp Maier hinweg und prallt mit einem dumpfen Schlag von oben auf die Holzlatte. Ein Raunen geht durchs weite Rund.

Und Sepp Maier? Der Bayern-Torwart steht wie festgetackert am eigenen Sechzehner und schaut der Kugel noch lange nachdenklich hinterher. Am Ende gewinnen die Münchner souverän mit 2:0 in Berlin, und Uli Sand trifft auch in seinen letzten sieben Bundesligabegegnungen nicht in den gegnerischen Kasten. Nach einer Mauer hat der Berliner übrigens nie wieder gefragt.

Mit dem Respekt der anderen Mannschaften ist es ebenfalls nicht weit her in den folgenden Partien. Nur wenige Sportskameraden reagieren wie Uwe Seeler: »Zwanzig Tore kannst du von mir aus machen, Charly, aber **nicht unseren Gegner verulken!**« Die Ansage macht die HSV-Legende beim 5:1 gegen Tasmania, bei dem Dörfel das 2:0 schießt, zwei weitere Tore vorbereitet und groß aufspielt. Als er mit Beinschüssen anfängt, wird es Seeler zu bunt.

Irgendwann nehmen die Spieler der Tasmania die Sache nur noch **mit Humor**. Hans-Günter Becker zum verdutzten Günter Netzer, als dieser ihn nach einem 0:0 am 19. Spieltag lobt und meint, wie ein Absteiger hätten sie aber nicht gespielt: »Ach, komm. Ihr hattet doch die halbe Reserve auf dem Platz. Jetzt stell dir doch nur mal vor, der Netzer wäre dabei gewesen!« Und der große, extra eingekaufte, alternde Star Horst Szymaniak antwortet auf die Frage, wie er denn mit der Lage bei der Tasmania umgehe, ganz einfach voller Selbstironie: »Alles wunderbar. Wir peitschen doch die gesamte Bundesliga vor uns her!«

1966/67

Tschik staunt: »Braunschweig hat gespielt wie Weltmeister«

Es ist, nach dem Titelgewinn des SV Werder, die zweite richtig große Überraschung in der nunmehr vier Jahre jungen Geschichte der Fußball-Bundesliga. Den neuen **Deutschen Meister Eintracht Braunschweig** hatte vor der Saison niemand auf dem Zettel. Fritz Walter, der Kaiserslauterer Weltmeister von 1954, prophezeite gar einen Abstieg des niedersächsischen Klubs und musste anschließend ebenso Abbitte leisten wie der eigene Trainer der Eintracht. Maximal einen sechsten Tabellenplatz hatte Helmut Johannsen vorhergesehen. Dabei waren die Voraussetzungen, aus der Rückschau betrachtet, gar nicht einmal so schlecht.

Die Meistermannschaft von Eintracht Braunschweig.

Seit 1963 hatte Helmut Johannsen seine Mannschaft kontinuierlich nach seinen Vorstellungen aufgebaut. Im Meisterschaftsjahr ist er der einzige Trainer in der Fußball-Bundesliga, der seit Beginn der neuen Eliteliga noch bei seinem Verein angestellt ist. Das zahlt sich nun aus. Fast das komplette Team spielt durch. Zehn Akteure haben mehr als 30 Einsätze. Nach dem Gewinn des Titels sagt Johannsen deshalb auch einen Satz nicht ohne Grund, für den er in Deutschland viel belächelt wird: **»Ein Wunder war das nicht. Das war harte Arbeit!«**

Allgemein gilt die Meisterschaft der Eintracht unter Experten nämlich eher als **unverdiente Sensation**. Der ehemalige Herausgeber des »kicker«, Dr. Friedebert Becker, spricht gar davon, dass der Titel »vom Falschen gewonnen« wurde. Nur wenige können wie Bayern-Trainer Tschik Cajkovski nach der 2:5-Niederlage seiner Münchner in Braunschweig die Klasse der Eintracht anerkennen: »Gegner hat gespielt wie Weltmeister!«

Gunther Baumann, der dritte Trainer in dieser Spielzeit bei 1860 München, sieht ebenfalls die Vorzüge des Deutschen Meisters: »Braunschweigs Mannschaft passt harmonischer zusammen als alle anderen.« Und diese Harmonie ist hausgemacht. Man ist bescheiden bei der Eintracht, achtet auf das Kollektiv und macht auch bei der Auswahl seiner Spieler keine großen Sprünge. Bis auf einen kommen alle aus Norddeutschland – selbst die prominenteste Neuverpflichtung, der Hannoveraner Stürmer **Lothar Ulsaß**. Das Engagement des Starspielers zahlt sich aus. 15 Tore macht er im Meisterschaftsjahr für die Eintracht und ist auch sonst sehr wichtig für den Kader, wie Helmut Johannsen einmal erzählte: »Lothar Ulsaß war unser Strahlemann, der positiven Einfluss auf die gesamte Mannschaft ausübte und jederzeit

Saisonverlauf 1966/67

	Platz	Tore	Punkte
1	1.	49:27	43:25
2	2.	60:47	41:27
3	3.	70:41	39:29
4	4.	66:49	39:29
5	5.	43:42	38:30
6	6.	62:47	37:31
7	7.	48:48	37:31
8	8.	70:49	34:34
9	9.	40:46	34:34
10	10.	43:50	34:34
11	11.	40:42	33:35
12	12.	48:54	33:35
13	13.	54:62	31:37
14	14.	37:53	30:38
15	15.	37:63	30:38
16	16.	49:56	29:39
17	17.	44:66	25:43
18	18.	35:53	25:43

1 2 3 4 5 6 7 8 9 10 11 12 13 14 15 16 17 18 19 20 21 22 23 24 25 26 27 28 29 30 31 32 33 34

zu einem Spaß aufgelegt war. Auch außerhalb des Spielfeldes stellte er eine Persönlichkeit dar, die von jedermann geachtet wurde.«

Hart gearbeitet wird in Braunschweig, konsequent aber nur an vier Tagen in der Woche und niemals in einem Trainingslager – von denen hält der Eintracht-Coach nämlich überhaupt nichts: »Von Montag bis Freitag lernt keiner Fußball. Er wird höchstens ein guter **Skatspieler**.«

In einem Punkt muss man den Kritikern jedoch Recht geben: Braunschweig spielt eine **unaufgeregte, wenig spektakuläre, dafür aber sehr beständige Saison**. Bis zum 28. Spieltag kassiert man zu Hause nur drei Gegentore. Insgesamt müssen die Torhüter Horst Wolter und Hans Jäcker nur 27-mal hinter sich greifen, zum Vergleich: Die nächstbeste Hintermannschaft kommt aus Dortmund und lässt 41 Tore gegen sich zu. Allerdings trifft die Eintracht auch nur ganze 49 Mal. Helmut Johannsen umschreibt die Kritik an seiner taktischen Ausrichtung so: »Der Gewinn der Meisterschaft ist auch abhängig von der Summe der schwachen Spiele. Und in dieser Beziehung hält unsere Bilanz doch wirklich jeden Vergleich aus.« Besonders imponierend ist diese gegen die direkten Konkurrenten. In den Spielen gegen die fünf Verfolger erzielt Braunschweig 13:7 Punkte und 16:9 Tore. Meisterhaft!

Die besten Torjäger der Saison

Lothar Emmerich (Borussia Dortmund)	28
Gerd Müller (Bayern München)	28
Herbert Laumen (Borussia M'gladbach)	18

Das kann man vom amtierenden Deutschen Meister leider nicht sagen. Bei 1860 München regiert in dieser Saison anfangs das Chaos. Am 11. Spieltag ist man sogar Tabellen-Vorletzter. Der schillernde **Erfolgstrainer Max Merkel** verlässt am 10. Dezember 1966 München, um nur wenige Tage später, am 1. Januar 1967, in Nürnberg anzuheuern. Ein Wechsel mit Folgen, wie sich noch zeigen soll!

In dieser Spielzeit feiert Deutschland auch seinen neuen **»Bomber der Nation«**: Gerd Müller. Bis zum 28. Spieltag sieht es so aus, als ob der Bayern-Stürmer die alleinige Nummer eins der Torjägerliste wird, doch dann trifft er 467 Minuten nicht mehr in den gegnerischen Kasten. Lothar Emmerich schießt am letzten Spieltag ausgerechnet gegen die Bayern die zwei Tore, die ihm noch auf Müller fehlen. Und so teilen sich die beiden Stürmer die Torjäger-Kanone. Zum »Fußballer des Jahres« wird aber nur das Jungtalent Gerd Müller gekürt!

Scharfschütze Gerd Müller.

Dortmunds Trainer Heinz Murach verspricht den Journalisten vor dem fünften Spieltag gegen Rot-Weiss Essen: »Meine Mannschaft wird wie **elf hungrige Königstiger** auf den Platz laufen.« Wenn man nach dem Endergebnis gehen würde, müsste man wohl vermuten, dass entweder Murach keine Ahnung von der Tierwelt hat oder Königstiger sehr genügsame Lebewesen sind. Die Partie endet 0:0.

★ ★ ★

Beim 1. FC Kaiserslautern fällt ein Mann aus, der eigentlich alles richtig macht, wie Helmut Kapitulski selbst erzählt: »Vernünftig leben, nicht rauchen, gut essen und ab und zu ein Bierchen!« Doch dann packt ihn eine **schwere Gelbsucht**, und das kam so: »Das war, als ich Grippe hatte und mich trotzdem rumkriegen ließ, mitzuspielen. Da bekam ich vor dem Spiel eine Spritze. Am nächsten Tag war ich schon ganz gelb in den Augen.« Nach zehn Wochen absoluter Bettruhe tastet sich Kapitulski langsam auf den Platz zurück.

Wolfgang Weber

★ ★ ★

Wolfgang Weber bekennt sich als erster Bundesligaspieler zu einem »schweren Nervenleiden« (Depressionen). Weber: »Ich hatte einfach Angst vor mir und der Welt. Oft war ich sogar nahe dran, mit allem Schluss zu machen.« Bundestrainer Helmut Schön findet die passenden Worte: »Dass Wolfgang Weber sich nach allen Rückschlägen wieder gefangen hat, ist eine große menschliche Leistung.«

★ ★ ★

Am 12. November wird der **Nebel in der Kampfbahn Rote Erde** plötzlich immer dichter und dichter. Bei der Partie zwischen Borussia Dortmund und dem FC Schalke 04 steht es zur Pause bereits 4:0, als an diesem nass-kalten Herbsttag auf einmal die Sicht verschwindet. Es wird ein Derby, das die Anwesenden nie vergessen werden. Theo Redder kann an diesem Tag nur zuschauen: »Ich hatte einen Bekannten aus Wickede dabei, und wir haben uns kaputtgelacht, denn man sah überhaupt gar nichts mehr. Da war nur noch Nebel.« Andere Besucher gucken nicht so geduldig auf das nicht mehr zu erkennende Spielfeld, wie die »Rundschau« damals berichtet: »Verschiedene Leute gingen Bier trinken, andere bedauerten, dass sie kein Kartenspiel eingepackt hatten, und die Klügsten machten sich auf den Heimweg.« Schiedsrichter Henning lässt die Partie einfach weiterlaufen und hat dafür sogar eine schlüssige Begründung parat: »Ich bin immer, wenn der Ball in den Nebel geschossen wurde, hinterhergelaufen und war schon da, als der Ball runterkam. Das war anstrengend, aber noch okay.« Und die Spieler? Klaus Fichtel erinnert sich: »Ich stand hinten in engem Kontakt mit Norbert Nigbur. Da haben wir uns schon gewundert, dass es immer weiterging. Man musste sich ja schon gegenseitig über den Spielstand informieren.« Nebel hin oder her, die Begegnung endet 6:2 für Borussia Dortmund. Wie die vier Tore in der zweiten Halbzeit fielen, wird wohl immer ein Geheimnis der wenigen, direkt in der Nähe stehenden Beteiligten bleiben.

★ ★ ★

Der 15. April 1967 ist für den Spieler des Hamburger SV, **Peter Barfuß**, ein ganz besonderer Tag. Vor 22.000 Zuschauern absolviert er seine erste und letzte Bundesligabegegnung. Bei der Partie des MSV Duisburg gegen seinen Hamburger SV (2:1) rennt er 90 Minuten hinter dem MSV-Profi Johann Sabath her – gekommen war er eigentlich zum Stürmen.

★ ★ ★

Willi Neuberger wird von Borussia Dortmund in einen Zug ins Revier gesteckt. Die erste große Fahrt wird für den Frankfurter Nachwuchsspieler ein ganz beeindruckendes Erlebnis: »Ob du es glaubst oder nicht, als der Zug nachts dann durch einen Bahnhof fuhr und ich sah das Schild ›Wanne-Eickel‹ und darüber

den Mond am Himmel stehen, da habe ich aus lauter Selbstrührung gesungen: das Lied vom Mond von Wanne-Eickel!« Bereits wenig später feiert der Sängerknabe gegen Rot-Weiss Essen sein Bundesligadebüt und beendet erst 17 Jahre später seine Karriere zu Hause in der Heimat bei der Frankfurter Eintracht.

★ ★ ★

Timo Konietzkas Mutter Emma kannte kein Erbarmen. Wenn ein Mitspieler auf dem Bolzplatz einem der drei Konietzka-Brüder zu nahe kam, rannte sie auf das Feld und verprügelte die ungehorsamen Gegner ihrer Söhne mit dem Regenschirm. Dieses Verhalten muss der Bundesligaspieler Konietzka wohl unbewusst in den Genen haben. Der Stürmer des TSV1860 München ist wahrlich **»kein Kind von Traurigkeit«**. Das zeigt sich leider auch, als am 8. Oktober 1966, dem achten Spieltag der Saison, seine Sechziger zu Hause gegen seine ehemalige Borussia aus Dortmund antreten. Als Konietzka mit einer Entscheidung des Schiedsrichters Max Spinnler nicht einverstanden ist, stößt er den Schiri vor die Brust, reißt ihm wütend die Pfeife aus dem Mund, trampelt auf dieser rum und tritt Spinnler schließlich auch noch vors Schienenbein. Später sagt Konietzka – immer noch wenig einsichtig und rasend vor Wut –, er habe den Mann in Schwarz doch nur ein »klein bisschen« mit seinen Stollenschuhen getreten. Wie dem auch sei: Konietzka erhält die bis heute längste Strafe eines Bundesligaprofis. Sechs Monate muss der Angreifer aussetzen. Der DFB kennt keine Gnade.

Konietzka wird von Schiri Max Spinnler des Feldes verwiesen.

★ ★ ★

Der Kampf in der Bundesliga um die guten Tabellenplätze wird härter. Bei der Partie der Braunschweiger Eintracht gegen den Hamburger SV am 26. Spieltag wird der HSV-Abwehrrecke Jürgen Kurbjuhn bereits in der 24. Minute vom Platz verwiesen. Er hatte Lothar Ulsaß so **brachial umgetreten**, dass dieser sich zweimal überschlägt und hinterher ungläubig ob so viel roher Gewalt staunt, dass bei ihm alles heil geblieben ist: »Ich dachte, das Schienbein sei durch!« Auch Kurbjuhn staunt – über sich selbst: »Mir muss die Sicherung durchgebrannt sein!«

Aber auch die Hamburger müssen einstecken. Nach einer Partie des HSV beim 1. FC Nürnberg ist Nationalspieler Willi Schulz sauer auf die Club-Kicker. Ihre **harte Gangart** gefällt ihm ganz und gar nicht. In den Katakomben ruft er den Nürnbergern hinterher: »Ihr solltet besser Eishockey spielen!« Nürnbergs Trainer Max Merkel wiederum ist nach der Partie bei Fortuna Düsseldorf hörbar genervt: »Die verwechseln Fußball ja mit Rugby.«

★ ★ ★

KICK-PARADE

Weiterhin unangefochten auf Platz 1: Peter Blusch
Strehl verdrängte Neumann vom dritten Rang
Ein neuer Name in der Kickparade aufgetaucht:
Borussia Mönchengladbachs Stürmer Günter Netzer
Nur noch ein Torhüter unter den ersten elf: Radenkovic

Neues Gesicht in der Kickparade: Günter Netzer

Günter Netzer hat die Schnauze voll. Vier Wochen durch Südamerika, sieben Spiele unter sengender Sonne und das alles nach einer harten Saison. Nee, nicht mit einem Netzer, dachte sich Günter, und trat nach 14 Tagen die Rückreise an – ohne jemanden zu fragen: »Ich hatte damals einfach Heimweh. Ich war noch nicht reif für solch einen langen Trip mit einer Fußball-Mannschaft. Die Rückreise war übrigens ein Abenteuer für sich. Ich hatte ja kein Ticket, kaum Geld. Ich weiß nur noch, dass ich irgendwie den Panama-Kanal überquert habe, um nach Hause zu kommen.« Die Gladbacher Mannschaftskameraden sind verständlicherweise stinksauer. Sie fordern eine sofortige Erhöhung der Prämien, schließlich müssen sie für den heimgereisten Netzer Mehrarbeit verrichten, und drohen mit Abreise. Beyer und Grashoff geben klein bei und erfüllen ihnen fast jeden Wunsch.

Fortuna Düsseldorfs Trainer **Kuno Klötzer** mag seine Mannschaft sehr. Nur zu einer bestimmten Jahreszeit weiß er nicht immer so recht, was er von ihr halten soll: »An Karneval möchte ich meine Hand nicht für sie ins Feuer legen.« Ein Nachholspiel am Karnevalssamstag ist für Klötzer ein Graus: »Ich bin für Sonntag, denn wenn sie ab Samstagabend frei sind, habe ich Dienstag beim Training eine total tote Truppe zur Stelle.« Bundesligafußball im Rheinland hat eben seine ganz eigenen Tücken.

Die Mannschaft von Fortuna Düsseldorf im Jahr 1966.

★ ★ ★

Ein großes Problem im vierten Jahr der Bundesliga ist auch der **Existenzkampf am Tabellenende**. Die beiden Absteiger der Saison stehen regelmäßig vor dem Nichts. Die finanzielle Diskrepanz zwischen Bundesliga und den Regionalligen ist immens. Während viele Vereine in der ersten Liga über eine Million Mark einnehmen, sind es in der Regionalliga häufig nicht mehr als 100.000 Mark, die den Klubs für ihre Spieler bleiben. Vor allem die Zuschauer reagieren sehr wechselhaft. Im Erfolgsfall strömen sie in die Stadien, bleiben die Siege aus, kehren sie ihrem Team schnell den Rücken zu. In dieser Spielzeit erfährt dies besonders krass der Hamburger SV. Im Februar kommen gegen Dortmund und gegen die Bayern zwischen 50- und 60.000 Zuschauer ins Volksparkstadion – der HSV hat noch Chancen auf den Titel. Doch bereits Mitte März schauen nur noch knapp 15.000 Anhänger die Partie gegen den 1. FC Köln. Man dümpelt im Mittelfeld herum. Das will der Hamburger Fußballfan offensichtlich nicht sehen.

Dabei tun die Vereine alles, um ihren Zuschauern attraktiven Sport zu bieten. Man verpflichtet **internationale Stars** wie den Franzosen Gilbert Gress oder den Jugoslawen Dragoslav Šekularac und schafft für die Profis optimale Bedingungen. Sie verdienen viel Geld, müssen nicht mehr nebenbei arbeiten gehen und können sich voll und ganz auf den Fußball konzentrieren. Das zusätzliche Training verbessert die Qualität der Bundesliga insgesamt deutlich. In den letzten drei Jahren stand stets ein Bundesligist im Finale des Europapokals der Pokalsieger – immer gegen ein britisches Team. Borussia Dortmund und der FC Bayern München konnten jeweils ein Duell für sich entscheiden. Die Bundesliga kämpft, leidet und lebt.

13 mit fremden Pässen

Die Ausländer in der Bundesliga

Der KICKER stellt die 13 Spieler der Bundesliga vor, deren Pässe sie als Spieler ausländischer Herkunft ausweisen. Acht von ihnen kamen erst für die neue Saison nach Deutschland. Sie beweisen zugleich, daß sich für sie in der Bundesliga (von Italien und Spanien abgesehen) günstigere Verdienstmöglichkeiten bieten als anderswo in Europa. Eine besondere Nuance: Sogar zwei Brasilianer wurden von deutschen Bundesligaklubs unter Vertrag genommen, Heinz von Haaren (Meidericher SV) dagegen ist in Deutschland geboren.

Zwei Brasilianer

RAUL EDUARDO TRAVASSOS TAGLIARI (Meidericher SV). Er wurde am 15. Juli 1940 in São Leopoldo geboren und spielte für den dortigen FC, bevor er den Weg nach Deutschland fand.

JOSÉ GILSON RODRIGUEZ ZÉZE (1. FC Köln). Er wurde am 18. Dezember 1947 in Rio de Janeiro geboren. Seine Fußballstation vor Köln war der AC Madureiras Rio de Janeiro.

Zwei Schweizer

ROLF WÜTHRICH (1. FC Nürnberg), geboren am 4. September 1938 in Zürich, spielte dort für die Grasshoppers und gehörte jahrelang auch zum Stamm der Schweizer Nationalmannschaft.

TONY ALLEMAN (1. FC Nürnberg), geboren am 6. Januar 1936 in Solothurn, fand nach einem Gastspiel bei Philips Eindhoven wieder mit seinem Schweizer Nationalmannschaftskollegen Wüthrich zusammen.

Zwei Österreicher

WILLI HUBERTS (Eintracht Frankfurt), geboren am 22. Januar 1938 in Graz, machte von Sturm Graz den Umweg über AS Rom und Hungarien New York, ehe er sich schon im Vorjahr in Frankfurt niederließ.

GEORG TUTSCHEK (Eintracht Frankfurt), geboren am 18. September 1941 in Wien, spielte bei Wiener Neustadt. Bei Eintracht Frankfurt findet er in Huberts als Nebenmann einen Lands-

Drei Jugoslawen

PETAR RADENKOVIC (1860 München), geboren am 1. Oktober 1934, begann seine Karriere bei den Belgrader Klubs Roter Stern und OFK. Über Wormatia Worms landete er bereits vor Jahren in München.

GYULA TOTH (FC Schalke 04) wurde nicht in Ungarn, wie der Name vermuten ließe, sondern in der jugoslawischen Stadt Kikinda am 20. April 1941 geboren. Er kam von der SpVgg. Fürth zu Schalke.

STEFAN BENAR (1860 München), geboren am 23. August 1936 in Novi Sad, spielte früher in seiner Heimatstadt bei Vojvodina. Für die Münchner ist er jedoch erst ab Oktober spielberechtigt.

Ein Türke

AYKUT UNYAZICI (Eintracht Braunschweig), geboren am 25. Dezember 1936 in Ankara, spielte schon für Eintracht, als an die Bundesliga nicht zu denken war.

Ein Holländer

JACOBUS PRINS (1. FC Kaiserslautern), geboren am 5. Juni 1938 in Amsterdam, machte schon den Bundesligastart in Kaiserslautern mit. Seine vorherige Fußballstation hieß Ajax

Ein Finne

JUHANI PELTONEN (Hamburger SV), geboren am 16. Juni 1936 in Valkeakoski, bleibt mit Einverständnis des HSV noch bis Anfang Oktober bei seinem alten Klub Haka, der kürzlich Pokalsieger wurde.

Ein Ungar

ANDREWS MATE, neben Peltonen der zweite Ausländer, den der HSV verpflichtete. Er wurde am 19. März 1943 in Budapest geboren, wanderte nach den USA aus und spielte dort für Hungarian New York.

Ausländische Stars erhöhen die Attraktivität der Bundesliga.

Zweitberuf: Fußballprofi in der Bundesliga

In den ersten Jahren der Bundesliga ist es selbstverständlich, dass die Spieler zusätzlich zu ihrem Engagement in den Vereinen einem zweiten Beruf nachgehen. Hans Tilkowski ist 1964 gar in dreifacher Mission unterwegs: als Lizenzspieler bei Borussia Dortmund, als **Versicherungsvertreter** und schließlich auch noch als Vertreter für Geschenkartikel. Den letztgenannten Job übt er beim Kölner Präsidenten Franz Kremer aus. Und der FC-Patriarch fährt gut damit, Bundesligaprofis als Vertreter für seine Firma durch die Republik zu schicken. Aber auch Tilkowski ist sehr zufrieden mit der Erweiterung seiner Einnahmequellen: »Ich habe viele Freunde. Versicherungsmäßig können sie nicht immer was für mich tun. Mit Geschenkartikeln schon eher.«

Günter Herrmann und Frau Helmi in ihrem Espresso-Café in Moers

Der Schalker Günter Hermann hat **zwei Espresso-Bars** in Moers und Gelsenkirchen und einen Steuerberater: »Er macht praktisch alles für mich. Ich brauche lediglich einmal im Monat nach dem Rechten sehen.«

Sein Teamkollege Friedel Rausch hat ein **Tabakwarengeschäft mit Toto/Lotto**, einen Werbeverlag und ist Besitzer eines Mietshauses. Gladbachs Günter Netzer betreibt ebenfalls einen Werbeverlag, der die Stadionzeitung »Fohlenecho« herausgibt und verkauft Versicherungen. Legendär ist auch seine Diskothek »Lovers Lane«. Umtriebig ist der Meidericher Manfred »Cassius« Manglitz. Er nennt eine Buchbinderei, eine Versicherungs- und Anzeigenvertretung (Stadionblatt) und eine Tankstelle sein eigen. Vor allem im Benzingeschäft ist Manglitz emsig, kreativ und nah am Kunden. Geschäftstüchtig klebt der Torwart jedem Zapfgast eigenhändig ein kleines Abziehbildchen auf die Windschutzscheibe: »Nicht vergessen, bei Cassius tanken!«

Netzer bei der Eröffnung seiner Discothek »Lovers Lane«.

Auch 1860-Trainer Max Merkel eröffnet 1964 eine Tankstelle in München. Einer seiner ersten Kunden: Bayern-Coach Tschik Cajkovski. Obwohl auch Merkel selbstständig ist, findet er den Plan seines Torhüters Radenkovic, Gastronom zu werden, nicht besonders toll: »Ich habe Angst, dass Radenkovic dann im Tor steht und nachrechnet, wie viel Schaschlik er hätte verkaufen können.« Dieselbe Situation erlebt Cebinac 1968 mit Merkel: »Ja, er macht eine **Gaststätte mit jugoslawischen Spezialitäten** auf. Ich bin dagegen. Aber vielleicht hat die Sache auch etwas Gutes: Das Geschäft lebt von seinem Namen, und da muss er schon immer gut spielen, damit die Leute kommen.«

Im September 1963 sorgt eine Meldung im »kicker« für Aufsehen: »Klaus Matischak, der sich in der Schuhbranche selbstständig machen will, ist in Gelsenkirchen auf der Suche nach einem geeigneten Ladenlokal.« Solche Geschichten hat der Italienrückkehrer Schütz 1968 bereits nicht mehr nötig. Er ist **Herr über 30 Mietparteien in drei Häusern** und sagt stolz: »Schon von einem meiner Häuser könnte ich gut leben.« In den Jahren danach konzentrieren sich die Bundesligaprofis immer mehr auf ihr Kerngeschäft. Nebenberufe werden zu Hobbys, oder wie der Kölner Heinz Simmet 1975 über sein Malergeschäft sagt: »Das lenkt vom Fußball ab!«

Der 1. FC Nürnberg bei einer Tankstelleneröffnung.

1967/68

»Nicht nur Neckermann, auch Max Merkel macht's möglich!«

Im Vorjahr noch Tabellenzehnter, wird Nürnberg nun recht **überraschend Meister**. Nur Bayern-Trainer Tschik Cajkovski hatte mal wieder den richtigen Riecher. »Die Bundesliga ist ausgeglichener geworden. Selbst Nürnberg kann Meister werden«, mutmaßt er vor der Spielzeit. Doch wer den Ehrgeiz von Trainer Max Merkel kennt, der ahnt, dass er nicht für einen Platz im Mittelfeld zum Rekordmeister gekommen ist. Im Sommer-Trainingslager treibt der Erfolgscoach seine Mannschaft zu Höchstleistungen an. Das Team zieht mit, auch wenn es knüppelhart ist, wie sich Franz Brungs erinnert: »Wir glaubten oft, wir würden zusammenbrechen. Wir hatten das Gefühl, jetzt ist es aus, jetzt geht es einfach nicht mehr. Es war die Hölle.«

Als es zwischenzeitlich in der Saison eng wird und die Tabellenführung flöten zu gehen droht, ruft Trainer Merkel sein Team zu sich. Todernst fragt er seine Mannschaft, ob sie wisse, warum Kühe auf der Alm Glocken um den Hals tragen würden. **Irritierte Blicke** und dann des Übungsleiters Antwort: »Damit sie nicht im Stehen einschlafen. Übrigens, ich habe gerade ein Dutzend für euch bestellt.«

Doch Max Merkel kann auch anders. Er ist der **strenge Vater des Teams**, der sein Erfolgskonzept von »Zuckerbrot und Peitsche« auch in Nürnberg durchzieht. In einer schwierigen Phase sagt er zu seiner Mannschaft: »Ihr müsst rennen, bis ihr umfallt. Dann trage ich euch auf meinen eigenen Armen vom Platz!« Und seine Elf gehorcht. Trotz der neuen Auswechselregel stehen im Kern nur zwölf Mann in der Saison für den Club auf dem Rasen: Wabra, Leupold, Popp, L. Müller, Wenauer, Ferschl, Cebinac, Strehl, Brungs, H. Müller, Volkert, Starek. Hinzukommen mit wenigen Einsatzzeiten noch Hilpert, Toth und Schöll. Autor Peter Handke widmet dieser Elf (plus 1) sogar das Gedicht »Die Aufstellung des 1. FC Nürnberg vom 27.1.1968«.

Ein Akteur hat es Max Merkel ganz besonders angetan. In den höchsten Tönen schwärmt er von seinem wichtigsten Spieler **Luggi Müller**: »Zehn von Luggis Sorte müssten wir haben. Hart gegen sich und den Gegner. Der ist aus dem richtigen Holz – da zittern die anderen schon, wenn sie hören, dass sie gegen den Luggi spielen müssen.«

Die sieben Punkte Vorsprung, die Nürnberg am Ende der Halbserie bereits auf Mönchengladbach hat, schmelzen in der Rückrunde zusammen. Doch der **Respekt vorm Club** ist in der Winterpause schon so groß, dass prominente Spieler der anderen Bundesligavereine prognostizieren, dass Nürnberg mit

Saisonverlauf 1967/68

Platz	Tore	Punkte
1.	71:37	47:21
2.	68:51	44:24
3.	77:45	42:26
4.	68:52	38:30
5.	68:58	38:30
6.	58:51	38:30
7.	69:58	36:32
8.	65:54	35:33
9.	37:39	35:33
10.	48:52	34:34
11.	52:66	34:34
12.	55:39	33:35
13.	51:54	33:35
14.	60:59	31:37
15.	42:48	30:38
16.	39:67	28:40
17.	33:93	19:49
18.	32:70	17:51

acht Punkten Vorsprung vor 1860 München Meister wird. Schließlich sind es drei auf Bremen. Übrigens: Auf den TSV sind es am Ende sogar 14 Punkte, aber das liegt vor allem an der katastrophalen Rückrunde der Löwen. Weit abgeschlagen gehen der Karlsruher SC und Borussia Neunkirchen runter in die zweite Liga. Ein Abstiegskampf findet in dieser Saison nicht statt.

Die besten – Torjäger der Saison

Hannes Löhr (1. FC Köln)	27
Franz Brungs (1. FC Nürnberg)	25
Gerd Müller (Bayern München)	20

In Nürnberg wird der Titel **tüchtig gefeiert**. Beim letzten Spiel sitzt auch Max Merkels Landsmann Udo Jürgens auf der Trainerbank. Fans halten Plakate hoch, auf denen die Verdienste des österreichischen Erfolgscoachs gepriesen werden: »Nicht nur Neckermann, auch Max Merkel macht's möglich!«

Der Deutsche Meister wird im **Rittersaal der Kaiserburg** zu Nürnberg gebührend empfangen und geehrt. Die Feierlichkeiten sind so schön, dass manch einer fast ein bisschen neidisch ist. Bundesgesundheitsministerin Käthe Strobel: »Solch ein Empfang, wie ihn die Meistermannschaft heute in der Stadt erlebt hat, wird einem Mitglied der Bundesregierung niemals zuteil.« Wie wahr, wie wahr. Drum nutzen Politiker umso lieber die hell erleuchtete Bühne der Fußballstars, um ein wenig Licht von diesen zu erheischen. Humorvoll verknüpft Bayerns Ministerpräsident Goppel dann auch seinen Alltag mit dem der Fußballer: »Der Club gewann seine Spiele gerade auch durch seine Flügelstürmer. Da sind wir Politiker schlechter dran. Unsere Rechts- und Linksaußen sind für ein anständiges Spiel nicht zu gebrauchen!«

Im Rausch der zünftigen Feierlichkeiten fragt Horst Leupold: **»Wer soll das denn aushalten?«** Ein Empfang jagt den nächsten. Doch einer ist sich sicher, dass seine Spieler fit genug sind. Trainer Max Merkel prostet mit einem Augenzwinkern den Journalisten zu: »Auch dafür ist in meinem Trainingsprogramm schon Vorsorge getroffen!«

In München verlässt am Ende der Saison Tschik Cajkovski die Bayern und wechselt nach Hannover. Ein **herzzerreißendes Ende** (»Spieler alle wie meine Söhne«) einer erfolgreichen Partnerschaft. Cajkovski: »Tschik ist Bayer und wird sein ganzes Leben Bayer bleiben. Mit dem Herzen, verstehen?!«

Bei der Begrüßung macht Horacio Troche noch einen guten Eindruck auf Uwe Seeler.

In Aachen läuft ein Mann aus Uruguay 24-mal für die Alemannia auf den Platz, der in Deutschland keinen besonders guten Ruf hat. **Florencio Horacio Troche Herrera**, kurz Horacio Troche, vom Club Nacional de Football ist ein knüppelharter Verteidiger. Bei der WM 1966 schickt der Schiedsrichter den Mannschaftskapitän Uruguays im Viertelfinale beim Stand von 1:0 für Deutschland in der 49. Minute wegen rohen Foulspiels vom Feld. Auf dem Weg in die Kabine verpasst Troche dem deutschen Nationalstürmer Uwe Seeler noch eine Ohrfeige. Die Partie endet nach einem weiteren Platzverweis gegen Uruguay mit 4:0 für Deutschland. Nach der eher unglücklich verlaufenden Spielzeit in Aachen wechselt Horacio Troche noch für eine Saison zum Bonner SC in die Regionalliga West.

★ ★ ★

In Dortmund formiert sich eine Opposition um den Meisterspieler Helmut Bracht und den damaligen Spielausschuss-Vorsitzenden Heinz Storck. In einem offenen Brief zeigen sich die Herren besorgt um das Wohlergehen des BVB. Vor allem wirft man dem aktuellen Vorstand um Heinz Murach eine **verfehlte Transferpolitik** vor: »Ein echtes Torwartproblem ist inzwischen entstanden. In dieser Situation übersehen Sie aber einen talentierten Mann wie den Schwerter Kleff, der sich inzwischen an Borussia Mönchengladbach gebunden hat.« Pointiert endet der Kritikschwall mit den Worten Storcks: »Diese Heringsfänger kriegen nicht mal einen Walfisch an die Angel.« Helmut Bracht vorausschauend: »Ich sehe nichts, was Hoffnung für die nächste Zukunft gibt. Ich kann Mannschaft und Trainer nur die Daumen drücken.« Nach Jahren des schleichenden Niedergangs steigt der BVB 1972 tatsächlich in die 2. Bundesliga ab.

★ ★ ★

Die immer häufiger werdenden Trainerwechsel versetzen die Bundesliga-Öffentlichkeit in Alarmstimmung. Vor allem der Rausschmiss in Hannover sorgt für Irritationen. Erstmals muss mit **Horst Buhtz** ein Trainer seinen Posten räumen, obwohl sich die Mannschaft nicht in einer prekären Lage befindet. Die Begründung liest sich fast wie eine der heutigen Presseerklärungen nach Trainerentlassungen: »Die erforderliche Harmonie und das notwendige Vertrauen zwischen Trainer und Mannschaft sowie zwischen Trainer und Präsidium ist nicht mehr gegeben.« Was Dettmar Cramer von dem Rausschmiss eines Fußballlehrers hält, fasst er so zusammen: »Wenn jeder Verein in der Bundesliga einen Herberger hätte, müssten zwei Herberger absteigen.« Und Frankfurts Präsident Rudi Gramlich schätzt den Sachverhalt realistisch ein: »Man kann einen Trainer nicht engagieren wie einen Automaten, in den man oben das Geld reinsteckt und unten die Deutsche Meisterschaft rauszieht.«

★ ★ ★

Der **Kölner Präsident Franz Kremer stirbt** während des Spiels Eintracht Frankfurt gegen den 1. FC Köln (1:2) am 11. November 1967 vor dem heimischen Radio. Vom Herzinfarkt ihres langjährigen Vorsitzenden erfährt die Mannschaft um Wolfgang Overath nach der Rückkehr vom Auswärtssieg. Die Freude weicht augenblicklich einer tiefen Trauer. Ausgerechnet am Karnevalsbeginn trifft die Nachricht den FC hart.

Die Medien pflegen den Starkult. Hausbesuche mit langen, sehr privaten Fotostrecken gehören mittlerweile dazu. Heute ist ein Fußballmagazin in seiner Serie **»Zu Gast bei … Franz Beckenbauer«**. Und dabei kommen Sachen ans Tageslicht, die so wahrscheinlich gar nicht für die Öffentlichkeit bestimmt sind: »Mit dem Telefon ist das so eine Sache. Die eine Nummer, 798651, steht nicht im Telefonbuch, und die andere ist absolut geheim. ›Nur drei Leute kennen die andere Nummer.‹ Einer dieser drei sei Herr Schwan, versichert Franz. Schwan ist Berater in allen Lebenslagen. Nicht einmal die Eltern wissen die zweite Telefonnummer. Die Mutter bat sogar darum: ›Bitte, sag mir die Nummer nicht, ich verrate sie dann doch!‹«

Zu Gast bei

Franz Beckenbauer

Am liebsten würde ich Rallye fahren …

… sagt Bayern Münchens populärer Nationalspieler, der gerne und gut mit einem schnellen Wagen umgeht.

Wer Franz Beckenbauer in München-Solln, Hofbrunnstraße 93, besuchen will, komme bitte nicht vor halb zehn Uhr vormittags. „Ich bin ein Nachtmensch", sagt Beckenbauer von sich. Er ist es, amtlich bestätigt von einem Arzt, der ihn auf Herz und Nieren und sogar Leber untersuchte. Nur ein Preßlufthammer treibt den Franz morgens aus dem Bett. Wer allerdings nach halb zehn Uhr läutet, wird zu einem echt bayrischen Frühstück eingeladen, zu Kaffee mit gefüllten Rohrnudeln. Davor bietet der Herr des Hauses eine besondere Vitamintablette an. Erinnerung an Fritz Walter, der ebenfalls seinen Magen weise schonte.

Als Wecker meldet sich jeden Morgen Sohn Michael, ebenso alt wie das schmucke Haus, nämlich vom Jahrgang 1966, und — die Mutter verzeih uns — dem Vater mehr zugetan, der sich in jeder freien Minute dem Jungen widmet. Ob er ein Fußballer wird? Der Vater fragt den Kleinen: „Wer ist der größte Bazi?" und stellt dann fest: „Vorerst sieht er nach einem Gewichtheber aus."

Der kleine Michael verdient den Namen „größter Bazi". Franz Beckenbauers Schwiegermutter war am Nachmittag des 17. Februar mit dem Jungen allein in der Wohnung. Ein Samstag. Bayern spielte gegen Neunkirchen. Die Schwiegermama leerte den Mülleimer in die

Für alle Bayern-Anhänger außerhalb Münchens Beckenbauers Adresse: München-Solln, Hofbrunnstraße 93. „Mein Sohn Michael wird vorerst Gewichtheber." Den kräftigen Jungen, erst fünfzehn Monate alt, nennt Franz Beckenbauer „den größten Bazi". Im Bild links Franz mit Frau Brigitte im geräumigen Wohnzimmer, das in den Garten führt, der zum schmucken Haus vom Jahrgang 1966 gehört.

Auch beim Kölner Overath geht es zu Hause schön heimelig zu.

Der MSV Duisburg verknackt seinen Spieler **Erwin Kostedde** zu einer hohen Geldstrafe und zu einer Sperre. »Aus Duisburgs schwarzer Perle wurde das schwarze Schaf«, schreibt der »kicker«. Und Kostedde? Der reagiert trotzig: »Ich werde Bierzapfer oder Schweißer. Dann bin ich wenigstens glücklich!« Der Profi kündigt seine Wohnung zum 1. April und verkauft die gesamte Wohnungseinrichtung, obwohl diese dem MSV gehört. Man wendet sich von ihm ab. Doch nicht alle. Dr. Büning, Leitender Arzt am Unfallkrankenhaus in Duisburg, zeigt trotz der Eskapaden Verständnis für Kostedde: »Erwin ist ein schwerer Fall. Aber Trainer Lorant und auch einige andere Vorstandsmitglieder haben lediglich den Spieler Kostedde, nicht aber den Menschen Kostedde gesehen. Mit Lorants Einstellung, Kostedde ist Profi, er muss wissen, was er tut, kann man einen 21-Jährigen nicht behandeln. Erwin floh deshalb immer wieder, weil er sich nirgends zu Hause fühlt.«

★ ★ ★

Der **Schalker Jungprofi Kraus** sitzt mit ein paar Kumpels in einem Nachtlokal. Seine Freunde vergöttern ihn, den jungen Mann aus ihren Reihen, der es bis in die Bundesliga geschafft hat. Kraus weiß das und genießt seinen Status. Als es ihm nun irgendwann zwischen all den nackten Frauen und dem Alkohol langweilig wird, sagt er: »Ich will eine Parkuhr sehen!« Und weil seine lächelnden Kollegen nicht sofort aufspringen, wiederholt Kraus noch einmal seine klare Ansage deutlich bestimmter: »Ich will eine Parkuhr sehen!« Zwei junge Männer rennen hinaus, und es dauert nur wenige Minuten, bis sie wieder zurück im Nachtlokal sind. Auf ihren starken Schultern haben sie eine Parkuhr abgelegt. Stolz stellen sie ihr Beutestück vor Kraus auf den Boden. Jeder Gast muss einen Groschen in die Uhr werfen, bis Kraus signalisiert, dass er nun keine Lust mehr habe. Man widmet sich wieder den nackten Mädchen und dem Alkohol und lässt die Parkuhr wieder Parkuhr sein – mitten in einem Nachtlokal im Ruhrgebiet.

Die Spielzeit 1967/68 ist die letzte für Kraus auf Schalke. In zwei Jahren schoss das große Talent der Königsblauen in 36 Bundesligaspielen 16 Tore für den S04. Sein Mitspieler Willi Koslowski erinnert sich: »Er war ein eisenharter Stürmer mit einem guten Schuss. Wenn er vor eine Bande getreten hat, hat der kaum etwas gemerkt!« Doch ähnlich wie Brunnenmeier in München verkraftet auch Kraus den schnellen Erfolg und den Ruhm nicht. Das Talent hat auf dem schmalen Grat zwischen Genie und Wahnsinn gewandelt – und sich für den Wahnsinn entschieden. Dabei sagt sein Trainer bei Schalke 04, Günter Brocker, im Herbst 1967 noch einen Satz, der ganz allein an Willi Kraus gerichtet ist : »Wenn sie wirklich erfolgreich sein wollen, dann müssen sie giftig und wild sein. Deshalb sehe ich einem Fußballspieler sehr vieles nach.«

★ ★ ★

In Mönchengladbach machen sich die Herren Beyer, Grashoff, Hochheim grundsätzliche Gedanken über ihre Arbeit. Sie münden in den **Gladbacher Führungsgrundsätzen**: • keine »krummen Dinger« (absolute finanzielle Sauberkeit) • Anpassung an Borussias Verhältnisse (Bescheidenheit) • einwandfreie Haltung von Klub und Spielern (damit gesellschaftliche Aufwertung) • alle Rabauken möglichst fernhalten • sportlicher Aufbau von unten (aus eigenem Nachwuchs oder dem nahen Umkreis) • klare Aufgabenstellung für Vorstand und Trainer (auf freundschaftlicher Basis, Vertrauen gegen Vertrauen) • gutes Verhältnis zwischen Vorstand, Trainer und Mannschaft (jeder spricht mit jedem, Motto: »Seid nett zueinander«).

★ ★ ★

Bei 1860 München wird das Geld knapp. Der **pfiffige Torwart Radenkovic** hat aber einen Vorschlag für die Akquise weiterer Einnahmen: »Jeder Spieler soll dem Verein für das nächste Heimspiel 1.000 Eintrittskarten abkaufen und die Karten dann auf eigenes Risiko absetzen. Vielleicht mit einem Autogramm versehen.«

★ ★ ★

Anfang Februar wird Nürnbergs Trainer Max Merkel vom DFB in Frankfurt wegen verschiedener Delikte zu einer **Geldstrafe in Höhe von 12.500 DM** verurteilt. Die Summe schlüsselt sich folgendermaßen auf: • 1.000 DM, weil Merkel beim Spiel am 9. September 1967 in Frankfurt sagte: »Wenn es nicht anders geht, hätte der Schämer unserem Brungs die Beine wegziehen müssen.« • 2.000 DM, weil Merkel im November 1967 dem Kölner Hans Schäfer androhte, dass er im Rückspiel jedem seiner Spieler 100 DM zahlen würde, wenn er holze • 3.000 DM, weil Merkel in Köln beim Hinsetzen auf die Trainerbank in provozierender Art und Weise sein Hinterteil präsentiert habe • 1.000 DM, weil Merkel die Kölner Spieler mit Rugbyspielern und Catchern verglich • 1.500 DM, weil Merkel in Köln sagte: »Was mit uns gemacht wurde, war ein Verbrechen!« • 2.000 DM, weil er Schiedsrichter Ohmsen in Köln als »Anfänger« bezeichnete und in Zusammenhang mit Schiedsrichter-Obmann Wolff, dessen Schwiegersohn Hans Schäfer (Kölns Trainerassistent) und Kölns inzwischen verstorbenem Vorsitzenden Franz Kremer brachte • 2.000 DM, weil er zu Trainerkollege Multhaup gesagt hat: »In Nürnberg werden wir euch die Knochen brechen.« Vor der Urteilsverkündung ging es Merkel sehr schlecht, er musste sogar mit einem Entzug seiner Trainerlizenz rechnen. Merkel seelisch am Ende: »Erstmals in meinem Leben nahm ich am letzten Donnerstagabend zwei Schlaftabletten.«

★ ★ ★

Ende März ist die heile Welt auf dem Weg zur Meisterschaft in Nürnberg ernsthaft in Gefahr. Wabra und Ferschl hatten am Mittag vor dem Training die Taufe des neuen Wagens von Mannschaftskollege Georg Volkert etwas **zu ausgiebig gefeiert**. Ein paar Gläser Sekt, und schon waren die Club-Akteure tüchtig angesäuselt. Fahren konnte niemand mehr, und so brachte die drei ein Mitarbeiter des Autohauses zum Trainingsgelände – mit einem verhängnisvollen Zwischenstopp in einer nahe gelegenen Gaststätte. Dort sollte eigentlich nur ein Kaffee getrunken werden, um »wieder auf die Beine zu kommen«, doch dummerweise hatten den gleichen Gedanken auch einige Journalisten. Denen blieb natürlich nicht verborgen, in welch lustigem Zustand sich die Akteure befanden. Und als dann auch noch Masseur Roider die beiden angetrunkenen Spieler bei Trainer Max Merkel abmeldete und entschuldigte (»Wabra und Ferschl war es nicht gut, sie sind wieder nach Hause gefahren«), war die Story schon geschrieben. Merkel: »In diesem Augenblick sah ich rot. Ich verstehe ja, dass einer mal Durst hat, aber so etwas in der Vorbereitung für den Meisterschafts-Endspurt – das ist unverantwortlich und unentschuldbar.« Die sofortige Entlassung wird beantragt, doch es kommt am Ende anders. Max Merkel zeigt Herz und Humor bei einer Aussprache: »Wir reden da so eine gute halbe Stunde, und der Roland wartet vor meinem Tisch, auf dem

BUNDESLIGA

Stellt sich der 1. FC Nürnberg auf dem Weg zur Meisterschaft selbst ein Bein! Der KICKER schildert die schwersten Tage des Clubs

Roland Wabra und der Durst

Der große Krach blieb aus, aber das reinigende Gewitter hat stattgefunden. Seit Wochen knisterte es beim Tabellenführer 1. FC Nürnberg, zeichnete sich eine Nervenkrise ab und war die Atmosphäre von einer undefinierbaren Spannung erfüllt. Am vergangenen Montag kam es zur Entladung — wenn auch anders als erwartet.

Torwart Roland Wabra und Mittelfeldspieler Karl-Heinz Ferschl hatten vor dem Montagtraining einen über den Durst getrunken und waren in angeheiterter Stimmung am Valznerweiher erschienen.

Folgendes hatte sich abgespielt: Georg Volkert, Jungnationalspieler und Linksaußen des Clubs, war mit seinen Mannschaftskameraden Strehl, Wabra und Ferschl zur Übernahme seines neuen Wagens bei einem Autohändler eingeladen. Nach dem „Taufakt“ für die Fotoreporter fand sich die Runde noch zu einem Schlückchen Sekt zusammen, wobei Ferschl und Wabra, bedingt durch die bei-

eine Schorle Maß (eine Mischung aus Wein und Limonade) steht. Ich hab schon gesehen, wie er immer wieder auf das Glas schielte. Und plötzlich schaut er mich ganz treuherzig an: ›Entschuldigen S', Trainer, aber darf ich mal von Ihrer Schorle trinken? Ich hab ja so einen Durscht!‹ So ein Kerl ist das! Ich hab mich umdrehen müssen, damit er nicht sieht, wie ich lache.« Die fristlose Kündigung wird zurückgenommen.

★ ★ ★

Nürnbergs Trainer Max Merkel bringt das Buch **»Mit Zuckerbrot und Peitsche«** heraus. Der Verlag bewirbt es so: »Max Merkel, populärster und erfolgreichster Fußballtrainer Deutschlands, erzählt die Geschichte seines Lebens, seiner Karriere, seiner Spiele – hautnah, offen und ohne Schönfärberei. Dieses Buch kennt keine Tabus! Es räumt gründlich mit vielen überholten Vorstellungen vom ›König Fußball‹ auf!« Und was schreibt Max Merkel selbst? Aus seinem Vorwort: »Sollte ich in diesem Buch jemanden beleidigt haben, so geschah dies mit voller Absicht!«

★ ★ ★

Am 19. Spieltag sorgt 1860-Torwart Radenkovic für Schlagzeilen. Nach der 0:1-Niederlage zu Hause gegen Köln greift Radi nach der Fahne des Linienrichters Homeier und wirft diese im hohen Bogen durch die Luft. Der Torhüter hat jedoch Glück. Schiedsrichter Sturm: »Die Fahne ist Eigentum von 1860 München. Es war also nichts dabei, dass Radenkovic sie nach dem Spiel an sich nahm.« Auch der Torwart sieht keinen Grund für eine Bestrafung: »Als ich auf den Linienrichter zuging, hielt dieser mir die Fahne hin. Und da nahm ich sie eben.« Alles ganz einfach und wahrlich kein Grund, um über eine Strafe für Radenkovic nachzudenken, wäre da nicht noch ein weiteres **Nachspiel im Kabinengang**. Vor der Tür der Kölner tritt der bitterböse Torhüter gegen einen Korb mit Porzellangeschirr – und die Teller und Tassen fliegen im hohen Bogen unter die Decke und zerschellen auf dem Boden in einem Scherbenmeer. Das einzig Positive an diesem total verkorksten Radenkovic-Nachmittag: Es kommt niemand ernsthaft zu Schaden!

★ ★ ★

Sepp Maier ist angefressen. Die letzten Spiele im Jahr 1967 haben ihm überhaupt nicht gefallen. Zu oft hat er hinter sich greifen müssen. Doch Maier wäre nicht Maier, wenn er nicht auch diese Sache mit Humor nehmen würde: »Ich konnte in den vergangenen Wochen den gegnerischen Stürmern die Hand schütteln – so nah kamen sie an mein Tor heran. Doch das wird sich ändern. Für die nächsten elf Tore werden die Stürmer elf Spiele brauchen.«

★ ★ ★

Die Bundesliga wird **immer populärer**. Da ist es klar, dass das Thema Geld irgendwann in den Vordergrund rücken würde. Bisher war es stets nur am Rande diskutiert worden, zumeist im Rahmen von Skandalen, nun rückt es in den Fokus einer Debatte. Angestoßen von Sepp Herberger. Der ehemalige Bundestrainer schaut sorgenvoll auf die Liga: »Ist nicht die Art, wie mit dem Geld umgegangen wird, auch ein Grund dafür, dass viele Leute wegbleiben? Der kleine Mann spürt doch, dass er das alles bezahlen soll!« Erstmals wird auch das Thema Aktien diskutiert, doch Wirtschaftsfachmann Dr. Franz Ziegler nimmt den Spekulationen den Wind aus den Segeln. Er hält nichts von Fußballklub-Aktien: »Das halte ich für unmöglich! Sollte eine solche Entwicklung eintreten, dann glaube ich, dass dorthin die sportbegeisterten Zuschauer nicht mehr gehen werden.« Für Nürnbergs Jugoslawen Zvezdan Cebinac ist das viele Geld, das im Umlauf ist, auf alle Fälle ein großes Übel: »Deutschlands Fußball ist zu kommerziell ausgerichtet. Vom Verein über Fernsehen und Presse bis zum Zuschauer. Es fehlt die Seele. Was ist schon ein Spieler? Eine Sache, Material, Handelsware. Er muss Geld bringen, anstatt Freude und Begeisterung zu wecken. Er muss sofort einschlagen oder abtreten. Keine Zeit mehr für Talente!«

Manchmal ist die Bundeswehr auch für etwas nützlich. Franz »Bulle« Roth vom FC Bayern wird kurz nach seiner Einberufung direkt zum Augenarzt geschickt. Und siehe da: »Ich habe gar nicht gewusst, dass ich schlecht sehe. Vielleicht treffe ich deshalb das Tor so selten.« Er bekommt Haftschalen, und schon klappt es deutlich besser im Verein.

★ ★ ★

Fußballstars im Kino: Im vierten Teil der Lausbubenfilme nach Motiven von Ludwig Thoma spielen die Fußballnationalspieler des FC Bayern München Sepp Maier und Gerd Müller sowie ihr Trainer Tschik Cajkovski Angehörige des bayerischen Heeres. Die Klamotte **»Wenn Ludwig ins Manöver zieht«** wird am 19. Dezember 1967 uraufgeführt. Keeper Sepp Maier nach der Premiere kritisch: »Im Tor bin ich ein besserer Schauspieler.«

Interessant: Die Schreibweise der Namen der Filmstars Maier und Cajkovski ist offensichtlich noch nicht richtig bekannt.

1968/69

In Nürnberg springt der Motor nicht mehr an

Der FC Bayern München holt seine erste Bundesliga-Meisterschaft. Souverän gewinnen die Bayern nicht nur die ersten fünf Partien, sondern stehen **34 Spieltage ununterbrochen an der Tabellenspitze**. Eine Bilderbuchsaison, die sich eigentlich auch der FC Schalke 04 erhofft hatte. Etwas großspurig erklärt Präsident Günter Siebert vor der Spielzeit: »Wir zittern auch in diesem Jahr wieder. Aber diesmal nicht unten, sondern oben!« Doch daraus wird nichts. Nach einer äußerst durchwachsenen Saison landet man auf dem siebten Tabellenplatz.

Die Autogramme des Deutschen Meisters sind schon heiß begehrt.

Überraschend Zweiter wird mit acht Punkten Rückstand auf den Meister Alemannia Aachen. Die Fans intonieren stolz ihr Vereinslied: »Wir brauchen keinen Seeler, wir brauchen keinen Brülls – wir kaufen unsere Spieler alle in Marl-Hüls.« Die Alemannia-Kicker aus dem äußersten Westen bilden eine **verschworene Einheit**, die mit dem extrovertierten belgischen Stürmer Roger Claessen verstärkt wurde. Den Starspieler haben sie sich in Aachen ordentlich was kosten lassen. Belgiens Sportler des Jahres wechselt für 300.000 Mark von Standard Lüttich zu den »Kartoffelkäfern«. Doch die Alemannia ist zuversichtlich, dass das viele Geld gut angelegt ist. Mäzen Oyen: »Der Roger spielt das alles wieder ein. Zu jedem Spiel kommen Busse aus Lüttich.« Das kann die Sturmhoffnung der Alemannia nur bestätigen: »Mein Vater hat kaum noch eine ruhige Minute. Jeden Moment rufen Leute an und wollen Karten für Alemannia-Spiele kaufen.« Den berauschenden Erfolg dieser Saison kann Alemannia Aachen jedoch nie wiederholen. Bereits im kommenden Jahr steigt man als Tabellenletzter chancenlos ab.

Das **Drama dieser Spielzeit** ereignet sich beim amtierenden Deutschen Meister. Eigentlich läuft es beim 1. FC Nürnberg von Anfang an nicht rund. So verlässt Keeper Roland Wabra am zweiten Spieltag schon nach fünf Minuten den Platz in Offenbach. Ein böser Fehler hatte zum 1:0 für die Kickers geführt. Wabra sichtlich angeschlagen: »Diesen Ball hätte jeder andere Torwart gehalten. Er muss wohl auf einen Grasbüschel gesprungen sein und hat dadurch seine Richtung verändert.« Es ist Wabras zweiter Fehler im zweiten Spiel. Ab sofort steht Jürgen Rynio im Kasten. Doch es geht weiter kontinuierlich abwärts mit dem Club.

Dann verliert auch **Trainer Max Merkel** die Übersicht und meckert über seine Kicker. Seinen jugoslawischen Nationalspieler Cebinac will er gar am liebsten auf der Stelle loswerden: »Wenn ich mir vorstelle, was er gekostet hat und wie viele Tore Cebinac schießt, da ist der Pelé direkt billig.« Auch die Spieler sind unzufrieden – mit ihrem Coach. Vorstopper Ferdinand Wenauer erinnert sich:

Saisonverlauf 1968/69

Platz	Tore	Punkte
1.	61:31	46:22
2.	57:51	38:30
3.	61:46	37:31
4.	46:43	37:31
5.	60:54	36:32
6.	55:55	36:32
7.	45:40	35:33
8.	46:43	34:34
9.	59:59	34:34
10.	44:59	34:34
11.	47:45	32:36
12.	33:37	32:36
13.	47:56	32:36
14.	31:39	32:36
15.	45:47	30:38
16.	49:54	30:38
17.	45:55	29:39
18.	42:59	28:40

»Der Max war überall, nur nicht auf dem Trainingsplatz. Als er merkte, dass er den Motor wieder anwerfen musste, war es zu spät. Das war wie bei einem schlecht eingefahrenen Auto.«

Nürnberg schafft es dennoch in das große Abstiegsfinale. Am 34. Spieltag treffen vier der fünf gefährdeten Teams aufeinander. Letzter ist zu diesem Zeitpunkt Kickers Offenbach (28 Punkte), vor dem BVB (28), Nürnberg (29) sowie Köln und Kaiserslautern (30). Es spielen gegeneinander: Borussia Dortmund gegen Kickers Offenbach und der 1. FC Köln gegen den 1. FC Nürnberg. Dortmund besiegelt mit schnellen Toren von Horst »Schotte« Trimhold und Werner »Acker« Weist den Abstieg von Offenbach. Doch in Köln bleibt es lange spannend. Erst in der 51. Minute gelingt Overath die 1:0-Führung. Am Ende schlägt man den 1. FC Nürnberg mit 3:0. Der Meister steigt ab – und die Bundesliga hat einen weiteren **geschichtsträchtigen Paukenschlag** erlebt!

Die besten – Torjäger der Saison

Gerd Müller (Bayern München)	30
Uwe Seeler (Hamburger SV)	23
Josip Skoblar (Hannover 96)	17

Dass das mit dem Klassenerhalt des Club schwierig wird, ahnte Nürnbergs Vorsitzender Walter Luther spätestens am Vorabend des Spiels der Clubberer gegen Borussia Dortmund. **Kapitän Luggi Müller** ist zu Luther nach Hause gekommen und fordert vom Präsidenten eine sechsstellige Summe. Würde diese nicht gezahlt, sehe sich die Mannschaft außerstande, am folgenden Tag mit vollem Einsatz zu spielen. Ein Sieg, so Müller, sei unter diesen Umständen natürlich nicht möglich. »Nach diesem Gespräch war mir klar, dass die meisten Spieler mit ihrem Herzen längst nicht mehr beim 1. FC Nürnberg waren«, sagt der Vorsitzende und rechnet mit dem Schlimmsten.

In Gladbach tastet man sich in der Tabelle langsam vorwärts. Mit 61 Toren schießt man genauso viele wie der Titelgewinner aus München. Doch man kassiert zu viele Treffer. **Günter Netzer** zu seinem Trainer Hennes Weisweiler: »Chef, wenn wir Meister werden wollen, dann müssen wir uns in der Abwehrmitte verstärken. Sonst wird das nie was mit uns!«

Er kann es einfach nicht lassen. Am 30. Oktober 1968 wird Charly Dörfel im Hamburger Volksparkstadion vor 30.000 Zuschauern von Schiedsrichter Edgar Deuschel aus Ludwigshafen des Feldes verwiesen. Der bekannte Nationalspieler und populäre **Schlagersänger Dörfel** antwortet nach einem Foulspiel an einem Gegenspieler auf die Frage des Schiris »Wie heißen Sie?« mit einer knappen, aber leider falschen Antwort: »Schulze.«

★ ★ ★

Eklat des Jahres: Franz Beckenbauer stellt sich im Dezember im Niedersachsen-Stadion vor die Fans von Hannover 96 und zeigt mit einer »Manneken Pis«-Bewegung »dem verehrten Publikum« (O-Ton Beckenbauer) seine innere Gemütsverfassung. Der Bayern-Star fühlt sich zu Unrecht ausgepfiffen. 1.000 Mark Strafe, 50 Mark Verfahrenskosten, zwei Entschuldigungsbriefe und der Eintrag in die Sünderkartei der Frankfurter Zeppelin-Allee sind die Konsequenz. Auch Sepp Maier lässt sich an diesem Tag zu einer Dummheit hinreißen: Er verpasst einem Fan von Hannover 96 eine Ohrfeige. Er bleibt allerdings straffrei. Im Gegensatz zu Gerd Müller, der nach einem harmlosen Schubser vom Platz gestellt wird. Acht Wochen fehlt er den Bayern, in denen sie nur drei Tore schießen und 2:6-Punkte holen. Seine trotz der Sperre erzielten 30 Treffer in der Saison machen Müller zum zweiten Mal hintereinander zum »Fußballer des Jahres«.

★ ★ ★

Das ist bisher auch **einmalig in der Bundesliga**: Vier Trainer sind während der Saison bei Borussia Dortmund engagiert. Oswald Pfau stirbt im Januar an einem Herzinfarkt. Jockel Bracht übernimmt provisorisch, bis der ehemalige Meistertrainer Helmut Schneider kommt. Doch er kann die Talfahrt des BVB in der Tabelle nicht aufhalten. Seine Methoden sind den Akteuren zu »altmodisch«. Bereits neunzig Tage nach seiner Verpflichtung kommt Hermann Lindemann, mit dem der Klassenhalt geschafft wird.

★ ★ ★

Bayerns neuer Trainer Zebec: »Ich versuche den Spielern beizubringen, dass Fußball nicht nur mit den Beinen gespielt wird. Wenn bei mir ein Spieler vom Platz geht, darf er nicht sagen, dass ihm die Beine weh tun, sondern er muss über Kopfschmerzen klagen, weil er während des Spiels so viel denken musste.«

Doch gerade das Denken will Jungstar Franz Beckenbauer mit seiner »Tricksschule« minimieren. Intuitiv sollen Fußballer die eingeübten Kniffe gebrauchen: »Freilich, wenn man sich im Spiel überlegt, welchen Trick wende ich jetzt an, dann ist es von Haus aus schon zu spät. Nur der Instinkt kann während des Spiels darüber entscheiden, was ich als Nächstes mache!«

★ ★ ★

Günter Netzer stöhnt nach dem Gladbacher 2:1-Sieg über den 1. FC Köln: »Laut Waage habe ich in dem Spiel drei Kilo Gewicht verloren. Da weiß man, was man getan hat.« In diesem Sommer 1968 verfestigt sich langsam **Netzers Rivalität** mit einem Kölner Spieler, wie dieses kleine Nachkarten des Gladbachers zeigt: »Musste Overath in dem an sich fairen Spiel eigentlich ein paar Mal so unfair werden?«

★ ★ ★

MSV-Trainer **Robert Gebhardt, genannt »Zapf«**, lässt seine Spieler montags immer als erstes Seilchenspringen. Das Problem: Der Übungsleiter kann nur sehr, sehr schlecht sehen – ist aber zu eitel, eine Brille zu tragen. Dieses Handicap wissen die Spieler trefflich zu nutzen. Torwart Manfred »Cassius« Manglitz muss grinsen, wenn er sich an die Montagmorgenstunden von einst erinnert: »Die Seilchen wurden nach den ersten Metern eingerollt und erst auf der Ziellinie wieder ausgepackt.«

Als sein Mannschaftskamerad Wißmann einen Tag später als die anderen beim Training erscheint, weil er beim Bund ist, muss er unter der Aufsicht Gebhardts alleine Steigerungsläufe absolvieren. Es ist Hochsommer und brüllend heiß. Teamkollege Horst Gecks hat die Bilder von damals noch klar vor Augen: »Der war klinisch tot. Der ist gelaufen wie beim ›Goldenen Schuss‹ – ein bisschen mehr nach links, ein bisschen mehr nach rechts!«

Da verwundert es kaum, dass der Trainer bei seinem Team nicht sonderlich beliebt ist. Da sich »Zapf« ein zweites Standbein mit dem Verkauf von Kinderspielzeug aufgebaut hat, versucht er sich die Gunst seiner Spieler zu erkaufen. Und so ist die Frage **»Willst du ein Auto für deinen Sohn?«** eine Art Running Gag unter den MSV-Kickern.

Trainer Gebhardt mit einem Schweinekopf in der Hand, Riedl und Torwart Manglitz vom MSV.

Einzig Willibert Kremer kann nur Gutes über seinen etwas sonderbaren Trainer sagen. Aber das verwundert auch nicht besonders, wenn man seine ebenfalls recht spezielle Geschichte hört: »Der Zapf hat mich so gut leiden können, dass er mich sogar als Erben eingesetzt hat, als er ins Krankenhaus musste, wegen einer Nierengeschichte oder so. 10.000 Mark und einen Opel Commodore hat er mir vermacht. Und weil er halt so etwas nicht für sich behalten konnte, wusste es bald die halbe Mannschaft, und dann hieß es immer: ›Na, wie geht's deinem Vater?‹«

★ ★ ★

Werner »Acker« Weist schießt am fünften Spieltag in seiner allerersten Begegnung überhaupt bereits nach 100 Sekunden ein Tor gegen den Hamburger SV. Der Dortmunder in der Erinnerung: »Willi Schulz lief neben mir her. Ich dachte: Warum greift der nicht an? Und da hab ich aus 18 Metern abgezogen. Nie wieder habe ich aus der Entfernung ein Tor gemacht!« Dafür in 72 Spielen für den BVB insgesamt 33 weitere aus einer kürzeren Distanz.

★ ★ ★

In Berlin probiert Hertha-Trainer Helmut Kronsbein ein völlig neues Modell mit seinen beiden Torhütern: **Volkmar Groß und Gernot Fraydl** wechseln sich von Partie zu Partie ab. Was angesichts der Zahlen offensichtlich funktioniert. Man kassiert mit 39 Gegentoren die drittwenigsten Treffer. Doch der ständige Wechsel ist für die Mannschaft eine ziemlich nervenaufreibende Sache. Tasso Wild erinnert sich: »Vor jeder Begegnung hielten wir Abwehrspieler untereinander eine kurze Besprechung ab. Etwa so: Also, Jungs, heute spielt wieder der Fraydl im Tor. Das bedeutet, rauf zu jedem Kopfball und alles rausköpfen, was in den Strafraum kommt.« Anders sieht die Lage bei Volkmar Groß aus: »Wenn der im Tor stand, mussten wir bei allen hohen Bällen die Köpfe einziehen!« Nach zwei Jahren ist endgültig Schluss mit diesem Modell.

★ ★ ★

Darauf haben die Aachener gehofft: Dem Deutschen Meister in dessen eigenem Stadion ein Schnippchen zu schlagen. Nach der Niederlage in der Rückrunde der Vorsaison hatte Max Merkel noch süffisant gemeint: »Die Aachener haben ganz gut gespielt, aber Fußballprofessoren sind sie trotzdem nicht!« Nun, nach dem 4:1-Sieg der Alemannia in Nürnberg, sagt Trainer Pfeiffer: »Wir sind zwar **immer noch keine Professoren**, gewinnen tun wir trotzdem!« Und einmal in Fahrt legt er noch einen obendrauf: »Die Abwehr der Nürnberger hat mich heute an einen Schweizer Käse erinnert!« Die Reaktion von Max Merkel überrascht aber dann doch – er schweigt und denkt sich, gegen seine Gewohnheit, still seinen Teil!

★ ★ ★

Schalkes Trainer Günter Brocker schaut sich den **»Magenfahrplan«** seines neuen Spielers Herbert Lütkebohmert an: Butterbrote mit Marmelade, Kuchen und Süßigkeiten. Brocker: »Jetzt wird mir auch klar, warum Lütkebohmert nach dem Training immer so müde war.« Der Fußballlehrer verschreibt dem Jungprofi erst einmal eine tägliche Portion Steaks statt der Süßigkeiten.

★ ★ ★

Ab sofort sind **zwei Auswechselungen** in der Bundesliga möglich. Max Merkel kommentiert das so: »Jetzt kann ich einen Verletzten und einen Schlechten austauschen!«

★ ★ ★

»Überladen, hüftsteif und mit pausbäckigen Gesichtern« erscheinen die Werder-Profis zum ersten Training. Übungsleiter Fritz Langner ist entsetzt. Sechs Wochen haben die Spieler Urlaub im rumänischen Varna gemacht und es sich dort offensichtlich gut gehen lassen. Langner: »Ich traute zuerst meinen Augen nicht. Ich gebe ja zu, dass meine Truppe in der letzten Saison unheimlich viel geleistet hat, dass ich ihr nichts schenkte, aber das ist doch kein Grund, sich dann im Urlaub dermaßen gehen zu lassen. Vor allem nicht, wenn man langsam auf die Dreißig zugeht.« Der Trainer sieht schwarz: »Wenn nicht in letzter Minute ein Wunder geschieht, dann wird unser Start in die Bundesliga ein Fiasko.« Die Sorge von Fritz Langner ist übrigens unbegründet: Nach fünf Spieltagen steht Werder mit 4:6-Punkten im sicheren Mittelfeld der Tabelle.

★ ★ ★

Berti Vogts ist eindeutig **Weisweilers Lieblingsschüler**. Im Trainingslager zieht der kleine Berti voll mit und ist im Gegensatz zu seinen Mannschaftskameraden der Einzige, der die Übungen schweißfrei absolviert. Weisweiler lobt: »Kein Wunder. Der besteht ja nur aus Muskeln. Musterbeispiel dafür, was man sich alles erarbeiten kann. Wenn ich daran denke, wie er mich vor drei Jahren, als wir grad in die Bundesliga gekommen waren, jeden Morgen weinerlich fragte: ›Gegen wen muss ich denn am nächsten Samstag spielen? Ist der schnell?‹ Und wenn ich antwortete: ›Ja, der Nafziger ist schnell‹, dann bat Vogts sofort um einen neuen 100-m-Lauf, um sich von 11,9 auf 11,8 zu verbessern. So einer ist das. Ein hundertprozentiger Profi!«

★ ★ ★

Bayerns Manager Robert Schwan süffisant auf die Frage, ob man den Spielern in der Vorbereitung wieder so lange, **anstrengende Fahrten mit dem Omnibus** zumuten würde: »Damals ist es nur einigen schlecht bekommen, weil sie beim Kartenspielen mit dem Rücken in Fahrtrichtung gesessen haben. Statt Karten gibt es heuer eine andere Lektüre.« Im Grunde liebt Schwan Omnibus-Fahrten aber ebenso wenig wie die Spieler. Er reist gerne komfortabel und mit Stil.

★ ★ ★

Anfang der Saison gibt es **Probleme mit dem Wechsel von Horst Köppel**. Der Stuttgarter hat sowohl bei den Schwaben wie in Mönchengladbach einen Vertrag unterschrieben – beim VfB allerdings etwas früher als bei der Borussia. Am 26. März 1968 morgens um halb drei setzt Köppel seine Unterschrift unter die Abmachung mit dem VfB. Sein Vater ist in diesem Moment abwesend, deshalb soll seine Mutter unterschreiben, was sie aber nicht tut. Das Schriftstück ist somit eigentlich hinfällig, da Köppel noch nicht volljährig ist. Da in dieser Nacht auch Sekt konsumiert wird, spekuliert die Presse, ob das Talent möglicherweise angesäuselt gewesen sein könnte, doch Köppel widerspricht: »Ich stand nicht unter Alkoholeinfluss. Zwei Gläser hatte ich höchstens getrunken. Also, in dieser Beziehung kein Vorwurf an den VfB.« Die Stuttgarter bleiben hartnäckig, und auch Horst Köppel stellt auf stur: »Lieber warte ich ein Jahr, als dass ich zurückkehre.« Am Ende einigt man sich schließlich doch noch – lange sollte Köppel mit diesem Entschluss allerdings nicht glücklich sein.

★ ★ ★

Der schnellste Mann bei der Hertha ist in diesem Jahr ganz eindeutig der Trainer. Fiffi Kronsbein und sein Auto rasen durch Berlin, dass es eine wahre Freude ist. Doch manchmal fährt man zwar flink, doch nicht zu flink, dass einen die Polizei nicht erwischen kann. Genau das passiert Kronsbein auf höchst kuriose Weise. Als eine Zivilstreife einen Raser mit 63 km/h gerade schnappen möchte, wird der Schnellfahrer links von einem anderen Fahrzeug überholt. Hinter dem Steuer des **fliegenden Commodore** sitzt niemand Geringeres als Helmut Kronsbein.

★ ★ ★

Zwölf Pfund hat Gerd Müller unter seinem neuen Trainer Branko Zebec abgenommen und wiegt **nur noch 78 Kilo**. Müller: »Kartoffeln kenne ich jetzt überhaupt nicht mehr. Früher konnte ich Riesenmengen fressen. Heute kann ich's nicht mehr. Ein bisschen zu viel … und es kommt mir oben wieder raus.« Zu verdanken hat der »Bomber der Nation« dies alleine seinem neuen Coach, wie sein Mitspieler Peter Kupferschmidt mal erzählte, als er etwas über den Unterschied zwischen Tschik Cajkovski und Branko Zebec sagen sollte: »Unter Tschik hatte Gerd Müller 84 und unter Zebec 78 Kilo.«

Doch das allein ist nicht das ganze Geheimnis von Müllers neuer, alter Stärke. Der Bayern-Stürmer rasiert sich vor Spielen nun auch nicht mehr. Abergläubisch sei er natürlich nicht, erzählt er den Journalisten, aber nützen tue es schon: »Ich habe unrasiert schon ein paar Mal recht gut gespielt!«

★ ★ ★

Kaiserslauterns Trainer Piechaczek ist kein Freund von Abendspielen beim BVB: »Dortmunds Flutlichtanlage ist eine der schlechtesten in der Bundesliga. Wir wären gar nicht froh darüber, müssten wir an einem Mittwoch, also bei künstlichem Licht, ausgerechnet in Dortmund spielen. Denn im Stadion Rote Erde ist unter Flutlicht jede Gastmannschaft benachteiligt.«

★ ★ ★

Ein Hotelwechsel am Abend ist eigentlich nicht geplant gewesen, doch die Lauterer Spieler führen sich schrecklich auf. Vor dem Auswärtsspiel gegen den HSV macht die Mannschaft in einem Hotel in Quickborn Halt. Lauter junge Männer im besten Lausbubenalter und ein völlig überforderter Trainer Egon Piechaczek. Die Spieler machen sich einen Spaß daraus, den Speisesaal von einer Empore aus mit Hagebutten zu bewerfen. Einige Früchte landen auf den weißen Tischtüchern, andere direkt in den tiefen Ausschnitten der feinen Damen. **Der Hoteldirektor ist empört.** Mit erhobenem Zeigefinger droht er: »Noch einmal, dann …« Doch die Ansage kommt zu spät. Mittelfeldstratege Otto Geisert hat eine Blumenschale vom Podest geworfen, die nun – mitten in die Worte des Direktors hinein – klangvoll in

Die Mannschaft des 1. FC Kaiserslautern in der Saison 1968/69 (stehend von links nach rechts): Co-Trainer Weise, Klimaschefski, Geisert, Schneider, Schwager, Rehhagel, Schnarr, Friedrich, Klein und Trainer Piechaczek; (Mitte von links nach rechts) Hansing, Kentschke, Diehl, Milic, Rumor, Hasebrink; (vorne von links nach rechts) Pirrung, Glaß, Kiefaber, Stabel, Koppenhöfer, Windhausen und Soyez.

tausend Stücke zerbricht. Einige Minuten später steht die Mannschaft des 1. FC Kaiserslautern mit gepackten Koffern auf der Straße. Das Spiel am nächsten Tag endet übrigens 3:1 für den HSV. Die Vorlage zum zwischenzeitlichen 1:1 durch Gerhard Kentsch gab gewohnt treffsicher: Otto Geisert.

★ ★ ★

Schalke verpflichtet den Österreicher Franz Hasil und hofft, mit ihm einen tollen Fang gemacht zu haben. Trainer Günter Brocker: »Wenn er sich eingelebt hat, wird er vielleicht einmal **der Max Morlock von Schalke**. Im Kopfballspiel erreicht Hasil den Weltmeisterspieler natürlich nie.« Die größten Probleme hat Hasil anfangs mit der Härte in der Bundesliga, doch der Österreicher ist nicht nur ehrgeizig, sondern auch sprachlich sehr kreativ. Über seine fehlende Durchsetzungskraft sagt er: »Ich werde sie erlernen wie eine Fremdsprache!« Das macht Eindruck beim Verein der Malocher. Doch manchmal sind fremde Sprachen einfach zu schwer. Nach der Saison wechselt der Österreicher zu Feyenoord Rotterdam.

★ ★ ★

Uwe Seeler ist nicht nur bodenständig, sondern auch äußerst bescheiden. Zu seinem perfekten Glück fehlt nicht mehr viel : »Eigentlich bin ich ganz zufrieden. Allerdings: Wenn ich jetzt noch ein Bauernhaus irgendwo in Schleswig-Holstein hätte, vielleicht auf Sylt, dann wäre ich wohl wunschlos.«

★ ★ ★

Werder Bremen möchte unbedingt den 21-jährigen **Dieter Zembski** verpflichten, doch der junge Mann ziert sich. Von Beruf Schriftsetzer bei einem Berliner Verlag, ist seine große Leidenschaft neben dem Fußball die Musik – Zembski ist Schlagzeuger in einer Band namens »Mushroams«. Während Vereinsarzt Dr. Böhmert Verständnis für die langen Haare Zembskis (»Der Junge sieht mit seiner Frisur wirklich gut aus«) und sein Hobby zeigt, versteht Trainer Fritz Langner die Welt nicht mehr: »Bei uns kann der Geld verdienen wie nie zuvor, und da will er weiter klimpern. Das gibt's doch nicht!« Letztendlich gelingt es Werders findigem Geschäftsführer Hans Wolff, Zembski zu verpflichten, doch auch er weiß, dass dies für den jungen Mann einen harten Einschnitt in seinem Leben bedeutet: »Als Schriftsetzer und Musiker war er schon Geselle – bei uns ist er wieder Lehrling. Damit muss er sich abfinden.« Und noch mit etwas anderem. Auch die Haare müssen ab. Da kennt Trainer Fritz Langner bei aller Liebe kein Pardon: **»Beatles spielen bei mir nicht!«**

★ ★ ★

In Mönchengladbach hat man etwas resigniert. Der Vorsitzende Dr. Helmut Beyer fasst das Dilemma kurz und schmerzlos zusammen: »Zur Meisterschaft taugt diese Mannschaft nie. Wenn es ernst wird, machen unsere Jungen schlapp, allen voran Günter Netzer.« Das hat offensichtlich auch Trainer Hennes Weisweiler erkannt: Er will aus Netzer einen Ausputzer machen und sagt: »Das ist kein Witz! Der Ausputzer Netzer ist ein Versuch, der permanenten Abwehrschwäche unserer Mannschaft Herr zu werden.« Sofort lautes Rascheln im Blätterwald. Der »Kölner Stadtanzeiger« schreibt: **»Netzer wird entmachtet!«** Und was meint der Mittelfeldstratege selbst zu Weisweilers ungewöhnlichem Plan? Überraschend einsichtig reagiert Netzer und sagt: »So wie der Franz möchte ich werden!« Beckenbauer, das Vorbild Netzers? Die Geschichte haben die meisten sicherlich schon vergessen. Wahrscheinlich sogar die beiden Protagonisten selbst.

★ ★ ★

Kickers Offenbach ist in die Bundesliga aufgestiegen, und die Fans wissen, wem sie diesen Erfolg in besonderem Maße zu verdanken haben. Die Kickers-Anhänger bemalen in einer Nacht-und-Nebel-Aktion sechzig lange Papierstreifen und verwandeln mit diesen und einem Eimer Kleister die Bieberer Straße in eine **»Hermann-Nuber-Allee«**. Als der Morgen anbricht, rückt jedoch ein Notdienst der örtlichen Müllbeseitigung an und räumt den kreativen Akt der Fans noch vor dem Eintreffen der anderen 25.000 Schlachtenbummler beiseite. Doch die Fotos dieser Huldigung erreichen die Offenbacher Legende und rühren Hermann Nuber zu Tränen. Und er macht den Anhängern Hoffnung für die Zukunft – sein Sohn scheint Talent zu haben: »Der Ingo hat einen starken linken Fuß. Und vom dritten Geburtstag an wird der rechte trainiert.«

★ ★ ★

Die Journalisten in München sind sauer. Der aus Italien heimgekehrte Star der Bundesliga, Jürgen Schütz, will sich nicht mit einer **Maß Bier** fotografieren lassen. Für eine Bilderstrecke in Bayern eigentlich ein Muss. Doch Schütz hat eine so einfache wie plausible Begründung für seine Scheu: »Vielleicht brauche ich ein paar Wochen, um mich in die Mannschaft hineinzufinden. Und da sollen die Leute nicht sagen: Ja, Bier trinken konnte er schneller!«

★ ★ ★

Tschik Cajkovski hat in Hannover nur Probleme: »Ich habe zwar vor Monaten zu meinem Präsidenten gesagt: ›Ihr braucht keine Spieler einzukaufen!‹ Ich habe aber nicht gesagt: ›Ihr könnt ruhig verkaufen!‹« Tschik gehen die Spieler aus, dabei hat er ganz genaue Vorstellungen von einem neuen Wunschakteur für sein Team: »Außenstürmer muss sein wie Pferd, das dann, wenn losgelassen vom Zügel, vorpreschen kann.« Und als ob der jugoslawische Trainer nicht schon genug Sorgen hat, macht ihm nun auch noch das Nachwuchstalent Rainer Zobel zu schaffen. Der Stammspieler der Amateur-Nationalmannschaft hat ein Flugticket des Vereins nicht wie verabredet zur Nachreise ins Trainingslager nach Karlsbad genutzt, sondern für einen Ausflug zu seiner Freundin nach München umschreiben lassen. Vier Tage ist Zobel spurlos verschwunden, bis er sich reumütig bei seinem Verein meldet. Die Polizei kann die Suche nach dem liebestrunkenen Talent wieder einstellen. Und Tschik Cajkovski? Der verzweifelt langsam an Hannover: »Was nützt mir die schönste Stadtarchitektur, wenn die Mannschaft schlecht ist!«

1969 | 70

Gladbach hat endlich erkannt: »Nur mit Florett geht's nicht«

Wie schnelllebig der Fußball ist, muss am letzten Spieltag der Saison Braunschweigs Trainer erfahren. Tausende Zuschauer skandieren **»Johannsen raus!«**, genau in dem Stadion, in dem man nur drei Jahre zuvor die überraschende Meisterschaft der Eintracht gemeinsam gefeiert hatte. Doch bei den verbalen Unmutsäußerungen bleibt es an diesem Nachmittag nicht. Chaoten überspringen die Absperrungen und versuchen Johannsen von der Trainerbank zu zerren. Ordner retten den Eintracht-Trainer in letzter Sekunde. Geschockt verfolgt er die knappe Rettung seines Vereins. Nach der Spielzeit verlässt Helmut Johannsen Braunschweig und wechselt zu Hannover 96.

Dort muss Übungsleiter Tschik Cajkovski seinen Platz schon zur Halbserie räumen. Der füllige, stets hungrige Tschik ahnt nach dem **0:5-Debakel am Bökelberg** bereits, dass seine Zeit in Hannover abgelaufen ist. Verzweifelt, in sich gekehrt und wortlos reicht er dem völlig überraschten Busfahrer auf der Rückreise aus Mönchengladbach sein Lunchpaket. Der gute Mann freut sich über das Schnitzel und mehrere Stullen aus der Hand des Trainers, aber mehr noch ist er verwundert und besorgt: »Das hatte es bis dahin überhaupt noch nicht gegeben.«

Fast verrückt erscheint ein anderer Rausschmiss im Jahr der prominenten Trainerentlassungen. In München wird Meistertrainer Branko Zebec vor die Tür gesetzt. Zu diesem Zeitpunkt steht der FC Bayern auf dem dritten Tabellenplatz. Doch der Druck und die Gier nach Erfolg werden immer größer. In München wird **Udo Lattek** der neue Übungsleiter. Und der ehemalige Assistent des Bundestrainers ist richtig guter Dinge: »Ich habe an einem 13. geheiratet und führe seit acht Jahren eine glückliche Ehe. Ich habe am Freitag, dem 13., den FC Bayern übernommen und bin sicher, dass diese Ehe auch gut gehen wird.« Der Einstand, nur einen Tag später, glückt auf jeden Fall schon einmal. Alemannia Aachen wird 6:0 geschlagen.

Deutscher Meister wird jedoch nicht der FC Bayern München, sondern Borussia Mönchengladbach. Endlich hat Trainer Hennes Weisweiler es geschafft, die größte Schwäche der Fohlen in den Griff zu kriegen. Die Abwehr kassiert die wenigsten Tore der Liga. Nur ganze 29-mal treffen die Gegner in den Kasten der Gladbacher. Das liegt vor allem an den Neuzugängen Luggi Müller aus Nürnberg und Klaus-Dieter Sieloff aus Stuttgart. Die beiden beinharten Recken geben der Abwehr die lange vermisste Stabilität. **Weisweiler ist zufrieden** mit seiner Taktik: »Nur mit Florett geht's nicht. Man braucht auch schwere Säbel.«

Und auch sonst überlässt Gladbachs Trainer nichts dem Zufall. Er weiß, manchmal kommt es auf Kleinigkeiten an. Bevor für die Mannschaft von Borussia Mönchengladbach ein Hotel gebucht wird,

Saisonverlauf 1969/70

Platz	Tore	Punkte
1.	71:29	51:17
2.	88:37	47:21
3.	67:41	45:23
4.	83:38	43:25
5.	60:67	36:32
6.	57:54	35:33
7.	59:62	35:33
8.	54:54	34:34
9.	43:54	34:34
10.	44:55	32:36
11.	38:47	31:37
12.	41:54	31:37
13.	49:61	30:38
14.	50:62	29:39
15.	35:48	29:39
16.	40:49	28:40
17.	41:56	25:43
18.	31:83	17:51

lässt sich Weisweiler genau über das Käseangebot vor Ort informieren. Zudem muss immer eine Flasche **Fernet Branca** im Haus sein. Weisweiler streng: »Diese Dinge prüfen wir ganz genau!«

Ein großes Plus der Gladbacher ist auch die **Harmonie im Kader**, die aus der klaren Hierarchie resultiert. Berti Vogts: »Günter Netzer war der alleinige Chef, nicht nur auf dem Spielfeld. Wir zehn anderen haben uns ihm völlig untergeordnet. Wir wussten ja, was er für unser Spiel bedeutet.«

Die besten Torjäger der Saison

Gerd Müller (Bayern München)	38
Werner Weist (Borussia Dortmund)	20
Herbert Laumen (Borussia M'gladbach)	19
Hannes Löhr (1. FC Köln)	19
Klaus Fischer (1860 München)	19

Auch bei den Feierlichkeiten hält sich der »Chef« Netzer weitgehend aus dem Treiben der anderen raus. Einige Spieler schrauben im Glücksrausch des Meisterschaftstriumphs im Hotel zusammen mit ihrem Manager Grashoff am Bett von Hennes Weisweiler herum. Der Plan: Das Bett soll zusammenbrechen, sobald der Trainer sich hineinlegen möchte. Und es gelingt. Als Weisweiler in sein kuscheliges Schlafgemach steigt, **kracht es lautstark ineinander**. Grashoff und die Spieler stehen vor dem Zimmer, halten sich lachend die Bäuche und warten auf den Trainer – doch der kommt nicht aus seinem Ruheraum heraus. Erst als Weisweiler am nächsten Morgen auf dem Boden liegend erwacht, bemerkt er, was mit ihm in der Nacht geschah. Noch im Fallen muss der Meistertrainer süß und fest entschlummert sein.

Die Lage bei 1860 München ist dagegen von Anfang an kritisch. So brisant, dass der Trainer Fritz Langner sogar von Journalisten bis unter die Dusche verfolgt wird. Man will wissen, warum es bei den Sechzigern nicht läuft. Im Adamskostüm zeigt **Fritz Langner** ungeniert an sich herunter und sagt: »Am Hammer liegt's nicht!« Sein Spitzname »Die Peitsche« kann durchaus zweideutig verstanden werden. Es reicht trotzdem nicht: Der Deutsche Meister von 1966 steigt zusammen mit Alemannia Aachen aus der Liga ab!

»Kuchenkasper« nennen die Duisburger ihren Kapitän Detlef Pirsig, der sich vor jedem Spiel drei Stück Torte vom MSV-Masseur Gerd Kuipers ans Bett bringen lässt – mit einem Kännchen Kaffee selbstredend, damit »es besser rutscht«. Den Trick hatte ihm sein alter Trainer Gyula Lorant verraten, der seinen Mannschaften stets eintrichterte: »Jungs, wenn ihr vor dem Spiel noch ein Stück Kuchen esst, habt ihr auch noch Kraft für die letzten zwanzig Minuten. Dann sind die anderen kaputt, und ihr könnt immer noch laufen.« Pirsigs Frau Brigitte darf so jeden dritten Tag einen frischen Kuchen in den Ofen schieben. Gezählt hat der MSV-Profi die Stücke nicht, die er in seiner Karriere verputzte, aber »es werden bestimmt schon einige Tausend gewesen sein«, vermutet er lächelnd. Die süße Speise verleiht dem Duisburger übrigens solch imponierende Kräfte, dass er beim Gegner sehr gefürchtet ist, wie sich der BVB-Profi Werner »Acker« Weist erinnert: »Beim Detlef Pirsig musstest du die Schienbeinschoner auch hinten tragen, so ging der auf die Socken. Er selbst spielte aber mit herunterhängenden Strümpfen und hat nie einen mitgekriegt!«

★ ★ ★

Die bis heute gültige **höchste Zuschauerzahl** bei einem Bundesligaspiel datiert aus dieser Saison. Die Partie am 26. September wollen 88.075 (zuerst gemeldet werden 85.411, diese Zahl wird später nach oben korrigiert) zahlende Fußballanhänger im Berliner Olympiastadion sehen. Die Begegnung zwischen Hertha BSC und dem 1. FC Köln endet 1:0.

★ ★ ★

HSV-Star Charly Dörfel nimmt den Schotter mit, wie er auf der Straße liegt. Dieses Jahr gelingt es ihm, einen ganz besonderen Deal auszuhandeln und dafür auch noch eine Lücke zu schließen: »Ich war der erste Fußball-Profi in Deutschland, der ein Toupet trug – dafür gab's damals einen Zweijahres-Werbevertrag, der mit 20.000 Mark dotiert war.« Doch der breiten Öffentlichkeit bleibt das neue Haarteil verborgen: »Ich habe mit dem Fiffi ja nur trainiert, nie gespielt. Die Zuschauer grölten dann: ›Ey, Glatze, wo sind deine Haare?‹« Dörfel leidet unter seinen fehlenden Haaren so sehr, dass er richtig patzig wird, wenn ihn einer zu sehr aufzieht. Dann schlägt er kompromisslos verbal zurück: »Ich erzähl doch auch keinem, dass du nur einen kleinen Pillermann hast!« Tragen darf er das Haarteil im Spiel übrigens nicht, weil sein Trainer Georg Knöpfle es ihm verbietet: »Wenn ein Spieler dem Charly das Toupet aus Versehen vom Kopf reißt, ist es aus mit seinem Selbstvertrauen.«

Was wäre die Bundesliga ohne ihre **tierischen Highlights**? Gut, vermutlich könnte Friedel Rausch auf die schmerzhafte Geschichte verzichten, erzählt hat er sie in den vierzig Jahren danach trotzdem immer wieder gerne. Weshalb man über den zweifachen Biss des braven Schäferhundes Rex in den Allerwertesten des Schalkers Rausch eigentlich nicht mehr viele Worte zu verlieren braucht. Die qualvollen Minuten des 6. September 1969, als im Stadion Rote Erde beim Revierderby Borussia Dortmund gegen den FC Schalke 04 Hunderte von Zuschauern den Platz stürmten und von maulkorbbefreiten Hunden zurückgedrängt werden sollten, sind in das kollektive Gedächtnis der Bundesliga eingegangen. Auch die herrlich-spektakuläre Idee des Schalker Präsidenten Oskar Siebert, beim Rückspiel vier echte Raubkatzen aus dem Löwenpark Westerholt zu holen und diese auf Höhe der Mittellinie an der Leine von vier Ordnern patrouillieren zu lassen, ist legendär und weithin bekannt.

Doch dass Friedel Rausch noch Wochen nach dem Abklingen der Wundschmerzen weitaus größere Probleme mit sich herumträgt, behält er lange Zeit lieber für sich. Denn die Neckereien der Gegenspieler nerven ihn in den folgenden Monaten nicht nur, nein, sie sind dem eitlen Sonnyboy auch ein wenig peinlich. Der smarte Friedel Rausch ist auf dem Fußballplatz urplötzlich zum Gespött der Leute geworden: »Es war die Hölle. Fast in jedem Spiel kam mein Gegenspieler an und machte ›wuff-wuff‹. Ich war fortan die **Lachnummer der Liga**.« Auch seine Schalker Mannschaftskollegen treiben mit Rausch ihren Schabernack. So fragen sie in den Tagen nach dem Vorfall den armen Kumpel scheinheilig: »Friedel, überleg doch mal, der Hund hätte dich vorne rum gebissen …?« Ganz der alte Macho, antwortet Rausch, geistig bereits wieder voll auf der Höhe, cool und gelassen: »Dann hätte der Köter seine Zähne verloren …«

Sein BVB-Gegenspieler Siggi Held weist viele Jahre später auf einen lange Zeit eher vernachlässigten Aspekt dieses denkwürdigen Tages hin: »Es kommt in der Geschichte ja immer viel zu kurz, was für kluge Hunde es damals in Dortmund gab.« Hunde, die genau wussten, wen sie zu beißen hatten und wen nicht. Friedel Rausch bekommt übrigens ein Schmerzensgeld in Höhe von 500 Mark zugesprochen – und kostenlos dazu erhält er das lebenslange Glück, Held einer der meisterzählten Bundesligageschichten überhaupt sein zu dürfen!

★ ★ ★

Besonders herzlich wird das **Jungtalent Rolf Rüssmann** auf Schalke nicht empfangen. In seinem Vertrag stehen nicht die verabredeten zwei Jahre Laufzeit, sondern nur eins, und als er von den Königsblauen zu Hause abgeholt werden soll, wartet er vergeblich. Als ihn schließlich der Schalker Vereinswirt in sein Auto einlädt und zur Glückauf-Kampfbahn bringt, lässt man ihn dort weitere Stunden alleine in einem Zimmer warten. Rüssmann: »Gegen Abend kam Günter Siebert und meinte: ›Ach ja, du bist auch da.‹ Ich sprach ihn dann sofort auf den Passus im Vertrag an und meinte, die Sache mit dem einen Jahr müsse doch ein Irrtum sein. Ich erhielt zur Antwort: ›Das hat schon seine Richtigkeit. Dir trauen wir nicht so viel zu, deshalb läuft der Vertrag nur über ein Jahr.‹«

Der Winter ist hart und macht den Aktiven ordentlich zu schaffen. Bei der Partie Rot-Weiss Essen gegen Borussia Mönchengladbach (1:0) herrschen **irreguläre Bedingungen,** wie RWE-Original Willi Lippens anmerkt: »Herr Schiedsrichter, da können Sie ja noch nicht einmal 100 Meter spazieren gehen, geschweige denn spielen.« Ein weiteres Problem der kalten Jahreszeit: Die Bundesliga ist ordentlich in Verzug. Reihenweise fallen Spiele aus. Und der Terminkalender ist eng. Im Sommer steht die Weltmeisterschaft in Mexiko an. Was also tun? Als die Verzweiflung am größten wird, rettet wenigstens der Humor für einen Moment über die angespannte Lage hinweg. Schalkes Präsident Günter Siebert: »Wenn gar nichts mehr hilft, dann fahren alle Klubs nach Mexiko und holen dort die Spiele nach.« Ein durchaus reizvoller Gedanke, finden die anwesenden Journalisten beim Blick aus dem zugefrorenen Fenster hinaus auf die weiße Schneelandschaft im kalten Januar 1970.

★ ★ ★

Amerikanische Soldaten begannen im Neckarstadion, mit Heizaggregaten das Spielfeld vom Eis zu befreien. Die Heizluft wird unter Zeltplanen geleitet. Foto: dpa

12 kicker

Es wird

Müssen Stadien so aussehen, wie auf unserem Bild? Nein! Wir haben zuletzt vor einem Jahr (unten) Vorschläge zur

sparen. Das letzte Mal stellten wi im Januar vorigen Jahres (siehe Seitenausschnitt unten) ausführ lich die Methoden vor, mit dener in Italien die Plätze abgedeck werden, was dort vom Verband für alle Ligavereine zwingend ge fordert wird. Wir nannten die ge

In München, Hamburg und Berlin reagiert man am schnellsten auf den langen und harten Winter. Man plant den **Einbau einer Rasenheizung**. Während man in München nur acht Zentimeter unter den Rasen gehen möchte, überlegt man in Hamburg, eine Anlage zu installieren, die zwanzig Zentimeter unter der Rasenfläche liegt. Die Kosten für die Heizungen werden sich zwischen 450.000 und 1.000.000 Mark belaufen. Vorbild ist Arsenal London, die in sechs Jahren Betriebszeit nur ein einziges Spiel wegen eines Schneesturms abbrechen mussten.

★ ★ ★

Die Bundesliga sucht händeringend nach neuen Torjägern, oder wie es der »kicker« ausdrückt: **»Einen Knüller wie Müller«**. Wird es Willi Reimann von Bremerhaven 93 sein oder Göppingens Willi Hoffmann? Die Spione tingeln über die Dörfer – immer auf der Suche nach einem neuen »Bomber der Nation«. 1860 München hat bei diesen Ausflügen in die nähere Umgebung wohl besonderes Glück gehabt. Ein gewisser Klaus Fischer ist den Spielerfängern beim SC Zwiesel ins Netz gegangen. Nun wird er vom 1860-Trainer und ehemaligen Klassestürmer Bimbo Binder auf Kurs gebracht. Und der ist zuversichtlich, was er seinem Torjäger auch sagt: »Du musst dir nur einen besser kontrollierten Schuss antrainieren, dann bist du nicht aufzuhalten.«

★ ★ ★

Hannovers Torhüter **Horst »Polly« Podlasly** erhält zum Geburtstag von seinem Verein eine Flasche Kognak – mit dem Spruch anbei: »Als Medizin gedacht, wenn du mal erkältet bist!«

★ ★ ★

Auswärtsfahrten mit Bundesligaprofis werden manchmal auch zu verkappten Klassenfahrten mit einer Horde Schülern. Als die BVB-Spieler Jürgen Rynio, Ferdi Heitkamp und Reinhold Wosab am Vorabend eines Spiels in Hamburg zusammen mit ihrem HSV-Kollegen Klaus Zaczyk für einen abendlichen

Trainer Hermann Lindemann und Helmut Bracht auf der BVB-Bank.

Bummel auf die Reeperbahn ziehen, ahnen sie noch nicht, welch einmalige Gelegenheit sich ihnen dort bieten soll. Beim Absackerbierchen entdecken sie in dem nur spärlich ausgeleuchteten Etablissement einen gar wundersamen Kasten. Mit diesem seltsamen Gerät kann man sich seine **ganz persönliche Schlagzeile** auf die kommende Ausgabe der »St. Pauli Nachrichten« drucken lassen. Und da sie wissen, dass ihr schlauer Trainer Hermann Lindemann beim Frühstück gerne eine frische Zeitung liest, bestellen sie ein Exemplar und legen es am nächsten Morgen fein säuberlich neben seine Kaffeetasse. Als der Dortmunder Coach wenige Stunden später gut gelaunt im Frühstücksraum erscheint, sitzt die komplette Mannschaft bereits gespannt auf ihren Plätzen. Und Lindemanns Reaktion lässt nicht lange auf sich warten. Mit hochrotem Kopf entdeckt der entsetzte Trainer die mit dicken Lettern rot unterlegte Schlagzeile auf den ersten Blick: »Hermann Lindemann im Bordell verhaftet!« Nervös schaut der Übungsleiter des BVB im Saal herum. Seine Brille rutscht ihm von der schweißnassen Nase, als er dem vorbeieilenden Kellner zuruft: »Herr Ober, ich brauche sofort einen Rechtsanwalt!« In diesem Moment kommt sein Spieler Reinhold Wosab lachend aus einem Nebenraum, hält eine Ausgabe der »St. Pauli Nachrichten« in der Hand und ruft freudestrahlend: »Ich habe gerade zu Hause angerufen. Junge, die Zeitungen gehen da weg wie warme Semmeln!« Man muss wohl nicht erwähnen, dass bei all dieser Aufregung das anschließende Spiel am Abend gegen den Hamburger SV mit 4:3 verloren ging.

★ ★ ★

Etwas neidisch schaut Franz Beckenbauer aus dem Fenster des Bayern-Busses. Das prächtige Klubhaus und das **Trainingsareal des 1. FC Köln** imponieren dem Nationalspieler – vor allem im Vergleich zu den eigenen Verhältnissen in München: »Wir können uns draußen in unserem Häuschen auf den Trainingsplätzen nicht einmal alle in einem Raum umziehen. Von den fünf Brausen gehen vielleicht drei. Und wollen wir uns nach dem Spiel zusammensetzen, müssten wir ins Hofbräuhaus gehen. Die Kölner haben's besser!« Besserung ist allerdings auch in München in Sicht: An der Säbener Straße wird bereits tüchtig gebaut.

★ ★ ★

Der Hamburger SV gewinnt zu Hause gegen Rot-Weiß Oberhausen mit 2:1. Zweifacher Torschütze und überragender Mann des Spiels ist **Uwe Seeler**. Gästecoach Adi Preißler ist voll des Lobes über den alternden Herrn des HSV: »Wenn ich meine jungen Spieler betrachte und diesen Uwe Seeler, verstehe ich die Fußballwelt nicht mehr. Seeler ist 34. Er sprang höher als alle anderen. Er schießt mehr. Er läuft sie alle tot. Er spornt in den letzten Minuten seine Leute an. Ich weiß nicht, wie er es macht. Ein toller Bursche!«

Franz Beckenbauer ist Schriftführer und Herausgeber des »Bayern-Echo«. Und in dieser Eigenschaft macht sich der Nationalspieler nach der entscheidenden Niederlage im Kampf um die Meisterschaft am 21. April in Bremen (1:0 für Werder) erst einmal Luft: »Die Bremer Mannschaft durfte dazwischenhauen, wie sie wollte. Im Privatleben würde man sie wahrscheinlich wegen Körperverletzung einsperren, auf dem Fußballplatz dürfen sie alles machen. Bei den brutal einsteigenden Bremern wären Knochenbrüche durchaus drin gewesen.«

★ ★ ★

Bei einem Vertragsgespräch mit Grashoff meint der Manager nach einer weiteren Erhöhung seines Angebots, dass Netzer nun doch langsam mal zufrieden sein solle. **Eine Runde Champagner** wäre angesichts des großzügigen Vertragsinhalts angebracht. Der Mittelfeldstar geht, ohne ein Wort zu sagen, aus dem Raum, direkt zu einem nahe gelegenen Supermarkt und kehrt mit einer Flasche des billigsten Erdbeerschaumweins zurück. Grashoff versteht und legt zähneknirschend noch eine Mark oben drauf.

★ ★ ★

Schalkes Trainer Rudi Gutendorf ist wahrhaft kein Kostverächter. Stolz präsentiert »Riegel-Rudi« (RR) in Gelsenkirchen seine Corvette mit S04-Aufkleber und seine Frau.

Petar Radenkovic – ein Fall für den Psychiater!

Als die beiden Sturköpfe miteinander arbeiteten, konnte es schon mal etwas herber zur Sache gehen. Besonders der Coach der Sechziger, Max Merkel, verpasste seinem Torwart so manche **verbale Ohrfeige**: »Der Radi ist ein Fall für den Psychiater!« Nicht gerade nett der Satz, doch Radenkovic reagiert souverän – er geht zum Arzt und lässt sich von diesem bescheinigen, dass er völlig gesund ist. Als sich Merkel ein anderes Mal über seinen Keeper ärgert, sagt er über Radi: »Bei dem nützt nicht einmal eine Bluttransfusion etwas.«

Möglicherweise hätte sich Radenkovic die gewohnt kritischen Anmerkungen seines Trainers beim TSV 1860 München, Max Merkel, im Nachwort für sein Buch **»Das Spielfeld ist mein Königreich«** mehr zu Herzen nehmen sollen: »Aber vielleicht ist der Radi ein bisserl zu schnell groß geworden und glaubt deshalb manchmal, es müsse sich eigentlich alles nur mehr um ihn drehen. Sonst müsste ich ihn nicht von Zeit zu Zeit wieder auf den Teppich zurückholen.«

Jahre später erkennt auch Max Merkel endlich, was er an Radenkovic hatte: »Ohne diesen Wahnsinns-Torwart wären wir nie Meister geworden.« Und wenn er ehrlich ist, liebte er auch schon damals seine Spitzfindigkeiten: »Der Radi war **ein cleverer Hund**. Wenn er nicht pünktlich war, hat er eben seine Uhr verstellt.«

Als Petar Radenkovic es sich einmal mit den Münchner Journalisten verscherzt, reagiert er wenige Wochen später reumütig und bittet die Pressevertreter zu einem **Versöhnungsessen** in ein Restaurant. Dort entschuldigt er sich bei jedem Einzelnen persönlich. Die Aktion kommt gut an, doch ein Redakteur meint, Radenkovic müsse sich bei ihm gar nicht entschuldigen, da er damals, als der Torhüter so unfein gewesen war, gerade im Urlaub gewesen sei. Radi überlegt nicht lange, grinst, drückt dem Mann die Hand und sagt: »Macht nichts. Ich entschuldige mich bei Ihnen á conto.«

Der Torhüter-Star von 1860 München singt fröhlich beschwingt »Bin i Radi, bin i König, alles andere schert mich wenig« und landet damit in den Charts ganz oben. Über 400.000-mal verkauft sich die Scheibe und wird damit zum ersten Ohrwurm der Bundesligageschichte. Doch nicht alle trällern munter mit. Der innerstädtische Torwartkonkurrent vom FC Bayern München dichtet lieber den Refrain kreativ um: »Bin i Radi, bin i Depp, **König ist der Maier Sepp**.«

Radi nach einem Urteil des DFB-Sportgerichts.

1970 | 71

Auf dem Bökelberg fällt ein Tor

Vor dem letzten Spieltag stehen Bayern München und Titelverteidiger Borussia Mönchengladbach punktgleich vorne, doch Bayern hat die um ein Tor bessere Differenz vorzuweisen. Es kommt zum **klassischen Showdown**.

Als sich die Bayern in Duisburg warmlaufen, trauen sie ihren Ohren nicht. Über die Lautsprecher ertönt eine Durchsage: »Meine Damen und Herren, liebe Sportplatzbesucher, wir bitten um Beifall und Anfeuerung für den MSV Duisburg, der bei einem Sieg für jeden Spieler eine Sonderprämie in Höhe von 2.000 Mark aus Mönchengladbach erhält!« Blankes Entsetzen bei den Münchnern, euphorische Zuschauer auf den Rängen und motivierte MSV-Profis auf dem Platz. Als das 2:0 für den MSV fällt, muss Torwart Sepp Maier den Rasen verlassen. Fans hatten das Feld gestürmt – unter ihnen wohl auch einige Mönchengladbach-Anhänger – und den Bayern-Keeper offensichtlich verletzt. Maier: »Man hat mich umgerannt und geschlagen!« MSV-Betreuer Jasbert sieht allerdings etwas anderes: »Beckenbauer winkte ihm etwas zu, und er ließ sich fallen.« Die Meisterschaft ist so oder so verloren, da Gladbach zeitgleich mit 4:1 in Frankfurt gewinnt.

Am 27. Spieltag fällt auf dem Bökelberg ein Tor. An sich nichts Ungewöhnliches, doch diesmal ist es **das hölzerne Tor der Borussia**. Als beim Spiel Mönchengladbach gegen Werder Bremen Laumen Minuten vor Schluss beim Stand von 1:1 ins Tornetz stürzt, bricht ein Pfosten. Wegen »schuldhaften Herbeiführens eines Spielabbruchs« (so das DFB-Urteil) wird die Partie mit 2:0 für Bremen gewertet. Konsterniert schreiben die Gladbacher Profis einen öffentlichen Brief und fragen sich: »Sind wir eigentlich Lizenzspieler oder Bauarbeiter? Wo steht denn geschrieben, dass wir Spieler verpflichtet sind, den Platzaufbau vorzunehmen, für den städtische Angestellte verantwortlich sind? Was haben wir Spieler denn für eine Schuld daran, wenn irgendwo im städtischen Sportgelände ein Stück Holz kaputtgeht und nicht mehr zu reparieren ist?« Pikantes Detail am Rande: Der Verursacher Laumen wechselt nach der Saison zu Werder.

Auch im Tabellenkeller geht es zur Sache: In Oberhausen klopft das **Abstiegsgespenst** in Gestalt eines Journalisten an die Tür des Trainers der Rot-Weißen und fragt Adi Preißler, was er denn gerne trinken möge. Preißlers Wahl spricht Bände: »Geben Sie mir E 605, es ist doch alles aus!« Am Ende schafft man es

Saisonverlauf 1970/71

Platz	Tore	Punkte
1.	77:35	50:18
2.	74:36	48:20
3.	61:43	41:27
4.	52:40	39:29
5.	54:63	37:31
6.	44:40	36:32
7.	43:47	35:33
8.	54:57	34:34
9.	53:49	33:35
10.	41:40	33:35
11.	46:56	33:35
12.	49:49	30:38
13.	54:60	29:39
14.	34:53	29:39
15.	39:56	28:40
16.	54:69	27:41
17.	49:65	27:41
18.	48:68	23:45

doch noch, die Klasse zu erhalten. Vielleicht auch wegen zweier kleiner, aber feiner Neuerungen, die man nach der Winterpause einführte: Im Klubhaus durfte nicht mehr geraucht werden, und nach dem Training gab es statt Bohnenkaffee gesunden Kakao. Na, dann!

Neben Kickers Offenbach steigt auch Rot-Weiss Essen ab. Fast ein Ding der Unmöglichkeit, stand RWE doch zur Halbserie noch auf einem soliden achten Tabellenplatz. Doch dann beginnen in Essen die Vertragsverhandlungen mit dem Star **Willi Lippens**. Hertha will ihm 200.000 pro Jahr zahlen, RWE bietet 300.000 Mark für drei Jahre. Das sorgt für Zündstoff im Klub. Geschäftsstellenleiter Nikelski: »Die anderen Spieler mussten unters Sauerstoffzelt gelegt werden, als sie diese Zahlen hörten.« Und Mannschaftskamerad Erich Beer: »Willi soll getrost mehr verdienen als wir. Aber er hätte die Summen für sich behalten und nicht hinausposaunen sollen. Das gab nur böses Blut.« Und so kommt es, dass Rot-Weiss Essen nach Lippens' Vertragsverlängerung keine der letzten 13 Partien gewinnt und in dieser Zeit nur drei Punkte holt. Der letzte Sieg des Absteigers: ein 3:1 am 21. Spieltag gegen Bayern München.

Bunde

Der DFB kriegt das Messer

Schiedsrichter Redelfs nahm es mit

Warum es den Skandal gab, wußte keiner. Das Spiel in Essen lief normal. Es war sehr fair. Plötzlich, in der 17. Spielminute flogen — so meinten wir auf der Tribüne — Flaschen aus der berüchtigten Westkurve in Richtung Sepp Maier, der in keinem Augenblick irgendwie provoziert hatte.

Und dann pfiffen Tausende, weil der Maier-Sepp mit einem Gegenstand zum Schiedsrichter lief.

Dieser Gegenstand war ein Messer, ein etwa 30 cm langes Brotmesser. In der Pause verkündete

Und genau bei dieser Partie kommt es zum Eklat. Aus der berüchtigten Westkurve fliegt **ein Messer in den Strafraum** und verfehlt Sepp Maier nur knapp. Entsetzt präsentiert der Keeper das etwa 30 cm lange Brotmesser Schiedsrichter Redelfs, der es sofort nach Spielschluss zum DFB nach Frankfurt schickt. Bereits in der Pause verkündet der Stadionsprecher stolz, der Messerwerfer sei mit Hilfe der Zuschauer gefasst worden. Es ist ein 17-jähriger Jüngling, der unter starkem Alkoholeinfluss steht und am ganzen Körper »wie Espenlaub zittert«. Nervös erzählt er, dass er das Messer stets bei sich trage, es ihm hingefallen sei, ein anderer es aufgehoben und aufs Spielfeld geschleudert habe. Mit Tränen in den Augen fleht er die Polizei an, bloß den Eltern nichts zu sagen. Sein Vater schlage ihn tot, wenn er das erfahre, stammelt er. Doch den Gang konnte ihm keiner ersparen.

Die besten – Torjäger der Saison

Lothar Kobluhn (RW Oberhausen)	24
Gerd Müller (FC Bayern)	22
Karlheinz Vogt (1. FC Kaiserslautern)	22

Auch der HSV-Star Uwe Seeler macht mit Werbung ein paar Moneten extra. Schade nur, dass der Winter nicht ganz so hart wird!

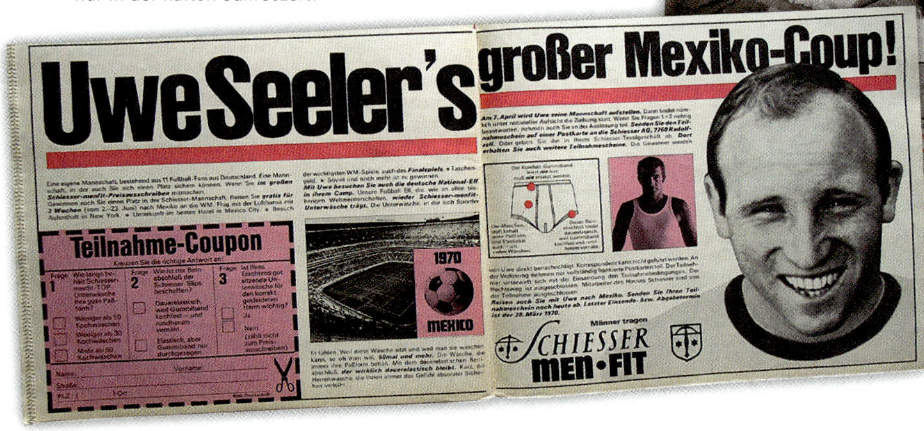

Untenrum perfekt ausgestattet – nicht nur in der kalten Jahreszeit!

★ ★ ★

Bei einem Messecup-Spiel in Dänemark erhält der Lauterer Jürgen Friedrich einen Platzverweis und wird für die Bundesliga gesperrt. Er hat auf dem Weg in die Kabinen zum Schiedsrichter gesagt: **»Ehe ich Ihnen die Hand gebe, lasse ich sie mir abhacken.«** Schon zuvor sorgte der Unparteiische bei seinen Mannschaftskameraden für Aufsehen: »Der Schiri lief mit einem Kamm in den Stutzen ein – natürlich haben wir darüber gelacht!«

★ ★ ★

Rudi Gutendorf ist der erste Trainer, dem zweimal in einer Saison gekündigt wird: auf Schalke und in Offenbach. Die Stippvisite vom 27.9.1970 bis 23.2.1971 bei den Kickers war zum Scheitern verurteilt, wie sich Spieler Winfried Schäfer erinnert: »Der traf uns auf dem Flughafen. Gutendorf kam direkt aus Australien, das Hemd bis zum Bauch auf, braungebrannt. Ich wusste gleich, dass der nicht zu uns passt.«

Natürlich weist Rudi Gutendorf jede Schuld am späteren Abstieg der Kickers von sich. Das hatte andere Gründe, wie er voller Pathos ausführt: »Außer Bayern wird bald **kein Südverein** mehr in der Bundesliga spielen! Der Grund? Es ist jedenfalls kein Trainingsproblem, es liegt hauptsächlich in der Mentalität begründet. Als ich nach Offenbach kam, empfingen mich die früheren West-Spieler (wie etwa die Kremers-Zwillinge, Schäfer, Winkler) mit den Worten: ›Trainer, hier ist ein Schlaraffenland!‹ Sie spielen darauf an, dass es sich hier gut leben ließe. Fußball ohne Qual. Auch im Westen liebt man Annehmlichkeiten, doch fügen sich die Spieler den härtesten Trainingsanforderungen. Sie bringen einfach Opferbereitschaft mit. Ich möchte sie das ›Erbe der Väter‹ nennen, jener Väter, die in 2.000 Metern Tiefe mit bloßem Oberkörper, Staublunge die Kohle brechen mussten. Das machte hart. Der Spielertyp im Süden ist nicht bereit, über jene Schwelle zu folgen, hinter der mit Qual die Fitness beginnt, die Superform, die Tempo und Nehmerqualität in einem gibt. Kanalläufe morgens um fünf wie in Schalke hätte ich den Spielern in Stuttgart oder Offenbach nie anzutragen gewagt. Man kann im Fußball vieles ersetzen, Tempo und Härte nicht!«

Am 30. Spieltag bei der Partie Kickers Offenbach gegen Rot-Weiß Oberhausen geht es **zwischen dem Tabellenletzten und dem Vorletzten** um viel – wenn nicht gar schon um alles. Und so entwickelt sich eine hochdramatische Begegnung. Zweimal können die Oberhausener die Führung der Offenbacher ausgleichen, verlieren jedoch am Ende unglücklich mit 3:2. Noch in den Schlusssekunden köpft der RWO-Akteur Wolfgang Sühnholz den Ball an die Latte. Das ist zu viel für fünf Zuschauer auf dem Bieberer Berg. Sie müssen ins Krankenhaus. »Lauter Herzattacken«, stellt der Vereinsarzt der Kickers, Dr. Josef Bernhard, fest. Die Dramatik im Abstiegskampf ist offensichtlich nicht jedermanns Sache.

★ ★ ★

Während des Trainingslagers von Hannover 96 im spanischen Alcala nahe Sevilla muss Trainer **Helmut Johannsen** die Mannschaft vorzeitig verlassen. Aus familiären Gründen reist er drei Tage früher ab als das Team. Doch kein Problem. Niemand Geringeres als »Mister Zuckerbrot und Peitsche« Max Merkel, der Coach des FC Sevilla, übernimmt. Die Mannschaft, so wird vermeldet, absolviert ihr Pensum mit Begeisterung.

★ ★ ★

Gladbach feiert den Gewinn der **Meisterschaft** standesgemäß und ausgiebig. Nach dem Titelgewinn geht das Team gleich auf eine Tingeltour durch Süddeutschland. Als vor dem allerletzten Spiel gegen den 1. FC Haßfurt die Zeit des Abschieds gekommen ist, liegt man sich noch spät in der Nacht in den Armen. Laumen, Dietrich, Luggi Müller und Köppel verlassen den Klub. Ihr Ausstand wird feucht-fröhlich. Vielleicht ein wenig zu feucht. Am nächsten Tag steht Köppel an der Seitenlinie, um einen Eckball für Gladbach auszuführen. Wie tausende Male zuvor läuft er an, holt aus – und kracht mit dem rechten Fuß **volle Kanne in die Eckfahne**. Die Kugel kullert ins Feld, und da alle Mann sich vor Lachen die Bäuche halten, ergreift der Terrier als Erster die Initiative. Mit einem Sprint der Extraklasse will er den Ball erobern, rennt einige Meter schwungvoll los – und muss dann abrupt abstoppen. Mit einer Zerrung humpelt Vogts vom Platz. Der kuriose Eckball von Haßfurt wird zur Legende.

Hertha-Trainer **Fiffi Kronsbein ist genervt**. Er hat das heilige Weihnachtsfest nicht genießen können: »Beim achttägigen Urlaub in Tirol rutschte meine Frau am ersten Feiertag beim Verlassen der Kirche auf den Stufen aus und brach sich das linke Handgelenk. Am gleichen Tag versuchte sich meine Tochter Marianne in unserem Haus in Hannover-Arnum als Einbrecher. Sie hatte voreilig die PKW-Tür zuschnappen lassen – und alle Schlüssel befanden sich noch im Wagen! Mit einem Ziegelstein schlug sie ein Küchenfenster ein und zerschnitt sich dabei die linke Hand. Über Silvester habe ich nun zwei Damen mit links erhobenen und verbundenen Händen. Schwer traf es mich zudem, dass ich bei der Abfahrt von Tirol unter Aufsicht meiner Frau packen musste. Kofferpacken ist mir nämlich ein Gräuel.«

★ ★ ★

Nicht alle Frauen lieben offensichtlich den **schönen Günter**: »Wäre ich doch nur ein Mann! Und wäre ich dann noch Schiedsrichter bei einem Spiel Mönchengladbachs mit Netzer! Meine erste Amtshandlung wäre, Netzer einen Maulkorb umzuhängen! Dann könnte er sich nicht ›mit mir anlegen‹, wäre vielleicht bald geheilt und lässt andere Schiedsrichter in Ruhe!« (Leserbrief Doris R., Mannheim)

Fiffi Kronsbein erzählt gerne. So auch in seinem frisch erschienenen Buch »Fiffi – gefeiert und gefeuert«.

★ ★ ★

In Offenbach sind während der Spielzeit **wahre Poeten** der Stadionplakate-Kunst am Werke. Mitten im Abstiegskampf zeigt man sich nicht nur äußerst kreativ, sondern vor allem auch sehr flexibel. Nachdem man vergeblich den Ex-Trainer zurück an den Bieberer Berg gesehnt hat (»Uns rettet nur einer – Kurt Schreiner!«), wünscht man sich und dem neuen Übungsleiter der Kickers nun alles Gute: »Die Saison ist noch nicht zu Ende, mit Kuno Klötzer kommt die Wende!«

Als der neue Trainer dann da ist, zeigt sich dieser etwas zögerlich. Seine Entscheidung, sich erst einmal keine Wohnung in Offenbach zu nehmen, weil man ja nicht wisse, wie lange man bleibe, wird mit der Schlagzeile »Klötzer will keinen Klotz am Bein!« seitens der Presse ebenso kreativ wie leicht pikiert quittiert.

★ ★ ★

Weil in Frankfurt eine Rakete bis in den Strafraum von Hannover 96 flog und dort auf dem Rücken des Spielers Bandura landete, entschließt man sich, eine Kampagne unter dem Motto **»Lieber Trompeten statt Raketen«** zu starten. Ein Auszug aus dem Inhalt: »Einst zogen sie mit Trompeten in die Stadien, heute mit Raketen. Auch Messerwerfer treten seit Neuestem nicht mehr im Zirkus auf, sondern auf dem Fußballplatz.«

Der umtriebige Herr Wolff

n auf sein
mando!

n Mann in der Bundesliga,
an der Spitze eines Vereins
ns Wolff. Der Bremer ist
Geschäftsführer Werders.
lff ist von Beginn an mehr
ftsführer. Er ist Manager,
nd vor allem Chefeinkäufer,
n Wochen erneut bewiesen.

ßen die Köpfe
ben geplanten
n waren ge-
Trotz faßte Hans
en kühnen Ent-
hole ich Willi
ch er. Doch das
sagt als getan:
hörte zwar dem
emen 1860 an,
och wollte er
r Anzeige Wer-
r es zu verdan-
Schröder eine
rre hatte in
üssen: wegen
dgeldzahlungen
V, der Werder
im Werben um
n hatte. Doch
Wogen. Von der
an trug der bril-
Schröder das
ler-Trikot.

mit
rmittler

Wolff dagegen in
die späteren
rczyk und Marx.
Kröpelin erteilten
„Aber später ha-
versichert" er-
heute, „daß sie
ler gemacht ha-

ist Werders Ge-
reit, zu beeiden —
r Bundesligaklub
mal die Dienste
rmittlers in An-
n. Und er wird es
lange Hans Wolff
am Regie-Pult
re so etwas wie

Trainer Knefler: „Überall, wohin wir kommen, war schon Wolff" (Bild rechts)

»Ich kann jeden Spieler der Welt holen. Egal, ob Indianer, Eskimo oder Chinese«, hat Hans Wolff einmal gesagt. Von 1946 bis Dezember 1975 ist er der **»Chefeinkäufer« bei Werder Bremen** und eine der interessantesten Hinterzimmer-Persönlichkeiten der ersten Bundesligajahre.

Die Konkurrenz, wie Braunschweigs Trainer Otto Knefler, jammert: »Wo ich auch hinkomme, da bist du schon gewesen!« Als Wolff Horst-Dieter Höttges verpflichtet, holt er ihn heimlich in einer Nacht-und-Nebel-Aktion aus Mönchengladbach ab. Die anderen interessierten Klubs verlieren die Fährte und sind sauer. Während sich Höttges morgens bei den Wolffs ausschläft, wacht die 16-jährige Tochter vor seinem Zimmer. Vater Hans hat ihr bei der Abfahrt zur Geschäftsstelle eingeschärft: »Du lässt ihn mir nicht aus den Augen!«

Anschließend kommt es im Büro zu folgendem Dialog mit dem staunenden Sepp Piontek. Wolff: »Was hast du im Moment vor, Sepp?« Piontek: »Nichts Besonderes.« Wolff: »Könntest du dich ein wenig um Horst kümmern?« Piontek, fröhlich: »Na, wo soll es denn hingehen? Kopenhagen, London, Paris?« Wolff ernst: »Paris ist gut. Hier habt ihr 500 Mark. In einer Woche kommt ihr wieder!« Gut angelegtes Geld, wie sich zeigen sollte!

Bremens Idol Pico Schütz holte er für zwei Flaschen Bier und einige Grogs. Doch der schillerndste Streich in der Karriere des Werder-Geschäftsführers ist 1975 die Verpflichtung des ersten Afrikaners im deutschen Profifußball. Leider ohne großen Erfolg. Ibrahim Sunday, »Afrikas Fußballer des Jahres«, durfte in seinen zwei Spielzeiten an der Weser lediglich ein einziges Mal für die Norddeutschen auflaufen. Bei der Partie des 34. Spieltags kam er im Juni 1976 zur zweiten Halbzeit bei Rot-Weiss Essen auf den Platz. Das war's. Auch für Wolff. Sein spektakulärster war auch sein letzter Streich!

Abseits des Platzes sorgt Ibrahim Sunday für Aufsehen. So bedankt er sich bei seinem Gastgeber der ersten Stunde mit einem ganz besonderen Mitbringsel aus seiner Heimat Ghana. Hausherr Klaus Matischak völlig baff: »Dabei hatte ich dem Ibrahim beim Abschied vor einigen Wochen nur so als Spaß gesagt, er solle meiner Frau mal einen Papagei mitbringen. Dass er es ernst nimmt, hätte ich nie gedacht.«

Horst Heese hat in Köln bei der Fortuna schon unterschrieben und Jean Löring sein Ehrenwort gegeben. Doch dann kommt plötzlich alles ganz anders. Die Frau des Eintracht-Frankfurt-Trainers Erich Ribbeck hat die Frau des Spielers zu einem Kaffeeklatsch eingeladen. Als es Abend wird, bittet Erich Ribbeck Horst Heese, seine Frau kurz abzuholen. Doch als er oben in der Wohnung seines Trainers ankommt, ist die Kaffeetafel bereits geräumt. Um einen großen runden Tisch sitzt stattdessen aufgeregt grinsend der komplette Spielausschuss der Eintracht. Erst nachdem Horst Heese an diesem Abend einen neuen Vertrag unterschrieben hat, verlässt das Ehepaar den Raum. Das Problem: Es ist Heeses zweite schriftliche Vereinbarung! In Köln wartet Jean Löring sehnsüchtig mit dem anderen »rechtsgültigen Vertrag« in der Hand auf ein Lebenszeichen seiner Neuerwerbung. Aber Heese meldet sich nicht. Er hat ein schlechtes Gewissen: »Ich habe mich **wie ein Schuft** verhalten und traue mich gar nicht mehr unter seine Augen.« Zwölf Jahre später geht Heese dann übrigens doch zu Fortuna Köln, als Trainer, unter dem Präsidenten Jean Löring.

★ ★ ★

Auch ein **Wadenbeißer kennt Gefühle**. Nach einer Niederlage der Gladbacher in Köln merkt Trainer Weisweiler an: »Ja, der Berti machte sich Kopfschmerzen wegen dem Hannes, der sein persönlicher Freund ist. Daher die Hemmungen!« Der Geschonte, Löhr mit Nachnamen, »bedankt« sich mit drei Torvorlagen beim 3:2-Sieg.

★ ★ ★

Lothar Huber kommt zum 1. FC Kaiserslautern und trifft auf ein heimstarkes Team, das auswärts fast immer baden geht. Eigenartig. Doch Huber findet schnell heraus, was da los ist. Seine neuen Mannschaftskameraden verausgaben sich bereits vollkommen abseits des grünen Rasens. Vor und nach den Spielen sorgen sie für **Angst und Schrecken in den Hotels**. Huber ist auch Jahre später noch irritiert: »Die haben die Bilder mitgenommen, die Schuhe vor den Zimmern geklaut oder vertauscht und einmal sogar ein ganzes Zimmer vor die Tür gestellt. Ich kam als junger Spieler dazu und habe nur gedacht, was ist das für ein Verein!«

★ ★ ★

Franz »Bulle« Roth fliegt am 28. Spieltag bei der Partie Offenbacher Kickers gegen Bayern München vom Platz. Doch vehement beteuert er seine Unschuld: »Ich habe nur den Fuß vorgestreckt, und Bechtold ist darübergefallen.« Kollege Rainer Zobel nimmt die Sache auch eher mit Humor und sagt über Schiedsrichter Heinz Aldinger aus Waiblingen: »Was der heute Karten gelegt hat …!«

★ ★ ★

Nur 3:3 spielt Bayern am 19. Spieltag bei der Hertha, weil Schiedsrichter **Walter Eschweiler** in der 79. Minute ein angebliches Foulspiel von Rainer Zobel an Steffenhagen ahndet. Auch ein **Sitzstreik von Gerd Müller** (»So ein Idiot. Wäre ich schon dreißig gewesen, ich hätte ihm eine Ohrfeige gegeben«) im Strafraum verhindert den Ausgleich nicht. Am Flughafen Tempelhof wünschen fast alle Bayern-Spieler Eschweiler zum Abschied voller Zorn nur das Schlechteste: »Ihr Flugzeug stürzt ab!« Nur Brenninger denkt raffiniert bereits einen Schritt weiter: »Es macht nichts, Herr Eschweiler. Beim nächsten Mal lass dann ich mich wieder fallen!«

Es ist immer gut, wenn man Mannschaftskollegen hat, die Ahnung haben. Als Werner Biskup für den 1. FC Köln beim Spielstand von 2:2 zum womöglich entscheidenden Elfmeter antritt, kommt der Herthaner **Bernd Patzke** zu seinem Torhüter Groß gelaufen und nimmt diesen in den Arm. Leise spricht er ihm einige Worte ins Ohr. Biskup schießt, Volkmar Groß springt in die richtige Ecke, doch leider rutscht unter ihm der Ball ins Tor. Nach dem Spiel gratuliert ein Sportreporter Patzke zum richtigen Tipp. Der lächelt und **verschwindet**. Volkmar Groß sieht das, stapft sauer zum Reporter und diktiert ihm in den Notizblock: »Wissen Sie, was der Patzke zu mir sagte? Ich kann dir leider auch nichts sagen. Ich weiß auch nicht, wohin er schießt!«

★ ★ ★

Arminia nimmt sich vor dem Spiel in Gladbach ein Hotel an der Autobahn. Ein Unding, findet Trainer **Egon Piechaczek** und ordnet an, dass die Mannschaft wenigstens die ruhigeren Zimmer nach hinten heraus bekommt. Für Mitglieder des Vorstands bleiben die zur lauten Straße. Als Präsident Stute das hört, disponiert er auf der Stelle die Anweisung des Coachs um. Daraufhin flüchtet Piechaczek und erscheint erst am nächsten Morgen wieder. Die Abwesenheit des Trainers ermuntert die Mannschaft dazu, am Abend spontan die ungewohnte Freiheit auszukosten. Spielführer Gerd Roggensack erinnert sich: »Wir testeten erst einmal die Hotelbar. Bis drei Uhr morgens ergötzten wir uns an dem **rheinischen Altbier**, das für die meisten Spieler bis dahin völlig unbekannt war.« Am nächsten Nachmittag gewinnt die Arminia die Partie in Gladbach mit 2:0. Trotz des Katers kämpfte man wie immer »95 Minuten bis zum Umfallen«, so Roggensack.

★ ★ ★

Herthas Zoltan Varga beschwert sich nach dem Spiel seiner Berliner auf dem Betzenberg (2:0) bitterlich über Kaiserslauterns Verteidiger Otto Rehhagel: »So etwas habe ich noch nie erlebt. Härte soll sein, damit muss jeder Stürmer rechnen. Aber Rehhagel hatte es nur darauf abgesehen, mich zu foulen. Sollte ich mich revanchieren? Das liegt mir nicht. Ich habe den Schiedsrichter fast angefleht, etwas zu unternehmen und nicht nur Freistöße zu verhängen. Er hat mich ermahnt, den Mund zu halten. Rehhagel nannte mich ›ungarisches Schwein‹ und sagte, ich wäre nur nach Deutschland gekommen, um Geld zu kassieren. Ich kann gar nicht alles wiedergeben, was er mir an den Kopf warf. Fünfmal hat er mich angespuckt. Der Schiedsrichter stand daneben, aber er unternahm nichts.«

★ ★ ★

Und ganz am Schluss kommt dann der Skandal. Eine ganze Nation ist in Aufruhr. Dieter Gütt, ARD-Programmkoordinator, spricht in den »Tagesthemen« einen Kommentar, der eine hitzige Debatte auslöst: »Auch das Fernsehen wird sich überlegen müssen, ob es einen solchen **kriminellen Unsinn, der sich Fußball nennt**, noch weiterhin übertragen soll. Die Vereinsmeier und die Kicker, die Bestochenen und die Bestecher und schließlich ein williges Publikum, dass das, was mit schmutzigen Stiefeln noch für Sport hält, wäre dann unter sich. Schade für die Gutgläubigen …«.

1971 | 72

»Oh, tun mir die Augen weh, wenn ich die heutige Borussia seh!«

Die Deutschen haben mehrheitlich die **Schnauze voll von der Bundesliga**. Der Skandal überschattet die Spielzeit auf allen Ebenen. Vor allem die Schatzmeister der Vereine leiden. Rund sechs Millionen Mark weniger nehmen sie ein, insgesamt kommen unglaubliche 892.690 Zuschauer weniger zu den Begegnungen der ersten Liga als ein Jahr zuvor. Im Schnitt gerade einmal noch 17.932 Besucher pro Partie. Die Abwärtsspirale wird permanent geölt durch immer neue Enthüllungen und einen dadurch intensiv geführten Negativ-Journalimus des größten deutschen Boulevardblatts. Hatte die »Bild« in den Jahren zuvor die Bundesliga hoch geschrieben, versucht sie nun über Skandalstorys Auflage zu machen. Sie spricht von der »größten Pleite seit der Gründung der Liga« und hat so maßgeblichen Anteil am wachsenden Desinteresse der Fußballanhänger an ihrer immer noch recht jungen Bundesliga. Das Sportliche gerät für eine Spielzeit ins Abseits – dabei bieten die Vereine eine durchaus spektakuläre Saison.

Als der Skandal noch nicht absehbar ist, beginnt man in Bremen bereits mit der Planung der neunten Meisterschaftsrunde. Unterstützt von mehreren reichen Industriellen und der Stadt Bremen – man läuft in den Stadtfarben Rot und Weiß auf und erhält dafür Vergünstigungen wie das Erlassen der Vergnügungssteuer und alter Steuerschulden – kauft man groß ein. Willi Neuberger und Werner »Acker« Weist kommen aus Dortmund, Herbert Laumen und Peter Dietrich vom Deutschen Meister aus Mönchengladbach und Jürgen Weber aus Berlin. Die gut gefüllte Kasse lässt Bremen für die Profis wie das Fußball-Paradies auf Erden erscheinen. Weber äußert sich sehr zufrieden: **»So gut wie Werder zahlt kein Klub in Deutschland.«** Doch all das Geld hilft nicht – eher tritt fast das Gegenteil ein. Bereits nach dem ersten Spieltag ist Trainer Zapf Gebhardt entsetzt: »Die spielen einen Hokuspokus-Fußball!« Am Ende wird die »Millionen-Truppe« Elfter und verbraucht einen Großteil der Einnahmen für die vier Trainer, die sie in dieser Saison verschleißt: Gebhardt, Multhaup, Piontek und Langner.

Bayern München spielt eine überragende Runde und wird doch bis zum letzten Spieltag von der Schalker »Jahrhundertelf« gejagt. Den königsblauen Jungspunden bleibt am Ende dieser tollen Saison wenigstens der Gewinn des DFB-Pokals, denn am letzten Spieltag müssen sie sich den Münchnern im großen Finale im Olympiastadion mit 5:1 geschlagen geben. Das letzte Tor der Bayern an diesem Tag schießt Franz Beckenbauer. Es ist das 101. Saisontor der Münchner. Ein **Torrekord für die Ewigkeit**, für den vor allem ein Mann verantwortlich ist: Gerd Müller. Der »Bomber der Nation« macht in diesem Jahr seinem Namen alle Ehre und stellt mit seinen 40 Treffern ebenfalls eine Bestmarke auf, die wohl nie wieder von einem anderen Bundesligaspieler erreicht werden wird.

Saisonverlauf 1971/72

Platz	Tore	Punkte
1.	101:38	55:13
2.	76:35	52:16
3.	82:40	43:25
4.	64:44	43:25
5.	71:61	39:29
6.	46:55	37:31
7.	59:53	35:33
8.	52:56	35:33
9.	59:69	34:34
10.	52:52	33:35
11.	63:58	31:37
12.	43:48	31:37
13.	40:53	30:38
14.	36:51	27:41
15.	33:66	25:43
16.	54:69	23:45
17.	34:83	20:48
18.	0:0	0:0

Udo Lattek verspricht im Angesicht seiner ersten Meisterschaft im »Aktuellen Sportstudio«, beim Gewinn des Titels mit dem FC Bayern werde er **zu Fuß von Nürnberg nach München** laufen. Als die Bayern nun wenige Tage später tatsächlich die Meisterschale holen, wollen sich die Fans mit Lattek auf den Weg machen, doch der muss leider kneifen: Der Arzt habe ihm abgeraten, erklärt der Trainer. Die Bayern-Anhänger laufen trotzdem los – und Lattek spielt in München lieber einige Runden Tennis mit ein paar Spezis. Das kommt nicht sonderlich gut an bei den Fans, wird aber angesichts dieser herausragenden Saison schnell vergessen.

Die besten

Torjäger der Saison

Gerd Müller (Bayern München)	40
Klaus Fischer (SC Schalke 04)	22
Hans Walitza (VfL Bochum)	22
Ferdinand Keller (Hannover 96)	20

Das würde man in Ligakreisen auch gerne vom Skandal sagen. Am 15. April wird der Entschluss des DFB rechtskräftig, dass Arminia Bielefeld alle Punkte wegen nachgewiesener Korruption aberkannt werden und somit in die Regionalliga zwangsabsteigen muss. Bielfeld spielt die Saison »regulär« durch und hat am Ende nur einen Punkt weniger auf dem Konto als der **Mitabsteiger Borussia Dortmund**. Beim Gewinner des Europapokals der Pokalsieger von 1966 hat die finanzielle Krise erbarmungslos zugeschlagen. Der Notkader absolviert eine katastrophale Runde mit einem absoluten Tiefpunkt am 16. Spieltag. 11:1 verliert man bei Bayern München, und die BVB-Anhänger singen mit Tränen in den Augen: »Oh, tun mir die Augen weh, wenn ich die heutige Borussia seh!«

Hans Tilkowski und Udo Lattek.

Die Schalker Klaus Scheer und Norbert Nigbur.

Nicht wenige glauben, Gladbach hätte die diesjährige Meisterschaft in den nervenaufreibenden Duellen mit Inter Mailand verloren. Und ein Akteur spielt bei diesen insgesamt drei Begegnungen eine Hauptrolle: **Roberto Boninsegna** ist nicht nur der Mann, der auf dem Gladbacher Bökelberg beim legendären 7:1-Erfolg der Fohlenelf nach einem Getränkedosenwurf wie eine sterbende Diva zu Boden geht, nein, er ist auch der Spieler, der den wertvollen Borussen Luggi Müller so schwer foult, dass er erst im Oktober des nächsten Jahres wieder spielen kann, und schlussendlich ist Boninsegna auch der Inter-Akteur, der beim 4:2 in Mailand das vorentscheidende 2:0 schießt. Büchsenwurf, glatter Bruch des Schienbeins und Torschütze – Roberto Boninsegna ist in diesem Duell ein wahrer Tausendsassa.

Was für ein großartiges **schauspielerisches Talent** in dem italienischen Nationalspieler schlummert, dürfen die deutschen Kinozuschauer einige Jahre später erfahren, als Boninsegna für die Neuverfilmung von Guareschis »Don Camillo und Peppone« engagiert wird. Im Film soll der Inter-Mailand-Star die vom Priester trainierte Dorfmannschaft »Die Engel« bei einem Spiel gegen Bürgermeister Peppones Kommunisten-Truppe »Die Teufel« unterstützen. Regisseur Terence Hill ist vom Schauspieler Boninsegna begeistert: »So eine Begabung sollte man nicht verkümmern lassen.« Das wissen die deutschen Fußballanhänger zu diesem Zeitpunkt allerdings schon längst!

★ ★ ★

Beim Spiel Fortuna Düsseldorf gegen Schalke 04 (0:2) gibt Schiedsrichter Walter Eschweiler einen höchst umstrittenen Elfmeter für die Fortuna und obendrauf eine Rote Karte für den jungen blonden Sportsmann Rolf Rüssmann wegen Beleidigung. Er soll gesagt haben: **»Das können Sie Drecksau doch nicht machen!«** (Man beachte das höfliche Siezen bei gleichzeitiger Schmähung.) Doch Rüssmann beteuert seine Unschuld: »Auf den Platz gelaufene Zuschauer haben ihn von hinten beschimpft, da drehte er sich nach mir um und wies mich vom Feld!« Sein sonst so besonnener Trainer Ivica Horvat kannte nach Spielschluss kein Halten mehr: »Zwanzig Jahre habe ich Fußball gespielt, nie bin ich vom Platz gestellt worden, aber wenn mir das passiert wäre, ich hätte den Schiedsrichter heute k.o. geschlagen. So einen Elfmeter habe ich noch nie erlebt. Und dann schickt dieser Mann auch noch den Rüssmann vom Platz!«

★ ★ ★

Im Oktober 1971 zieht der Bundesliga-Skandal immer weitere Kreise. Für einen Sieg über RW Oberhausen soll Eintracht Braunschweig 80.000 DM erhalten haben. Nationalspieler Max Lorenz erklärt: »Jawohl, ich habe die 40.000 DM von Herrn Schreiner bekommen. Nur wusste ich damals nicht, dass dieser Mann aus Bielefeld ist. Ich habe gedacht, dass es sich um einen Braunschweiger Fan handeln würde, der uns zu unserer guten Leistung (vierter Platz) auf diese Weise gratulieren wollte.« Das hört sich erst einmal recht plausibel an, wenn man berücksichtigt, dass es gängige Praxis zu dieser Zeit im Fußball ist, Gelder – nicht immer ganz legal – bar auf die Hand ausbezahlt zu bekommen. Der genaue Ablauf der Übergabe liest sich jedoch **wie ein Kapitel aus einem schlechten Regionalkrimi**: »Ich ging schon etwas früher vom Platz, weil ich verletzt war. Als ich umgezogen war, sprach mich ein Fremder an, beglückwünschte mich zu der Leistung unserer Mannschaft und redete von einer Prämie, die wir uns verdient hätten. Mir war das nur recht. Ich dachte, das ist ein Mäzen, der was springen lässt. Zusammen mit dem Fremden und Ulsaß-Kompagnon Lamers fuhr ich zum Braunschweiger Flughafen Waggum, und dort wurden von Herrn Rupert Schreiner, den ich wirklich zum ersten Mal sah und mit dem ich vorher nicht telefonisch verhandelt hatte, 40.000 DM an Herrn Lamers ausgehändigt. Lamers und ich quittierten den Empfang.« Nationaltorwart Horst Wolter reagiert auf die ganze Geschichte betont lustig. Auf die Frage, wo das Geld geblieben sei, sagt er: »Ich habe es gespendet. An wen wohl. An meine Frau!«

Horst-Gregorio Canellas, der Mann, der den ganzen Skandal an seinem 50. Geburtstag auf einer Gartenparty ins Rollen bringt, wird einige Jahre später zusammen mit seiner Tochter auf dem planmäßigen Flug von Mallorca nach Frankfurt in dem berühmten Flugzeug »Landshut« sitzen, das Terroristen entführen und das schließlich in Mogadischu befreit wird. Zu diesem Zeitpunkt hat er eine schwere Tbc-Erkrankung hinter sich und ist vom Leben gezeichnet. Rückblickend wird er über die Flugzeug-Entführung sagen: »**Der Skandal war schlimmer**, viel schlimmer. Mogadischu hatte noch menschliche Züge.«

Torhüter Manfred Manglitz kennt trotz der Geiselnahme durch Terroristen kein Erbarmen mit Canellas – sondern sieht nur sich, das arme Opfer Manglitz: »Wissen Sie, als der Canellas aus Offenbach in der Maschine saß, die nach Mogadischu entführt wurde, da habe ich gedacht: Ich bin ja kein gläubiger Mensch, aber wenn es wirklich einen lieben Herrgott gibt, dann kennt der Gerechtigkeit. So, wie mich dieser Canellas damals hereingelegt hat ...!«

★ ★ ★

Einer der **Schalker Meineid-Geschädigten** kauft von dem Geld seinen Eltern einen Farbfernseher. Rolf Rüssmann im Jahr 1977: »Der steht heute noch da!« Rund um den Schalker Markt ist man sauer auf den Schalke-Präsidenten und Verteidiger der Königsblauen im Prozess, Karl-Heinz Hütsch. Ein Kneipengast im Vereinslokal des S04: »Er hätte nicht zulassen dürfen, dass die Spieler die Finger hochheben. Das waren doch nicht die üblichen 15 Zuhälter, die dichthalten bis zum Gehtnichtmehr. Das musste der Mann doch sehen!«

★ ★ ★

Am 13. Spieltag werden den armen Fans von Arminia Bielefeld in Dortmund wegen des Bundesliga-Skandals die **Fahnen abgenommen und verbrannt**. »Der Skandal fordert ganz neue Opfer«, schreibt der »kicker«.

★ ★ ★

»Ich bin mit dem FC Bayern nicht verheiratet. Wenn ich höre, was andere Spieler verdienen, werde ich ja fast **mit einem Butterbrot abgespeist**!«, spricht der Kaiser im Sommer 1971 und versetzt die Bayern in helle Aufruhr. Sofort reagiert Präsident Wilhelm Neudecker und erhöht das Angebot. Er werde es sich in Ruhe anschauen, lässt Beckenbauer über seinen Manager Robert Schwan ausrichten, im Moment habe er jedoch genug mit seiner frisch erworbenen Villa im Münchner Nobelvorort Grünwald zu tun. Wie man heute weiß, packt der FC Bayern eine Scheibe Wurst auf das vermeintlich trockene Butterbrot, und Beckenbauer bleibt noch einige Jahre bis 1977.

★ ★ ★

Schalke ist schon vor dem Skandal nicht sonderlich gut auf Canellas zu sprechen. S04-Schatzmeister Aldenhoven zum **Transfer der Kremers-Zwillinge**: »Was Canellas mit den beiden gemacht hat, ist ohnehin das Letzte. Erst bot er sie überall an, obwohl sie bei uns längst ihr Ehrenwort gegeben hatten, und dann hinterging er sie auch noch, indem er sie nicht auf die Transferliste setzte, obwohl er es ihnen versprochen hatte. Wenn die beiden vor ihrem Urlaub nicht aus Misstrauen beim DFB nachgefragt hätten, dann wären sie nie auf der Transferliste erschienen. Die Folge: Sie hätten bei Offenbach bleiben müssen. Wenn das kein böses Spiel ist!«

Ender Konca wechselt von Eskisehirspor Kulübü zu der Frankfurter Eintracht. Nach der Ableistung seiner Militärzeit soll er vom 1. September 1971 an einen Dreijahresvertrag in Frankfurt erfüllen. Doch bereits nach zwei Spielzeiten mit 36 Einsätzen und sieben Toren wechselt er zurück in die Türkei zu Fenerbahçe Istanbul. Irgendwie soll es nicht sein für Konca in Deutschland. Und auch eine andere Hoffnung soll sich so nicht erfüllen. Frankfurts Vorsitzender, Albert Zellekens, hatte nämlich vorausgesagt: »Zu jedem Spiel von Ender Konca kommen ein paar tausend türkische Gastarbeiter!«

★ ★ ★

Film: Rolf Staguhn dreht einen Fünfzehnminüter über Jürgen Grabowski. Der will erst nicht und sagt dem Filmemacher ab: »Was glauben Sie, wer alles bei mir anruft, auch Leute, die angeblich Filme machen wollen. Und nun Sie! Ich weiß nicht, was ich dazu sagen soll. Wir Fußballer werden doch oft **wie Freiwild behandelt**. Ausgepfiffen und angepöbelt! Die einzige Waffe dagegen: Gleichgültigkeit! Geld verdienen als Fußballer, alles schön und gut. Aber privat lassen Sie mich bitte in Ruhe!« Grabowski erklärt sich schließlich doch bereit, sich filmen zu lassen und wird mit Schäferhund Atlas, der bellt und nicht macht, was er machen soll, in der Tennishalle, in einer Herren-Boutique und in einer Kneipe abgelichtet. Nur mit Spielszenen wird es leider nichts – Grabowski ist verletzt.

★ ★ ★

Auch Franz Beckenbauer geht unter die Buchautoren. Sein neuestes Werk heißt »Halbzeit« und gestattet einen **intimen Einblick in die Privatsphäre des Kaisers**: »Meine Frau kocht sehr gut, und wenn echte bayerische Hausmannskost durch die Küche duftet, dann habe ich die vielen Steaks, mit denen wir uns im Sport beschäftigen müssen, schnell vergessen. Kartoffelsuppe, Raiberdatschi, das sind Kartoffelpuffer, ein saftiger Surhaxen mit Kraut bleiben meine Leibspeisen, zumal ich keine Gewichtsschwierigkeiten mit meinen 74 kg habe. Dazu ein Glas Bier oder ein gutes Glas Wein.« Und weil der Franz so schlank und adrett ausschaut, hat er nicht nur männliche Fans, wie er berichtet: »Hunderte von jungen Damen schickten mir ihr Foto, Hunderte von Fußballjungen machten das gleiche. Weit entfernt von Eifersucht klebte meine Frau die Damen sorgfältig in ein besonderes Album und schrieb darauf: Der Harem des Franz Anton Beckenbauer. Ich musste lachen. Nur die Liebesbriefe sehe ich nie. Die beantwortet Brigitte persönlich.«

★ ★ ★

Dietmar Danner feiert sein Bundesliga-Debüt bei der Gladbacher Borussia. Euphorisch empfangen wird er durch seinen neuen Mitspieler Günter Netzer allerdings nicht gerade: »Ich glaube nicht, dass der stark genug ist, um Laumen oder Dietrich oder Köppel bei uns zu ersetzen. Und außerdem: Der spielt ja in manchem so ähnlich wie ich, das gibt doch keine richtige Ergänzung!« Danner agiert dann aber doch mehr als ordentlich und absolviert 198 Bundesliga-Spiele, in denen er 27 Tore schießt.

★ ★ ★

Gladbachs Coach **Hennes Weisweiler** bittet seinen frisch engagierten Fitnesstrainer Drygalski um eine Analyse des Spiels in Bremen. Der Mann antwortet leicht verschüchtert: »Die Laufarbeit war eher nicht ausreichend.« Und? »Eines der beiden Tore war haltbar.« Und? »Der Kleff läuft auf dem ganzen

Fuß – wie eine Frau!« Später auf der Heimfahrt ruft Weisweiler quer durch den Bus: »Kleff! Wissen Sie, was der Drygalski sagt? **Sie laufen wie ein Weib!«**

★ ★ ★

Beim Aufsteiger aus Bochum steht **Hans-Jürgen Bradler** zwischen den Pfosten. An und für sich ein sicherer Schlussmann – der jedoch eine kleine Sehschwäche hat. Hier und da, meint ein Bochumer Journalist, greife der Reservetorwart des deutschen Olympiateams von 1972 wegen der schlechten Augen doch noch etwas unglücklich daneben. Der Mann von der Zeitung schlägt deshalb in einem Kommentar vor, Bradler solle lieber mit Bällen spielen, in denen eine Glocke eingebaut ist. Immer wenn es bimmle, solle Bradler springen. Der VfL-Keeper reagiert verständlicherweise etwas pikiert.

★ ★ ★

Keine runden Pfosten im Weserstadion: Herbert Laumen kann es nicht fassen. Am zweiten Spieltag der Saison hätte er seine Werderaner gegen starke Kaiserslauterer daheim beinahe noch zum Sieg geschossen. 2:2 steht es, als Laumen ausholt und den Ball mit Vollkaracho unter die Lattenunterkante donnert. Doch Werder hat vor der Spielzeit an der falschen Stelle gespart, und so springt der Ball aus dem Tor wieder heraus. Nach Spielschluss sitzt Laumen mit einer Flasche Limonade in der Hand im Weserstadion und stammelt immer wieder verzweifelt vor sich hin: **»Hätte Werder doch runde Pfosten gekauft.** Dann wäre der Ball drin gewesen!«

★ ★ ★

Was für ein Empfang: Als in Hannover der Trainer gewechselt wird und Hans Hipp kommt, sagt der Lizenzspieler-Obmann von Hannover 96, Werner Bock, in die Fernsehkameras: »Herr Hipp war leider der einzige Trainer, der frei war.« Trotz dieser überaus herzlichen Begrüßung sitzt der Coach-aus-Not immerhin vom 18. November 1971 bis zum 1. März 1973 auf der Bank der Hannoveraner. Und das, obwohl seine Trainingsmethoden etwas antiquiert wirken. Den Spielern kündigt Hans Hipp das Doppelpasstraining sehr originell an: **»Derselbe Herr, die gleiche Dame!«**

★ ★ ★

Nach der Partie des FC Bayern beim 1. FC Köln klopft Paul Breitner zwei Minuten nach Spielschluss an die Kölner Kabinentür. Trainer Lorant öffnet und schaut den Profi des FC Bayern verdutzt an. »Das ist **das Rezept für Flohe**!«, drückt er dem Übungsleiter einen Zettel in die Hand und geht. Vor dem Spiel hatte Flohe über seinen Dauerhusten geklagt, und Breitner hatte ihm ein Rezept versprochen, das bei ihm geholfen hatte. Das ist wahre Kollegialität unter Profis, die selbst FC-Trainer Lorant staunend hinterlässt.

★ ★ ★

Thomas Rohrbach, das **Enfant terrible der Frankfurter Eintracht**, liebt die klare Ansprache. Seinem Trainer Erich Ribbeck hält er vor: »Sie schleifen uns die ganze Woche die Eier, und am Samstag erwarten Sie ganze Kerle auf dem Platz.« Das geht so natürlich nicht. Und als er für den »Playboy« in Sachen Sexualität ein wenig intimer wird, ruft man in Frankfurt sofort den Eintracht-Ältestenrat ein. Sehr zum Unverständnis von Rohrbach: »Ich hab nur gesagt, dass ich mir einen runterhole, wenn ich Überdruck habe. Da waren die alle sauer, und ich musste wieder zu dieser komischen Sitzung. Der eine wollte mich gleich zum Psychiater schicken.« Aber es ist wohl auch nicht immer ganz einfach, mit dem Spieler Rohr-

Ein Bundesliga-Playboy?

Wenn man ihn hier so lässig ausgestreckt liegen sieht – den „Playboy" in der Hand und ein entsprechendes Poster an der Wand –, könnte man meinen, Kaspar Memering sei selbst ein Playboy. Tatsächlich aber posiert der junge HSV-Lizenzspieler nur für den Fotografen. Denn einen unsoliden Lebenswandel kann sich ein Profi nicht leisten. Vor allem wenn man Memering heißt und sich einen Stammplatz in der Bundesliga erobern will.

bach und seinem Kompagnon Gert Trinklein (der Name ist in diesen Jahren durchaus Programm) klarzukommen. Beide lieben das Nachtleben. Und Ribbeck macht es ihnen auch leicht, bittet er doch erst nachmittags zur Übungseinheit. Wie simpel man dieses Problem löst, beweist der neue Trainer Weise. Rohrbach total angetan von dessen Disziplinwelle: »Der hat einfach morgens um neun trainiert. Und jetzt geh mal bis vier weg, und dann macht der eine Konditionsüberprüfung. Nee, kannste vergessen!«

★ ★ ★

Adressen der Stars

Schalke 04: • Klaus Fichtel, Howardstr. 15, 4620 Castrop-Rauxel • Klaus Fischer, Lilienthalstr. 35, 4650 Gelsenkirchen • Helmut und Erwin Kremers, Florastr. 4, 4650 Gelsenkirchen • Reinhard Libuda, Wittekindstr. 19, 4650 G. • Norbert Nigbur, Goldbergstr. 84b, 4660 G.

Werder Bremen: • Rudi Aussauer, Dr. Hünerhoff-Str. 9, 2804 Lilienthal • Horst Höttges, An der Windmühle 13, 2807 Achim • Herbert Laumen, Eislebener Str. 69, 2800 Bremen

Fortuna Düsseldorf: • Reiner Geye, Zeppelinstr. 15, 4100 Duisburg • Benno Beiroth, Kühlwetterstr. 39/41, 4000 Düsseldorf

Arminia Bielefeld: • Dieter Brei, Bahnhofstr. 72, 4815 Schloß Holte • Dieter Burdenski, Am Sadholz 52, 4800 Bielefeld • Gerd Roggensack, Braakstr. 32, 4812 Brackwede

Eintracht Braunschweig: • Bernd Franke, Schild 3, 3300 Braunschweig • Otto Knefler, Sielkmap 25, 3300 Braunschweig

MSV Duisburg: • Bernard Dietz, Goethestr. 12, 4712 Bockum-Hövel • Willibert Kremer, Demuntweg 13, 5000 Köln-Dünnwald • Detlef Pirsig, Düsseldorfer Str. 133, 5657 Haan/Rheinland

Bayern München: • Franz Beckenbauer, Ludwig-Thoma-Str. 13, 8022 Grünwald • Paul Breitner, Schlierseestr. 2, 8000 München • Gerhard Müller, Ludwig-Thoma-Str. 12, 8021 Straßlach • Udo Lattek, Isarstr. 23, 8000 München-Neubiberg

Borussia Mönchengladbach: • Günter Netzer, Gasthausstr. 31, 4050 Mönchengladbach • Hans-Hubert Vogts, Sudermannstr. 20, 4046 Büttgen • Josef Heynckes, Hans-Böckler-Str. 27, 4050 Mönchengladbach

★ ★ ★

Das erste »Tor des Jahres« wird nach dieser Saison von den Zuschauern der ARD-»Sportschau« gewählt. Es schießt der Gladbacher **Ulrik le Fevre**. Technisch elegant hebt er vor seinem Treffer den Ball über mehrere Gegenspieler, bis er sicher verwandelt. Das Endergebnis an diesem Tag: 7:0 für Gladbach gegen Schalke.

★ ★ ★

Als Willi »Fischken« Multhaup mit 68 Jahren am neunten Spieltag der Saison bei Werder Bremen an der Seite von Sepp Piontek auf der Trainerbank Platz nimmt, will er die Lorbeeren nach dem 3:1-Sieg in Düsseldorf gar nicht ernten: »Das ist nicht mein Bier, das ist die Sache von Sepp Piontek. Wir haben noch gar nicht über Geld gesprochen. Ich habe keinen Vertrag unterschrieben.« Und eigentlich wollte Multhaup auch gar nicht mehr arbeiten, sagt aber schließlich doch zu: »Ich kam aus dem Sanatorium und war wegen meiner Gesundheit besorgt. Dr. Bömert bemühte sich um das Untersuchungsergebnis und gratulierte mir: ›Sie sind der gesündeste Mensch der Welt.‹ In dieser Stimmung macht man schon einmal solche Sachen.«

Übergangs-Coach Piontek muss in dieser Saison sogar noch einmal selbst ran. Am 32. Spieltag wird er in der 84. Minute von Trainer Fritz Langner eingewechselt. Sein neuer Mitspieler Werner »Acker« Weist ist noch Jahre später von ihm begeistert: »Der Piontek war ein Draufgänger. Ein gerader, kerniger Typ. Und hart gegen sich. **Sogar gespritzt hat er sich selbst**.«

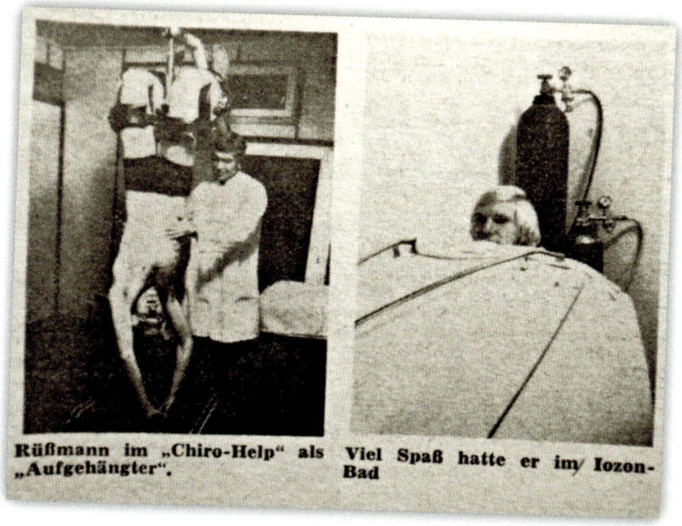

Rolf Rüssmann verschwindet in einem futuristischen Gerät. Er lässt sich von »Chiro-Help«, einer Gesundheitsmaschine für Wirbelsäulen- und Bandscheibenvorfälle, helfen und ist begeistert: »Im ersten Moment fühlte ich mich zwar wie ein Aufgehängter, aber dann habe ich gemerkt, dass es mir gut getan hat. Man hängt richtig locker herunter, so dass schnell Art und Ort von Verletzungen festgestellt werden können.«

Zitate der Saison

Hennes Weisweiler, auf die Frage, was für ein Spielertyp er selbst früher war: »Ich war ein Mittelding zwischen Luggi Müller und Berti Vogts.« Daraufhin Luggi Müller: »Das muss ja fürchterlich gewesen sein.«

»Wenn man zu lange sitzt, bekommt man einen Buckel.« Kölns potenzieller Ersatztorwart **Gerhard Welz** äußert in der Saisonvorbereitung etwas verklausuliert den Wunsch, lieber zu spielen.

Harry Fechner

»Mir geht es heute wie dem Canellas – ich kann nicht mehr reden!« Ein **Bayern-Fan** bei einem Spiel nach dem Aufdecken des Bundesliga-Skandals durch den heiseren Horst-Gregorio Canellas.

Unerschrockene Bochumer Aufsteiger: **Harry Fechner** arbeitet bei der Sparkasse. Auf die Frage, ob er Angst vor einem Überfall habe: »Ich glaube nicht daran, dass einer so dumm sein könnte und das bei uns versuchen würde. Wenn, dann kriegt er aber voll eins auf die Nuss!«

1972/73

Jubel in Hannover: »Wir spielen mal drauf los!«

Nach der Saison 1968/69 schaffen die Bayern zum zweiten Mal den Durchmarsch. Vom ersten bis zum letzten Spieltag sind sie Tabellenführer der Fußball-Bundesliga und beenden die Runde mit elf Punkten Vorsprung vor dem 1. FC Köln. **»Die Bundesliga wird langweilig«**, schreibt die »Bild«-Zeitung, doch die Liga plagen ganz andere Probleme als die souveräne Meisterschaft des FC Bayern München. Der Skandal überschattet immer noch den Alltag zu vieler Vereine. Rot-Weiß Oberhausen wird zwar zur Halbserie die Fünf-Punkte-Strafe seitens des DFB erlassen, doch zu diesem Zeitpunkt ist es für die Kleeblätter bereits zu spät. Am Ende steigt man als Tabellenletzter ab.

Um den Klassenerhalt muss auch der Vorjahres-Zweite, der FC Schalke 04, lange bangen. Dabei hatte sich Günter Siebert mal wieder so viel von der Spielzeit versprochen. Der Vorsitzende der Königsblauen ist besonders von seinem Coach Ivica Horvat angetan: »Schon viele Vereinspräsidenten haben sehr viel Gutes über ihre Trainer gesagt. Und ich habe als Spieler und Präsident schon gute Trainer kennengelernt – aber unser Horvat übertrifft alle.« Doch die Schalker können unter der Last des Skandals kaum durchatmen. Höhepunkt der komplizierten Verhältnisse beim Ruhrgebietsklub ist der 28. April 1973. An diesem Tag soll Schalke eigentlich gegen den 1. FC Köln spielen, doch der DFB setzt die Partie knapp 20 Stunden vorher ab. In der Frankfurter Zentrale des Fußball-Bundes ist man sauer, weil die gesperrten Schalker Fischer, Fichtel, Rüssmann und Lütkebohmert vor einem ordentlichen Gericht ihre **Spielerlaubnis eingeklagt** hatten. Die Begegnung wird schließlich am 22. Mai ausgetragen. Schalke rettet sich erst durch zwei Siege an den letzten beiden Spieltagen vor dem Abstieg.

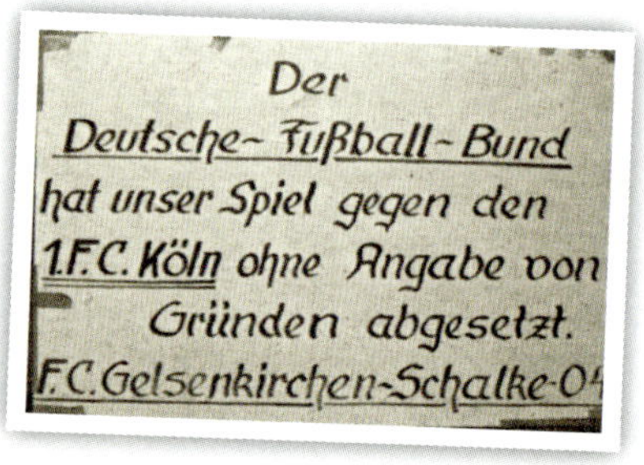

Eine geradezu **märchenhafte Saison** absolviert der Wuppertaler SV. Als Neuling erreicht man am Ende der Spielzeit einen hervorragenden vierten Platz in der Tabelle. Und das liegt vor allem an einem taktischen Schachzug von Trainer Horst Buhtz, den Kapitän Manfred Reichert folgendermaßen lobpreist: »Die anderen kommen mit unserem System nicht zurecht. Unser ›hängender Linksaußen‹ behagt allen Gegnern nicht. Sie wissen zwar, dass wir so spielen, aber trotzdem ist noch keine Elf damit hundertprozentig zurechtgekommen. Es gibt nämlich kaum ein Gegenmittel!« Dieter Lömm spielt mit der Nummer 11 offiziell Linksaußen, doch auf dem Feld findet man ihn überall – nur nicht in dieser Position. Stattdessen zieht sich Lömm ins Mittelfeld zurück, aus dem dann andere Spieler abwechselnd in die frei

Saisonverlauf 1972/73

Platz	Tore	Punkte
1.	93:29	54:14
2.	66:51	43:25
3.	62:45	42:26
4.	62:49	40:28
5.	82:61	39:29
6.	71:65	37:31
7.	61:60	35:33
8.	58:54	34:34
9.	58:68	34:34
10.	53:54	33:35
11.	50:52	31:37
12.	50:68	31:37
13.	53:64	30:38
14.	53:59	28:40
15.	46:61	28:40
16.	49:65	26:42
17.	33:56	25:43
18.	45:84	22:46

gewordene Lücke stoßen. Vor allem der Kapitän und Verteidiger Reichert füllt die Freiräume als Spielmacher aus. Die Folge der Rotation: sehr wenige Gegentore und viele eigene Treffer aus dem Wuppertaler Mittelfeld. Das Publikum im Zoo-Stadion ist begeistert.

Die besten

Torjäger der Saison

Gerd Müller (Bayern München)	36
Jupp Heynckes (Borussia M'gladbach)	28
Günter Pröpper (Wuppertaler SV)	21

Den letzten Spieltag wird man in Hannover wohl nie vergessen. Das Ding ist eigentlich schon durch. Man hat sich bei 96 mit dem Abstieg abgefunden. Die Blumensträuße für die Spieler stehen im Raum des Platzwarts. Nur noch diese letzte Begegnung in Wuppertal anständig hinter sich bringen, ist die Devise. Hans Siemensmeyer kurz vor der Partie: »Wir spielen mal drauf los, denn zu verlieren haben wir nichts mehr!« Und dann passiert ein kleines Wunder. Eintracht Braunschweig vergeigt völlig unerwartet zu Hause ihr Spiel gegen die Düsseldorfer Fortuna mit 1:2, und Hannover gewinnt mit 4:0 in der Wuppertaler Radrennbahn. Plötzlich heißt der Absteiger nicht mehr Hannover, sondern Braunschweig. **96 feiert.** Unerwartete Ereignisse sind sowieso immer die schönsten, und so ›tanken‹ die Hannoveraner an jeder Raststätte auf der Rückfahrt Sekt nach. Noch in der Nacht verbrennen sie schließlich vor dem Hotel ihres Präsidenten Ferdinand Bock die bereits fertig geschriebenen Verträge für die zweite Liga. Während in Hannover gejubelt wird, herrscht in Braunschweig Katerstimmung. Die Nachwehen des Skandals gingen auch an den Niedersachsen nicht spurlos vorüber. Ausgerechnet im ersten Jahr des Jägermeister-Trikot-Sponsorings passiert der Bundesliga-Abstieg. Doch schon in einem Jahr soll es wieder hinaufgehen für die Eintracht!

In Bochum haben sie mit Hannes Walitza einen echten Torjäger, der sogar das Interesse des FC Barcelona geweckt hat. Viele seiner Fans sind weiblich. In der Stadt wird er nur **der »schöne Hans«** gerufen. Und im Stadion singt man: »Hannes, hol den Hammer raus!« So wie am 18. Spieltag beim 1:1 gegen Braunschweig, als Walitza von der Mittellinie steil geht, diagonal zum Ex-Nationalspieler Eia Krämer passt, der einen langen Spurt hinlegt und zielgenau zurück auf Walitza flankt, der wie der Blitz im Braunschweiger Strafraum herumwirbelt und mit einem bombenähnlichen Schuss abschließt. Das Publikum ist aus dem Häuschen, und der »schöne Hans« streicht eine Strähne seiner langen braunen Haare lächelnd aus dem Gesicht – zur Verzückung all seiner weiblichen Anhänger.

★ ★ ★

In Hamburg-Niendorf kann man ab dem späten Nachmittag in dieser Saison eine ganze Reihe HSV-Spieler gemütlich in einem Restaurant sitzen und einen Mokka trinken sehen. Ihr türkischstämmiger Mitspieler **Arkoç »Ötschi« Özcan** hat das »Bei Özcan« aufgemacht, und der Torwart freut sich ganz besonders über jeden seiner Kameraden als Gast.

★ ★ ★

Das **Abschiedsspiel von HSV-Profi Willi Schulz** erlöst 130.000 Mark. Doch das Geld nimmt der geschäftstüchtige gebürtige Günnigfelder nicht mit nach Hause. Er lässt es beim HSV – was für einige Schlagzeilen sorgt. Der Verein habe Willi Schulz »angepumpt«, heißt es. Doch die Aufregung ist völlig umsonst. Schulz streicht zehn Prozent Zinsen ein, und der HSV spart sich den Weg zur Bank – und einige Mark, weil er sonst ein wesentlich teureres Darlehen hätte aufnehmen müssen.

★ ★ ★

Aus einem Leserbrief: Im Februar 1973 besucht der Fußballfan Ulrike H. aus Aachen die Begegnung 1. FC Köln gegen den MSV Duisburg und beschreibt die Szenerie so: »Ich mischte mich in den Fleischsalat vor den Kassen, von denen leider nur weniger als die Hälfte geöffnet waren. Rücksichtslose Zeitgenossen, die von vorne drängten, und lahme Abfertigung – es ging überhaupt nicht voran und, **eingeklemmt zwischen Schmerbäuchen**, hatte ich Gelegenheit, aus nächster Nähe die Äußerungen einiger anderer gequälter Kreaturen zu hören. Es ging darum: 1. Nach Hause fahren, oder 2. Ein Bier trinken und nach der Halbzeit umsonst rein, oder 3. Durch und dem Ordner dabei 10 DM in die Hand drücken. Vielleicht lag es an dem fremden Stadion, wo ich höflich zu sein pflege, jedenfalls versuchte ich nicht, mich ohne Karte durchzumogeln (worin ich einige Übung habe), sondern blieb brav in der Schlange. Als kleinen Gag am Schlusse lege ich das Corpus delicti bei, unversehrt und unabgerissen, die Stehplatzkarte zu 5,50 DM! (Übrigens bin ich, da ich nur 2,50 DM eingeplant hatte, die 50-minütige Rückfahrt mit Bus und Straßenbahn schwarzgefahren!)«

★ ★ ★

In dieser Saison wird der hundertste Spieler in der Bundesligageschichte des Feldes verwiesen. Es ist der **Offenbacher Erwin Kostedde**. Das Jubiläum begeistert den Kickers-Spieler allerdings wenig: »Noch nie bin ich vom Platz gestellt worden. Ich kann es noch gar nicht fassen. Und dass ich nun der 100. in der Bundesliga bin, das macht mir erst recht keine Freude.«

★ ★ ★

Am 15. Spieltag trifft der VfL Bochum auf den großen FC Bayern München. Das Spiel geht vor 27.000 Zuschauern im Ruhrstadion standesgemäß mit 0:2 aus. Doch die Bochumer sind nach der Partie sauer auf

Schiedsrichter Günter Linn aus Altendiez und seine beiden Linienrichter. Warum? VfL-Spieler Jürgen Köper schildert die kniffligen Szenen: »Der Hoeneß stand beim ersten Tor mindestens neun Meter im Abseits. Der Linienrichter dachte wohl, der spielt bei uns Libero, der hat 'nen Komplex gehabt!« Danach gibt es zuerst Tumulte, dann direkt den Anstoß für die Bochumer. Jürgen Köper erneut: »Wir bekommen den Ball auf links. Der Werner Balte will flanken, der Ball rutscht ihm ab und schlägt hinter dem verdutzten Maier in den Winkel ein. Die Bayern beschimpfen sich gegenseitig, und was tut der Schiri: Der macht eine Kehrtwendung, läuft zum Linienrichter auf der anderen Seite, unterhält sich mit ihm und lässt den Anstoß noch mal wiederholen.« Und weshalb? Noch während der Ball in der Luft ist, wird eine **Dose aufs Spielfeld** geworfen. Der Linienrichter hebt die Fahne und der Schiri pfeift ab – ganz zum Ärger der Bochumer.

★ ★ ★

In Braunschweig freut man sich. Hans-Otto Schröder, Schatzmeister der Eintracht: »Am nächsten Samstag gegen Kickers Offenbach feiern wir Hirsch-Premiere!« Der Klub hat das Protokoll über die Eintragung ins Vereinsregister fristgerecht an den DFB gesandt. Man will fortan auch im Klubnamen für den Sponsor »Jägermeister« werben. Trainer Otto Knefler stolz: »Damit stehen wir auf einer Stufe mit Klubs wie Opel Rüsselsheim, Bayer Leverkusen, Gummi-Mayer Landau, Bayer Uerdingen, Röchling Völklingen usw.« Schatzmeister Schröder: »Ganz davon abgesehen, dass die Firma Jägermeister werbemäßig schon jetzt bereits voll auf ihre Kosten gekommen ist, weil ständig über die ›Braunschweiger Hirsche‹ gesprochen wird: Ich bin der Meinung, dass man schon in ein paar Monaten den Hirsch auf unseren Trikots genauso selbstverständlich hinnehmen wird, wie man es bisher mit unserem Löwen getan hat.« Zur gleichen Zeit verhandelt der 1. FC Köln mit einer Bierfirma, der FC Schalke 04 mit Underberg, und bei Arminia Bielefeld wird über den **»1. FC Oetker«** spekuliert. Geschäftsführer Eckardt Kleemann von Hannover 96 hat allerdings eine andere Idee: »Wir sind schon deshalb nicht interessiert, weil wir die Summe von 500.000 DM für fünf Jahre als viel zu gering erachten. Wir stehen zur Zeit mit einigen Firmen in Verhandlungen, die für eine Reklameschrift auf den Trainingsanzügen unserer Balljungen relativ gesehen mehr zahlen würden.«

★ ★ ★

Herr des neuen Sponsorings im deutschen Fußball ist der **»Jägermeister«-Chef Günter Mast**, über den DFB-Generalsekretär Hans Passlack sagt: »Der macht aus unserer Bundesliga eine Kneipe.« Auf jeden Fall ist Mast ein Mann mit Ideen, einem feinem Gespür für Marketing und von robuster Natur. Er lässt sich auch von kritischen Lokaljournalisten nicht beirren. Als er sich von ihnen zu hart angegangen fühlt, sagt Mast: »Eine deutsche Eiche lässt sich nicht von einem Wildschwein anpinkeln.«

Günter Netzer wird für die Wolfenbütteler Spirituosen-Firma Mast gar als Public-Relations-Manager tätig – mit einem Jahresgehalt von 100.000 DM. So viel erhält auch die Braunschweiger Eintracht für das Trikotsponsoring. Doch Mast hat mit dem Madrider Fußballstar Großes vor: »Man muss sagen: **Netzer? Aha! Jägermeister!** Da braucht er gar nicht mit der Pulle in der Hand rumlaufen.« Geld ist die Antriebsfeder von Günter Mast. Er sagt selbst über sich, dass er keine Ahnung vom Fußball habe. Und: »Ich bin kein Mäzen, kein Freund des Sports. Ich will Geschäfte machen!« Dem Braunschweiger Pub-

Trainer lieben Kräuterlikör!

likum ist es egal. Wo sie gerade noch die Löwen angefeuert haben, rufen sie bereits am 24. März 1973, als die Mannschaft zum ersten Mal mit dem neuen Sponsor auf der Brust aufläuft: »Otto, lass die Hirsche raus!« Mit Otto meinen die Besucher ihren Trainer Otto Knefler und mit den Hirschen ihr Team!

★ ★ ★

Schalke ist **in der UdSSR im Trainingslager**. Stürmer Klaus Fischer fühlt sich nicht wohl und muss aufs Klo. Doch da verklebt etwas die WC-Brille. Schnell rennt er hinüber zum Zimmer von Erwin Kremers: »Erwin, darf ich mal bei dir auf die Toilette? Meine hat das Rote Kreuz gesperrt!« Kremers guckt etwas verdutzt, aber erlaubt seinem Mannschaftskameraden natürlich den Gang auf sein Klo. Doch da kommt Fischer schon wieder aus dem WC herausgestürmt: »Mist, deine Toilette haben sie auch gesperrt!« Kremers läuft neugierig aufs Klo und kann sich vor Lachen gar nicht mehr beruhigen. Über die Toilettenbrille ist eine Schutzfolie gespannt, auf der ein Kreuz prangt – die in Hotels damals übliche Markierung für ein gereinigtes WC!

★ ★ ★

Das Fußballereignis wird immer mehr zu einem Heimspiel in den eigenen vier Wänden. Aber nicht, weil dort das Fernsehen einen triumphalen Siegeszug feiert, sondern weil die **zunehmende Gewalt** die Zuschauer vom Stadionbesuch abhält. Der »kicker« schreibt: »Die Rowdies auf den Plätzen machen sich immer breiter und pöbeln ständig die Besucher an. Da kann es passieren, dass man eine Bierflasche oder eine Fahnenstange auf den Kopf bekommt oder gar durch einen Knallkörper verletzt wird.«

★ ★ ★

Auch der große Sportjournalist Richard Kirn macht sich in seiner Kolumne **Sorgen um die Bundesliga**. Aber nicht wegen der Gewalt in den Stadien, sondern immer noch wegen des Skandals. Wörtlich: »Wir unterhielten uns über die langsam und quälend dahinschleichende Affäre. Herr Beschwichtiger und ich. ›Das sind doch‹, sagte mein Gesprächspartner, ›nichts als Kinderkrankheiten.‹ Und ich: ›Auch an Kinderkrankheiten kann man sterben!‹ Der Patient heißt Bundesliga. Wenn seine Krankheit nicht mit glühenden Eisen ausgebrannt wird, wird das Ende bitter sein.«

Zitate der Saison

Helmut Grashoff: »Den Vertrag mit Hennes Weisweiler verlängern wir seit Jahren immer nur mit Handschlag. Das ist ein netter Gag, auf den wir nicht mehr verzichten wollen.«

»Ich hatte vor dem Spiel gegen Werder keine Angst vor den Bremern, sondern vor meinen eigenen Stürmern, weil ich weiß, wie schussschwach sie sind«, sagte der Schalker Trainer **Ivica Horvat** nach dem 25. Spieltag. Zu diesem Zeitpunkt ist Schalke Tabellenvorletzter, verliert 1:2 gegen Bremen, und das entscheidende Tor fällt in der 91. Minute durch Hasebrink.

Ivica Horvat schaut skeptisch.

Rudi Gutendorf meldet sich aus Chile zu Wort: »Die meisten meiner Kollegen in der Bundesliga sind zwar jung an Jahren, aber in ihrem Denken und Handeln Opas. Sie begreifen nicht, dass der Spitzenfußball zum Showbusiness und deshalb Klappern zum Handwerk gehört. Ich fliege lieber mal auf die Schnauze, als eine graue Maus zu sein.«

Duisburgs **Klaus Wunder** sagt Ende Januar: »Ich wäre ja schon selig, dürfte ich unter Bundestrainer Helmut Schön einmal nur auf dem gewissen Bänklein sitzen.« Am 5. September debütiert er – in der 64. Minute vom ›Bänklein‹ für Jürgen Grabowski kommend – schließlich in der A-Nationalmannschaft, die in Moskau mit 1:0 gegen die UdSSR siegt.

»Da sieht man einmal, wie jung unsere Mannschaft ist. Wir haben noch Spieler, die kriegen Krankheiten, die normalerweise nur kleine Kinder bekommen.« **Günter Siebert**, als sich Verteidiger Hartmut Huhse Windpocken eingefangen hat. Schalke stellt in dieser Saison die jüngste Elf, die die Königsblauen jemals hatten. Das Durchschnittsalter beträgt 21,8 Jahre.

»Jetzt müssen wir wieder zur Bank gehen und Geld borgen«, kommentiert **Wolfgang Holst** die Entscheidung des Schiedsrichters Basedow, das Spiel zwischen der Hertha und dem VfL Bochum wegen einer Eisschicht auf dem Rasen abzusagen. Dabei hat man ein Jahr zuvor extra noch 25.000 Mark für eine Plane ausgegeben und den Winter so ohne Absage überstanden. Doch angeblich leidet der Rasen unter einer Art Pilzkrankheit, wie der neue Stadionverwalter feststellte. Also: Keine Plane, denn der Rasen muss atmen können. Dafür wieder Absagen!

»Herr Lattek, wollen Sie uns mit den dauernden Siegen das Geschäft kaputt machen?«, fragt **Bayern-Präsident Wilhelm Neudecker**, weil er ob des anhaltenden Erfolgs den Spannungsverlust befürchtet.

»Der Mensch ist halt ein Gewohnheitstier!« **Sepp Maier** zu den ruhigen Feierlichkeiten zur Deutschen Meisterschaft. »Sekt in Gläsern und nicht in Strömen«, schreibt der »kicker« nach dem Gewinn des Titels.

Willi Schulz und die gute Pflege von der Ingrid!

Nationalspieler Willi Schulz beendet seine Karriere und erzählt noch einmal seine **Lieblingsgeschichte**: »Als die Schalker Fans erfuhren, dass ich zum HSV gehe, waren alle furchtbar böse. Sonst kamen sie nach einem Spiel immer in meine knüppelvolle Wirtschaft. Damit war es plötzlich vorbei. ›Bei Willi gehen wir nicht mehr inne Kneipe‹, haben sie gesagt. Nun wollten sich die Fans auf ihre Weise rächen. Sie kauften in einer in der Nähe gelegenen Trinkhalle das Bier kastenweise, tranken vor meinem Haus bis in die Nacht hinein, froren und haben auf den Schulz geschimpft. Mann, habe ich gelacht. Die konnten ja nicht wissen, dass die Trinkhalle mir ebenfalls gehörte. Ich hatte sie nur vermietet und verdiente am Umsatz.«

Und als er 1965 in die Hansestadt kommt, kann der in Wattenscheid-Günnigfeld aufgewachsene Willi Schulz mit den typischen Ruhrgebietskneipen eh nichts mehr anfangen. Zwar ist Schulz der **Sohn eines Gastwirts**, aber nachdem er zum hanseatischen Vorzeigeklub Hamburger SV wechselt, erscheint ihm das alte Leben in seiner früheren Heimat offensichtlich nicht mehr fein genug: »Weisse, im Pott gehse inne ordinäre Kneipe. Anne Theke stehnse sich die Füße platt und saufen Pils und Korn. Hier abba sitzte schön auffe Wildledersofa und trinks Tschinn und Tonnick.«

Ja, so ist er, der Junge vom Wattenscheider Stadtteilklub Union Günnigfeld. Ständig nach vorne, nach oben soll es gehen, und so streift er 1960 bereits vor seinem Wechsel zum FC Schalke 04 dreimal das Trikot der deutschen Nationalmannschaft über. Fast unglaublich, wenn man bedenkt, dass sein Verein damals in der **drittklassigen westfälischen Staffel 2** spielt. Dass er später nach seinem Transfer zum HSV überhaupt noch laufen kann, muss wahrscheinlich all jene verwundert haben, die jedes Wort eines Bundesligaprofis auf die berühmte Goldwaage legen. Denn als seine Wechselabsichten bereits in den Sportzeitungen der Region stehen, posaunt der kesse Willi Schulz mit aufgeblasenen Backen ein unsterbliches Zitat in die Welt hinaus: »Ehe ich von Schalke weggehe, lasse ich mir beide Beine abhacken.«

Das sind bereits die Sprüche des **»Chefreinhauers«**, wie ihn seine HSV-Kollegen nennen, weil Schulz in einer Kolumne kein Blatt vor den Mund nimmt. Gepflegt ausdrücken kann er sich aber auch. Nach einem Spiel gegen die Kickers sagt er ganz vornehm: »Die Offenbacher haben ja va banque gespielt.«

Als das Karriereende naht, meint Schulz: »Ich stand vor meinem 35. Geburtstag, und wenn ich morgens nach einem Spiel aufstand, **knackten die Knochen** so laut, dass ich dachte, da läuft einer neben mir her. Ein untrügliches Zeichen für den Abschied.« Auch nach seiner Laufbahn bleibt Schulz fit wie und eh je, nimmt kein Gramm zu und ist natürlich noch immer nicht auf den Mund gefallen: »Das macht die viele Arbeit und die gute Pflege von der Ingrid.«

Schalkes Präsident Günter Siebert mit den eidesstattlichen Erklärungen seiner Spieler.

Ende Mai ermuntert Präsident Siebert seine Spieler auszusagen. Er fürchtet den Meineid: »Ich weiß nicht, ob sie manipuliert haben. Wenn sie es gemacht haben, dann sollten sie jetzt zum Staatsanwalt gehen. Dann kämen sie immer noch mit einer Geldstrafe davon, weil sie ja niemandem geschadet haben.« Doch die Anwälte um Dr. Hütsch sehen das anders: »**Wir wollen keine Publicity**, wie es einige Leute hinstellen möchten, sondern wir wollen dem DFB zeigen, dass seine Satzungen, seine Urteile und seine Art der Beweisführung nicht mit der rechtsstaatlichen Ordnung zu vereinbaren sind.«

★ ★ ★

Mit 3:0 gewinnen die Bayern am 25. Spieltag bei Borussia Mönchengladbach. Elf Punkte steht man nun bereits vor den Borussen. Entspannt könnte man die Heimreise nach München antreten, doch da ist noch etwas. **Tiefe Genugtuung** macht sich breit. Man hat es dem Trainer der Fohlenelf, dem großen Hennes Weisweiler, gezeigt. Lautstark polternd ist der Gladbacher Übungsleiter vor dem Spiel in die Offensive gegangen. Er hatte seine Mannschaft als die wahre Nummer eins in Fußball-Deutschland bezeichnet. Bayern-Trainer Udo Lattek merkt nach der erfolgreichen Begegnung süffisant an: »Wir sind durch Kommentare in der Öffentlichkeit so stark gemanagt worden, dass es ein Leichtes für mich war, die Mannschaft gegen Borussia scharf zu machen.« Der Bayern-Stürmer Rainer Zobel ist besonders heiß auf die Partie, nachdem Weisweiler ihn öffentlich als Schwachpunkt des Meisters ausgemacht hat. Zobel: »Heute habe ich nicht gegen Simonsen und Borussia gespielt, sondern ausschließlich gegen den Professor.« Mit Professor ist natürlich Weisweiler gemeint. Hinterher sitzen die Bayern-Spieler im Bus und bitten neugierig die Journalisten: »Lest bitte vor, was der Weisweiler gesagt hat!«

Der Beweis: Udo Lattek mag Bier!

»Willi wird das Kind schon schaukeln«: **Heinz Erhardt und Uwe Seeler** in einem Film? Das muss eigentlich ein Fest für die Lachmuskeln sein. Doch der letzte Kinostreifen des großen Komikers floppt. Und über den Auftritt des Fußballstars a.D. urteilt man: »fast schon peinlich«. Egal, für Nostalgiker ist der Film immer wieder ein echtes Highlight!

★ ★ ★

Ein neues, vielversprechendes Talent spielt bei Gladbach. **Uli Stielike** heißt es und soll von Weisweiler systematisch für die Bundesliga aufgebaut werden. Der »kicker« beschreibt ihn im März 1973: »Robustheit (erstes Gladbacher Urteil: Der ist ja knochenhart), schneller Start und ein guter Blick brachten Uli in 30 Spielen für Baden und zehn für die DFB-Jugend schnell die Bezeichnung ›Seele vom Buttermilchgeschäft‹ ein, womit sein Organisationstalent hinreichend angedeutet ist.« Was eine **»Seele vom Buttermilchgeschäft«** ist, muss dann noch einmal extra geklärt werden. Zu einer großen Karriere hat die Eigenschaft aber in jedem Fall gereicht.

★ ★ ★

Am 21. Spieltag wird die erste Partie der Bundesligageschichte wegen einer **Grippeerkrankung einer Mannschaft** abgesagt. Werder Bremen hat den Antrag beim DFB gestellt, weil der Großteil des Teams flach liegt. Eine Woche später gewinnen die gesundeten Bremer 4:2 gegen Eintracht Braunschweig. Deren Trainer Otto Knefler reibt sich noch lange nach Spielende verwundert den Kopf: »Die Bremer müssen offensichtlich einen Wunderdoktor gefunden haben. Ich hatte heute jedenfalls den Eindruck, dass nicht die Werder-Spieler, sondern wir grippekrank waren!«

★ ★ ★

Präsident Günter Siebert verkauft schon im Dezember 1972 **Dauerkarten für das neue Schalker Parkstadion** und erlöst damit mehr als 82.000 DM. Zusätzlich spenden sechs Gönner insgesamt eine Summe von 172.000 DM. Siebert ganz begeistert: »Das Geld wurde uns geschenkt, wir brauchen nichts zurückzuzahlen. Einige dieser Leute kamen sogar von ganz alleine!«

★ ★ ★

Beim letzten Auswärtsspiel der Saison in Offenbach läuft Sepp Maier nach dem 3:0 für die Bayern aus seinem Kasten und spielt in Höhe der Mittellinie unter dem Applaus der Zuschauer einige gekonnte Doppelpässe mit seinen Kameraden auf dem Platz. Udo Lattek findet die **Radenkovic-Gedächtnisaktion** allerdings nicht gerade sportlich fair: »Es kann als Beleidigung des Gegners aufgefasst werden. Aber der Sepp ist nun einmal im Privatleben wie auf dem Spielfeld ein Hampelmann.« Heimtrainer Gyula Lorant reagiert nicht so gemäßigt; er ist stocksauer: »Der Maier kann in den Zirkus gehen. Er ist ein Clown und kein Torwart. Als wir 4:2 in München gewonnen haben, da hat er geweint!«

★ ★ ★

Udo Lattek als **Technik-Pionier**. Auf der Tribüne des nächsten Europapokalgegners Sofia filmt Lattek eifrig das Spielgeschehen (»... mit Hilfe eines Video-Recorders versucht sich der Bayern-Trainer als Kameramann ...«). Lattek, der alte Fuchs: »Es ist mein erster Versuch gewesen, aber ich denke, der Film wird uns einige wertvolle Fingerzeige geben können.«

Abwehrrecken: »Das waren Mörder!«

Stan Libuda zeigt seinem Trainer Ivica Horvat einen Vogel: »Nee, Trainer, da brauch ich gar nicht erst mitfahren!« Die Mannschaft guckt ihren Stan wissend an, nur Horvat schaut etwas verdutzt. Libuda sieht sich genötigt, es dem Coach zu erklären: »Mensch, Trainer, da geht es gegen den Höttges. Da seh ich den Ball genau zweimal: beim Anstoß und wenn die das Tor geschossen haben!« Und damit ist die Diskussion für Libuda beendet – nach Bremen fährt er nicht mit.

Sein Mannschaftskamerad Hannes Bongartz hat zwei andere Lieblinge. Über die Kölner Hansi Sturm und Heinz Simmet sagt er: »Die haben geputzt, da haste manchen Samstagnachmittag gedacht, Mensch, geh lieber ins Parkcafé. Das darf doch gar nicht wahr sein. Das waren Mörder!«

Bayern-Stürmer Karl-Heinz Rummenigge spielt nicht gerne gegen einen anderen Kölner. **Harald Konopka** kann »Rotbäckchen« nicht leiden – und umgekehrt: »Nach zehn Minuten habe ich gegen den fast immer blutige Stutzen, das ist jedes Mal so.«

Nach Heinz Flohes schwerer Verletzung im Dezember 1979, die ihm der Duisburger **Paul Steiner** zufügt und ihn arbeitsunfähig macht, relativiert sein Trainer bei 1860 München, Carl-Heinz Rühl, die aktuelle Härte in der Liga: »Es ist keineswegs so, wie viele glauben, dass die Bundesliga härter geworden sei. Es geht schon seit Jahren unheimlich brutal zu. Ich besitze Fotos aus meiner Zeit, da setzen die Gegner die Beinschere sogar an meinem Hals fest!«

HSV-Stürmer Horst Hrubesch ist hingegen nicht gut auf den Bochumer Verteidiger **Lothar Woelk** zu sprechen: »Der Woelk dürfte den Rasen normalerweise nur mit einem Waffenschein betreten. Der tritt auf alles, was sich bewegt.«

Bernard Dietz hat einen anderen Lieblingsgegenspieler. Er ist ganz begeistert von der **»Walz aus der Pfalz«**, dem ehemaligen Leichtathleten Hans-Peter Briegel: »Sein Raketenantritt, seine Wucht und seine Zweikampfstärke imponieren mir. Wenn er bei Trainingsspielen ›marschiert‹, gibt's bei uns schon den Scherzreim: ›Da geht er, der Hans-Peter!‹«

In Lautern spielt Günther Reinders, den die Fans aufgrund seiner »blutrünstigen« Spielweise gerne **»Dracula«** rufen. Als die Mannschaft nach einem UEFA-Cup-Spiel in Lissabon noch im Hotel an der Bar hockt, fordert eine attraktive Portugiesin Reinders zum Tanz auf. Mannschaftskamerad Klaus Ackermann springt sofort aus seinem Sessel hoch und ruft dem beinharten Abwehrrecken zu: »Moment, Günther, die Dame muss sich zuerst Schienbeinschützer anziehen!«

Rainer Bonhof

Duisburgs Talent Thomas Kempe muss auf der Hut sein. Am Anfang seiner Karriere ist er als Stürmer besonders gefährdet, wie er selbst weiß: »Einigen merke ich auf zehn Metern Entfernung an, dass sie mich gleich brutal umhauen wollen.«

Aus Spanien meldet sich **Rainer Bonhof** und weiß nach seinem Wechsel zu Valencia CF, dass woanders auch nicht immer gut Kirschen essen ist: »In Deutschland ist das ja noch alles harmlos. In Spanien tritt dich der Abwehrspieler in die Luft und nimmt dich per Dropkick, wenn du runterkommst.«

1973/74

»Der Beckenbauer wusste gar nicht mehr, wo die Mittellinie ist«

Den dritten Bundesligatitel in Folge und den Gewinn des Europapokals der Meister feiern die Bayern ausgiebig. In der Nacht des Triumphs hat Sepp Maier bereits gescherzt: »Wenn ich morgen in Gladbach im Tor stehe und drei Bälle sausen auf mich zu, nehme ich immer den in der Mitte!« Und so verschmerzen die Münchner das 0:5 bei Borussia Mönchengladbach mit einem müden Lächeln im Gesicht. Trainer Udo Lattek: »Dieses Spiel war für uns eine **Alkohol-Verdunstungsstunde**!« Und auch Manager Robert Schwan strecken seine Gefühle auf den grünen Rasen nieder. Um 1.000 Mark hat er mit seiner Mannschaft gewettet, dass er vor dem Spiel einen Purzelbaum schlagen würde. Zur Belustigung aller tut er es – und kassiert das Geld. Vermutlich, um es augenblicklich in ein paar weitere Fläschchen edlen Champagners zu investieren.

Zu Recht, denn der Titelgewinn ist alles andere als leicht geholt. Die Bayern mussten richtig hart dafür arbeiten und manchen Rückschlag verkraften. Am 20. Oktober 1973 zum Beispiel, beim legendären Spiel auf dem Kaiserslauterer Betzenberg. Die Bayern führen an diesem Tag bereits 4:1, doch am Ende heißt es 7:4 für den 1. FCK. Die »Roten Teufel« spielen sich in einen Rausch, allen voran Seppl Pirrung, der drei Tore schießt. Lauterns Coach Erich Ribbeck ist ganz aus dem Häuschen: »Das ist der größte Tag in meiner Trainerlaufbahn.« Und Klaus Toppmöller, der drei Vorlagen gibt und ein Tor selbst erzielt, meint etwas überheblich, mehr in der Niederlage der Münchner zu sehen: »Der Zerfall dieser einst so großen Mannschaft binnen Minuten war schon kein Drama mehr, sondern eine Tragödie. Es wurde nach einer Stunde deutlich: Den Bayern fehlt die Kondition!« Torwart Sepp Maier versucht die Situation mal wieder humorvoll zu umspielen: »Ein paar Bretter müssten wir zum nächsten Auswärtsspiel mitnehmen und damit vor dem Anpfiff unser Tor vernageln. Nur oben die Winkel, das würde schon nützen.« Abends sagt Maier die TV-Sendung »Spectaculum 1973« in München ab. Er hat sein eigenes Spektakel schon einige Stunden zuvor auf dem Platz erlebt. Der Mann des Tages, **Seppl Pirrung**, kriegt auch am späten Abend beim Bier immer noch nicht genug von diesem Spiel: »Wenn es zehn Minuten länger gegangen wäre, dann hätten wir denen zehn Stück reingemacht. Der Beckenbauer wusste gar nicht mehr, wo die Mittellinie ist.«

Klaus Toppmöller köpft eins von sieben Lauterer Toren gegen Sepp Maier.

Langsam kommen die Zuschauer wieder zurück in die Stadien, und sie bekommen neben spektakulären Partien auch **kleine Zirkusnummern** geboten. Beim Zusammentreffen des FC Bayern zu Hause gegen den 1. FC Köln am 16. Spieltag (1:2) zelebrieren Hannes Löhr und Bayern-Keeper Sepp Maier einen Showact, den sie schon lange einmal ausprobiert haben wollten. Abgemacht ist: »Ich werde dir

Saisonverlauf 1973/74

Platz	Tore	Punkte
1.	95:53	49:19
2.	93:52	48:20
3.	61:47	41:27
4.	63:50	41:27
5.	69:56	39:29
6.	80:69	38:30
7.	72:68	37:31
8.	56:60	33:35
9.	58:57	31:37
10.	56:62	31:37
11.	48:56	31:37
12.	53:62	31:37
13.	56:70	31:37
14.	45:57	30:38
15.	42:56	29:39
16.	42:65	25:43
17.	46:79	25:43
18.	50:66	22:46

einmal während des Spiels den Ball hinwerfen und dann spielst du ihn mir zurück!« So Maier zu Löhr. Wohlgemerkt: Der Münchner Torwart will vor seinem eigenen Kasten das Spielgerät zum Kölner Stürmer schmeißen – in der Hoffnung, dass dieser die Situation nicht ausnutzt und das Leder direkt zu ihm zurückpasst. Doch genau das tut Löhr nicht – wenigstens nicht sofort. Sechs Meter vor dem Kasten will der Kölner erst noch Maier umkurven, bevor er ihm den Ball zurückspielt. Doch da wird die Lage selbst dem ansonsten immer so lustigen Bayern-Torwart etwas zu unübersichtlich. Wütend schnappt er seinem Freund das Leder vom Fuß und ballert die Kugel weit in die Kölner Hälfte. Die Zuschauer sind dennoch sehr angetan von diesem inszenierten Spektakel.

Die besten

Torjäger der Saison

Gerd Müller (Bayern München)	30
Jupp Heynckes (Borussia M'gladbach)	30
Klaus Toppmöller (1. FC Kaiserslautern)	21
Klaus Fischer (FC Schalke 04)	21

In Frankfurt glaubt man vor der Saison an den Titel. »**Zehn Zentimeter** trennen uns noch von einer Spitzenmannschaft«, sagt Achaz von Thümen, Präsident der Eintracht. Doch im Laufe der Spielzeit muss er einsehen, was noch fehlt: »Unser Problem heißt nicht, wie packen wir die Bayern, sondern wie schlagen wir Fortuna Köln.« Ausgerechnet in der entscheidenden Phase der Meisterschaft verlieren die Frankfurter nämlich mit 3:2 bei der Fortuna.

Diese muss trotzdem runter – und kann es nicht fassen. Abgestiegen am letzten Spieltag wegen des schlechteren Torverhältnisses. Und der Rivale im Abstiegskampf, der Wuppertaler SV, schießt das entscheidende Tor zum 2:2 beim VfB Stuttgart erst in der 81. Minute durch Dieter Lömm. »In der Bundesliga ist **kein Platz für Sentimentalitäten**«, hat Otto Rehhagel, der Trainer des letzten Gegners der Fortuna, Kickers Offenbach, noch vor dem Spiel gesagt. Hätte er gewusst, dass es das letzte Bundesligaspiel von Fortuna Köln für alle Zeiten werden sollte, hätte sich vielleicht auch ein Otto Rehhagel etwas mitfühlender geäußert.

Der letzte und einzige Bundesligakader von Fortuna Köln.

Leserbrief – **Zunder für Wunder**: »Ich habe in der ›Sportschau‹ gehört, dass Klaus Wunder vom MSV Duisburg sagte, in Kaiserslautern werde krimineller Fußball gespielt. Ich war Besucher des Bundesligaspiels Kaiserslautern - Duisburg und habe miterlebt, wie fünf (!) Duisburger und ein Lauterer Spieler verwarnt wurden. Wie muss man wohl angesichts dieser Tatsache das Spiel des MSV Duisburg beurteilen?« Gerd Z., Dietrichingen.

★ ★ ★

Bochum verliert 1:0 im heimischen Ruhrstadion gegen den FC Bayern München, und **Schiri Redelfs** übersieht in der 67. Minute ein klares Handspiel von Schwarzenbeck. VfL-Stürmer Hannes Walitza schimpft: »Ein offensichtlicheres Handspiel kann es doch gar nicht geben. Schwarzenbeck ist doch wie ein Volleyballspieler mit der Hand zum Ball gegangen.« Bochums Trainer Heinz Höher: »Ich sage grundsätzlich nichts gegen Schiedsrichter. Ich finde aber, **alle drei Torhüter auf dem Platz** waren ausgezeichnet.« Schiri Redelfs: »Ich habe die Situation klar übersehen. Das war kein absichtliches Handspiel!« Diese Aussage bringt den ansonsten immer sehr ruhigen Zeitgenossen, VfL-Torhüter Werner Scholz, endgültig auf die Palme: »Wenn er nichts gesehen hätte, wäre seine Entscheidung trotz allem vertretbar gewesen. Aber wenn er sagt, dass kein absichtliches Handspiel vorgelegen habe, dann bin ich einfach sprachlos.« Redelfs schiebt erklärend hinterher: »Schwarzenbeck hat sein Gleichgewicht verloren!«

★ ★ ★

»kicker«-Kolumnist Martin Maier wird von Frau Inge T. aus Mainz gefragt: »Sind Sie verheiratet mit Gerd Müller, weil Sie ihn unentwegt lobpreisen?« Antwort: »Nein. **Eine Ehe zwischen Männern** bleibt erfahrungsgemäß kinderlos, und es wäre schade, kämen keine kleinen dicken Müllerlein zur Welt!«

★ ★ ★

Am Morgen vor der Partie des FC Schalke 04 gegen den 1. FC Köln im November **droht ein Erpresser** dem Präsidenten der Königsblauen, Oskar Siebert, telefonisch und verlangt vom ihm 40.000 Mark Schutzgeld: »Bekommen wir dieses Geld nicht, wird eines ihrer sieben Kinder entführt!« Rund um die Uhr werden die Sieberts von nun an von der Polizei überwacht. Siebert am Ende seiner Kräfte: »Was man als Präsident nicht alles durchmachen muss!«

★ ★ ★

Trainer Gyula Lorant leistet sich nach dem siegreichen Spiel (3:2) seiner Offenbacher in Hannover einen **verbalen Fehltritt der besonderen Art** – gegen seinen eigenen Mann: »Wir hatten Hannover so herrlich im Griff, als Hickersberger durch blöden Leichtsinn das 1:1 produzierte. Ich hätte ihm mehr als die Prellung gewünscht, die er sich dabei zugezogen hat.«

★ ★ ★

Rot-Weiss Essen verliert zu Hause gegen die Bayern mit 0:1 und es kommt zu Tumulten. Vor allem Schiedsrichter Kollmann gerät in die Kritik der Essener. RWE-Präsident Naunheim: »Es geht nicht an, dass man zu einem Bayern-Spiel im Westen, welches von vorneherein genug Zündstoff bietet, **einen völlig untauglichen Mann** delegiert. Wir wollen erreichen, dass dieser Mann nie mehr in der Bundesliga pfeift.«

Was Willi Naunheim so sehr an Udo Lattek imponiert

Willi Naunheim, Präsident von Rot-Weiß Essen (hier mit Udo Lattek bei der Vertragsunterzeichnung), hat jetzt verraten, was ihm an dem ehemaligen Bayern-Trainer besonders imponiert hat. Naunheim: „Alle Trainer, mit denen ich verhandelt habe, wollten schon Sonderprämien kassieren, wenn wir nicht absteigen. Davon war bei Udo Lattek nie die Rede. Er will erst dann eine Extraprämie, wenn wir einen Platz im UEFA-Pokal-Wettbewerb erreichen. Das zeugt von gesundem Selbstbewußtsein, und das kann Rot-Weiß Essen gebrauchen!"

★ ★ ★

Die Geschichte ist eine Legende. Erwin Kremers kassiert am 34. Spieltag, wenige Minuten vor Schluss, auf dem Kaiserslauterer Betzenberg die Rote Karte. **»Du blöde Sau!«**, sagt er zum Schiedsrichter Max

Schalke-Fan Gerd Beckmann mit den Zwillingen Erwin und Helmut Kremers und deren Kicker Starschnitt.

Klauser, und niemand bestreitet diese Version. Sein Trainer Ivica Horvat kommentiert den Platzverweis bittersüß: »Jetzt hat der Erwin endlich einen Unparteiischen gefunden, der sich nicht scheut, ihn vom Platz zu schicken. Das habe ich seit Wochen vorausgesagt.« Schade nur für Kremers, dass er sich so um den Weltmeistertitel bringt. Denn Bundestrainer Helmut Schön streicht den Schalker nach der Roten Karte aus seinem Aufgebot.

★ ★ ★

Ausreden? Gott bewahre. Aber man darf ja mal auf ein paar unerwartete Widrigkeiten hinweisen! Schalkes Torwart Norbert Nigbur nach dem Spiel in Essen (2:5): »Der Wind hat heute dem leichten Ball ständig neuen Effet gegeben, so dass man ihn kaum berechnen konnte. Zudem hätte der Ball schon viel früher ausgewechselt werden müssen, da er defekt war. Dadurch sprang er mir beim zweiten Gegentor so unglücklich von der Faust vor die Füße von Gecks.«

★ ★ ★

Eklat in Hamburg. Manager Dr. Peter Krohn ist sauer auf einen Kölner: »Ich werde Simmet dem Unparteiischen melden, denn er hat Hönig und Hidien auf dem Weg in die Kabine in die Knochen getreten. Wenn einer unserer Spieler so gehandelt hätte, wäre das ein Entlassungsgrund für mich.«

Branko Zebec

Während seiner Zeit **bei den Bayern** setzt er sich nach einem Spiel zu seinen Akteuren und meint: »Ihr pokert falsch!« Danach erklärt er ihnen das Spiel »mal richtig«. Zwei Stunden später hat er keinen Pfennig mehr in der Tasche, wie sich Augenzeuge Franz Beckenbauer erinnert.

Als Zebec 1981 **Trainer in Dortmund** ist, sagt er: »Ich höre neuerdings immer, ein Trainer muss Kumpel sein. Was heißt Kumpel, wenn es um Millionen geht? Kumpel hat man in der Bundesliga nicht nötig. Kumpel sind ganz schnell weg vom Fenster. Und überhaupt: Als ich Deutsch lernte, habe ich gelernt, Kumpel seien Leute, die in der Grube unter Tage sehr schwer arbeiten müssen. Fußballprofis scheinen was anderes darunter zu verstehen. Sie meinen, man bräuchte nicht schwitzen. Aber vielleicht kann ich schlecht Deutsch …«

»Ich will keine Spieler mit Glasaugen, ich will Augen, die sprechen.«

In Braunschweig gibt er montags Charly Handschuh schon einmal wegen kleinerer Wehwehchen nachsichtig frei, weil er weiß: »Ist Charly nur gesund, wenn er krank ist.«

Stichwort Raumdeckung: »Ist wie bei Flasche. Wenn Spieler in Nähe von Tor kommen, wird Raum immer enger – wie bei Hals von Flasche.«

HSV-Profi **Caspar Memering** über seinen Trainer: »Der Zebec hat an den Schweißtropfen bei uns im Nacken ablesen können, wie viele Bier wir am Vorabend getrunken hatten. Das hat uns mächtig beeindruckt und unsere Disziplin gestärkt.«

Hermann Eppenhoff hat in Stuttgart keinen leichten Stand. Da passt es ins Bild, dass eine Zeitung vermeldet, Eppenhoff habe einen Mercedes vom Verein geschenkt bekommen. Die Meute kocht. Und der Trainer will am liebsten alles hinschmeißen und **»zurück nach Hause** gehen«. Am Ende der Pressekonferenz überrascht Eppenhoff die Journalisten jedoch mit einer Extra-Portion schwarzen Humors: »Und stellen Sie sich vor, meine Herren, im Kofferraum lagen doch tatsächlich noch 40.000 Mark in bar!« Zu Eppenhoffs Erstaunen sollen allerdings nicht alle diesen bitteren Scherz verstanden haben.

★ ★ ★

Auch die Mannschaft macht es dem Trainer in Stuttgart nicht leicht. Nach dem 24. Spieltag reißt bei Hermann Eppenhoff der Geduldsfaden. Einige seiner Akteure haben ausgespielt: »Fragen Sie mich bitte nicht nach **Ettmayer, Stickel und Mall**. Die fliegen aus der Mannschaft. Das können diese Herren nicht länger mit mir machen!«

★ ★ ★

Der **Beckenbauer-Film »Libero«** feiert Premiere und der »kicker« titelt: »Ein schöner Kaiser-Schmarrn!« Ex-Bundestrainer Sepp Herberger urteilt etwas diplomatischer: »Über die Handlung will ich nichts sagen – mer wolle doch nix Negatives sage, oder? Aber die Fußballszenen, die hier gezeigt wurden, waren schon großartig.« Und Jupp Suttner schreibt: »Jene Fußballbilder, die Herberger so lobt, verdienen tatsächlich Anerkennung. Zumindest wenn man sie in Vergleich mit dem banalen Drehbuch, den abgedroschenen Texten und dem schönsten Kleiderständer des Films – Franz Beckenbauer – setzt.«

★ ★ ★

In der Bundesliga sind die Affen los! **»Hau doch ab, du Affe!«**, sagt der Kölner Hannes Löhr zum Schiri Haselberger. Bereits zuvor hat er dummerweise Gelb gesehen, weil er den Ball noch einmal vom Elfmeterpunkt weggespitzelt hatte. Und dass das mit dem Sich-gegenseitig-»Affe«-Nennen auch umgekehrt geht, zeigt Linienrichter Overberg am 18. Spieltag bei der Begegnung Hertha BSC gegen den Hamburger SV (2:1). Dem HSV-Rechtsaußen Memering ruft er von der Seitenlinie zu: »Du Sau, du Affe!« Was Memering übrigens hart trifft – er überlegt gegen den aufmüpfigen Linienrichter vorzugehen.

★ ★ ★

Am 32. Spieltag treffen der FC Bayern München und der VfL Bochum im Olympiastadion aufeinander. Anpfiff ist wie immer um 15:30 Uhr, doch der VfL landet erst um 14:15 Uhr auf dem Flughafen München-Riem. Trotz eines Polizei-Geleitschutzes stehen **zum Anpfiff nur neun Spieler auf dem Rasen**, von denen sich zwei noch die Schuhe zubinden müssen. Trotzdem geht der VfL nach acht Minuten sogar in Führung. Am Ende heißt es aber erwartungsgemäß 5:1 für den großen FC Bayern.

Bei der **Eröffnung des neuen Parkstadions** gegen Feyenoord Rotterdam will ganz Schalke mit dabei sein. Bereits um 12 Uhr morgens stehen über 2.000 Menschen vor den Kassenhäuschen. Spielbeginn: 20 Uhr. So früh am Tag sind die Kassierer natürlich noch nicht vor Ort. Was also tun? Kurz entschlossen setzen sich die Vorstandsmitglieder Siebert, Aldenhoven, Lehmann und Roman höchstpersönlich hinter die Verkaufsschalter und baden schon wenige Minuten später in 22.000 Mark. Die Scheine werfen sie in der Eile einfach auf den Boden der Kassenhäuschen!

★ ★ ★

Der alterskluge Kickers-Coach **Gyula Lorant** weist seinen jungen Kollegen Dieter Ferner nach dem Spiel Rot-Weiss Essen gegen Offenbach (1:2) scharf zurecht. Ferner beklagt, dass das Ergebnis ungerecht sei. Da platzt Lorant der Kragen: »Eines müssen Sie lernen: Ein Wenn und Aber gibt es nicht im Fußball. Nur Tore entscheiden, nicht Chancen.«

★ ★ ★

Sommerpause. Transferzeit. Wie immer brodelt die Gerüchteküche. Und **Klaus »Tanne« Fichtel** ist sich sicher: »Ich verlasse Schalke. Bis zum 20. Juli ist alles klar!« Tatsächlich wird er erst sieben Jahre später den Königsblauen den Rücken kehren, um Richtung Bremen weiterzuziehen. Von dort kommt er allerdings schon vier Jahre später wieder zurück.

★ ★ ★

In Bremen steht ein junges Talent im Fokus des öffentlichen Interesses: **Uwe Bracht**. Sein Mannschaftskollege und Werder-Torwart Günter Bernard sagt anerkennend: »Der Uwe kann einmal einer werden. Das ist schon jetzt ein kleiner Overath!« Und Coach Sepp Piontek weist auf einen wichtigen Aspekt hin: »Uwe Bracht trainiert schon fast ein Jahr länger bei den Profis als die anderen und führt bei der Bundeswehr ein weitgehend von schädlichen Einflüssen abgeschirmtes Leben.« Uwe Bracht verdient sich in 272 Bundesligaspielen den Ruf, einer der besten Zehner der Werder-Vereinsgeschichte zu sein. 1983 beendet er wegen einer Verletzung mit 30 Jahren seine Karriere.

★ ★ ★

Ab November finden **in der Bundesliga keine Flutlichtspiele** mehr statt: Die durch den Ölboykott entstandene Energieverknappung trifft auch den Sport. Und das Sonntagsfahrverbot für Kraftfahrzeuge ist vor allem für die kleinen Vereine eine Belastung. Wegen Einsparung von Strom zieht der DFB die Partien am Samstag einheitlich auf 14:30 Uhr vor.

★ ★ ★

Beim 1. FC Kaiserslautern steht ein Geistlicher in der Verantwortung. Der evangelische Pfarrer **Udo Sopp** wird zum Zweiten Vorsitzenden der roten Teufel. Er verspricht aber, Beruf und Amt nicht zu vermischen: »Die Spieler brauchen momentan keinen geistlichen Beistand, höchstens bessere Kondition, und dafür ist der Trainer zuständig!« In den Jahren 1981 bis 1985 versucht sich Sopp als Präsident des 1. FCK. Doch er scheitert am Ende kläglich: »Noch nie hat man einen Boss in der Bundesliga so sang- und klanglos und so demütigend aus dem Verkehr gezogen«, schreibt die »Welt«.

Elf Gelbe, aber keine einzige Rote Karte holt sich **Duisburgs Hannes Linßen** in der Saison ab. Grund genug für den DFB-Spielausschuss, nach drei Verwarnungen eine automatische Sperre vorzuschlagen. Doch der Vorstoß wird erst einmal abgelehnt.

★ ★ ★

Über ein ganzes Jahr hat der Schalker Stürmer in der Bundesliga aussetzen müssen. Am zehnten Spieltag meldet sich **Klaus Fischer** endlich zurück. Und er ist hungrig: Beim 4:2 gegen Wuppertal mischt er wieder kräftig mit und schießt gleich drei Tore.

★ ★ ★

Die **wachsende Arbeitslosigkeit** wird auch für die Vereine zunehmend ein Problem. Um mehr Besucher ins Stadion zu locken, baut man in der Bundesliga auf preisreduzierte Tickets. Im Spiel gegen Kickers Offenbach setzt der VfB Stuttgart die Eintrittspreise um ein Drittel herab. Mit Erfolg: 45.000 Zuschauer kommen ins Neckarstadion. Pech allerdings für die Besucher, die Tickets im Vorverkauf erworben haben. Sie müssen noch lange nach Spielschluss ihren Rabatt an den Kassenhäuschen zurückergattern.

★ ★ ★

So malt man sich das als Fan in seinen schönsten Träumen aus: Tennis Borussia Berlin ist für die Frankfurter in dieser Saison **ein angenehmer Gegner**. Auswärts siegt die Eintracht mit 4:1, und zu Hause schlägt man die Berliner gar mit 7:1.

★ ★ ★

Am 26. Januar 1974 erzielt der Stuttgarter Buffy Ettmayer in der Partie gegen Eintracht Frankfurt das 10.000. Bundesliga-Tor. Wie immer ist die Schilderung danach fast so schön wie der Treffer selbst: »Ich habe **links abgerotzt, genau in den Bügel**. Den Ball brauchte der Goalie nicht aus dem Tor holen, der kam vor lauter Wucht alleine raus.«

★ ★ ★

Auf dem Höhepunkt des Münchner Erfolgs verspricht der Bürgermeister von Bad Wiessee jedem Bayern-Spieler ein Grundstück in seiner Gemeinde. Und falls der Platz nicht reichen solle, würde er notfalls auch den **»Tegernsee zuschütten«**.

★ ★ ★

Gerd Welz schreibt ein Kapitel Bundesligageschichte unter dem Stichwort »Aua«. Seine Verletzungsmisere tut schon beim Lesen weh. Im Krankenbett liegt er häufiger als im heimischen Ehebett, und für viele Monate wurde die Reha zu seinem ersten Wohnzimmer. Am 24. Spieltag prallt der Kölner Keeper in der Partie gegen den Hamburger SV (1:2) mit Peter Hidien zusammen. Kurz vorher hat Welz einen Nierenriss erlitten, und nun zieht er sich eine schwere Gehirnerschütterung zu. Doch er spielt zuerst benommen weiter. Dann prallt er im Training mit dem Kopf gegen den Pfosten. Plötzlich klagt Welz über eine Stirnhöhlenentzündung. Als ein Arzt ihn noch einmal gründlich untersucht, drückt eine Schwellung so stark auf das Gehirn, dass er tagelang auf der Intensivstation in Lebensgefahr liegt. Welz hat einen **Schädelbasisbruch**. Die »Bild«-Zeitung schreibt: »Deutschlands mutigster Torhüter für immer gelähmt!«

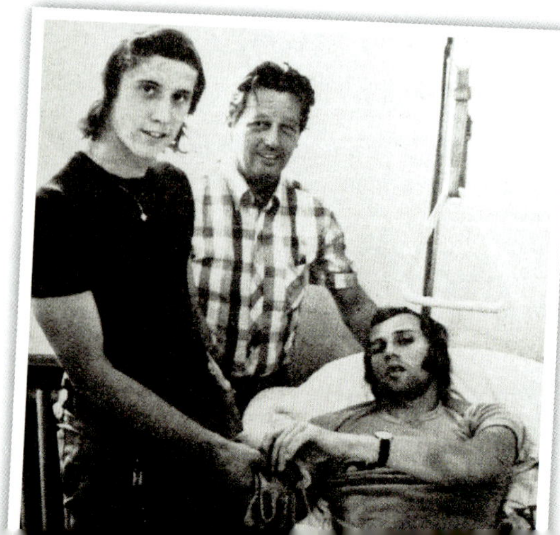

Doch Welz steht auf. Zu früh, wie sich herausstellen soll. Der Torhüter will unbedingt mit zur Weltmeisterschaft und sagt: »Man darf nicht einrosten. Man muss als Torwart geschmeidig bleiben.« Und als er einen schweren Rückfall erleidet: »Nur die drei Balken will ich um mich spüren, dann ginge es mir schon wesentlich besser.« Als er sich 1974 endlich wieder an die Mannschaft herantastet, passiert das nächste Unglück: »Ein harmloses Trainingsspielchen. Ich bin in eine Mulde getreten, und da war am rechten Fuß das Sprunggelenk gebrochen.« Trainer Tschik Cajkovski ist verzweifelt. Er setzt Welz wieder ein, aber der macht Fehler. Für kurze Zeit kann der Fußballlehrer die Presse und die Öffentlichkeit beruhigen: »Er hat eine lange, schwere Krankheit hinter sich. Für mich ist er ein Klassemann!« Doch irgendwann ist die Schonfrist für Welz abgelaufen. Selbst seine alte **Heilschlaf-Methode**, die Gerhard Welz zu Club-Zeiten erstmals ausprobierte, schlägt nicht mehr an. Damals hatte ihn ein befreundeter Zahnarzt in einen tranceähnlichen Heilschlaf versetzt, der Wunder wirkte, wie Welz erzählt: »Er redete nur kurz auf mich ein und schon war ich weg. Und als ich wieder aufwachte, glaubte ich einen halben Tag fest geschlafen zu haben.« Nach 89 Bundesligaeinsätzen ist seine Karriere beim FC 1975 beendet. Sein Nachfolger in Köln wird übrigens ein gewisser Harald Schumacher.

★ ★ ★

Giovanni Trapattoni, Assistenztrainer beim AC Mailand, lobt die Gladbacher überschwänglich: »Wir freuen uns auf die Deutschen, dass sie zu uns kommen. Doch müssen wir zusehen, mit ihrem Spiel fertig zu werden, das bei uns in Italien geradezu fremd ist. Solche Borussia wäre bei uns immer Meister!«

★ ★ ★

»Freund, wenn du jetzt nicht spurst, dann bist du in zehn Minuten draußen!« Der Gladbacher Trainer Hennes Weisweiler zu **Bernd Rupp** am sechsten Spieltag in Bremen. Und Rupp weiß, was die Stunde geschlagen hat. Den Halbzeitstand von 2:0 für Werder münzt die Mannschaft noch in einen 3:2-Auswärtssieg um. Rupp selbst erzielt übrigens den 2:2-Ausgleich.

★ ★ ★

Beim Spiel zwischen Lautern und der Hertha (3:1) wirken einige Akteure auf Seiten der Berliner **saft- und kraftlos**. Ein Journalist aus der Hauptstadt fasst die Leistung der Spieler genervt zusammen: »Da liefen einige drin herum, wenn denen die Hose gerutscht wäre, hätten sie keine Kraft gehabt, sie selbst wieder hochzuziehen.«

★ ★ ★

Schalker Rowdys

Ich war Zeuge des Spiels Offenbach — Schalke 04. Was sich die Schalker Fans vor dem Spiel erlaubten, das ging über alle Grenzen. Sie rissen einem kleinen Jungen eine Mütze von den Kickers brutal herunter und verbrannten sie. Etwas später überwanden einige Schalker den Zaun, der das Spielfeld von der Tribüne abgrenzt, und stürmten auf das Spielfeld. Dort knieten sie sich vor beiden Toren nieder und „beschwörten" sie.

Horst Massoth, Weiskirchen

Leserbrief im »kicker« nach der Partie Kickers Offenbach – FC Schalke 04 (1:2) am 26. Januar 1974.

Zitate der Saison

Nach dem 28. Spieltag sagt **Ata Lameck** mit Pathos in der Stimme: »Wir müssen weiterhin wie die Feuerwehr kämpfen!«

»Vor vielen Jahren habe ich mal eine Vorstellung, einen Traum gehabt, wie ich gerne Fußball spielen würde. Jetzt komme ich dieser Vorstellung schon nahe.« **Rainer Bonhof** mit 22 Jahren.

Ursprünglich und herzlich geht es noch in **Wuppertal** zu. Stolz präsentiert man dort den Pressevertretern eine schöne Neuigkeit: »Meine Herren, Sie kennen alle das Alter unserer Mannschaft, aber noch nicht diesen neu eingerichteten Raum und unsere hübschen Hostessen.«

»Mir schmeckt kein Bier mehr!« **Oskar Siebert** nach einem 3:3 zu Hause gegen Kaiserslautern. 17. Spieltag nur Platz 15. Kurz vorher war man im Pokal gegen Wattenscheid 09 rausgeflogen.

»Was brauche ich Wohnung, wenn ich zwei Punkte habe?« **Tschik Cajkovski** nach seinem Einstandssieg mit Köln gegen die Offenbacher Kickers.

Dieter Ferner auf die Frage, wie viel mit dem Start der Bundesliga finanziell für ihn rumkam: »Ich will nicht angeben. Ich kann nur sagen: Es hat sich gelohnt!« Kollege Erlhoff: »Halb Bremen gehört dem!«

Ein wahrer Poet in Wuppertal. Trainer **Horst Buhtz** spricht im Angesicht des drohenden Abstiegs: »Wenn Sie unsere Spieler wiegen, werden wir zu leicht sein. Wenn Sie die Größe messen, werden wir zu klein sein!«

»Wir sind im Zweikampf hart aneinandergeraten, da hat er mir, als der Ball schon lange weg war, mit Absicht einen Boxhieb mitten ins Gesicht gegeben. Ich werde mir das merken. Das war eine klare Tätlichkeit und ein Platzverweis.« Duisburgs Haudegen **Bernard Dietz** über den nicht minder rabiaten Gladbacher Stürmer Jupp Heynckes.

Tschik Cajkovskis Rat an Herbert Neumann, der von Köln zu Bielefeld wechseln wollte: »Was willst du reiten Esel, wenn du so viel kannst, um zu reiten Pferd!«

Den Mund sehr voll nimmt Trainer **Heinz Höher** vom VfL Bochum: »Wir werden nicht absteigen. Ja, wenn wir im nächsten Jahr das an Glück erhalten, was uns momentan an Widerwärtigkeiten vorgesetzt wird, werden wir sogar Deutscher Meister!«

Tschik Cajkovski kehrt zurück zum 1. FC Köln und verkündet freudig: »Es soll wieder so sein wie früher. Ich lade alle ein und feiern großes Fest.«

Martin Luppen, Trainer bei Fortuna Köln, übt gegenüber Journalisten sehr subtil Kritik an Schiri Wohlfarth: »Ich habe auf dem Platz potenzielle Unfähigkeit gesehen. Mit wem Sie das in Zusammenhang bringen, bleibt Ihnen überlassen.«

»**Ivica Horvath** ist mit 1,92m nicht nur ein langer Trainer, er ist auch ein ganz großer!« Rolf Rüssmann

»Das Bein war nur gefühllos!«, sagt **Horst-Dieter Höttges** und fügt mit schmerzverzerrtem Gesicht hinzu: »Ich hoffe, dass ich beim Abschiedsspiel für Hoppy Kurat wenigstens eine Halbzeit mitmachen kann.«

Horst-Dieter Höttges (SV Werder Bremen) inspiziert die Küchenarbeit seiner Frau und schnuppert schon mal an den Töpfen.

1974 | 75

Müller zu Rummenigge: »Junge, hör endlich auf mit der Scheiße!«

Dietrich Weise, der Trainer von Eintracht Frankfurt, sagt vor der Saison den entscheidenden Satz: »Wir müssen eben abwarten, bis Beckenbauer mal nachlässt, schwächer wird, dann können auch wir und die anderen Mannschaften Deutscher Meister werden. **Beckenbauer ist gleich Bayern!**« Und dieser Zeitpunkt ist tatsächlich gekommen.

Gleich am ersten Spieltag gibt es eine deutliche **6:0-Klatsche für die Bayern** bei den Offenbacher Kickers. Dem drohenden Unheil einer katastrophalen Bundesligasaison begegnet der Bayern-Trainer Udo Lattek noch mit Humor: »Wir nehmen uns in diesem Jahr unsere Krise einfach früher!« Doch diese Krise hält beständig an. In München ist man zunehmend verwirrt. So verwirrt, dass Sepp Maier nach einem 4:0 gegen Fortuna Düsseldorf plötzlich siegesgewiss verkündet: »Wir werden auch diesmal wieder Deutscher Meister.« Die Fußballfans reiben sich verwundert die Augen, und die Bundesligaoffiziellen kontrollieren ihre Ohren: Sepp Maier sagt diesen Satz nach dem 16. Spieltag. Bayern steht auf dem elften Tabellenplatz, hat selbst erst 16 Punkte geholt und liegt sieben Zähler hinter dem Spitzenreiter Hertha BSC. Am Ende reicht es nur zu einem enttäuschenden zehnten Tabellenrang. Doch das berühmt-berüchtigte Bayern-Sieger-Gen – gepaart mit dem in dieser Situation arrogant wirkenden »Mia san mia«-Selbstverständnis – prägt sich langsam und deutlich heraus, wie man an Maiers Spruch erkennen kann.

Andere versuchen in dieser verkorksten Spielzeit, die **Bayern-Krise** mit einem Augenzwinkern zu nehmen. Franz Beckenbauer sagt nach einer weiteren Enttäuschung mit feinem Humor: »Heute hätte ich einen Zauberstab gebraucht, um jemanden anspielen zu können. Wir müssen künftig beantragen, dass wir mit zwölf Mann spielen dürfen, damit einer immer frei ist.«

Doch es ist bei allem Negativen auch der noch holprige, leicht verzögerte Start in eine neue Ära. In München stellt sich nämlich ein junger Mann aus Lippstadt vor: **Karl-Heinz Rummenigge**. Nach kurzer Zeit hat er bereits seinen ersten Spitznamen weg. Trainer Udo Lattek nennt ihn »Rummelfliege«, weil das Talent bei einer 0:1-Niederlage gegen den Hamburger SV Latteks Meinung nach mit offenem Mund auf dem Platz gestanden und nur zugeschaut habe, wie sein Gegenspieler das Tor schießt. Dabei sei es ein Wunder gewesen, dass ihm keine Fliegen in den Mund geflogen seien. Das schüchtert den jungen Mann aus der Provinz zusätzlich ein, denn Rummenigge siezt hartnäckig seine Mitspieler. Bis eines Tages Gerd Müller genug hat, auf den Tisch haut und die bayrische Nachwuchshoffnung anpflaumt: »Junge, hör endlich auf mit der Scheiße!«

Heynckes und Vogts geben sich einen Meister-Kuss.

Zum Abschied von Hennes Weisweiler, der nach Barcelona geht, schenkt die Mannschaft ihm den **dritten Meistertitel seit 1970**. Borussia Mönchengladbach erzielt vor allem dank des Sturmtrios

Saisonverlauf 1974/75

Platz	Tore	Punkte
1.	86:40	50:18
2.	61:43	44:24
3.	89:49	43:25
4.	55:38	43:25
5.	77:51	41:27
6.	66:55	41:27
7.	52:37	39:29
8.	72:62	38:30
9.	52:42	36:32
10.	57:63	34:34
11.	53:53	33:35
12.	56:68	32:36
13.	56:55	31:37
14.	59:77	30:38
15.	45:69	25:43
16.	50:79	24:44
17.	38:89	16:52
18.	32:86	12:56

Heynckes (27), Allan Simonsen (18) und Henning Jensen (13) insgesamt 86 Treffer und profitiert in der Schlussphase von der Schwäche der Meisterschaftskonkurrenten.

Im Abstiegskampf ist schnell entschieden, dass Tennis Borussia Berlin und der Wuppertaler SV dem Niveau der Bundesliga nicht mehr gewachsen sind. Um den dritten Abstiegsplatz gibt es am Ende ein Kopf-an-Kopf-Rennen zwischen Werder Bremen und dem VfB Stuttgart. Bereits im Oktober mutmaßt der »kicker«, ob nicht **Otto Rehhagel** demnächst Trainer in Bremen wird, und tatsächlich tritt der junge Fußballlehrer im Februar seinen Dienst an der Weser an. Rechtzeitig genug, um Werder vor dem Abstieg zu retten. Hinunter muss der VfB.

Die besten Torjäger der Saison

Jupp Heynckes (Borussia M'gladbach)	27
Dieter Müller (1. FC Köln)	24
Gerd Müller (FC Bayern München)	23

Als die Stuttgarter am 30. Spieltag zu Hause mit 3:4 gegen die Frankfurter Eintracht verlieren, ist Jürgen Grabowski untröstlich über sein Tor in der 91. Minute: **»So leid tat mir ein Tor noch nie!«** An diesem Tag steht vor der Kabinentür der Stuttgarter ein Junge und weint hemmungslos. Als der VfB-Trainerassistent Millinger das sieht, sagt er zum Kleinen: »Solange Spieler lachen, brauchst du nicht zu heulen!« Irritiert verlässt der Junge den Ort des Geschehens. Es ist der Sohn des Hausmeisters.

Nach dem 2:2 bei Tennis Borussia Berlin am 31. Spieltag verabschiedet sich der Trainer der Stuttgarter, Albert Sing, unter Tränen von den Pressevertretern. Er hat mit seiner Mannschaft bereits abgeschlossen. Sein einziger Satz an diesem Tag: **»Ich schäme mich!«**

Hoeneß und der Ulmanach

Für viele hat die Krise beim FC Bayern München einen Namen: Uli Hoeneß. »Es geht nicht an, dass jeder tut, was er will. Das sind **bedenkliche Zerfallserscheinungen**«, sagt Robert Schwan, nachdem Uli Hoeneß unentschuldigt beim Training des FC Bayern fehlt und deshalb auch am Samstag bei der Begegnung des 15. Spieltags in Bochum nicht dabei ist. Doch wo war Hoeneß stattdessen? Der Brief eines Bayern-Anhängers löst das Rätsel. Während man sich in München zum Training einfand, schrieb sich der geschäftstüchtige Bayern-Star die Finger in Frankfurt wund. Drei Autogrammstunden hintereinander, wie ein Zeitungsinserat schwarz auf weiß beweist. Beim VfL unterliegt der FC Bayern übrigens deutlich mit 3:0!

Erst kurz zuvor hat Franz Beckenbauer sehr weitsichtig von seinen Mitspielern gefordert: »Wir müssen endlich einmal wieder nur für den Fußball leben. Dann bleibt keine Zeit für Autogrammstunden mehr. Die verlangen 500 Mark, machen ihre ganze Freizeit kaputt und kommen dann noch **zu spät zum Training**.«

Bereits am sechsten Spieltag, nach der ersten Heimpleite seit viereinhalb Jahren (0:2 gegen den FC Schalke 04), eskaliert die Lage in München zum ersten Mal. Jupp Kapellmann nennt zwar keinen Namen, aber jeder weiß, wen er meint: Uli Hoeneß. Kapellmann über seinen Mannschaftskameraden: »Es muss doch jeder für jeden rennen. Doch was der heute gemacht hat, war eine Frechheit. Aber eine große Schnauze haben!«

★ ★ ★

Kurz vor der Winterpause: Eintracht Braunschweig belegt den zweiten Tabellenplatz. Das riecht nach einem süßen Weihnachtsfest. Von wegen. Die Zuschauer verabschieden ihr Team nach einem 0:0 gegen Werder Bremen mit Schmährufen. »Zebec raus«, »Pfui« und »Aufhören« sind noch die netteren Äußerungen, die von den Anhängern skandiert werden. **Kapitän Bernd Gersdorff** versteht die Welt nicht mehr: »Da gibt man zu Hause einen Punkt gegen einen Gegner ab, der um sein Leben kämpft – und schon wird man wie ein Verbrecher behandelt. Diese Schreihälse vergessen offenbar, dass wir als Neuling in 15 Spielen schon 20 Punkte geholt haben.«

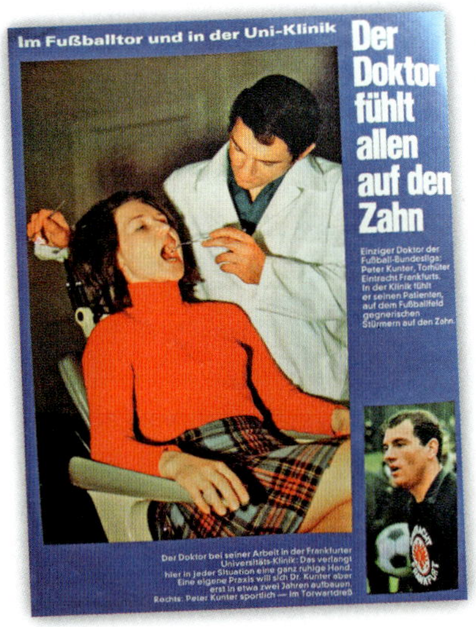
Im Fußballtor und in der Uni-Klinik

Der Doktor fühlt allen auf den Zahn

Einziger Doktor der Fußball-Bundesliga: Peter Kunter, Torhüter Eintracht Frankfurts. In der Klinik fühlt er seinen Patienten, auf dem Fußballfeld gegnerischen Stürmern auf den Zahn.

Der Doktor bei seiner Arbeit in der Frankfurter Universitäts-Klinik: Das verlangt hier in jeder Situation eine ganz ruhige Hand. Eine eigene Praxis will sich Dr. Kunter aber erst in etwa zwei Jahren aufbauen. Rechts: Peter Kunter sportlich — im Torwartdreß

★ ★ ★

Nach einem spektakulären 5:5 gegen den VfB Stuttgart im heimischen Waldstadion hat Frankfurts **Torwart Dr. Peter Kunter** die Nase voll. Der Zahnarzt will sich nicht länger die Schmähungen der eigenen Zuschauer anhören und verkündet so überraschend wie eigenwillig: »Jetzt muss Günter Wienhold ran. Ich möchte eine schöpferische Pause machen und im nächsten Vierteljahr, wenn es geht, nicht im Eintracht-Tor spielen. Das Publikum ist offensichtlich Kunter-müde!« Tatsächlich wird der Keeper erst über ein Jahr später wieder aufs Feld kommen. Am 24. Spieltag der Saison 1975/76 ersetzt er ab der 14. Minute den verletzten Wienhold.

★ ★ ★

9. Spieltag: Gladbach verliert zu Hause gegen Bayern München. **Ein Hassspiel.** Der Bayern-Präsident muss sich einer Ladung Kastanien erwehren, auf Manager Robert Schwan wird mit Eiern geworfen, und Trainer Udo Lattek erwischt gar eine kleine Schnapsflasche am Hinterkopf. Auf dem Platz beschwert sich Klaus Wunder über Rainer Bonhof: »Er hat noch nie so auf die Knochen getreten und unfair gespielt wie diesmal.« Als sich bei einem Streitgespräch zwischen Vogts

und Müller der Bayern-Youngster Hadewicz einmischt, weist ihn der Gladbacher Vorstopper Bonhof – giftig wie im Spiel – energisch zurecht: »Du darfst doch hier überhaupt nicht mitreden!«

★ ★ ★

Seine zweite Trainerzeit in Köln verläuft für **Tschik Cajkovski** nicht immer sehr angenehm: »Ich bin böse auf meine Spieler. Alle glauben, sie wären echte Profis, doch laufen will keiner. Wie Löhr oder Lauscher spiele ich noch mit meinen 50 Jahren. Diese Herren bekommen von mir jedoch, was sie brauchen: Ich werde sie morgens um sechs Uhr zum Sondertraining einladen. Andere Berufstätige müssen auch um sechs Uhr aufstehen! Wenn bei uns früher das Blut floss, klatschten alle Leute Beifall. Heute sind viele nur noch Mädchen. Damals gab es 320 Mark für uns, heute werden Millionen für Spieler hinausgeworfen.« Und über den FC-Stürmer Dieter Müller schimpft Tschik: »Da habe ich ihm die ganze Woche beizubringen versucht, wie er gegen Höttges spielen soll, und trotzdem machte er beinahe alles falsch. Als ich ihm in der Pause deshalb Vorhaltungen machte, war er so fertig, dass er seinen Namen nicht mehr kannte.«

★ ★ ★

Das ist ja mal eine nette Verabschiedung unter Berufskollegen: Hamburgs Horst Bertl freut sich nach der Partie auf dem Betzenberg bereits wie wahnsinnig auf das Rückspiel im Volksparkstadion. Seinem Lauterer Gegenspieler Josef Pirrung gibt er zum Abschied noch ganz liebevoll **einige freundliche Worte** mit auf den Weg: »Wenn du nach Hamburg kommst, ist dein dritter Beinbruch fällig!«

★ ★ ★

Nach dem elften Spieltag geht Trainer Udo Lattek auf die Bank und löst einen **Scheck über 25.000 Mark** ein. In seinem Vertrag steht, dass er für jeden jungen Nachwuchsmann, der fünf Pflichtspieleinsätze hat, diese Summe kassiert. Sein hoffnungsvoller Schützling, der diesmal den Geldbeutel füllt, ist niemand Geringeres als Karl-Heinz Rummenigge.

★ ★ ★

Auf Schalke möchte man den Fans einen echten Kracher präsentieren und hat sich dafür nach der Weltmeisterschaft im eigenen Land den blonden Verteidiger **Marinho aus Brasilien** ausgeguckt. Ein echter Lebemann ist das und einer fürs Auge. Die königsblauen Fußballdamen sind von dem Sonnyboy schon ganz begeistert. Doch noch ist er nicht verpflichtet. Da sein Transfer nicht billig ist und die Schalker wie immer sehr knapp bei Kasse sind, sollen die Anhänger über den Wechsel entscheiden. Beim Spiel gegen die Bayern sollen also 70.000 Fans auf einem Stimmzettel ihr Kreuzchen machen. Man stellt Urnen an den Ausgängen auf, und nachdem alle Wahlberechtigten ihre Stimme abgegeben haben, fährt man die Behälter auf die klubeigene Geschäftsstelle. Doch Schalke wäre nicht Schalke, wenn man nun in aller Seelenruhe die Zettel gezählt und anschließend das Ergebnis vor der versammelten Presse bekannt gegeben hätte. Nein. Noch bevor überhaupt irgendjemand die Wahlzettel zu Gesicht bekommen hat, sind diese bereits mitsamt der Urnen von der Müllabfuhr abgeholt. Das erfährt natürlich zunächst niemand. Da der Transfer jedoch ohnehin die Schalker Finanzen überstiegen hätte, verkünden

Charly Neumann und Günter Siebert unisono mit gespielter Unschuldsmiene: »Mit knapper Mehrheit wurde Marinho von den Zuschauern abgelehnt.« Später wird Siebert zugeben, dass der Marinho-Transfer für Schalke eine Nummer zu groß war: »Diesmal bin ich am Mond hängen geblieben.« Und auch für Marinho ist die Entscheidung nicht die schlechteste, wie ein deutscher Freund, der 200 Fan-Briefe pro Monat aus Europa für den Brasilianer übersetzt und beantwortet, erklärt: »Francisco sollte in Brasilien bleiben, denn in Europa würde er es vor lauter Heimweh keine vier Monate aushalten.«

★ ★ ★

Nach dem Spiel Eintracht Frankfurt gegen Borussia Mönchengladbach hat es ein Ordner besonders eilig. Zu Hause wartet die Familie mit dem Abendbrot. Sehr zum Leidwesen von Jürgen Grabowski. Erst durch **lautstarkes Klopfen und Rufen** kann der Eintracht-Spieler auf sich aufmerksam machen. Den Kapitän hatte man schlicht vergessen und die Türen der Kabine bereits fest verschlossen.

★ ★ ★

Die öffentlich-rechtlichen Fernsehsender müssen für die **Bundesliga-Übertragungsrechte** immer tiefer in die Tasche greifen. 3,8 Mio. Mark erhalten die Vereine der ersten Liga. Spieltage der zweiten Liga werden auf Bitte der TV-Sender auf den Sonntag verlegt.

★ ★ ★

Bayerns **Paul Breitner** geht zu Real Madrid. Angeblich zahlen die Spanier eine Ablösesumme in Höhe von 2,7 Mio. Mark für den Münchner und honorieren seine Arbeit mit einem Verdienst von 1,5 Mio. Mark für drei Jahre – netto, versteht sich.

★ ★ ★

Am vierten Spieltag bei der Partie VfL Bochum gegen den FC Schalke 04 (2:1) spielt sich vor 29.800 Zuschauern auf der Baustelle Ruhrstadion eine lustige Geschichte ab. **VfL-Torjäger Jupp Kaczor** erinnert sich: »Wir hatten nach der Halbzeit Anstoß, ich krieg den Ball zugespielt, und auf einmal ein Aufschrei im Stadion, als wenn ich ein Tor gemacht hätte. Ich hab gedacht, die freuen sich, weil ich den Ball gut gestoppt hab. Ich spielte den Knicker weiter, und da sah ich aus den Augenwinkeln, wie der Nigbur aufs Feld gerannt kam und in sein Tor hetzte. Hinterher haben wir erfahren, dass sie ihn in der Toilette eingeschlossen hatten.« Aus der Sicht von Norbert Nigbur hört sich die Geschichte übrigens so an: »In der Pause ging ich auf die Toilette, wo ich mich relativ lange aufhielt. Als ich zurückkam, waren die Mannschaften schon auf dem Feld. Rolf Rüssmann stand völlig entsetzt im Tor, weil der Schiedsrichter schon angepfiffen hatte. Als ich alleine aufs Feld wollte, wurde ich von einem Polizisten angehalten: ›Hier kommt niemand durch!‹ Erst als ich ihm klarmachte, dass ich der Schalker Torhüter wäre, ließ er mich mit einem skeptischen Blick passieren. Die Leute haben furchtbar gelacht, und der Schiedsrichter machte sich hinterher die größten Vorwürfe.« Der Mann in Schwarz ist an diesem Tage übrigens Volker Roth. Später einmal wird er das hohe Amt des DFB-Schiedsrichter-Obmanns bekleiden.

★ ★ ★

In Duisburg sind die Kassen notorisch leer, also ist man auf jede Hilfe angewiesen. Das wusste wohl auch eine Dame, die mit »leicht ausländischem Akzent« den MSV um 10.000 Mark bat. Sie würde das Geld mit einem todsicheren Tipp in Bad Neuenahr im Roulette einsetzen, versprach sie. Und dass der Gewinn automatisch den Zebras zugutekäme. Nach kurzer Beratung verwarf Präsident Paul Märzheuser diesen verlockenden Gedanken aber schließlich doch recht schnell.

Dettmar Cramer

»Meine größte Schwäche ist meine Unfähigkeit, nein zu sagen. Meine Frau hat es mal so erklärt: ›Dettmar, wenn du ein weibliches Wesen wärst, dann wärst du schon längst keine Dame mehr!‹«

Über die »Napoleon«-Fotos: »Dr. Wiede, ein alter Freund von mir und Sportchef der Münchner AZ, rief mich an und bat mich um ein **Exklusivfoto mit Dreispitzhut**. Da er ein alter Freund war, wollte ich nicht gleich ablehnen. Wiede bekniete mich so lange, bis ich eines Tages sagte: ›Okay, ich mache das.‹ Als ich im Stadion erschien, um das Foto mit dem Feldherrn-Hut aufzunehmen, stand Diana Sandmann, die jetzige Beckenbauer-Freundin und Fotografin, plötzlich mit einer kompletten Napoleon-Montur aus dem Kostümverleih da. Ich sagte, das wäre gegen unsere Absprache, und wollte nicht mitmachen. Da fing sie fast zu weinen an, meinte, sie stünde jetzt bei ihrem Chef als Versager da. Sie bettelte so lange, bis ich einfach ja sagen musste. Ich konnte nicht anders. Ich wusste damals nicht, dass Diana eine Agenturfotografin ist und das Foto bald die ganze Welt überschwemmen würde. Für mich als alten karnevalsgewohnten Westfalen war das Foto ein Witz, ein harmloser Kostümgag. Plötzlich war ich als Napoleon abgestempelt.«

In München ruft er der Mannschaft im Training zu: **»Such's Balli!«** Dann wissen alle Bescheid: Es steht ein Spiel zwei gegen sechs an!

»Bei mir muss der Bügel im Kleiderschrank zur Farbe meines Hemdes passen.«

»Willst du Männer formen, musst du Jünglinge fordern.«

Franz Beckenbauer: »Dettmar Cramer hielt uns in der Mannschaftssitzung regelrechte Univorträge. Sepp Maier schnarchte meistens nach zehn Minuten ein. Gerd Müller raunte immer nur: ›Was erzählt der? Die Blinden, die schlagen wir 4:0.‹« Von ›Blinden‹ sprach er übrigens laut Franz Beckenbauer auch bei einem Gegner wie Real Madrid.

Max Merkel: »Der Cramer, wenn er so dasteht, den halten S' doch nie für einen Fußball-Trainer. Er ist ein Klassekerl, aber er sieht aus wie ein Hochschullehrer, ein Kernphysiker oder ein U-Boot-Kapitän. Der hatte einen Weltklasse-Vortrag vom Fachlichen her, aber wenn ich ihn seh, hab ich ein Armutsgefühl. Acht Pfund Papier braucht der für seine Taktik, und die Klosterschwestern beten für ihn. Zu mir ist noch nie ein Pastor gekommen, Herr Merkel: Wir beten für ihren Erfolg.«

Schon in der Endphase der Saison 1973/74 sorgte ein Transfer für Aufsehen. Hannovers Präsident Ferdinand Bock sehr rigoros: »Herr Dr. Krohn kann über alles mit mir reden, nur nicht über Willi Reimann.« Etwas später klingt das dann schon ein bisschen geschmeidiger: »Wer Willi Reimann haben will, der muss 1.000.000 Mark bezahlen.« Am Ende schwanken die Zahlen zwischen 600.000 und 1,5 Mio., die der HSV für den Hannoveraner auf den Tisch legen muss. Reimann geht in jedem Fall als **»Millionen-Willi«** in die Transfergeschichte ein. Und diese für damalige Verhältnisse gewaltige Summe macht ihm schwer zu schaffen. Bei der Partie seines HSV gegen Eintracht Braunschweig klappt mal wieder nicht so richtig viel bei Reimann. Die gegnerischen Spieler haben dafür jedoch eine einfache Erklärung: »Die spielen ja an Reimann vorbei! Die meisten sprechen ja noch nicht einmal mit ihm. Kein Wunder, dass er da kein Bein auf die Erde kriegt!«

★ ★ ★

Noch Ende Mai rechnet **Rot-Weiss Essen** mit Trainer Udo Lattek. Man fährt sogar mit ihm zu Verhandlungen mit neuen Spielern. Präsident Neunheim: »Wir haben einen rechtsgültigen Vertrag, den wir einzuhalten gedenken.« Lattek hingegen gibt zu, dass Gladbach angefragt hat: »Ich kann Kontakte nicht ableugnen!« Schließlich geht er zum Deutschen Meister und sagt Essen ab. Lattek ehrlich, aber etwas böse: »Was würden Sie denn machen, wenn Sie die Wahl zwischen einem Fahrrad und einem Mercedes hätten?« Ein Grund für die Absage sei aber auch gewesen, dass die Essener Spieler nicht unbedingt begeistert waren, als ihnen der ehemalige Bayern-Coach bei RWE vorgestellt wurde. Willi Lippens äußerte sich erst nach einigen internen Gesprächen diplomatischer: »Wir haben nichts mehr gegen Herrn Lattek und respektieren ihn als einen guten Trainer. Herr Lattek wird mit uns sicherlich genauso gut auskommen wie wir mit ihm.«

Blond ist Trumpf

Schalke: Nicht nur sportlich ein Markenartikel – auch sonst „typisch deutsch"

Aus solchem Holz sind Nationalspieler geschnitzt: Rolf Rüssmann, der 20jährige Vorstopper der Schalker, der voller Ehrgeiz ganz für den Fußball lebt.

Auch er wartet sehnsüchtig auf den Tag, wo ihn Bundestrainer Schön in die Nationalelf holt: Norbert Nigbur, selbstbewußter Schlußmann der Schalker.

Er ist seit sechs Jahren Schalkes große Stütze in der Abwehr: Klaus Fichtel, einst reiner Ausputzer, inzwischen lupenreiner Klasselibero.

Der „Bomber wider Willen": Klaus Scheer, von Natur aus eigentlich Mittelfeldspieler, in den letzten Wochen aber auch als Sturmspitze erfolgreich.

Jürgen Sobieray, Außenverteidiger mit Offensivdrang, ebenso wie Scheer und Rüssmann vom Jahrgang 1950.

★ ★ ★

Ein Transfer ganz anderen Ausmaßes (ca. 770.000 Mark) geht im Ruhrgebiet über die Bühne. Hannes Bongartz wechselt von Wattenscheid 09 zum FC Schalke 04. »Passt gut«, meint Rolf Rüssmann, »er ist auch blond. Genau wie Nigbur, Fichtel, van den Berg, Sobieray, Scheer, Lütkebohmert, die beiden Kremers und ich. Ab Ende August schlagen **die kühlen Blonden aus dem grauen Westen** in der Bundesliga zu!« Und Bongartz kann bei dem Wechsel eigentlich nichts falsch machen, wie Klaus Steilmann von Wattenscheid 09 ihm erklärt: »Junge, auf Schalke kannst du richtig Geld verdienen, geh dahin! Aber weißt du was: Wenn es dir da nicht mehr gefällt, geben wir denen ihr Geld wieder und du kommst zu uns zurück!«

★ ★ ★

Die Förster-Brüder, Bernd und Karlheinz, machen von sich reden. Die beiden spielen bei **SV Chio Waldhof 07**. Der Verein Waldhof Mannheim hatte sich 1972 umbenannt und dafür 190.000 Mark von der Firma Chio Chips erhalten. Bernd wechselt nach der Hinrunde zum FC Bayern München und Karlheinz 1977 zum VfB Stuttgart.

★ ★ ★

Volker Faß spielt linker Verteidiger bei Kickers Offenbach. Er ist 22 Jahre jung und aus dem eigenen Nachwuchs. An eine Karriere in der Bundesliga hat er selbst nicht mehr recht glauben wollen, bis der Tag kommt, an dem ihm Trainer Otto Rehhagel Mut macht. Der Übungsleiter ist sehr angetan von seinen Fähigkeiten. Dabei ist es erst wenige Monate her, da schüttelte ihm auf dem Frankfurter Flughafen der Mannschaftskapitän Siggi Held die Hand – und stellte sich höflich vor. Held dachte damals, Faß wäre ein

Schlachtenbummler. Schließlich stehen sie erstmals zusammen auf dem Platz – ausgerechnet beim Deutschen Meister Bayern München. Insgesamt macht Volker Faß 46 Bundesliga- und 151 Zweitligaspiele in seiner Karriere.

★ ★ ★

62.487 Tickets haben die Hamburger gegen den FC Bayern im Dezember 1975 verkauft. Im Stadion sind allerdings nur knapp 50.000. Tickets erwerben und nicht kommen? Da stimmt doch was nicht. Grund genug für den HSV-Präsidenten Dr. Peter Krohn, einmal öffentlich die Preisfrage zu stellen: »So billig spielen wir doch nicht, oder?« Eine **Erhöhung der Kartenpreise** wird beschlossen. Und auch eine andere, einmalige Sache soll es bald schon nicht mehr geben: »Als einziger Bundesligaverein gewähren wir im Vorverkauf 15 Prozent Ermäßigung!« Das hat das undankbare Hamburger Publikum nun von seiner Unlust, an einem kalten, tristen Wintertag von jetzt auf gleich nicht zu einem Spiel gegen die schwächelnden Bayern zu kommen – und trotzdem zu bezahlen.

★ ★ ★

Uwe Kliemann von Hertha BSC zählt zu den stärksten Stoppern der Liga. Sein Spitzname ist »Funkturm«. Nicht umsonst, misst doch Kliemann immerhin stolze 1,96 m. 93 Kilo bringt er auf die Waage und ist knackige 25 Jahre jung. Doch trotz seiner imponierenden Gestalt und seinen überragenden Fähigkeiten muss Kliemann erkennen: »Helmut Schön hat mich bis heute übersehen!« Er absolviert nur ein einziges Länderspiel, am 17. Mai 1975 gegen die Niederlande.

★ ★ ★

Nach der Saison wechselt der zur Halbserie in München entlassene Trainer Udo Lattek zu Borussia Mönchengladbach und wird dort beweisen, dass er ein großer Fußballlehrer ist. Denn für die Kollegen zählen die Titel, die er mit dem FC Bayern geholt hat, eigentlich nichts. Der in dieser Saison in Duisburg gefeuerte **Rudi Faßnacht** spottete einmal: »Die Bayern brauchen ja gar keinen Trainer.« Woraufhin Lattek konterte: »Der FC Bayern würde auch trotz Faßnacht hin und wieder ein Spiel gewinnen!« Und Meckerkopp Max Merkel frotzelt: »Wenn der Beckenbauer den Lattek ärgern will, dann spielt er so, wie Lattek die Taktik vorgeschlagen hat.«

★ ★ ★

Doppelter Grund zum Jubeln für den Bayern-Keeper Josef Dieter Detlef Maier, so sein voller Name: Er wird »Fußballspieler des Jahres 1975« und feiert Jubiläum. Zehn Jahre hat der Torwart des FC Bayern München kein einziges Spiel verpasst. Seit dem 20. August 1966 gegen Eintracht Frankfurt fehlte er in keiner Partie. 300-mal hintereinander stand er im Kasten des FC Bayern München in der Bundesliga. Kein Schnupfen oder Kopfweh konnte ihn hindern. Er selbst begründet das damit, dass er einer vom Lande sei, der **von klein auf mit »Körnern gefüttert«** wurde. In diesem Lichte erscheint auch eine Anekdote glaubhaft, die erzählt, dass der Keeper einmal ein vom Bayern-Arzt an die Mannschaft verteiltes Zäpfchen zweckentfremdete – er aß es vor den Augen seiner verdutzten Kameraden einfach auf!

★ ★ ★

Klaus Wunder, der Star des MSV Duisburg, wechselt für **777.777,77 Mark** zu den Bayern. Für manch einen Duisburger ein Segen. Sein ehemaliger Mitspieler Michael Bella meint über die launische Diva Wunder nach dessen Abschied erleichtert: »Ein Denkmal, das wir putzen mussten!« In München, wo er ein kleines Sternchen unter lauter Stars ist, läuft es für Wunder schließlich nicht mehr rund. Was wohl auch daran liegt, dass seine Spielweise in die Jahre gekommen ist, wie Wunder – ganz ungewohnt selbstkritisch – auch selbst anmerkt: »Ich glaube, die Zeit der Linksaußen, die auf der Linie kleben und sich die Schuhe weiß laufen, ist vorbei.« Und auch in der Nationalelf langt es nur zu einem einzigen Einsatz. Alt-Bundestrainer Sepp Herberger redet nicht lange drum herum, was Wunders größtes Problem ist: »Sicherlich ist Wunder ein guter Fußballspieler. Er hat aber auch ein loses Maul, und das haben wir nicht so gern.«

Der Kölner Hannes Löhr, **»De Nas«** genannt, beendet nach 599 Spielen seine Karriere. In der abwechslungsreichen Laufbahn gab es für ihn nicht immer nur Sonnenschein. Krankheiten zeichneten seinen Weg: Tuberkulose, eine Lebererkrankung und eine schwere Blutvergiftung musste er überstehen. Doch Löhr klagt nicht, im Gegenteil: »Ich war doch kein Pechvogel, sondern eher ein Glückspilz, weil ich alles so schnell überwand.«

★ ★ ★

Mittelfeldspieler Bernd Lehmann vom MSV Duisburg ist **sauer auf die eigenen Fans**: »Wir haben in der ersten Halbzeit gegen Kickers Offenbach wirklich schlecht gespielt, aber dass etliche Zuschauer die Frechheit besitzen, schon nach fünf Minuten gellend zu pfeifen, ist unglaublich. Zum nächsten Heimspiel gegen den VfB Stuttgart sollten überhaupt keine Karten verkauft werden. Dann spielen wir besser.« Auch Willibert Kremer wendet sich gegen die eigenen Anhänger: »Ein Ochse fängt immer an zu schreien, und da brüllen die anderen eben mit. In meinen Augen sind das geistige Nichtschwimmer.«

★ ★ ★

Werder Bremens **Jungtalent Jürgen Röber** hat schon im Alter von 21 Jahren drei Wadenbeinbrüche hinter sich. Für die Ärzte ist es kaum vorstellbar, wie es überhaupt möglich ist, danach noch an eine Karriere als Profisportler zu denken. Doch Röber absolviert insgesamt 303 Bundesligaspiele und 104 Partien in der zweiten Liga für Werder, Bayern München, Bayer Leverkusen und Rot-Weiss Essen.

★ ★ ★

Beim Spiel Hertha BSC gegen Borussia Mönchengladbach (2:1) am 28. Spieltag sollen **91.000 Zuschauer im Stadion** sein. Bestätigt und damit offiziell wird diese höchste Besucherzahl, die ein Bundesligaspiel je hatte, allerdings nicht. Der »kicker« schreibt: Die Zahl ist »über den Daumen gepeilt und in Wirklichkeit wohl noch um ein paar Tausend höher«.

★ ★ ★

Nach zwei Beckenbauer-Eigentoren in Folge ist Torwart Sepp Maier sichtlich angefressen. Für die folgenden Spiele gibt er das Kommando aus: »Der Katsche **Schwarzenbeck soll ab jetzt den Franz decken**, nicht mehr den Torjäger vom Gegner. Der Franz ist zur Zeit unser schärfster Gegner.« Den Maier'schen Humor kann Beckenbauer nicht teilen: »Wenn du noch einmal was sagst zu den Burschen, dann knie ich mich vor dem vollen Stadion vor dich hin und bete dich an, dich, den großen Fehlerlosen!«

★ ★ ★

Die Profis haben eine **neue Masche zur Gewinnmaximierung** entdeckt: vertraglich fixierte Ablösesummen. Natürlich sollten diese besonders niedrig ausfallen, denn umso höher ist schließlich das Handgeld, das beim Wechsel kassiert werden kann. König in dieser Disziplin ist ohne Frage das Essener Schlitzohr Willi Lippens. Er handelt mit seinem Klub 50.000 Mark aus – alles, was darüber geht, wandert bei einem Transfer in die Tasche der »Ente«.

Seit Jahren ist „Ente" Lippens der Star von RW Essen und sehr populär. RWE will ihn halten und auch nach seiner Karriere an RWE binden, als Manager oder in einer anderen Position. Links Lippens und Bast als Verkäufer von Bausteinen für eine neue Tribüne.

Zitate der Saison

Allan Simonsen und Frau.

»Im Fußball gibt es keine alten oder jungen Spieler – nur gute oder schlechte«, sagt **Siggi Held**, der mit 32 Jahren unter Trainer Otto Rehhagel spielt.

»In Dänemark war ich 1,67 m groß«, vermeldet Gladbachs neuer Star, **Allan Simonsen**, nachdem ein Boulevardblatt berichtet hatte: »Publikums-Liebling misst 1,52 m«.

»Vielleicht war es einmal ganz gut, dass Bonhof einen getroffen hat, der ihn richtig nass gemacht hat. Jetzt weiß er hoffentlich, dass man nicht immer Weltmeister ist!«, spottet **Hennes Weisweiler** nach einem 4:3 der Offenbacher, bei denen Siggi Held Bonhof im Griff hat.

»Wenn Beckenbauer fit ist, dann ist auch die Mannschaft fit!« Bayern-Trainer **Udo Lattek** hofft noch auf eine schnelle Formsteigerung bei seinem Kapitän.

In Wuppertal spielt plötzlich die Jugend. Doch die alten Spielerpersönlichkeiten fehlen **Trainer Buhtz** sehr. Lakonisch merkt er an: »Wie jung unsere Truppe jetzt ist, merke ich im Trainingslager, wenn statt Bier verstärkt Milch und Kakao bestellt werden.«

Sepp Maier weiß, was ihn zu Hause, nach einer weiteren, unglücklichen Niederlage, erwartet: »Wenn ich heute heimkomme, wird nur mein Hund freundlich zu mir sein.«

Weisweiler geht zu Barcelona und gesteht ehrlich ein: »Ich kann in den zwei Jahren dort so viel verdienen wie bei Borussia in zehn Jahren.«

Willi Lippens: »Je älter ich werde, desto größer trumpfe ich auf. Wenn das so weitergeht, bin ich in einigen Jahren überhaupt nicht mehr zu bremsen.«

»Das ist ein ›Hölzenbein-Elfmeter‹«, meint **Schiedsrichter Meuser** zu einer Szene beim Spiel Tennis Borussia Berlin gegen die Offenbacher Kickers. Die Szene im Strafraum ist seiner Meinung nach also nicht elfmeterwürdig.

Im April wettet Werder-Geschäftsführer **Hans Wolff**: »Eine Flasche Sekt darauf, dass weder Stuttgart noch wir absteigen. Es erwischt einen, der noch gar nicht damit rechnet!« Wette verloren. Doch wer die Flasche Sekt bekam, ist leider nicht bekannt.

WSV-Trainer Bedl kannte nach der unglücklichen 2:3-Niederlage seiner Mannschaft gegen Fortuna Düsseldorf kein Erbarmen mit seinem Torhüter Manfred Müller: »Er hatte einen rabenschwarzen Tag. Früher hätte er solche Schüsse mit einer Hand gehalten. Die Entschuldigung, er sei beim ersten Tor weggerutscht, lasse ich nicht gelten. Müller steht im Tor, um nicht zu rutschen.«

Der Kölner **Heinz Flohe** lobt den RWE-Akteur Hansi Dörre etwas um die Ecke gedacht: »Sein Ruf ist schlechter als seine Spielweise!«

Als Karl-Heinz Rummenigge seinen Dienst an der Waffe absolviert, spotten die Zeitungen: **»Rotbäckchen im Oliv-Jäckchen«**. Keine einfache Zeit also für den Nachwuchsstar der Bundesliga. Und auch eine andere Sache wurmt ihn. Bei den Bayern heißt sein Trainer Dettmar Cramer – und beim Bund ist ein gewisser Manfred Cramer sein Vorgesetzter. Rummenigge: »Mich hätte fast der Schlag getroffen, als ich hörte, wie mein Chef hier heißt. Der Name verfolgt mich direkt.« Nicht immer lassen ihn seine Kameraden in Ruhe. In der Kantine rufen sie schon einmal: »Hey, Rummenigge, du Abseiler vom Dienst«, oder: »Du, Millionär, stell mal an Humpen Bier her!« Rummenigge schweigt und lässt Freikarten verteilen.

★ ★ ★

Starker Regen macht das Spiel der Hertha gegen Rot-Weiss Essen unmöglich. Fast alle Partien der Hinrunde leiden unter dem Wetter. 75.000 Zuschauer bzw. 500.000 Mark gehen den Berlinern so verloren. Und die teure Zeltplane zur Abdeckung des Spielfelds (siehe 1972/73) wird nun endgültig nicht mehr eingesetzt – sehr zum Unwillen der Journalisten.

★ ★ ★

Klasse Leistung: Beim Testspiel der Bayern bei Rapid Wien durchlöchert **»Bulle« Roth**, im wahrsten Sinne des Wortes, mit einem Bombenschuss aus vollem Lauf das Tornetz.

★ ★ ★

Schalke macht Werbung für »Schalke«. Auf der Brust der Gelsenkirchener ist keine Biermarke und keine Waschpulverfirma zu finden. Dort steht schlicht und einfach »Schalke«. Präsident Günter Siebert erklärt: »Alles spricht von Werbung auf Trikots. Wir auch. Wir werben allerdings für uns selbst, für den FC Schalke 04.«

★ ★ ★

Dem Keeper der Essener, Jürgen Rynio, wird schon das Stigma des **»Abstiegsmaskottchens«** verpasst. Mit Karlsruhe, Nürnberg und Dortmund hat er den bitteren Gang in die Zweitklassigkeit bereits antreten müssen. Aber er hat Glück: RWE verlässt er rechtzeitig vor dem Abstieg im Jahr 1977.

★ ★ ★

Mitte April 1975 wird Gerhard Mayer-Vorfelder zum neuen VfB-Präsidenten. Der kämpferische junge Mann verspricht in seiner Rede, die Mitglieder wieder aus dem »**Kriegsschauplatz** hier« herausführen zu wollen. Doch erst einmal muss er den Abstieg in die zweite Liga erklären.

★ ★ ★

1860 München spielt in der zweiten Liga, während der FC Bayern in der Bundesliga Titel um Titel erringt. Der Trainer der Sechziger, Max Merkel, sagt im »Playboy«: »Während des Weihnachtsessens versprach ich meinen Spielern: Der Merkel wird so lange bei 1860 bleiben, bis die **alte Rangordnung** wieder hergestellt ist, 1860 vor Bayern!« Nur vier Monate später ist er entlassen, mit dem Aufstieg wird es auch nichts, und die Rangordnung ist bis heute nicht wieder hergestellt.

★ ★ ★

Auch Neu-Trainer Janos Bedl schafft es nicht, den Niedergang des Wuppertaler SV aufzuhalten. Mit 5:0 schießt Eintracht Frankfurt den WSV am 15. Spieltag ab. Bedl, als Nachfolger von Horst Buhtz verpflichtet, versucht sein sportliches Schicksal als Coach eines potenziellen Absteigers gelassen zu nehmen: »**Trainer sind wie Priester**. Und nicht alle Priester können in der schönsten Kirche ihre Messen lesen!«

Albert Sing und Buffy Ettmayer – Taschenmesser und Fahrtenlieder

Albert Sing (links) und Kuno Klötzer vom HSV.

Coach Albert Sing ist schon lange im Geschäft, als er 1975 auf den Österreicher Buffy Ettmayer trifft. So war Sing bei der Weltmeisterschaft 1954 der Assistent von Bundestrainer Sepp Herberger. Eine seiner Aufgaben: Er wählte das Mannschaftsquartier am Thuner See aus, wo der berühmte **»Geist von Spiez«** geboren wurde.

Als Albert Sing zum VfB kommt, verordnet er seinen Schützlingen im Trainingslager in Origlio im Frühjahr 1975 eine Sing-Therapie. Allabendlich werden in der Schweiz Lieder geschmettert, bis sich die Balken biegen. Songs wie **»Horch, was kommt von draußen rein«** müssen die Profis unter Sings Kommando gemeinsam intonieren. Mit einem Dia-Projektor werden deutsches Liedgut und alte Fahrtenlieder an die Wand geworfen. Witzbolde sehen in den schrägen Tönen auch eine mögliche Form der Gegnerbekämpfung: Singend sollen sie in die Flucht geschlagen werden.

Und noch eine weitere Überraschung hat der neue VfB-Trainer in seinem Gepäck. Für die Stuttgarter Spieler liegen 20 Taschenmesser im Kofferraum bereit. Ettmayer: »Wir mussten Stöcke anspitzen und spachteln, das heißt, die Stöckchen so fest wie möglich in den Boden werfen. Nach zwei Tagen konnten wir prima spachteln, hatten aber **keinen Ball gesehen**!« Das ist das erste Mal, dass Sing mit seinem österreichischen Starspieler aneinanderstößt. Ab da geht es Schlag auf Schlag. Albert Sing: »Ich werde den Ettmayer jeden Tag herausfordern, ja ihn sogar beleidigen, wenn es zum Nutzen des VfB Stuttgart ist. Privat ist das was anderes. Wenn ich zum Beispiel mit einem Spieler ausgehen würde, wäre das nur der Ettmayer.« Antwort von Ettmayer: »Aber ich würde nicht mit ihm ausgehen!«

Zwischendurch vertragen sich die beiden öffentlichkeitswirksam wieder, doch schnell kracht es erneut. Ettmayer nach der Partie am 27. Spieltag bei Eintracht Braunschweig (6:0 für die Hausherren): »Das habe ich doch gleich gewusst! Schon vor dem Spiel habe ich **zehn Mark verwettet**, dass ich nicht die 90 Minuten durchspiele. Das ist doch alles Theater! In der Öffentlichkeit Bussi geben und hintenrum dann so etwas!« Sing nach dem Spiel: »Ich hätte früher auch gern mal gegen eine Mannschaft wie Stuttgart gespielt, die nicht deckt, sondern nur zuschaut!« Er wechselt Ettmayer zur Halbzeit, beim Stand von 4:0, aus.

Nach dem Abstieg und dem Wechsel zum HSV sagt Buffy Ettmayer über seinen ehemaligen Trainer Albert Sing: »Der wollte doch **der absolute King** sein, der große Retter. Wie damals vor acht Jahren. Aber die Zeiten haben sich geändert. Ich kann meinen Sohn heute auch nicht mehr wie vor acht Jahren erziehen. Weil Sing das nicht begriff, brachte er so viel Unruhe in die Truppe, wie es sie beim VfB seit Jahren noch nie gegeben hatte. Es gab bei uns kaum einen Spieler, mit dem Sing nicht aneckte. Na, es gab da ja mal ein Sprüchlein vom Merkel, der einmal sagte, dass der VfB den Sing holen müsse, wenn er unbedingt absteigen wolle.« Und was sagt Sing selbst? »Bei diesem Verein, wo ich mich mit bösartigen Kerlen in der Mannschaft und einem unfähigen Vorstand abquälen musste, habe ich fünf Jahre meines Lebens verloren.«

Buffy Ettmayer 1971 und 1997.

1975 | 76

»Im nächsten Leben werde ich Spielervermittler!«

FDP-Politiker Wolfgang Mischnick hält nicht viel von des Kanzlers Fußballsachverstand. **Helmut Schmidts Glaube an den HSV** als neuen Deutschen Meister des Jahres 1976 findet er mehr als gewagt: »An diesen Tipp glaube ich nicht. Aber wenn das des Kanzlers einzige Fehlprognose bleibt, bin ich zufrieden!« Mischnick selbst tippt übrigens auf Borussia Mönchengladbach und liegt mit dieser Prognose am Ende goldrichtig. Aber auch Kanzler Schmidt zeigt, dass er etwas von Fußball versteht, denn der HSV erreicht relativ überraschend den zweiten Tabellenplatz.

Vor der Saison frotzelt der scheidende Gladbacher Trainer Hennes Weisweiler: »Die Borussia wird wieder Meister, das wird auch der Udo Lattek nicht verhindern können.« Und er hat Recht. Denn Weisweilers Schatten ragt auch in die neue Spielzeit hinein. Berti Vogts erinnert sich: »Wir waren traurig, dass Hennes Weisweiler nach Barcelona gegangen ist. Wir wollten ihm beweisen, das wir auch ohne ihn Meister werden können, dass wir erwachsen geworden sind.« Doch nicht nur aus Trauer wollen die Gladbacher Kicker ihrem ehemaligen Chef zeigen, dass sie es auch ohne ihn können. Vielmehr spielt auch etwas anderes noch eine Rolle, wie Vogts erzählt: »Er hat vom FC Barcelona ein finanziell glänzendes Angebot erhalten. Ich muss aber auch zugeben, dass er **Differenzen mit einigen Spielern** und vor allem mit dem Vorstand hatte.«

Gladbach absolviert eine **grundsolide Saison** und wird am Ende vor allem deshalb Meister, weil die Schwächephasen der anderen Teams länger andauern als die der Borussia. Deren Spielsystem wird von Trainer Lattek komplett neu geordnet. Der Hurra-Fußball von Weisweiler ist endgültig Vergangenheit. Lattek stärkt die Defensive und freut sich am Ende über die zweitwenigsten Gegentore der Liga (37). Nur der HSV kassiert mit 32 Treffern weniger Tore. Den Hamburgern gelingt es aber in den direkten Duellen nicht, die Gladbacher zu bezwingen, und gegen den FC Bayern verlieren sie beide Begegnungen. Trotz seiner großen Ambitionen (Dr. Peter Krohn: »Für uns gibt es diesmal nur ein Ziel, und das heißt Meisterschaft!«) muss der HSV weiter auf den ersten Bundesliga-Titel warten.

Eine weitere enttäuschende Saison spielt der FC Bayern München. Dabei tönt Bayern-Torhüter Sepp Maier nach dem dritten Spieltag noch so selbstbewusst: **»Wir werden Meister!«** Seine Begründung al-

Saisonverlauf 1975/76

Platz	Tore	Punkte
1.	66:37	45:23
2.	59:32	41:27
3.	72:50	40:28
4.	62:45	39:29
5.	52:48	39:29
6.	76:55	37:31
7.	66:60	37:31
8.	61:67	37:31
9.	79:58	36:32
10.	55:62	33:35
11.	59:61	32:36
12.	47:57	30:38
13.	44:55	30:38
14.	49:62	30:38
15.	46:59	30:38
16.	48:60	27:41
17.	40:72	27:41
18.	28:69	22:46

lerdings klingt recht naiv und etwas befremdlich: »Alles andere wäre ungerecht. Denn wir haben noch nie so viel trainiert!« Am Fleiß soll es also nicht liegen und am Geld auch nicht. Wilhelm Neudecker, der Bayern-Präsident, verspricht: »Ich kaufe jeden Spieler, den mir der Trainer nennt!« Doch Cramer verzweifelt bei der Suche nach einem geeigneten Vertreter für seinen Stürmer Gerd Müller und fragt sich schließlich, ob er nicht gar den falschen Beruf erwählt hat: »Es ist unglaublich, wie viele Leute die Hand aufhalten, wenn man sich für einen bestimmten Spieler interessiert, und mitverdienen, wenn es zu einem Transfer kommt. Wenn ich noch einmal auf die Welt komme, mache ich auch Spielervermittler.«

Die besten Torjäger der Saison

Klaus Fischer (Schalke 04)	29
Erich Beer (Hertha BSC Berlin)	23
Gerd Müller (Bayern München)	23
Klaus Toppmöller (1. FC Kaiserslautern)	22

Bayern feiert im letzten Spiel der Saison einen besonderen **»Tag der offenen Tür«**, wie Trainer Dettmar Cramer das Scheibenschießen beim 7:4-Erfolg gegen Hertha BSC nennt. Bereits nach 31 Minuten hat Gerd Müller das Leder viermal im Kasten der Berliner versenkt. Zur Halbzeit steht es dann 6:0. Das hilft aber alles nichts mehr. Für Bayern langt es am Ende nur zu einem dritten Platz in der Tabelle, und auch Gerd Müllers 23 Tore bringen ihm bei den Torjägern nur den zweiten Rang, zusammen mit dem Berliner Beer.

Den ersten Platz belegt dort Klaus Fischer. Am 27. September schießt der Schalker erstmals ein **Bundesligator per Fallrückzieher**. Sein Treffer beim 2:0-Sieg gegen den Karlsruher SC wird zum Prototypen seines späteren Markenzeichens.

Auf dem Betzenberg haben sie in dieser Saison **ein ganz spezielles Problem** zu beklagen, wie Trainer Erich Ribbeck erzählt: »Wir können es uns in Kaiserslautern nicht leisten, den Ball in den eigenen Reihen zu halten. Die Zuschauer peitschen uns ständig nach vorn. Wenn wir nicht den Mut aufbringen, einmal gegen den Willen der Fans zu spielen, können wir immer wieder Rückschläge erleiden.« Am Ende wird es deshalb nur zu einem Platz im Mittelfeld reichen.

Und in Bremen gibt Geschäftsführer Hans Wolff **das große Motto des Klubs** für die folgenden Jahrzehnte aus: »Bei uns wird nicht gleich verrückt gespielt, wenn's mal schiefläuft!« Das stimmt in dieser Saison jedoch nur eingeschränkt. Denn er selbst wird nach über dreißig Jahren an der Weser entlassen.

Norbert Nigbur mit Ehefrau Alexandra.

Auf Schalke hat man plötzlich ein **Torwart-Problem**. Trainer Max Merkel: »Ich hatte gedacht, dass wir nach dem Kauf von Mutibaric zwei erstklassige Keeper hätten, in Wirklichkeit haben wir jetzt gar keinen Klassetorwart.« Vor allem Norbert Nigbur läuft komplett neben der Spur. Nach Differenzen mit Merkel bleibt er kurz nach Saisonbeginn an den Spieltagen zu Hause. Präsident Günter Siebert versucht zu erklären, woran das Formtief des Torhüters liegen könnte: »Er hat die innere Ruhe nicht mehr. Er ist zu unstet. Außerdem ist er uneinsichtig. Der Junge ist kein Kerl. Ihm fehlt die innere Einstellung. Er denkt nicht an die Mannschaft, sondern nur an sich selbst. Anstatt einmal zuzugeben, dass er Schuld hat, dass er schlecht war, sucht er nach Ausflüchten. Einmal ist der schuld, dann der!« Nigbur regiert auf Sieberts Erklärungsversuche wie zur Bestätigung: »Es gibt im Grunde kein Problem Nigbur. Natürlich habe ich Fehler gemacht, aber machen die nicht auch andere?« Seit der Scheidung von seiner Frau Sandra sei er unsolide, munkelt man. Und Max Merkel: »Was wäre wohl, wenn Nigburs Gehalt einmal an der großen Anzeigetafel im Stadion leuchten würde, und die Leute würden das dann mit den gezeigten Leistungen vergleichen.« Das wäre dann wohl tatsächlich ein Problem. Den einzigen Besuchern im Stadion, denen Nigburs Unsicherheit gefällt, sind naturgemäß die Gästefans. Spöttisch singen sie: »Nigbur, du bist nervös!«

★ ★ ★

Otto Rehhagel verliert die Nerven. Der junge Trainer der Offenbacher Kickers leidet unter den Misserfolgen seines Vereins. Nach drei hohen Niederlagen in Folge – 2:6 in Duisburg, 0:4 gegen RW Essen und 1:5 beim VfL Bochum – trifft man auf den Lokalrivalen aus Frankfurt. Zwar bezwingt Offenbach am Ende die Eintracht mit 2:1, doch nach einem Platzverweis für Manfred Ritschel in der sechsten Spielminute ist Rehhagel während der gesamten Begegnung nicht mehr zu beruhigen. In der Halbzeitpause rennt er bereits zu Schiedsrichter Walter Eschweiler und fragt ihn wütend, ob er bestochen sei. Eschweiler meldet den Vorfall nach Spielschluss in seinem Bericht an den DFB, und der lädt Rehhagel wenige Wochen nach seiner ersten Sperre (ein Monat Pause, weil er seinem Abwehrspieler Armand Theis, ebenfalls in einem Spiel gegen die Eintracht, zugerufen hatte: »Tritt dem Hölzenbein doch in die Knochen«) erneut vor. Eigentlich verläuft der Prozess günstig für den Offenbacher Trainer, bis sein eigener Vizepräsident vor dem DFB aussagt. Waldemar Klein erklärt, dass ihm der Linienrichter Porta nach dem Spiel erzählt habe: »Wenn ich alles zur Anzeige bringen würde, was der Rehhagel gesagt hat, dann würde das eine Sperre auf Lebenszeit bedeuten.« Nun muss auch Porta aussagen und schnell steht das Urteil fest: Rehhagel wird zu einer zweimonatigen Sperre verurteilt und muss 5.000 Mark Strafe zahlen. Das ist zu viel für die Kickers, und sie feuern ihren überengagierten Trainer fristlos. Doch sportlich hilft es wenig. Offenbach steigt am Ende der Saison mit dem neuen Übungsleiter Tschik Cajkovski ab.

★ ★ ★

Aufregung in Hamburg: Die Mitspieler von Buffy Ettmayer haben angeblich bereits die Nase voll von ihm. Nach einer 1:0-Niederlage in München kritisieren sie den beleibten HSV-Stürmer und das eigene Publikum, das den Österreicher frenetisch feiert, hinter vorgehaltener Hand: »Das sind die Leute, die nicht sehen, dass der Mann auswärts neun von zehn Zweikämpfen verliert, sondern nur den einen schönen, dabei aber nutzlosen Pass bejubeln.«

Aber auch Buffy Ettmayer selbst hat sich in der Hansestadt noch nicht richtig eingelebt: »Wenn ich in Stuttgart ins Flugzeug steige und daran denke, dass ich in Hamburg wieder rausmuss, dann kriege ich immer **Haarausfall**.« Vor allem die steife Brise in der Hansestadt kann er auch nach einigen Monaten immer noch nicht leiden. Und um seinen Freunden im Schwabenland zu veranschaulichen, wie schlimm das in Hamburg mit dem rauen Wind ist, versucht er es ihnen an einem Beispiel aus der alten Heimat zu erklären: »Im Volksparkstadion muss ich den Ball quasi in der Cannstatter Kurve anschneiden, damit er in der Untertürkheimer herauskommt.«

Auch in der vierten Saison nach Aufdeckung des Skandals ist der Schalker Meineid-Prozess noch nicht ausgestanden. Anfang Oktober sagt Max Merkel: »**Was ist heut', was ist morgen.** Da kann noch so viel passieren: Der Richter kann sterben, der Staatsanwalt kann überfahren werden, das Gericht kann abbrennen. Immer nur abwarten!« Aber Merkel gibt sich flexibel: »Hoffentlich haben S' eine Wiese vor dem Gericht, dann trainieren wir in den Verhandlungspausen.«

★ ★ ★

»Die Sonne scheint irgendwo«, singt Erwin Kostedde und wird schnell als der **»Harry Belafonte vom Bieberer Berg«** gefeiert. Komponist Robby Spier kann das Werk allerdings bei keiner Plattenfirma unterbringen. Der Musiker zeigt sich vor allem enttäuscht über den Spieler selbst: »Der Erwin wollte nichts von Liebe und nichts vom Fußball im Text haben. So etwas aber wäre den Firmen lieber gewesen.« Der Verlust für ihn beläuft sich auf knapp 5.000 Mark. Nach einigen Monaten liegen die exklusiven Nutzungsrechte an der Produktion wieder bei Kostedde. Der Komponist hat aufgegeben – und ist dennoch von »Erwins samtweichem Timbre« beeindruckt. Der Refrain des nicht veröffentlichten Schlagers lautet: »Pack deine Sachen ein und suche den Sonnenschein«.

★ ★ ★

HSV-Kapitän Georg Volkert hat im Spiel gegen den FC Bayern München plötzlich keinen Bock mehr auf sein Amt. Als er in der 78. Minute ausgewechselt wird, schleudert er wütend seine Binde auf den Platz und schmeißt anschließend Trainer Klötzer und Manager Krohn auch noch sein Trikot vor die Füße. **Ein wahrhaft spektakulärer Abgang**, neugierig beobachtet von 62.000 Zuschauern!

★ ★ ★

Vor dem 29. Spieltag reist der VfL Bochum zu einem Kurztrainingslager auf die Sonneninsel Gran Canaria. Das warme Wetter dort macht einige VfL-Spieler richtig durstig. Eines Abends versuchen die Profis aus dem Ruhrgebiet daher, den Flüssigkeitsverlust **ohne Rücksicht auf Promille** auszugleichen. Das klappt gut. Doch leider kommt der etwas angeheiterte Jupp Kaczor prompt etwas zu spät zum Hotel zurück. Alle Türen sind bereits geschlossen. Das bringt ihn auf die abenteuerliche Idee, mit einem abmontierten Verkehrsschild zu versuchen, über die Außenmauer zu springen. Das klappt nicht so gut, und zu allem Überfluss wird er dabei auch noch von der Polizei entdeckt. Man nimmt den Randalierer mit aufs Revier und steckt ihn für eine Nacht in die Ausnüchterungszelle. Als Kaczor am nächsten Morgen nicht zum Frühstück erscheint, fliegt die ganze Geschichte auf. Trainer Heinz Höher ist stinksauer, hat aber sogleich eine Lösung parat: »Wenn du am Samstag gegen Köln ein Tor machst, ist das hier vergessen. Wenn nicht ...!« Der VfL Bochum schlägt den 1. FC Köln mit 1:0. Torschütze: Jupp Kaczor!

★ ★ ★

In Bremen sitzt der Vater des Torhüters auf der Bank. Doch Herbert Burdenski ist sich sicher, dass das keine Probleme bereitet: »Mein Sohn wird mit Sicherheit keine Vorteile gegenüber den anderen Spielern haben. Erstens sprüht er selbst vor Ehrgeiz, so dass ich ihn nicht erst wecken muss, und zweitens hat so ein guter Torwart wie der Dieter auch **keine Verwandtschaftshilfe** nötig.«

Zuerst Konkurrenten, dann bei Werder in einem Team: Dieter Burdenski und sein Vater Herbert, der 1975 als Trainer bei Bremen anheuerte.

Horst Hrubesch

So kann man sich irren ...

Daß Talentsuche und Spielereinkauf oft ein Lotteriespiel ist, zeigt wieder einmal das Beispiel Horst Hrubesch. Vor zwei Jahren wurde der Bezirksklassenbomber nach einem Probetraining bei Borussia Dortmund von dem damaligen Trainer Otto Knefler wieder heimgeschickt. Der Befund des Fußballexperten: Untauglich für den Profifußball. Heute aber wäre die Borussia bereit, für den Essener Torjäger bis zu einer Million Mark Ablöse zu zahlen. Vor zwei Jahren war das „Kopfball-Ungeheuer“ noch für 20 000 Mark zu haben ...

Horst Hrubesch kommt groß raus. In Dortmund und Bochum als ungeeignet weggeschickt, wird er im Essener Volksmund schnell **»Das lange Ungeheuer«** genannt. Zwei Treffer erzielt Hrubesch in seinem ersten Bundesligaspiel gegen Bayer Uerdingen. Dazu ein Abseitstreffer, ein Lattenkopfball und viele weitere tolle Chancen. Hrubesch bescheiden: »Mir genügt es bereits, wenn ich im ersten Dutzend der Torjäger zu finden bin. Schließlich habe ich gerade erst vier Klassen übersprungen. Ich hoffe nur, dass ich nicht urplötzlich aus diesem schönen Traum erwache!«

Davon geht Mannschaftskamerad Manni Burgsmüller nicht aus: »Wir schaufeln die Bälle in den Strafraum und der Lange wird dann schon ein Ding machen.« Auch sein Ex-Trainer Horst Buhtz ist trotz eines kleinen Makels voll des Lobes über den Langen: »Wenn Hrubesch auch noch technisch beschlagen wäre, könnte er bereits reif für die Nationalmannschaft sein.«

Es läuft rund beim Kopfballungeheuer, und deshalb hat Sturmpartner Willi Lippens vor dem Auswärtsspiel der Essener bei Bayer Uerdingen **richtig gute Laune**. Den gegnerischen Kapitän Paul Hahn fragt er lächelnd: »Na, habt ihr denn auch eure ›Has' hüpf‹-Übungen im Sandkasten absolviert, um so hoch wie Hrubesch zu springen?« Offensichtlich nicht. Denn der Lange schiebt nach zwei Treffern im Hinspiel auch diesmal einen Ball mit dem Kopf ins Tor. Allerdings nach einem Flachpass. Woraufhin wieder die »Ente« auf den Plan tritt und grinsend sagt: »Der köpft nächstens auch noch, wenn der Ball unterhalb der Grasnarbe ankommt!«

Am 17. Spieltag beim 3:3 von RWE in Bremen feiert Hrubesch eine besondere Premiere. Er macht sein erstes Tor mit dem Fuß. Werder-Trainer Burdenski ist dennoch nicht angetan: »Die Presse hat den Hrubesch so hochgespielt, dass unsere Leute wohl einen Komplex bekommen haben.«

★ ★ ★

„Frauen, die im Fußball das Geschäft führen“

Sie feuern keine Trainer, kassieren keine Traumgehälter und verkaufen keinen Superstar. Dennoch sind sie überaus tüchtig. Die „Fußball-Damen“. Heute Folge drei unserer Serie: Monika Hermann, Karlsruher SC.

Am liebsten wäre sie selbst Mittelstürmer: Monika Hermann (KSC)

Monika Hermann vom Karlsruher SC fällt unter die seltene Rubrik **»Frauen, die im Fußball das Geschäft führen«**. Sie gesteht jedoch: »Am liebsten würde ich selbst dem Ball hinterherjagen und als Sturmspitze agieren.« Stattdessen übernimmt sie wichtige organisatorische Aufgaben wie die Bearbeitung der Gehälter, der Steuern und Versicherungen, kümmert sich ums Telefon und den üblichen Schriftverkehr. Doch das Ende ist nah: »Eines Tages will ich eine echte Familie!«

★ ★ ★

Der VfL-Spieler Holger Trimhold verlobt sich mit **Rita Kamminga**. Nie gehört? 1976 war die Braut für kurze Zeit *das* Gesprächsthema in Fußball-Deutschland. In Rudi Carrells TV-Sendung »Am laufenden Band« hatte sie einen Auftritt – zusammen mit den anderen fünfzehn (!) Mitgliedern ihrer Familie aus Essen-Kettwig.

★ ★ ★

Wie wichtig Frauen für ihre fußballspielenden Männer sind, zeigt das Beispiel von **Hilde und Ferdi Keller**. Als er in einem Formtief steckt, richtet sie ihn wieder auf. Mit ein paar ebenso energischen wie engagierten Worten: »Ich habe ihm immer gesagt, du kannst es doch, du bist doch der Keller, der über zehn Bundesliga-Angebote hatte, der von Nizza einen Bombenvertrag bekommen hätte, bevor du wieder zu 1860 zurückgingst!« Und was soll man sagen: Es hilft. Zuerst spielt Ferdi in Augsburg im B-Team und 20 Stunden später in Wien im A-Team für die Nationalelf – und das im reifen Fußballeralter von dreißig Jahren!

Der junge Hans-Peter Briegel ist **ein Berg von einem Mann**. Und eigentlich Leichtathlet. Doch er hat umgesattelt auf Fußball und das sehr erfolgreich. Selbst DFB-Trainer Jupp Derwall hat den Lauterer bereits beobachtet und ist begeistert: »Was er am Ball schon kann, das glaubt man nicht, nach nur zwei Jahren Fußball.« Den Koloss kann eben nichts erschüttern – außer seiner Freundin. Die darf ihm beim Ballspielen nämlich nicht zuschauen. Mit schüchternem Blick erklärt der baumhohe Riese Briegel: »Das macht mich nervös!«

★ ★ ★

Ob HSV-Stürmer Buffy Ettmayer die neue Kaiserslauterer Nachwuchshoffnung Briegel im Kopf hat, als er **düstere Wolken am Fußballhimmel** aufsteigen sieht, ist leider nicht bekannt: »Bald haben wir nur noch Athleten, die sind 1,90 Meter groß, 1,50 Meter breit und wenn die über den Rasen grätschen, jubeln 40.000 wie bei einem Torschuss.«

★ ★ ★

Karl-Heinz Rummenigge erzählt eine Anekdote aus den Hinterzimmern des großen FC Bayern: »Als Dr. Spannbauer noch unser Vereinsarzt war, lud er mal die ganze Truppe in sein Landhaus ein, das über sämtliche Schikanen verfügt: Kegelbahn, Schwimmbad etc. Dort hingen auch Boxhandschuhe herum, und Dettmar Cramer schlug mir vor, mal ein paar Runden mit ihm zu boxen. Während es für mich ein unheimlicher Jux war, geriet Cramer nach und nach in Rage und bedrängte mich. Da habe ich ihm auf einmal blitzschnell eins **voll auf die Nase** gegeben. Das war es dann auch! Er wollte nicht mehr. Die anderen Spieler haben sich köstlich amüsiert. Aufgestellt hat mich der Trainer trotzdem wieder.«

★ ★ ★

Sepp Maier und die Ente: Am 15. Mai jagt der Bayern-Torwart beim 4:0 gegen den VfL Bochum eine Ente an seinem Strafraum. Mehrmals versucht er sich auf sie zu schmeißen, doch das Federvieh kann jedes Mal entwischen. Maier hat an diesem Tag viel Zeit, da die Gäste aus dem Ruhrgebiet keine Anstalten machen, dem Bayern-Keeper selbst ein wenig Abwechselung zu bereiten. Im »kicker« heißt es nach der wilden Jagd: »Torhüter Maier griff nur einmal daneben: Als er **im Hechtsprung eine Wildente verfehlte**, die sich aufs Spielfeld verirrt hatte.«

Sepp Maier auf der Jagd, diesmal nach einem Luftballon.

★ ★ ★

Werner Weist will sich einen Spaß erlauben und ruft Düsseldorfs Torhüter Büns flapsig zu: »Pass auf, **gleich haue ich ihn dir ins rechte Eck!**« Werder hat gerade einen Elfmeter zugesprochen bekommen und der Mittelstürmer geht davon aus, dass wie immer sein Mannschaftskamerad Höttges ausführen wird. Doch der liegt verletzt am Spielfeldrand. Trainer Burdenski entscheidet: Weist soll schießen! Der schluckt, zieht dann aber kurz entschlossen ab: »Ich habe mir gesagt, jetzt bleibst du bei deinem Wort, und prompt rannte Büns in die falsche Ecke.« Der gehörnte Düsseldorfer Torwart kratzt sich noch nach Spielschluss verwirrt am Hinterkopf: »Ich habe doch nicht geglaubt, dass er das ernst meinte!«

Horst-Dieter Höttges schaut zusammen mit seinen Mannschaftskameraden nach der Partie des 15. Spieltags, SV Werder Bremen gegen den Hamburger SV (1:3), die Zusammenfassung im Fernsehen an. Als Höttges im TV zu seinem verschossenen Elfmeter antritt, starren seine Kollegen wie gebannt auf den Bildschirm. Der Abwehrspieler ist sauer: »Warum guckt ihr da hin, meint ihr, ich kriege ihn jetzt rein?«

★ ★ ★

Paul Breitner spielt im deutsch-amerikanischen Western »Potato-Fritz« mit. Sein Regisseur Peter Schamoni ist hin und weg vom Talent des Bayernstars: **»Fußballer sind eben gute Schauspieler!«** Doch die Kinobesucher merken schnell, dass da irgendwas nicht stimmt mit dem Auftritt Breitners auf der Film-Leinwand. Es ist die Stimme. Paule muss in der deutschen Fassung vom Schauspieler Hartmut Reck synchronisiert werden. Sein Freilassinger Dialekt ist leider völlig deplatziert.

★ ★ ★

In Berlin teilt der **»Funkturm« Uwe Kliemann** tüchtig aus. Als bei einer Trainingspartie Coach Kessler ein Handspiel Kliemanns pfeift, motzt der Abwehrrecke lautstark los. Kessler: »Uwe, Ihre ewige Meckerei hängt mir zum Halse raus.« Und Kliemann zum Trainer: »Sie hängen mir schon längst zum Halse raus.« Die folgende Denkpause hat sich der Herthaner Funkturm verbal redlich verdient!

★ ★ ★

Es ist der 8. November. **Schiedsrichter Wolf-Dieter Ahlenfelder** sitzt mit seinen beiden Linienrichtern gemütlich in der Vereinsgaststätte von Werder und isst zu Mittag. Der Jahreszeit entsprechend wird eine Gans mit Rotkohl und Klößen aufgetischt. Die Drei speisen genüsslich, klönen ein bisschen und vergessen darüber die Zeit. Als um 14:30 Uhr Werders Schiedsrichterbetreuer an ihren Tisch kommt und fragt, wann die Männer in Schwarz sich denn warmmachen wollen, packen sie sich an ihre prall gefüllten Bäuche. So wird das heute nichts, denken sie und wollen den Magen erst einmal mit ein oder zwei schnellen Bieren durchspülen. Das klappt gut. Die Gans beginnt zu schwimmen. Doch mittlerweile ist es schon 14:45 Uhr, und noch wollen das gebratene Federvieh, der Rotkohl und die Klöße nicht richtig absacken. Man entschließt sich, das widerborstige Essen nun härter zu bekämpfen und bestellt neben einer neuen Runde Pils auch einen Malteser. Und weil das so gut funktioniert, wiederholen die drei fröhlichen Männer den Spaß noch ein, zwei Mal und gehen dann runter zum Umziehen – schließlich steht heute die Bundesligapartie des SV Werder Bremen gegen Hannover 96 auf dem Programm.

Doch wo ist nur diese verflixte Kabine? Ahli und seine zwei Begleiter irren durch die Katakomben und finden trotz längerem Suchen ihren Raum nicht. Erst auf Nachfragen werden sie fündig. Lachend schmeißen sie sich in ihre schwarze Kluft und warten auf den Schiedsrichterbetreuer, der sie aufs Feld führen soll. Als dieser jedoch die Kabine der drei Offiziellen betritt, geht er schnurstracks wieder

hinaus und besorgt erst einmal eine Flasche Mundwasser. Der **Alkoholgeruch** ist ihm auf den Magen geschlagen.

Die folgenden Geschehnisse schildert Schiedsrichter Ahlenfelder am besten selbst: »Nach dreißig Minuten habe ich zur Halbzeit abgepfiffen. Nicht fragen, weshalb, wieso, warum. Da hatten wir wohl **einen zu viel getrunken**, ich weiß es auch nicht. Ja, das ist Ahlenfelder.« Genau so ist es. Die Partie wird schon nach einer halben Stunde unterbrochen. Völliges Unverständnis bei den Spielern, Irritationen bei den Zuschauern und blankes Entsetzen bei den Offiziellen beider Vereine. Als Ahlenfelder gerade Richtung Katakomben abmarschieren will, stellt sich ihm der Bremer Abwehrrecke Horst-Dieter Höttges in den Weg. Freundlich wendet er sich an den Mann in Schwarz: »Schiri, sind Sie sicher, dass schon Halbzeit ist?« Jetzt ist auch Ahlenfelder irritiert: »Warum denn nicht, Herr Höttges?« Der Bremer zeigt auf sein Jersey: »Mein Trikot, wissen Sie, ist in der Halbzeit immer klitschnass. Und schauen Sie mal, das ist ja noch fast staubtrocken!« Ahlenfelder fasst das Shirt an, nickt Höttges fast beschwörend zu und fragt mit trotzig-zittriger Stimme: »Und was nun, Höttges?« Der Bremer deutet zur Seitenlinie. Dort tippt einer der beiden Linienrichter intensiv auf seine Armbanduhr und zeigt dann hoch zur großen Stadionuhr. Es ist erst kurz nach vier. Ahlenfelder versteht geistesgegenwärtig, was zu tun ist, pfeift seine dritte Bundesligapartie erneut mit einem Schiedsrichterball an – und nach insgesamt nur 42 Spielminuten dann endgültig in die Halbzeitpause.

Findige Geschäftsleute reagieren schnell und bieten in ihren Kneipen eine echte Neuerung an, die sich der Sage nach bis heute in der Werder-Vereinsgaststätte gehalten hat. Der legendäre Schiedsrichter, der es als einziger Unparteiischer bis auf den heutigen Tag schaffte, ein Bundesligaspiel bereits nach knapp dreißig Minuten in die Halbzeit zu pfeifen, sagt selbst über den Kneipen-Clou: »Wenn man in Bremen einen Ahlenfelder bestellt, bekommt man ein **Malteser-Bier-Gedeck**. Da bin ich stolz drauf.«

★ ★ ★

Hansi Müller belegt bei der »Bravo Boy«-Wahl den sechsten Platz. Er hat gerade seine erste Profisaison beim VfB Stuttgart hinter sich, und die Damen und Herren des Jugendmagazins sind ziemlich verwundert, als Müllers Bewerbung eintrudelt. Hansi selbst war es jedoch nicht, der die Unterlagen zur »Bravo« schickte. Es war sein Bruder. Der hatte sich gedacht, dass man so viel Schönheit einfach einmal einer größeren Öffentlichkeit präsentieren müsse. Zu diesem Zeitpunkt konnte er natürlich noch nicht ahnen, dass Hansi schon bald vor Millionen Fußballanhängern würde vorspielen dürfen.

★ ★ ★

Sepp Maier ein **Blumen-Wunder-Mann**? Das glaubt wenigstens ein weiblicher Trainingskiebitz. Nachdem der Torhüter unter einem Baum seine Notdurft verrichtet hat, schaut eine kleine Anhängerin des Bayern-Keepers genauer hin – und entdeckt zu ihrem Erstaunen viele blaue Blumen. Völlig verdutzt ruft das Mädchen ihre Tante herbei: »Guck nur, wo der Sepp eben Pipi gemacht hat, sind Vergissmeinnicht erblüht!« Nur kurz denkt die Tante darüber nach, das Wunder vom Blumenmachen aufzuklären. Doch dann lässt sie es. Und so glaubt die kleine Maier-Bewunderin von nun an neben dem Christkind auch an die wundersamen Kräfte des großen Blumen-Sepp.

Erwin Kostedde bekommt ein **Original-Pelé-Trikot** der brasilianischen Nationalmannschaft mit eigenhändiger Unterschrift – von Pepsi-Cola für sein Tor im Frankfurter Waldstadion. Der Hertha-Stürmer ist schon vorher ganz heiß auf die ausgelobte Prämie für den ersten Schützen der Berliner in diesem Spiel und erzählt seinen Mannschaftskameraden selbstbewusst: »Das ist meins!«

★ ★ ★

Dettmar Cramer gibt, auf seine ganz spezielle Art, dem Jungstürmer Rummenigge einige **kluge Ratschläge**, um in gewissen Spielsituationen fixer reagieren zu können: »Versuche beim Autofahren vorherzusehen, wie dein Vordermann oder Gegenüber sich verhalten wird. Schau schneller hübschen Mädchen nach und merke dir, wie sie aussehen.«

★ ★ ★

Einer von Merkels Sprüchen während seiner Zeit bei den Königsblauen ist auch dieser: **»Das Beste an Schalke ist die Autobahnauffahrt nach München.«** Und da die Kremers-Zwillinge keine ganz großen Merkel-Fans sind, lassen sie sich etwas Besonderes für ihren Trainer einfallen. In einer Nacht- und Nebelaktion entwenden sie alle vier Reifen von Merkels Wagen. Das Gesicht ihres Übungsleiters am nächsten Morgen entschädigt die Mannschaft für vieles. Die herbeibestellten Boulevard-Fotografen schießen unter dem Gelächter der Spieler Fotos des auf Backsteinen aufgebockten BMWs.

Zitate der Saison

»Dann geht wenigstens alles in einem Aufwasch!« Kölns Torwart **Toni Schumacher** nimmt seine Doppelverletzung aus Fingerbruch und einem Meniskusschaden, der operativ entfernt werden muss, von der praktischen Seite.

»Beer hatte noch kalte Füße!« Auf die Begründung von **Trainer Kessler**, warum sein Torjäger Erich Beer beim Elfmeter gegen Kaiserslautern bereits nach fünf Spielminuten versagt, muss man auch erst einmal kommen.

Tschik Cajkovski ist nach einem 2:2 gegen die Bayern in Offenbach bedient: »Allein Janzon ließ vier Chancen aus zwei, drei Metern aus. Wo gibt es Profi, der wie Janzon daraus noch nicht einmal ein Tor macht? Nur in Offenbach.«

Trainer **Dettmar Cramer** über Hoeneß: »Der Uli Hoeneß ist derjenige, der die meisten Entschuldigungen von allen Bayern-Spielern hat. Er ist erst 23 Jahre alt, aber darin schon ein Meister. Er hat den Spruch über seinem Bett hängen: ›Der liebe Gott erhalte mir meine guten Ausreden.‹ Und die kann er alle logisch begründen – die Presse frisst das!«

Trotz der unbefriedigenden Zeit bei Werder bereut der erste Afrikaner in der Bundesliga, **Ibrahim Sunday**, das Abenteuer nicht: »Wenn ich nach Hause komme, verstehe ich wenigstens etwas vom besten Fußball der Welt und kann es meinen Landsleuten vermitteln.«

Udo Lattek möchte gerne Hansi Müller vom VfB Stuttgart zur Borussia nach Mönchengladbach locken – doch nach einem Besuch bei der Familie Müller gibt der Trainer überraschend schnell auf: »Als ich das Verhältnis Hansis zu seiner Mutter sah, wusste ich, der kommt nicht zu uns.«

Fortuna-Präsident **Bruno Recht**: »Wir stehen unter Erfolgszwang. Wenn wir nicht gewinnen, laufen uns die Zuschauer nach Gladbach, Duisburg, Uerdingen oder zum Eishockeynachbar DEG davon!«

Auf der **schwarz-weiß-grünen Ballnacht** sorgt ein Eklat für Aufsehen. Ein Mann heimst bei der Tombola die vier ersten Plätze allesamt für sich ein: Ein Auto, eine dreiwöchige Mexiko-Reise, ein Motorrad und ein pelzgefütterter Mantel sind die stolzen Gewinne. Ein echter Glückspilz also. Denkste! Unter »Schieber, Schieber«-Rufen verlässt der Mann zusammen mit seiner Frau Trutz vorzeitig die Feier von Hannover 96. Es handelt sich nämlich um den Bruder des Präsidenten. Und dieser Werner Bock ist selbst erst wenige Wochen vorher aus dem Verwaltungsrat geschasst worden. Mit Unschuldsmiene verspricht er noch beim Verlassen des Balls, einen vierstelligen Betrag spenden zu wollen. Ob die Glücksfeen, die beiden Spieler Peter Anders und Rainer Stiller, des Nachts gut schlafen konnten, ist leider nicht bekannt.

★ ★ ★

Den 30. Mai 1976 wird Kaiserslauterns Stürmer **Klaus Toppmöller** nie vergessen – auch wenn er später angab, vieles tatsächlich nicht mehr rekonstruieren zu können. Die Zeitungen berichten tagelang in großen Schlagzeilen von seinem Unglück: »Torjäger Toppmöller blutig im Ferrari«, »Barfuß und ziellos im Wald geirrt«, »Torjäger spurlos verschwunden«, »Toppmöller schwer verunglückt« und »Seine Freundin: Gesicht entstellt« sind nur eine kleine Auswahl der Überschriften. Was ist passiert: Auf der Fahrt von Kaiserslautern ins heimische Rivenich fährt Toppmöller mit seinem schwarzen Ferrari über den Mittelstreifen und rammt frontal einen entgegenkommenden Captain der US-Army. Der Lauterer irrte danach einige Stunden durch die Gegend, bevor er – unter Schock stehend – gefunden wurde.

★ ★ ★

Der **»Bodo Ballermann« der Liga** ist in diesen Tagen der Düsseldorfer Gerd Zimmermann. Braunschweigs Torwart Bernd Franke ganz ehrfürchtig über den Scharfschützen: »Es ist unheimlich, er trifft den Ball rechts wie links ideal!« Und Jörg Daniel: »Wenn der Gerd voll trifft, hat ein Torhüter kaum eine Abwehrchance.« Auch Jürgen Grabowski ist begeistert: »Seine Torschüsse sind einmalig!«. Wie einmalig, will man schließlich genau wissen und lässt eine Maschine die Geschwindigkeit messen. Das Resultat: unglaubliche 128 km/h. Da kann man auch aus der Entfernung mal ein Schüsschen riskieren, denkt sich Zimmermann immer häufiger, und die Kölner müssen leidvoll erfahren, was das bedeutet. FC-Trainer Tschik Cajkovski: »Verlieren wir Spiel durch Tore aus 50 Metern. Musste Schumacher halten beide Tore von Zimmermann.«

★ ★ ★

Kölns Torwart Slobodan Topalovic ist ein absoluter Star – bei den **»Montagsmalern«** von Frank Elstner. Seine Malereien und Stickereien sind seit einem Auftritt in der Sendung heiß begehrt. Topalovic produziert am laufenden Band, doch ist eins seiner Werke fertig, ist es auch schon weg: »Ausstellungen scheiterten immer daran, dass mir die Bilder schon abgekauft wurden, ehe ich eine Kollektion zusammenstellen konnte.« Zwischen 400 und 1.500 Mark kostet ein Werk. 40 hat er innerhalb von zwei Jahren an den Mann gebracht. Doch nun plagen ihn die ersten Probleme eines echten Künstlers: »So sehr ich mich freue, dass meine Bilder so großen Absatz finden, die Sache hat auch einen Haken. Je größer der Druck wird, unbedingt malen zu müssen, desto schwerer fällt es mir.« Vielleicht auch deshalb will der Torhüter nach der Karriere lieber wieder etwas ganz anderes machen. Topalovic: »Mein Berufsziel: Rechtsanwalt!«

Irgendwie ist das Verhältnis von **Trainer Max Merkel** zum FC Schalke 04 von Anfang an kein gutes. Dabei schwärmt der Coach noch vor der Saison: »Eine Nationalmannschaft ohne Schalke ist wie ein Gebiss, in dem die Zähne fehlen.« Doch schon nach drei Spieltagen ist Merkel ernüchtert: »Die Burschen laufen auf fremden Plätzen herum, als wenn sie einen Rucksack von 50 Kilo mit sich herumschleppen würden.« Und nach dem fünften Spieltag und einer 2:1-Niederlage in Frankfurt wird der Trainer gar bereits sarkastisch: »Wenn man bedenkt, dass in Frankfurt unser letztes Aufgebot gespielt hat, dass unser Mittelfeld demoliert ist, der Herr Nigbur sehr unsicher wirkte und unser Superstar sich scheinbar beim Militär befindet, konnte man in Frankfurt nicht mehr verlangen.«

Immer im Mittelpunkt: Max Merkel auf Schalke.

Als er dann auch noch anfängt, Spieler einzeln zu beleidigen, wird es langsam problematisch für Merkel: »Unser Abramczik wird in seinem Leben nie Kopfweh bekommen, weil er seinen Kopf nie zum Denken benutzen wird. Wenn ein Mittelstürmer dauernd im Abseits steht, so kann ich das verstehen. Schließlich muss der nach zwei Seiten beobachten, und das ist manchmal zu viel verlangt. Ein Rechtsaußen aber muss nur nach einer Seite schauen. Doch noch nicht einmal das schafft dieser Junge. Eher werde ich ein Sänger an der Metropolitan Opera als der Abramczik ein großer Fußballer bei Schalke!« Das wird er schließlich doch und dieses Zitat wird zu einer Legende. Doch da ist Merkel schon lange nicht mehr auf Schalke. Bereits im Dezember sagt Präsident Günter Siebert: »Selbst wenn wir noch Meister würden, der Vertrag mit Merkel wird auf keinen Fall verlängert.« Kurz zuvor hatte Merkel gemeint: »Einige meiner Stars haben **zu viele weibliche Hormone**!« Wie groß das Chaos da schon auf Schalke ist, erzählt Klaus Fichtel: »Bei uns wird nicht mehr gedeckt, jeder spielt nur für sich, das Spiel ohne Ball ist verheerend, und außerdem ist die Berufsauffassung zumindest bei einigen mangelhaft!«

★ ★ ★

Frankfurts Torhüter Dr. Peter Kunter doziert zum Ende seiner Karriere: »Es ist nicht der herkömmliche Intellekt im Freud'schen Sinne. Es spielt alles eher auf der Ebene der Intuition. Es gibt Dinge im Fußball, die sind mit der normalen Ratio nicht zu erfassen. Zum Beispiel, wenn ein Spiel schief läuft, dann können meinetwegen fünf Professoren in der Mannschaft spielen, sie werden das Ding nicht mehr herumreißen. Dann braucht es einen, der einfach das Gespür – um nicht zu sagen: die Fußballgedanken – haben muss, um alles wieder in die richtige Bahn zu lenken. Das ist die Intelligenz, die im Stadion gefordert wird. Was aber nicht heißen soll, dass allgemeine menschliche Klugheit auf dem Fußballplatz im Wege wäre. Siehe Herkenrath, Beckenbauer, Hoeneß!« Und weiter: »Bei mir hatte Fußball allerdings nie was mit Intelligenz zu tun. Ich hatte da mehr einen richtigen Schuss. Es ist doch so: Da wirft sich einer freiwillig vor die Beine von irgendwelchen bulligen Spielern, nur, um einen Ball zu fangen. Der muss doch **eine besonders große Macke** haben. Aber wenn man einmal mit dem Fußball angefangen hat, kommt man nicht mehr davon los. Das ist wie eine Droge!« Doch Kunter lässt auf dem Platz nicht den Intellektuellen raushängen, wie sein Kollege Gert Trinklein erzählt: »Der ist ein ganz normaler Hund. Er tritt genauso gegen das Schienbein und entschuldigt sich noch nicht einmal.«

Sein größtes Hobby sind seine Pflanzen – aus einem ganz bestimmten Grund: »Blumen hassen nicht. Sie wachsen heran und blühen, ohne zu fluchen.«

Hans-Peter Briegel: »Als mein Großvater starb, ging ich auf den Betzenberg!«

Eigentlich ist er ja Leichtathlet, denn zum aktiven Fußballsport kommt Hans-Peter Briegel erst sehr spät. 1976 ruft Erich Ribbeck DFB-Trainer Jupp Derwall an: »Jupp, ich habe da einen Spieler, der ist unheimlich schnell. Aber wenn der am Ball ist, sieht das ziemlich komisch aus. Sieh ihn dir mal an, **aber lach nicht**.« Fünf Jahre später sagt der Bundestrainer immer noch leicht erstaunt: »Peter hat eine Technik, die in keinem Lehrbuch steht.«

Doch Anfang der 1980er Jahre hat sich der Kaiserslauterer bereits die Anerkennung innerhalb der Fußballszene verdient. Bayerns Paul Breitner meint: »Früher sagte ich, der gehört nicht auf den Fußballplatz. Jetzt zolle ich Briegel Respekt.« Und Nationalmannschaftskollege Karl-Heinz Rummenigge ist regelrecht angetan von Briegels Fähigkeiten: »Wenn du denkst, du bist an dem vorbei, steht immer noch ein Stück von dem Koloss da.«

Dabei war der Weg der **»Walz aus der Pfalz«**, wie Briegel aufgrund seiner imposanten Körperstatur und Kampfkraft gerne von der Presse genannt wird, nicht immer ganz leicht, wie Briegel verrät: »Oft dachte ich, mach Schluss, du packst das nicht.« Doch Komplimente, wie das vom österreichischen Nationalspieler Hans Krankl, bauen ihn in schwierigen Phasen immer wieder auf: »Er hat zwei Köpfe, zwei Herzen, zwei Lungen.« Die italienische »Gazzetta dello Sport« tauft ihn 1985 als »Der fliegende Kleiderschrank«!

Ein Fußballnarr ist Briegel schon von Kindesbeinen an, wie eine Anekdote von ihm zeigt, doch aktiv als Sportler verdient er sich seine ersten Auszeichnungen als erfolgreicher Leichtathlet: »1974 starb mein Großvater. Wir alle in unserer Familie waren tief bestürzt. Am nächsten Tag spielte der FCK gegen den VfB Stuttgart. Da schlich ich mich davon zum Betzenberg. Meine Oma hat nach meiner Rückkehr die Eintrittskarte gefunden und war natürlich sehr, sehr böse.«

Hansi Müller: »Da müsste ich erst mal Claudia fragen!«

In Stuttgart hat man schnell erkannt, dass man sich um den Jungstar etwas mehr kümmern muss als um die anderen Profis. In seiner ersten Saison verpasst der Jungstar eine Partie, weil er sich beim Spielen mit einer Dogge am Auge verletzt. Das findet Präsident Gerhard Mayer-Vorfelder verständlicherweise nicht nur etwas sonderbar: »Wir haben doch schon in einigen Vertragspunkten vorgesorgt: **Ski- oder Motorradfahren sind nicht erlaubt**. An das Spielen mit Hunden hat noch niemand gedacht, allerdings: Abiturient Müller, der sich nicht wie die Mannschaft in Ruit auf die Partie vorbereitete, unterlief dieses Malheur bei einem Besuch. Das geht natürlich nicht. In Zukunft wird er bei der Mannschaft bleiben. Da kann er sich auch ungestört aufs Abitur vorbereiten. Am Samstag fahren wir ihn dann eben in die Schule.«

1979 verdient Hansi Müller schon richtig viel Geld – im Herzen aber bleibt er ein Schwabe. Vor einem Länderspiel auf Malta kauft er am Flughafen groß ein und bittet die Bedienung um einen Beleg über die 20 Mark mit dem Vermerk: »Für Sportzeitschriften«. Als die Dame an der Kasse erstaunt guckt, erklärt ihr der Nationalspieler treuherzig: »Wissen Sie, diesen Beleg kann meine Mutti fürs Finanzamt gebrauchen.«

Seiner Mutti macht Müller viel Freude, seinen Trainern jedoch nicht immer. Am Anfang seiner Karriere sagt **Coach Jürgen Sundermann** einmal nach einem Spiel: »Hätte ihn nicht einer angeschossen, wären auch die Stutzen sauber geblieben.« Müller, der zurückhaltende und sensible Profi, scheut zu Beginn seiner Laufbahn gerne auch den Kontakt mit der Presse. Wenn er dann doch einmal mit ihnen redet, weil alle etwas vom »schönen Hansi« wollen, redet sich das Talent häufig um Kopf und Kragen. Auf die Frage, ob er denn beabsichtige, seine Freundin Claudia zu heiraten, antwortet Müller: »Da müsste ich erst mal Claudia fragen, weil ich mir darüber selbst noch keine Gedanken gemacht habe.«

1976/77

»Soll ich etwa bewusst danebenknallen, damit ich RWE schone?«

Das erste Tor der neuen Saison fällt bereits nach drei Minuten. Ein 19-jähriger Düsseldorfer überwindet im Olympiastadion den Weltmeister-Torwart Sepp Maier. Der junge Mann, damals noch völlig unbekannt, heißt: **Rudi Bommer**.

In Köln ist man schon nach dem fünften Spieltag und 10:0 Punkten selig. Mannschaftsbetreuer Hoffmann fasst die Stimmung in einem Satz zusammen: »Dem Cruyff schicken wir Weihnachten einen großen Frühstückskorb nach Barcelona – zum Dank, dass er uns den Hennes beschert hat!« **Hennes heißt mit Nachnamen Weisweiler** und ist nach nur einem Jahr in Spanien in die Bundesliga zurückgekehrt. Beim 1. FC Köln ist man ob der Ankunft des ehemaligen Gladbacher Meistertrainers und des sensationellen Starts euphorisch. Am Ende reicht es jedoch nur für einen guten fünften Platz.

Bereits nach dem zwölften Spieltag gibt Bayerns Nationalspieler Franz Beckenbauer im Rennen um den Titel auf. Seiner Meinung nach werden sich die Meisterschale die Borussen aus Mönchengladbach holen, es sei denn, eine Sache würde unverhofft noch eintreten, so der Kaiser: »Wenn bei Gladbach alle auf einmal eine Lungenentzündung kriegen …« Das passiert Gott sei Dank nicht. Stattdessen trumpft bei der Borrussia ein Mann groß auf: der Däne Allan Simonsen, den Hennes Weisweiler zu seiner Zeit in Mönchengladbach schon lange nicht mehr haben wollte. Damals wurde Simonsen sogar dem 1. FC Nürnberg angeboten, doch deren Trainer Hans Tilkowski traute dem Braten nicht: »Wenn der Weisweiler einen Mann abgibt, dann ist da was faul.« Auch Mannschaftskamerad Günter Netzer sah das Potenzial des jungen Dänen nicht. Er fragte Weisweiler: »Chef, wollen Sie **einen Kindergarten aufmachen**? Den pusten sie doch in der Bundesliga um!« Als es plötzlich läuft, verlängert Simonsen in Gladbach und handelt einen einmaligen Bonus aus: Er darf im Sommer sechs Wochen am Stück Urlaub machen. Den hat er sich, wie die komplette Mannschaft, auch verdient, obwohl sich Gladbach am Ende mit Ach und Krach ins Ziel rettet. Nach 23:3 Punkten in den ersten 13 Partien reichen die 21:21 Punkte aus den restlichen 21 Spielen, um mit einem Punkt vor Schalke Meister zu werden. Viel länger hätte die Saison also nicht dauern dürfen!

Helmut Kohl und Allan Simonsen.

Die Stimmungslage am entscheidenden 34. Spieltag auf Schalker Seite beschreibt Hannes Bongartz: »Vor dem Spiel hatten wir noch das Gefühl, **an der Steckdose geschlafen** zu haben. Wie der Abpfiff kam, hat man sich einfach nur umfallen lassen. Das war so, als wenn man erschossen würde!« Ihr eigenes 4:2 gegen Dortmund reicht den Königsblauen nicht, weil zeitgleich die Gladbacher beim 2:2 in München bei den Bayern einen Zähler holen. Dritter wird punktgleich mit Schalke überraschend Eintracht Braunschweig mit ihrem Trainer Branko Zebec.

Saisonverlauf 1976/77

Platz	Tore	Punkte
1.	58:34	44:24
2.	77:52	43:25
3.	56:38	43:25
4.	86:57	42:26
5.	83:61	40:28
6.	67:56	38:30
7.	74:65	37:31
8.	73:64	34:34
9.	60:51	34:34
10.	55:54	34:34
11.	51:59	33:35
12.	52:54	31:37
13.	53:59	29:39
14.	43:55	29:39
15.	47:62	29:39
16.	53:75	28:40
17.	47:85	22:46
18.	49:103	22:46

Die besten Torjäger der Saison

Dieter Müller (1. FC Köln)	34
Gerd Müller (Bayern München)	28
Bernd Hölzenbein (Eintracht Frankfurt)	26

In Dortmund versöhnt man sich nach dem Wiederaufstieg recht schnell mit dem eigenen Publikum. Am Anfang der Saison ist das Stadion stets rappelvoll. Das liegt auch am **Trainer Otto Rehhagel** und seiner beherzten Spielweise, wie er selbstbewusst erklärt: »Wir bieten nicht wie die meisten Klubs unterkühlten Fußball, sondern bei uns gibt es in jedem Heimspiel die totale Fußballoffensive. Gegen Duisburg haben wir zum Beispiel in den ersten 60 Minuten so gewirbelt, dass dem MSV schwindelig wurde.« Im Abstiegskampf hängt lange auch wieder Bremen. Doch da hat man ja so seine eigene »Lebensversicherung«. Es gilt das Versprechen von Alt-Recke Horst-Dieter Höttges: »Solange ich spiele, steigt Werder Bremen nicht ab!«

Runter müssen schließlich der **Karlsruher SC, Tennis Borussia Berlin und Rot-Weiss Essen**. Willi Lippens ist vor der Saison von RWE nach Dortmund gewechselt. Nun schießen Burgsmüller und er ihren ehemaligen Klub am 28. Spieltag beim 5:1 der Borussen in Essen fast im Alleingang in die zweite Liga. Doch die Ente kennt kein Erbarmen: »Für den Verein tut es mir leid. Doch es gibt Spieler hier, denen gönne ich das ganze Elend.« Und Burgsmüller ergänzt ebenso hartherzig: »Mir ist es egal, wo ich meine Tore schieße. Oder soll ich etwa bewusst danebenknallen, damit ich RWE schone?«

Und am Ende geht ein Großer: Franz Beckenbauer wechselt nach der Saison zu **Cosmos New York** in die USA. Den FC Bayern München verlässt der große Mann der Bundesliga standesgemäß: Einen 18-Meter-Heber des Bayernstars in der allerletzten Spielminute köpft der Gladbacher Wittkamp ins eigene Netz. Ein wunderschönes Eigentor. Genau die hatte ja auch der »Kaiser« während seiner Zeit in München im Repertoire!

Schlagerstar Roberto Blanco auf Stippvisite im Münchner Olympiastadion. Der Fußball als Showbühne. Da schmust auch Dettmar Cramer gerne eine Runde mit.

★ ★ ★

Am 33. Spieltag muss der BVB sein Heimspiel gegen den 1. FC Köln an einem ungewohnten Ort austragen. **Würmer haben den Rasen im Westfalenstadion zerfressen,** und so absolviert Dortmund die Partie in Gelsenkirchen. Torwart Horst Bertram erinnert sich: »Ein Heimspiel in Schalke, das fanden wir ziemlich merkwürdig. Das war ein Freitagsspiel. Da waren überall Schwarz-Gelbe, eigentlich eine ordentliche Unterstützung, aber doch kein Heimspiel in diesem Stadion. Haben wir verloren. Wie sollte man das auch gewinnen? Heimspiel in Schalke geht ja nicht!« Tatsächlich schlägt der 1. FC Köln die Dortmunder mit 2:1. Die knapp 25.000 BVB-Fans, die widerwillig die Reise in die verhasste Stadt mitgemacht haben, fahren traurig nach Hause.

★ ★ ★

Kurz vor Weihnachten der **Schock in München**. Eine feine Dame macht ihrem Namen keine Ehre. Die Cocker-Spaniel-Hündin »Stupsi« beißt ihr Herrchen, und Gerd Müller wird nicht nur eine Tetanusspritze verpasst, nein, er muss auch genäht werden. Ein frohes Fest sieht anders aus!

★ ★ ★

Schalkes ehemaliger Präsident **Oskar Siebert** soll zum 1. Januar seinen neuen Job als Manager bei den Königsblauen antreten. Doch auf der Weihnachtsfeier des Vereins ist er so sauer über seine beschränkten Kompetenzen, dass er dem Vorsitzenden Hütsch vorschlägt, doch am besten gleich sein Gehalt einzusparen. Dieses Angebot nimmt der aktuelle Präsident gerne und auf der Stelle an. Als Siebert am nächsten Morgen wieder nüchtern ist, widerruft er seine Aussage sofort, doch Hütsch ignoriert das. Siebert ist verzweifelt: »Ich war so betrunken, dass ich nicht mehr wusste, was ich tat.«

★ ★ ★

Als Fußballprofi geht die Zeit des **Wolfgang Overath** in Köln langsam dem Ende entgegen. Doch schon locken neue Welten. Der britische Sender BBC möchte Overath unbedingt als Sprachlehrer verpflichten. Auch sein deutlich vernehmbarer Kölsch-Einschlag ist kein Hinderungsgrund, wie Produzent Rodney Mantle spitzfindig erläutert: »Das ist schließlich schon ein Kurs für Fortgeschrittene.«

★ ★ ★

Am 15. Spieltag wird zum ersten Mal eine Begegnung der Bundesliga abgebrochen. Die Partie 1. FC Kaiserslautern gegen Fortuna Düsseldorf wird beim Stand von 0:1 durch Schiedsrichter Rudolf Frickel beendet. **»Ein Hagel von Bierflaschen«** ist es am Ende nicht, der zum Abbruch führt, aber drei Fläschchen haben auch gereicht. Für den Lauterer Trainer Erich Ribbeck sind die Düsseldorfer mitverantwortlich für den Skandal. Erbost präsentiert er der Presse eine Boulevardzeitung aus der Rheinmetropole vom Vortag des Spiels. Die despektierlichen Äußerungen der Fortunen hätten die Atmosphäre unnötig »vergiftet«. Die Begegnung wird mit 0:2 Toren und Punkten gewertet.

In Bremen geht die Angst um: Ein **rätselhafter Reifenstecher** ist aktiv. Präsident Dr. Böhmert, Stellvertreter Fischer, Manager Assauer und Trainer Tilkowski sind die Opfer. Man befürchtet das Schlimmste. Die Reifen-Attentate können gezielte Mordattacken auf die Werder-Offiziellen sein. Eine SOKO der Kriminalpolizei wird eingesetzt, tappt aber im Dunkeln.

★ ★ ★

Schalke 04 gewinnt am neunten Spieltag mit 7:0 bei den Bayern. Ein Triumph für die Königsblauen und ein rabenschwarzer Tag für die Münchner. Dieser beginnt schon komisch, als Schiedsrichter Linn anpfeift, obwohl nur zehn Bayern-Spieler auf dem Platz stehen: Uli Hoeneß wechselt draußen gerade noch seine Schuhe. Großer **Gewinner des Tages** ist neben den Königsblauen ein Fernsehteam des ZDF. Man dreht eine Reportage über Sepp Maier und hat extra eine zweite Kamera auf den Bayern-Keeper gerichtet. Vorher hatte man noch verabredet, falls es zu langweilig würde und die Übermacht seiner Mannschaft zu groß wäre, solle der Sepp doch einfach ein paar Späße machen. Dazu kommt es dann aber nicht: Der Weltmeister im Tor der Bayern hat weder die Zeit noch die Lust – zu oft fischt er die Kugel hinter sich aus dem Netz!

★ ★ ★

Karlsruhe hat zu Hause **nur 1:1 gegen Braunschweig** gespielt, da platzt dem Präsidenten der Kragen. Carl-Heinz Rühl hat einen Schuldigen ausgemacht. Erst im allerletzten Moment kann der KSC-Kapitän Rudi Wimmer die Hand des Präsidenten aus der Luft reißen – Sekunden später hätte es für den Mann in Schwarz eine gesetzt gehabt. So beschränkt sich Rühl auf die Macht der Worte und schleudert im Kabinengang Schiri Hilker hinterher: »Packt den Kerl ein und fahrt ihn sofort nach Bochum. Der Gersdorff hat ihm doch das ganze Spiel über zugeblinzelt. Wir wurden betrogen!«

★ ★ ★

Kader Hamburger SV 1976/1977, stehend v.li.: Manager Dr. Peter Krohn, Peter Nogly, Torwart Vladimir Kovacic, Horst Blankenburg, Arno Steffenhagen, Detlef Spincke, Felix Magath, Uwe Mackensen, Ferdinand Keller, Torwart Rudi Kargus, Klaus Zaczyk, Caspar Memering, Manfred Kaltz, Georg Volkert, Trainer Kuno Klötzer; vorn: Horst Bertl, Hans-Jürgen Sperlich, Kurt Eigl, Hans Ettmayer, Hans-Jürgen Ripp, Willi Reimann, Peter Hidien, Klaus Winkler, Ole Bjørnmose.

In Frankfurt leistet Torwart Dr. Kunter **echte Lebenshilfe** für den jungen Peter Reichel: »Mir war aufgefallen, dass der Peter bisweilen beim Köpfen am Ball vorbeisprang. Da kam mir der Gedanke, dass er, wie ich, kurzsichtig sein und die Entfernungen nicht richtig einschätzen könnte. Ich sagte ihm, er sehe nichts, und empfahl ihm Haftschalen. Seitdem ist Peter einer der stärksten Kopfballspieler bei der Eintracht.«

★ ★ ★

Bochum verliert nach einer 4:0-Führung am sechsten Spieltag gegen die Bayern noch mit 5:6. Torjäger **Jupp Kaczor ist fassungslos**: »Wir haben die Bayern doch so sicher im Sack gehabt, und dann das. Das ist ja unglaublich. Ich wusste gar nicht, wie mir geschah!«

★ ★ ★

Der 1. FC Köln hat auf dem Transfermarkt zugeschlagen und den teuersten Spielerkauf der Bundesliga-Geschichte getätigt. Aus Belgien kommt vom FC Brügge für knapp eine Million Mark der Stürmer mit dem viel versprechenden Namen **Roger van Gool**!

★ ★ ★

In Bochum will man das **neue Ruhrstadion** so schnell wie möglich fertigstellen – vor allem der tüchtige Kaufmann und Präsident Ottokar Wüst wünscht sich nichts sehnlicher. Als Anreiz verspricht er den Bauarbeitern Freikarten für drei Spiele und die Ausrichtung eines zünftigen Herrenabends, aber nur »wenn die neue Tribüne fristgerecht steht«.

Der Kölner Dieter Müller köpft im Pokalfinale gegen Hertha BSC das 1:0, daneben Hannes Löhr (li.) und Michael Sziedat.

★ ★ ★

Dieter Müller sorgt in der Liga für Furore. Er schießt Tor um Tor. Natürlich, ist ja auch ein Müller, sagt man sich in der Bundesliga. Aber das stimmt nicht so ganz, denn Dieter Müller hieß noch bis zu seinem 18. Lebensjahr Dieter Kaster. Dann nahm er den Namen seines Stiefvaters an und ballerte fortan als Müller die Bälle in den Kasten.

★ ★ ★

Noch arbeitet der Mann für den DFB. Bald schon soll er den 1. FC Köln übernehmen, der **»Fußballprofessor« Karl-Heinz Heddergott**. Der Trainer gilt als sehr fortschrittlich: »Während des laufenden Spiels spreche ich immer meine unmittelbaren Eindrücke auf Band, schlafe eine Nacht darüber und werte diese Erkenntnisse dann am nächsten Tag schriftlich aus.«

★ ★ ★

Der **Bochumer Jürgen Köper** wird am 5. Februar in der Partie des VfL beim MSV Duisburg (0:0) sehr schwer verletzt. Das große Talent des VfL erinnert sich noch genau an diesen Moment: »Es war im Duisburger Stadion, als Pirsig und ich in einen Zweikampf gingen. Es kam zu einem Pressschlag, bei dem ich ein Knacken hörte. Mir war sofort klar, dass einem von uns beiden etwas passiert sein musste. Als Pirsig aufstand, konnte es folglich nur mich getroffen haben!«

Auf hohem Roß sitzt Dortmunds Trainer Otto Rehhagel. Mit ihm hoffen die Borussen, daß ihr Bundesliga-Comeback nicht nur auf ein Jahr beschränkt bleibt. Der Anfang dazu ist gemacht …

Beinahe wäre der BVB nicht rechtzeitig zu seinem eigenen Heimspiel am 2. Oktober gegen Bayern München gekommen. Der Grund: Otto Rehhagel hat den Spleen, die Nacht vor den Partien im Westfalenstadion im Gelsenkirchener Maritim-Hotel zu verbringen. Das stellt die Mannschaft vor ein völlig **unerwartetes Problem**, wie sich BVB-Spieler Willi Lippens im Buch »Revierderby« von Gregor Schnittker erinnert: »Auf dem Weg nach Dortmund geht uns der Bus kaputt. Da sind wir per Anhalter weiter. Auf der Autobahn. Wir pennen in Gelsenkirchen und kommen dann nicht nach Dortmund. Als Dortmunder. Die ganze Mannschaft also Daumen raus. Stellen Sie sich das mal vor. Da saß ich dann in so einem VW-Bus mit Kostedde und Ackermann. Da hat uns einer mitgenommen nach Dortmund, der selbst ins Stadion wollte. Chaos überall. Wir waren erst ein paar Minuten vor Anpfiff da und spielen trotzdem noch 3:3 gegen die großen Bayern.«

★ ★ ★

Auf Schalke brennt mal wieder der Baum. Trainer Friedel Rausch schuldet seinem Verein 30.000 Mark. Bei einer internen Überprüfung kam diese Summe ans Tageslicht. Und als das passierte, hatte Rausch auch noch fahrlässig gelogen: »Damals habe ich einen schweren Fehler gemacht, als ich leichtfertig und im Spaß sagte, dieses Geld habe ich für Manipulationen benötigt. In Wirklichkeit wollte ich nicht zugeben, dass ich für den Bau meines Hauses eine Kreditaufnahme über den Verein Schalke nötig hatte.«

★ ★ ★

Bei der 4:0-Niederlage der Kölner in Frankfurt unterläuft Weisweiler ein Fauxpas. Er wechselt nach dem Jugoslawen Topalovic und dem Dänen Larsen auch noch den Belgier van Gool ein – ein Ausländer zu viel. Zudem sind auf dem Kölner Spielbogen vor der Partie nur zwei »F« vermerkt; hinterher dann aber drei. Sehr merkwürdig. **»F« steht übrigens für Fremdling!**

★ ★ ★

Am 24. Spieltag verliert Eintracht Braunschweig zu Hause gegen den Hamburger SV mit 0:1. Eintracht-Torjäger **Wolfgang Frank** hat eine höchst bemerkenswerte Erklärung für seine eigene Nullnummer: »Die Spritze, die ich gegen meine Leistenzerrung bekomme, macht mich zwar schmerzfrei, nimmt mir aber auch jegliches Ballgefühl.«

★ ★ ★

Die Außerparlamentarische Opposition spukt in den Köpfen der Menschen herum. Auch in der Bundesliga. Als wieder einmal eine Vielzahl von »Fußball-Senioren« auf den Plätzen für Furore sorgt, notiert der »kicker« zeitbewusst: »Auch im Bundesligafußball gilt also die APO-Warnung: **Trau keinem über 30!**«

★ ★ ★

Braunschweigs **Jungprofi Frank Holzer** versteht die Welt nicht mehr. Weil er nicht im Kader steht, reist er seinem Team privat nach Mönchengladbach hinterher, kauft sich eine Karte und schaut sich das Spiel von der Tribüne aus an. Als Trainer Branko Zebec davon erfährt, brummt er ihm eine Geldstrafe von 200 Mark auf. Die Begründung klingt etwas seltsam: »Wenn Holzer zu mir gekommen wäre und gesagt hätte: ›Trainer, ich will mir das Spiel in Gladbach unbedingt ansehen, meine Freundin fährt mich hin‹, dann hätte ich ihn zu uns ins Hotel bestellt, und er hätte seine Eintrittskarten bekommen. So aber hat er sich förmlich nach Gladbach geschlichen und wie ein Fremder am Stadioneingang gewartet.« Holzer grübelt angeblich noch heute über die Sätze seines damaligen Trainers …

Zitate der Saison

Eintracht Frankfurt gewinnt am 33. Spieltag gegen den FC Bayern mit 2:1. Dennoch ist **Eintracht-Trainer Lorant** mit einem Mann nicht zufrieden: Schiedsrichter Walz aus Waiblingen. Pointiert merkt Lorant nach Spielschluss an: »Es war durchaus sehenswert, mit wie viel Selbstbewusstsein der Schiedsrichter seine Fehlentscheidungen getroffen hat!«

Nationalspieler **Rainer Bonhof** lehnt Kinder mit seiner Freundin Roswitha Mückner strikt ab, noch. Der stressige Beruf ist das Hindernis. Denn Bonhof hat keine Lust, dass die Kinder fragen könnten: »Mutti, wer ist denn der fremde Mann eigentlich, der ab und zu seine schmutzige Wäsche hier abgibt?«

In Bremen gestaltet der junge Manager **Rudi Assauer** erst einmal die Geschäftsstelle um: »Hier sieht's aus, als ob Arbeitslosenunterstützung verteilt wird. Wenn ich mit jemandem herkomme, von dem ich was will, der kriegt doch Komplexe.«

Nach einem 1:0 gegen die Bayern am 17. Spieltag freuen sich die Gladbacher auf einen kleinen Trip in die Sonne. **Bonhof**: »Jetzt machen wir 'ne Sause. Verlasst euch drauf. Die haben wir uns redlich verdient. Ab Montag machen wir in Las Palmas so richtig Halligalli!«

Dragoslav Stepanovic wird in Frankfurt nicht glücklich. Auf die Frage, wo der Trainer denn die Zukunft des zweifachen jugoslawischen Fußballers des Jahres sehe, antwortet Gyula Lorant trocken: »Ich glaube, neben mir auf der Bank!«

»Wenn der Jupp in jedem Spiel zwei Tore schießt, dann soll er seine Meniskusreizung ruhig weiter pflegen.« **Uli Stielike** über seinen eigentlich verletzten Mannschaftskameraden Jupp Heynckes, der trotzdem immer wieder aufläuft.

Max Merkel über den Torwartkampf in der deutschen Nationalelf: »Wenn ich zwischen Maier und Nigbur zu wählen hätte, würde ich Maric nehmen.« Enver Maric ist der aktuelle Schalke-Keeper.

BVB-Profi **Burkhard Segler** kann sich irgendwie nicht an die Rolltreppe gewöhnen, die im Parkstadion aus den Katakomben aufs Spielfeld führt: »Schalke, das ist ja wie im Kaufhof mit der Mutti.«

Dragoslav Stepanovic beherrscht schon früh die ganz große Geste. Nach dem 4:0 über den 1. FC Köln verlässt er am 20. Spieltag mit einem in die Lüfte gestreckten Arm in Siegespose den Platz und läuft mit Kusshändchen an den weiblichen Fans am Tribünenausgang vorbei.

★ ★ ★

In Kaiserslautern ist der ehemalige Spieler **Jürgen »Atze« Friedrich** zum Präsidenten gewählt worden. Eine seiner ersten Amtshandlungen: die Umgestaltung des Presseraums! »Diese grauen Katakomben waren eine Zumutung für Sie«, richtet er das Wort an die Medienvertreter und zeigt stolz auf die mit bunten Deckchen und mit Blumen verzierten Tische. Auch die Wände seien bald dran, verkündet er. Glücklich schließt Friedrich seinen Exkurs in den Fachbereich Inneneinrichtung mit den Worten: »Dafür konnte ich meine Frau zur Mitarbeit gewinnen.«

★ ★ ★

In **Bochum** duellieren sich die Stadt und der Verein auf höchstem Niveau. Wer wird eher fertig: das neue Stadion oder die von Präsident Ottokar Wüst versprochene Spitzenmannschaft. SPD-Fraktionschef Heinz Hossiep ist sich siegesgewiss: »Ich nehme den Wettbewerb auf!«

★ ★ ★

Gerd Müller wird endgültig unsterblich. In einem Schulbuch für den Unterricht an Grundschulen dient der Bayernstar als Deutschlehrer. So müssen die kleinen Lehrlinge Sätze bilden wie: »Gerd Müller schießt den Ball in, neben, über, hinter das Tor!« Wobei: Eigentlich gibt es da beim »Bomber« doch nur eine richtige Antwort: **Müller trifft immer** »ins« Tor hinein!

★ ★ ★

Auf Schalke läuft mal wieder eine Jahreshauptversammlung aus dem Ruder. Am Ende bleibt Dr. Karl-Heinz Hütsch jedoch der Präsident der Königsblauen. Die Mitglieder schämen sich trotzdem für die **Schlammschlacht im Saal**: »Wir haben uns schlecht benommen, so wie ein Skatklub nach Mitternacht.« Woraufhin ein Journalist lustig ergänzt: »Kaum ein Skatklub wird sich so benehmen …«

★ ★ ★

Da hat sich KSC-Präsident Roland Schmider vor dem Spiel gegen den FC Schalke 04 schon so auf ein Feierabend-Gläschen gefreut: »Wenn wir heute gewinnen, wird aber ein großer Schluck zur Brust genommen!« Und dann das. 1:7! Nach dem Debakel gegen die Königsblauen hat niemand mehr Lust auf ein **erfrischendes Frustbierchen**.

★ ★ ★

Was für eine Schlagzeile: **Musikerstar Udo Jürgens** wird von Nürnberg vor den Kadi zitiert! Er hat 168 Mark an Mitgliedsbeiträgen nicht bezahlt. Jürgens ist sauer: »Der Club ist für mich ab sofort gestorben!« Ob er wohl heute immer noch Mitglied ist?

Club kontra Udo Jürgens

Da war noch alles eitel Sonnenschein: Udo Jürgens und der damalige Club-Präsident Walter Luther.

★ ★ ★

Am 9. Juli spielt sich ein wahres **Transfer-Spektakel** in Mönchengladbach ab. Valencia CF möchte unbedingt den Nationalspieler Rainer Bonhof verpflichten. Am besagten Julitag kommt es zum großen Showdown. Bonhof: »Plötzlich geht bei mir das Telefon und zwei Herren teilen mir mit, dass sie mit den Taschen voller Geld in Düsseldorf sitzen und auf mich warten.« Und der Mönchengladbacher lässt sie dort warten. Währenddessen meldet sich der FC Bayern in Person von Trainer Dettmar Cramer: »Sagen Sie zu! Wir haben die 2,5 Mio. für Borussia hier und versprechen Ihnen, dass Sie in drei Jahren Millionär sein werden.« Doch auch die Bayern hält Bonhof hin. Er geht stattdessen zu seinem Gladbacher Manager Grashoff und fragt ihn: »Können Sie mir nicht noch irgendetwas draufgeben, vielleicht etwas nebenbei?« Grashoff ist verzweifelt. Das Innenfutter seiner Taschen ist leer. Aber er hat eine Idee. Da die Münchner in Adidas-Kleidung auflaufen, ruft er bei Puma an. Und siehe da: Die öffnen großzügig ihre Schatulle und statten Bonhof mit einem üppig honorierten Zusatzvertrag aus. Die Spanier verlassen verbittert am Abend den Düsseldorfer Flughafen – mit dem festen Plan, den Gladbacher eines Tages doch noch nach Valencia zu locken. Schon zwei Jahre später sollen sie mehr Erfolg haben.

★ ★ ★

Jürgen Friedrich scheitert beim 1. FC Kaiserslautern das erste Mal in seiner neuen Funktion als Präsident des Klubs. Das Gespräch mit einer Spielerfrau versucht er so schnell wie möglich zu vergessen: »Ich sollte Einfluss nehmen auf die eheliche Sexualität. Die bat mich doch tatsächlich, dass ich Kraft meines Amtes ihren Mann zu **mehr Sex** auffordere!«

★ ★ ★

Gert Trinklein darf bei der Eintracht wieder mitmachen. Frankfurts Trainer Gyula Lorant gibt dem arbeitslosen Kicker noch eine Chance: »Ich habe ihm gesagt, wenn er ohne rote Augen zum Training kommt, werden wir Freunde. Einen Intelligenzfußballer wie ihn brauche ich. Er ist wie ein Ungar, Österreicher oder Jugoslawe. Versucht alles mehr mit Raffinesse als mit Kampf zu erledigen.« Das Laster des Trinkens und leichten Lebens in Kneipen und Diskotheken ist für Trinklein aus einem anderen Grund eh vorbei, wie er selbst erklärt: »Als 27-Jähriger komme ich in diesen Läden nicht mehr klar!« Doch das »fußball-magazin« ist noch etwas skeptisch: »Viele wollen es dennoch nicht glauben, dass aus dem flotten Swinger plötzlich ein zäher Ringer geworden ist.«

★ ★ ★

Nach einem überzeugenden 3:0 seiner Werderaner über Borussia Dortmund kann sich der Bremer Coach Hans Tilkowski einen Seitenhieb auf seinen alten Verein nicht verkneifen: »Im Vergleich zu den Borussen haben wir unsere Neuen ja auf **Rabattmarken** bekommen.«

★ ★ ★

Die aktuelle Saison ist noch gar nicht beendet, da kündigt HSV-Manager Dr. Peter Krohn bereits den neuen Trainer **Rudi Gutendorf** an. »Wir Exzentriker werden die Fußball-Welt verblüffen!« Und der HSV-Manager freut sich schon sehr auf Gutendorf: »Dann spielen wir **Fußball total**.« Rudi Gutendorf selbst hat auch schon Pläne: »Vielleicht bringe ich den Spielern als Erstes Spanisch bei. Aber im Ernst: solche Dinge wie damals in Schalke kann man nicht zweimal machen. Ich bin auch nicht mehr der junge Springinsfeld, der krampfhaft nach neuen Gags sucht.«

★ ★ ★

Beim 9:0-Sieg der Bayern über Tennis Borussia Berlin schießt Gerd Müller fünf Tore. Eines wird zum »Tor des Monats« gewählt. Der Bayern-Stürmer fängt einen Rückpass ab, dreht sich, fällt auf den Hintern, steht wieder auf und verwandelt. Alles in Sekundenschnelle. ZDF-Reporter Eberhard Figgemeier ist so begeistert von diesem Treffer (**»Ein irres Ding«**), dass er mit einer Stoppuhr Maß nimmt: »Drei Ballberührungen in nicht einmal einer Sekunde, genau 8/10.«

Buffy Ettmayer: »Bitte nicht in Gruppen benutzen!«

Fast das ganze Fußballerleben des Spielers Johann Ettmayer, den alle nur »Buffy« rufen, wird von einem Thema beherrscht: seinem Gewicht. Kein Wunder, denn »Buffy« heißt auf Tschechisch so viel wie **Dickerchen**. Ein Spitzname, den ihm sein ehemaliger Trainer Leopold Stasny verpasst hat. Lange kämpft Ettmayer gegen das Image des behäbigen Profis an, doch irgendwann hat er genug und geht verbal in die Offensive: »Einen dicken Hintern werde ich immer haben, und mit dem Ruf, dass ich nicht laufen und kämpfen kann, muss ich halt leben.«

Dabei ist Ettmayer in Wahrheit einer der Flinksten: Vor der Saison 1974/75 läuft er gegen den »schnellen Polizisten« Heinz Stickel zu später Stunde ein Rennen über 100 Meter. Die Prämie von 50 Mark holt sich der stets etwas füllig wirkende Ettmayer in einer hervorragenden Zeit. Nach 12,3 Sekunden überschreitet er die Ziellinie. So gut der Start in die Spielzeit ist, so schlecht geht sie weiter. Die Saison wird zu **Ettmayers persönlichem Debakel**. Nach einem spektakulären 5:5 bei Eintracht Frankfurt richtet VfB-Trainer Hermann Eppenhoff das Wort an seinen auf die Tribüne verbannten Star: »Und wenn der Ettmayer noch so gut spielte – erst wenn er den Einsatz bringt, den heute alle meine Spieler gezeigt haben, wird er vom Publikum, von der Presse, der Mannschaft und mir wieder voll akzeptiert!«

Ettmayer ist sauer. Was würde er drum geben, wenn er doch nur schon jetzt woanders spielen würde, beispielsweise in Köln, wo Coach Tschik Cajkovski über ihn sagt: »Es gibt dicke Spieler, die es können, und dünne, die es nicht können. Ettmayer ist ein Spieler, der einfach spielen muss.« Eine Meinung, die der Österreicher natürlich teilt: »Ich habe keinen Revue-Körper, aber ich kann Fußball spielen. Ich kenne aber viele Spieler, die haben einen Revue-Körper und können's nicht!« Er selbst sieht seine Rolle eh ein bisschen anders: »Ich bin wohl dazu prädestiniert, eine Show abzuziehen. Doch den ›King‹ will ich gar nicht spielen.« Und in einem Satz zusammengefasst: »Ich bin kein Leichtathlet, ich bin ein Fußballer.«

Als er in dieser schwierigen Zeit um das Jahr 1975 herum plötzlich nicht mehr regelmäßig spielt, mault er: »Ich will nicht auf die Bank, das kann ich auch auf meinem Balkon.« Ettmayer will seinen **Spaß beim Fußball** haben. In Hamburg lässt er einmal seinen Trainer in die Lüfte steigen. Als Kuno Klötzer gerade auf der Massagebank liegt, stemmt Buffy sie samt Coach nach oben. Sein Kommentar: »Sehen Sie, Trainer, wie gut ich zurecht bin?« Und als Klötzer das nicht recht einsehen will, lässt Ettmayer die Luft aus Klötzers Fahrrad-Reifen und klaut ihm die Fahrradpumpe. Der Trainer muss nach Hause laufen.

Was Ettmayer neben seinen Toren beim Publikum so beliebt macht, sind seine Sprüche. Obwohl er Schuhgröße 43 hat, trägt er seine Fußballtreter stets zwei Nummern kleiner: »Ich wollte immer ein **Kondom an den Füßen** haben, sonst hast du ja kein Gefühl.« Und als beim VfB sein Trainer Albert Sing zu ihm sagt: »Es gibt Bilder, da warst du dünner«, kontert Ettmayer launig: »Die sind wahrscheinlich mit einer Schmalfilmkamera gemacht!« Nach seinem Karriereende lässt es sich Ettmayer gut gehen – man sieht es ihm an. Doch dem österreichischen Starspieler ist es gleich. Er erzählt: »Wenn ich heute auf eine Waage steige, sagt die sofort: ›Bitte nicht in Gruppen benutzen!‹«

Hermann Ohlicher (3. von links) und Buffy Ettmayer (4. von links) bei einer Bootsfahrt im Hafen von Rotterdam.

1977/78

»Meinen nächsten Sohn nenne ich Dettmar«

Eintracht Frankfurt nimmt vor der Saison den Mund richtig voll. Gyula Lorant nach dem ersten Training: »Seit heute Vormittag haben wir nur noch ein Ziel: **Meister zu werden.** Für die Meisterschaft werden wir trainieren und arbeiten und wenn es sein muss, auch Blut schwitzen!« Am Ende wird Frankfurt Siebter, doch Lorant ist da schon lange nicht mehr bei der Eintracht. Ende November kommt es zu einem spektakulären Trainertausch in der Bundesliga. Dettmar Cramer geht vom FC Bayern nach Frankfurt und Gyula Lorant wechselt von der Eintracht nach München. Und das ausgerechnet zwei Tage nach dem direkten Aufeinandertreffen der beiden Mannschaften im Waldstadion. Artig schreit Cramer noch an diesem Tag wild gestikulierend auf Zuruf von Fotografen seinem Spieler Hoeneß etwas zu: »Geh, Uli, geh los, ab geht die Post.« Doch angesichts des aussichtslosen Spielstands von 0:4 sackt er danach in sich zusammen und schickt leise einen seiner legendären Lieblingssätze hinterher: »Aus einem traurigen Hintern kommt eben kein fröhlicher Furz mehr.« Cramer wird entlassen, noch bevor der Deal mit Frankfurt ins Laufen kommt.

Der scheidende Eintracht-Trainer Lorant verabschiedet sich nach dem Sieg über seinen neuen Klub zweifelnd von seinen alten Spielern. Diese hätten ihren Coach nach dem überraschenden Triumph über die Bayern gerne behalten – wenigstens die allermeisten. Nur Ersatzkeeper **Günter Wienhold** freut sich riesig über den Trainerwechsel und verkündet mit einem ironischen Zucken in den Mundwinkeln: »Meinen nächsten Sohn nenne ich Dettmar.«

Dabei ist Cramers Ruf in der Branche alles andere als gut. **Lästermaul Max Merkel** fasst zusammen, was die meisten denken, aber nicht laut sagen: »In der Theorie ist Cramer Weltmeister. Der Dettmar füllt zwar kiloweise Papier mit Strichen, wie die Spieler zu laufen und Bälle abzuspielen haben, trotzdem zählte der Präsident neulich 43 Abspielfehler in Frankfurt.« Der Vorsitzende der Bayern, Wilhelm Neudecker, lässt tatsächlich kein gutes Haar an seinem ehemaligen Trainer. Er findet ihn den Spielern gegenüber zu weich: »Cramer trainiert nur ihre Hinterköpfe. Am Ende haben alle Abitur, aber der FC Bayern zu wenig Punkte.«

Nach diesem etwas sonderbaren Wechselspielchen beobachtet die Presse auch den frischernannten Bayern-Coach sehr genau. Die Sekunden vor Lorants erstem Spiel mit der neuen Mannschaft zu Hause gegen den 1. FC Kaiserslautern beschreibt der »kicker« so: »›Lorant, Lorant‹-Rufe begrüßen den **Tausch-Coach** im Münchner Olympiastadion, als er den Kabinengang heraufkommt. Er hat offensichtlich Schwierigkeiten, sein Team zu erkennen, das sich wie die Lauterer in roter Trainingsmontur aufwärmt.«

Wochen vorher, am sechsten Spieltag, hatten die verzweifelten Bayern-Anhänger ihrer Mannschaft noch ein herzhaftes »Aufwachen!« zugerufen. An diesem Tag langte es so am Ende wenigstens zu einem Punkt gegen den VfL Bochum (1:1). Doch die Krise beim FC Bayern bleibt auch nach dem Trainertausch hartnäckig. Katsche Schwarzenbeck beschreibt sie so: »Ich erinnere mich an das Spiel gegen Düsseldorf in dieser Saison. Da lag **Gerd Müller im Tor** und der Ball Zentimeter vor der Torlinie. Früher war es umgekehrt. Ich weiß nicht, warum!« Der FC Bayern München belegt nach einer katastrophalen Spielzeit den zwölften Tabellenplatz.

Saisonverlauf 1977/78

Platz	Tore	Punkte
1.	86:41	48:20
2.	86:44	48:20
3.	59:48	40:28
4.	58:40	39:29
5.	49:36	39:29
6.	62:59	37:31
7.	59:52	36:32
8.	64:63	36:32
9.	47:52	34:34
10.	61:67	34:34
11.	57:71	33:35
12.	62:64	32:36
13.	43:53	32:36
14.	49:51	31:37
15.	48:57	31:37
16.	41:60	22:46
17.	39:70	22:46
18.	44:86	18:50

Meister wird nach einem furiosen Finale der 1. FC Köln, der in dieser Saison **eine echte Geheimwaffe** hat: die Ecken! Mit viel Effet schießen Flohe (von rechts) und Neumann (von links) den Ball vor das Tor. Dort gibt ihm ein Mitspieler eine andere Richtung – was zur Verwirrung des Gegners führt. Und diesen Moment der Irritation nutzen die Stürmer, vornehmlich Dieter Müller, zum Abschluss. Der Mann hinter dieser ausgeklügelten Eckballvariante: Trainer Hennes Weisweiler.

Beinahe hätte es das **spektakuläre Finale** am letzten Spieltag (12:0 für Gladbach gegen den BVB und das 5:0 der Kölner in Hamburg gegen St. Pauli) gar nicht gegeben. Denn am 33. Spieltag liegt Borussia Mönchengladbach bis zur 69. Minute mit 1:2 in Hamburg zurück. Doch dann zündet der amtierende Deutsche Meister bis zur 83. Minute den Turbo und siegt nach überragenden 14 Minuten am Ende mit 6:2 im Volksparkstadion. Gladbach fehlen zum Schluss drei Tore, die man zu viel kassiert hat.

Die besten – Torjäger der Saison

Dieter Müller (1. FC Köln)	24
Gerd Müller (Bayern München)	24
Klaus Toppmöller (1. FC Kaiserslautern)	21

Trainer Weisweiler mit der Meisterschale beim Autokorso durch die Kölner Innenstadt.

Um den letzten Spieltag, als Mönchengladbach Borussia Dortmund in Düsseldorf mit 12:0 abschießt und der 1. FC Köln einen 5:0-Kantersieg in Hamburg gegen St. Pauli holt, ranken sich **viele Legenden**. Die eine besagt, dass die Paulianer in der Halbzeit der Partie, beim Stand von 0:1, die FC-Spieler fragen, wie viele Tore sie denn nun noch bräuchten, um sicher Deutscher Meister zu werden, und man sich schließlich per Handschlag beim Gang hinaus auf den Rasen einigt. »Alles klar«, sollen die Paulianer gerufen haben, »kriegen wir hin!« Ob das wirklich so war, hat allerdings noch nie jemand bestätigt.

Sicher ist hingegen, dass sich vor der Begegnung des BVB gegen Gladbach Dortmunds Präsident Heinz Funke in einem Fernsehinterview zu den Meisterschaftschancen der rheinischen Borussia äußert und wortwörtlich meint: »Ja, da müssten wir schon 0:12 verlieren.« Ein **überraschend exakter Tipp** für einen Satz, den man angeblich mal so eben ins Blaue hinein gesagt haben will! BVB-Profi Lothar Huber erinnert sich jedenfalls noch gut, wie das an diesem Tag alles endete: »Nach dem 0:10 hat keiner mehr den Ball aus dem Tor geholt. Da lief der Schiedsrichter, den Ball unterm Arm, zur Mittellinie.«

Eine weitere schöne Legende ist unterdessen von verschiedenen Seiten bestätigt worden. Beim Stand von 7:0 für Borussia Mönchengladbach läuft Trainer Otto Rehhagel an diesem unvergesslichen 29. April 1978 im Düsseldorfer Rheinstadion aufgeregt zu der Bank seines BVB. Dort stoppt er abrupt und sagt zu seinem Stürmer Siggi Held: »Siegfried, machen Sie sich warm. Sie kommen gleich.« Doch Held macht angesichts der **deprimierenden Geschehnisse** auf dem Rasen keine Anstalten, irgendetwas zu tun, schon gar nicht aufzustehen. Nachdem Rehhagel einige Meter auf der Tartanbahn des Rheinstadions zurückgelegt hat, steuert er erneut auf seinen Spieler zu: »Hören Sie nicht? Sie sollen sich warm machen, Siegfried. Ich bring Sie gleich!« Held zupft an seinen üppigen Augenbrauen, lehnt sich in Ruhe zurück und sieht, wie die Tore acht und neun gegen seine Mannschaft fallen. Otto Rehhagel ist nun endgültig bedient. Fuchsteufelswild sprintet er mit Riesenschritten zur Bank, packt sich seinen tatenlosen Stürmer und raunt ihm zu: »Sie wollen mich wohl verarschen, oder?!« Siegfried Held erhebt sich langsam von seinem Platz auf der harten Holzbank, schaut Rehhagel ruhig ins Gesicht und sagt: »Trainer, mal ehrlich, soll ich die Scheiße etwa noch umbiegen, oder was?!« Später probiert es Rehhagel auch noch bei Willi Lippens. Doch der winkt nur müde lächelnd ab und zieht sein Trikot über den Kopf.

BVB-Trainer Rehhagel sagt nach dem Spiel vollkommen ernüchtert: »Es kann im Fußball nicht immer nur die Sonne scheinen. Ab und zu kommen auch schon einmal Regengüsse, so wie heute.« Raunen im Presseraum. Aus einer Ecke ist deutlich die geflüsterte Antwort eines Journalisten zu verstehen: »Von Regen kann keine Rede sein. Das war wohl mehr Hagel, was heute auf Dortmund niederging!«

Am Ende hat das Ganze auch noch ein **juristisches Nachspiel beim DFB**. Manipulationsvermutungen machen die Runde, über die sich allerdings selbst die Mönchengladbacher lustig machen. Rainer Bonhof: »Beim 8:0 war doch der Kindermann schon am Frankfurter Kreuz. Das ist alles lächerlich!«

★ ★ ★

Nach 30 Minuten ist die Saison für den Bochumer Jupp Kaczor bereits beendet. Er prallt unglücklich mit dem Gladbacher Torhüter Wolfgang Kneib zusammen, der sich lebhaft erinnert: »Ich hörte es laut und vernehmlich knacken!« Auch Kaczor kann den Moment nicht vergessen: »Ich höre heute noch dieses Geräusch, als wenn ein morscher Ast abbricht.« Bochums Trainer **Heinz Höher weint**, als der schreiende Stürmer vom Feld getragen wird. Erst am zwölften Spieltag der nachfolgenden Saison tritt Kaczor für Bochum wieder vor den Ball. Angst vor einem erneuten Bruch hat er übrigens nicht: »Durch den Nagel kann es sich ja höchstens noch verbiegen!«

Letztes Jahr haben die Schalker mit 7:0 in München gewonnen, dieses Mal nehmen die Bayern am neunten Spieltag Revanche. Der S04-Kicker Hannes Bongartz schießt bei dem historischen Debakel das 1:7 für die Königsblauen höchstpersönlich mit einem Eigentor. Schlimm genug, doch der **»Spargeltarzan«** sorgt zudem für einen kollektiven Lachanfall in Fußball-Deutschland. Denn genau in dem Moment, in dem Bongartz den Ball im Netz versenkt, prustet er lauthals los – vor den Augen und Ohren einer extra installierten Hintertorkamera. Bongartz kann seine humorvolle Reaktion noch Jahre später selbst nicht ganz einordnen: »Ich musste einfach lachen. Das war nicht zu verstehen!«

★ ★ ★

Gyula Lorant liebt seine Eintracht-Spieler offensichtlich **heiß und innig**: »Es geht nicht, dass in solchen Spielen Trinklein als langsamster Spieler der Bundesliga ganz alleine hinten bleibt.« Und weil damit ja bisher nur einer, eben Trinklein, öffentlich niedergemacht wurde, hier noch eben schnell der komplette Rundumschlag: »Wenn einige meiner Spieler nicht spuren, schmeiße ich sie raus!« Oder das Präsidium wirft lieber gleich den Trainer raus. Am 30. November ist es schließlich so weit, und Lorant wird erlöst von seinen widerwilligen Profis in Frankfurt – und darf sich ab sofort mit den netten Spielern des FC Bayern rumplagen!

★ ★ ★

In München herrscht Stunk abseits des Platzes. **Vereinsarzt Dr. Müller-Wohlfahrt** plaudert aus dem Nähkästchen: »In der Bundesliga gibt es Vereine, bei denen der Trainer und nicht der Arzt entscheidet, wann ein verletzter Spieler den Gips abgenommen bekommt.« Der Bayern-Doktor kehrt damit vor der eigenen Haustüre – ohne den Namen Lorant direkt auszusprechen. Jahre später wird Dr. Müller-Wohlfarth direkter: »Wegen Gyula Lorant hätte ich beinahe aufgehört. Er hat mir mal erklärt, dass man einen herausgesprungenen Meniskus am besten mit der Eckfahne wieder reinhaut.«

Mannschaftsarzt Dr. Hans-Wilhelm Müller-Wohlfahrt (li.) und Masseur Anton Brablec (beide Bayern) mit der Meisterschale im Jahr 1980.

★ ★ ★

Am 18. Februar 1978 ist es soweit. Sepp Maier steht zum 400. Mal im Tor der Bayern – ununterbrochen seit dem 20. August 1966. Eine **unglaubliche Serie**!

★ ★ ★

VfB-Vorstopper Karlheinz Förster feiert beim 3:3 am ersten Spieltag gegen Bayern München sein Bundesligadebüt: »Ich musste gegen den großen Gerd Müller ran, ging gleich kräftig auf ihn drauf. Da kam ein Steilpass, er streckte sein Hinterteil raus. Während ich zu Boden stürzte und ›Foul‹ schrie, machte er bum und Tor. Dann schoss Hoeneß an den Pfosten. Während ich noch schaute, hatte Müller schon geschaltet und den Ball über die Linie gedrückt.«

Paul Breitner ist zurück in Deutschland und spielt für Eintracht Braunschweig: »Profi-Fußballer ist ein Beruf wie jeder andere. Ich mache meine Arbeit, so gut ich es vermag und wie es Verein und Zuschauer von mir verlangen. Die Zeiten der Kumpanei, des Auf-die-Schulter-Schlagens und Bierchen-miteinander-Trinkens sind längst passé. Das haben wohl in Braunschweig einige noch nicht begriffen.«

★ ★ ★

Der andere Müller, Dieter vom 1. FC Köln, stellt am 17. August 1977 einen neuen **Tor-Rekord für die Ewigkeit** auf. Beim 7:2 gegen Bremen erzielt der FC-Stürmer sechs Tore. Und das ausgerechnet im Duell mit seinem knüppelharten und sonst so souveränen Gegenspieler Horst-Dieter Höttges. Werder-Trainer Hans Tilkowski fragt während des laufenden Spiels ständig und erstaunt seine Nebenleute: »Wo saust denn nur der Höttges rum?«

Dieter Müllers neuer Torrekord

Seit Mittwoch steht er bei 6 Treffern

★ ★ ★

Und noch ein Rekord: **Exakt 94 Sekunden** benötigt man beim VfB Stuttgart auf der Jahreshauptversammlung für alle Wahlgänge. Gerhard Mayer-Vorfelder wird an diesem Abend in seinem Amt bestätigt. Leiterin der Veranstaltung ist die Frau vom Trainer: Monika Sundermann. Beobachter sind angesichts des bekannten TV-Gesichts, Assistentin bei »Dalli Dalli«, der Schnell-Rate-Show mit Talkmaster Hans Rosenthal, nicht verwundert über das außerordentliche Tempo der Vereinssitzung!

★ ★ ★

Schiedsrichter Jensen gibt nach dem Spiel des MSV Duisburg gegen Borussia Dortmund zu, dass er den siegbringenden Strafstoß für den BVB »im Unterbewusstsein« gepfiffen habe. Die Schwalbe von Burgsmüller habe er zwar wahrgenommen, aber trotz allem einfach mal auf Elfmeter entschieden. Für die anschließende Entschuldigung können sich die Duisburger allerdings nichts kaufen. Die Partie endet 1:2.

★ ★ ★

Udo Lattek ist auch ein Mann für die kleinen, feinen Details eines Fußballspiels, wie er bei der Auswärtsniederlage seiner Gladbacher in Berlin beweist: »Was sich die Balljungen geleistet haben, ist eine Frechheit. Bei Ausbällen haben sie mit dem Ball herumgetändelt und so das Spiel verzögert.« Trockener Konter des Vizepräsidenten der Hertha, Heinz Striek: »Es gibt eben **schnelle und langsame Balljungen**!«

★ ★ ★

Drei Minuten vor dem Anpfiff entscheidet sich der Würzburger Schiedsrichter Walter, das Spiel zwischen Borussia Dortmund und dem MSV Duisburg doch nicht anzupfeifen. Die Akteure beider Teams haben sich bereits warm gemacht und 40.000 Mann im Stadion ihre Plätze eingenommen. Eine mutige

Entscheidung. Aber auch die einzig richtige. Nach einem erneuten Platzregen ist der Rasen nicht mehr bespielbar. Das Problem: Der BVB hatte extra einen Rasenmacher aus Leeds verpflichtet. John Escritt pflegt im Mutterland des Fußballs das Grün der Königin. Genau so einen schönen Rasen wollen die Dortmunder nun auch haben. Doch der Plan geht schief. Würmer fressen die Graswurzeln auf und machen den Rasen so wasserundurchlässig. Der Regen kann nicht abfließen, und das Spiel muss verschoben werden. Das **Honorar für den Greenkeeper**: Stolze 110.000 Mark hat die Borussia in den Sand gesetzt!

★ ★ ★

So jung und schon Mitglied

Erst wenige Tage alt ist Torsten Feldmann und doch schon Mitglied des Bundesligarückkehrers Borussia Dortmund. Sieben Stunden nach der Geburt meldete Vater Meinolf seinen Sprößling bei der Borussia an.

Um Torsten Feldmann muss sich die BVB-Familie keine Sorgen mehr machen.

Historischer Derby-Sieg des FC St. Pauli beim Hamburger SV.

★ ★ ★

Der Lauterer Keeper kann nicht richtig sehen? Das behauptet Ronnie Hellströms ehemaliger Mitspieler Wolfgang Metzler vor der Partie seines neuen Vereins, 1860 München, gegen den 1. FCK: »Wenn ständig drei, vier Spieler um Hellström herumwirbeln, wird er leicht nervös. Außerdem müssen vor allem unsere Fernbomber aus allen Lagen schießen. Denn aus 20 bis 30 Metern Entfernung sieht Hellström die Bälle wegen eines **Augenleidens** nicht kommen. Wegen dieser Sache wurde er erst neulich wieder zum Augenarzt geschickt.« Natürlich kassiert der Lauterer Torhüter gegen 1860 kein Tor und hält sogar einen Elfmeter.

★ ★ ★

In Hamburg setzt das Gartenbauamt vor dem Spiel gegen die Bayern ein neues Streumittel mit dem schönen Namen **»Lava-Grus«** ein, um den Rasen durchlässiger zu machen. Die Folge: Schürfwunden und Verbrennungen. Oder wie es Peter Hidien ausdrückt: »Bei den meisten ist an irgendeiner Stelle die Tapete ab!«

★ ★ ★

Kevin Keegan fliegt bei einem **Freundschaftsspiel gegen den VfB Lübeck** vom Platz und wird zwei Monate vom DFB gesperrt. Keegans Sicht der Dinge: »Mein Gegenspieler hat mich mehrmals ungestraft gefoult, und jedes Mal grinste er mich dabei frech an. Ich wusste, dieser Mann wollte mich kaputtmachen. Und da ich vom Schiedsrichter keinerlei Schutz erwarten konnte, stand ich vor der Wahl: Entweder mir von meinem Gegner das Bein brechen zu lassen oder zurückzuschlagen und einen Platzverweis zu riskieren. Ich habe ganz kühl überlegt und dann zweimal zugeschlagen. Lieber zwei Monate Sperre als drei Monate Krankenhaus!« Ob eine Auswechslung nicht auch eine Lösung gewesen wäre, erwähnt Keegan leider nicht.

Am 31. Spieltag in Stuttgart bei der Begegnung VfB gegen Fortuna Düsseldorf streckt Hansi Müller den Schiedsrichter Klaus Ohmsen bei einem Spurt in der 51. Minute nieder. **Diagnose: Unterarmbruch.** Sofort ruft der Stadionsprecher nach einem »geprüften Schiedsrichter«. Damit die Partie allerdings nicht zu lange unterbrochen bleibt, leitet der bisherige Linienrichter Hans-Werner Leyding die Begegnung erst einmal weiter – mit Werner Lange an seiner Stelle. Doch das ist ein Problem: Denn Lange ist eigentlich Schiedsrichter, Heimatverein VfB Stuttgart. Als es endlich Kurt Senghas von den Zuschauerrängen runter auf den Rasen und an die Pfeife geschafft hat, atmet man beim DFB auf. In der Zwischenzeit hat sich am Ergebnis nichts geändert – und die Bundesliga ist um eine weitere Kuriosität reicher! Übrigens: Das Pech verfolgt Ohmsen auch ein wenig später noch. Beim Betreten einer Sporthalle sackt der Schiri unvermittelt zusammen. Die unglaubliche Diagnose: Bänderriss an beiden Beinen!

★ ★ ★

Rainer Bonhof wird Dressman für den renommierten Pariser Modeschöpfer Cacharel – und denkt dabei sogleich an seinen Gladbacher Mannschaftskameraden: »Ich habe auch etwas für den Wolfgang Kleff tun können. Er wird künftig in seinem ›men-shop‹ in Mönchengladbach Cacharel-Artikel verkaufen.«

★ ★ ★

Werders Präsident Dr. Franz Böhmert hat den drohenden Abstieg vor Augen und flüchtet sich in Sarkasmus: »Jetzt werde ich mich so langsam über Lüdenscheid informieren!« Das **»Meppen der siebziger Jahre«** nimmt den Ball auf und schickt Böhmert vorausschauend schon einmal Touristeninformationen vom »schönen Lüdenscheid«.

★ ★ ★

Manager Rudi Assauer übernimmt bei Werder Bremen das Traineramt. Und weil er keine DFB-Lizenz besitzt, wird ihm ein 74-Jähriger an die Seite gestellt. Assauer: »Dass Fred Schulz bei seinem Alter nicht mehr aktiv das Training leiten kann, ist selbstverständlich. Daher werde ich weiter mit der Mannschaft arbeiten, Herr Schulz ist aber stets dabei.« Von der Trainerbank verabschiedet sich Schulz aber bereits nach dem ersten Spiel wieder und zieht hoch auf seinen gewohnten Platz: »Ich habe kaum etwas richtig gesehen. Welch einen prachtvollen Überblick hatte ich dagegen in der Loge.«

★ ★ ★

Zwanzig Jahre jung und schon die Nummer fünf des großen Franz Beckenbauer. »Was juckt mich die Nummer fünf?«, sagt sich **Talent Klaus Augenthaler**, auch wenn andere Bayern-Spieler das nicht so entspannt sehen. Augenthaler: »Schwarzenbeck sagte zu mir: Ich habe immer schon mit der Nummer vier gespielt, auch wenn ich jetzt Libero bin, nimm du doch die Fünf!«

★ ★ ★

Franz Roth beendet am 28. Spieltag beim 1:1 in Dortmund seine Karriere für den FC Bayern. Der »Bulle« war auf dem Feld nicht nur hart zu seinen Gegnern, sondern auch sich selbst gegenüber: »Meistens war es so, dass ich mich die ganze Woche verletzt fühlte, doch wenn's Freitagabend wurde, kurz vor dem Spiel, dann waren die Schmerzen plötzlich weg, wie weggeblasen. Meine Frau sagte dann immer zu mir: **›Franz, du bist ein Verrückter!‹«**

★ ★ ★

Breitners Rückkehr mit seinem neuen Verein nach München endet mit **Schmährufen**. Den ehemaligen Meisterspieler nehmen die Beleidigungen ungewohnt stark mit: »Ich bedauere es, für diese Leute vier Jahre lang hier gespielt zu haben. Das war das Übelste an Publikum, was ich je erlebt habe.« Und als weiterer Stich ins Münchner Herz: »Es tut mir einfach leid, weil ich immer noch ein Anhänger der Bayern bin!«

Zitate der Saison

Hertha-Trainer **Kuno Klötzer** will unbedingt ein Talent aus Österreich verpflichten. Nach einem Probetraining ist er ganz versessen auf Walter Schachner, der zwei schlagende Argumente mitbringt: »Der Junge hat einen enormen Zug aufs Tor und macht keine Eiertänze wie meine Stars.«

Der BVB ist im Goldrausch, seit das neue Westfalenstadion steht. Präsident **Heinz Günther** will auf dem Transfermarkt zuschlagen: »Wir werden nicht dreimal kleckern, sondern einmal klotzen. Wir würden auch eine Summe zwischen 1,3 und 1,5 Mio. Mark hinblättern.«

»Kommt Ihre Mannschaft jetzt endlich aus der Kabine, Herr Ferner, oder wollen Sie sich mit mir jetzt schon anlegen?« **Schiedsrichter Quindeau** vor der Partie des FC Bayern München zu Hause gegen den FC St. Pauli.

Horst Hrubesch mag die Bezeichnung »Kopfballungeheuer« für sich nicht wirklich: »Ich bin erstens nur 1,86 Meter groß, und zweitens hat das Wort Ungeheuer etwas Negatives an sich. Und ich bin doch nun weiß Gott kein Unmensch!«

Der Winter wirbelt den Spielplan durcheinander. In Berlin wird aber gespielt. 5:0 siegt die Hertha gegen den FC St. Pauli, mit Lederstollen. Doch das ist für den Berliner **Ohlicher** kein Argument: »Das sagt überhaupt nichts. Wir spielten mal in Kiew ebenfalls in angefetteten Lederstollen, aber die Kiewer (mit Alu-Stollen) mischten uns ganz schön auf.«

In Hamburg gehen Fußballträume baden, dennoch erklärt Manager **Dr. Krohn** den Journalisten, wie es läuft: »Meine Herren, tun Sie doch nicht so, als ob Fußball ein Buch mit sieben Siegeln sei. Wenn man ein paar Mal richtig hinschaut, weiß man doch, wie der Hase läuft!«

Alfredo di Stefano ist hin und weg: »Ich habe ja auch viele, viele Tore in meiner Laufbahn geschossen, aber dieser Fischer ist ein Mittelstürmer von besonderer Güte, ein Mittelstürmer der Extraklasse!«

Manni Burgsmüller schießt Dortmund nach vorne. Das zieht besonderes Lob nach sich: »Einst nannten wir ihn ›Murksmüller‹. Jetzt müssen wir ihn hochachtungsvoll in ›Burgsknüller‹ umtaufen.« (WAZ)

Erich Ribbeck gibt seinen Trainerjob in Kaiserslautern auf und wechselt zum DFB. Seine Begründung klingt logisch und versprüht einen Hauch von Poesie: »Nach zehn Jahren Bundesliga will man mal etwas anderes sehen. Als die **Inge Meysel** jeden Abend am Bildschirm war, konnte man sie auch bald nicht mehr sehen!«

Beim VfB Stuttgart spielt ein Mann groß auf, der erst 26 Jahre jung ist, aber schon ein bisschen älter aussieht. Vielleicht liegt es daran, dass **Erwin Hadewicz** eine Zeit bei den Bayern hinter sich hat, die alles andere als angenehm war: »Ich schleppte den größten Zeugkoffer, den ich jemals sah. Der Beckenbauer half auch mit – gelegentlich trug er das Arztköfferchen.« Hadewicz glaubt auch, eigene Fehler gemacht zu haben: »Ich war zu brav, ich hätte sein sollen wie Rummenigge. Rotzfrech.« Aber so ganz stimmt das mit dem »brav« eh nicht. Als ihn Gerd Müller in einem Trainingsspielchen als »Idiot« beschimpft, rastet Hadewicz aus: »Da sagte ich nur, leck mich, nahm den Ball und knallte ihn dem Gerd Müller aus drei Metern volley ins Kreuz.« Beim VfB hilft ihm diese Robustheit. Sein Trainer István Sztani macht ihn zwar zuerst nieder, als er wegen einer Verletzung schlecht spielt (»Du bist Opa, weich, isst zu viele Süßigkeiten«), doch das ändert sich schnell. Wegen anhaltender Schmerzen kommt Hadewicz ins Krankenhaus. Dort ruft ihn sein Trainer an und fragt, wie es ihm gehe. Der angesäuerte B-Nationalspieler entgegnet süffisant: »Danke, Trainer, gut. Ich wurde heute operiert. Der Arzt sagte mir, es war ein Leistenbruch und nicht die Süßigkeiten.«

★ ★ ★

Auf Schalke ist mal wieder Günter Siebert am Ruder. Gleich im ersten Wahlgang wird er gewählt. Seine Mitstreiter bekommt Siebert dann allerdings nicht mehr so problemlos durch – »Oskars« Anhänger haben sich gleich nach seinem Wahlsieg aufgemacht, um den Triumph feucht-fröhlich zu feiern. Dabei hat Siebert in seiner Rede noch versprochen, einen »skandalfreien« S04 auf die Beine zu stellen. Übrigens: Kritiker meinen, die Wahl Sieberts würde ja prima passen – **ein Arbeitsloser als Präsident** in der Stadt mit der höchsten Arbeitslosenquote.

★ ★ ★

Statt ihn auszulachen, sollten sich die Braunschweiger Spieler lieber ein Vorbild an ihrem Kollegen Dietmar Erler nehmen. Der ist nämlich Hobbykoch, Spezialgebiet Früchte. Sein Lieblingsbuch: **»Die Welt der Marmelade«**. Erler zu seiner Vorliebe für Streichfertiges: »Ich esse nicht nur im Sommer sehr viel Obst, sondern versuche, die Früchte zu jeder Jahreszeit in allen Variationen in Form von Marmelade zur Verfügung zu haben!«

★ ★ ★

Schalkes Hannes Bongartz gibt ein Geheimnis preis. Eigentlich wäre beinahe gar kein Fußballprofi aus ihm geworden: »Zusammen mit meinem Vetter Friedel war ich als Schüler Deutscher Vizemeister im Kunstradfahren. Als mein Vetter aber nach einer Herzoperation Schluss machte, wollte ich auch nicht mehr. Mein Vater zögerte aber lange, ehe er endlich die Abmeldung bei den Radsportfreunden und die Anmeldung beim Fußballverein **Preußen Duisdorf** unterschrieb.«

Vorher – nachher: Fans des VfB Stuttgart fahren mit dem Zug zum Auswärtsspiel.

★ ★ ★

Drei Tore schießt **Allan Simonsen** beim 6:0 der Gladbacher in Braunschweig. Ähnlich spitzfindig wie auf dem Platz zeigt sich der Däne auch nach der Partie: »Schade, Trainer, dass mir so schöne Tore gelungen sind. Das wollte ich wirklich nicht!« Der Hintergrund: Udo Lattek hatte seinen Spieler öffentlich dafür kritisiert, dass er den Kasten deshalb nicht treffen würde, weil er immer so besonders schöne Treffer erzielen wolle.

★ ★ ★

Als am 32. Spieltag der 1. FC Köln auf dem Lauterer Betzenberg antritt, kommt es in der 34. Minute zu einer kuriosen und womöglich die Meisterschaft entscheidenden Szene. Der Kölner Strack wehrt im eigenen Strafraum einen Ball für alle deutlich sichtbar mit der Hand ab – nur ein einziger Mann im Stadion schaut für einen Moment offensichtlich woanders hin. Leider ist es ausgerechnet der Schiedsrichter. Das veranlasst den Lauterer Kapitän Klaus Toppmöller anschließend zu folgendem trockenen Kommentar: »Cullmann und Gerber schimpften ja schon mit dem Strack wegen des Handspiels.« Die Partie endet 2:0 für Köln, und der FC bleibt **punktgleich mit Gladbach**.

★ ★ ★

Duisburgs Kurt Jara wechselt nach der Saison zum FC Zürich. Und da beim MSV Leistungsprämien anstehen, will der Österreicher noch schnell ein Schweizer Konto anlegen. Es wäre sein viertes. Nach seinem Gastspiel in Spanien gammeln dort immer noch einige Peseten auf einem Konto rum, in Österreich sowieso, nach den Jahren in Duisburg auch in Deutschland und bald nun in der Schweiz. Zum Abschied nennen ihn seine Mannschaftskameraden nun »Konten-Kurt« – im Wissen um einen treuen Kameraden, den sie im Ausland stets um einige Münzen anbetteln können.

★ ★ ★

Eintracht Frankfurt nimmt zu Freundschaftsspielen neuerdings auch mal die eigenen Frauen und Freundinnen mit. **Kapitän Jürgen Grabowski** veranschaulicht sehr bildstark die Vorteile dieser neuen Regelung: »Wenn man von den Spielerfrauen verlangt, dass sie ihre Männer ständig aufrüsten, soll man ihnen auch hin und wieder ein Bonbon zukommen lassen und sie zu Freundschaftsspielreisen ins Ausland mitnehmen. Nur sollte von vornherein klargestellt werden, woran sie teilnehmen dürfen und wo sie fernbleiben müssen. Ich bin ganz sicher, dass jede Frau Verständnis dafür aufbringt, dass gewisse Trennungslinien gezogen werden müssen. Nur sagen muss man's ihr halt im vernünftigen Ton.«

Hennes Weisweiler: »Sag dem Langen, er spielt nicht!«

»›Dat war Fußball.‹ Wenn er diesen Satz aussprach, dann war das wie eine Goldmedaille bei Olympia. Ich habe ihn nicht oft gehört«, sagt Jupp Heynckes und lächelt. Und wie der auszusehen hat, umschreibt Weisweiler so: »**Tore, Tore, Tore.** Ihr dürft vier Gegentore kassieren, aber ihr müsst 5:4 gewinnen. 1:0 will ich nicht.« Denn: »Der Sinn des Fußballspiels ist es, mehr Tore als der Gegner zu erzielen – und nicht, weniger Tore als der Gegner zu kassieren.«

So bereitet Fußball allen Beteiligten **ein großes Vergnügen**. Kein Wunder also, dass noch lange nach Weisweilers Tod viele seiner Ex-Profis in der Bundesliga aktiv sind. Köppel: »Weisweiler hat uns allen so viel Spaß am Fußball vermittelt, dass sich keiner von uns vorstellen konnte, einen Beruf ohne Fußball zu ergreifen. Das ist wohl das Gemeinsame an uns Ex-Borussen, auch wenn wir sonst recht unterschiedliche Charaktere haben.«

Weisweiler ist ein Mann, der das Spiel wirklich liebt – und **ein weiches Herz** hat. Spieler, denen man nach wenigen Sekunden im Probetraining ansieht, dass es nichts wird, lässt Weisweiler häufig mehrere Einheiten mitmachen: »Jetzt können die ein Mal in ihrem Leben mit Vogts, Netzer, Heynckes oder Laumen trainieren. Soll ich ihnen diese kleine Freude auch noch nehmen?«

Weisweiler kann aber auch hart und unnachgiebig sein. Vor allem zu Günter Netzer pflegt er **eine Hassliebe**, wie Wolfgang Kleff erzählt: »Wenn der Günter mal wieder seine Zerrung hatte, gab es verschiedene Versionen Weisweilers. ›Weißte was, fahr zwei Wochen nach Gran Canaria‹ hieß es, wenn Hennes den erneuten Versuch machte, ohne ihn auszukommen. Kaum dass der Günter weg war, da hat der Weisweiler uns heiß gemacht, als ginge es um alles. Wenn er aber den Netzer nötig hatte, hat er alles versucht, um den wieder gesundzusprechen.« Weisweilers Lieblingsspieler Berti Vogts muss häufig zwischen ihm und Günter Netzer vermitteln. Das läuft dann ungefähr folgendermaßen ab. Weisweiler: »Sagen Sie dem Langen, er spielt nicht!« Wenige Minuten später kommt Vogts von Netzer zurück und übermittelt dem Trainer: »Sag dem Alten, er kann mich mal!«

Irgendwann im Jahr 1972 geht es dann mit den beiden nicht mehr weiter, wie Netzer sagt: »Weisweiler ist der beste Trainer, den man sich wünschen kann. Aber wir kommen immer wieder an den Punkt, wo ein Arrangement nicht mehr möglich ist.« Da helfen auch keine **Versöhnungsbierchen** mehr. Denn im Trainingslager im Parkhotel Süchteln erlaubt Weisweiler seinen Spielern vor dem Zubettgehen immer noch ein Glas Bier. Weisweiler bestellt stets ein Alt. Ein besonderes. Denn während die Gläser der Spieler 0,2l fassen, gehen in das Glas des Trainers 0,3l hinein. Bis heute kann man im Parkhotel ein »Trainer-Alt« bestellen!

Eigentlich hätte es diese ganzen wunderbaren Geschichten gar nicht gegeben, wenn diese Story vom 14. Februar 1948 aus der »Rheinischen Zeitung« nicht eine **Falschmeldung** gewesen wäre: »Wie wir nach Redaktionsschluss erfahren, ist Hans Weisweiler vom 1. FC am Samstagabend an den Folgen des Schädelbruchs, den er beim Endspiel gegen Rhenania Würselen erlitt, gestorben. Mit seinen Freunden stehen wir erschüttert an der Bahre des aufrechten Sportlers.« Weisweiler reagiert damals entspannt: »Aber doch nicht mit meinem Dickschädel.«

Die Bayern-Ikonen Franz Beckenbauer (li.) und Paul Breitner verfolgen die Bundesligapartie des FC Bayern München gegen den 1. FC Köln am 24.09.1984 im Münchner Olympiastadion.

Mit Boxer Dino.

Paul Breitner

»Wer mir glaubt, ist selber schuld.«

»Wenn einer kommt, vermarkte ich zur Not auch meinen Hintern.«

»Wenn ich meine Meinung nicht ändern darf, kann ich mir gleich die Kugel geben.«

»Ich mache mir nicht viel aus Westernfilmen. Ich lese lieber. Ich habe immer drei, vier Bücher dabei. Alles, was mir wichtig erscheint, natürlich auch Schriften von Lenin und Mao.«

Zu seinen Dauerfehden mit Journalisten: »Wenn mich einer in der Zeitung ›Zigeuner‹ genannt hat, habe ich in aller Öffentlichkeit ›Schreibtischmörder‹ zu ihm gesagt!«

Horst Hrubesch

RWE-Kollege **Manni Burgsmüller** über Horst Hrubesch: »Der konnte gar nicht geradeaus laufen, aber Flanken hat der mit dem Kopf aus zwanzig Metern reingehauen«, und: »Der Lange steht nur im Weg!«

Bayern-Torwart **Sepp Maier:** »Der Hrubesch wird der erste Spieler in der Bundesliga sein, dem es gelingt, einen Freistoß aus 30 Metern mit dem Kopf zu verwandeln.«

RWE-Mitspieler **Willi Lippens:** »Wie heißt der eigentlich? Rehbusch oder so?«

HSV-Manager **Günter Netzer:** »Ich habe noch nie einen Spieler, den ich haben wollte, so gejagt wie Hrubesch. Manchmal bin ich in der Nacht aufgewacht und habe ›Hrubesch‹ geschrien.«

Ein Fußballprofi schreibt über sein Hobby.

Das ist kein Anglerlatein: „Kopfballungeheuer" Hrubesch stellte sein neuestes Werk vor, das Angelbuch Dorschangeln, das er zusammen mit seinem Angelfreund D. Schricker schrieb. Es erscheint Anfang Juli. Preis: 25,— DM.

1978/79

»Immel flog in den Himmel«

Im Westfalenstadion steht am ersten Spieltag bei der Partie Borussia Dortmund gegen den FC Bayern München (1:0) ein Siebzehnjähriger im Tor der Schwarz-Gelben und hält glänzend. Die »Bild« titelt am nächsten Morgen gewohnt reimfest: »Immel flog in den Himmel«. Und der junge Eike ist nicht nur ehrgeizig, sondern zeigt schnell, dass er weiß, worauf es ankommt: »Bälle halten, das kann jeder, doch die Nerven behalten …« Das gelingt ihm und der Borussia in dieser Saison nicht immer. Dortmund schafft es am Ende nur knapp, die Klasse zu halten. Besonders glücklich darüber ist der **junge Präsident Reinhard Rauball**. Da er im Frühjahr entgegen der Meinung vieler Mahner bereits Willi »Ente« Lippens zu den Dallas Tornedos hat ziehen lassen, bangt er nicht nur um den Klassenerhalt, sondern auch um seine Reputation als Vorsitzender. Rauball erinnert sich: »Das war eine sentimentale Handlung, die man sich in diesem knallharten Geschäft Bundesliga nicht erlauben dürfte. Wehe, wenn wir abgestiegen wären. Ich hätte den Rest meines Lebens um jede Ente einen weiten Bogen gemacht.«

Den Titel holt der Hamburger SV. Es ist seine **erste Deutsche Meisterschaft in der Bundesliga**. Trainer Branko Zebec und Manager Günter Netzer haben eine tolle, aber nicht immer einfach zu führende Mannschaft zusammengestellt. Felix Magath, Manfred Kaltz, Horst Hrubesch und Jimmy Hartwig ragen aus diesem Team heraus, aber alles in den Schatten stellt Kevin Keegan. In seiner zweiten Saison in Hamburg spielt sich der Engländer in die Herzen der Fußballfans. Ein Jahr brauchten die HSV-Profis, um zu erkennen, dass es besser ist, mit einer überragenden »Mighty Mouse« zu gewinnen, als intern gegen den beliebten Star Keegan zu stänkern und zu verlieren. Diese Einsicht wird mit dem Titel belohnt.

Kurioses passiert am 30. Dezember in Darmstadt: Der Südkoreaner **Bum-kun Cha** gibt für die Lilien sein Bundesliga-Debüt. 700 begeisterte Landsleute kommen aus allen Teilen der Republik, um den »populärsten Fußballspieler Asiens« live spielen zu sehen. Am Ende steht es 3:1 für Darmstadt 98 gegen den VfL Bochum. Cha präsentiert sich bärenstark – verschwindet allerdings direkt nach der Partie spurlos. Erst kurze Zeit später wird bekannt, dass er zu Hause noch seinen Militärdienst ableisten muss und deshalb

Saisonverlauf 1978/79

Platz	Tore	Punkte
1.	78:32	49:19
2.	73:34	48:20
3.	62:47	43:25
4.	69:46	40:28
5.	50:49	39:29
6.	55:47	38:30
7.	70:59	37:31
8.	47:46	33:35
9.	50:55	33:35
10.	50:53	32:36
11.	48:60	31:37
12.	54:70	31:37
13.	43:56	30:38
14.	40:50	29:39
15.	55:61	28:40
16.	43:56	26:42
17.	36:67	24:44
18.	40:75	21:47

Die besten – Torjäger der Saison

Klaus Allofs (Fortuna Düsseldorf)	22
Klaus Fischer (FC Schalke 04)	21
Rüdiger Abramczik (FC Schalke 04)	18

umgehend in die Heimat zurückkehrte. Er hat es so eilig, dass in Darmstadt monatelang noch ein Umschlag mit 1.500 Mark für ihn liegt – es ist die Prämie, die Cha für den Sieg gegen Bochum erhalten sollte!

Während sich also aus Südkorea ein neuer Bundesliga-Star ansagt, verabschiedet sich in München ein Weltstar quasi durch die Hintertür: Gerd Müller verlässt die Bayern. Den passenden **Abgesang auf einen unrühmlichen Abschied** schreibt tief mitfühlend die Ostberliner »Fußball-Woche«: »Nicht, dass seine Familie und er hungern müssten. Sicher geht es ihm besser als anderen dort, die arbeitslos und hoffnungslos ins neue Jahr treten mussten. Doch ein Haus an der Peripherie der Stadt und zwei Sportgeschäfte, die ›nicht als große Renner‹ gelten, sind nach Ansicht von Branchenkennern nicht viel für einen Weltstar. Er lernte den Beruf des Webers, bevor er ins Profigeschäft einstieg. Das große Glück hat er sich wohl nicht weben können – jener Müller aus München.«

Die Bundesliga klagt über einen besonderen Rekord. Aufgrund eines bitterkalten, schneereichen und lange währenden Winters fallen 46 Partien aus. Die Vereine müssen außerplanmäßig vier Wochen pausieren. Bis zum 9. März gilt die Regel: Es wird gespielt, wie und wann immer es geht. Fortan wird verzweifelt versucht, die ausgefallenen Begegnungen nachzuholen. Fast ein Ding der Unmöglichkeit. Erst am vorletzten Spieltag gelingt es, die Tabelle zu begradigen.

Der traurige Schlusspunkt dieser Saison wird am letzten Spieltag in Hamburg gesetzt. Als nach der Partie gegen die Bayern die HSV-Profis vor der Haupttribüne die Meisterschale in Empfang nehmen wollen, zerschneiden wild gewordene **Fußball-Rowdies** die Drahtzäune und stürmen auf den Rasen. In den Blöcken entsteht eine Massenpanik. Es gibt Hunderte von Verletzten und sechs Zuschauer mit lebensgefährlichen Verletzungen, die von Hubschraubern und Krankenwagen in die nahe gelegenen Hospitäler gebracht werden. Felix Magath erinnert sich: »Wir nahmen gerade die Meisterschale in die Hand, als plötzlich Sirenen und Schmerzensschreie durch die Luft hallten. Die Freude war uns reichlich vergällt.« Wie durch ein Wunder überleben diesen schrecklichen Tag alle schwerverletzten Anhänger des HSV.

Rudi und ein Fußballstar – erkennen Sie ihn? Es ist Berti Vogts, der sich in einer Carrell-Sendung in eine mondäne Frau verwandeln ließ. Was Masken ausmachen!

Die Bundesliga zieht alle in ihren Bann: Beim Spiel 1. FC Kaiserslautern gegen Schalke 04 erklommen die Fans sogar die Flutlichtmasten. Zur Nachahmung aber nicht empfolen!

★ ★ ★

Weisweiler ist wahrhaft **ein echter Trainerfuchs**. Als sein Stürmer Dieter Müller eine kleine Schwächephase durchlebt, hat er einen Plan. In Köln bittet der FC-Coach einen Journalisten höflich darum, zu schreiben, dass er in Essen auf der Tribüne gesehen worden sei. Der Journalist schaut Weisweiler irritiert an und kratzt sich verwundert am Kopf. Da lächelt der Kölner Trainer den Medienvertreter spitzbübisch an und erklärt: »Wenn das der Dieter Müller liest, denkt er an den Horst Hrubesch und läuft wieder ein paar Schritte schneller!«

★ ★ ★

Paul Breitner und Uli Hoeneß sind die Helden in ihrem eigenen Film. Die Dokumentarfilmer Christian Weisenborn und Michael Wulfes begleiten für ihr Werk »Profis« die beiden Spieler des FC Bayern über ein Jahr lang. Einer der Höhepunkte ist die **gemeinsame Bettszene im Mannschaftshotel**. Breitner und Hoeneß liegen mit freiem Oberkörper wie ein altes Ehepaar nebeneinander in kuschelig weiße Laken gehüllt und lesen vor dem Lichtausmachen noch eine Gute-Nacht-Geschichte in ihren Magazinen. Das andere Highlight ist das letzte Spiel der Bundesligasaison. Paul Breitner trägt heimlich unter seinem Bayerntrikot ein Mikrofon: »Wenn ich stürzte, musste ich aufpassen, dass ich mich nicht selbst verletzte.« München siegt in dieser Partie gegen den HSV, doch der bärtige Bayernstar ärgert sich, dirigiert und raunzt seine Mitspieler an. Zu Karl-Heinz Rummenigge: »Kalle, Obacht! Immer im Abseits!« Zu Torwart Sepp Maier: »Beppo! Beppo! Raus! Raus!« Und immer wieder hat er sich mit dem Schiedsrichter in der Wolle: »Ja, leckt mich doch am Arsch!« Doch der reagiert besonnen und beschwichtigt Breitner wie ein wild gewordenes Pferd auf der Weide: »Ganz ruhig, Herr Breitner, ganz ruhig.«

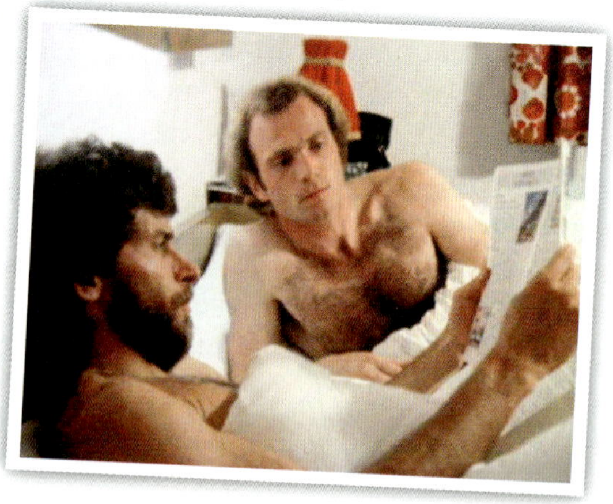

Willi Lippens: »Ich glaub, Wilhelm, deine Frau betrügt uns!«

Wenn man sich fragt, warum Willi Lippens eine **Legende bei Rot-Weiss Essen** ist, dann muss man eigentlich nur diesen einen Satz zitieren, den der Stürmer irgendwann nach seinem Karriere-Ende einmal geäußert hat: »In jedem Zuschauer habe ich meinen besten Freund gesehen.«

Hobby-Angler Lippens auf die Frage, warum er denn noch nichts gefangen habe: »In Wanne-Eickel ist ein Hecht gestorben und die Karpfen sind alle dahin zur Beerdigung.«

Sein Gegenspieler von Werder Bremen, Jürgen Röber, erinnert sich an eine Geschichte, die seinem Mannschaftskameraden Karl-Heinz Kamp widerfahren ist: »Ich werde nie vergessen, wie der Willi Lippens dem Kamp aus drei Metern anzeigte: **Da kriegste ihn hin!** Und dann schob er dem ohnmächtigen Kalli vergnügt den Ball durch die Beine.« Auch Frankfurts Keeper Peter Kunter kann so eine Story erzählen. »Komm doch, komm doch!«, ruft Willi Lippens dem Torwart der Eintracht zu. Nach einem Steilpass steht der Essener alleine am Strafraumeck und lockt den Torhüter aus dem Kasten. Und Dr. Peter Kunter tut ihm den Gefallen. Er läuft der »Ente« drei, vier Schritte entgegen und muss mit ansehen, wie der »Knicker schön oben im langen Eck« versenkt wird. Es ist das Tor zum 2:1 für Rot-Weiss Essen. Spektakulär erzielt. Aber noch interessanter ist: Am Ende steht es 6:3 für RWE, doch dem Eintracht-Keeper ist es fast egal. Er kann Lippens nicht böse sein. Kunter schwärmt noch heute von dem wendigen Essener: »Der war die halbe Bundesliga wert!«

Immer wieder gerne zitiert wird die berühmte **Geschichte mit Lippens und dem Schiri Zuchantke** in Herne im Mai 1965, als Lippens nach einem Foulspiel vom Schiedsrichter mit einem Pfiff gestoppt und ermahnt wird. Der Mann in Schwarz sagt: »Ich verwarne Ihnen!« Und Lippens antwortet mit einem breiten Grinsen auf den Lippen: »Ich danke Sie!« Der Spruch wird zur Legende, und in späteren Jahren weiß die »Ente« ihn gut zu vermarkten. In seinem Lokal, das er in Bottrop zusammen mit seinem Sohn betreibt, tragen die Bedienungen auch heute noch genau diesen Spruch auf ihrer Gastro-Bekleidung.

Glänzende Augen bekommt Lippens aber auch immer dann, wenn er von einer anderen Schiedsrichtergröße der Bundesliga erzählt. Mit dem rheinischen Diplomaten **Walter Eschweiler** hat der halbe Holländer aus dem Ruhrgebiet Lippens immer viel Spaß auf dem Platz gehabt, wie er gerne und lebhaft erzählt: »Wir haben uns oft unterhalten während des Spiels. Eckball für uns, bin ich raus zur Fahne, kam er hinterher: ›Na, Wilhelm, wie geht es zu Hause?‹ Sag ich: ›Danke, Walter, uns geht es sehr gut. Soll ich jetzt die Ecke schießen oder möchtest du, dass ich noch was erzähle?‹ Oder wenn du gefoult worden bist und hast auf dem Boden gelegen, da kam er dann vorbei – so in seiner Art mit den strammen Beinen und dem glatt gebügelten Oberkörper – und hat zu dir nach unten geschaut: ›Jung, suchst du was, hast du was verloren?‹«

Auch die ganz persönlichen Scherze lässt Walter Eschweiler in diesen Tagen nicht aus, wie sich Lippens mit einem schelmischen Grinsen erinnert: »Mir hat der immer gesagt: ›Ich glaub, Wilhelm, deine Frau betrügt uns!‹«

Otto Rehhagel übernimmt am neunten Spieltag den Trainerposten von Milovan Beljin in Bielefeld – und erstmals wird ein Fußballlehrer als »Feuerwehrmann« bezeichnet. Genauer gesagt, als **»Red Adair des Fußballs«** (»kicker«). Paul Neal Adair war zu der damaligen Zeit ein populärer US-amerikanischer Feuerwehrmann, der insbesondere in Spezialeinsätzen Großbrände löschte. Ein Held, fast so großartig wie Otto Rehhagel selbst!

★ ★ ★

In Dortmund wird am 16. Spieltag ein Flugblatt mit dem Titel **»Aus Liebe zu Borussia«** verteilt. Die Misswirtschaft des Präsidenten Heinz Günther wird angeprangert. Die anonyme Oppositionsgruppe möchte reden – und Günther bietet seinen Rücktritt an.

★ ★ ★

Eine Provinzposse spielt sich in München zur Weihnachtszeit ab. Der aus Krankheitsgründen beurlaubte Trainer Gyula Lorant hofft im Januar zurückzukommen. Doch daran glaubt niemand. Alle wissen: Sein schärfster Gegner Paul Breitner wird schon dafür sorgen, dass er das nicht tut. Denn der mag Lorant überhaupt nicht und hat seine Absetzung (krankheitsbedingte Auszeit; Meniskusreizung) vorangetrieben. Interimstrainer Csernai äußert sich gegenüber der Presse süffisant: »Breitner lächelt wieder!« Doch parallel soll angeblich der Bayern-Präsident immer noch die Option auf Lorants Wiederkehr nicht ganz aufgegeben haben – dann aber ohne den bärtigen Mittelfeldspieler, wie der kranke Fast-nicht-mehr-Coach Lorant gegenüber dem ZDF vermeldet: »Wenn ich komme, würde Herr Neudecker Breitner für 500.000 Mark weniger verkaufen.« Der FC Hollywood ist das noch nicht, eher eine Folge des **bayerischen Bauernstadl**.

★ ★ ★

Katsche wird Schauspieler. Im Film **»Wehe, wenn Schwarzenbeck kommt«** spielt der bayerische Abwehrhaudegen einen Postboten. Die Kritik ist nicht gnädig mit dem Streifen: »Die dünnblütige Story ist lediglich der Rahmen für eher dürftige Gags und Sprüche von Werner Enke!« Regisseurin May Spils hat schon Uschi Glas mit der Filmkomödie »Zur Sache, Schätzchen« zum Star gemacht. Für Katsche wird es allerdings nur ein einmaliger Ausrutscher. Übrigens: Der Titel des Films ist ein Zwischending aus Zufall und PR-Gag.

★ ★ ★

Der VfL Bochum bestreitet ganz neue Wege und fährt mit den Frauen der Spieler vom 1. bis 15. Juli ins **Trainingslager auf Sylt**. »Wer nicht fortschrittlich, nicht modern genug denkt, der kommt nicht weiter«, verkündet der stolze Präsident Ottokar Wüst. Hinter vorgehaltener Hand gibt er anschließend aber auch noch einen anderen Grund für den Familienausflug preis: »Westerland ist schon ein heißes Pflaster. Da ist es besser, wenn die Herren unter der Obhut ihrer Damen stehen!« Über das Trainingslager meint Trainer Heinz Höher anschließend: »Es hat nur zweimal geregnet: einmal fünf Tage, einmal acht Tage.«

Udo Klug wird der neue Manager bei der Frankfurter Eintracht. Dafür gibt der 50-Jährige nach 27 Jahren seine sichere Anstellung bei der Deutschen Bundesbank **»mit Haut und Haaren«**, wie er selbst sagt, auf. Einen Weg zurück gibt es nicht!

★ ★ ★

Am ersten Spieltag trifft **Braunschweigs Popivoda** den Ball nicht voll, und aus ungewöhnlichem Winkel dreht sich die Kugel an Kölns Schumacher vorbei ins Tor. Ein seltsamer Treffer mit einer noch erstaunlicheren Erklärung. Popivoda: »Ich sehe alles doppelt oder aber ungenau und handle oft nur nach Instinkt, nicht aus dem Wissen heraus, jetzt ganz bewusst etwas zu tun.«

★ ★ ★

Der VfL Bochum gewinnt 3:1 beim FC Schalke 04 – mit einer absoluten Notelf. Erst im letzten Moment kann man den eigentlich bereits ausgemusterten **Dieter Versen** ausfindig machen – er sitzt mit Freunden gemütlich in einer Kneipe. Sichtlich erleichtert erzählt Trainer Höher sehr spitzfindig nach dem Sieg: »Zum Frühschoppen hatte der Dieter, in Unkenntnis dessen, dass wir ihn noch mal benötigen könnten, zwei Bier getrunken. Mit der Folge, dass er sich in gewohnter Form befand!«

★ ★ ★

Die Bayern werden bei ihrem Auswärtsspiel in Köln sehr nett aufgenommen. Winkende FC-Fans, Szenenapplaus für Aktionen und sogar freundliche Sprechchöre. Ein Mann weiß genau, woran das liegt. Sepp Maier: »Das ist der Erfolg meiner jahrelangen diplomatischen **Sympathiewerbung im wilden Westen**.«

★ ★ ★

In Köln stellt sich ein junges Talent aus Berlin vor: **Pierre Littbarski**. Wieder einmal hat sich die Hertha nicht mit Ruhm bekleckert und das Mittelfeld-Ass von Zehlendorf in den Westen ziehen lassen. Zehlendorfs Präsident erzählt: »Lediglich auf einer Geburtstagsfeier wurde ich einmal so nebenbei auf ihn angesprochen.« Egal. Beim FC ist er herzlich willkommen. Und Trainer Hennes Weisweiler ist von seinem Nachwuchsspieler Littbarski so begeistert, dass er ihm nur sagt: »Pack dir den Ball, Pierre, und lass sie tanzen. Mach was Schönes!«

★ ★ ★

Auf Schalke wird Klaus Fichtel für das 15.000. Tor der Bundesligageschichte gefeiert, doch eigentlich stimmt das nicht so ganz. Denn als am 27. November 1976 in Kaiserslautern das Spiel gegen Fortuna Düsseldorf vorzeitig abgepfiffen wurde, stand es 0:1. Gewertet wurde die Partie allerdings mit einem 0:2. Es existiert in der Statistik also **ein Phantomtor**, ein Treffer ohne Schützen. Somit hat es zum 15.000. Mal eigentlich erst am 15. Spieltag in der letzten Minute im Kasten eines Bundesligavereins geklingelt. Der Torschütze: Hans-Günter Bruns von Borussia Mönchengladbach.

★ ★ ★

Der Frankfurter Bernd Hölzenbein regt sich über die Länge seiner Sperre auf. Er wird vom DFB für vier Spiele aus dem Verkehr gezogen, weil er zum Schiedsrichter zweimal **»Du altes dreckiges Arschloch«** gesagt hat. Der Lauterer Neues muss nur drei Partien aussetzen, weil er sich gegenüber dem Schiri mit den Worten »Du Sau« äußerte. Das findet Hölzenbein ungerecht. Fazit: Manchmal liegt auch der DFB mit seinen Entscheidungen vollkommen richtig!

★ ★ ★

Der **Bielefelder Keeper Uli Stein** lässt am ersten Spieltag beim MSV Duisburg absichtlich einen Ball ins Tor gehen, weil er sich tierisch über seine unachtsamen Vorderleute aufregt. Seine Begründung: »Ich wollte denen mal zeigen, wie das ist, wenn man Patzer macht!« Die Partie endet übrigens 1:1.

Dumm gelaufen: Exklusiv erfährt der scheidende Trainer Carl-Heinz Rühl in Dortmund von seinem Nachfolger, noch bevor er selbst überhaupt rausgeworfen wurde. Und das alles nur wegen eines kleinen Fauxpas, wie Rühl erzählt: »Am ersten Abend, an dem ich mit der Mannschaft im Trainingslager Schöneck war, ruft Dortmunds Schatzmeister Vogt bei meiner Frau an und sagt: ›Guten Abend, Frau Lattek. Kann ich bitte Ihren Mann sprechen?‹ Der Vogt hatte die Telefonnummern von Lattek und mir – wir wohnten beide in Köln – verwechselt. Jetzt war mir natürlich klar, was lief. Ich wusste nun, dass die Borussen Lattek wollten …«

★ ★ ★

Jupp Heynckes startet auch seine Trainerzeit (Assistent von Udo Lattek) sehr erfolgreich. Das Diplom besteht er mit einem »Gut« – und spart 10.000 Mark. Denn seiner Ehefrau hatte er vorher versprochen: »Wenn ich schlechter als mit der Note Zwei abschneide, lasse ich freiwillig einen Pelzmantel im Wert von 10.000 Mark springen!« Aus sicheren Quellen wurde aber bekannt: Gefroren hat Frau Heynckes im Winter dennoch nicht!

★ ★ ★

In Hamburg tobt ein seltsamer Kampf. Ein gewisser Gyula Pasztor gibt sich als Manager von Kevin Keegan aus und sagt: »Keegan ist seelisch erledigt!« Warum das so ist, weiß er genau zu schildern: »Zebec, der jugoslawische Trainer, hat ihn vor der Mannschaft und der Öffentlichkeit bis auf die Knochen blamiert, ihn in der Ehre verletzt. 1974 wurde Kevin auf dem Flughafen in Belgrad **von jugoslawischen Polizisten blutig geschlagen**. Keegan schwor daraufhin, nie mehr nach Jugoslawien zu fahren. Seit Zebec das weiß, ist Kevin bei ihm unten durch!« Die Story stimmt sogar, doch hätte der Manager vielleicht dazu sagen sollen, dass sich Keegan und seine Nationalmannschaftskollegen damals in Jugoslawien alles andere als gentlemanlike aufgeführt hatten. Als ihnen langweilig wurde, sprangen sie auf das Gepäckband und führten wilde Tänze auf, die erst durch den beherzten Einsatz von einem Dutzend Polizisten unterbunden werden konnten.

★ ★ ★

Lesen Sie wie "Otto der Schreckliche" die Bielefelder Alm auf den Kopf stellt.

Die **Arminia im Glück**: Ihr Mannschaftsbus hat sich auf den letzten Metern zum Stadion der Lilien verfahren, als man am Straßenrand einen Darmstädter Anhänger in voller Fanmontur sieht. Kurz entschlossen bitten Trainer Otto Rehhagel und sein Team den jungen Mann in den Bus. Der zeigt freudig den Weg, kommt kostenlos ins Stadion und jubelt fortan auch ein bisschen für Arminia Bielefeld.

★ ★ ★

Der **Kleinkrieg in München** zwischen dem scheidenden Trainer Gyula Lorant und seinem Star Paul Breitner nimmt filmreife Züge an. Auslöser des Konflikts soll eine Trainingsszene gewesen sein: zwei Tore im Abstand von 30 Metern, dazwischen steht Paul Breitner. Flanken werden auf ihn geschlagen. Er soll sie direkt verwerten. Links, rechts, mit dem Kopf, Hauptsache, der Ball geht in eins der Tore rein. Was dann geschieht, schildert Lorant so: »Die Zuschauer lachten ihn aus. Er traf fast keinen Ball. Ich sah, dass er mit dem linken Fuß überhaupt nicht schießen konnte. Kopfbälle nahm er mit dem Scheitel anstatt mit der Stirn. Es war eine einzige Katastrophe!« Nach dem Training geht Lorant zu seinem Bundesligastar, klopft ihm auf die Schulter und sagt: »Du musst noch viel lernen, Paul!« Seitdem ist die Vernunftehe der beiden Bayern-Angestellten geschieden.

Zitate der Saison

Die Saison fängt für **Berti Vogts** nicht gut an. Beim Pokalspiel in Wuppertal erleidet er einen schweren Beinbruch, doch die Anhänger des WSV rufen gehässig: »Vogts, du musst ins Altersheim!« Wie recht die Zuschauer haben, ahnt damals noch niemand. In seiner Abschiedssaison macht der Gladbacher nur noch sechs Spiele.

Ein bißchen Clownerie um den neuen Nationalmannschafts-Kapitän Berti Vogts. Morgen ist diese Szene mit Dieter Hallervorden im Fernsehen zu erleben: Nonstop-Nonsens.

In Hamburg sagt **Branko Zebec** zu seinem Manager Günter Netzer: »Besorg mir einen anderen Torhüter – Kargus kostet mich Jahre meines Lebens.«

»Der Drexler braucht für seine Füße einen Waffenschein!«, empört sich **Klaus Toppmöller** nach einem Duell gegen den Darmstädter.

Lilien-Trainer Buchmann nach dem Spiel in Kaiserslautern über den Lauterer Libero Neues: »Der braucht mir nicht zu zeigen, was ein Wichser ist. Es hat mir noch gefehlt, dass er die Hosen runterlässt!«

In München jubelt die Presse über einen **neuen Star am Stürmerhimmel**: »Wenn man den Rummenigge mit seinem Gegenspieler in eine Telefonzelle sperrt, käme der eine Viertelstunde nicht an den Ball.«

In Lautern lässt Trainer Feldkamp konsequent offensiv spielen, wie **Klaus Toppmöller** weiß: »Bei einem Rückpass bekommt er einen Tobsuchtsanfall!«

Der Dortmunder **Amand Theis** gilt als Raubein. Neuerdings pfeifen ihn sogar die eigenen Fans aus, was er aber nicht verstehen will: »Damals beim Club habe ich noch wesentlich härter gespielt und wurde umjubelt. Im Übrigen hat mir der Willi Lippens gesagt, dass der Peter Stocker noch viel schlimmer reingegangen ist als ich. Der trat schon zu, wenn der Ball noch zwei Meter entfernt war.«

Klaus Toppmöller signiert und versteigert an der Seite von Geschäftsführer Norbert Thines (beide 1. FC Kaiserslautern) für einen Einsatz von 20 Mark 100 Lederbälle.

Jupp Kapellmann über Gyula Lorant: »Ich habe mal den Begriff konstruiert, dass Herr Lorant in gewisser Weise intellektallergisch reagiert, und auf dieser Ebene ist mit ihm ziemlich schwer auszukommen.«

Als seine Frankfurter Spieler im Januar auf der Bielefelder Alm nicht antreten wollen, weil der Boden durchweg gefroren und mit Sand überdeckt ist, greift Coach **Friedel Rausch** ganz tief in die mentale Trickkiste: »Stellt euch einfach vor, ihr hättet einen grünen Rasen vor euch!«

Beim Spiel der Gladbacher gegen den HSV (4:3) wird nur **Horst Wohlers** des Feldes verwiesen, obwohl auch der Hamburger Magath getreten und gehauen hat. Wohlers rechtfertigt seinen Tritt: »Ich habe es nicht gerne, wenn mir jemand ins Gesicht schlägt. Und schon gar nicht, wenn das ein Magath tut!«

Siggi Held spricht weise Worte: »Ich wundere mich manchmal, wenn in einem so erfolgsorientierten Gewerbe wie dem Profifußball mehr zwischen jungen und alten als zwischen guten und schlechten Spielern unterschieden wird. Das ist doch nicht wie bei der Papstwahl. Der Papst muss immer katholisch sein. Doch ein guter Fußballer muss nicht jünger als 30 Jahre sein.«

In München verzweifelt ein Stürmer: »Du, Karl-Heinz, sag mal, warum kannst du denn kein Tor schießen?«, fragt **Ehefrau Martina** ihren berühmten Mann mit dem Nachnamen Rummenigge. Ja, warum eigentlich nicht? »Als auch noch Martina mit den fehlenden Toren anfing, da hatte ich genug. Ich sagte mir: Jetzt arbeitest du am Abschluss wie ein Berserker!« Und fortan läuft es. Wenn die Frauen nicht wären ...

★ ★ ★

Der mehrmalige Deutsche Meister weiß, was man seinen Ehrengästen und Journalisten schuldig ist. Seit Saisonbeginn sorgen bei Borussia Mönchengladbach Hostessen in kurzen Röcken und hochhackigen Schuhen für das perfekte Wohl der Gäste. Überall ist man voll des Lobes. Die feschen Mädels kommen in den Klubräumen, der **Cafeteria »Schwalbenest«** und im »Presse-Olymp« mit ihrer charmanten Art und dem gepflegten Äußeren verständlicherweise riesig an.

★ ★ ★

Überaus freundlich präsentieren sich die Bremer bei ihrer 2:0-Niederlage in Köln. Nicht nur, dass sie sang- und klanglos die Punkte beim FC zurücklassen, sie haben auch noch ein Präsent vorbereitet. Rudi Assauer überreicht dem FC-Keeper Toni Schumacher zu seinem 300. Spiel im Geißbock-Trikot eine regionale Spezialität: ein **Fässchen Matjesheringe**!

★ ★ ★

Im Bayerntrikot blüht Norbert Janzon mitten im Chaos auf. Nach einer schweren Achillessehnenverletzung hat der Pferdeliebhaber seine eigene Situation lange Zeit sehr anschaulich so beschrieben: »Ich konnte nicht mehr, ich bin lahmgegangen.« Präsident Neudecker reicht das nicht, er schreit Janzon an: »Sie laufen ja wirklich langsamer herum als ein Krebskranker. **Wie eine alte Kuh!**« Da kann man gut nachvollziehen, dass der Stürmer nach Neudeckers Abgang plötzlich wieder Spaß am Toreschießen hat! Und dabei erzielt er auch gleich noch ein ganz Besonderes. Es ist das 2:1 bei Darmstadt 98 am 30. Spieltag (Endstand 3:1). Lilien-Torwart Dieter Rudolf sah es so: »Ich habe vorne niemanden freistehen sehen, wollte den Ball nicht blindlings wegschlagen und habe ihn noch ein Stück vor mir hergerollt. Wie ich vor mich schaue, war er plötzlich weg.« Und Janzon schildert das kuriose Ding so: »Rudolf hat so rumgeguckt, ich habe etwas hingeschielt, und dann bin ich einfach hingerannt, wie ein Berliner Schlitzohr das eben macht.« Und drin war er!

★ ★ ★

Am 3. Februar 1979 wird Gerd Müller von seinem Trainer Pál Csernai vorzeitig ausgewechselt. Müller bittet daraufhin um die sofortige Freigabe. Am 10. Februar steht er zum letzten Mal für die Bayern in der Bundesliga auf dem Platz. Müller: »Schau, wie meine Füße aussehen. Und ich Trottel hab für die Bayern meine Haxen hingehalten, nur damit sie mich jetzt beleidigen und wegschmeißen **wie ein Stück Schrott**. So lass ich mich nicht behandeln.«

Hamburgs ehemaliger Manager Dr. Peter Krohn feiert in der ARD mit seiner Sendung **»Superschuss«** Premiere. Den Zuschauern wird ein buntes Programm rund ums runde Leder geboten: So muss beispielsweise Bremens Keeper Dieter Burdenski gegen eine Torschussmaschine antreten. Da sie falsch eingestellt ist, lässt sie ihm jedoch kaum eine Chance, einen Ball zu parieren. Zwischendurch intoniert eine Bundeswehr-Bigband schmissige Lieder, und Schlagersänger Tony Marshall verpasst seine Einsätze beim Playback. Werbung für den Fußball sieht anders aus. In einem Leserbrief schreibt ein gewisser Klaus O. aus St. Wendel: »Ein weiser Mann hat einmal gesagt: Zwei Dinge sollte man den Fachleuten überlassen, die Prostitution und die Nationalökonomie. Er hat Krohn nicht gekannt, sonst hätte er eine dritte Variante hinzugefügt.«

„Ich fand mich passabel, aber verbesserungsfähig", urteilte Peter Krohn nach der Auftakt-Sendung der Fußball-Show „Superschuß". Der nunmehrige PR-Manager einer Münchner Agentur hat natürlich auch nichts gegen publicityträchtige TV-Auftritte zukünftig einzuwenden.

Peter Krohn, der macht das schon!

… sagt nicht nur seine Ehefrau über das „Show-Greenhorn", den vormaligen Manager des HSV, der als TV-Showmaster Furore macht!

Ein äußerst zwiespältiges Echo hatte der „Superschuß", die neue ARD-Show mit Dr. Peter Krohn, dem früheren HSV-Manager. Doch wer konnte dies bei Krohn auch schon anders erwarten? An dem Manne scheiden sich nun eben die Geister. „Von himmelhoch jauchzend bis zu Tode betrübt", beschreibt Hans-Bernhard Theopold, der zuständige Redakteur des Saarländischen Rundfunks, die Reaktionen der Zuschauer und Kritiker.

★ ★ ★

In Düsseldorf darf der kleine Bruder in die Fußstapfen des großen treten, wiewohl der ältere von beiden noch gar nicht weg ist. Bei der Fortuna kickt seit Saisonbeginn das **Bruderpaar Thomas und Klaus Allofs** gemeinsam für den Klub vor das runde Leder. Für den Vater dieser talentierten Nachwuchsstars ist das kein Wunder: »Die beiden spielten sogar in der Wohnung. Das war manchmal so schlimm, dass wir ihnen die Bälle wegnehmen mussten. Dann haben sie sich eben Bälle aus Papier gemacht.«

★ ★ ★

In München erhält Uli Hoeneß auf eigenen Wunsch nur Geld, wenn er auch spielt. Tut er dies, bekommt er **pro Einsatz 10.000 Mark**. Wird er nicht eingesetzt, kriegt er gar nichts. Stress mit seinem Trainer Gyula Lorant ist also quasi vorprogrammiert. Und tatsächlich steht Hoeneß eher nicht in der ersten Elf.

★ ★ ★

Max Merkel neuer Bayerntrainer 1979/80? Nee, nee! Torwart Sepp Maier: »Herr Neudecker machte mit mir und Paul Breitner letzte Woche eine Frist zur Hauptversammlung des Klubs am 2. April aus, bis dahin könne sich die Mannschaft vom 0:4 gegen Bielefeld rehabilitieren. Dann erfahren wir aus dem Fernsehen, dass mit Max Merkel bereits alles klar sei. Ja, wo gibt es denn so etwas? Ich habe in Braunschweig mit 38 Grad Fieber gespielt, für unseren Trainer Csernai, der Hervorragendes geleistet hat bisher. Der Paul Breitner hatte letzte Woche acht Kilo abgenommen nach einer Darmgrippe und spielte auch. Erst darf Merkel jahrelang gegen uns Dreck werfen – dann holt ihn unser Präsident. Niemals!« Noch am Flughafen machen die Spieler eine Abstimmung – und alle stimmen gegen Merkel. Und was sagt der dazu? Max Merkel reagiert gelassen: **»Wenn ned, is aa egal!«**

Sepp Maier: »Tut's weh? Nur beim Lachen!«

Einer der verrücktesten Spieler der Bundesliga ist Sepp Maier. Im Winter baut er auf dem Platz Iglus, und im Frühling pflanzt er in seinem Kasten Osterglocken an, versehen mit einem kleinen Hinweisschild: **»Bitte nicht knicken!«** Sein liebstes Hobby ist das Zaubern, und so hat Sepp Maier in seinem Autokofferraum immer seine kompletten Magierutensilien griffbereit liegen. Sepp Maier ist eben ein Spaßvogel, wie sich auch in dieser Geschichte zeigt: Am 12. Dezember 1970 spielen die Bayern bei Hessen Kassel und logieren im vornehmen »Hotel Reiss«. Die attraktive Empfangsdame nimmt einen Anruf entgegen: »Nein, haben wir leider nicht … was?« Erregt legt sie den Hörer auf die Gabel. Dann ruft sie den Portier und die Boys zu sich: »Wisst ihr, was eben los war?«, fragt sie immer noch empört. Portier und Boys treten näher. Die Dame entrüstet sich: »Da rief doch der Sepp Maier an und beschwerte sich, dass er kein Radio habe. Wir seien doch schließlich ein erstes Hotel, sagte er. ›Schicken Sie mir ein Radio rauf‹, verlangte er. Und als ich ihm sagte, wir hätten kein Radio da …« Die Empfangsdame, Sekunden vorher noch ärgerlich, muss plötzlich laut lachen. »Da sagte Sepp Maier: ›Dann schicken Sie mir halt jemanden rauf, der mir was vorsingt!‹«

Torwart Sepp Maier geht seinem Hobby nach und zeigt seiner Frau Agnes Kartentricks.

Eine Verletzung beim Namen nennen und **über Schmerzen klagen**? Nicht mit Sepp Maier. Nach einem Tritt mit der Stiefelspitze eines gegnerischen Stürmers in die Rippen erzählt der Bayern-Tormann lieber munter drauflos: »Kennt ihr den Witz vom Neger, der beim Krieg zweier Stämme einen Speer in die Brust bekommt? Ein anderer fragt den Verletzten: ›Tut's weh?‹ Er antwortet: ›Nur beim Lachen.‹ Und so ähnlich geht's mir auch.«

Vermutlich hat sein **sonniges Naturell** mit seiner glücklichen Kindheit zu tun. Als der kleine Maier mit einigen Kameraden Hölzer bei einem nahe gelegenen Sägewerk entwendet, um ein Tor zu bauen, erwischt ihn sein Vater. Doch richtig böse kann er auf die Jungs nicht sein. Er hebt ihnen auf den letzten Metern sogar die Bretter über den Gartenzaun. Weil dies jedoch ein Nachbar sieht und ihn bei der Polizei anzeigt, verliert der Vater seinen Job.

Und eine andere Geschichte aus seiner Kindheit: »**Der größte Blödsinn**, den ich gemacht habe: Ich habe als Sechsjähriger einen ganzen LKW mit Glühbirnen umgekippt, genau vor dem Elektrogeschäft in Haar, wo mein Vater arbeitete. Sie mussten gleich die Feuerwehr holen. Passiert ist das so: Der LKW stand am Gartenzaun, und da sah ich unter der Ladefläche so einen komischen Hebel hervorschaun. Ich also nichts wie hin und runtergedrückt. Plötzlich hob sich die Ladefläche und die ganzen Glühbirnen flogen in den Garten. Ich bin sofort abgehauen. Am Abend kam mein Vater heim und erzählte der Familie von dem Vorfall. ›Irgend so ein Saubub soll's gewesen sein!‹, schimpfte mein Vater wie ein Rohrspatz. Er hat nie erfahren, dass ich der Lausbub war. Bis heute weiß es noch keiner. Ich kann mich nur daran erinnern, dass ich in der Schule immer eine Heidenangst hatte, wenn es an der Klassentür geklopft hat. Ich dachte monatelang: Siehst, jetzt kommt die Polizei und verhaftet dich.«

1979 | 80

»Fußball, das war meine Welt, meine große Welt!«

Nach dem 32. Spieltag liegen der amtierende Deutsche Meister, der Hamburger SV, und der FC Bayern München punktgleich an der Spitze. Beide weisen eine Tordifferenz von plus 48 auf. Der HSV führt die Tabelle nur an, weil er zwei Tore mehr geschossen hat als die Bayern. Doch dann verlieren die Hamburger überraschend, aber ziemlich sang- und klanglos und vor allem wehrlos am vorletzten Spieltag beim Aufsteiger Bayer Leverkusen mit 1:2. Die Münchner gewinnen hingegen ihre Partie beim Tabellendritten VfB Stuttgart überzeugend mit 3:1 und werden **zum sechsten Mal Deutscher Meister** – fünf Titel haben die Bayern seit dem Bestehen der Bundesliga gewonnen.

Nach dem Meisterstück seiner Bayern am 33. Spieltag in Stuttgart fordert Kalle Rummenigge in der Kabine lautstark: »Wo ist der Champagner? Wie bei Niki Lauda!« Die Stimmung ist ausgelassen. Wieder Karl-Heinz Rummenigge, im Überschwang der Gefühle des Titelgewinns: »Wir waren schon immer für das Pál-System!« Dabei meint der Torjäger des FC Bayern jedoch nicht den neuen Fernsehapparat im Vereinsbus, sondern das Spielsystem seines Trainers Pál Csernai. Der ungarische Übungsleiter des neuen Deutschen Meisters wird von vielen Experten gelobt, weil er neben der Etablierung seines Systems der **Raumdeckung** es vor allem geschafft hat, die Cliquenwirtschaft innerhalb der Mannschaft zu beenden und aus elf kleinen Stars ein homogenes Team zu formen.

Lästermaul Max Merkel, der selbst gerne einmal auf der Bank des Übungsleiters im Olympiastadion Platz genommen hätte, meckert jedoch immer noch: »Da gibt's einen Trainer beim FC Bayern, der lässt die Linken (Oblak) rechts spielen und die Rechten (Dürnberger) links. Das ist eben echter ungarischer Gurken-Salami-Paprika-Mischsalat à la Csernai.«

Zum Abschied aus München tritt zudem noch jemand anderes kräftig nach. **Branko Oblak** verlässt die Bayern und schimpft über den Trainer: »Csernai ist ein Angsthase, ein Trottel, er mochte mich nie, er ist falsch, er ist eifersüchtig auf mich, weil ich als Jugoslawe jederzeit wieder nach Hause kann, er aber nicht zurück nach Ungarn. Sein Training ist eine einzige Langeweile, seine Raumdeckung ein alter Hut.« Da ist es bei all der Kritik am Trainer Csernai fast schon erstaunlich, dass Bayern überhaupt Meister werden konnte.

Aber auch woanders wird an scharfen Worten nicht gespart. Erst ein Drittel aller Spiele ist absolviert, schon steht in Duisburg Coach Heinz Höher zur Diskussion. Doch der nimmt die verbalen

Saisonverlauf 1979/80

Platz	Tore	Punkte
1.	84:33	50:18
2.	86:35	48:20
3.	75:53	41:27
4.	75:53	41:27
5.	72:55	37:31
6.	64:56	36:32
7.	61:60	36:32
8.	40:51	33:35
9.	65:61	32:36
10.	41:44	32:36
11.	62:72	32:36
12.	45:61	32:36
13.	42:53	30:38
14.	43:57	29:39
15.	43:61	29:39
16.	41:61	29:39
17.	52:93	25:43
18.	32:64	20:48

Bösartigkeiten recht gelassen: »Mich muss hier keiner abschießen. **Ich gehe freiwillig.** Der Trainerstuhl in Duisburg hat ohnehin nur zwei Beine.« Sein Frankfurter Kollege Friedel Rausch, der ihm gerade eine 6:0-Niederlage beigebracht hat, ergänzt humorvoll: »Nur zwei dünne Beine!« Drei Monate lang hält Höher danach noch durch – dann wird er durch Friedhelm Wenzlaff ersetzt. Mit ihm schafft der MSV die Rettung. Absteigen müssen Hertha BSC, Werder Bremen und Eintracht Braunschweig.

Die besten – Torjäger der Saison

K.-H. Rummenigge (Bayern München)	26
Horst Hrubesch (Hamburger SV)	21
Dieter Müller (1. FC Köln)	21

Am Schluss verabschiedet die Bundesliga wieder einen ihrer großen Stars. Leider ganz anders, als es sich dieser immer gewünscht hat. Eigentlich wollte Sepp Maier ja so abtreten: »Ich höre erst auf, wenn mich der Franz und der Gerd mit dem Rollstuhl nicht mehr auf den Platz schieben können.« Doch dann kommt sein schwerer Unfall dazwischen – und nichts ist mehr, wie es einmal war. Und auch der Franz und der Gerd spielen schon länger nicht mehr bei den Bayern. Beim Abschied spricht der große Torhüter und wunderbare Entertainer Sepp Maier bewegende Worte: »Fußball, das war meine Welt, meine große Welt! Zuletzt, als ich nur noch auf der Tribüne gesessen bin, als das Flutlicht angegangen ist, habe ich erst gespürt, was mir der Fußball wirklich bedeutet. Jedes Mal lief mir eine Gänsehaut den Rücken runter. Früher, als ich voll dabei war im Spiel, hab ich doch nie mitbekommen, was das für eine Atmosphäre ist!« Nun ist Schluss, nach 473 Spielen sagt Sepp Maier der Bundesliga adieu. Und er weiß, dass der Zeitpunkt der richtige ist. Denn der verrückte Torwart denkt beim Abschied auch an seine sportliche Zukunft: »Ich möchte nach dem Fußball **ohne Beschwerden weiter Tennis spielen**!«

Werder Bremen lässt im Kampf um eine bessere Tabellenplatzierung nichts unversucht. Selbst die **Stadiondurchsagen kommen auf den Prüfstand** und werden von Psychologen begutachtet. Und tatsächlich: Eine wird für problematisch befunden. Bisher vermeldete die Stimme aus den Lautsprechern im Weserstadion pünktlich in der 85. Minute: »Achtung, Achtung, eine Durchsage für die Ordner. Bitte alle Stadiontore öffnen und die Plätze an der Laufbahn einnehmen!« Doch diese Mitteilung ist für manche Werder-Profis nicht förderlich. Die Durchsage verunsichert die Spieler, sie reagieren hektisch, bei Rückständen gar panisch und verlieren die Konzentration – wie hochrangige Wissenschaftler in einer Spezialanalyse herausfinden. Die Werder-Akteure wissen nun, anders als ihr Gegner, ganz genau: Aha, es sind also (nur) noch fünf Minuten zu spielen! Übrigens: Als man die Durchsage tatsächlich abschafft, steht Werder auf dem elften Tabellenplatz. Am Ende der Saison steigen die Bremer als 17. ab!

★ ★ ★

Paul Breitner ist nach der Partie am zweiten Spieltag zwischen dem FC Schalke 04 und seinen Bayern nicht mehr zu halten: »**Das ist ja kriminell.** Ein Berufskollege tritt dem anderen nicht absichtlich ins Rückgrat. Dieser Drexler gehört ins Gefängnis. Er ist ein Verbrecher!« Tatsächlich hat Drexler den am Boden liegenden Kraus bewusst in den Rücken getreten. Nach dem Spiel sagt Schalkes Trainer Lorant: »Den Kraus kenne ich noch aus Frankfurt. Der ist immer so müde, dass er mit der Trage vom Platz gebracht werden muss.« Es soll ein Scherz sein, denn, so Lorant, Fußball bestehe zu 60 Prozent aus Flachs und nur zu 40 Prozent aus Arbeit.

★ ★ ★

Munteres Scheibenschießen am 19. Spieltag in Bremen. 4:6 endet die Partie gegen 1860 München. Am 20. Spieltag spielt Düsseldorf zu Hause 3:6 gegen den 1. FC Köln, während Bremen 5:0 in Dortmund verliert. Düsseldorfs Stürmer Klaus Allofs freut sich schon auf das Aufeinandertreffen der beiden Schießbuden-Mannschaften: »In Bremen spielen wir am nächsten Samstag am besten auf Handballtore!« Tatsächlich endet auch diese Begegnung torreich mit 4:1 für Werder.

★ ★ ★

1:0 gewinnt Lautern in Braunschweig. Von der zweiten Halbzeit weiß der FCK-Keeper Hellström nach einem Zusammenprall allerdings nix mehr. Eine **Gehirnerschütterung** zwingt ihn dazu, den Unfallhergang nur zu vermuten: »Ich glaube, einen Schlag gegen den Unterkiefer bekommen zu haben. Ich habe mir wohl auf die Zunge gebissen.« Daneben steht der Vereinsarzt Dr. Harms und schüttelt verzweifelt den Kopf. Die Version war knapp daneben.

★ ★ ★

Bei der Partie des HSV in Dortmund (2:2) am 29. Spieltag kann die gesamte Fernsehnation sehen, was längst jeder weiß: Der Hamburger Trainer **Branko Zebec** hat ein Alkoholproblem. Völlig abwesend verfolgt der volltrunkene Zebec die erste Halbzeit auf der Bank des Westfalenstadions. In der zweiten Hälfte bleibt sein Platz leer. HSV-Präsident und Anwalt Dr. Wolfgang Klein wählt seine Worte mit Bedacht, und dennoch benutzt er erstmals bewusst und öffentlich das Wort »Alkohol« in seiner Stellungnahme: »Es ist bekannt, dass Herr Zebec seit langem unter einer **Erkrankung der Bauchspeicheldrüse** leidet. Deshalb ist jeder Tropfen Alkohol für ihn besonders schädlich.« Da er am Freitag die Hinfahrt im Bus verpasst hat, ist Zebec im Leihwagen dem Team gefolgt. In der Nacht stoppt ihn die Polizei in der Nähe der Autobahnausfahrt Ascheberg bei Münster und behält seinen Führerschein sofort an Ort und Stelle ein. Die Blutprobe ergibt einen Promillewert von 3,25.

In Nürnberg lässt sich der junge Profi Horst Weyerich barfuß und mit dem Buch **»Hundejahre« von Günter Grass** in einem Schaukelstuhl sitzend ablichten. Seinen Ersatzdienst leistet er zu dieser Zeit in einem Heim für geistig behinderte Kinder ab: »Ich bin total gegen Gewaltanwendung. Es würde mir gänzlich widerstreben.« Dieser Satz holt ihn jedoch schon kurze Zeit später mit voller Wucht ein, als er seinem am Boden liegenden Gegenspieler Dieter Hoeneß vorsätzlich Nürnberger Stadionerde ins Gesicht tritt. Und auch eine andere Bemerkung hängt ihm noch länger nach: »Ich mag keine Fußballer, die einen Ball als Kopf haben!«

★ ★ ★

Klaus Toppmöller bekommt zusammen mit seiner Frau Rosi das erste Kind. Er wünscht sich eine Tochter. **Sarah Nina** soll sie heißen. Warum der Lauterer Stürmer unbedingt ein Mädchen möchte, begründet er sehr emotional: »Weil ich in diesem Fall die sicherste Gewähr dafür habe, dass mein Kind kein Fußballspieler wird.« Beim ersten Mal klappt es tatsächlich. Anderthalb Jahre später kommt jedoch Sohn Dino auf die Welt – und wird Fußballprofi!

★ ★ ★

Paul Breitner blickt im Herbst zurück auf seine ersten Jahre in München: »Der FC Bayern der Erfolgsjahre war eigentlich ein unglaubliches Gebilde. Eine Klassengesellschaft unheimlichen Ausmaßes. Es gab fünf Klassen, Abstufungen innerhalb des Vereins. Ganz oben Neudecker, der Unnahbare. Wir sahen ihn nur, wenn er in der Kabine Prämien erhöhte. Ansonsten gab es zu ihm als Person keine Verbindung, keinen Dialog, nichts. Klasse zwei, das waren Beckenbauer und Schwan, genauso unantastbar, unangreifbar, unerreichbar. Beide taten, was sie wollten. Franz hatte Sonderrechte. Klasse drei, darin befand sich als einziger Gerd Müller, nicht nur als Torjäger eine Klasse für sich. Er kümmerte sich vorwiegend nur um sich selbst – und wenn er sich schon einmal mit jemandem verbündete, dann meist mit dem Falschen. Klasse vier war Sepp Maier. Der Sepp war der einzige, der sich auch um die Kleinen kümmerte, um die ganz unten, die Nobodies, um uns junge Spieler. Wenn der Seppl uns damals mit seinen Witzen nicht immer aufgeheitert hätte, wäre die ganze Gesellschaft nicht mehr zu ertragen gewesen. Ansonsten war **für Gefühle kein Platz**. Das ganze Gebäude an Sonderrechten, Intrigen, der Kampf Gruppe gegen Gruppe, jeder gegen jeden, funktionierte nur durch den dauernd vorhandenen Erfolg. Der Erfolg war aber auch nur Ergänzung zu einem Personenkult und einem Geschäftsgebaren sondersgleichen.« Breitner selbst bildet mit Uli Hoeneß eine Zweckgemeinschaft in dieser Zeit: »Wir beide waren eine Oase in der Wüste!«

★ ★ ★

Hennes Weisweiler war offensichtlich kein Vertreter des Slogans »Otto, find ich gut!«. Nach dem Trainerwechsel in Düsseldorf: »Für einen guten Mann wie Tippenhauer, der ruhig seine Arbeit macht, einen **Sprücheklopfer wie Otto Rehhagel** zu holen, ist mir völlig unverständlich.« Auch sein ehemaliger Spieler Roland Weidle ist kein echter Otto-Jünger: »Rehhagel ist ein guter Trainer, aber nur für ein Jahr. Seine Sprüche hängen einem bald zum Hals raus.« Zwei seiner aktuellen Sprüche in Düsseldorf: »Ich kann nicht langfristig planen und kurzfristig verlieren.« Und: »Heutzutage ist es einfacher, drei Autos zu klauen, als ein Spiel als Bundesliga-Trainer zu verlieren. Man bekommt keine Zeit.«

★ ★ ★

Pierre Littbarski wirbelt die Bundesliga durcheinander. Jetzt steht er vor dem ganz großen Durchbruch, doch etwas bremst ihn aus. Nach einer Galavorstellung zu Hause gegen Braunschweig (8:0) möchte DFB-Beobachter Berti Vogts den jungen Kölner direkt befördern: »Ich hätte Littbarski dem Bundestrainer für den Kader der Nationalmannschaft zum Argentinienspiel vorgeschlagen, doch er bat mich, davon Abstand zu nehmen, da er am Montag heiratet.«

Max Merkel holt in seiner Kolumne im »Playboy« zu einem Rundumschlag aus. Keiner in der Fußballszene ist vor seiner kessen Schnauze sicher. Über seinen Trainerkollegen Hennes Weisweiler sagt Merkel: »Das ist einer wie Dschingis Khan – der kann **raufen, saufen und Kinder zeugen**.« Über Udo Lattek: »Der behandelt Spieler, als wären das alles Menschen zweiter Klasse. Als Spieler muss man unheimlich auf die eigene Frau aufpassen, wenn er in der Nähe ist.« Über den Verein vom Betzenberg: »Die meisten Spieler haben höllischen Respekt vor den Kaiserslauterern, weil die zuschlagen wie Mutterschänder.« Voll des Lobes ist Merkel hingegen über die Fans des BVB: »Im Westfalenstadion berauscht dich die Masse dermaßen, da kannst du vom Beifall fast 'nen Orgasmus kriegen.«

Und über die Bundesliga im Allgemeinen: »Sie ist 17 und macht jedes Jahr sieben Millionen Männer an. Doch sie selbst hat die richtigen Männer nicht. Vielleicht liegt es daran, dass sie trotz ihrer Jugend schon ziemlich alt aussieht. Die Maid heißt Bundesliga und tritt in 18 Häusern der Republik auf, oben ohne und unten schwach wie nie. Sie bumst nicht mehr so schön wie ehedem, als die Deutschen noch Europameister und Weltmeister waren.«

BUNDESLIGA: DER RUBEL ROLLT...

Geldsorgen brauchen Bundesligaspieler nicht zu haben. Dafür kümmert sie anderes. Wir haben uns umgehört, was Kicker anmacht und was sie ärgert. Rechtzeitig zum Anpfiff

Wo am meisten Geld verdient wird

Die teuerste Mannschaft der Bundesliga hat, mit einem Monatsetat von über einer Million Mark, der Deutsche Meister Hamburger SV. Höchstverdiener ist HSV-Star Kevin Keegan mit 400 000 Mark netto im Jahr. (Dazu hat er als einziger Bundesligaspieler in seinem Vertrag stehen, daß er jederzeit Werbung machen darf.) Keegan hält auch den absoluten Gagenrekord der Bundesliga, was Autogrammstunden betrifft: Die Norddeutsche Kundenkreditbank (NKK) zahlte dem Engländer für eine Signierstunde 14 000 Mark. Zweitteuerste Mannschaft ist Bayern München mit einem Monatsetat von knapp 850 000 Mark. Am besten verdient hier Paul Breitner mit 400 000 Mark im Jahr. Allerdings brutto. Zu den großen Verdienern zählen außerdem: Hamburgs Verteidiger Manfred Kaltz mit 390 000 Mark, Frankfurts Mittelfeld-Regisseur Jürgen Grabowski mit 380 000 Mark und Schalkes Mittelstürmer Klaus Fischer mit 370 000 Mark. Am geringsten bezahlt wird in der Bundesliga Kaiserslauterns Reinhard Meier. Der Mittelfeldspieler hat ein Grundgehalt von 60 000 Mark.

Wo Bundesligaspieler am liebsten spielen

1. München
2. Dortmund
3. Berlin

München gewann mit Abstand, „weil das Olympiastadion den größten Komfort bietet" und weil es im Stammquartier der meisten Bundesligavereine, im Sheraton-Hotel, „die schärfsten Weiber gibt". Über Dortmund sagt Rolf Rüßmann von Schalke 04: „Im Westfalen-Stadion berauscht dich die Masse dermaßen, da kannst du vom Beifall fast 'nen Orgasmus kriegen." Berlin ist wegen der bequemen Anreise gefragt: Die geteilte Stadt wird von allen Vereinen grundsätzlich angeflogen.

Wo Bundesligaspieler nicht gern spielen

1. Kaiserslautern
2. Braunschweig
3. Duisburg

Kaiserslautern liegt wegen seines gefürchteten, fanatischen Publikums weit vorn. Kommentar: „Da kann man erstochen werden." Braunschweig kam auf Platz zwei, weil es das „schlimmste Provinznest" der ganzen Bundesliga ist. „Dort kann man sich bloß besaufen." Duisburg ist für viele Spieler finsterster Kohlenpott: „Da hat man immer das Gefühl, als wäre man noch in der Nachkriegszeit."

Welchen Trainer die Spieler am meisten schätzen

1. Hennes Weisweiler (1. FC Köln)
2. Jürgen Sundermann (ehemals VfB Stuttgart, jetzt Grasshoppers Zürich)
3. Erich Ribbeck (DFB-Trainer)

Weisweiler gewann überzeugend: „Das ist einer wie Dschingis-Khan – der kann raufen, saufen und Kinder zeugen" und „Der kann mit Männern umgehen". Fast alle Stimmen für Sundermann kamen aus seiner ehemaligen Mannschaft: „Der läßt uns nicht bis zum Umfallen Runden laufen." Ribbeck wurde Dritter, weil er – in der Bundesliga offenbar keine Selbstverständlichkeit – was „vom Fußball versteht".

Welchen Trainer die Spieler am wenigsten schätzen

1. Udo Lattek (Borussia Dortmund)
2. Jupp Derwall (Bundestrainer)
3. Branco Zebec (Hamburger SV)

Udo Lattek gewann, weil er die Spieler behandelt, „als wären das alles Menschen zweiter Klasse" und weil man „als Spieler unheimlich auf die eigene Frau aufpassen muß, wenn er in der Nähe ist". Bundestrainer Jupp Derwall wurde Zweiter, weil allgemein die Überzeugung vorherrscht, daß er „ein falscher Fuffziger" sei. Und bei Meistermacher Branco Zebec sei einem nach dem Training „fast immer speiübel".

Was Bundesligaspieler nicht lesen

Über 90 Prozent der befragten Spieler erklärten, die Fußballregeln noch nie gelesen zu haben, und sehen auch keinen Grund, das nachzuholen.

Gegen welche Mannschaften es eine Todsünde wäre, ohne Schienbeinschützer zu spielen

1. 1. FC Kaiserslautern
2. VfB Stuttgart
3. Alle Mannschaften, die von Otto Rehhagel trainiert werden

Die meisten Spieler haben höllischen Respekt vor den Kaiserslauterern, „weil die zuschlagen wie Mutterschänder". Das soll ihnen Trainer „Kalli" Feldkamp beigebracht haben, denn der war in seiner aktiven Zeit bei Rotweiß Oberhausen auch immer für einen Schienbeinbruch gut. Was man beim VfB Stuttgart fürchtet, ist leicht gesagt: die Förster-Brüder. Und von Otto Rehhagel glaubt man zu wissen, daß er seinen Mannschaften predigt, sie sollten dem Gegner schon im Kabinengang an die Knochen treten.

Wie man am besten Verträge aushandelt

Ratschlag eines Routiniers: Zwei Monate vor der Vertragsverhandlung von großem auf kleinen Wagen umsteigen. Im Training morgens der erste sein und abends der letzte. Einflußreichen Sportjournalisten mit Frau zum Essen einladen: Der kann mit angeblichen Angeboten von anderen Vereinen den Preis nach oben treiben. Immer nur mit

(Bitte lesen Sie weiter auf Seite 166)

Die Bundesliga bibbert: Der ehemalige Bremer Spieler Per Roentved klagt in seinem Buch »Die Kehrseite« den **Dopingkonsum in der Bundesliga** an: »Ich weiß, dass sich einige Spieler von Werder Bremen ständig dopen. Ich glaube aber, dass sie diese Mittel nicht von unserem Vereinsarzt bekommen, sondern sie sich aus anderen Quellen beschaffen.« Als er noch Profi bei Werder Bremen ist, sagt er einmal: »Ich bin für meine Fans Tag und Nacht zu sprechen!« Und das stimmt: Für 23 Pfennig pro Einheit kann ihn jedermann anrufen – seine Nummer steht ordnungsgemäß im Telefonbuch.

★ ★ ★

In Dortmund zeigt man sich früh der Zukunft zugewandt. Das ausverkaufte Spitzenspiel gegen den FC Schalke 04 soll live über eine Riesenleinwand in das nahe gelegene Stadion »Rote Erde« übertragen werden. Das TV hat schon seine Zustimmung gegeben. **Das erste Public Viewing in der Bundesligageschichte.**

★ ★ ★

Der Mann kann vom runden Ledersport nicht lassen: Der Ex-Manager vom HSV, Dr. Krohn, plant eine **Fußball-Rock-Oper**. Es soll um den »Aufstieg eines Liverpooler Fußballjungen« gehen. Moment, da war doch was? Genau. Krohn: »Deshalb wäre es gut, wenn wir mit unserem Stück fertig wären, solange Kevin in Deutschland spielt.« Wir? Jaja, denn niemand Geringeres als Udo Lindenberg soll die Noten liefern. Krohn: »Den Text habe ich auch schon so gut wie fertig. Die Schwierigkeit ist nur, dass der Udo Lindenberg sehr beschäftigt ist und noch nicht dazu gekommen ist, die Musik zu schreiben.« Vielleicht eine Aufgabe für den erfolgreichen HSV-Sänger Kevin Keegan selbst?

★ ★ ★

Friedhelm Funkel, der alte Fuchs, verrät private Details seines Ehelebens. Er hat seinen Geburtstag und seinen Hochzeitstag auf denselben Tag gelegt: »Da vergesse ich in einigen Jahren wenigstens meinen Hochzeitstag nicht …«

★ ★ ★

Otto Rehhagel soll **Fortuna Düsseldorf** retten. Beim Trainer geht ganz viel über Sprache. Man sagt sich am Flinger Broich, dass Rehhagel »einen toten Hund wieder lebendig quatschen kann«. Wie sich das anhört, zeichnet ein Journalist live beim Training auf. Zu Rudi Bommer: »Rudi, weshalb haben Sie denn Ihr Hemd bis oben zugeknöpft? Ich sähe es viel lieber, Sie hätten das offen bis untenhin, mit einem großen goldenen Kreuz auf der Brust! Rudi, Mensch, Sie müssen mehr aus sich herausgehen!« Zum Torwart Jörg Daniel: »Mensch, Jörg, Sie sind ein Baum von einem Kerl! Wie viele Spiele haben Sie der Fortuna in dieser Saison schon gewonnen?« Kleinlautes Echo: »Noch keines, Trainer.« »Dann wird das aber Zeit!« Zu Hubert Schmitz: »Hubert, ich habe gehört, Sie haben im letzten Spiel drei Beinschüsse bei Ihrem Gegner gelandet? »Ja, Trainer!« »Und wie viele Tore haben Sie gemacht?« »Keines.« »Mann, Hubert!« Als die Mannschaft bei einem Waldlauf gerade ächzt und stöhnt, entdeckt Rehhagel zwei Rentner auf einer Parkbank: »Wie alt die wohl sind, die Knaben? Schätze, 65 oder so. Mensch Jungs, freut euch, dass ihr noch so jung seid. Was glaubt ihr, wenn die beiden alten Knacker noch mal jung sein könnten wie ihr! Wenn die tauschen könnten, die würden aufspringen und drei Stunden Waldlauf machen mit mir!« Und nachmittags beim Kaffee zeigt Rehhagel, dass er nicht nur mit Menschen gut kann. Als am Nachbartisch ein Schnauzer unruhig wird, geht der Coach der Fortuna zu ihm hin und sagt: »Ein guter Trainer ist Tierfreund!« Und siehe da: Nach einem kleinen Leckerli und ein paar schmeichelnden Worten legt der Hund zufrieden und ruhig seine Schnauze auf Rehhagels Knie!

Der 15. Dezember 1979 ist **ein schöner Tag** für Rolf Rüssmann. Er ballert Schalke mit seinem Elfmetertor zum 1:0-Sieg über den Hamburger SV und hört Sekunden später über die Stadionlautsprecher, dass er zehn Minuten zuvor Vater einer gesunden Tochter geworden ist. Seine zweite. Trainer Dietmar Schwager ist begeistert: »Alle guten Fußballer bekommen Mädchen – ich habe auch zwei!«

★ ★ ★

Jupp Kapellmann spielt mittlerweile beim Bundesliga-Aufsteiger 1860 München. Aber auch hier hat er sich nicht nur Freunde in der Mannschaft gemacht. Woran dies möglicherweise liegen könnte? Als Kapitän spricht der junge Arztstudent häufig Probleme an – die Frage ist dabei nur, ob ihn auch immer alle verstehen? »Die Konzentration ist abhängig von der celebralen Durchblutung, und wenn ich keine Kondition habe, lässt auch die nach!« Oder auch sehr schön: »Einigen von uns fehlt das **periphere Sehen**. Wenn ich sehe, dass einer steil geht, muss ich mich von meiner ursächlicheren Aufgabe lösen und mannschaftsintegriert agieren.«

Wuttke

★ ★ ★

Was für eine Gelegenheit! **Wolfram Wuttke** zögert nicht lange, als er den neuen Mercedes vor der Geschäftsstelle stehen sieht. Schlüssel steckt, reingesetzt und mit Vollgas einmal rund um den Parkplatz. Als er aussteigt, steht der Wagenbesitzer schon mit hochrotem Kopf bereit. Charly Neumann verpasst dem kleinen Wuttke mit voller Wucht **eine Backpfeife**: »Nur damit du weißt, dass ich solche Scherze nicht liebe!«

★ ★ ★

Beim HSV ist sich Kapitän Peter Nogly **für nichts zu schade**. Als Nachwuchsprofi Buca das erste Mal auflaufen darf, sorgt sich Nogly liebevoll um den flatterigen Brasilianer: »Er klopfte mir beruhigend auf die Schulter und band mir sogar die Fußballstiefel zu, weil ich zu nervös war.«

★ ★ ★

Dem Schalker Kapitän Bernd Thiele reicht es. Er schnauzt im Training das schlampige Nachwuchstalent Wolfram Wuttke an: »Nun spiel und renn doch endlich mal, **du fette Sau**!« Wuttke sieht Thiele ungläubig an, geht wortlos vom Platz, packt seine Sachen und verschwindet. Auch Trainer Schwager kann den 18-Jährigen nicht aufhalten. Die Allüren einer frühreifen Diva!

★ ★ ★

Sepp Maier erzählt zum Abschied einen Schwank aus seiner Karriere, **Thema Balljungen**: »Am schlimmsten war es immer in Schalke. Wenn wir in Gelsenkirchen hintenlagen, haben die immer so furchtbar rumgetrödelt, dass ich immer geschrien habe: ›Jetzt hole ich mir den Ball selbst.‹ Aber da sind die dann auch immer mitgesaust, um vor mir den Ball zu erwischen. Und wenn sie ihn hatten, haben sie sich das Leder gegenseitig zugeworfen und recht frech gelacht. Balljungen haben es halt schön, weil sie vom Schiedsrichter nicht verwarnt werden können.«

★ ★ ★

In Frankreich ballert sich Erwin Kostedde ins Gedächtnis der Bundesliga zurück. Zu seinem Verein **Stade Laval** reist der »braune Bomber« (»kicker«) immer erst zwei Tage vorher per Flugzeug und Bahn an. Sein Trainer: »Wir haben Erwin dieses Privileg zugestanden, weil seine Frau das Klima hier nicht verträgt!« Man höre und staune. Seine Familie lebt in Bad Oeynhausen.

Klaus Augenthaler

Ein fescher Jungspieler der Bayern wird Dressman. Klaus Augenthaler wirbt für die Jeansfirma »Outsider« und erhält ein Honorar von 100.000 Mark. Der 21-Jährige ist ohnehin **sehr geschäftstüchtig**: Er führt zwei Sportgeschäfte mit drei Angestellten, wirbt für einen Elektrokonzern und ist Geschäftsführer einer Werbe- und Veranstaltungsfirma.

★ ★ ★

Es ist das **Ende der großen Karriere** des legendären WM-Keepers Sepp Maier – doch knapp 24 Stunden nach seinem verheerenden Autounfall auf regennasser Fahrbahn weiß dies eigentlich noch niemand. Die Presse aber fragt sich trotz eines schwer verletzten Menschen mit starken Schmerzen, ob die »Bayern nun einen neuen Torwart holen«. Katsche Schwarzenbeck gibt die einzig richtige Antwort in diesem Moment: »Mich interessiert jetzt wirklich nicht, wer nun bei uns im Tor steht oder ob wir einen anderen Keeper kaufen müssen. Am wichtigsten ist, dass der Sepp schnell wieder gesund wird!« Und diese Gesundheit hängt am seidenen Faden. Am Ende ist es Uli Hoeneß, der Sepp Maier das Leben rettet. Als er den Torwart im Krankenhaus besucht, ist Maier nicht der Maier, den er kennt. Hoeneß ist betroffen. »Sepp, da stimmt doch was nicht. Du brauchst sofort einen Spezialisten«, ruft der Mannschaftskamerad und rennt augenblicklich aus dem Zimmer. Auf Hoeneß' Drängen wird Maier in ein anderes Krankenhaus verlegt. Das beherzte Einschreiten seines Freundes rettet dem Torhüter das Leben.

Autounfall! Sepp Maier schwer verletzt!
Holen die Bayern nun einen neuen Torwart?

★ ★ ★

Als Maier wieder fit wird, darf er dennoch nicht spielen. Er ist sauer und ruft stark angetrunken mitten in der Nacht bei seinem Trainer an, um sich Luft zu machen. Er fühlt sich schlecht behandelt von seinem Coach: »Als Csernai noch Lorants Assistent war, kroch er mir in den Hintern. Ich habe ihm zum Cheftrainerposten mitverholfen, dafür lässt er mich jetzt hängen.« Csernai reagiert besonnen: »Ich habe doch nicht diesen Unfall gebaut, sondern Sepp! Die lange Zeit, die er wegen seines Unfalls von der Mannschaft getrennt war, hat ihn verändert. Er lebte nur noch in seiner eigenen Welt. Als er zurückkam, machte er **nur noch Stunk**, das hat ihm die Mannschaft nicht verziehen. Sepp hatte nicht bemerkt, dass mit den anderen in seiner Abwesenheit etwas vor sich gegangen war. Es war plötzlich eine fremde Mannschaft, die er noch dazu durch seinen Unfall in eine schlimme Lage gebracht hatte. Jeder von uns wusste doch, wie der Sepp immer mit dem Auto rast. Der Sepp soll zufrieden sein, dass er noch lebt. Dafür sollte er dankbar sein.«

★ ★ ★

Die 2:1-Niederlage der Schalker bei Borussia Dortmund ist zu viel für den Trainer der Königsblauen. Gyula Lorant erscheint nicht auf der Pressekonferenz. So bleibt es an Mannschaftsbetreuer Charly Neumann hängen, die Journalisten von einem **Bild des Trauerns** zu unterrichten: »Lorant sitzt in der Kabine. Er sagt, er sei nervlich völlig am Ende und werde nicht kommen.« Gut, dass es auf Schalke noch die wortgewandte »Forelle« gibt: Präsident Oskar Siebert übernimmt galant und füttert die Medienvertreter mit Informationen!

★ ★ ★

Kevin Keegans Schallplatte **»Head over Heels in Love«** verkauft sich europaweit schnell über 400.000 Mal. Für einen HSV-Sponsor schlüpft der Engländer in die Rolle des »Super-Kevin« – ein Comic-Held, der für sparsamen Energieverbrauch kämpft. Gage hierfür: »Weniger, als der Kino-Superman Christopher Reeve bekommen hat!« Meint der Sponsor. Und vergisst zu erwähnen, dass der Filmheld über eine halbe Million Mark kassierte.

»Stern«-Journalist Ulrich Pramann schaut auf die **»fremde Welt der Fußballfans«**. In seinem Buch »Das bisschen Freiheit« begleitet er auch den Schalker »Baller«. Auf seine Arme hat sich der 15-Jährige zweimal »S04«, einen Anker, ein Hakenkreuz, ein Grab mit untergehender Sonne und einen Kommisskopp mit Judenstern (den Baller »Judensau« nennt) tätowiert. Baller ist überzeugter »Bild«-Leser: »Die vonner Bild-Zeitung bringen allet aktionshaft. Zum Beispiel heute. Überschrift: Der grässlichste Unfall des Jahres – Mann fiel in Wurstmaschine. Bild sprach als erstet mittem Gehacktes.« Die Artikel über seine Fußballschlägereien sammelt Baller. Er glaubt, alles, was in der Zeitung steht, sei wichtig. Also müsse er auch irgendwie mit wichtig sein. Pramann über eine Auswärtsfahrt der Schalker nach Köln: »Die Kölner Fans schimpfen die Fans von Schalke 04 als ›Scheiße vom Revier‹, und die Schalke-Fans nennen die Kölner den ›FC Mörderclub‹. Es geht nie ohne Schlägereien aus. Die Polizei hat immer Großeinsatz. Viele Schalke-Fans hatten an diesem Tag gekniffen und waren lieber zu Hause geblieben, angeblich, weil sie zu einer Beerdigung mussten, das Auto vom Vater waschen oder sonst was. Ein anderer wollte am Hauptbahnhof nur eine Hinfahrtkarte lösen: ›Zurück bin ich sowieso innet Krankenhaus.‹«

Der 15-jährige »Baller« äußert sich auch zu seinem Lieblingsverein: »Schalke, dat is nich nur die Mannschaft. Der Fischer und der Abi. Ohne Schalke wär mein Leben 'ne Katastrophe. Öd und leer wäre dat. Schalke, dat is, wenn wir zusammen sind. Zusammen singen, zusammen stehen, zusammen saufen. Da biste nich allein. Dat tofte Gefühl, wenn die anderen vor uns türmen und wenn andere davon erzähln, un ich gehör dazu. **Dat is Schalke!**«

★ ★ ★

Kaum ist Uli Hoeneß Manager bei den Bayern, sprießen die Ideen nur so aus dem Boden. Kalle Rummenigge verrät einen der **Geheimpläne**: »Es gibt ernsthafte Überlegungen bei unserer Klubführung, ob wir in Zukunft bei Auswärtsspielen nicht im bayerischen Trachten-Look anreisen. Das ist kein Witz! Ich fände so was unheimlich originell.«

★ ★ ★

Am neunten Spieltag führt der 1. FC Köln gegen Borussia Mönchengladbach zur Halbzeit mit 3:0. **Es droht ein Debakel** für die Fohlen. Und was tun die Kölner? Sie laufen in der Pause zu den Gladbachern und »heucheln«, wie sich Ewald Lienen erinnert: »Es tut uns ja so leid, aber da kann man eben nichts machen!« Die Gladbacher sind stinksauer. Zwischenzeitlich drehen sie die Partie komplett: 4:3. Am Ende gibt es ein Unentschieden. Lienen: »Die Kölner hätten uns einfach ihr Mitleid nach unserem 0:3-Rückstand nicht so deutlich fühlen lassen sollen, dann hätte es am Schluss höchstwahrscheinlich kein 4:4 gegeben.«

Der Leiter der Mönchengladbacher Heil- und Pflegeanstalt verabschiedet Ewald Lienen und seine Schützlinge in die Ferien. Mit einem Campingbus ging es an die Ostsee.

★ ★ ★

Zwei Torhüter im **Ehrgeiz-Vergleich**. Zuerst der Kölner Keeper Toni Schumacher: »Im Training kenne ich kein Pardon. Die hauen mir die Bälle ja auch rücksichtslos aus nächster Entfernung auf den Kasten. Da gibt es eben mal eine rote Nase!« Und nun der junge Bayern-Torhüter Walter Junghans: »Ich kann doch nicht im Training die eigenen Spieler zusammenhauen!«

Hansi Müller (li.) und sein Trainer Lothar Buchmann.

Jürgen Sundermann hat vor der Saison überraschend den VfB Stuttgart verlassen und gesagt, dass es vor allem an der Familie gelegen habe. Als Sundermann eines Morgens mal wieder in Eile war und den Frühstückstisch gerade hastig verlassen wollte, habe sein zwölfjähriger Sohn Marc gesagt: »Ach, weißt du, Papa, mit dir kann man nichts mehr reden!« Für den VfB-Trainer sind diese Worte ein Schock: »Ich wusste mit einem Mal, dass da etwas ganz, ganz Entscheidendes aus dem Gleichgewicht geraten sein musste.« Er beschloss und verkündete seinen Rückzug in die Schweiz, um dort Trainer beim Grasshopper Club Zürich zu werden: »Warum habe ich denn geheiratet, wenn mir für meine Frau so gut wie keine Zeit bleibt? Warum habe ich denn Kinder, wenn ich kaum mitkriege, wie sie aufwachsen? Jetzt sind sie noch zehn und zwölf, bald werden sie erwachsen sein und aus dem Haus. Was habe ich dann von ihnen, was haben sie von mir gehabt? Nichts!«

Kurz vor Ende dieser Spielzeit kündigt Jürgen Sundermann schließlich genauso überraschend seine Rückkehr nach Stuttgart an. Er sei vom Schweizer Fußball enttäuscht, sagt er. Das nehmen ihm die Eidgenossen übel. Sie glauben, es ginge Sundermann und seiner Familie ohnehin nur um das »Schweizer Niederlassungsrecht«. Ein Schweizer Bürger: »Er soll nur nie wieder als Papierli-Schweizer in unser Land zurückkehren. Solche wankelmütigen Profiteure brauchen wir in der Schweiz nicht.«

In Stuttgart hatten große Teile des Teams ihren neuen Trainer Lothar Buchmann rausgemobbt. VfB-Verteidiger Bernd Martin sagt: »Fast alle waren gegen Buchmann! Nicht nur der Hansi.« Das Kuriose: Zum Zeitpunkt dieser Aussage steht der Coach noch jeden Tag mit der Mannschaft auf dem Platz. Das Verhältnis von Buchmann zu Hansi Müller ist da allerdings schon lange zerrüttet. Der Star des VfB hat sich dazu hinreißen lassen, Buchmanns Lieblingsfloskel »infrage gestellt« auf dessen Trainingsanzug zu schreiben. Für den Übungsleiter ist schnell klar, wer der Übeltäter ist: »Die Schrift stammt von einem Linkshänder, die Buchstaben hängen nach links.« Der **bekannteste und populärste Linksfuß der Bundesliga** ist zu dieser Zeit: Hansi Müller!

Nicht alle Spieler freuen sich allerdings auf Sundermanns Rückkehr. Nur wenige Monate zuvor hatte Schorsch Volkert beim Abschied des Trainers noch getönt: »Länger hätte ich mir meinen Kopf von ihm ohnehin nicht mehr unters Wasser tauchen lassen.« Nun heißt es für ihn und ein paar andere Akteure wohl: Wieder abducken und Sauerstoffflaschen raus. Oder man hofft, dass am Ende doch alles ganz entspannt wird, so wie sich Sundermann selbst seinen Alltag am liebsten auch wünscht: »Wenn der Trainer Erfolg hat, kann er die Spieler im Training auch zwei Stunden lang nur Kopfstände machen lassen.«

★ ★ ★

Der **Kaiserslauterer Koloss**, Hans-Günter Neues, sammelt die Gelben Karten schon seit längerem gleich im Dutzend ein und ist deshalb verzweifelt. Da er aufgrund seiner imponierenden Gestalt in Zweikämpfen häufig sehr überlegen ist, wird das Auge der Männer in Schwarz leider häufig ein wenig eingetrübt – sie unterstellen Neues unfaires Spiel. Dies sieht der Abwehrrecke jedoch ganz und gar nicht ein: »Daraus kann man mir doch keinen Vorwurf machen. Da müsste der Schiedsrichter allenfalls meinen Eltern die Gelbe Karte zeigen.« Klingt logisch, ist aber natürlich nicht umsetzbar. So haben die Schiris den Libero Neues auf dem Kieker, und dieser hat an der Situation ordentlich zu knacken. In einem Anfall von zynischem Humor kennt er nur eine Lösung: »Für mich wäre es am besten, ich würde mit einer Maske einlaufen, damit mich die Unparteiischen nicht erkennen.« Tatsächlich gelingt es Neues, die Anzahl seiner Karten in den Folgejahren herunterzufahren – ganz ohne Maske.

Auf Schalke wird **Dr. Hans-Joachim Fenne** zum Präsidenten gewählt – im zweiten Anlauf quasi. Am Tag der Jahreshauptversammlung hatte er erst das Handtuch geworfen – aus Sorge um sein Ansehen. Überhaupt schätzt Fenne die Lage auf Schalke betont nüchtern ein: »Sie können hier einen Mann zum Präsidenten wählen, und schon auf dem Nachhauseweg werden die Messer gegen den Mann gewetzt. Gleich, ob dieser Müller, Meier oder Schulze heißt!« Bis 1986 hält Dr. Fenne auf Schalke durch, dann tritt er zurück.

★ ★ ★

Der Frankfurter **»Schädel-Harry«** Karger ist anfangs technisch wenig beschlagen. Er sagt über sich selbst: »Im Training kam nur jeder zweite Ball an, wenn nur ein Ballkontakt erlaubt war.« Eine freundliche Umschreibung für das, was die Kollegen eher so sehen: »Der vergewaltigt den Ball« (Jürgen Grabowski) und »Ich habe immer Angst, dass der einige Bälle kaputt tritt.« (Bernd Hölzenbein)

★ ★ ★

Wilfried Hannes bleibt überraschend in Gladbach – dabei hat er dem 1. FC Köln schon fest zugesagt, wie zuvor allerdings auch schon Mönchengladbach: »Ich habe ja nach außen hin so getan, als ob der **Wortbruch gegenüber Jupp Heynckes**, dem ich vor drei Wochen die Vertragsverlängerung versprochen hatte, nichts sei. Aber innerlich hat das schon an mir gezehrt. Stundenlang habe ich mit meiner Frau darüber diskutiert. Ich weiß, dass der 1. FC Köln von mir enttäuscht ist, aber ich konnte nicht anders entscheiden.«

★ ★ ★

In Duisburg sorgt **Jungprofi Thomas Kempe** für Furore. Ein Mann, der weder Angst noch Schmerz zu kennen scheint. Das beste Beispiel für diese These zeigt ein folgenschweres Missgeschick, das ihm zwei Jahre zuvor abseits des Platzes als Rohrschlosserlehrling unterlaufen ist. Kempe riss sich dabei die Kuppe seines linken Zeigefingers zwischen den stählernen Backen eines Schraubstocks und einem Metallrohr ab. Das Jungtalent reagierte cool: »Ich bückte mich, hob das Stück auf, holte eine kleine Papiertüte, tat das abgerissene Stück vom Finger rein und ließ mich ins Krankenhaus fahren.« Diese Coolness erfahren die Gegenspieler von Kempe auch auf dem grünen Rasen. Bei einem Spiel in Leverkusen raunzt ihn ein Bayer-Profi vor der Partie an: »Na, du Grünschnabel!« Kempe lächelt: »Pass nur auf, du, dir zieh ich gleich den Ball durch die Nase.« Sein Kontrahent: »Dann hau ich dich um!« Kempe: »Und ich dich auch. Verlass dich drauf!« Kempe liebt den direkten, einfachen Weg ohne Schlenker und unnötig viel Gedöns. Das Geld, seine Locken, sein Beruf, all das zieht das weibliche Geschlecht an wie Freibier die Besucher beim Stadionfest. Doch Kempe bleibt auch da ganz cool: »Mädchen hätte ich viele haben können. Aber wat soll dat denn? Ich gehe doch fest mit der Bärbel!«

★ ★ ★

Nach dem verlorenen Europapokalfinale in Madrid gegen Nottingham Forrest säuft die Mannschaft des HSV entgegen dem Verbot des Trainers bis morgens um sechs an der Bar. Magath danach: **»Endlich sind wir eine richtige Mannschaft.«** Und Kaltz: »Wir sind die beste Thekenmannschaft Deutschlands.« Ob er in Hamburg nach der Rückkehr ein Training mache, wird Zebec von Journalisten gefragt und sagt: »Nein, mit Betrunkenen trainiere ich nicht.« Kaltz: »Wenn wir jedes Mal nicht trainiert hätten, wenn Herr Zebec gerade mal voll war, dann wären wir im letzten Jahr so gut wie nie zur Arbeit gekommen.« Im Dezember wird er entlassen. Hrubesch über Zebec: »Er redet eine ganze Nacht mit jemandem, ist freundlich, offen und witzig. Am nächsten Tag grüßt er den gleichen Mann kaum noch.«

Kevin Keegan: »Die Technik macht heute vieles möglich!«

Bei seinem **Abschied aus Liverpool** lässt Keegan auf eigene Kosten 100.000-mal ein Foto drucken, das ihn und seine Frau in inniger Umarmung nach dem Gewinn des Europapokals zeigt. Das Bild wird kostenlos an seine Anhänger verteilt. Keegan scheint seine Fans tatsächlich zu achten: »Kein Kind geht von mir weg, ohne dass es sein Autogramm bekommen hat. Als Kind wartete ich einmal im Regen als Einziger nach einem Spiel auf mein Idol. Keiner war da außer mir. Nach einer halben Stunde kam er und schubste mich zur Seite. Ich habe das nie vergessen. Wir sind doch auch als Erwachsene manchmal noch wie Kinder, nicht?«

Doch auf dem Platz läuft es für den Star der englischen Nationalelf zuerst alles andere als gut. Die Mitspieler neiden ihm das viele Geld und die kostenlosen Annehmlichkeiten, die er bekommt. So übernimmt der HSV sechs Monate die Kosten für ein **Mietshaus mit Swimmingpool und einem Tennisplatz**. Als sich die Situation für Keegan im Frühling 1978 immer noch nicht gebessert hat, sagt er: »Ich bekomme viel Geld vom HSV, aber ich verdiente es bisher nicht redlich, weil ich gar nicht oft genug den Ball bekam, um mit meiner Leistung zeigen zu können, dass ich das Geld auch wert bin. Also habe ich zu Netzer gesagt, entweder er sorgt dafür, dass ich öfter den Ball bekomme, oder er verkauft mich!«

Netzer lässt ihn nicht im Stich, unterstützt Keegan, wo er nur kann – und es zahlt sich aus. Gegenspieler Ennatz Dietz vom MSV Duisburg schwärmt: »Keegan lässt sich nicht unterkriegen. Dem haut einer auf die Gräten, schon steht er wieder auf und lächelt dich an. Für einen Profi hat er noch eine **unglaubliche Spielfreude**. Diese Begeisterung ist mehr wert als alles andere. Dem fällt nach einem Sieg erst in der Kabine wieder ein, dass er jetzt auch noch Geld dafür kriegt. Der sagt dann: ›Ah, ja. Geld gibt's ja auch noch!‹« Und Schiri Ahlenfelder:»Der wurde gefoult, stand auf, wurde wieder getreten, aber lief immer weiter. Kein Ton, gar nichts!«

Neben dem Platz soll sich Keegan jedoch eines Tages von einem gutmütigen, netten Burschen **zu einem echten Geldhai** verändert haben, wie sich Spielerberater Holger Klemme erinnert: »Er hat eine prägende Erfahrung gemacht: Ein in Süddeutschland ansässiger Spielervermittler bekniete Netzer, er möge ihm Keegan für eine Autogrammstunde zu 7.500 Mark besorgen. Keegan fuhr hin. Der Spielervermittler präsentierte ihn in einem Kaufhaus, dann in einer weiteren Filiale, dann noch einer, dann bei einem vierten Termin und spät am Abend noch bei einem Tanzwettbewerb in einer Disko. Nun kam Keegan erfreut nach Hamburg zurück und verkündete freudig, er habe fünfmal 7.500 Mark an dem Tag verdient. Er irrte sich, denn der Vermittler überwies schließlich nur einmal die 7.500 Mark, hatte aber wohl selbst fünfmal kassiert. Von da ab änderte sich Keegan zu einem richtigen Geldhai. Er sagte immer nur: ›So ist Deutschland! Wenn ich eines Tages wieder nach England zurückkehre, dann die Taschen so voll mit Geld, bis sie durchbrechen.‹«

Das Cover von »Head over Heels in Love«. Im Herbst 1978 sagt Keegan: »Ich habe auch selber schon eine Platte gemacht, obwohl ich überhaupt nicht singen kann. Aber die Technik macht heute vieles möglich.«

1980/81

»Schalke ist tot, da will ich auch nicht mehr leben«

Die Hamburger sind dem Gewinn der zweiten Deutschen Meisterschaft innerhalb von drei Jahren sehr nahe. Am 25. Spieltag führen sie gegen die Bayern bereits mit 2:0. Felix Magath und Horst Hrubesch haben die Treffer für den Tabellenersten gegen den zweitplatzierten Titelverteidiger aus München erzielt. Doch ab der 66. Minute kippt zuerst das Spiel und dann die gesamte Saison. Die Bayern beenden durch die Tore von Karl-Heinz Rummenigge in der 67. Minute und Paul Breitner in der 89. Minute die Titelträume des HSV. Bei einem Sieg wäre man mit einem Vorsprung von fünf Punkten den Bayern enteilt. Nun muss man mit ansehen, wie der Meister der Vorsaison die Schwäche der Hamburger gnadenlos ausnutzt und am 28. Spieltag die Tabellenführung übernimmt. **Die Bayern holen den Titel** am Ende souverän. Mit überragenden 53 Punkten stehen sie vier Zähler vor dem HSV und gar sieben vor dem VfB Stuttgart.

Der Spurt der Münchner auf der Ziellinie ist aber nur möglich, weil im Saisonfinale in Hamburg die Nerven blank liegen. Neu-Trainer **Aleksandar Ristic** ist verzweifelt: »Meine Spieler fragten mich zuletzt immer wieder: Alex, warum lachen wir nicht mehr so wie früher? Das Lachen ist bei uns fast ausgestorben! Ich sage ihnen dann: Für mich ist unsere Situation nicht mehr zum Lachen. Ich zerbreche mir eure Köpfe, ich bin verantwortlich!«

Nachdem die Mannschaft erst dafür gesorgt hatte, dass ihr Trainer Branko Zebec gehen musste und sein ehemaliger Assistent Ristic zum Chef befördert wurde, wünschen sie sich nun ihren ehemaligen Coach wieder zurück. Doch die Spieler hoffen vergeblich. Horst Hrubesch: »Einen wie Zebec kriegen wir nie wieder«, und Manni Kaltz: »Mir wäre lieber, Zebec käme schon morgen wieder zurück.« Und was macht Trainerneuling Ristic? Der ist **total verunsichert**: »Branko brauchte sie nur scharf anzusehen – und die Herren rannten los. Bei mir ist das nicht so. Ich bin nicht Branko, nicht der liebe Gott.«

Eine Szene erhitzt in dieser Saison die Gemüter der Fans. Beim Spiel zwischen Bayer Leverkusen und Eintracht Frankfurt wird Bayers Jürgen Gelsdorf zum großen Buhmann. Mit **»absoluter Absicht«** (Eintracht-Trainer Lothar Buchmann) verletzt der Leverkusener den Frankfurter Cha schwer. Dabei hat sich der Koreaner schon wie ein »mittelalterlicher Ritter gepanzert«: Binden und Bandagen um die Fußgelenke, vorne an den Schienbeinen die starken Schützer und hinten an den Waden und Achillessehnen ein eigens für ihn angefertigter Spezialschutz. Gelsdorf spielt nach der Partie den Unschuldigen: »Ich will nicht abstreiten, dass ich Cha umgeräumt habe. Doch dies geschah keineswegs mit Absicht, und ich verstehe nicht, wie er sich dabei so verletzen konnte.« Frankfurts Nickel hebt dagegen die Angelegenheit gleich auf eine höhere Ebene: »Was ist nur mit dem Fußball los, dass solche Typen wie Gelsdorf großgezogen werden?« Eine Woche später im DFB-Pokal beim SV Bramfeld wird der »Bayer-Treter« mit »Mörder«-Rufen empfangen. Doch es geht auch anders. Eine 20-jährige Anhängerin herzt Gelsdorf, drückt ihm einen Kuss auf die Stirn und spricht altersweise Worte: »Du musst vergessen, Jürgen!« Die Liga kann das erst nach und nach.

Saisonverlauf 1980/81

Platz	Tore	Punkte
1.	89:41	53:15
2.	73:43	49:19
3.	70:44	46:22
4.	60:37	44:24
5.	61:57	38:30
6.	68:64	37:31
7.	69:59	35:33
8.	54:55	34:34
9.	53:45	33:35
10.	56:63	32:36
11.	52:53	30:38
12.	45:58	29:39
13.	57:64	28:40
14.	47:57	28:40
15.	46:65	26:42
16.	49:67	25:43
17.	43:88	23:45
18.	47:79	22:46

Heddergott am Klavier.

In Köln scheitert der DFB-Trainerausbilder Karl-Heinz Heddergott. An mangelnder Kompetenz kann es eigentlich nicht liegen. Heddergott: »Ich habe mit meinem Fußballwissen **die ganze Welt befruchtet.**« Ein Streit am Anfang der Saison bricht ihm jedoch frühzeitig das Genick. Jungstar Schuster zum Trainer: »Flasche!« Heddergott zum Nachwuchsspieler: »Rotzlöffel!« Kurz danach nennt Präsident Weiand nicht das aufmüpfige Talent Schuster einen »Sozialfall«, sondern Heddergott. Die Laufbahn des Trainers in Köln endet nach dem achten Spieltag. Auf der Pressekonferenz sieht er Kameras und fragt: »Geht das übers Fernsehen? Dann spreche ich nicht!« Wenigstens das Präsidium des FC sagt an diesem Tag noch etwas – nämlich: »Tschüss!«

Die besten

Torjäger der Saison

K.-H. Rummenigge (Bayern München)	29
Manfred Burgsmüller (Bor. Dortmund)	27
Klaus Allofs (Fortuna Düsseldorf)	19

Als Schalke am 32. Spieltag nur 1:1 gegen den 1. FC Nürnberg spielt, ist die Lage aussichtslos. Die Königsblauen müssen runter in die zweite Liga. Ein 18-jähriger Anhänger stürzt sich unmittelbar am Parkstadion von einer Brücke auf die Straßenbahnschienen. Er stirbt am nächsten Tag. In seiner Jackentasche findet die Polizei einen Zettel: »Schalke ist tot, da will ich auch nicht mehr leben.«

Ein Foto geht um die Welt. Köln spielt in Dortmund (2:2), Schiedsrichter Pauly und Torwart Schumacher stehen **Nase an Nase** und giften sich an. Schumacher brüllt Pauly an: »Pfeif nicht so einen Scheiß!« Der Schiedsrichter tritt noch einen Zentimeter näher an Schumachers Gesicht heran und brüllt zurück: »Wenn hier einer schreit, dann bin ich das, Herr Toni. Sie gehen sofort zurück in Ihr Tor, und die Gelbe Karte nehmen Sie gleich mit!«

★ ★ ★

Ein gewisser **Christoph Daum**, wohnhaft in der Scherfginstraße 59 in 5000 Köln 41, stellt im Sommer 1980 einen Aufnahme-Antrag beim »Bund Deutscher Fußball-Lehrer«.

★ ★ ★

Schiri Max Klauser wird am neunten Spieltag vom Arminen Büscher mit einem kräftigen Schuss niedergestreckt. Der Ball trifft ihn **voll ins Gesicht**. Als einer schreit »Die Pfeife ist weg«, befürchtet Büscher, Schiri Klauser habe sie verschluckt. Doch als dieser wieder aufwacht, zeigt er sich tief beeindruckt: »Mensch, war das ein Hammer!«

★ ★ ★

Bereits am ersten Spieltag kommt es zum Streit zwischen dem ZDF und dem Hamburger SV. Im »Sportstudio« hat man einen Satz von Zebec verkürzt zitiert. Dadurch bekommt die Aussage des Trainers **deutlich Schlagseite**. Nach dem 0:0 zu Hause gegen den MSV Duisburg hat Zebec gesagt: »Das Spiel hatte zwei Teile: eine erste Spielhälfte und eine zweite Spielhälfte!« Wahrhaft ein Satz von brachialer Durchschlagskraft – und das Zeugnis für einen geistig Verwirrten. Wenn man denn den Nachsatz (»45 Minuten gelang uns gar nichts, in der zweiten Halbzeit war wenigstens Kampfgeist zu sehen«) weglässt und dazu den Kommentar spricht: »Eine mazedonische Weisheit aus der Chronik des fortlaufenden Schwachsinns«, so Moderator Hanns Joachim Friedrichs!

★ ★ ★

In der »Bild«-Serie **»So viele Siege – und alles verspielt«** zum Saisonstart spricht der HSV-Trainer Tacheles. Branko Zebec: »Ja, Herr Kaltz, ich bin schuld, dass Sie gute Verträge bekommen haben. Danke. Du hast jetzt vier Jahre ausgesorgt. Du bist der bestbezahlte Fußballspieler Deutschlands geworden. 600.000 Mark pro Saison. Erinnerst du dich, wie ich dich nach Argentinien übernommen habe? Hast du damals überhaupt noch laufen können? Du warst ein ausgebrannter Beckenbauer-Verschnitt. Heute schreiben die Zeitungen vom Weltklassespieler Kaltz. Wer hat dir die Kraft und das Selbstvertrauen zum modernen rechten Verteidiger wiedergegeben?« Das Verhältnis, nicht nur zu Kaltz, ist danach endgültig zerrüttet.

★ ★ ★

Das ging nach hinten los. Nürnbergs **Trainer Horst Heese** hat vor dem Auswärtsspiel in München den Bayern-Stürmer Rummenigge verbal ordentlich warmgeschossen: »Gegen den Rummenigge muss man nur richtig zur Sache gehen, denn der Mutigste war er ja noch nie.« Am Ende sind allerdings die Clubberer die Angsthasen, und Kalle lässt sich nach drei blitzsauberen Buden beim 4:2-Sieg tüchtig feiern.

★ ★ ★

Bei 1860 München hat der Chef eines Immobilienunternehmens Roland Holly vier Spieler vorfinanziert. Jetzt gibt es Stress mit dem Investor. Münchens Manager Ettlinger lässt durch einen Anwalt prüfen, ob man Holly auch juristisch für seine Beleidigung belangen kann. Der Immobilienunternehmer hatte gesagt: »Wenn der Ettlinger fortfährt, um einen Fußballer einzukaufen, habe ich immer Angst, er bringt einen Handballer mit.« Lustig, aber auch **sehr böse**!

Die Spieler stehen jedenfalls auf der Seite ihres Arbeitgebers – wenn denn dieser die Geschäfte mit Holly einstellt. Der eloquente Jupp Kapellmann bringt die Meinung der Mannschaft mal wieder am griffigsten auf den Punkt: »Ich halte nichts davon, dass der Verein vom Stuhlgang eines Geldgebers abhängig ist!«

Seit April ist **Fahrudin Jusufi** Trainer auf Schalke – und alle sind euphorisch. Denn Jusufi räumt mit markigen Sprüchen die letzten Zweifel beiseite, dass sein Jugendkonzept nicht das richtige ist: »Was heißt hier Kindergarten? Diese Kinder werden schnell erwachsen, für diese Kinder arbeitet die Zeit, nicht für die satten Routiniers. In ein paar Jahren heißt es nicht mehr Schalker Babys, sondern Schalker Meister!« Jusufi mag klare Ansagen, auch an seine Akteure auf dem Platz: »Wer gut spielt, ist mein Liebling, sonst verbindet mich absolut nichts mit den Spielern. Sentimentalitäten hasse ich, für mich zählt nur der Erfolg. Wir werden ihn bekommen. Ich sage den Kickern offen und ehrlich: Wir beide sind so gut miteinander, wie du spielst.« Die »satten Spieler, die Schalke zu Millionären gemacht hat« (Jusufi), haben auch das lebende königsblaue Maskottchen, den Mannschaftsbetreuer Charly Neumann, ein ums andere Mal verarscht. Während sie ihm erzählten, schlafen zu gehen, verabschiedeten sie sich durch die Hintertür Richtung Vergnügungsmeile. Seit Jusufi da ist, lebt auch Neumann wieder entspannter, wie er strahlend berichtet: »Jetzt brauche ich nicht mehr aufzupassen, ob die Spieler abends pünktlich in den Betten sind. Wer nur einen einzigen Abend bummelt, der fällt am nächsten Tag beim Training zusammen. Der Trainer macht es kurz, aber knochenhart. Die Kerle wanken zurück in die Kabine – aber es macht ihnen Spaß.« Charly ist euphorisch: »Der Fari bringt Ackergäule zum Laufen!«

Doch statt glorreicher Zukunft steht am Ende der Saison der Schalker Abstieg – den Jusufi allerdings schon nicht mehr live miterlebt. Im Mai ist für ihn bereits alles wieder vorbei. Der neue Manager Assauer wirft ihn hinaus. Zu Recht, wie der Schalker Spieler Kurt Jara findet: »Assauer hat sich eine Stunde mit ihm unterhalten, und dann wusste er, dass Jusufi vom Bundesliga-Fußball nichts, aber auch gar nichts versteht.« Assauer bei seinem Amtsantritt ganz allgemein über seine Arbeit: **»Schalke ist ein großer Sumpf**, der trockengelegt werden muss.«

★ ★ ★

Braunschweigs **Danilo Popivoda** muss die Karriere wegen seines Augenleidens beenden. Ein Sehnerv ist durch eine verschleppte Erkältung in Mitleidenschaft gezogen worden. Popivoda: »Ich traue mich nicht einmal mehr Auto zu fahren. An Fußball ist gar nicht zu denken. Ich wüsste doch nicht einmal, welchen der beiden Bälle, die ich immer auf mich zukommen sehe, ich nehmen müsste!«

★ ★ ★

Beim Auswärtsspiel seines VfB Stuttgart bei 1860 München hadert Hansi Müller mit dem Ball – er ist zu wenig aufgepumpt. 15 Züge, schätzt der attraktive Jungstar, fehlen dem Spielgerät: »Ich habe zum Schiedsrichter in der Pause gesagt, er möchte den Ball aufpumpen.« Doch nachdem der Unparteiische aus Dortmund, Manfred Uhlig, ihm nach der Halbzeit den Ball stolz präsentiert, ist Müller konsterniert: »Ich hatte das Gefühl, da waren 15 Züge raus- anstatt reingepumpt worden.« Und abschließend sein fast schon poetisches Urteil: **»Da war keine Seele drin!«**

★ ★ ★

Als der Bayern-Manager **Uli Hoeneß** vor der Partie beim 1. FC Köln mit seiner Frau in den Innenraum des Müngersdorfer Stadions will, wird ihm dies verwehrt: Frauen hätten im Funktionsbereich nichts zu suchen, wird ihm gesagt. Nach dem 3:0-Sieg der Münchner nimmt Uli Hoeneß die Angelegenheit sportlich: »Solange die Kölner die Frauen aussperren, wird aus denen nie etwas!«

VfB-Trainer Jürgen Sundermann über das **Thema Doping**: »Wir haben Beobachtungen gemacht und lange Gespräche mit Professor Dr. Klümper in Freiburg geführt, der weiß Bescheid. Ich dachte mir auch schon oft, wenn da welche eingelaufen sind – ich möchte keine Namen nennen –, die sahen aus, so dass mancher sagen musste, der hat doch was eingenommen! Das ist nur heute noch nicht beweisbar! Ich sehe nur eine Möglichkeit, dieser Entwicklung einen Riegel vorzuschieben: Ein neutraler Arzt muss als Beobachter bei jedem Spiel sitzen und aufgrund seiner Erkenntnisse und Erfahrungen fordern, die Nr. 4 oder Nr. 7 oder Nr. 3 müssen sofort zur Urinprobe. Kein vorher bestimmter Mann wie beim Radsport. Allein die Tatsache, dass dort ein Mediziner sitzt, der bestimmte Spieler auswählen darf, wäre eine abschreckende Maßnahme. Auszuschließen ist es heutzutage nicht mehr, dass irgendwas im Rohr ist. Es wird tatsächlich schon viel darüber gemunkelt.«

★ ★ ★

Eisige Temperaturen, **schneebedeckter Untergrund** – Schorsch Volkert ist trotz des 2:0-Auswärtssieges des Clubs in Bielefeld nicht so richtig gut drauf. Als ein Bielefelder vor einem Freistoß für Nürnberg den Ball wegschießt, lässt er Schiedsrichter Walter Eschweiler das Spielgerät holen. Trotzig meint Volkert: »Wir sind schließlich Gast hier. Da sehe ich gar nicht ein, dass ich dann auch noch laufen soll.«

★ ★ ★

In Kaiserslautern ist **Hans-Peter Briegel** ein Star geworden und hat dennoch nicht die Bodenhaftung verloren, wie sein Trainer Kalli Feldkamp erzählt: »Peter Briegel hat sich in der Rangordnung ganz schnell nach oben gespielt, aber er nutzt das nicht aus, spielt sich nicht auf. Er weiß genau, dass zehn kleine Hühner auch einen großen Hahn umbringen können. Ein solches Bewusstsein darf ein Star nie verlieren.«

★ ★ ★

Bayernstar Paul Breitner ist bei Frank Elstners großer Samstagabendshow **»Wetten, dass …?«** zu Gast – und holt sich eine doppelte Klatsche ab. Erst verunglimpft er den Damenfußball (»Ich finde ihn absolut unästhetisch!«), und dann verliert er noch beim Torwandschießen. Breitner trifft bei sechs Versuchen kein einziges Mal. Sein Gegner dafür gleich mit dem ersten Schuss: Es ist ein junges Fräulein aus München!

★ ★ ★

Da hat Fortuna Düsseldorf aber Glück. Nachdem man den erfolglosen »Lautsprecher« Rehhagel rausgeworfen hat, kommt zufälligerweise der Deutschland-Flüchtling Heinz Höher in die Heimat. Der ist im Moment eigentlich Trainer bei Ethnikos Piräus: »Ich wollte nur einmal nach dem Rechten schauen und die Familie besuchen.« Da greift die Fortuna sofort beherzt zu – und so absolviert Höher sein letztes Spiel als Trainer in Griechenland schon nach seiner ersten Begegnung mit Düsseldorf. Höhers Begründung: »Ich hatte das versprochen. Zum harten Profigeschäft gehört schließlich auch noch **ein bisschen Menschlichkeit**!«

★ ★ ★

In zwanzig Minuten schießt der Norweger in Diensten von Bayer Leverkusen, **Arne Larsen Økland**, die Bayern mit seinen drei Toren im Alleingang ab. Und schon ist er ein gefragter Star der Bundesliga. Noch ist das allerdings Neuland für Økland. Staunend erklärt er: »Dauernd riefen Journalisten an. Ich hatte ja gar keine Ahnung, wie viele es davon gibt!«

Noch nicht da und doch wird Paul Steiner **in Köln schon gehasst**. Sein Foul am ehemaligen FC-Spieler Heinz Flohe hat niemand vergessen. Und nun soll der Duisburger zum FC wechseln. Nicht mit den Fans. Die stimmen beim Spiel des MSV in Köln »Flohe«-Rufe an, schreien »Steiner, du Sau!« und halten Transparente hoch: »Rache für Flohe – Steiner, du Sau, bleib beim MSV«. Und was sagt Steiner? Er macht sich bei den FC-Anhängern noch ein bisschen beliebter: »Hätte sich mir die Chance zum Tor geboten, ich hätte sie genutzt. Da gibt's nix!«

★ ★ ★

Bunte Bundesliga: Eine besondere Attraktion wird den 12.000 Zuschauern beim Spiel Bayer Uerdingen gegen den 1. FC Köln geboten. Ein Elefant aus dem nahe gelegenen Zoo tritt zum Elfmeterschießen gegen die Ersatzkeeper Dotzler und Ehrmann an. Leider trifft das Rüsseltier kein einziges Mal ins Tor.

★ ★ ★

Christian Gross kommt aus der Schweiz zum VfL Bochum. Der Mann ist 25 Jahre alt und hat bereits eine schöne Pläte. Ein Kiebitz beim ersten Training über Gross: »Wat will der denn hier? Der hat sich wohl vertan. Die Alten Herren trainieren doch morgen erst!«

★ ★ ★

Duisburg verliert am 22. Spieltag mit 1:0 in Nürnberg, weil die MSV-Spieler lieber **kollektiv Schuhe wechseln**, als sich um die Angriffe der Clubberer zu kümmern. Als der 1. FCN das 1:0 schießt, stehen gleich drei Duisburger an der Seitenlinie und stürzen sich auf das neue Schuhwerk. Bernard Dietz schüttelt nach dem Spiel nur den Kopf: »Ach, das musste ja so kommen!«

★ ★ ★

Präsident Jürgen Friedrich hört in Kaiserslautern auf. Schade, dabei kann er so schön über den Fußball, die Bundesliga und sich erzählen: »Kürzlich war ich mit meiner Frau bei einem Rod-Stewart-Popkonzert in Stuttgart: Mitten im langsamen Gesangsteil habe ich mich dabei ertappt, wie ich vollkommen weggetreten dasaß und Zahlen über den Klub im Kopf hin- und herschob. Machste nun das oder das oder jenes? Das ist kein Zustand mehr für mich!« Aber er hat viel bewegt in seiner Amtszeit. Und im Vergleich zu früher ist es eh alles anders geworden: »Wenn ich mich an meine Spielerzeiten hier erinnere … mein Gott, die Wäsche musste jeder Spieler noch selbst mit nach Hause nehmen, die Holztribüne war von kleinen Tierchen bevölkert, du durftest kaum mal husten, ohne dass die einfiel!«

★ ★ ★

Auch Schiedsrichter wollen auf dem Platz eine gute Figur abgeben. Und so versammeln sich kurz vorm Spiel Schiri Roth und seine Linienrichter in der Kabine vor dem Spiegel. **Das Haarspray geht reihum.** Roth: »Das muss sein. Sonst nennen uns die Fans wieder Locke!«

Der Unparteiische Roth hat übrigens ein sehr spezielles Motiv für seine Vorliebe für die Schiedsrichterei: »Als Junge hörte ich einmal eine Fußballreportage im Rundfunk. Es wurde berichtet, wie ein Schiedsrichter vor aufgebrachten Fans flüchten musste. Da dachte ich mir, das muss doch eine interessante Sache sein. Und so wurde ich mit 16 Jahren Schiedsrichter!«

★ ★ ★

»Der erste Fisch heißt sicher Six!« Die Presse freut sich augenscheinlich auf den ersten Stuttgarter Neuzugang zur kommenden Saison. Auch später ist der Name für die Stuttgarter Medien ein gefundenes Fressen: **»Keiner ist so fix wie Six«** oder »Six war wieder nix!«

In Uerdingen versucht **»Männi« Pflücken**, seine Mitspieler vor dem Spiel gegen den HSV ein bisschen heiß zu machen: Er verspricht jedem Akteur, der es schafft, Beckenbauer zu tunneln, 50 Mark bar auf die Hand. Leider plaudert der Co-Trainer die Geschichte aus, der Trainer rüffelt Pflücken als »unreif«, und dieser versteht die Welt nicht mehr: »Es ist eben noch einiges amateurhaft in unserem Verein!«

★ ★ ★

Manni Burgsmüller hat alles gegeben. 6:2 lautet das Endergebnis beim Spiel seiner Dortmunder gegen den Spitzenreiter. Er selbst hat zwei Tore zum Sieg gegen den HSV beigesteuert. Und Karl-Heinz Rummenigge geht **in München zum Blumenhändler**. Denn er hat vorher versprochen, bei einem Dortmunder Erfolg gebe es einen schönen Strauß für die Gattin des BVB-Stürmers. Burgsmüllers Mannschaftskamerad Herbert Hein hat übrigens mehr der Ehre wegen gewonnen, wie er hinterher in der Kabine stolz und lauthals verkündet: »Diesen arroganten Scheißkerlen aus Hamburg, denen haben wir es aber gezeigt!«

★ ★ ★

Wolfgang Grupp, der Besitzer des Schalker Trikotsponsors »Trigema«, ist entsetzt ob der Leistung des königsblauen Torwarts Norbert Nigbur: »Der dürfte bei mir nicht einmal den Hof fegen. Der hat die Mannschaft **um den Sieg gebracht**. Einen solch arroganten Kerl sollte Schalke rausschmeißen.« Auch Trainer Jusufi ist sauer: »Der hat uns das Spiel verloren.« Und eine anonyme Schalker Stimme: »Der beste Koch hat mal einen schlechten Tag, aber der Nigbur hat uns in den ersten Saisonmonaten zu oft die Suppe versalzen. Er hat manchmal die Hundertstelsekunden in der Hand – und lässt sie einzeln fallen. Das kostet uns Punkte.«

★ ★ ★

Wenn sich zwei alte **Fahrensmänner der Bundesliga** begegnen, ist der Flachs nicht weit. Nach dem Spiel Nürnberg gegen Gladbach sagt Wolfgang Kleff zu Georg Volkert: »Schorsch, du hast ja so gewirbelt, dass ich Angst bekam, du könntest einen Herzinfarkt bekommen.« Volkert: »Wolfgang, ich wollte dir unbedingt noch einen reintun, bevor ich mich ins Altersheim zurückziehe.«

★ ★ ★

Bei Uwe Rahn reißen nach einem Zusammenprall mit Stuttgarts Bernd Förster zwei Bänder im linken Knöchel. Unter Schmerzen wird der Gladbacher vom Platz getragen. Die Fans skandieren **»Uwe, Uwe, wir rächen dich!«** – und wollen die Fenster der Schiri-Kabine mit dicken Pflastersteinen einschmeißen. Doch das geht knapp daneben. Uwe Rahn: »Tja, da haben sie wohl das Fenster des Schiedsrichterraums mit dem unserer Kabine verwechselt.«

Ein Gutes hat die Verletzung des Jungprofis aber – Rahn kann sich ausgiebig um seine zahlreiche Fanpost kümmern. Und die ist meistens nicht nur an ihn ganz allein gerichtet: »... und möchte ich dich herzlich bitten, mir gleich auch ein Autogramm deines berühmten Vaters mitzuschicken!«

★ ★ ★

Mitten in der Saison wechselt Rolf Rüssmann am 1. Dezember **von Schalke zum Reviernachbarn** nach Dortmund. Eigentlich ein Unding in normalen Zeiten, doch die Zeiten auf Schalke sind alles andere als gewöhnlich. Man kämpft gegen den Abstieg und hat einfach kein Geld mehr. Der Transfer vor den finanziell harten Wintermonaten ist die einzige Rettung – das weiß auch Rolf Rüssmann: »Ich habe mich auch bei Spielen unterm Dorfkirchturm für Schalke eingesetzt. Jetzt leiste ich dem Verein einen letzten Dienst und wehre mich nicht gegen einen Transfer, dessen Erlös Schalke vielleicht retten kann.«

Rudi Gores ist vor der Saison von Gladbach nach Duisburg gewechselt. Als er beim 4:0 des MSV in der ersten Halbserie gegen seinen alten Arbeitgeber ein Tor beisteuert, rennt er zur Gladbacher Trainerbank und spuckt vor Jupp Heynckes auf den Boden. So sieht es wenigstens aus. Rudi Gores schildert die Szene leicht modifiziert: »Ich habe eine Verbeugung vor ihm gemacht. Und was wie Spucke aussah, waren Schweißtropfen, die mir aus dem Haar fielen.«

★ ★ ★

Beim Spiel der Gladbacher gegen Eintracht Frankfurt tritt das **junge Fohlen Peter Loontiens** dem Rekordspieler der Bundesliga, Willi Neuberger, dauernd auf die Füße. Der Routinier versucht den Nachwuchsspieler zu beruhigen: »Pass auf, Junge, mach mal langsam, sonst gibt es beim nächsten Mal was auf die Socken.« Woraufhin Loontiens locker kontert: »Hey, Alter, was willst du denn? Du gehörst doch schon längst in die Urne!«

★ ★ ★

In Stuttgart spielt ein Türke groß auf: **Ilyas Tüfekçi**. Als er elf war, kam seine Familie nach Berlin. Nun ist er 20 und Stürmer beim VfB. Da schaut man vor allem in seiner alten Heimat besonders genau hin, wie der Deutschland-Korrespondent der Zeitung »Milliyet«, Gülhan Altinkaynak, berichtet: »Unsere Sportredaktion in Istanbul verlangt täglich Berichte über Ilyas. Ilyas ist anständig, trägt seine Nase nicht hoch und benimmt sich wie ein Gastarbeiter. Einige Türken, die in der Bundesrepublik aufgewachsen und Karriere gemacht haben, sind großkotzig geworden. Ilyas nicht. Vielleicht kann er helfen, Vorurteile abzubauen und uns Türken die Integration hier zu erleichtern.«

Karl Allgöwer und Ilyas Tüfekçi (r.)

★ ★ ★

Ein Reporter besucht **»Die Walz aus der Pfalz«** zu Hause in Rodenbach. Hier ist die Familie noch Trumpf. Die Oma von Hans-Peter Briegel hat sich um den Haushalt zu kümmern. Auch wenn die Presse da ist. Briegel: »Oma, mach uns einen Kaffee! Wollen Sie ein Brötchen mit Erdbeermarmelade oder mit Leberwurst?« Briegel kommt vom Bauernhof und hat sich in den Anfangstagen als Profi auch einmal bei typischen Bauerntätigkeiten ablichten lassen: beim Melken, Stallausmisten oder auf einem Traktor. Ob ihm das nun peinlich ist? »Gewiss gibt es Leute, die sagen, jetzt hat der Bauer angefangen, Fußball zu spielen. Die haben ja Recht. Aber ich würde mich wieder genauso fotografieren lassen. Ich stamme von einem Bauernhof, und?!«

★ ★ ★

Harald Konopka vom 1. FC Köln ist als **knallharter Abwehrrecke** bekannt. Umso überraschender für manchen Gegenspieler, dass dieser Mann in seiner Freizeit einem feinsinnigen Hobby nachgeht: Konopka sammelt Bilder. Und nicht irgendwelche. Der Kölner: »Dalis sind gar nicht so teuer, wie der Laie vermutet.« Einen Picasso bekam er von einem befreundeten Galeristen geschenkt: »Allerdings unsigniert, aber goldecht!« Preis: 1.000 Mark. Das Künstlerleben findet Konopka generell spannend und irgendwie auch »freier«: »Die Maler sind uns Profis gegenüber doch im Vorteil. Da kenne ich welche, die werfen gleich das ganze Bild weg, wenn ihnen nur ein einziger Pinselstrich danebengeht. Ich aber kann doch nicht sagen: Flanke misslungen, die schmeiß ich weg!«

★ ★ ★

Waldemar Hartmann führt Ende der 1970er Jahre den bei verletzten Spielern beliebten Laden **»Waldy's Pub«**. Nach schweißtreibenden Einheiten bei Fitmacher Volker Kottmann geht es für die Spieler noch auf einen Absacker rüber zu Waldy.

Zitate der Saison

Ditmar Jakobs

Ein Schneide- und ein Eckzahn locker, die Lippe mit fünf Stichen genäht. **Ditmar Jakobs** fühlt sich nach dem Auswärtsspiel des HSV in Gladbach (2:2) nicht besonders. Das merkt Manager Günter Netzer und baut den ramponierten Abwehrrecken gefühlvoll wieder auf: »Mach dir nichts draus, der Schönste warst du ja nie!«

Duisburgs **Bernard Dietz** hadert mit seinem Team: »Ich kann mit etlichen meiner Mannschaftskameraden einfach nicht konform gehen. Es ist unmöglich, dass man mit der Devise ›auf leichteste Art viel Geld verdienen zu wollen‹ in ein Spiel geht. Wenn wir weit kommen wollen, dann müssen wir in jedem Pflichtspiel voll konzentriert spielen.«

In Frankfurt ist Keeper **Jürgen Pahl** nach zwei Jahren vornehmlich auf der Bank der Eintracht der Verzweiflung nahe: »Ein Trainer macht sich hier doch eher in die Hose, als den Torwart auszuwechseln.«

»Gegen Bochum kann man den Zuschauern freien Eintritt anbieten, und trotzdem kommen nicht mehr als 20.000«, sagt Bayern-Manager **Uli Hoeneß** und ärgert sich nach einem 3:1-Sieg über nur 8.000 zahlende Kunden im Stadion.

In Mönchengladbach fühlt sich Torwart **Wolfgang Kleff** nach einem Zehenbruch wieder besser: »Ich nähere mich schon meiner alten Form und lass im Training nur jeden dritten Ball ins Tor. Das war früher auch nicht anders. Jetzt fällt es nur mehr auf, weil die Stürmer weniger schießen!«

Klaus Fischer ist schwer verletzt, Schalke steht kurz vorm Abgrund, und Kapitän **Bernd Thiele** sehnt den Stürmer mit allen ihm zur Verfügung stehenden Mitteln herbei: »Ich schließe ihn jeden Abend in mein Nachtgebet mit ein!«

In Gladbach läuft es seit Jahren nicht mehr rund. Auch die Zuschauer werden unruhig. Doch Manager **Helmut Grashoff** will die angespannte Stimmungslage so nicht akzeptieren: »Ich habe den Eindruck, dass einige von dem Standpunkt ausgehen: ›Kannst du nicht erfolgreich sein, dann schlag ich dir den Schädel ein!‹ So geht's mit Sicherheit nicht!«

Harter Winter, schlechte Plätze, kein Bock? Quatsch! Uerdingens **»Heppo« Zimmer** nach einem überzeugenden 3:0-Sieg gegen Bayer Leverkusen: »Wir waren nach den letzten Pleiten so heiß, dass selbst der Schnee unter unseren Schuhen weggeschmolzen ist!«

Da hat scheinbar einer die Bundesliga satt, von dem man das nicht unbedingt erwartet hätte. Der Lauterer **Hannes Bongartz** sagt kurz vor seinem 30. Geburtstag: »Fußball ist nicht mein Leben. Das ist doch Woche für Woche das Gleiche. Training, Trainingslager, Spiel. Alles dreht sich um den Ball. Und der Ball gibt so viel auch nicht her!«

Udo Horsmann nach dem entscheidenden 4:1-Sieg der Bayern am Bökelberg nachdenklich: »Was? Ich habe die ganze Saison nur zwei Gelbe Karten bekommen? Ich bin zu milde geworden!«

Die Mutter von **Stephan Engels** weiß ganz genau, wo die Stärken ihres Sohns liegen: »Der Stephan hat sich schon als Kind nie gefürchtet, die Bullen vom Feld in den Stall zu führen. Da kannte der nichts!«

Karl-Heinz Mrosko von Hannover 96 über Trainer Diethelm Ferner: »Ich glaube, die sollten den Rasen im Stadion mähen, man sieht den Trainer gar nicht mehr.«

In Frankfurt geht es hinter den Kulissen drunter und drüber. Zur Vorstellung des Programms einer Opposition dürfen die Spieler nicht gehen. **Norbert Nachtweih** kommentiert das so: »Bei solchen Zuständen hätte ich nicht aus der DDR flüchten müssen!«

Borussia Dortmund verliert am zweiten Spieltag bei den Bayern erst nach einem Wolkenbruch. BVB-Trainer **Udo Lattek** nach der Partie: »Der Regen hatte auch etwas Gutes, jetzt wachsen mir wenigstens wieder die Haare.«

»Bleib doch lieber in deinen Nachtlokalen!« **Pál Csernai** in der Halbzeitpause zu seinem unsicher agierenden Torwart Walter Junghans.

Hannes Bongartz über Kaiserslautern: »Das ist wie ein Glaube. So wie andere in den Dom rennen, gehen die zum Betzenberg. Das ist da wie der Ölberg!«

Jürgen Röber geht nach Kanada, ins beschauliche Calgary. Im Rückblick schaut er auf sich als ehrgeizigen Bundesligaprofi mit einem Kopfschütteln: »Früher habe ich Sprints im Hotelzimmer gemacht, so beknackt war ich!«

Rainer Bonhof: Wie Lienen beinahe gelyncht wurde!

Lehrer Littgen aus Emmerich sagt zum jungen Rainer diesen Satz: »Bonhof, aus dir wird nie was Gescheites, höchstens ein Straßenkehrer!« Das ist Ansporn genug für den ehrgeizigen Fußballer, aus seinem Hobby einen gut bezahlten Beruf zu machen: »Der Satz hat seitdem wie Feuer in mir gebrannt und mich nie mehr in Ruhe gelassen.«

Und Bonhof bringt es weit – schließlich sogar bis nach Spanien, zum Valencia Club de Futbol. Als ihn seine ehemaligen Mannschaftkollegen von Borussia Mönchengladbach zu einem Freundschaftsspiel besuchen, kommt es **fast zum Eklat**: »Der Ewald Lienen hat damals einen Riesenfehler begangen gegenüber dem Publikum. Als die eine Büchse nach ihm warfen, rollte er sie nicht einfach auf dem Boden zurück, wie das sonst hier Sitte ist, sondern warf sie voll Wut mitten in die Ränge. Heynckes musste ihn zehn Minuten später runterholen, sonst hätten sie den Lienen hier gelyncht. Die pfiffen ihn schon aus, wenn der Ball noch einen Meter von seinem Fuß entfernt war.«

Recht schnell sehnt sich Bonhof zurück nach Deutschland. An zu vieles kann er sich nicht gewöhnen: »Einen Ball in Ruhe zu stoppen und auch noch was Vernünftiges damit anzufangen, ist schwierig, wenn du siehst, wie sich zentimeterdicke Eisenstangen unter dem Druck der Massen zu biegen beginnen.«

Und selbst die deutschen Schiris lernt er völlig neu zu schätzen. In Spanien machen die Männer in Schwarz häufig nur eins – genau das, was sie wollen: »Nur Heimschiedsrichter. Einmal hat bei einem unserer Auswärtsspiele der Schiedsrichter so lange über die Zeit spielen lassen, bis die unsere Führung ausgeglichen hatten. Fünfzehn, achtzehn Minuten. Wir hätten beinahe unseren **Zug nach Hause verpasst**.«

In Bochum sorgt ein junger Mann namens **Kurt Pinkall** für Furore. Und das nicht nur aufgrund seiner wunderschönen Tore, die er für den VfL schießt. Sein gelernter Beruf treibt die Presse zu immer neuen, poetischen Höhenflügen: »Der schnellste Postbote der Liga«, »Der flinke Briefträger«, »Postbote Pinkall ließ die Post abgehen« und ebenfalls schön »Postbote Pinkall stellte zu«!

★ ★ ★

Als Schalke absteigt, wittert Charly Neumann seinen großen Auftritt. Lauterns Hannes Bongartz streichelt Charly durchs Haar, wischt ihm die Tränen aus dem Gesicht und knuddelt den großen, weichen Mann. Charly stammelt: »Ich hätte das nie geglaubt!« Dann springt er auf, rennt zu einem Vertreter der »Bild«-Zeitung und ruft: »Du bist doch ein guter Journalist. Hast uns den Abstieg schon letztes Jahr vorausgesagt!« Zum Abschluss fleht Charly den Himmel an, nimmt einen jungen Schalker in den Arm, der hemmungslos alles Elend der Welt aus seinen Augen presst, und ruft: »**Wir steigen wieder auf**, wir gehen nicht unter!«

★ ★ ★

Kaiser Franz ist zurück. Für den Hamburger SV kickt er wieder in der Bundesliga. Einer ist nicht so begeistert von diesem Plan. Die überlieferte Reaktion von Beckenbauers Manager Robert Schwan, als ihm der Ex-Nationalspieler verkündet, er möchte gerne wieder nach Deutschland zurückkehren: »Franz, du spinnst!« Doch die Fans freuen sich. Beckenbauer wird beim ersten Training von 5.000 Kiebitzen empfangen. Mitspieler Manni Kaltz ist tief beeindruckt vom Auflauf der Zaungucker: »Sonst gehen sie zu dieser Zeit immer zu Hagenbeck!« Doch das Engagement Beckenbauers beim Hamburger SV kostet natürlich eine Stange Geld. Und so schießt der HSV-Sponsor einen großen Teil des Gehalts bei. Beckenbauers Gegenleistung: Bis zu acht Tage im Monat steht er für Jugendaktionen zur Verfügung. Sein Debüt feiert er bei der 3:2-Niederlage in Stuttgart am 14. Spieltag. Die Nachrichtenagentur »Reuters« tickert: »Am Tag, als der Papst nach Deutschland kam, kehrte der Kaiser in die Bundesliga zurück!« Und Beckenbauer selbst nach seinem ersten Spiel: »Als ich die Pfiffe hörte, da wusste ich, ich bin daheim.«

Jupp Kapellmann: Mister Pitt und die Gladiatoren des Atomzeitalters!

Jupp Kapellmann

Einer der streitbarsten Fußballer in der Bundesligageschichte ist zweifelsohne Jupp Kapellmann. Als er 1973 von Köln nach München zu den Bayern wechselt, ist Kapellmann mit 800.000 Mark der teuerste Spielertransfer der Bundesliga. Doch die Vorfreude bei seinen neuen Mannschaftskameraden hält sich in Grenzen. Bereits im letzten Spiel vor dem Transfer bekommt Kapellmann richtig was auf die Socken. Sein zukünftiger Coach Udo Lattek zeigt sich etwas erstaunt: »Es stimmt, meine Spieler sind besonders gegen den Jupp hart zur Sache gegangen.« Kapellmann selbst bleibt jedoch gelassen: »Ich komme ja nicht nach München, um mich mit den anderen Spielern zu verbrüdern, sondern um gemeinsam mit ihnen Erfolg zu haben.«

Das Problem mit seinen neuen Teamkameraden stammt noch aus der Vorjahresspielzeit. Am 12. April 1972 hatte Kapellmann Wolfgang Sühnholz in Köln beim DFB-Pokal-Rückspiel, das wegen seiner ruppig geführten Spielweise auch als **»Schlacht von Köln«** bekannt ist, die Karriere des Bayern-Stürmers durch eine sehr harte Attacke beendet. Das haben die anderen Spieler Kapellmann nicht verziehen. Im München angekommen, prügelt sich Kapellmann erst einmal mit seinen Mannschaftskollegen Wunder und Torstensson.

Aber auch in Köln hinterlässt der angehende Arzt verbrannte Erde. Seinen ehemaligen Mannschaftskameraden Simmet bezeichnet Kapellmann als **»Pantoffelhelden«** und rät, man müsse denselben wohl einmal über die »Funktion des Kleinhirns« aufklären. Die FC-Spieler reagieren so verärgert, dass sie den Vorstand bitten, Kapellmann schriftlich Hausverbot für das Klubhaus »Zum Geißbock« zu erteilen.

Hans Josef Kapellmann (li.) im Gespräch mit ZDF-Reporter Harry Valérien.

Auch bei anderen Bundesligaprofis stößt der Münchner nicht überall auf Gegenliebe. Franz Gerber wäre am liebsten Arzt geworden, daraus wurde aber nichts. Eine Vorstellung treibt ihm jedoch noch Jahre später die Tränen in die Augen: »Stellen Sie sich mal vor: Ich und der Kapellmann, wir **Erzfeinde an einem Operationstisch**. Das würde der Patient auf gar keinen Fall überleben!«

Aber Kapellmann sucht den Streit auch immer wieder selbst. Als er 1979 für den Stadtrivalen 1860 München spielt, sagt er über Paul Breitner: »Was soll ich mit einem Mann anfangen, dessen Frau einen Tag nach dem Lokalderby, bei dem ich ihm als Spielführer der gegnerischen Mannschaft die Hand gegeben habe, sagt: Mein Mann hat schon vielen Deppen die Hand gegeben, gestern auch wieder einem? Für mich persönlich gibt es mit Paul Breitner in Zukunft nur einen möglichen Berührungspunkt: **Ich als Arzt und er als Notfall!«**

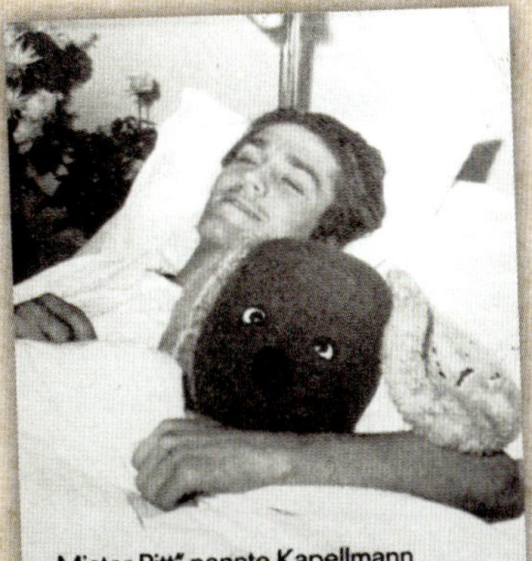

„Mister Pitt" nannte Kapellmann seinen Stoffbären, den er lange Zeit von Spiel zu Spiel schleppte.

Zu den Bayern bringt Kapellmann auch seinen treuen Begleiter, den Stoffbären **»Mister Pitt«**, mit. Mit ihm spricht der Profi gerne mitten in der Kabine vor seinen Mannschaftskollegen auf Französisch. Das nervt diese so sehr, dass sie den Stoffbären eines Tages unter die Räder des Mannschaftsbusses legen – doch Kapellmann findet »Mister Pitt« gerade noch rechtzeitig, bevor das Gefährt anrollt. Kappelmanns Hund Noel zerfetzt das Kuscheltier schließlich aus Eifersucht und befreit den Fußballprofi endlich von der »nachpubertären Erscheinung« (O-Ton Kappellmann).

Und zum Schluss noch einmal der erwachsene Kapellmann – durchaus ein Mann der großen Worte: »Der kleine Mann auf der Stehtribüne ist's, der mich ernährt und der eigentlich mein Arbeitgeber ist. Wir Fußballer sind halt so etwas Ähnliches wie die Gladiatoren des Atomzeitalters.«

1981 / 82

»James Bond ist ein Kinderspiel gegen die Bundesliga«

In Hamburg kann wieder gejubelt werden. Mit **Trainer Ernst Happel** hat der HSV einen Volltreffer gelandet. Felix Magath ist schon nach der ersten Trainingseinheit vollkommen begeistert vom neuen Coach: »Es war plötzlich wie damals auf der Straße. Da liefen wir auch hinter dem Ball her, um uns auszutollen.« Und die gute Laune hält an. Vor dem 29. Spieltag hat der HSV bereits drei Punkte Vorsprung auf die zweitplatzierten Münchner Bayern. Ein Unentschieden oder gar ein Sieg beim Titelverteidiger, und die Meisterschaft wäre vorzeitig entschieden. Doch nach 64 Minuten liegt der HSV mit 3:1 hinten. Das Projekt Titel droht bei nur noch einem Zähler Vorsprung schon wieder deutlich komplizierter zu werden, bis Thomas von Heesen und Horst Hrubesch doch noch der Ausgleich gelingt. Wenigstens der Abstand ist gewahrt, denken alle, und richten sich auf ein spannendes Finale ein. Doch dann gewinnt der HSV durch ein Tor von Horst Hrubesch in der 90. Minute noch mit 4:3. Der grandiose Schlussspurt ist das vorgezogene Meisterstück der Hamburger. Jimmy Hartwig erinnert sich, wie die Mannschaft das großartige Gefühl des Triumphs erlebt: »In der Woche nach dem Spiel sind wir mit so breiter Brust durch die Straßen gelaufen, dass Fußgänger vor Angst die Straßenseite gewechselt haben.«

In München verkraftet man die Niederlage im entscheidenden Spiel um den Titel dagegen nur sehr schwer. Der Versuch, es humorvoll zu nehmen, mündet in diesem Witz: »Hast du gestern den Riesenkrach an der Säbener Straße gehört?« »Nein, was ist denn passiert?« »Die Mannschaft des FC Bayern hat sich die Deutsche Meisterschaft aus dem Kopf geschlagen!« Und nicht nur das. Auch den zweiten Tabellenplatz müssen die Bayern noch hergeben. Der 1. FC Köln zieht auf den letzten Metern an den Münchnern vorbei. Dass es nicht zu mehr gereicht hat beim FC, mag an etwas liegen, das der Kölner Trainer Rinus Michels als ein Problem ausgemacht hat. Er liebt die klaren Worte, auch wenn sie der Kölner Seele weh tun: »Ich habe den Begriff Klüngel auf den Tisch gelegt, und geguckt, was daran stimmt, ob es das überhaupt gibt oder ob das nur wieder so ein Wort ist, das plötzlich zu leben beginnt wie ein Image. Es gibt dieses Phänomen tatsächlich. Für meine Arbeit bedeutet das: **Hang zur Überheblichkeit und Hang zum Meckern**. Die beiden Dinge sind hier in Köln und vielleicht im ganzen Rheinland stärker ausgeprägt als anderswo, ganz eindeutig.«

Saisonverlauf 1981/82

Platz	Tore	Punkte
1.	95:45	48:20
2.	72:38	45:23
3.	77:56	43:25
4.	70:61	42:26
5.	61:52	42:26
6.	59:40	41:27
7.	61:51	40:28
8.	83:72	37:31
9.	62:55	35:33
10.	52:51	32:36
11.	61:66	32:36
12.	46:50	30:38
13.	53:72	28:40
14.	50:68	27:41
15.	48:73	25:43
16.	45:72	25:43
17.	46:82	21:47
18.	40:77	19:49

Einer, der den FC vor der Saison verlassen hat, sucht bei seinem neuen Verein lange nach seiner Form. Ausgerechnet beim 1:1 gegen seinen Ex-Klub gelingt dem Neu-Stuttgarter Dieter Müller nach über 500 Minuten endlich wieder ein Treffer. Vorher hat sein ehemaliger Kölner Mitspieler Gerd Strack noch getönt: »Wenn der Müller gegen uns ein Tor macht, dann kaufe ich mir einen Strick!« Gott sei Dank belässt es Strack bei seiner **verbalen Unbeherrschtheit** und hängt den Strick anschließend nicht tatsächlich unter die Decke!

Die besten Torjäger der Saison

Horst Hrubesch (Hamburger SV)	27
Manfred Burgsmüller (Bor. Dortmund)	22
Dieter Hoeneß (Bayern München)	21

Für einen letzten kurzen Moment kehrt **der große Zampano** Max Merkel zurück auf die Bundesligabühne. Er soll den KSC vor dem Abstieg bewahren. Und wie das geht, verkündet er bereits bei der ersten Pressekonferenz. Merkel: »Wo der Max hinkommt, passiert etwas«, und: »Manchmal genügt schon Handauflegen zum Sieg«, oder: »Wir müssen die Kohlen einfahren, bevor es kalt wird.« Trotz dieser gewohnt markigen Worte verliert Merkel sein erstes Spiel gegen den 1. FC Köln mit 1:4. Am Ende langt es aber zum Erreichen des Klassenziels.

Und dann ist da noch der Abschied des Kaisers. Bereits als 26-Jähriger hatte Franz Beckenbauer vor diesem Tag Bammel: »Die Vorstellung davon ist für mich wie Sterben. Schlimmer noch: Du bist tot und musst als Fremder, als ein anderer weiterleben. Wenn ich an meinen Abschied denke, habe ich **Angst vor der Leere**!« Wie wir heute wissen: eine völlig unbegründete Sorge!

Ein Hit der Bundesliga: Max Merkel machte in jeder Situation eine gute Figur – notfalls auch als Disc-Jockey. Foto: Waldamero

Mann der Saison wird der Vorstopper **Dirk Hupe** von Arminia Bielefeld. Noch zwei Jahre zuvor hatte ihm sein Trainer Horst Franz gesagt: »Mein lieber Freund, mit der Wampe spielst du bald wieder mit deinen Brüdern in der Kreisliga!« Nun zählt er zu den besten und fairsten Verteidigern der Liga!

Und das Schlusswort dieser Saison spricht der Stuttgarter Peter Szatmári, der nach einem nervenaufreibenden 1:0-Sieg gegen Darmstadt sichtlich gezeichnet sagt: »James Bond ist ein Kinderspiel gegen die Bundesliga. Wo ist in Stuttgart eine Nervenklinik? Ich muss eine Woche dorthin gehen, um mich zu beruhigen!«

Was für eine **Meisterfeier in Hamburg**. Der englische Doppeldeckerbus erweist sich als altersschwach und will nicht anspringen. Als er dann endlich fährt, wirft ihn gleich die erste Anhöhe aus der Bahn. Hilft ja alles nichts: also, alle HSV-Profis raus, das Gefährt anschieben. Doch nach wenigen Metern ist klar, hier geht nichts mehr. Ein Traktor tuckert zu Hilfe und zieht den Bus durch die Straßen. Ernst Happel gewohnt argumentativ trocken: »Hätten wir während der Saison auch immer solche Schwierigkeiten gehabt, wieder übern Berg zu kommen, wären wir jetzt nie Meister!« Und als dann auch noch die Ampeln plötzlich zu tief hängen und ein besorgter Polizist die Profis warnt, meint Horst Hrubesch nur: »Keine Angst, die köpf ich alle weg!« Da stört es am Ende auch nicht mehr, dass einige Jacketts nach einem Eier-Bewurf von Punkern geopfert werden müssen. Eins der Eier bekommt Hrubesch auch noch direkt vor die Stirn. Seine Mannschaftskollegen grinsen: »Mensch, Horst, jetzt ist aber auch mal gut. Du musst doch nicht alles mit dem Kopf nehmen.« Nur einer lächelt den ganzen Tag komplett gelassen vor sich hin: Franz Beckenbauer. »Ich bin schon oft Meister geworden in meinem Leben, da genießt man das mehr innerlich!«

★ ★ ★

Am 14. August geht ein Bild um die Welt. Ewald Lienen liegt am Boden und schaut völlig fassungslos auf seinen **aufgeschlitzten Oberschenkel**. »Du bist daran schuld, du kriegst von mir eine Anzeige!«, schreit Lienen noch von der Trage Rehhagel zu. Der Werder-Trainer, so der Bielefelder, soll seinen Spieler Norbert Siegmann dazu aufgefordert haben, »härter drauf zu gehen«. Beim Rückspiel auf der Alm wird Rehhagel mit einer kugelsicheren Weste ausgestattet und von Bodyguards aufs Feld begleitet: »So wahr ich lebe, wenn ich den Siegmann im Stadion erwische, schlage ich ihn tot«, hatte zuvor ein Mann auf der Bielefelder Geschäftsstelle gesagt und ein anderer bei der Zeitung »Neue Westfälische« in der Lokalredaktion angerufen und in den Hörer geschrien: »Um 16 Uhr wird Rehhagel erschossen!« Betont zurückhaltend reagieren die Bremer. Vor dem Spiel gegen die Arminia ermahnt der Werder-Coach seine Mannschaft, in jeder Situation Ruhe zu bewahren: »Entschuldigt euch bei euren Gegenspielern, selbst wenn ihr denen mal unabsichtlich auf die Füße tretet.«

Der Fall Lienen betrifft in den Folgemonaten die gesamte Liga. Beim ersten Spiel nach seiner Verletzungsaffäre will der gegnerische Trainer Feldkamp im Spiel seiner Lauterer gegen die Arminia alles richtig machen: »Im Grunde genommen hätte ich jeden Mann gegen Lienen stellen können, aber bei dem erfahrenen Briegel war mir das Risiko am geringsten, dass nur irgendetwas passiert. Braver, als er gegen Lienen gespielt hat, geht es nun wirklich nicht mehr.« Doch recht bald geht selbst Ewald Lienens Mannschaftskameraden die übermäßige Schonung ihres Mitspielers auf den Geist. Kees Bregman: »Der soll nicht glauben, er kann nur noch beten und in einem weißen Gewand über den Platz laufen.«

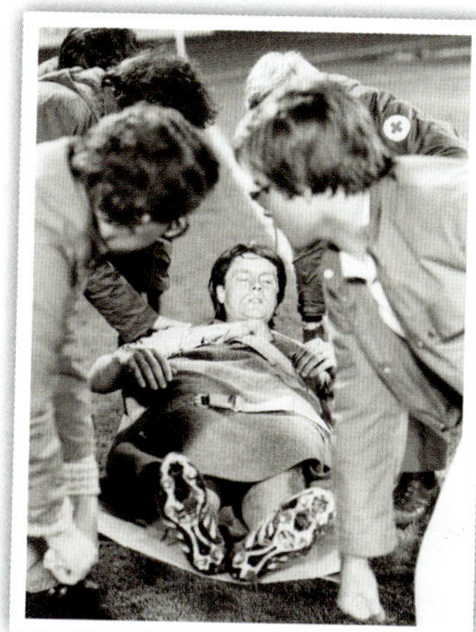

Wenige Wochen später wird die Lienen-Geschichte vom **Fall Hasse Borg** sogar noch übertroffen. Karlsruhes Emanuel Günther springt mit beiden vorgestreckten Beinen in einem hohen Bogen in seinen Braunschweiger Gegenspieler hinein und bricht dem Schweden dabei das Schienbein. Das Schiedsrichtergespann aus der Schweiz (!) ist mit der Situation völlig überfordert und pfeift nur Freistoß für Braunschweig. Eine Tatsachenentscheidung, die für blankes Entsetzen und für noch viel mehr Unverständnis sorgt. Eintracht-Coach Uli Maslo: »Selbst wenn der Schiedsrichter nichts gesehen hat, muss er doch das Krachen gehört haben und Günther rausstellen!«

★ ★ ★

Sie nennen ihn »Otto«, weil er aussieht wie der Komiker mit dem Nachnamen Waalkes. Aber Wolfgang Kleff wäre auch ohne sein Aussehen **ein Original der Bundesliga** geworden. Herrlich seine Schilderung von einem Tor beim Spiel seiner Gladbacher in Köln. Die Partie endet vor 46.000 Zuschauer mit 3:0 für den FC, und dennoch hat Wolfgang Kleff seinen Spaß: »Der Pierre Littbarski kommt von halbrechts. Ich geh ein bisschen raus, gar nicht mal so weit, will den Winkel verkürzen. Der sieht das, geht unterm Ball und erwischt mich. Und der Ball fliegt, wirklich, lange Ecke. Als der unterwegs war, wusste ich schon, der geht rein. Da kannst du eine Leiter in der Tasche haben. Da habe ich dagestanden, der Ball war noch nicht drin – und habe geklatscht.«

★ ★ ★

Beim Spiel der Stuttgarter in Karlsruhe pfeifen die Zuschauer **Hansi Müller** nach zwei groben Fouls bei jeder Ballberührung aus. Als ihn in der 58. Minute an der Eckfahne auch noch ein Stein (Müller: »Rund und so groß wie ein Zweimark-Stück«) am Kopf trifft, hat der Nachwuchsstar endgültig genug: Ab sofort schickt er Karl Allgöwer in den Gefahrenherd zum Ausführen der Eckbälle. Ihm ist es schlicht zu riskant!

★ ★ ★

Kurioser Vorfall bei der Partie des HSV auf dem Betzenberg (Endstand 1:1). Der Lauterer Neues bekommt eine Rote Karte, weil er Jimmy Hartwig geschlagen haben soll. Vom Vorfall selbst gibt es drei unterschiedliche Versionen. Der Linienrichter: »Neues hat Hartwig einen Schlag an den Kopf versetzt, und als dieser am Boden lag, auch noch einen Tritt am Fuß.« Opfer Hartwig: »Ich habe von Neues einen Schlag ins Genick bekommen und war dann benommen.« Und Täter Neues: »Ich wollte ihn mit einem Ellenbogenhieb packen, weil er mir kurz zuvor mit der Faust ins Gesicht geschlagen hat (zeigt seine wackelnden Schneidezähne, die aufgeplatzte Oberlippe und einen Bluterguss am rechten Auge). Doch getroffen habe ich ihn nicht, leider. Hartwig hat mich sogar noch ausgelacht, während er am Boden lag.«

★ ★ ★

Dass die Bielefelder Spieler in letzter Zeit – bis auf Ewald Lienen natürlich – alle einen ähnlichen Haarschnitt haben, ist kein Zufall. Mannschaftskollege Kees Bregman ist **gelernter Coiffeur** und frisiert seine Mitspieler in der Freizeit. Später möchte er das Hobby zum Beruf machen und einen Friseursalon eröffnen.

Am elften Spieltag fällt in Bochum eines der seltsamsten Tore der Bundesliga-Geschichte. Bochums Keeper Ralf Zumdick trifft bei seinem Abstoß genau den Kopf von Stuttgarts Didier Six – und von dort springt der Ball zum 3:3-Endstand ins Netz des VfL. Zumdick mit den Nerven am Ende: **»Ich wollte nur noch nach Hause!«**

★ ★ ★

Vor dem Spiel in Frankfurt sagt Werder-Trainer Otto Rehhagel: »Das ist die Eintracht, hier kann man 2:0 gewinnen oder aber auch acht Treffer einfangen.« Am Ende heißt es **9:2 für Frankfurt**.

★ ★ ★

250 Mark muss Lothar Matthäus für die Gelbe Karte wegen Ballwegschlagens in die Gladbacher Mannschaftskasse zahlen. Kurz vor Weihnachten gut angelegtes Geld, wie Kassenwart und Masseur Charly Stock erfreut verrät: »Jetzt habe ich wieder einen schönen Betrag, den ich für Päckchen in die DDR und nach Polen verwenden kann.«

★ ★ ★

Andreas Brehme erinnert sich an eine Anekdote aus den Anfangstagen seiner Karriere: »Ich war mit Norbert Eilenfeldt abends auf ein Bier unterwegs. Um 23 Uhr war Bettruhe angeordnet. Dummerweise hatten wir uns verspätet, etwa 30 Minuten. Mit dem Mannschaftsbus war schon nach uns beiden gesucht worden, als wir im Quartier auftauchten. Heimlich, still und leise wollte ich mich in mein Bett schleichen. Da lag zu meinem Entsetzen aber Kalli Feldkamp drin, der auf mich gewartet hatte. Ich hatte meinen Namen für Sekunden vergessen, so bin ich von Feldkamp zurechtgestaucht worden.«

★ ★ ★

Ebenfalls nur einige Tage vor Heiligabend **auf der Bielefelder Alm**: Der Stadionsprecher verkündet, dass Trainer Horst Franz ein »gebrauchtes Klavier für seine Tochter« suche. Einerseits eine klasse Idee, so viele Leute auf einmal anzuhauen. Andererseits kann man nur hoffen, dass keiner der 34.000 Zuschauer vor dem heiligen Abend dem kleinen Mädchen die Überraschung verdorben hat.

★ ★ ★

Im Spiel des 1. FC Köln gegen Eintracht Braunschweig (3:0) fliegt **Peter Geyer** vom Platz. Aber weswegen? Geyer meint, er habe gesagt: »Was ihr pfeift, ist reine Heuchelei!« Schiedsrichter Brehm hat sich allerdings etwas ganz anderes notiert: »Geyer hat zu meinem Kollegen wörtlich gesagt: ›Ihr drei seid ganz dreckige Zigeuner!‹«

★ ★ ★

Borussia Dortmund versagt regelmäßig zu Hause, ist dafür aber ein berühmter Auswärts-Meister. Das bringt BVB-Recke Sigi Bönighausen auf eine Geschäftsidee: **Busreisen mit den Dortmundern**. Einen griffigen Slogan hat er auch schon parat: »Wollen Sie Borussia siegen sehen? Dann fahren Sie mit uns!«

★ ★ ★

Eintracht-Keeper **Jürgen Pahl** ist eigentlich kein Mann der großen Worte. Doch seitdem er für eine Immobilien- und Anlageberatungsgesellschaft arbeitet, wirbt er in der Frankfurter Stadionzeitschrift vollmundig: »Schießen Sie kein Eigentor, kommen Sie zu mir, ich berate Sie gerne!«

Willi Lemke wird Manager in Bremen: Präsident Dr. Franz Böhmert ist begeistert von den Ideen des SPD-Parteisekretärs zur Führung eines Bundesligavereins, aber wie soll er einen roten Politiker seinen Sponsoren schmackhaft machen? Er hat einen Plan: Er mietet einen Raum, lädt die wichtigsten 50 Geldgeber ein, lässt Willi Lemke eine Stunde erzählen und wartet ab, was passiert. Es geschieht genau das, worauf Böhmert gehofft hatte. Die Sponsoren kommen auf ihn zu und sagen ihm: »Mensch, wenn ihr mal einen neuen Manager braucht, nehmt doch den Lemke!« Böhmert lächelt still in sich hinein und verpflichtet am nächsten Morgen Willi Lemke als Nachfolger von Rudi Assauer.

★ ★ ★

Gladbachs **Frank Mill** ist nach der 3:0-Niederlage beim 1. FC Köln stinksauer – nicht auf sein Team, sondern auf seinen Gegenspieler Paul Steiner: »Der tritt mich, wo er nur kann, und bekommt nicht einmal Gelb zu sehen. Jetzt weiß ich, wie dem Heinz Flohe damals zumute war.« Bei Frank Mill läuft Paul Steiner ab sofort nur noch unter dem filmreifen Spitznamen »Der Schlitzer«!

★ ★ ★

»Ich lege mich für Paul hundertmal in den Dreck, wenn es sein muss. Ich bin der arbeitende Teil, der Paul ist das fußballerische Genie. Er soll sich nicht in Zweikämpfen aufreiben müssen. Er soll seine Energie für seine langen Pässe, für seine Rolle als Spielmacher nutzen«, sagt **Wolfgang Dremmler** und macht sich ganz selbstlos klein. Doch dann liest Bayerns Mann fürs Grobe »Die Kunst, ein Egoist zu sein« und erzählt bald voller Selbstvertrauen: »Wenn heute einer kommt und sagt, er sei Professor, dann würde ich antworten: Und ich, ich bin der Dremmler.«

★ ★ ★

Werder Bremens Profispieler **Uwe Reinders**, ein Mann des lockeren Lebenswandels, macht ein überraschendes wie unglaubliches Geständnis: »Bis zu meinem 20. Lebensjahr habe ich keinen Tropfen Alkohol angerührt. Dann musste ich wegen Schlafstörungen zum Arzt. Der stellte fest, dass ich wegen der großen Mengen Cola, die ich in mich hineinschüttete, nachts immer aufwachte. Der Arzt empfahl mir Bier als Schlafmittel.«

★ ★ ★

Nein, **Max Merkel und Ernst Happel** können sich wirklich nicht leiden. Dabei hätte alles so schön sein können: Der KSC feiert den Klassenerhalt und der HSV die Meisterschaft – gemeinsam am letzten Spieltag im Wildpark. Doch KSC-Trainer Merkel hat es eilig, wie er bereits Tage vor dieser Begegnung verkündet: »Ich fliege am Samstag nach dem Spiel schon um 18:40 Uhr weiter nach München. Da kann ich nicht zur Pressekonferenz gehen. Zeitliche Gründe, Sie verstehen!«

★ ★ ★

Uli Hoeneß überlebt am 17. Februar auf dem Weg zu einem Länderspiel in Hannover den **Absturz einer Piper-Maschine** – als einziger Fluggast. Wahrscheinlich sein größtes Glück an diesem Tag ist, dass er nicht angeschnallt ist und hinten rechts sitzt. Paul Breitner hält in der Nacht Wache an seinem Krankenbett. Als am nächsten Morgen Hoeneß' Frau Susi in sein Zimmer stürmt, ist sie bereits nach wenigen Minuten beruhigt: »Er hat mich nach dem Ergebnis des Länderspiels gefragt.«

Marcel Raducanu bleibt bei der Partie seiner rumänischen Nationalmannschaft gegen Deutschland im Sommer 1981 im Dortmunder Westfalenstadion zur Halbzeit in der Kabine. Die Zuschauer und Journalisten reiben sich die Augen. Lassen die Rumänen tatsächlich ihren besten Mann draußen? »Marcel ist verletzt«, erklärt der Nationaltrainer Stefan Kovacs nach der Begegnung. Doch das stimmt nicht ganz. Die Verletzung ist nur vorgetäuscht. Raducanu nutzt die Gelegenheit zur Flucht – und lässt seine Familie im Ostblock zurück. Zu der erhofften baldigen Vereinigung im Westen wird es nicht kommen, was den rumänischen Ausnahmekönner noch schwer zu schaffen machen wird.

★ ★ ★

Transfers à la VfL Bochum. Unter Tränen verabschiedet sich Jupp Tenhagen von der Mannschaft. Er muss zum Reviernachbarn Borussia Dortmund wechseln. In allerletzter Sekunde haben die Dortmunder dem Transfer zugestimmt. Dem VfL wäre ansonsten die Lizenz entzogen worden. Tenhagen: »Ich wollte nicht weg aus Bochum. Aber ich musste auch an meine Kollegen denken. Mit meinem Wechsel habe ich die Arbeitsplätze meiner Mannschaftskameraden gesichert!« Der Zusammenhalt ist Bochums großer Trumpf im **immerwährenden Überlebenskampf**, wie auch Teamkamerad Hermann Gerland einmal erklärte. Auf die Frage, warum der VfL den Abstieg Jahr für Jahr verhindert hat, antwortet er: »Weil wir *eine* Mannschaft waren!«

★ ★ ★

Sundermanns Rückkehr nach Stuttgart haben sich alle irgendwie anders vorgestellt und vor allem erfolgreicher. Nach einer Klatsche in Frankfurt (1:4) verkündet der Pressesprecher, dass Herr Sundermann noch duschen würde. Ein Journalist räuspert sich: **»Angstschweiß?«** Und ein anderer nutzt den humorigen Moment und grätscht verbal in die mustergültige Flanke hinein: »Duscht er oder ertränkt er sich?«

★ ★ ★

Karl-Heinz Rummenigge besucht eine **Tierausstellung** des bayerischen Zentrallandwirtschaftsfestes. Die Stippvisite ist ein voller Erfolg: »In der freundlichen Aufnahme von Karl-Heinz Rummenigge durch die aufgeweckten bayerischen Ferkel sahen die zuschauenden Fußballfreunde auch ein gutes Omen für das Schussglück des Torjägers in den kommenden Spielen der Bayern.« Für den Stürmer haben die »Qualitätsferkel der ABE« sogar die mütterlichen Milchquellen verlassen, um den »Tierfreund Rummenigge vertraulich anzublinzeln«.

★ ★ ★

Kalt ist der Winter in Deutschland. Beim 1:0-Sieg der Bayern gegen den VfL Bochum kommen gerade mal 4.000 Zuschauer ins Olympiastadion – und die Polizei natürlich. Doch die ist nicht begeistert: »In Russland schicken sie einen zur Strafe nach Sibirien – und bei uns ins Stadion!« Im fernen Bochum feiert man derweil schon ohne die Mannschaft den legendären »Winterball«. Und **Stargast Udo Jürgens** ist ganz angetan vom VfL: »In München nur 0:1 zu verlieren – das ist schon eine feine Leistung.«

★ ★ ★

Frank Mill mag keine Kopfbälle. Das findet wiederum sein Trainer nicht so toll. Wenn der Stürmer wieder einmal einem hohen Ball ausgewichen ist, sagt Jupp Heynckes: »Hast dir wohl die Haare geföhnt und willst sie dir nicht durcheinandermachen!« Der missverstandene Mill: »Dabei föhne ich mir nicht einmal die Haare. Ist mir viel zu viel Arbeit!« Schuld ist hingegen ein Vorfall aus früheren Tagen: »In Duisburg bin ich einmal bei einem Kopfball hochgegangen, und schon hatte ich eine dicke Nase. Dabei ist die bei mir sowieso schon so breit, als ob der liebe Gott dreimal hingegriffen hätte.«

Karl-Heinz Rummenigge bekommt den »Bronzenen Schuh«, doch statt seiner reist Uli Hoeneß nach Paris. Anschließend wird der Manager gefragt: »Wenn Rummenigge gewonnen hätte, wäre er dann persönlich zur Verleihung gekommen?« Antwort Hoeneß: »Die Frage enthält zwei Konjunktive. Solche Fragen kann der Verein in seiner momentanen Situation nicht beantworten.«

★ ★ ★

In Duisburg erfährt Trainer **Friedhelm Wenzlaff** am frühen Morgen durch ein Telefonat mit einem »kicker«-Redakteur von seinem Rauswurf. Er reagiert relativ gelassen: »Was? Davon weiß ich noch gar nichts. Jetzt haben Sie doch so ein nettes Gesicht, Herr Franzke, und sagen mir jetzt so etwas. Ich werde es mit Fassung tragen.«

★ ★ ★

In dieser Saison bekommt der Komiker **Michael »Bully« Herbig** seinen Spitznamen verpasst. Weil er in der Schule ein Trikot des FC Bayern München trägt, deren Sponsor Magirus-Deutz mit dem Slogan »Die Bullen kommen!« wirbt, wird er fortan von einem Lehrer »Bully« genannt. Das ist praktisch, da in der Klasse gleich mehrere Jungen Michael heißen.

★ ★ ★

Franz Beckenbauer hat sich ein bisschen verzockt. Eigentlich sollte er die Hauptrolle in der Fernsehserie **»Manni, der Libero«** spielen – nun übernimmt dies in 13 Folgen der Jungschauspieler Tommi Ohrner. Die Gagenvorstellungen verhindern Beckenbauer als Serienstar und machen aus Thomas Ohrner nach seinem riesigen Erfolg mit »Timm Thaler« einen der begehrtesten Schauspieler Deutschlands.

★ ★ ★

Notiz im »Bayern-Magazin«: »Wussten Sie schon, dass Bayern-Spieler **Wolfgang Kraus** eine ›Rakete‹ verkauft? Seinen metallic-blauen Renault Alpin A 310 (150 PS, Spitze 240 km/h). Warum? Weil ›Scheppe‹ für seine Fahrten nach Hause (Frankfurt) der Kofferraum nicht mehr reicht. Wer sich für den Renner (erst 4.000 km) interessiert – Telefon: 089/648067.«

★ ★ ★

»Trainer, ich pack das schon. Mach dir keine Sorgen!« Als **Debütant Ralf Zumdick** am fünften Spieltag gegen Frankfurt nach 24 Minuten ins Tor geht, weil sich die Nummer 1, Reinhold Mager, verletzt hat, beruhigt der Jungspund seinen sichtlich nervösen Trainer Rolf Schafstall. Und er hält tatsächlich prima. Nachher fragt sich der Fußballlehrer: »Woher hat dieser Junge nur so viel Selbstvertrauen?« Eine berechtigte Frage, denn als er zwei Jahre zuvor aus Münster kam, sah die Lage für den von seinen Mannschaftskameraden gehänselten »Zu-dick« laut Schafstall alles andere als rosig aus: »Abgewrackt und mit viel Übergewicht trat er an. Im Training sah es anfangs schlimm aus!«

★ ★ ★

Paul Breitner nimmt mit den anderen Bundesligastars eine **WM-Langspielplatte** auf. Sein offenes Geständnis (»Ich bin völlig unmusikalisch!«) toppt er noch mit einer eindeutigen Empfehlung: »Jungs, das ist so eine heiße Scheibe geworden – am besten lässt man die Finger davon!« Komponist Ralph Siegel und Musiker Michael Schanze werden Breitners Fazit sicherlich nicht gern gehört haben: »Blöde Texte und noch blödere Musik!«

Sachen gibt's. Stuttgarts Star **Hansi Müller** hat schon länger ein komisches Gefühl. Irgendwas stimmt nicht. Aber was? Da zeigt ihm ein Mitspieler einen Spruch auf einer Werbebande. Müller kneift die Augen zusammen und kann doch nichts entziffern. Noch am selben Nachmittag geht er zum Arzt – und bekommt eine Brille verschrieben, wie seine Nationalmannschaftskameraden Breitner und Magath!

★ ★ ★

Fernsehschauspieler Günter Strack (»Ein Fall für zwei«) dokumentiert die Liebe zu seiner Heimatstadt Darmstadt mit einer Spende an seinen Verein. Für das Flutlicht am Böllenfalltor bezahlt er aus eigener Tasche eine Lampe. Kosten: über 1.000 Mark. Verbunden mit der Hoffnung, dass den Lilien im Abstiegskampf ein Licht aufgehen möge!

★ ★ ★

Bundesligaschiedsrichter **Wolf-Dieter Ahlenfelder** wird im Frühjahr 1982 von seinem Heimatverband Niederrhein für sechs Wochen gesperrt, weil er beim Oberligaspiel zwischen BV 08 Lüttringhausen und dem FC Bocholt verprügelt wurde. Schiedsrichterobmann Willi Hesper: »Dies soll eine Denkpause für Herrn Ahlenfelder sein, der seinerzeit keinen Bericht über die Vorfälle gemacht hat, obwohl er mehrfach geschlagen worden war.«

★ ★ ★

Trainer **Karl-Heinz Feldkamp** wird in Kaiserslautern von Präsident Udo Sopp mit Geschenken verabschiedet: »Der Sekt soll dich an die prickelnde Atmosphäre auf dem Betzenberg erinnern, das Halstuch soll dir helfen, die Tränen abzuwischen, die du dem 1. FCK nachweinen wirst, und die Krawatte erhältst du, damit du auch in Dortmund gut gekleidet auftreten kannst.«

★ ★ ★

Kurz vor dem Ende der Saison ist die Zeit des **Branko Zebec** im Ruhrgebiet abgelaufen. Bei einem Auswärtssieg des BVB in Braunschweig ist Zebec zwar während der 90 Minuten nüchtern, aber als er anschließend auf der Pressekonferenz erscheint, ist der Trainer bereits sichtlich angetrunken. Später kommt heraus, dass Zebec sich in einem unbeobachteten Moment in der kleinen Küche im Kabinentrakt mit Weinbrand und Jägermeister versorgt hat. Mit diesem Wissen im Kopf klingen dann auch seine Worte auf der Pressekonferenz nicht mehr ganz so philosophisch: »Haben wir gesehen, was wir gesehen haben …«

Zitate der Saison

Als es in Stuttgart nicht mehr so läuft, sagt Coach **Jürgen Sundermann**: »Solange ich mir nicht jeden Abend eine Flasche Rotwein reinhauen muss, um einschlafen zu können, so lange macht's noch Spaß, Trainer zu sein.«

»Einen Stammplatz erhält er, aber nur auf der Ersatzbank!« So herzlich begrüßt Bayerns Stürmer **Karl-Heinz Rummenigge** seinen neuen Mitspieler Asgeir Sigurvinsson.

Nach einem 2:0-Sieg über Braunschweig sagt der DFB-strafverfolgte-Seitenlinienpolterer **Otto Rehhagel** mit Lachfalten um die Augen: »Der einzige Braunschweiger, der mir heute gefährlich werden konnte, war Kindermann.« Nein, falsch gedacht. Rehhagel meint natürlich den Eintracht-Spieler Reinhold Kindermann.

»Werder Bremens ›farbige‹ Tore!«, der **»kicker«** nach einem 2:0-Sieg von Werder Bremen über Borussia Dortmund mit Treffern von Kostedde und Gruber.

»Liebe Kölner Freunde, Bochum ist eben nicht Barcelona!« **Erwin Steden**, der Stadionsprecher des VfL Bochum, nach einem 3:1 des VfL gegen den FC, der unter der Woche noch bei einem Turnier in Spanien gesiegt hatte.

In Düsseldorf beklagt Trainer **Jörg Berger** die Geschichte um den Fehleinkauf Ludger Kanders: »Wenn der sagt, er könne mich nicht riechen, andererseits aber wenigstens Leistung und Einsatz gezeigt hätte, dann wäre ich sogar bereit gewesen, mein Rasierwasser zu wechseln.«

Weitere Nettigkeiten unter Kollegen: Der Dortmunder **Rüdiger Abramczik** zum Schalker Helmut Kremers: »Du könntest eigentlich auch mal wieder zum Friseur gehen. Du siehst ja aus wie ein Weib von hinten.«

Bayerns Vizepräsident **Karl Pfab**: »Bei uns kann man ja ins Tor stellen, wen man will, da ist einer so schlecht wie der andere.«

Hartwig

»Die graue Maus trägt Nerzmantel!« Die **»Bild«-Zeitung**, als der VfL Bochum Anfang der Saison eine Hochphase hat.

Der **FC Bayern München** spielt in Köln und die Zuschauer rufen: »Breitner in den Kölner Zoo, Paule in die Muppet-Show.«

Der verletzte HSV-Profi **Jimmy Hartwig** live im WDR-Fernsehen am Vorabend der Partie seiner Hamburger in Köln – sicherlich zur Freude seiner Mitspieler: »Ich tippe eine Eins für Köln – weil ich nicht mitspielen kann!«

Bayerns Neu-Präsident **Willi O. Hoffmann** gibt die Losung aus: »Ich möchte unseren Verein zum Real Madrid der neunziger Jahre machen. Mit einer fröhlichen Mannschaft zurück in die europäische Fußballelite!«

Dietz

KSC-Geschäftsführer **Manfred Amerell** nach einem Auswärtsspiel in Bremen zu Schiedsrichter Wahlmann: »Wir würden Sie gerne mal in Karlsruhe begrüßen. Dann können wir eine ›eins‹ als Bank setzen!«

Ennatz Dietz verwandelt den entscheidenden Foulelfmeter beim 1:0-Sieg der Duisburger gegen Köln. Hinterher verblüfft der MSV-Profi die Journalisten mit folgender Aussage: »Der Toni hat mir nur in die Augen geguckt, aber nervös konnte er mich damit nicht machen. Das große Flattern hatte ich ja schon vorher!«

Max Merkel nach einer 3:1-Niederlage des KSC in Bochum: »Wir haben heute mal wieder acht gegen elf gespielt. Die drei da vorne heißen bei uns nur Sturm. Der Schüler kann froh sein, dass Frühling ist. Sonst hätte er sich eine Lungenentzündung geholt.«

1982/83

»Die Rote Karte war ein Symbol: Jetzt ist endgültig Schluss!«

Die Saison startet mit einem der kuriosesten Treffer der Bundesligageschichte. Bayerns neuer belgischer Keeper Jean-Marie Pfaff weiß offensichtlich noch nicht alles über den Mann, der da an der Außenlinie steht und Anstalten macht, den Ball per Hand direkt in den Strafraum zu befördern. Und genau das macht dieser Mann mit den schwungvollen Oberarmen, der Bremer Uwe Reinders, in der 44. Minute am ersten Spieltag im Weserstadion. Er nimmt ein paar Meter Anlauf und wirft das Leder dann Richtung Bayern-Tor. Pfaff stürmt irritiert aus seinem Kasten, berührt den Ball am Fünfmeterraum leicht mit den Fingerspitzen und lenkt die Kugel so ins eigene Tor. Das 1:0 für Werder ist gleichzeitig auch der Endstand an diesem Tag. Uwe Reinders wird von Paul Breitner argwöhnisch gelobt: »Klasse, Uwe! Das war schon **ein Bombentor**. Allerdings gelingt so eines nur gegen uns!« Reinders sieht die Sache mit einem Schmunzeln im Gesicht eher pragmatisch: »Ich war durch eine Knieverletzung stark gehandicapt. Da musste ich das Tor mit der Hand machen.« Und auch Pfaff kann dem spektakulären Treffer schon recht bald etwas Gutes abgewinnen: »Das Tor war positiv für mich. Ich war sofort überall bekannt. Vom Fernsehen wurde es zehnmal wiederholt.«

Nachdem zur Halbserie HSV-Trainer Ernst Happel trotz eines 6:2-Siegs gegen Schalke noch gegrantelt hatte: »**Heute Herbstmeister, morgen Hausmeister**. Dafür kann ich mir nichts kaufen«, ist er am Ende der Saison mit seinem Team sehr zufrieden. In einem packenden Bundesligafinish gegen Werder Bremen gewinnt der HSV die Meisterschaft aufgrund des besseren Torverhältnisses. Am letzten Spieltag siegen beide Teams. Werder Bremen schlägt zu Hause den VfL Bochum relativ sicher mit 3:2, und der HSV spielt beim Absteiger Schalke 04. Dort erlöst Wolfgang Rolff den Meister mit seinem Treffer in der 52. Minute zum 2:1. Auf dem Rückflug aus Gelsenkirchen fliegt der Kapitän – auf besonderen Wunsch der Mannschaft – eine Ehrenrunde über das Bremer Weserstadion. An diesem 4. Juni ahnt niemand beim HSV, dass für die nächsten Jahre ab sofort gelten wird: Genau hier unter den Spielern – und nicht mehr in Hamburg – werden die Titel gefeiert werden. In Erinnerung an den frischerreichten Finalsieg im Europapokal der Landesmeister gegen Juventus Turin sagt Bernd Wehmeyer am Abend des Triumphs in der Bundesliga einen Satz, von dem er noch nicht weiß, dass er nicht nur für ihn, sondern für den gesamten Hamburger SV in den folgenden 30 Jahren gelten soll: »Eigentlich müsste ich heute noch meine Fußballstiefel in die Ecke schmeißen und aufhören. Mehr Erfolge kann eine Saison nicht bringen. Schöner wird es nie mehr werden!«

Saisonverlauf 1982/83

Platz	Tore	Punkte
1.	79:33	52:16
2.	76:38	52:16
3.	80:47	48:20
4.	74:33	44:24
5.	69:42	43:25
6.	57:44	41:27
7.	78:62	39:29
8.	46:71	31:37
9.	63:75	30:38
10.	48:57	29:39
11.	43:66	29:39
12.	64:63	28:40
13.	43:49	28:40
14.	44:70	28:40
15.	42:65	27:41
16.	48:68	22:46
17.	39:86	21:47
18.	43:67	20:48

Todtraurig beendet man in Dortmund die Saison. Der BVB verspielt nach einer 3:1-Führung gegen Borussia Mönchengladbach noch die Chance auf den UEFA-Cup. Mit 4:6 unterliegt man nach einer atemberaubenden Partie und kann es einfach nicht fassen.

Am 33. Spieltag wird Paul Breitner bei der 0:1-Niederlage gegen den FC Schalke 04 in der 72. Minute zum letzten Mal in einer Bundesliga-Partie eingewechselt. Den Schlusspunkt seiner Karriere setzt Breitner dann nach der Saison bei einem Freundschaftsspiel in Asien. Ohne sich abzumelden, geht er in der 70. Minute vom Platz, wird vom Linienrichter zurückgehalten und nach einer Beleidigung vom Schiedsrichter gefragt: »Wollen Sie die Rote Karte?« Breitner antwortet lächelnd: **»Jawoll, ich will sie!«** Und später: »So ist es richtig, die Rote Karte war ein Symbol. Jetzt ist endgültig Schluss!« Einer seiner Gründe für den Abschied ist der Ansehensverlust der Bundesliga. Breitner: »Ich habe keine Lust mehr, mich von Achtjährigen ein Arschloch nennen zu lassen.«

Die besten – Torjäger der Saison

Rudi Völler (Werder Bremen)	23
Karl Allgöwer (VfB Stuttgart)	21
Atli Eðvaldsson (Fortuna Düsseldorf)	21
K.-H. Rummenigge (Bayern München)	20

Gerne weitergemacht hätte dagegen Willi Neuberger. Doch nach 520 Spielen unter zwanzig verschiedenen Trainern beendet er seine Karriere. Seine Vereine in der Zeit von 1966 bis 1983: Borussia Dortmund, Werder Bremen, Wuppertaler SV und Eintracht Frankfurt. Neubergers Abschied fällt eher leise aus. Seit dem letzten Herbst ging es für den Rekordspieler nur noch abwärts: Rückenschmerzen, eine Leistenverletzung, Herzrhythmusstörungen und dann auch noch die Tbc-Erkrankung seiner Frau. Neuberger fasst die Seuchenmonate trocken zusammen: »1982 war **kein Jahr für Künstler**!«

„Bubi" ist immer dabei

Er beherrscht die Siegerposen schon wie ein richtiger Fan. „Bubi", gekleidet in den blau-weißen Hertha-Dreß, ist immer dabei, wenn Ralf Preller zu Spielen des Bundesliga-Aufsteigers fährt. Foto: Privat

Günter Netzer verdingt sich am 28. März 1983 in einem Schuhgeschäft in Hamburg-Pöseldorf als Schuhverkäufer. Der HSV-Manager löste damit seine in der TV-Show »Wetten, dass…?« verlorene Wette ein.

★ ★ ★

Es ist sicherlich das **ungewöhnlichste Eigentor eines Torhüters** in der Bundesligageschichte. Als Frankfurts Jürgen Pahl am 16. Spieltag in Bremen den Ball abwerfen will, sieht er im letzten Moment, dass sein Adressat Ralf Falkenmayer gar nicht mehr zu ihm zurückschaut, sondern nur nach vorne. Doch der Keeper kann den abgebremsten Schwung nicht richtig kontrollieren. Pahl driftet mit dem ganzen Körper Richtung Boden ab, und die Kugel kullert aus seiner Hand – ins Tor hinein. Die Spieler von Werder Bremen jubeln verhalten, aber mit einem Lächeln auf dem Gesicht, und im Kasten steht ein verzweifelter Eintracht-Torwart. Bereits nach drei Spielminuten ist die Partie vorentschieden. Am Ende gewinnt Werder mit 3:0. Pahl hat sich zur Halbzeit auswechseln lassen. Trotzdem versucht er sich die spektakuläre Aktion im Nachhinein mit einem lockeren Spruch schönzureden: »Solche Eier passieren nur großen Torhütern.«

★ ★ ★

Jörg Horn

11:1 gewinnt Borussia Dortmund gegen Arminia Bielefeld. Das Besondere: Zur Halbzeit steht es noch 1:1, und Bielefelds Trainer Köppel macht seine Mannschaft heiß: »Jungs, **wir können hier gewinnen**.« Doch das geht in die Hose, wie BVB-Kicker Rolf Rüssmann aus der anderen Perspektive über die Arminen erzählt: »Die Elf war wie ein Punchingball, den man niederschlägt und der rechtzeitig zum nächsten Schlag wieder stramm steht.« Nach der Partie ist Bielefelds Coach verständlicherweise mit den Nerven runter. Das sehen auch die BVB-Offiziellen und schenken Horst Köppel deshalb etwas ganz Besonderes: Ein Fünf-Liter-Fässchen Bier! Das sollte eigentlich ein Journalist bekommen, der den richtigen Tipp abgibt, aber bei diesem Spielstand…! Köppel freut sich hörbar: »Am liebsten würde ich das Fässchen ansetzen und in einem Zug leeren!«

★ ★ ★

Der VfL Bochum gewinnt in Frankfurt mit 1:0 und kassiert dafür auch noch 50.000 Mark vom Eintracht-Vize Wolfgang Zenker. **Unglaublich, aber wahr!** Der Funktionär hat gegen die Bochumer Mannschaft, die 2.500 Mark einsetzte, diese stolze Summe geboten, wenn die Frankfurter den VfL nicht mit mindestens drei Treffern putzen würden – was dann ja nicht geschah. Kapitän Dieter Bast verkündet stolz: »Das Geld stellen wir einem wohltätigen Zweck zur Verfügung. In der Nähe von Bochum ist ein Heim abgebrannt, dafür bestreiten wir demnächst ein Benefizspiel, und dort werden wir auch dieses Geld überreichen!«

★ ★ ★

Bei der Hertha sitzt für einige Wochen **ein echter Korporal** der britischen Royal Air Force auf der Bank. Derek Bragg vertritt den verletzten Manfred Werner. Ein Spiel bestreitet der Mann in Uniform allerdings nicht für die Berliner. Heute arbeitet er als Scout und verkündet auf seiner Webseite stolz, dass er die meiste Zeit seiner Karriere, vier Jahre, für den »Topklub Hertha« gespielt habe.

★ ★ ★

Wie locke ich möglichst viele Zuschauer ins Stadion, fragt man sich Anfang der 1980er Jahre in der Bundesliga. Eintracht Frankfurt hat dazu **eine außergewöhnliche Idee** entwickelt. Schatzmeister Wolfgang Knispel möchte unter dem Slogan »4 aus 7« im Rhein-Main-Gebiet knapp 20.000 Firmen gewinnen, die für ihre Arbeitnehmer Tickets erwerben. Untertitel der Kampagne ist nämlich: »Ins Stadion gehen, die Eintracht sehen – und der Fiskus zahlt«. Der Hintergrund: Firmen können bis zu viermal im Kalenderjahr die Kosten für eine Karte als Betriebsausgabe geltend machen. Knispel nennt es »ein soziales Engagement« der Unternehmen, denn er weiß: »Normalverdiener können sich heute die Preise von 20 und 30 Mark für die Bundesliga kaum noch leisten.«

★ ★ ★

Vor dem Spiel des HSV gegen Nürnberg (3:0) nimmt sich Schiri Wolf-Dieter Ahlenfelder Jimmy Hartwig mal ordentlich zur Brust: **»Aufpassen, heute, aufpassen!«** Was war passiert? Jimmy Hartwig hatte bei der Präsentation seiner neuen Platte »Ich bin immer zu früh« in der ZDF-Hitparade die deutschen Schiedsrichter als »Chaoten« bezeichnet. Treuherzig versichert Hartwig dem fröhlichen Ahli: »Ich habe nicht gesagt, dass alle Schiedsrichter Chaoten wären!« Das will ihm Ahlenfelder dann auch gerne glauben!

von seinen Tanz-Einlagen nach Torerfolgen des HSV hat er auch schon zwei Platten besungen: Die eine heißt „Mama Calypso" und wurde bereits über 70 000mal verkauft und die zweite trägt den beziehungsreichen Titel: „Ich bin immer zu früh". Mal sehen, ob Ernst Happel ihm die Scheibe vorspielt, wenn er mal zu spät zum Training kommt. Denn die B-Seite heißt: „Ich geh' zur Disco . . ."

★ ★ ★

Durchaus kurios bereitet sich Hertha BSC auf die kommende Saison vor. Der Nachfolger von Trainer Georg Gawliczek wird öffentlich durch eine Ausschreibung gesucht. Bisher bekam die »alte Dame« Bewerbungsschreiben von Hans Tilkowski, Jörg Berger, Friedhelm Wenzlaff, Adolf Remy, Friedel Rausch, Uwe Kliemann – und von Rudi Gutendorf. Der schickte standesgemäß eine **Postkarte von den Fidschi-Inseln**!

Schalkes Neuzugang **Hubert Clute-Simon** hat bei seinem vorigen Verein, Alemannia Aachen, vom Masseur des Teams pro Tor eine Palette Hühnereier erhalten. Zudem konnte er das eine geschenkte Ticket pro Partie in Eier ummünzen. Auf Schalke hofft er allerdings, dass alles anders wird – wobei der Grund etwas verblüfft: »Da bekomm ich pro Spiel ja wohl auch nicht nur eine Karte, und Eier mag ich sowieso nicht!«

★ ★ ★

Das hat sich der BVB-Präsident Jürgen Vogt so schön ausgemalt: Die Spielerfrauen sollen zusammen mit der kompletten Mannschaft ins vorweihnachtliche **Trainingslager auf Gran Canaria** reisen. Doch die Borussen-Akteure sind nicht begeistert von der Idee ihres Vorsitzenden. Sie würden lieber wieder allein unter Männern wegfahren, und sie argumentieren durchaus schlüssig: »Vor Weihnachten müssen unsere Frauen noch Plätzchen backen.« Abis Frau Christa Abramczik beendet schließlich die für alle Seiten unangenehme Diskussion: »Wir Frauen machen sowieso lieber unseren eigenen Betriebsausflug!«

★ ★ ★

Beim 3:2 der **Bielefelder gegen Schalke** sorgen die beiden Keeper durch ihre Pannen für Unterhaltung. Zwiegespräch zweier Zuschauer: »Sollen wir wetten, dass der gleich wieder danebenpackt?« Die irritierte Antwort des anderen: »Meinst du den Junghans oder den Isoaho?«

★ ★ ★

Kölns Herbert Neumann stilisiert sich als der etwas andere, der nachdenkliche Profi. Er liest nicht Konsalik oder Simmel, sondern den intellektuellen Schriftsteller Gabriel García Márquez. Und auch bei der Musik ist er wählerisch: Deutschsprachige Interpreten sind nicht unbedingt sein Fall – wenn, dann noch am ehesten Marius Müller-Westernhagen oder BAP. Auf gar keinen Fall jedoch Peter Maffay, den viele seiner Kollegen – wie Toni Schumacher – verehren. Neumann nennt den Barden **»Frisösentröster«**!

★ ★ ★

Der VfL Bochum dreht gegen Bayer Leverkusen einen Rückstand in der allerletzten Minute in einen 3:2-Sieg. Das komplette Ruhrstadion jubelt. Wenigstens die, die noch können. Die **Trainergattin Hildegard Schafstall** bricht beim Siegtor mit einem Kreislaufkollaps zusammen. Ihr Mann im Anschluss (noch) ganz nüchtern: »Ich konnte es soeben noch verkraften. Für meine Frau war es zu viel!« Ein Piccolo hilft aber auch ihr schnell wieder auf die Beine!

★ ★ ★

Auch Düsseldorfs ruhiger **Trainer Willibert Kremer** kann mal aus der Haut fahren. Die Leistung seiner Mannschaft in der ersten Halbzeit gegen Werder Bremen (Endstand 2:5) beschreibt er mit »Abwehr einer Schülermannschaft«, »Taubstummen-Fußball« und »Schlafwagen-Express«. Nicht schön, aber immer noch harmlos gegenüber der Titulierung, die am selben Spieltag BVB-Präsident Jürgen Vogt für seine Spieler findet: Er nennt sie schlicht und ergreifend »Huren«!

Walter Eschweiler hat sich bei der Partie des VfL Bochum in Dortmund nicht nur Freunde gemacht. Einen hat er besonders verärgert: Gustav Sträter, den Stadionverwalter der Borussia. Als der Schiedsrichter unter der Dusche steht, rächt sich der BVB-Fan auf seine Weise: Er stellt die Warmwasserzufuhr komplett aus. **Eschweiler flucht lautstark**, Sträter freut sich, dreht wieder auf warm und hat seinen Trainer begeistert. Karl-Heinz Feldkamp: »Wenn der Sträter das mit allen Schiedsrichtern so macht, die hier schlecht pfeifen, dann lasse ich mir das gefallen!«

★ ★ ★

Gladbachs **Busfahrer Heinz Wallrath** behält auch im Tabellenkeller seinen Humor. Er erzählt den Spielern, dass er leider entlassen worden sei. Der Klub habe auch schon einen neuen Mann verpflichtet. Es sei der ehemalige Busfahrer von Bayer Uerdingen. Irritiertes Schweigen. Dann will die Mannschaft endlich wissen, warum es denn zu dem Wechsel gekommen sei? Wallrath trocken: »Der kennt die Stadien der zweiten Liga besser als ich!«

★ ★ ★

Schiri Max Klauser tritt beim Spiel der Bielefelder in Düsseldorf dem Arminen Wolfgang Pohl vors Schienenbein – bekommt es aber selbst nicht mit. Als man es ihm später sagt, zeigt er sich überrascht: »Ehrlich? Habe ich getroffen? Das habe ich gar nicht gemerkt. Ich wollte ihm nur vormachen, wie Helmut Schröder, den ich gerade verwarnte, den Atli Eðvaldsson getreten hat!« Vielleicht war es aber nur die späte Rache für den K.o.-Schuss, den der Bielefelder Büscher ihm zwei Jahre zuvor verpasst hatte!

★ ★ ★

Der Gladbacher Lothar Matthäus hat **Mumm in den Knochen**. Nach dem Spiel gegen die Bayern lässt er zwei Bälle für Autogramme durch deren Kabine gehen. Als Wolfgang Dremmler an der Reihe ist, fragt er argwöhnisch in die Runde: »Für wen sind die?« Antwort der anderen: »Lothar Matthäus!« Dremmler: »Dann streicht meine Unterschrift schnell wieder!« Ist aber nicht böse gemeint: Der Bayern-Spieler musste an diesem Tag nach einem Foul an Matthäus nur vorzeitig das Feld verlassen!

★ ★ ★

Udo Klug erlebt bei seinen Bemühungen, den ehemaligen Kölner Herbert Neumann aus Bologna für den Club zu verpflichten, eine amüsante Geschichte: »Der Präsident der Italiener wusste nie genau, was er wollte. Einmal sprach er von 300.000 Dollar, dann von 300.000 Mark. Einmal hat er sogar von **300.000 Lire** geredet. Da habe ich meinen Geldbeutel geöffnet und gefragt, ob ich gleich bezahlen könne!« 300.000 Lire sind umgerechnet nur knapp 550 Mark. Wäre ein echtes Transfer-Schnäppchen gewesen.

★ ★ ★

Nur Minuten nach dem Auftaktspiel der neuen Bundesligasaison gegen Nürnberg ist HSV-Profi Ditmar Jakobs schon wieder schwer mit seinen Nebengeschäften beschäftigt. Oberkörperfrei und nur mit einem Hauch von Nichts unten herum bekleidet, steht er vor der Club-Kabine und erklärt seinem ehemaligen Mitspieler Werner Dreßel ausführlich die **Details seiner neuen Lebensversicherung**. Über so viel Fleiß wird sich auch sein Geschäftspartner Peter Hidien sehr gefreut haben!

Wenn Uli Stein einmal in Rage ist, dann kann ihn niemand mehr aufhalten. Nach dem Auswärtsspiel des HSV in Bielefeld (2:0) lässt er kein gutes Haar an dem Mann in Schwarz, der intern in der Liga nur **»Kläglich Dr. Stäglich«** genannt wird. Stein im Wortschwall: »Bei diesem blinden Schiedsrichter ist es kein Wunder, dass wir hier verloren haben«, und: »Das größte Nachwuchstalent des DFB«, abschließend: »Wir bekommen jeden Samstag die größten Pfeifen unter den Schiedsrichtern.« Eine innige Liebe wird das wohl nicht mehr werden zwischen Stein und Stäglich!

★ ★ ★

Otto Rehhagel hat einen neuen Spleen. Bei der 1:2-Niederlage in Köln schleudert er bei jeder vergebenen Torchance seinen Klappstuhl wie ein Derwisch über die Tartanbahn. Was komisch aussieht, ist von Anfang bis Ende durchdacht. Rehhagel: »Wir brauchen in der Bundesliga doch jeden Zuschauer, da muss ich den Leuten schon was bieten, oder?« Eine Woche später beißt der Werder-Trainer übrigens in einen nagelneuen Lederball. Danach wurde es langsam wieder etwas ruhiger um den **Showman Rehhagel**!

★ ★ ★

In Bielefeld haben sie seit Saisonbeginn einen Doktor der Kommunikationswissenschaften als Manager, der von sich selbst sagt, **»nicht sehr viel Ahnung von Fußball** zu haben«. Dafür wird sein Talent für Sprache schnell deutlich. Dr. Norbert Müller im O-Ton, hier zwei Kostproben: »Die, die mir jetzt auf die Schulter klopfen, greifen in ihre eigene Spucke«, »Arminia muss ein Zuschauerpotenzial von 60.000 haben. 30.000, die mich am Anfang ausgepfiffen haben, und 30.000 andere, die mir heute Beifall zollen.« Beliebt ist er nicht gerade, aber ein Vierjahresvertrag schützt ihn – und seine klugen Worte natürlich. Als der Name seines Schäferhundes plötzlich ins Gerede kommt, reagiert er schnell: »Der ›Jupp‹ hat nichts mit Heynckes zu tun. Der Hund sollte nur einen rheinischen Namen haben.«

★ ★ ★

Ein Unglück erschüttert die Bundesliga: Der Braunschweiger Lutz Eigendorf soll »mit seinem PKW ins Schleudern geraten und frontal gegen einen Baum gefahren sein«. Erst nach und nach wird klar, dass es sich bei diesem Unfall um einen **Auftragsmord der Stasi** handeln könnte. Der ehemalige Star der DDR-Nationalmannschaft sollte ausgeschaltet werden. Seine Frau erzählt später: »Abends um neun sagte er zu mir: ›Komm doch mit auf ein Bier.‹ Ich blieb lieber bei unserem Sohn Julian. Gegen Mitternacht klingelte das Telefon. Ein Arzt war dran: ›Ihr Mann hatte kurz nach 23 Uhr einen schweren Autounfall. Er wird wahrscheinlich sterben.‹ Lutz hatte 2,3 Promille im Blut. Bei mir war er absolut nüchtern weggefahren, harte Sachen trank er nie. Für mich deutet bis heute alles auf Mord hin.«

★ ★ ★

Frauen! Wolfram Wuttke krönt seine geniale Leistung beim 5:0 gegen Bielefeld mit seinem dritten Tor – und was macht seine Gattin? Wuttke: »Das kann ich gar nicht fassen. Ich mach so ein Ding, und die sieht nicht hin!« Tatsächlich dumm gelaufen: **Brigitte Wuttke** machte sich bereits für die dritte Halbzeit fein und zog im Moment des dritten Torerfolgs ihres Mannes an diesem Tage noch einmal in aller Ruhe den Lippenstift nach!

Zitate der Saison

Auch nach einer empfindlichen 2:6-Niederlage gegen den 1. FC Köln nimmt der Düsseldorfer **Holger Fach** den Mund noch ziemlich voll: »Den Pass zum 1:0 können nur zwei Leute spielen: Der Franz Beckenbauer und ich!«

»Ein Tusch für den jungen Lusch!« Die **Presse in Dortmund** feiert reimfest den Neuzugang der Borussia.

Erst Samstagmorgen um zehn Uhr kommt der Stuttgarter **Günther Schäfer** bei seinem Team an. Er war bei der Militär-WM in den USA. Und er hat ein Problem: »Ich habe im Flugzeug kein Auge zumachen können, weil so viel Trubel war. Eine Schlaftablette wollte ich aber auch nicht nehmen, aus Angst, die würde erst auf dem Spielfeld wirken.« Die Medikamentenabstinenz hilft aber am Ende auch nichts: Ein schläfriger VfB verliert 0:3 bei der Eintracht!

»Da hat er Recht, das kann ich auch. Und das kann nicht jeder!«, sagt **Köppel** und kontert gekonnt Max Merkel, der dem Bielefelder Trainer freundlich bescheinigt hatte, wenigstens einen Ball unfallfrei aufpumpen zu können.

Typisch Pfaff, der Pfiffige: Der Mann aus dem belgischen Beveren und Familie, ganz auf „bayerisch" zurechtgemacht.

Jean-Marie Pfaff lässt keine Gelegenheit aus, in den Medien präsent zu sein. Selbst sein Nachbar fürchtet sich vor des Belgiers Präsentationsdrang. Als ein Fotograf seinen Garten ablichten will, sagt der gute Mann: »Das muss aber ganz schnell gehen. Wenn nämlich der Pfaff uns sieht, will der sofort mit aufs Bild!«

Jean-Marie Pfaff: »Mich stört es nicht, wenn einige Kollegen neidisch sind. Bei solchen Tönen schlafe ich auf beiden Ohren.«

»Vielleicht hat der schon zu viele Bälle vor den Kopf bekommen!« Bochums **Lothar Woelk** als Antwort auf die Frontalattacke von Bayernstar Dieter Hoeneß (»Der Woelk ist einer der größten Treter der Bundesliga!«).

Nürnbergs **Horst Weyerich** hat es mal wieder geschafft: Im dritten Jahr nacheinander wird er bereits in der ersten Saisonhälfte vom Platz gestellt. Diesmal in der Partie Nürnberg gegen Karlsruhe. Der Clubberer, der nur ein »bisschen den Fuß ausgestreckt« haben will, ist ganz verzweifelt: »Ich kann doch nicht einen gasförmigen Zustand annehmen!«

Manfred Burgsmüller darf endlich wieder spielen. Vier Wochen hatte man ihn vereinsintern gesperrt. Er atmet lauthals auf: »Auf der Bank habe ich schon in meinem Garten lang genug gesessen. Das muss nicht auch noch im Stadion so sein. Da will ich spielen!«

Helmut Benthaus wechselt vom FC Basel zum VfB Stuttgart, und **Max Merkel** lästert: »Der kennt die Bundesliga doch nur aus der Peep-Show.«

1983/84

Mama mia, ich mag doch keine Spaghetti!

Solch eine Spielzeit ist fast **so selten wie ein Sechser im Lotto**. Am Ende beträgt die Differenz zwischen dem Meister VfB Stuttgart und den Bremern auf Platz fünf gerade einmal drei Punkte – dementsprechend spannend ist das Saisonfinale, bis zum 33. Spieltag. Da gelingt dem VfB vorzeitig sein Meisterstück. Stuttgart siegt bei Werder mit 2:1 und gewinnt, weil zeitgleich der Hamburger SV zu Hause gegen Eintracht Frankfurt mit 0:2 verliert, den Titel. Der VfB weist das deutlich bessere Torverhältnis als der HSV auf. Trotz der engen Situation an der Tabellenspitze trauert Fußball-Deutschland um ein echtes Endspiel, denn am letzten Spieltag treffen der VfB und der HSV im Neckarstadion aufeinander. Die Hamburger siegen gegen feiertrunkene Stuttgarter mit 1:0 und festigen ihren zweiten Platz. Am Ende haben sowohl der Meister wie der HSV und der Dritte Borussia Mönchengladbach 48:20 Punkte auf ihrem Konto. Die Bayern werden Vierter und haben mit 47 nur einen Zähler weniger.

Kickers Offenbach und der 1. FC Nürnberg steigen weit abgeschlagen ab. Der Club stellt dabei gar einen **neuen Rekord** auf: In keiner seiner 17 Auswärtspartien gelingt es ihm, nur einen einzigen Punkt zu holen. In der Relegation retten sich die Frankfurter überzeugend gegen den MSV Duisburg.

Die Titelverteidiger aus Hamburg haben vor der Saison versucht, das Team zu verjüngen. Manager Netzer verpflichtete für Lars Bastrup den Schalker Wolfram Wuttke und als Hrubesch-Ersatz einen jungen Mann namens Dieter Schatzschneider. Dass dieser **kein einfacher Typ** ist, weiß man. Die Worte seines Ex-Trainers bei Fortuna Köln klingen eindeutig: »Dieter Schatzschneider ist einer der miesesten Typen, die mir in meiner Trainerlaufbahn jemals untergekommen sind. Er ist amoralisch und undiszipliniert.« Dem HSV kündigt er sich so an: »Kommt Zeit, kommt Dieter!« Doch das Verjüngungsexperiment misslingt. Beide Neuzugänge werden von großen Teilen der Mannschaft nicht akzeptiert und wirken häufig wie Fremdkörper im HSV-Team. Vor allem für Dieter Schatzschneider ist der Zug schnell abgefahren – und das wohl völlig zu Recht. Während eines Spiels kritisiert Felix Magath Schatzschneider einige Male, woraufhin der Stürmer Magath anblafft: »Halt endlich dein Maul!« Abwehrrecke Jakobs eilt von hinten herbei und seinem Freund zu Hilfe: »Wenn du das noch einmal zu Felix sagst …«. Schatzschneider schnäuzt nur kurz vor Jakobs auf den Boden und sagt dann: »Und du hältst auch endlich dein Maul!« Fortan ist die Stimmung im Eimer.

In Stuttgart herrscht nach dem Titelgewinn **Ausnahmezustand**. Es wird gefeiert, was das Zeug hält. Oberbürgermeister Manfred Rommel ist Präsident Gerhard Mayer-Vorfelder sehr dankbar: »Unter deiner Präsidentschaft stieg der VfB aus dem tiefen Tal zu lichten Höhen!« Man fällt sich in die Arme, prostet

Saisonverlauf 1983/84

Platz	Tore	Punkte
1.	79:33	48:20
2.	75:36	48:20
3.	81:48	48:20
4.	84:41	47:21
5.	79:46	45:23
6.	70:57	38:30
7.	50:50	34:34
8.	40:49	33:35
9.	54:69	32:36
10.	66:79	31:37
11.	45:58	31:37
12.	68:69	30:38
13.	54:65	30:38
14.	63:75	29:39
15.	58:70	28:40
16.	45:61	27:41
17.	48:106	19:49
18.	38:85	14:54

Die besten Torjäger der Saison

K.-H. Rummenigge (Bayern München)	26
Klaus Allofs (1. FC Köln)	20
Frank Mill (Borussia Mönchengladbach)	19

sich zu und wird ausgelassen. Nur einer hält wie immer die Stellung: Willi Schöttle, der Stadionordner des VfB, bewacht zum Leidwesen der Journalisten die Katakomben ganz genau. Längst haben sie ihm einen Spitznamen verpasst: der »Bullenbeißer vom Betonbunker«.

Eins wird in dieser Spielzeit aber immer offensichtlicher: Die Bundesliga hat ein **Finanzproblem**. Der scheidende Profi Hannes Bongartz ist froh, die kommenden Entwicklungen nicht mehr miterleben zu müssen. Poetisch gibt er die Marschroute vor: »Der Kuchen kann künftig nur noch aufgeschnitten werden, wenn er tatsächlich gebacken ist!«

Am Ende verliert die Bundesliga einen ihrer ganz großen Stars. Karl-Heinz Rummenigge geht zu Inter Mailand. Lange Zeit hatte man vor allem in München noch gehofft, dass es sich der Bayern-Stürmer trotz des Millionen-Angebots noch einmal anders überlegen würde. Und als dann urplötzlich die »Abendzeitung« verkündet, Rummenigges fünfjähriger Sohn André habe gemeint: »Mama mia, ich mag doch keine Spaghetti«, jubiliert man bereits. Umsonst. Eine sehr hohe, zweistellige Millionensumme wird an den FC Bayern überwiesen. Ein Rekordtransfer für viele Jahre. Doch Rummenigge geht mit einem weinenden Auge aus München weg: »Das ist wie mit der ersten Liebe – die vergisst man auch sein ganzes Leben nicht!«

Karl-Heinz Rummenigge, bereits im Trikot von Inter Mailand, bekommt die Torjägerkanone überreicht.

Helmut Benthaus ist der erste Trainer der Fußball-Bundesliga, der als Spieler und Trainer Deutscher Meister wird. Als Spieler holte er 1964 den Titel mit dem 1. FC Köln und nun wiederholt er diesen Triumph als Trainer mit dem VfB Stuttgart.

★ ★ ★

Schon vor der Saison sorgt Toni Schumacher für Schlagzeilen. Er fordert in poetisch anmutenden Worten die **Entlassung von Trainer Rinus Michels**: »Außer mir wollte mit ihm keiner etwas zu tun haben. Er lebt wie in einer Wasserburg, und ich war der einzige Steg zu ihm, doch auch der ist jetzt abgebrochen. Michels sagt selbst, dass er keine jungen Leute aufbauen kann. Da der Verein sich aber für diesen Weg entschlossen hat, muss ein anderer Trainer her!«

★ ★ ★

Zur neuen Saison sollte sie eigentlich kommen. Beschlossen durch den DFB war sie bereits, doch dann wird sie in letzter Sekunde wieder zurückgezogen: **die Zeitstrafe**. Ein Platzverweis für zehn Minuten soll die Zahl der Roten Karten begrenzen und den Schiedsrichtern mehr Handlungsmöglichkeiten geben. Auch darüber, wie die neue Strafe bekannt gemacht werden soll, hat man sich bereits Gedanken gemacht. Im DFB-Wortlaut: »Zusätzlich zur mündlichen Bekanntgabe gegenüber dem betroffenen Spieler hat ihn der Schiedsrichter durch Heben eines Armes und zweimaliges Ausstrecken der fünf Finger anzuzeigen.« Die Abstimmung über den »Platzverweis auf Zeit« findet unter kuriosen Umständen unter den Klubpräsidenten statt. Sieben stimmen dafür, sechs dagegen, drei enthalten sich, einer ist bei der Sitzung nicht anwesend, und Bielefelds Präsident Dr. Jörg auf der Heyde verlässt kurz vor der Abstimmung den Raum. Seine Begründung: »Ich musste mal ganz dringend aufs Örtchen.« Sein Fehlen – er wollte eigentlich dagegen stimmen – ließ den Antrag erfolgreich passieren. Die Kritik an dem Beschluss ist groß und kommt von allen Seiten. Professor Heinrich Heß, Mannschaftsarzt der Nationalmannschaft, sieht ein medizinisches Risiko vor allem im Winter: »Ein erhitzter Spieler, der bei zehn Grad unter Null aussetzt und dann wieder ins Spiel zurückkommt, riskiert Zerrungen und Risse der Muskeln.« Dazu Lauterns Hans-Peter Briegel: »Dann müssen wir wohl mit einem Ofen aufs Spielfeld gehen.« Und HSV-Trainer Ernst Happel sieht schwarz für seinen Klub: »Zur Zeit führen wir bei den Gelben Karten schon die Tabelle an, weil wir besonders auswärts für einige Schiedsrichter ein rotes Tuch sind. Wenn wir mit den Zeitstrafen genauso verfolgt werden, muss ich unser offensives Pressing durch Mauerspiel ersetzen.« Zum Glück für die Liga bleibt am Ende alles beim Alten!

★ ★ ★

Bei Braunschweig fällt Reinhold Kindermann länger aus. Er hat sich den Fuß gebrochen. Eine Verletzung übrigens aus der Rubrik **»Dumm gelaufen«**: Beim Heimwerken fiel ihm eine Tür auf ebendiesen Fuß!

Am neunten Spieltag treten die Gladbacher in München an. Am Ende heißt es klar und deutlich 4:0. Doch **ein Nicht-Tor** überstrahlt an diesem Tag alles: Gladbachs Hans-Günter Bruns startet am eigenen Strafraum, umkurvt den halben FC Bayern und scheitert am Ende erst aufgrund eines kuriosen wie misslungenen Billard-Kicks: »Als ich geschossen habe, dachte ich, der Ball ist drin. Als er gegen den Innenpfosten prallte, dachte ich verzweifelt, der muss doch noch reinspringen. Dann sprang er raus.«

★ ★ ★

Fritz Walter macht in Mannheim auf sich aufmerksam. Es ist jedoch nicht der bekannte Weltmeister von 1954, sondern ein junger Namensvetter. Dieser schießt Tore wie am Fließband und soll, der Legende nach, von Sepp Herberger höchstpersönlich entdeckt worden sein. Doch dabei handelt es sich wohl eher um ein Gerücht, das sich verselbstständigt hat, wie Walter selbst erzählt: »Ich habe den Herrn Herberger morgens ein paar Mal gesehen, als er Brötchen holte. Beim Fußball habe ich ihn nie gesehen!«

★ ★ ★

Aus der Abteilung **»Kuriose Verletzungen«**: Bielefelds Verteidiger Karl-Heinz Geils hat zusammen mit einem Freund ein Fitness-Center aufgemacht. So weit, so gut. Als er eines Tages durch seinen Laden streift, bleibt er an einem Hantelständer hängen. Heraus plumpst ein Fünf-Kilo-Gewicht – genau auf Geils Zeh. Glück im Unglück: Das anschließende Muskel-Aufbautraining konnte der Armine kostenschonend im eigenen Center absolvieren!

★ ★ ★

In Nürnberg versucht **Udo Klug** zwei Jobs gleichzeitig zu erledigen: Trainer und Manager. Ehrfurchtsvoll nennen sie ihn deshalb auch den »Doppelminister«. Doch irgendwie geht das Konzept nicht auf. Am 25. Oktober wird Klug entlassen. Ein Mann, der das kommen sah, ist Max Merkel: »Wenn er mal nicht schlau wird aus dem Dschungel Bundesliga, geht Udo Klug in die Sauna. Dort hat er angeblich die besten Einfälle. Die müssen in Nürnberg ziemlich unterkühlt saunieren. Manager und Trainer auf einmal – das ist auch ein bisschen viel. Auf Klug passt der Satz: Wo er ist, da klappt überhaupt nichts. Aber er kann ja nicht überall sein.«

★ ★ ★

Seit den erfolgreichen 1970er Jahren sind die Fohlen aus Mönchengladbach etwas erlahmt. Zeit also für neue Methoden? Auf jeden Fall geht auf der Geschäftsstelle der Gladbacher eine seltsame Postsendung ein: **die alte Heeresdienstvorschrift 12**, »Anleitung zum Umgang mit Pferden und zur Reiterausbildung« aus dem Jahr 1937! Sehr eigenartig. Oder auch nicht. Adressiert ist der Brief nämlich an das Borussen-Vereinsmagazin: »Fohlenecho«!

★ ★ ★

Dettmar Cramer macht aus Bayer Leverkusen einen richtigen Verein und geht dabei bewusst nicht behutsam vor, wie er selbst recht bildhaft betont: »Wer einen **Eierkuchen backen** will, kommt nicht umhin, zunächst Eier zu zerbrechen.« Ur-Bayer-Profi Walter Posner findet die Umwälzungen ebenfalls klasse: »Man kann zu Dettmar Cramer sagen, was man will, und nach draußen sieht auch einiges anders aus als intern: Aber vor Dettmar Cramer waren viele Arbeitsplätze nur Proforma-Stellen. Seitdem er da ist, wird wirklich gearbeitet, wenn der Fußball die Zeit dazu lässt. Vollborn macht jetzt seine Prüfungen, und Kohn kniet sich in seine Lehre als Regelmechaniker, was nicht einfach ist. So wie Bayer heute dasteht, ist das Cramers Werk. Das hätte ein anderer nicht geschafft!«

Es gibt diese Tage, da kann dir nichts passieren – auch wenn man dich zwischenzeitlich bewusstlos ballert! Frankfurts **Charly Körbel** ist nach der 0:2-Niederlage gegen den 1. FC Köln überwältigt: »Um ein Tor zu schießen, hätten wir den Toni heute mit dem Ball durchs Netz knallen müssen!« Und auch Schumacher weiß, dass dies ein besonderer Tag ist. Nachdem Martin Trieb ihm die Kugel vor den Kiefer gehämmert hatte, war er kurz vollkommen weg. Als er wieder da ist, steht für ihn fest: »Irgendwann war mir klar, dass ich heute kein Tor einfange!«

★ ★ ★

HSV-Profi **Wolfgang Rolff** ist heiß begehrt. Und eigentlich genießt er diese Bewunderungs-Arien auch, doch eins kann er ganz und gar nicht ausstehen: »Ich habe nichts gegen Autogrammjäger, wenn sie sich ordentlich anstellen und nicht drängeln. Ich schreibe mich auch durch 30 durch, wenn sie sich anständig benehmen. Ich mag es allerdings nicht, wenn geschubst wird. Da kommst du dann nach Hause und hast Hemd oder T-Shirt vollgekleckert mit allen möglichen Filzstiften. Meine Freundin kriegt dann immer einen halben Anfall, weil sie das Ding wieder saubermachen muss.«

★ ★ ★

In Braunschweig ist trotz des potenten Likör-Sponsors das **Geld ausgegangen**. Um die Spieler trotz abgespeckter Verträge zu halten, versucht Günter Mast das Pferd von hinten aufzuzäumen: Er bittet über seinen Berater Paul Breitner die Spielervermittler, nichts für ihre Klienten zu tun, sprich aktiv keine neuen Vereine zu suchen. Diese Verhinderungstaktik soll natürlich nicht zu deren Schaden sein, selbstredend sind für die Nicht-Dienste ein paar Märker im ansonsten schmalen Budget eingeplant.

★ ★ ★

Auf dem Betzenberg ist man sich bereits sicher, im nächsten Jahr einen neuen Stürmer präsentieren zu können. Der Waldhöfer Fritz Walter soll fest zugesagt haben. Und so gibt man in der eigenen Stadionzeitung eine Anzeige auf: »Der 1. FC Kaiserslautern sucht für seinen Lizenzspieler Fritz Walter **eine 4-Zimmer-Wohnung oder 1 Reihenhaus**.« Dumm nur, dass sich Walter in Lautern nie wieder hat blicken lassen – außer im Trikot eines Gastvereins!

★ ★ ★

Mann des Spiels bei der historischen Partie des 1. FC Kaiserslautern gegen den FC Bayern ist Münchens **Torhüter Jean-Marie Pfaff**. Beim Stand von 0:0 wehrt er einen Strafstoß von Andreas Brehme mit Ansage ab. Vor der Ausführung flüstert er dem FCK-Verteidiger ins Ohr: »Den halte ich jetzt. Mit so einem falschen Elfmeter dürft ihr doch nicht gegen uns gewinnen!« Den letzten Schwung hat Pfaff dafür übrigens von seinem neuen Torwart-Trainer erhalten: Sepp Maier.

Dass die Bayern am Ende aber sogar mit 1:0 in Kaiserslautern gewinnen, liegt an einer farbigen Kuriosität. Die immer Rot-Weißen laufen an diesem Tag in blau-gelben Trikots auf. Brasilianer auf dem Betzenberg? Der Trick funktioniert, und Bayern stürmt die langjährige Festung! Übrigens: Lautern spielt – um die Verwirrung komplett zu machen – in grünen Trikots. Was einen politisch brandaktuell informierten Zuschauer dazu veranlasst, beim Anblick von Briegel diesen anzuhauen: »Hey, Peter, wir wollen euch nicht wählen, sondern spielen sehen!«

Schiri-Schreck Wolfgang Kneib hat mal wieder zugeschlagen! Beim Spiel seiner Bielefelder gegen Gladbach (2:2) schleudert er nach einer strittigen Entscheidung den Ball in Richtung Schiedsrichter Huster – und trifft ihn voll. Konsequenz: eine Gelbe Karte! Offensichtlich zu wenig, denn Wiederholungstäter Kneib weiß genau, dass er mehr nicht fürchten muss: »Bei einer ähnlichen Situation damals in Bochum habe ich auch nur Gelb gesehen!«

★ ★ ★

»Der Es-Vau-We spielt superstark, das geht uns allen bis ins Mark. Wir schreien uns die Kehle heiser: **Der Es-Vau-We wird Meister!**« (Platte: »Hey, super Waldhof«)

Der SV Waldhof spielt in der Bundesliga mit einem Mann, der eigentlich seine beste Zeit schon hinter sich hatte, bevor sie überhaupt begann. Trainer Schlappner: »Der Stefan Knapp war, als ich kam, nur Reservist mit katastrophalen technischen Fertigkeiten. Ein halbes Jahr lang hat er dann nur die Torhüter trainiert, dabei am Anfang sämtliche Nester von den Bäumen geschossen. Nach vier Wochen fragte er: ›Wohin willst du den Ball haben?‹«

★ ★ ★

Der Uerdinger **Peter Loontiens** ist für sein lockeres Mundwerk bekannt. Dass manchmal ein bisschen was daneben geht, wurmt ihn selbst nicht: »Zum Kargus, der in einer Lokalzeitung gesagt hat, wir würden fünf kriegen, bin ich vor dem Elfmeter hin gegangen und habe gemeint: ›Jetzt siehst du ja, wer die fünf kriegt!‹. Aber dann hat er den Elfer gehalten.«

★ ★ ★

Bochums **Trainer Rolf Schafstall** philosophiert bei Kerzenschein nach dem 1:0-Auftaktsieg über Kickers Offenbach noch ein wenig mit den anwesenden Journalisten über sich, das Leben und seinen Verein: »Ich bin nicht der Pater Leppich des VfL Bochum. Vielleicht ist das aber genau der richtige Weg. Wir stecken Kerzen an und versammeln uns regelmäßig zum Gebet.«

★ ★ ★

In Nürnberg kann Schatzmeister Ernst-Ludwig Zeitz immer noch nicht begreifen, dass **Trainer Horst Franz** bei der Pressekonferenz zwar neben ihm sitzt – aber auf der falschen Seite. Nach der 1:3-Niederlage gegen Dortmund beichtet er, warum es nicht zur Verpflichtung von Franz kam: »Wir waren mit ihm völlig klar, da ließ Präsident Roth sich von einem Mann außerhalb des Vereins mit dem Argument beeinflussen, Franz passe vom Biorhythmus her nicht zu unserem Verein.«

★ ★ ★

Nach einer 0:4-Niederlage in Bremen sind Braunschweigs Fans sauer, haben ihren Humor aber noch nicht verloren: »Wenigstens ein Wuttke sorgt in der Bundesliga für Tore!« Mit der Leistung des Schiris **Rüdiger Wuttke** aus Oberhausen ist auch Eintracht-Trainer Alexander Ristic nicht wirklich zufrieden. Wütend beschimpft er das Schiedsrichter-Gespann als »blinde Beamte«.

★ ★ ★

In Braunschweig spielt sich ein gewisser Peter Lux immer mehr in den Vordergrund. Ein Talent, das unter Trainer Uli Maslo bereits die harten Seiten des Profigeschäfts kennenlernen durfte. Als er einmal etwas zu übermütig auftritt, lässt ihn Maslo zur Strafe im Trainingslager das Geschirr abwaschen. Naturgemäß eine Steilvorlage für jeden Journalisten. Ab sofort heißt es: **vom Tellerwäscher zum Bundesligastar!**

Einen Rekord der besonderen Sorte stellt der Waldhöfer **Wolfgang Böhni** am dritten Spieltag der Saison bei der Partie gegen den VfB Stuttgart auf. Exakt 16 Jahre, acht Monate und zwei Tage liegen zwischen seinem ersten Bundesligaspiel – damals für den Karlsruher SC am 21. Dezember 1966 gegen den Meidericher SV – und seinem zweiten. Insgesamt langt es am Ende der Saison zu neun Bundesligapartien in der Karriere des Wolfgang Böhni.

★ ★ ★

Wolfgang Kneib mit Freundin Vera und Hund Daisy vor dem heimischen Setzkasten.

Bielefelds Torwart **Wolfgang Kneib liebt es deftig**. Obwohl Schiri Osmers neben ihm steht, poltert er vor Journalisten nach der 1:3-Niederlage bei den Bayern los: »Man kennt das ja. Freitagabends vom gastgebenden Verein gut betreut, und am Samstag dürfen die Gäste dann nicht husten, während dem Heimverein fast alles nachgesehen wird.« Osmers: »Mich wundert, dass Sie bei solchen Äußerungen kein schlechtes Gewissen haben!« Kneib: »Mich wundert, dass *Sie* keins haben.« Osmers: »Gehen Sie davon aus, dass ich dem DFB Meldung mache.« Kneib: »Machen Sie nur. Das ist die typische Reaktion: Stollen prüfen und Meldung machen!«

★ ★ ★

In Köln bringt ein junger Mann »Farbe ins Spiel« (»Bild«). Anthony Baffoe überzeugt nicht nur auf dem Rasen, er begeistert die Fans mit seinem **lockeren Mundwerk** auch außerhalb des Platzes: »Früher bin ich hinter den Leuten hergerannt, wenn sie ›Nigger‹ riefen. In Marburg haben's beim Endspiel auch einige gemacht. Da hab ich mich vor die gestellt und sie dirigiert. Zupp, waren se mucksmäuschenstill!«

Anthony Baffoe (li.) und Klaus Allofs.

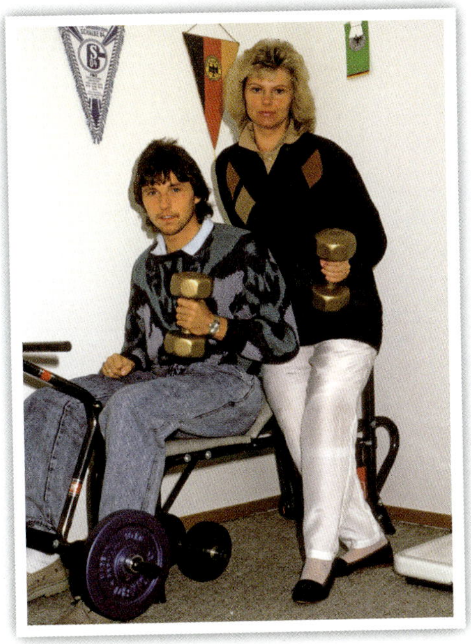

Jürgen Wegmann wechselt in der Winterpause von Essen nach Dortmund und bringt sich verbal gleich in Stellung: »Die Tore sind auch in der Bundesliga nicht kleiner!« Und ein festes Ziel hat er auch: »Wenn ich die Schnapszahl von 666 Toren erreicht habe, gebe ich einen aus!« Manche warten noch heute auf die Runde der »Kobra« …

★ ★ ★

Dortmunds **neuer Eis-Sponsor** und die sportliche Situation fordern Chefschnauze Max Merkel zu einer Spitzfindigkeit heraus: »Borussia macht für Artic Reklame. Das merkt man, denn so spielen sie auch – artig.« Der BVB-Präsident Frank Rohring ist zufälligerweise auch Mitinhaber der Eiskrem-Firma und kontert: »Artic bedeutet Kühle und Kälte. Und so müssen unsere Jungs in nächster Zeit auch spielen – eiskalt!«

★ ★ ★

Langsam hat es jeder begriffen: Die **Schweizer Schiedsrichter** sind in der Bundesliga häufig überfordert. Das Austauschprogramm ist ein Fehler. Nach der Partie des SV Waldhof gegen den Hamburger SV mault Jürgen Groh: »Ich habe das Gefühl, dass der DFB uns die Schweizer Schiedsrichter nur vorsetzt, damit wir wieder die Vorzüge unserer deutschen schätzen.« Und auch Mannheims Trainer Klaus Schlappner ist sauer. Nur hält er bei seinen Aussagen eher nichts von diplomatischer Political Correctness: »Es gibt ja wohl noch andere Möglichkeiten der Entwicklungshilfe, z. B. auf den Fidschi-Inseln.«

★ ★ ★

Hamburgs Felix Magath ist eigentlich gar nicht als großer Bier-Freund bekannt, aber die Pointe will er sich dann doch nicht entgehen lassen. Nach der wenig berauschenden Schiedsrichterleistung von Winfried Walz aus Waiblingen in Mönchengladbach sagt Magath: **»Hopfen und Walz – Gott erhalt's!«** Viele lachen, der Chefankläger Kindermann leider nicht: »Da hört bei mir die Gemütlichkeit auf, ich werde mich um den Fall kümmern!«

★ ★ ★

Wolfgang Kleff ist sauer. Die Fortuna will seinen Vertrag nicht verlängern. Im letzten Saisonspiel lässt sich der Düsseldorfer Torwart deshalb in der 74. Minute unter dem Vorwand einer Verletzung auswechseln. Fröhlich dreht er anschließend trabend eine Runde durchs Düsseldorfer Rheinstadion. Unterwegs entkleidet Kleff sich Stück für Stück. Trikot, Stutzen, Schuhe und seine Handschuhe hat er bereits ins Publikum geworfen, als Kleff vor der Haupttribüne beschwingt winkend ankommt. Langsam stoppt der Torhüter, dreht sich zum Spielfeld, streckt seine Beine durch, beugt den Oberkörper nach unten und zieht in einem Rutsch seine Hose herunter. Kleffs nackter Hintern strahlt leicht von links nach rechts wackelnd dem erzürnten Fortuna-Präsidenten Bruno Recht mitten ins Gesicht. Des Torwarts trockener Kommentar im Anschluss: »Für die Fans gebe ich mein letztes Hemd, für manch anderen nur meinen Arsch!«

Zitate der Saison

Den schlechten Zustand des Braunschweiger Rasens quittierte **Toni Schumacher** mit einem feinen Spruch: »Der Günter Mast will wohl demnächst im Stadion die Kräuter für seinen komischen Schnaps anpflanzen.«

»Mit einer Frau im Haus spielt jeder Fußballer besser!« **Rüdiger Vollborn**, 19-jähriger Torwart bei Bayer Leverkusen.

»Dem Reinhold Mathy sollten die Ärzte vielleicht besser einen Reißverschluss einnähen. Dann haben sie ihn beim nächsten Mal schneller auf.« **Uli Hoeneß** kurz vor einer der zig Operationen des Jungspunds der Bayern.

Nach der 5:2-Niederlage der Düsseldorfer auf dem Betzenberg will Torwart **Wolfgang Kleff** nur noch weg. Zu Journalisten: »Ich habe nichts gehört, nichts gesehen, weiß nichts und will auch nichts sagen!« Ein sehr schlagfertiger Reporter zu Kleff: »Und gehalten hast du ebenfalls nichts!«

Stuttgarts **Kurt Niedermayer** ist ein Scherzkeks: »Je älter ich werde, desto ruhiger spiele ich. Vielleicht schlafe ich irgendwann im Spiel mal ein!«

»Denk dran, der zweite Torhüter ist auch nicht schlecht!« Motivationsübungen beim Training von Uerdingens Coach **Timo Konietzka** mit seinem Torhüter Werner Vollack, nachdem dieser sich einen Patzer erlaubt hatte.

Gladbachs **Uwe Rahn** weiß schon ganz genau, wann er den Durchbruch endgültig geschafft hat: »An dem Tag, an dem sie mich im Fernsehen nicht mehr mit Bruns oder anderen Blonden verwechseln.«

»Der Trunk, der nicht mehr bitter schmeckt.« Gott sei Dank schießt Ex-Torjäger **Dieter Trunk** wieder Tore für seine Nürnberger.

Beim Spiel des HSV in Gladbach bekommt **Frank Mill** nach einer angeblichen Attacke des HSV-Verteidigers Groh einen Elfmeter zugesprochen – der wohl keiner war, wie er selbst schmunzelnd zugibt: »Ich war froh, dass ich nach einem 60-Meter-Spurt endlich lag!«

Die lustigsten Männer im weiten Rund sind meist die Stadionsprecher – jedenfalls glauben sie es recht häufig von sich selbst. In Bielefeld feiert **der Mann am Mikrofon** den 2:0-Sieg der Arminia über Bremen mit folgenden Worten: »Werder muss sich vorgekommen sein wie beim Friseur. Dort gibt es auch immer Packungen!«

Bayerns Präsident **Willi O. Hoffmann** weist ebenfalls Bühnenqualitäten auf: »Unsere Mannschaft ist wie ein typischer Ehemann – auswärts stark, daheim schwach!«

Nach der 4:0-Niederlage beim HSV zeigt sich Club-Trainer **Rudi Kröner** ernüchtert-euphorisch: »Wir haben heute die Bundesliga um ein neues System bereichert: Vorne zumachen, hinten aufmachen!«

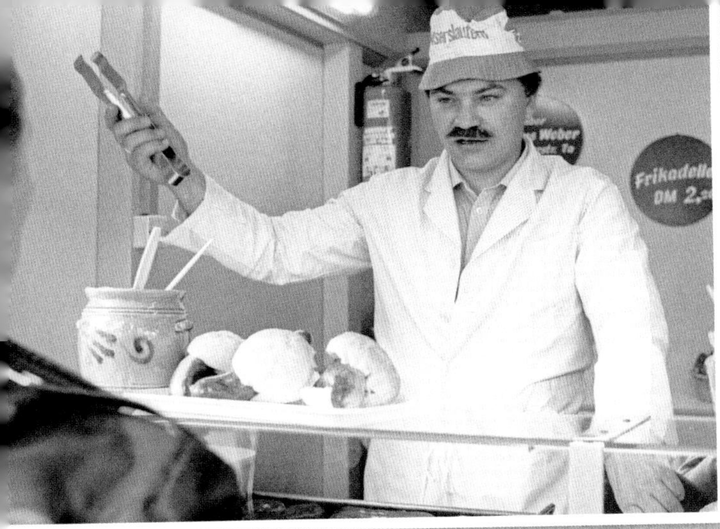

Udo Sopp beim Verkauf von Wurstwaren an die Anhänger des 1. FCK.

Auch Vulkane sind käuflich, macht Kaiserslauterns Präsident und Kirchenrat **Udo Sopp** deutlich: »Ich habe zwar den Italienern gesagt, dass ein Verkauf Briegels einem Herauskratzen des Vesuvs aus Italien gleichkäme, doch nach der ersten Verhandlungsrunde liegen unsere Vorstellungen nicht sehr weit auseinander.«

Einen Satz, den **Wolfgang Kleff** am Ende der Saison bereuen sollte: »Eher züchte ich Anthurien in Afrika, als noch ein weiteres Jahr in Düsseldorf zu bleiben.«

»Hau ab, du Bratwurst!«, pflaumt **Michael Rummenigge** einen Autogrammsammler an. Der Jungstar scheint ein wenig abzuheben, wie Teamkollege Wolfgang Grobe bemängelt: »Der Michael hat sich um 180 Grad gedreht. Der schwebt zur Zeit einen halben Zentimeter über dem Teppich.«

Holger Klemme: Mit Willi Lemke im Bordell!

Beim Transfer von Horst Hrubesch zum Hamburger SV legt Klemme ein erstes Meisterstück hin. Vierzehn Tage muss er den Essener bei sich verstecken, weil das **»Kopfballungeheuer«** zwar mit Hamburgs Manager Günter Netzer einig ist, er sich aber von RWE zu einem Wechsel nach Frankfurt überreden hat lassen. Als alles zusammenbricht, taucht Hrubesch unter und Klemme auf. Es geht hin und her. Am Ende erhält Frankfurt eine Ablöse, der HSV muss eine Geldstrafe bezahlen, und Hrubesch wechselt – wie vorgesehen und mündlich vereinbart – in die Hansestadt. Klemme über diese Tage: »Der Günter Netzer hat damals nur noch von Tabletten gelebt!« Der Spielerberater grinst und genießt den Coup.

Einen unglaublich raffinierten Trick hat Holger Klemme bei Verhandlungen mit Klubvertretern: »Da laufen dann in der ersten halben Stunde fünf Runden Pils mit der Absicht, mich müde zu machen. Aber nicht mit mir. Ich schalte dann immer ein paar Gläschen Fernet Branca dazwischen. Die darin enthaltenen Pflanzenstoffe bauen Alkohol wieder ab.«

Als Klemme in einer Talkshow **für seine Geschäftspraktiken gerügt** werden soll, reagiert er geschickt mit einem Konter. Er wirft dem anwesenden Werder-Manager Willi Lemke vor, er hätte zwei seiner Spieler aus dem Bordell ausgelöst, als diese nicht mehr flüssig waren, dafür aber vor Ort verlangt, dass sie auf einem Bierdeckel einer Vertragsverlängerung zustimmen. Lemke behauptet natürlich, dass so etwas nie passiert sei, ist aber im ersten Moment eher sprachlos.

Sprachlosigkeit kann man Klemme hingegen in der Tat nicht vorwerfen. Seinen Job betrachtet er so: »Ich knie mich voll rein für die Jungs – und die natürlich für mich.« Auf die Frage, was er denn erotisch fände, antwortet Klemme einmal: »Zwei Dinge: ein erfolgreich durchgezogenes Geschäft, das exakt nach meinem Plan ablief und bei dem beide Teile zufrieden sind, ohne dass ein Tropfen Blut floss. Zweitens: schlanke Frauen mit großem Busen.«

1984/85

»Ich glaube, die schreiben sogar meine Witzchen mit!«

Zum dritten Mal in ihrer Bundesligageschichte schaffen es die Bayern, vom ersten bis zum 34. Spieltag die Tabellenführung zu verteidigen. Zum Schluss wird es zwar noch einmal etwas enger, aber am Ende erringen die Münchner den Titel mit vier Punkten Vorsprung vor Werder Bremen. Der ganz große Showdown am letzten Spieltag bleibt aus, weil Werder es nicht gelingt, das Spiel beim abstiegsgefährdeten BVB zu gewinnen. Man unterliegt den Borussen mit 0:2. Dortmund rettet sich damit vor der Relegation, und der Sieg (1:0) der Bayern beim Absteiger Braunschweig wird bedeutungslos. Der **Durchmarsch** kommt auch für Experten überraschend. Viele sind zuvor davon ausgegangen, dass die Bayern den Wechsel Rummenigges nach Italien nicht verkraften werden. Doch offenbar ist das Gegenteil der Fall. Die ehemaligen Mitspieler blühen regelrecht auf. Und schon im Herbst sagt Trainer Udo Lattek voller Euphorie: »Bier schmeckt mir immer, aber momentan besonders gut.«

Einer der großen Stars der Saison, **Waldhofs Trainer Schlappner**, liefert eine recht schlüssige Begründung für Bayerns Triumph: »Sie haben den Titel auch deswegen gewonnen, weil der Karl-Heinz Rummenigge nicht mehr dabei war. Es war doch immer so: Wenn die früher siegten, dann hatte nur der Rummenigge gewonnen. Wenn sie aber verloren, dann waren's immer nur die restlichen sieben Zwerge.«

Als einer der wenigen Vereine kann Schlappner mit seinen Waldhof-Buben dem FC Bayern eine Niederlage im Olympiastadion zufügen. Mit 2:1 gewinnt Waldhof Mannheim in München – und das sogar mit Ansage: »Die Bayern kriegen wir auch noch!« Den Satz hatte Trainer Klaus Schlappner zwei Wochen zuvor beim 1:1 im Weserstadion gegenüber den Werder-Offiziellen eigentlich nur nett gemeint: »Bei der Pressekonferenz in Bremen waren die Leute alle so niedergeschlagen. Ich wollte sie halt ein wenig aufmuntern.« Nach dem Sieg am siebten Spieltag in München ist Waldhof Dritter – **eine Sensation!** Am Ende wird den Mannheimern nur ein einziges Pünktchen zum UEFA-Cup-Platz fehlen.

Der **Star des Teams** ist ihr Trainer Klaus Schlappner. Ein Mann, der sich betont volksnah gibt: »Zwischen den Spielern auf dem Rasen und den Fans hinterm Zaun darf menschlich keine Distanz herrschen.« Der neue »bunte Hund der Liga« ist manchen Alteingesessenen jedoch etwas zu vorlaut. »Pumuckl der Bundesliga«, »Mickeymaus« und »Clown« schimpfen sie ihn – und verschaffen ihm so ungewollt noch mehr Popularität. Selbst China ist auf den Mann mit Pepitahut aufmerksam geworden: Klaus Schlappner arbeitet in Mannheim so spektakulär, dass die beiden chinesischen Trainer Lin und Jen gerne zum

Saisonverlauf 1984/85

Platz	Tore	Punkte
1.	79:38	50:18
2.	87:51	46:22
3.	69:66	40:28
4.	77:53	39:29
5.	58:49	37:31
6.	47:50	37:31
7.	57:52	36:32
8.	63:62	34:34
9.	52:54	34:34
10.	79:59	33:35
11.	56:60	33:35
12.	62:67	32:36
13.	52:54	31:37
14.	51:65	30:38
15.	53:66	29:39
16.	46:61	29:39
17.	47:88	22:46
18.	39:79	20:48

Studium des Erfolgscoachs aus Fernost angereist sind. Täglich machen sie sich Notizen in ihre dicken Blöcke. Schlappner ist ganz begeistert: »Ich glaube, die schreiben sogar meine Witzchen mit!«

Selbstbewusst und lustig ist auch der **belgische Keeper im Tor der Bayern**: »Es gibt viele Maiers, aber nur einen Sepp Maier. Es gibt auch viele Pfaffen, aber nur einen Jean-Marie.« Der Torwart ist bei den Fans sehr beliebt, doch trotz allem lässt ihn Trainer Lattek nach einer Verletzungspause weiter auf der Bank sitzen. Ein Skandal, wie nicht nur der Torwart selbst findet. Vor allem die belgische Presse ist richtig sauer. Berichtet sie doch mit einem eigenen Reporter direkt aus München über jedes noch so kleine Detail aus dem Leben der Pfaffs, wie Jean-Maries Frau Carmen erzählt: »Wenn bei uns vor dem Haus ein Blatt vom Baum fällt, steht das anderntags in Belgien in der Zeitung.«

Die besten Torjäger der Saison

Klaus Allofs (1. FC Köln)	26
Rudi Völler (Werder Bremen)	25
Thomas Allofs (1. FC Kaiserslautern)	19
Karl Allgöwer (VfB Stuttgart)	19

Statt des belgischen Nationalkeepers spielt nun **Raimond Aumann**. Und der hat nach anfänglichem Zögern plötzlich richtig Lust auf den Job, wie Assistenztrainer Coordes berichtet: »Der Junge hat Gras gefressen und Ehrgeiz bekommen. Vor einiger Zeit noch war er ein Niemand, einer, zu dem sie höchstens sagten: Geh mal rüber in die Turnhalle und räum dort ein bisschen auf!« Nach einigen Anläufen kann Pfaff den Konkurrenzkampf mit Aumann wieder für sich gewinnen und den Platz im Kasten zurückerobern.

Erstmals überträgt das Fernsehen eine komplette Bundesligapartie: Das Nachholspiel des zwölften Spieltags Borussia Mönchengladbach gegen Bayern München (3:2) am 11. Dezember 1984 wird live vom Mönchengladbacher Bökelberg gesendet. Für die ARD kommentiert **Heribert Faßbender**.

Trainer Klaus Schlappner lässt sich von seiner Frau Irene Milch in den Kaffee einschenken.

Kaiserslauterns schwedischer Keeper Ronnie Hellström.

★ ★ ★

An der Haustür von **Nationalkeeper Toni Schumacher** befindet sich kein Namensschild. Braucht es aber eigentlich auch nicht. Denn dafür steht dort der vielsagende Hinweis: »Autogrammkarten nur noch montags von 13:30 bis 14 Uhr!«

★ ★ ★

Sachen gibt's! Mit 3:0 haben die Bielefelder in Frankfurt verloren – und dann auch noch das: Der Busfahrer der Arminia, Klaus Tebbe, hat keine gültige Lizenz zur Personenbeförderung – das Gefährt der Bielefelder wird festgesetzt. Erst mit Hilfe der Frankfurter erhält der gute Mann schließlich doch noch eine vorläufige Bescheinigung und darf **die Verlierer nach Hause kutschieren**.

★ ★ ★

Smog gefährdet den Ligabetrieb. Erste Freundschaftsspiele in der Winterpause finden unter erschwerten Bedingungen statt. Bochums Stefan Kuntz: »Am schlimmsten war es eigentlich, als wir am Freitagabend aus unserem Trainingslager in der Sportschule Hennef nach Bochum kamen. Als wir aus dem Bus stiegen, roch die ganze Luft schweflig. Aber am Samstag, beim Spiel, hat sich eigentlich keiner gefragt, ob es für uns schädlich sei, bei so dicker Luft Hochleistungssport zu betreiben.« Und ein anderes Problem beschäftigt Spieler wie Fans zugleich: die Fahrverbote. Ingo Pickenäcker kommt erst gar nicht zum Spiel, weil in Essen, wo er wohnt, **Smogalarm Stufe III** herrscht.

★ ★ ★

Willi Lemke weiß, dass er Mist gebaut hat. Sein Auftritt bei der WDR-Sendung »Ich stelle mich!« zusammen mit Michael Meier, Jimmy Hartwig und vor allem dem umstrittenen Spielerberater Holger Klemme ist in die Hose gegangen: »Ich war auf die Sendung präpariert wie nie, hatte 200 Seiten Unterlagen über Klemme studiert. Aber mein Auftritt war ein Reinfall. Ich wollte Klemme ironisch kommen, was die Zuschauer nicht verstanden haben, und setzte zu viel Detailwissen voraus. Klemme sah besser aus.« Besonders in Erinnerung bleibt den TV-Zusehern eine grandiose Geschichte des Spielerberaters: Er plaudert aus, dass Lemke 1983 zwei bargeldlose Nationalspieler aus einem Rotlicht-Etablissement in Graz nur gegen eine sofortige Vertragsverlängerung auf einem Bierdeckel loseisen wollte. Lemke klagt gegen Klemme, aber eigenartigerweise nicht wegen dieser Geschichte: »Ich habe keine Zeugen außer den Spielern, aber die will ich da nicht mit reinziehen!«

★ ★ ★

Absolut rekordverdächtig! Werders **Ersatztorhüter Klaus Funk** sitzt seit Jahren auf der Bremer Bank, ohne je einmal gespielt zu haben. Am 32. Spieltag in Braunschweig reicht es wieder nur für den Platz draußen, diesmal allerdings nach einer Linienrichter-Beleidigung sogar für ganz draußen. Funk: »Das dürfte eine einmalige Sache in der Bundesliga sein. Kein Spiel für Werder bestritten und doch schon vom Platz geflogen.«

Nach langen Jahren als Ersatztorwart in Köln darf **Gerry Ehrmann** in Kaiserslautern endlich ran. Doch den Erfolg kann er nicht ohne Makel genießen. Sein türkischer Mitspieler Telat Üzüm beschwert sich: »Der Ehrmann ist ein Rassist. Er macht mich seelisch kaputt!« Ehrmann sieht die Sache jedoch recht locker: »Natürlich habe ich ein paar Späßchen gemacht, über den Neger (Baffoe) auch. Aber ich habe das nicht böse gemeint. Solche Späße mache ich über jeden. Aber ich habe ganz sicher nichts gegen Ausländer.«

★ ★ ★

Doping bei Schumacher: »Herbst 1984 in Köln. Der Vorstand sprach, wieder einmal, von einem Schicksalsspiel. Wieder einmal ging es angeblich um das Überleben des Vereins. Einige Kölner Mitspieler probierten dieses Zeugs aus – querbeet und wahllos schluckten wir Hustensäfte, die die höchsten Dosen Ephedrin enthalten. Die saftgestärkten Kollegen flitzen wie die Teufel über den Rasen. Wir haben gewonnen. Aber in welchem Zustand. Nach tagelanger, qualvoller Erschöpfung beschlossen wir: nie wieder. Meine Kölner Freunde und ich sind aber absolut nicht die Einzigen, die der Dopingversuchung nicht widerstehen konnten. In der Bundesliga hat Doping seit langem Tradition. Es gab Nationalspieler, die waren im Umgang mit der ›Stärkungschemie‹ regelrecht Weltmeister. Unter ihnen ein Münchner Spieler, den wir als ›wandelnde Apotheke‹ zu bezeichnen pflegen.«

★ ★ ★

Gladbachs Trainer Jupp Heynckes treibt künstlich die **Ablösesumme von Lothar Matthäus** in die Höhe. Weil er weiß, dass Matthäus bereits bei den Bayern unterschrieben hat und eine Konventionalstrafe von 150.000 Mark bezahlen muss, falls der Transfer doch nicht zustande kommt, bietet die Borussia ihrem Spieler das Wahnsinnsgehalt von 474.000 Mark. Der besondere Clou: Jupp Heynckes greift für dieses Scheinangebot auch in seine eigene Tasche. 50.000 Mark kommen aus seiner Privatschatulle.

★ ★ ★

In den 1980er Jahren ist es gute Sitte, dass der Präsident die erste Seite im Vereinsmagazin mit einem Begrüßungswort füllt. Neben literarischen Höhenflügen gibt es dort dann stets auch **subtile Beleidigungen** zu lesen. Gerhard Mayer-Vorfelder entschließt sich vor dem Heimspiel gegen Waldhof für die zweite Variante: »Heute geht es gegen Mannheim, eine Mannschaft, der alles zu gelingen scheint. Nach dem Sieg der Waldhöfer im Olympiastadion gegen den FC Bayern München scheinen ihre Bäume in den Himmel zu wachsen. Einer zumindest, der Trainer Schlappner, glaubt allen Ernstes daran. Ich glaube, dass unsere Mannschaft stark genug ist, auch einmal den Gärtner zu spielen, der übersprießende Triebe zurückschneidet. Jedenfalls wünsche ich mir heute den VfB als Gärtnermeister, der die Waldhof-Buben mit einer großen Schere zurechtstutzt. Die Zeit ist reif dafür!« Es klappt, mit 3:0 gewinnen die Stuttgarter!

Mit 20 Mark hat die **Weihnachtslieder-LP**, die die Bayern im »Aktuellen Sportstudio« präsentieren, einen stolzen Preis. Drei Mark gehen zwar nach Äthiopien, aber normalerweise kosten LPs höchstens 16, 17 Mark. Das sorgt für Aufregung. Nur in einem Leserbrief steht: »Bei aller Liebe, der Produzent Ralph Siegel muss ja schließlich auch schauen, wo er bleibt!«

Sören Lerby (li.) und Norbert Eder

★ ★ ★

Die Bayern verlieren am 19. Spieltag auswärts bei Werder Bremen mit 4:2 und sind sauer auf den Schiedsrichter. Einzig Klaus Augenthaler würde **Wolf-Dieter Ahlenfelder** am liebsten einpacken und mit in die bayrische Landeshauptstadt nehmen: »Wenn wir im Münchner Olympiastadion immer so einen Unparteiischen bekommen, dann verlieren wir nie und nimmer ein Heimspiel.« Sören Lerby hat etwas anderes auszusetzen: »Die Linienrichter kamen mir zuweilen so vor, als ob sie schlafen würden.« Eine Lösung für Ahlis »Probleme« hat Bayerns Fritz Scherer parat, als er im Kabinengang ein Kamerateam mit Scheinwerfern entdeckt: »Richten Sie die doch mal auf Herrn Ahlenfelder. Vielleicht geht ihm dann ja ein Licht auf!«

★ ★ ★

Bayern-Profi **Klaus Augenthaler** weiß eines glücklicherweise schon jetzt ganz sicher: »Als Trainer hast du 14 oder 15 Spieler, aber einsetzen kannst du nur elf. Also musst du immer drei oder vier deiner Leute enttäuschen. Ich brächte das nie übers Herz. Ich kann einfach keinem weh tun.«

★ ★ ★

In Bielefeld ist das Experiment mit dem gelernten Kommunikationswissenschaftler **Dr. Norbert Müller** als Manager schon wieder gescheitert. Höhepunkt der rasanten Abwärtsfahrt ist ein Nachmittag im April, als wütende Fans den Spielern zurufen, dass man dem Manager ›die Fresse polieren‹ solle, und die Spieler antworten: »Nichts lieber als das, wir wollen nur eben schnell duschen!«. Müller wendet sich danach vom Profifußball ab und schreibt ein Kinderbuch. Thema: natürlich Fußball. Die Geschichte eines aufstrebenden Nachwuchsspielers.

★ ★ ★

Willi Lemke, der alte Fuchs, weiß, wie man seine Sponsoren ins Gespräch bringt. Sechs Spiele vor Schluss liegt Bremen nur einen Punkt hinter den Bayern, und was macht der Werder-Manager? Er verspricht den Münchner Gegnern **ein Fässchen Bremer Bier für jeden Punkt**, den sie den Bayern abnehmen. Die Marke des Gerstensaftgetränks liefert der emsige Lemke natürlich in jedem Interview gleich mit.

★ ★ ★

Torjäger Siegfried Reich fühlt sich in Bielefeld richtig wohl. 18 Saisontreffer schießt er bis zum Ende der Spielzeit. Eigentlich müsste er nach dem Abstieg zurück zum BVB, doch dahin will er nie wieder: »Einmal haben sie in einer Dortmunder Zeitung sogar meine Telefonnummer veröffentlicht, damit sich die Leute bei mir austoben konnten. Soviel Unfairness habe ich noch nie erlebt. Vieles war unter der Gürtellinie.«

★ ★ ★

In Düsseldorf wünscht sich Torhüter **Uwe Greiner** etwas sehr Ausgefallenes zu Weihnachten: »Ich brauche einen Kompass, um in der Fortuna-Mannschaft durchzublicken. Alle laufen nur wild durcheinander.«

Die Lauterer erleben bei ihrer 5:0-Niederlage in Stuttgart **ein richtiges Debakel**. Doch wenigstens für einen Moment an diesem Tag können auch sie ein wenig schmunzeln. Als sich VfB-Stürmer Jürgen Klinsmann bei Schiedsrichter Wolf-Dieter Ahlenfelder beschwert, winkt dieser mürrisch ab: »Hören Sie auf. Es hat keinen Zweck, mit mir zu diskutieren. Ich bin heute schlecht aufgelegt!«

★ ★ ★

Auch zu Hause haben die Stars der Bundesliga keine Ruhe. Ständig ruft jemand an, der etwas von einem will. Eines Abends hat Uli Hoeneß genug davon und schickt Sohn Florian an den Apparat. Und der macht seine Sache sehr professionell: »Florian Hoeneß. Den Papa? Ja, ich schau mal nach, ob der Papa hier ist!« Der Hörer knallt auf den Tisch. Dann ist im Hintergrund eine Kinderstimme laut und deutlich zu hören: **»Papa, bist du da?«**

★ ★ ★

Das Ansehen der Bayern wird schlechter. In einem Leserbrief äußert sich der Fußballfan Helmut S. aus Hockenheim zu den großen Bayern-Transfers der letzten Zeit: »Mit Rummenigge wurden nicht nur Sympathien auf fremden Plätzen verkauft, es wurde ein Schiedsrichterbonus abgegeben. Borussia Mönchengladbach ist nach wie vor ein Fußballheiligtum in ganz Deutschland, dem man nun was genommen hat (Matthäus). Mit dieser Wegnahme hat sich Bayern, bei aller Legalität, den **Hass in allen Stadien** erworben.«

★ ★ ★

4:1 siegt Dortmund gegen Schalke, doch das Spiel hat einen Aufreger. Das zweite Tor des BVB war irregulär, was der Schütze **Wolfgang Schüler** auch, ohne mit der Wimper zu zucken, zugibt: »Stimmt, ich habe den Ball mit der Hand gespielt. Aber als ich merkte, dass der Schiedsrichter weiterlaufen ließ, hab ich ihn sicherheitshalber erst einmal ins Tor geschossen. Für die Schalker war es dumm, aber wir konnten uns dieses Geschenk doch nicht entgehen lassen. An dem Gerücht, dass ich in Kürze Handball-Nationalspieler unter Simon Schobel werde, ist allerdings nichts dran.«

★ ★ ★

Münchens Stürmer Roland Wohlfarth macht sich unter den Bayern-Fans nicht gerade viele Freunde. Als sie für ein Europapokalspiel bei Trakia Plowdiw 700 Mark ausgegeben, sagt er: »Dafür habe ich wenig Verständnis. So viel Geld für ein so uninteressantes Spiel würde ich nie ausgeben.«

Dafür ist Trainer Udo Lattek mit Neuzugang Wohlfarth eigentlich ganz zufrieden: »Ich nenne ihn oft den **›Killer mit dem Engelsgesicht‹**, weil er mir im Strafraum noch zu brav und zu wenig clever ist. Man hört und sieht ihn fast nie, nur dann, wenn er Tore macht.«

★ ★ ★

Beim 4:1-Sieg der Kölner gegen den FC Schalke 04 fliegen aus beiden Blöcken **Leuchtraketen auf den Rasen**. Doch Schiedsrichter Wolf-Dieter Ahlenfelder steht nur mit einem breiten Grinsen am Spielfeldrand und deutet fröhlich auf das Feuerwerk: »Wie Karneval in Rio!« Ein Abbruch kommt ihm nicht in den Sinn: »Nur dann, wenn ein Spieler getroffen worden wäre.«

KSC-Trainer Lothar Buchmann gehen beim 2:2 gegen Schalke die Nerven durch. Gerhard Kleppinger ist noch Stunden nach dem Abpfiff entrüstet: »Auf dem Weg zum Spielfeld sagte Trainer Buchmann zu mir, er habe nur den einen Wunsch, dass ich abgetragen werde.«

★ ★ ★

An die Tür zur Bundesliga klopft ein Spieler, den der Paulianer Rüdiger Wenzel so beschreibt: »Da kannst du überhaupt nichts machen. Den bremst du nicht. Den kannst du nicht sperren. Den kümmert nichts.« Der Aachener **Günter Delzepich** wird als neuer Hrubesch gehandelt – ein Original wie der lange Horst aus Hamm ist er allemal: »Ich bin doch nichts Außergewöhnliches. Die anderen Kameraden sind nur ein bisschen unterentwickelt.« Sein Torschusstraining absolviert er gerne mit Medizinbällen. Bei einer Wette soll er damit vom Sechzehner die Latte treffen. Er schafft es nicht – die Bälle gehen weit über das Tor. Der Aachener Keeper Valentin Herr hat schon lange aufgegeben: »Ich habe wirklich keine Angst, aber wenn der aus 16 Metern schießt, dann gehe ich nicht an den Ball ran.«

Günter Delzepich (re.) und Eugen Hach.

★ ★ ★

Düsseldorfs **Dietmar Grabotin** hat ein ehrgeiziges Ziel. Er will in dieser Saison unbedingt fünf Tore schießen. Und das aus einem ganz bestimmten Grund: Denn sollte er das schaffen, würde sein ehemaliger Trainer und Förderer Horst Buhtz noch im Nachhinein die Getränke seiner Hochzeit bezahlen. Leider, so darf man schon an dieser Stelle verraten, klappt es nicht. Grabotin erzielt in den kommenden drei Erstligajahren nicht einen einzigen Treffer.

★ ★ ★

Ewald Lienen hat nach dem 3:2-Sieg der Gladbacher in Stuttgart eine gute Begründung für seine ansprechende Leistung: »Bei der Landtagswahl hat meine Friedensliste 0,7 Prozent der Stimmen bekommen, ich in meinem Wahlkreis 1,2. Da musste ich mich doch dafür bedanken.« 0,7 bzw. 1,2 sind im Grunde ja keine ganz so üppige Ausbeute. Doch auch hierfür hat Lienen einen lockeren Spruch auf den Lippen: »Auch die Grünen haben mal klein angefangen.«

Zitate der Saison

Nach der 3:0-Niederlage bei den Bayern hat wenigstens Schalke-Trainer **Didi Ferner** eine anständige Begründung für die Klatsche: »Vielleicht hat uns die gute Luft hier geschadet. Wir brauchen wohl die Kohlenpottluft!«

»Das Westfalenstadion ist wie ein Löwenkäfig … und ich werde die Löwen loslassen!« **Timo Konietzka**, der durchtrainierte Trainer der Borussen (»Seit 1959 habe ich 72 Kilogramm«)

»Vielleicht ist es in Frankfurt möglich, zwischen zwei Trainingseinheiten drei Stunden Tennis zu spielen, in München aber bestimmt nicht.« **Uli Hoeneß** über den unsoliden Norbert Nachtweih.

Hermann Gerland ist jetzt in Bochum Assistenztrainer und für die Talentsuche zuständig. Nicht immer hat er es da mit Granaten zu tun: »Mein Gott, was haben sie mir schon für Leute vorgeschlagen. Da waren Riesenpleiten dabei. Leute, die sich nicht einmal die Schuhe zubinden konnten.«

Bayerns **Norbert Eder** nimmt seinen Nasenbeinbruch sportlich: »An diesem Gesicht kannst du eh nicht mehr viel kaputt machen.«

Gladbach verliert 2:3 in Leverkusen gegen knüppelharte Bayer-Spieler, und **Ewald Lienen** serviert das Bonmot des Tages: »Der Konzern schädigt die Umwelt und die Mannschaft den Fußball!«

Bereits einen Tag nach der gewonnenen Meisterschaft muss Bayern-Spieler **Holger Willmer** ins Krankenhaus – eine komplizierte Schulteroperation wartet auf ihn. Doch am Abend des Triumphs nimmt er die Geschichte noch ganz humorig: »Wenn die Feier richtig feucht wird, brauche ich vielleicht nicht einmal eine Narkose!«

»Den Schumacher muss man wegkaufen, sonst kriegt man bei Köln keinen rein.« **Udo Lattek**

»Guter Pradt ist nicht teuer!« Schlagzeile über Waldhof Mannheims Torhüter **Wolfgang Pradt**.

»Der hat eine solche Kraft in seinem Fuß, der kann einen Ochsen umschießen!« Timo Konietzka über das junge Talent **Ingo Anderbrügge**.

Dem Norweger **Anders Giske** gelingt in der Partie der Leverkusener gegen die Bayern das 1:0. Nach dem Spiel merkt ein Journalist an, dass er ja ziemlich offensiv agiert habe. Giske: »Ja, aber in der ersten Halbzeit war das gegen Dremmler viel leichter als gegen den Weihnacht oder wie der heißt …!« Er meinte Nachtweih.

Aleksandar Ristic hat noch Manieren. Sein Spieler Gorski hatte mit einer Unterleibsverletzung ausscheiden müssen, weswegen der Trainer bei der anschließenden Pressekonferenz auf Fragen zu seinem Gesundheitszustand mit einem schamvollen Seitenblick auf die Gattin des Präsidenten pietätvoll schwieg: »Wir haben hier eine Dame im Raum!«

In Dortmund ist ein neuer Retter am Werk: Erich Ribbeck. Seine Wundermittel scheinen aber auf den zweiten Blick bescheidener, als man im Rausch der Euphorie erst zu glauben mochte. Was Torjäger **Daniel Simmes** erzählt, hört sich sogar sehr einfach an: »Ribbeck hat uns überzeugt, wie schlecht es ist, wenn wir absteigen!« Ach so, na dann!

1985/86

»Wir sind wir, wir sind wir, wir sind stärker wie die Stier'!«

Für die ersten Lacher sorgt schon vor dem ersten Anstoß der neue Trainer des VfB Stuttgart. **Otto Baric** kommt aus Österreich nach Deutschland und wird von Journalisten gefragt, ob er denn auch Ahnung von der Bundesliga habe. Baric antwortet stolz: »Seit drei Jahren habe ich in Wien Kabelfernsehen. Ich kenne den deutschen Fußball von daher gut!«

Für den FC Bayern beginnt die Saison **kurios-spektakulär**. In der 34. Minute überwindet Helmut Winklhofer seinen eigenen Keeper Jean-Marie Pfaff mit einem herrlich gezirkelten Heber aus 35 Metern. Den wunderschönen Sonnenschein genießt an diesem Tag nur der Heimklub. Bayer Uerdingen gewinnt mit diesem »Tor des Monats« 1:0. Das letzte Wort soll allerdings Bayern-Trainer Udo Lattek gehören, der Winklhofer in der Halbzeit aus der Partie nimmt und dies so begründet: »Das ist jetzt unser Torjäger. Ich wollte ihn für das nächste Spiel schonen!«

Trotz dieses ungewöhnlichen und punktelosen Auftakts werden die Bayern am Ende wieder Meister. Und das liegt vor allem an der Schwäche der Bremer, denen zum Schluss der Saison einfach die Nerven versagen. Michael Kutzop: »Noch drei Spiele, noch zwei Spiele, noch zwei Punkte – wir haben fast immer daran gedacht. Zu Manni Burgsmüller habe ich schon gesagt: Wenn ich das Ding, diese hässliche Salatschüssel, endlich in den Händen halte, dann beiß ich einen Brilli raus.« Kutzop ist es auch, der zum großen Unglücksraben der Spielzeit wird. Am 33. Spieltag empfängt Werder Bremen den FC Bayern München. Eine Minute vor Schluss pfeift Schiri Volker Roth **Elfmeter für Werder**. Antreten wird Michael Kutzop, der bereits 1982 als Spieler von Kickers Offenbach sagte: »Ich habe in dieser Saison viel an Selbstsicherheit hinzugewonnen. Das ist die wichtigste Voraussetzung, wenn man ein erfolgreicher Elfmeterschütze sein will.« Und er ist ein guter Schütze. Doch in diesem Moment soll es ein-

Der klassische Fehlschuss – Michael Kutzop (Bremen) setzt den entscheidenden Handelfmeter gegen Torwart Jean-Marie Pfaff (Bayern) an den Pfosten.

Saisonverlauf 1985/86

	Platz	Tore	Punkte
1	1.	82:31	49:19
2	2.	83:41	49:19
3	3.	63:60	45:23
4	4.	65:51	42:26
5	5.	69:45	41:27
6	6.	63:51	40:28
7	7.	52:35	39:29
8	8.	41:44	33:35
9	9.	55:57	32:36
10	10.	53:58	30:38
11	11.	49:54	30:38
12	12.	51:54	29:39
13	13.	46:59	29:39
14	14.	54:78	29:39
15	15.	35:49	28:40
16	16.	49:65	28:40
17	17.	39:68	21:47
18	18.	43:92	18:50

fach nicht sein. Die Partie endet nach Kutzops Fehlschuss mit 0:0. Dennoch hat Bremen mit zwei Punkten Vorsprung auf die Bayern in der letzten Begegnung in Stuttgart alles selbst in der Hand. Doch auch hier versagen die Nerven. Während die Bayern Gladbach mit 6:0 aus dem Stadion schießen, liegt Werder schnell mit 0:2 zurück. Nur kurz keimt Hoffnung bei den Bremern auf, als Burgsmüller den Anschlusstreffer erzielt. Der zweifache Stuttgarter Torschütze Karl Allgöwer erinnert sich: »Als der Schiedsrichter zeigt, dass er zwei Minuten nachspielen lässt, sind sie hinter uns hergelaufen und haben gebettelt: Lasst uns doch ein Tor schießen, ihr verliert doch nichts dabei.« Die Partie endet 2:1, und Bayern München ist erneut Deutscher Meister.

Die besten – Torjäger der Saison

Stefan Kuntz (VfL Bochum)	22
Karl Allgöwer (VfB Stuttgart)	21
Frank Neubarth (Werder Bremen)	20

Schon drei Spieltage vor Schluss hatte Otto Rehhagel gesagt: »Nach dieser Saison bin ich **reif für die Schwarzwaldklinik**!« Nun lässt er sich erst recht einweisen. Andere Werder-Offizielle versuchen die Angelegenheit mit Humor zu nehmen: »Jetzt steuern wir den Hattrick an. Die dritte Vizemeisterschaft hintereinander.« Im Olympiastadion singen die Bayern-Spieler hingegen mit einer Champagner-Flasche der Marke »Moet et Chandon« in der Hand ihre Lieder. Aus dem Bayerischen frei übersetzt: »Wir sind wir, wir sind wir, wir sind stärker als die Stier'!«

Unerwartet hart und lang wird der Abstiegskampf für den 1. FC Köln. Sogar **die Gattin des Trainers Georg Keßler** greift zur verbalen Keule aus der tiefsten Dunkelkammer der Rhetorik: »Das Kind ist sehr krank, aber noch lange nicht tot!«

In der Relegation kommt es zu einem packenden Finale zwischen Fortuna Köln und Borussia Dortmund. Bis in die Nachspielzeit der zweiten Partie ist die Fortuna aufgestiegen. Doch dann schlägt in allerletzter Sekunde die »Kobra« zu. Jürgen Wegmann nach der Begegnung ganz locker: »Wenn ich im Sturmzentrum spiele, mache ich immer meine Kirschen. Das war immer so und wird auch immer so bleiben.«

Frankfurts Trainer Dietrich Weise spricht schon nach sechs Spieltagen eine Art **Saison-Schlusswort**: »Wir sind eine von den Mannschaften, die nichts Besonderes bringen. Aber das ist das Bild der Bundesliga 85/86.« Und Franz Beckenbauer fügt hinzu: »Was mich am Fußball reizt, ist der Star, die Persönlichkeit. Die Mannschaft muss sich auf ihn einstellen und nicht umgekehrt. Ich hasse den sozialistischen Gedanken der Gleichmacherei im Mannschaftssport. Wenn die Entwicklung so weitergehen sollte, dass kein Platz mehr für Stars ist, dann gehe ich lieber zum chinesischen Wattepusten.« Im Schnitt wollen nur noch 17.662 Zuschauer die Partien der 1. Bundesliga sehen!

Hannovers Trainer Werner Biskup ist eigentlich nicht groß als Stimmungskanone bekannt. Nach der 2:8-Niederlage seiner Mannschaft bei Werder Bremen haut er aber dennoch mal einen raus: »Als das 6:2 fiel, war für mich klar, dass das Spiel gelaufen ist. **In Bremen gewinnt man nicht 7:6.**« Vor der Pressekonferenz irrte Biskup erst einmal durch die Katakomben. Er hatte ein dringendes Bedürfnis zu erledigen. »Die acht Stück sind mir auf den Magen geschlagen«, erklärte er später sichtlich erleichtert. Vielleicht war es aber auch eine andere Sache: Biskup hatte sich den Absturz eines Jets auf das Weserstadion gewünscht, damit die Partie wiederholt werden muss. Abstruse Gedanken in einem leider zunehmend vernebelten Hirn.

★ ★ ★

Bei der Partie Dortmund gegen Hamburg (1:1) kommt es zu einer kuriosen Szene. **HSV-Verteidiger Manni Kaltz** schmeißt bei einem Einwurf den Ball direkt zum BVB-Gegenspieler Horst Hrubesch. Für den ist der Fall allerdings sonnenklar: »Der Manni sagte sich bestimmt: Das Gesicht kommt mir so bekannt vor. Gib ihm den Ball. Das ist mein Freund Horst!«

★ ★ ★

Torwart Dirk Drescher (Mitte) wird von Walter Oswald (li.) und Co-Trainer Erich Klamma gefeiert.

Wolfgang Kleff

Als **Dirk Drescher** am ersten Spieltag der Saison 1985/86 für den VfL Bochum in Nürnberg den Platz betritt, ist er gerade einmal 17 Jahre, 5 Monate und 13 Tage alt. Am Vormittag dieses denkwürdigen Tages erst hat sein Verein beim DFB eine Spielberechtigung für den jungen Mann eingeholt. Eine weise Entscheidung. Denn nachdem die eigentliche Nummer eins, Ralf Zumdick, endgültig wegen einer Schulterverletzung hat passen müssen, schafft es der Nachwuchstorwart Markus Croonen – ebenfalls in seinem allerersten Spiel überhaupt – gerade einmal bis zur 25. Minute. Dann säbelt er den Nürnberger Reiner Geyer übereifrig von den Beinen und fliegt unter Tränen vom Platz. Ein Moment der Stille im Frankenstadion. Schließlich schüttelt sich der VfL-Coach Rolf Schafstall einmal kräftig durch, schaut betreten Richtung Auswechselbank, nimmt Stürmer Stefan Kuntz vom Platz und nickt dann dem nervös vor sich hinstarrenden Dirk Drescher zu. Ihn persönlich anzusprechen, traut sich der Trainer nicht, denn Schafstall wusste nicht einmal den Vornamen seines Ersatzkeepers. Der VfL Bochum gewinnt das Spiel überraschend mit 1:0 beim Club, und doch bleibt der Traum »Fußball-Bundesliga« eine fünfundsechzigminütige Episode ohne Wiederholung für Dirk Drescher. Man holt den erfahrenen Wolfgang Kleff für die Verletzungsdauer von Ralf Zumdick. Und so stellt sich Kleff in Bochum der Mannschaft gewohnt pointiert vor: »Ich bin hier nur der Aushilfskellner!« Doch der alte Hase hat schnell Spaß an seinem Job. Nach dem 5:3 in seinem Eröffnungsspiel gegen Düsseldorf schwärmt der Keeper: »Das war nach langer Zeit endlich wieder großer Fußball. Ich ertappe mich dabei, dass ich als alter Mann, der im November 39 wird, ins Schwärmen gerate wie ein Teenager!«

Nürnbergs Nachwuchshoffnung Stefan Reuter hört gerne Tina Turner (»Und das nicht nur wegen ihrer Musik«) und Phil Collins. Wenn er mal richtig abzappeln will, geht er in die Nürnberger Südstadt. Dort öffnet seine Lieblingsdiskothek mit dem schönen Namen **»Dröhnland«** ihre Pforten für das Feierpublikum.

★ ★ ★

Hans Simon, Schalkes Zeugwart, reibt sich die Augen. Vor ihm in der Kabine von Werder Bremen sitzt Manni Burgsmüller ganz versunken in eine sehr spezielle Tätigkeit: »Ich sah, wie Manni seine Schuhe mit unzähligen Flicken drauf im warmen Wasser fast eine halbe Stunde zärtlich durchknetete und knautschte – bis sie wieder in Passform waren.« Anschließend gewinnt Werder mit 3:1. Alle drei Tore für Bremen schießt an diesem kalten Dezemberabend jedoch Burgsmüllers Sturmpartner Frank Neubarth.

★ ★ ★

Ein kurioses Tor, über das die Bundesliga lacht, erzielt am 28. Spieltag bei der Partie SV Werder Bremen gegen den 1. FC Kaiserslautern (2:0) Manni Burgsmüller. Der Werder-Stürmer schildert den Treffer in der 55. Minute aus seiner Sicht so: »Der Ehrmann hält den Ball, ich liege so neben dem Tor, rappel mich auf und will zur Mitte. Da seh ich, wie der Gerry vor sich hinpennt. Ich geh zu ihm hin und schubse dem mit der Hand die Pille aus dem Arm. Fällt der Ball auf den Boden und ich schieb ihn rein.« Der Lauterer Torwart ist alles andere als erfreut und droht Burgsmüller mit der Faust. Burgsmüller: »Der Ehrmann machte ja Bodybuilding und konnte kaum laufen vor Kraft. Wenn der mir eine gescheuert hätte …« Es wäre wohl verdient gewesen! Denn Burgsmüller flüstert dem erregten Keeper noch ins Ohr: **»Tor ist, wenn der Schiedsrichter pfeift.«** Dann geht er schnell flitzen! Übrigens: Der Schiri hat eigentlich nichts mitbekommen, redet sich aber eloquent aus der Bredouille: »Ich habe keinen Rempler gesehen, der Ball war frei, als Burgsmüller ihn spielte. In den Händen des Torwarts war er nicht.« Nicht mehr – und das bringt Ehrmann auf die Palme. Mit einem einzigen Ziel läuft er nach Spielschluss auf den Schiedsrichter zu, wird jedoch kurz vorher abgefangen. Sein gestählter Körper bebt, aber ihm bleibt nur der Mund!

★ ★ ★

Mannheims Fritz Walter möchte mal wieder sein Gehalt ein wenig aufbessern, und das geht am besten mit einem Vereinswechsel. Mit Hannover ist so weit alles klar, doch Walter möchte sich noch einmal vergewissern und ruft Vizepräsident Werner Bock an. Der ist ob der immer dreister werdenden Forderungen langsam etwas angesäuert, antwortet aber zuerst recht freundlich auf Walters Fragen. Ob das mit der Gage okay sei, will der Stürmer wissen? Alles klar, sagt Bock. Auch den Mercedes sichert ihm der Vizepräsident schweren Herzens zu. Doch als Walter nach seinem Bungalow fragt und genaue Details abklären möchte, antwortet ihm der Hannoveraner: »Natürlich, Fritz, du kriegst einen **Bungalow mit goldenen Wasserhähnen und einen Butler aus Nigeria**. Und außerdem kannst du mich jetzt langsam mal am Arsch lecken!« Aufgelegt, und damit ist die Sache für Hannover erledigt.

★ ★ ★

Am 8. Februar 1986 schafft der Stuttgarter **Michael Nushöhr** einen ganz besonderen Bundesligarekord. Beim 7:0 gegen Hannover 96 verwandelt er als Erster überhaupt drei Elfmeter in einem Spiel. Nushöhr hinterher ganz aufgewühlt: »Beim dritten wusste ich nicht mehr, wohin ich schießen sollte!«

Dieter Schatzschneider ist von Hamburg nach Gelsenkirchen geflüchtet. Er hielt es beim HSV nicht mehr aus. Schatzschneider: »Es war nach einem verlorenen Spiel. Ich ging zu Magath und sagte ihm: ›Verfluchte Schiete!‹ Magaths schnippische Antwort: ›Bloß du sitzt in der Schiet, nicht wir!‹«

★ ★ ★

Petra Förster, die Frau von Karlheinz, findet die Gattinnen der Mannheimer Spieler etwas sonderbar: »Ich glaube, das sind die wildesten Spielerfrauen der Bundesliga. Die schreien, knuffen, pfeifen, hopsen herum, schreien ihren Männern von der Tribüne Anweisungen zu. Und nach dem Spiel stehen sie auf und gehen auseinander, als wäre nichts gewesen. Was haben die bloß davon?«

★ ★ ★

Auch **Uli Hoeneß** kommt mal zu spät: »Bei einem Nachwuchs-Lehrgang in Duisburg erzählte mir Berti Vogts von einem Andreas Möller. Um den sollte ich mich mal kümmern. Das war Sonntag. Bis ich am Montag die Telefonnummer herausbekommen hatte, war es schon Nachmittag. Ich rief an, doch Andreas Möller erzählte mir, dass er eine halbe Stunde zuvor einen Vertrag bei Eintracht Frankfurt unterschrieben habe.«

★ ★ ★

Nürnbergs Stefan Reuter wird nach überragenden Leistungen sehr kurzfristig von Berti Vogts für die U21 nachnominiert. Es ist Eile geboten. Es ist Sonntagmorgen 9:30 Uhr, um 11 Uhr geht der Flieger nach Frankfurt. Zuerst ruft der DFB bei seinen Eltern in Dinkelsbühl an, doch da ist Reuter nicht. Er befindet sich in seiner neuen Wohnung in Nürnberg – diese verfügt aber noch nicht über einen Telefonanschluss. Da greifen die Eltern zum Äußersten und wählen die Nummer der Polizei. Um 10:45 Uhr schließlich meldet sich Sohn Stefan vom Flughafen und verkündet, dass alles gut gegangen sei – dank dem spontanen Einsatz der **Freunde und Helfer in Grün**.

★ ★ ★

Da müssen sich die VfL-Fans noch im Nachhinein ein wenig dumm vorgekommen sein. Aus allen Kehlen sangen sie im Bochumer Ruhrstadion den schönen Gassenhauer »Ja, ja, **der Vollborn im Tor**, der ist der Dümmste.« Und was sagt der Keeper im Anschluss an die Partie: »Als ich das hörte, dachte ich: Mensch, die kennen dich hier sogar. Das hat mich hervorragend stimuliert!«

Uwe Klimaschefski

Der Trainer des FC Saarbrücken mischt die Liga mit seinen originellen Sprüchen auf. Zwei Jahre zuvor hat Uwe Klimaschefski zusammen mit Hermann Konrad ein Buch herausgebracht, in dem all seine gesammelten Sprüche, Streiche und Erfolge aufgeführt sind. Ein buntes Sammelsurium an herrlichen Geschichten. Zwei Kostproben: Als ein Pressevertreter wissen will, wann der Trainer die nächsten Spieler verkauft, antwortet Klimaschefski: **»Wenn die Schrottpreise wieder steigen!«** Berühmt-berüchtigt sind auch des Trainers Scherze mit neuen Spielern. Bei einer Übungseinheit besorgt Klimaschefski eine Platzwalze und gibt das Kommando aus: »So, Jungs, wir machen heute einen Härtetest. Jeder zieht die Walze 400 Meter. Dabei fahren wir die Löcher zu, die die Leichtathleten mit ihren Schuhen aufgerissen haben. Der Neue da fängt an.« Auf den ersten 100 Metern rollt die Walze gut an. Der Ehrgeiz, sich nicht zu blamieren, zieht kräftig mit. Nach 200 Metern wird der Neuling so klein, dass er die grinsenden Spie-

ler auf der anderen Seite nicht mehr sehen kann. Ins Ziel kommt er beinahe auf allen Vieren. »Gut gemacht«, lobt ihn der Trainer, »aber ich habe gesehen, dass die Übung doch wohl etwas zu schwer ist und außerdem zu gefährlich. Die Walze hätte dich beinahe überrollt. Wir brechen ab!«

Dieter Müller kehrt aus der Schweiz in die Bundesliga zurück, zum 1. FC Saarbrücken. Deren Trainer Uwe Klimaschefski sieht aber noch ein wenig Arbeit auf seinen Stürmer zukommen: »Von seinem Grasshopper-Trip hat er eine Menge Schweizer Speck mitgebracht.«

Nachwuchsspieler **Franco Foda** weiß, was er an seinem Trainer in Saarbrücken hat: »Wer unter Klimaschefski ein Jahr durchhält, der ist einen großen Schritt weiter im Leben gekommen und braucht sich vor nichts mehr zu fürchten.«

Uwe Klimaschefski **nach einer 1:2-Niederlage** seiner Saarbrücker gegen zehn Uerdinger: »Bitte einen achtfachen Cognac!«

Die Auswahl von gleich drei Spielern auf der **Liberoposition** will der Trainer sehr einfach lösen: »Ich frage meinen Platzwart Toni Lallemande!«

»Der Blättel hat sich heute Nacht im Bett verletzt. Wie er das gemacht hat, weiß ich auch nicht.«

»Ich habe meinen Spielern vorgeschlagen, barfuß und mit langen Zehennägeln zu spielen. So dürften sie den besten Halt auf dem Schneeboden haben.« Vor dem 2:2 gegen Eintracht Frankfurt.

»Nimm die Niederlage nicht so tragisch. Schließlich habt ihr gegen eine große Mannschaft verloren.« **Zu Mannheims Klaus Schlappner** nach dem 2:1.

Erstmals beruft der DFB einen **Sachverständigen für die Deutung von Fernsehbildern**. Der ARD-Mann Rudi Michel soll das Foul von Bruno Pezzey, für das er am 15. Februar bei der Partie in Nürnberg Rot sah, anhand von TV-Bildern beurteilen. Michel: »Man kann ausschließen, dass Pezzey das Bein gestellt hat. Er wollte der Gefahr ausweichen, nachdem er erkannt hatte, dass er den Ball nicht erreichen kann. Seine motorische Bewegung war einwandfrei. Den Bildern aber fehlt die dritte Dimension.« Schiedsrichter Wolf-Dieter Ahlenfelder hatte damals gesagt: »Zweimal Gelb gibt es nicht. Da geht der Hosenknopf auf und ich muss Rot ziehen!« Nun wird Pezzey, vor allem wegen der Worte Michels, freigesprochen. Der DFB schaut von nun an Fernsehen!

★ ★ ★

Die Fanpost bei den Bayern bearbeitet der 80-jährige Rentner Kurt Preisenberger, und der sagt: **»Fan-Briefe sind auch Schmunzelbriefe!«** Drei Beispiele: »Als einmal bei einem Spiel dem Sepp Maier drei Zähne eingeschlagen wurden, kam am nächsten Tag ein Eilpäckchen mit drei Ersatzzähnen. Der zwölfjährige Klaus hatte sie sich aus der Praxis seines Vaters geholt. Der achtjährige Martin aus Hamburg wünschte sich vor Rummenigges Weggang ein Haar, und der elfjährige Thomas schrieb aus Lebach: ›Ich wünsche von allen Spielern Autogramme, und damit der Verein nicht in Zahlungsunfähigkeit gerät, weil er den Kaffee nicht mehr bezahlen kann, lege ich neben dem Rückporto eine Tüte Kaffee bei.‹«

Mit Stuttgarts **Jürgen Klinsmann** schießt erstmals ein Akteur fünf Tore in einem Auswärtsspiel. Beim 7:0-Sieg in Düsseldorf haut er Fortuna-Torhüter Schmadtke die Bälle zwischen der 36. und 78. Spielminute ins Netz – ein lupenreiner Hattrick ist dabei natürlich inklusive. Düsseldorfs Trainer Dieter Brei spricht hinterher ganz andächtig folgenden Satz: »Die Stuttgarter haben uns aufgekegelt.«

Volksparkstadion Hamburg: Nur jeder zweite Spieß ist entschärft. Warum? fragen die Paniktester.
Fotos (3): Stiftung Warentest

★ ★ ★

Nach der Heysel-Katastrophe checkt die **Stiftung Warentest** die Bundesliga-Arenen. Die Ergebnisse sind besorgniserregend: »Unsere Fußballstadien ähneln in weiten Bereichen eher Raubtierkäfigen als Stätten sportlicher Kurzweil. Stacheldraht, hohe Zäune, tiefe Gräben und dicke Mauern sollen die Kicker unten auf dem Rasen vor den ›Wilden‹ ringsum auf den Rängen schützen. Der Schutz des Zuschauers wird da erkennbar zur Nebensache!«

★ ★ ★

Am achten Spieltag bieten Waldhofs Trainer Klaus Schlappner und Bremens Stürmer Rudi Völler nach einer hitzigen Partie (2:2) den Zuschauern noch eine kostenlose Slapstick-Einlage, an deren Ende gar Schlappis Pepita-Hut durch die Lüfte fliegt. Der Werfer ist Rudi Völler, der sich auch nach Spielschluss einfach nicht beruhigen will: »Da zieht der Schlappi über die Nationalelf und Beckenbauer her und bezeichnet uns fast als Blinde. Und selbst spielt er diesen blinden Bauernfußball.«

Auch der ansonsten als besonnen bekannte Werder-Präsident Dr. Franz Böhmert schlägt eine harte Gangart gegen die Gäste aus Mannheim an: »Ich bin froh, dass alle Spieler lebend vom Platz gekommen sind. Das schlimmste Spiel in Bremen seit 20 Jahren. Ich verstehe nun das ganze Theater in der Presse, wo die Waldhöfer als **destruktive Maurermeister und als Kloppertruppe** bezeichnet werden.«

Und was macht Schlappi? Er setzt sich in aller Ruhe seinen Hut wieder auf, verbreitet Plattitüden (»Die Bundesliga ist grausam. Der Fußball ist wie ein Dschungel«) und verliert dennoch nicht seinen feinen Sinn für Humor. Auf die verbale wie körperliche Auseinandersetzung mit dem Bremer Stürmer angesprochen, lächelt Schlappner genüsslich in seinen Schnäuzer hinein und sagt humorvoll bis an die Unterkante des Pepita-Huts: »Ich habe mich mit Rudi Völler unterhalten wie eh und je.«

★ ★ ★

Die Saison wird **Jürgen Rynio** nie vergessen. Angetreten ist er am Anfang der Spielzeit in Hannover als Manager. Zwischenzeitlich übernimmt er nach dem Rausschmiss von Trainer Werner Biskup dessen Job auf der Bank, und als sich schließlich unter dem neuen Coach Jörg Berger der Stammtorhüter Ralf Raps verletzt, stellt sich Rynio für zwei Partien ins Tor seines Klubs. Hilft am Ende alles nichts: Hannover 96 steigt als Tabellenletzter aus der Bundesliga ab. Und somit stellt der Torhüter auch noch einen neuen Rekord auf – er hat es vollbracht, mit fünf verschiedenen Teams aus der Liga abzusteigen: Karlsruher SC, 1. FC Nürnberg, Borussia Dortmund, FC St. Pauli und Hannover 96.

Endlich kann **Klaus Fischer** wieder antreten und schießt bei Bochums 2:3-Niederlage gegen Uerdingen gleich zwei Tore. Sein Mannschaftskamerad Stefan Kuntz ist so erleichtert, dass der alternde Torjäger wieder da ist, dass er ihm sogar einen Zweizeiler widmet: »Sechs Monate war Klaus Fischer krank, nun trifft er wieder, Gott sei Dank!«

★ ★ ★

Einmal im Jahr fährt **Dieter Hoeneß** nach Freiburg, um seine Gehirnströme messen zu lassen. Professor Klümper soll sicherstellen, dass die vielen, vielen Kopfbälle, die Hoeneß in seinem Leben schon gemacht hat, seine geistige Vitalität nicht infrage stellen.

★ ★ ★

In Bremen ist die Welt noch in Ordnung. Vor einer Live-Sendung des ZDF aus dem Weserstadion spricht Manager Willi Lemke einige klare Worte mit dem Publikum: »Keine Pfiffe, keine Buhrufe, wenn Töppi das erste Tor als abseitsverdächtig und den Elfmeter als zweifelhaft bezeichnet. **Wir sind hier nicht bei den Hottentotten und auch nicht in München!**«

★ ★ ★

Die **Erfolge von Boris Becker** machen dem Fußball zusehends Konkurrenz. Als in Frankfurt 10.000 Zuschauer beim Davis-Cup das Tennis-Doppel Becker/Maurer zum Sieg über Lendl und Smid pushen, spielt zeitgleich die Bundesliga. Nach Bochums 2:0-Niederlage in Gladbach meint VfL-Ersatzkeeper Kleff danach trocken: »Man hätte eine Leinwand aufstellen und Boris Becker zeigen sollen!«

★ ★ ★

Bayern verliert in Bochum durch drei Tore von Stefan Kuntz mit 3:0. Der Torschütze gibt hinterher allerdings zu: »Irgendwie hatte der Pfaff heute die Arme falsch eingerenkt!« Und auch Bayern-Trainer Udo Lattek nimmt kein Blatt vor den Mund: »Was willst du denn machen, wenn sich der Torwart die Dinger schon selbst reintut?!«

★ ★ ★

Der Stuttgarter **Guido Buchwald** hat sich nach und nach hochgekämpft beim VfB. Und das tat ihm gut, wie er selbst findet: »Leute, die plötzlich hochgejubelt werden, schnappen über, weil sie das Hinaufwerkeln nicht kennen, von der letzten Reihe im Ballett in die vorderste, vom Statieren zum Vortanzen.« Guidos größter Fan sitzt zu Hause. Frau Sylvia mag seine kämpferische Art, immer alles zu geben. Nach einem Länderspiel, für das Buchwald viel Kritik einstecken musste, sagt sie: »Reg dich nicht auf. Auch für mich hast du ein gutes Spiel gemacht. Obwohl man am Fernseher kaum etwas von dir gesehen hat, so dreckig, wie du warst.«

★ ★ ★

Uerdingens Nationalspieler Matthias Herget lebt immer noch in seiner alten Heimat: »Hier in Bismarck wohne ich und bleibe ich, hier fühle ich mich wohl, hier gehöre ich hin.« Der Gelsenkirchener Stadtteil ist ein graues Arbeiterviertel in der Nähe des Parkstadions. Kein Ort, wo Fußballstars eigentlich wohnen sollten, wie Hergets Trainer Kalli Feldkamp findet: »Okay, wenn der Mattes gern dort wohnt, aber er ist doch Profi. Da liegt Schalke bis Saudi-Arabien alles drin an möglichen Arbeitsstätten. Da muss man doch beweglich sein!«

16. Spieltag, Bayern gewinnt zu Hause gegen Werder mit 3:1, und auf dem Platz wird **geholzt wie selten zuvor**. In der 16. Minute tritt Klaus Augenthaler den stürmenden Rudi Völler ohne die geringste Chance, an den Ball zu kommen, von den Beinen. Der bleibt erst verletzt liegen, wird dann ausgewechselt und fällt anschließend Monate aus. Augenthaler sagt hinterher völlig emotionslos: »Ich sah nur etwas Grün-Weißes auf unseren Strafraum zukommen.« Und sein Trainer Udo Lattek gibt indirekt gar Völler die Schuld an seiner Verletzung: »Der Rudi ist zu schnell!« Auch Uli Hoeneß reagiert wenig sensibel: »Wir müssen uns daran gewöhnen, dass Fußball ein Männersport und nichts für Klosterschüler ist.« Bremen schmerzt der Verlust sehr, wie Otto Rehhagel gewohnt poetisch angehaucht erklärt: »Ohne Völler sind wir ein Orchester ohne den Ersten Geiger. So kann man nur gute, aber keine geniale Musik spielen.« Ausgerechnet Bayerns Vereinsarzt Dr. Müller-Wohlfarth behandelt Rudi Völler schließlich erfolgreich und stellt eine weiche Leiste fest. Mannschaftskollege Benno Möhlmann nimmt den außergewöhnlichen Umstand mit Humor. Als er selbst wenige Wochen später verletzt ist und gefragt wird, ob er auch nach München fahre, antwortet er: »Lieber nicht. Sonst stellt der bei mir noch eine weiche Birne fest.« Weniger humorvoll reagieren in Bremen die Medien. Über dem Stürmer bricht ein Gewitter zusammen. Doch Völler ist das egal: »Ich habe mir wirklich nichts dabei gedacht. Ich fuhr nach München, weil ich mir Hilfe, endlich Hilfe erhoffte. Ich wäre sogar zum Nordpol gefahren, wenn mir dort einer hätte helfen können.«

★ ★ ★

Der Mann hat nicht mehr viel zu verlieren und pflegt darum die deutlichen Worte. Bochums Aushilfskeeper **Wolfgang »Otto« Kleff** kann sich nach Bochums 2:0-Niederlage beim 1. FC Kaiserslautern nicht beruhigen: »Nicht alle Schiedsrichter sind schlecht, aber manche haben doch ihren Blindenhund zu Hause gelassen. Der Herr Brückner ist halt musikalisch, deshalb hat er gepfiffen. Ich dachte zuerst, er pfeift für mich. Aber bestimmt wollte er nur, dass ich mal wieder einen Elfmeter halte.«

★ ★ ★

In Hannover schmeißen sie noch vor der Winterpause ihren Trainer Werner Biskup raus. Es geht nicht mehr. Auch wenn nur hinter vorgehaltener Hand das ausgesprochen wird, was alle längst wissen: Der Trainer hat ein Alkoholproblem. Am Tage der Ablösung ringt das Präsidium öffentlich mehrere Stunden mit sich selbst. Biskup ist beim Publikum immer noch sehr beliebt. Es häufen sich die **Anrufe mit Morddrohungen** gegen den Präsidenten Henze. Nur eine Frau hat offensichtlich genug von Biskup. Die Wirtin der Vereinsgaststätte gewährt den wartenden und frierenden Journalisten eine Unterkunft und hat auch noch ein tröstendes Wort parat: »Einen Mistjob habt ihr. Dieses Warten. Wenn ihr wenigstens auf eine Schönheitskönigin warten würdet, aber nur auf diesen fetten Trainer …«

★ ★ ★

Schiedsrichter Neuner aus Leimen ist nach der Partie des BVB gegen Hannover 96 (2:0) nicht in der Laune, sich die Kritik der 96er kommentarlos anzuhören: »Wenn ich heute so gepfiffen hätte, wie ihr vor dem Tor Chancen vergeben habt, hätte ich mich zu Hause nicht mehr sehen lassen dürfen.« Da wackeln selbst beim Oberkritiker Siegfried Reich kurz die Ohren der stummen Anerkennung.

Santos Muntubila weiß sich selbst zu helfen: Als er wegen einer Muskelzerrung eigentlich im Spiel gegen Leverkusen aussetzen soll, schmiert er sich vor der Partie höchstpersönlich **eine Salbe mit geheimer Mixtur** auf die Schenkel. Seine Teamkollegen meinen, einen Schlangenkopf auf der Verpackung gesehen zu haben. Ganz so nah dran sind sie nämlich nicht gekommen – die Salbe stank so stark, dass sie nicht nur die Sinne der Leverkusener Gegenspieler vernebelte, auch die Mitspieler rissen aufgrund des üblen Geruchs alle Kabinenfenster auf. Am Ende ist das ganze sinnliche Spektakel aber erfolgreich. Saarbrücken siegt 3:1, und Muntubila vernascht reihenweise die Bayer-Akteure.

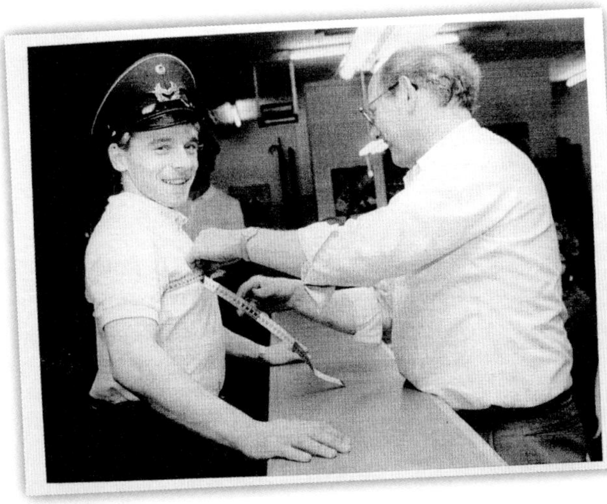

★ ★ ★

Dumm gelaufen: Icke Häßler hat seinen Erstwohnsitz in Berlin aufgegeben und wird ab sofort in Hürth gemeldet. Eigentlich keine eigene Nachricht wert, doch Häßler hat damit auch seinen Sonderstatus als Berliner aufgegeben – und muss folgerichtig sofort zur Bundeswehr. **Sport-Förderkompanie in Essen, Abteilung Luftwaffe.**

★ ★ ★

Ein großer Spieler verlässt am Ende der Saison die Bundesligabühne. Bereits am 18. Spieltag wird allen Zuschauern im Westfalenstadion erstmals klar: Die späte, große Karriere des Horst Hrubesch geht zu Ende. Nach der Pause kommt er in der Partie gegen Saarbrücken nicht wieder. Hrubesch: »Der Trainer hat mich bei Halbzeit angesehen, und ich habe genickt. **Ich war völlig fertig!**«

Zitate der Saison

Der frühe Wegbereiter für Jürgen Wegmanns späteren, legendären Spruch ist **Andreas Brehme**: »Tatsache ist, dass wir in dieser Saison noch kein Spiel mit Glück gewonnen, sondern lediglich Spiele mit Pech verloren haben.«

Nürnbergs **Dieter Eckstein** steckt in einem Formtief – ein gefundenes Fressen für Journalisten. Nach einer weiteren Nullnummer bei der 3:0-Niederlage in Mönchengladbach dichtet ein Kollege der schreibenden Zunft: »Der hat sich an seine Kinderzeit erinnert und das alte Spiel ›Eins, zwei, drei, vier Eckstein, alles muss versteckt sein‹ wörtlich genommen.«

»Dem muss ich jeden Tag ins Kreuz treten, sonst kannst du dem beim Gehen die Schuhe besohlen.« Lauterns Trainer **Hannes Bongartz** über seinen Vorstopper Stefan Majewski.

Schlappner verpflichtet mit **Bernd Klotz** einen neuen Torjäger und begründet das so: »Wir hatten zu viele Stürmer, die nur mit dem Arsch wackeln!«

»Kein Problem, unser Präsident Atze Friedrichs ist mit seiner Boutique Herrenausstatter!« Lauterns Trainer **Hannes Bongartz**, nachdem ihm sein Uerdinger Kollege nach dem 1:5 mit auf den Weg gab: »Zieht euch beim Rückspiel warm an!«

Bei seiner Familie ist Torwart **Uli Stein** nicht wirklich beliebt. Verständlich, wenn folgendes Zitat des Keepers zu seiner Verwandtschaft denn stimmt: »Ihr habt es im Kopf, ich dafür im Portemonnaie.«

»Ihr Gartenzwerge!« **Klaus Schlappner** zu den Schiedsrichtern nach der Partie bei den Bayern (3:1).

1986 / 87

»Schlagt die Bayern, stoppt die Langeweile!«

Und der Gewinner ist ... Bayern München! Zum dritten Mal in Folge und zum zehnten Mal insgesamt werden die Münchner Deutscher Meister. Sie dürfen sich von nun an **alleiniger Rekordmeister** nennen. Sechs Punkte trennen den Titelträger von den zweitplatzierten Hamburgern. Dabei spielen die Bayern noch nicht einmal eine spektakuläre Saison. Nur die Ergebnisse sind außergewöhnlich. Nur eine einzige Mannschaft kann die Münchner besiegen. Beim 3:0 der Leverkusener im Olympiastadion überrascht vor allem ein Mann: Christian Hausmann. Udo Lattek vollkommen baff: »Ich habe noch nie einen Mann ge-

sehen, der so schnell auf den ersten Metern ist.« Und auch Bayern-Manager Uli Hoeneß kommt aus dem Staunen nicht mehr raus: »Ich habe lange keinen Spieler wie den Mann mit der 10 gesehen. Ich überlege mir, ob wir statt Maradona nicht lieber den Hausmann kaufen sollten.«

Der FC Bayern München schwimmt wahrhaft auf einer Erfolgswelle. Meisterschaft um Meisterschaft wird eingefahren, und langsam droht es ob der Dominanz der Münchner etwas öde in der Bundesliga zu werden. Nach dem 1:1 der Bayern in Bremen ruft Werder-Trainer Otto Rehhagel deshalb der Liga verzweifelt zu: »Schlagt die Bayern, stoppt die Langeweile!« Das bedeutet im Grunde nichts anderes als: **alle gegen die Lederhosen!** Münchens Manager Uli Hoeneß sieht das neue Motto der Liga allerdings sehr gelassen: »Wir haben dieses Feindbild nicht selbst gemacht. Das haben andere aufgebaut, ganz bewusst. Aber wir leben nicht schlecht mit diesem Image. Das Schlimmste, was uns

Saisonverlauf 1986/87

Platz	Tore	Punkte
1.	67:31	53:15
2.	69:37	47:21
3.	74:44	43:25
4.	70:50	40:28
5.	65:54	40:28
6.	56:38	39:29
7.	64:51	37:31
8.	51:49	35:33
9.	62:62	35:33
10.	50:53	35:33
11.	52:44	32:36
12.	55:49	32:36
13.	50:58	32:36
14.	52:71	28:40
15.	42:53	25:43
16.	33:79	21:47
17.	42:91	20:48
18.	36:76	18:50

passieren könnte, wäre, wenn uns plötzlich alle lieben würden.« Stolz fügt Hoeneß noch hinzu: »Es gibt wohl keinen Schalke-Fan in München-Großhadern, aber Hunderte von Bayern-Fans in Gelsenkirchen!« Doch selbst denen macht das Dauerfeiern zusehends genauso wenig Spaß wie der Mannschaft. Co-Trainer Werner Olk sagt nach dem entscheidenden 2:2 gegen Bayer Uerdingen am 32. Spieltag: »So wie wir die erste Halbzeit gespielt haben, so haben wir auch gefeiert!« Beim Seitenwechsel stand es 2:1 für Uerdingen gegen komplett lustlose Münchner.

Die besten – Torjäger der Saison

Uwe Rahn (Borussia Mönchengladbach)	24
Fritz Walter (Waldhof Mannheim)	23
Rudi Völler (Werder Bremen)	22

Der BVB spielt eine Top-Saison – und das nach einer Relegation gegen Fortuna Köln, die spannender nicht hätte verlaufen können. Doch gerade dieses psychologische Moment scheint für den Höhenflug verantwortlich zu sein, wie Michael Zorc erklärt: »Es war das Relegationsspiel des vergangenen Jahres, jenes 3:1 von Wegmann in der letzten Minute. Das haben wir immer noch in Erinnerung. Es ist ja auch nicht von ungefähr, dass wir auf das Tor vor der Südtribüne besser spielen und mehr Treffer erzielen. Dort fiel auch damals der Wegmann-Treffer. Dort stehen unsere treuesten Fans.« Die Euphorie in der Bierstadt ist riesig. Viele tausend Anhänger begleiten den BVB während der Saison zu seinen Auswärtsspielen. Als Tabellenvierter holt man einen UEFA-Cup-Platz, genau wie Borussia Mönchengladbach. Der Altmeister gewinnt in einem fantastischen Schlussspurt die letzten zehn Partien, schießt dabei 36 Tore und beendet die Spielzeit auf Rang drei. Star dieser Serie ist Uwe Rahn, der alleine 14 Tore erzielt.

Warum **Blau-Weiß Berlin** absteigen muss, weiß Torwart Reinhard Mager schon zur Halbserie: »Bei uns sind einige Spieler, die haben den Professorentitel im Reden verdient. Im Spiel kommt dann aber nur ein solches Gekicke heraus.«

Und am Ende gibt es fast noch einen neuen Skandal. Ein mysteriöser Anrufer erzählt Berlins Manager Hans Maringer und Trainer Bernd Hoss, dass beim Bundesligaspiel zwischen Homburg und Mannheim (das durch ein Tor in der 93. Minute vom Homburger Thomas Stickroth entschieden wurde) möglicherweise nicht alles mit rechten Dingen zugegangen sein soll. Verdächtigt wird der Mannheimer Torwart Gregor Quasten. Hauptanklagepunkt: sein **Fehlgriff in der 93. Minute!** Der Fall wird nie ganz aufgeklärt; auch, weil der Anrufer nie seine Anonymität verlässt. Dabei muss er was gewusst haben, wie Manager Maringer aus einer sehr praktischen Sichtweise heraus glaubt: »Der Unbekannte hat etliche Ferngespräche mit uns geführt. Das hat ihn einiges Geld gekostet. So etwas macht man doch nicht nur, um sich einen Jux zu erlauben.«

Bernd Hoss · Blau-Weiß 90 Berlin

Delegationsleiter und DFB Schatzmeister Dr. Egidius Braun feiert mit den Spielern den Finaleinzug bei der WM 1986 in Mexiko. Von links: Rudi Völler, Matthias Herget, Andreas Brehme, Felix Magath, Uwe Rahn (vorn) und Thomas Berthold bei einem Glas Champagner.

★ ★ ★

Trainer Egon Coordes ist beim VfB Stuttgart nie richtig angekommen. Nach der Saison ist Schluss bei den Schwaben. Vor allem mit den Medien hat der ehemalige Bayern-Co-Trainer so seine Probleme. Als ihn ein schwergewichtiger Journalist auf der Pressekonferenz fragt, ob es noch »was Sportliches« gebe, schaut sich Coordes den Mann genau an und antwortet dann mit einem hämischen Grinsen: »Wenn ich Sie so sehe, nein!«

★ ★ ★

In Bochum wird der Libero Thomas Kempe auch **»Bruder Leichtfuß«** genannt. Seine Spielweise ist häufig ein bisschen zu lässig und aufreizend, so dass Trainer Hermann Gerland bei jeder Partie schwere gesundheitliche Beeinträchtigungen fürchtet: »Pro Spiel stehe ich vor fünf Herzinfarkten.«

★ ★ ★

Medienmogul Hans R. Beierlein hat seine Hände nach der Bundesliga ausgestreckt und schon genaue Pläne, was zu tun ist: »Sehen Sie sich doch einmal diesen prachtvollen Toni Schumacher an! Der ist doch eine Figur, die regelrecht nach Entertainment schreit. Das ist nicht nur ein schlagfertiger Junge. Der hat auch Humor – und er ist ein Frauentyp. An den müsste einfach einer rangehen und etwas draus machen; nach dem Motto: **Fußball ist Entertainment!**« Der »Medien-Zar« möchte die Bundesliga zu einem angemessenen Preis verkaufen. Dazu muss er das Selbstverständnis der Liga erst einmal ändern: »Theater, Musik und Fußball – alles ist Show. Zwischen Madonna und Maradona ist kein Unterschied. Warum sollte man nicht aus einem Olaf Thon einen Ober-Thon oder einem Uwe Rahn einen Ober-Rahn machen. Die Jungs müssen professionell gemanagt werden, das fehlt dem Fußball.«

★ ★ ★

Das Ding ist legendär. Am ersten Spieltag der Saison treffen Bayern München und Borussia Dortmund im Olympiastadion (2:2) aufeinander. Neu-Borusse Frank Mill macht ein großartiges Spiel an diesem Tag. Ihm gelingt fast alles. Vielleicht ist das auch der Grund, warum er in dieser Partie plötzlich etwas übermü-

tig wird. Alleine läuft er auf das Bayern-Tor zu, hat Pfaff schon ausgespielt und muss nur noch nach innen ziehen und das Leder im Kasten unterbringen. Doch dazu kommt es nicht. Frank Mill erinnert sich: »Auf einmal lag der Ball genau zwischen meinen Beinen. Ich konnte ihn nicht mehr richtig kontrollieren. Pfaff kam wieder herangestürmt. Ich musste abschließen. Und so kam dieser Kunststoß zustande. Statt den Ball zu versenken, schoss ich ihn tatsächlich an den kurzen Pfosten. Unfassbar. Es war die Lachnummer schlechthin.« Bis heute wurde die Szene unzählige Male im Fernsehen wiederholt. Die Reaktionen sind immer die gleichen. Weltweit. Der Dortmunder: »In der Winterpause war ich mit meiner Frau im Urlaub in San Francisco. Da lief eine Fernsehsendung mit sportlichen Kuriositäten, wie einer einen Basketballkorb abreißt und solche Sachen. Und plötzlich läuft da mein Klopper. Ich dachte, ich gucke nicht richtig!«

★ ★ ★

Zum Aufstieg lässt sich Blau-Weiß 90 Berlin etwas ganz Besonderes einfallen. Zusammen mit dem Schlagersänger Bernhard Brink nimmt man die Scheibe **»Heiß auf Blau-Weiß«** auf. Unvergesslich und legendär ist diese Platte vor allem deshalb, weil die Mannschaft diesen Song zusammen mit Komponist Bernhard Brink live und in Farbe im »Aktuellen Sportstudio« präsentiert. Lustig vor sich hintänzelnde Fußballer in einheitlicher Ausgehwäsche lassen die Quoten des ZDF in ungeahnte Höhen schnellen. Hier ein Ausschnitt aus dem Songtext: »Doch ist's für uns das Größte, im Stadion zu sein. Denn da sind uns're Freunde, da spielt unser Verein! Wir sind heiß auf Blau-Weiß! Wir sind heiß auf Blau-Weiß!«

★ ★ ★

Fünf Tore schießt **Frank Hartmann** am 1. November beim Spiel seiner Lauterer gegen den FC Schalke 04. Ein Traumtag für den ehemaligen Königsblauen, der nach dem 5:1-Sieg ausgiebig vom Publikum gefeiert wird.

★ ★ ★

Beim 3:1-Sieg der Bayern gegen Borussia Mönchengladbach kommt es in der 35. Minute zu einer äußerst kuriosen Szene. Gladbachs Krauss möchte einen Einwurf ausführen, wird jedoch von Schiri Osmers zehn Meter zurückgeschickt. Krauss läuft erneut an, rennt sechs Meter und wird zurückgepfiffen. Beim nächsten Mal trippelt er nur vier Meter mit dem Ball los und wird wieder zurückgepfiffen. Da auf dem Feld niemand frei steht, lässt Krauss den Ball für Bakalorz liegen. Osmers unterbricht und zeigt Krauss wegen Zeitspiels die Gelbe Karte. Bakalorz läuft fünf Meter und wird zurückgepfiffen. Der Linienrichter stellt sich neben Bakalorz, der wirft nun endlich korrekt ein, doch der Ball geht sofort an einen Bayern-Spieler verloren. Zehn Minuten später lässt Schiri Osmers die **Zeitschinderei** nachspielen. Und genau in dieser Nachspielzeit erzielt Hansi Pflügler das 1:0 für Bayern. Da ist der Schuss irgendwie nach hinten losgegangen.

★ ★ ★

Die Bayern wissen schon, wie sie ihre Werbepartner zufriedenstellen. Als ZDF-Mann Eberhard Figgemeier sein Interview mit Bayern-Trainer Udo Lattek führt, prangen überall Schilder mit der Aufschrift **»I like Commodore«** im Bild. Und auch der Coach weiß, was sich gehört: »Erstmals muss ich im Commodore-Raum eine Niederlage kommentieren.«

Es ist wohl **das kommerziell erfolgreichste Fußball-Buch,** das je geschrieben wurde – und zudem auch das meistdiskutierte. Auf alle Fälle sorgt der Nationaltorhüter Toni Schumacher für eine Besonderheit. Als sein Werk »Anpfiff« an seinem Geburtstag, dem 6. März 1987, erscheint, vergisst man vor lauter medialem Trubel nicht nur in Köln den am selben Tag stattfindenden Rosenmontag zu feiern. Auch Jahre später wird Toni Schumacher noch sagen: »Ich würde das Buch sofort wieder schreiben. Lieber ein Jahr lang Löwe als zehn Jahre Schaf. Woher sollte ich ahnen, dass Wahrheit in Deutschland verboten ist?« Neben der Doping-Thematik sind es vor allem die vielen kleinen Spitzen gegen Berufskollegen, die für Aufregung sorgen: »Eike Immel pokerte schon wie ein Süchtiger. Oft sah man, wie er aus seiner Brusttasche eine Handvoll Geldscheine herauszog. Oder sah ihn, wie er sich enttäuscht und völlig gerupft auf sein Bett warf. Nicht selten wurde um 20.000 bis 30.000 Mark gespielt.« Oder über den Schalker Nationalmannschaftskollegen Thon: »Viele junge Spieler sind faule Säcke. Und ein paar sind dazu noch sträflich dumm. Olaf Thon ist ein Paradebeispiel.« Auch in seiner Heimatstadt Düren ist Schumacher nach der Veröffentlichung nicht mehr erwünscht. Weil er in seinem Buch ehemalige Nachbarn als »Asoziale«, Väter als »Alkoholiker« und Mütter als »Mischung aus Schlampe und Kneifzange« tituliert hat, lädt ihn der Sportausschuss von einer Feierlichkeit wieder aus. Auch Bayern Münchens Torwart Jean-Marie Pfaff ist richtig böse auf Schumacher: »Toni soll in den Spiegel gucken und vor sich selber ausspucken.« Etwas unter geht in der aktuellen Berichterstattung über das Buch eine Passage über Paul Breitner, die es in sich hat. Schumacher berichtet von Ereignissen bei der WM 1982 in Spanien und kommt zu dem Schluss: »Er soff wie ein Kosake.« Breitner regt sich furchtbar auf. Dabei schreibt Schumacher nichts Neues. Bereits 1982 hatte »Der Spiegel« über Breitner einen ganzen Artikel verfasst, der diese Thematik ausführlich schildert: »Für jeden außer Paul Breitner hätte das und die folgende Krise gereicht, um ihn für den Rest des Turniers auf die Tribüne zu verbannen. Benommen ist er nach einem Zusammenprall mit Torwart Schumacher im Chile-Spiel vom Platz gehumpelt. Nach einem Schlag in den Magen muss er sich übergeben. Aber es ist wohl nicht nur deshalb. Trainer Jupp Derwall seufzt: ›Nun hat er auch noch Rotwein draufgegossen.‹«

Schumacher berichtet in seinem Buch auch von Doping-Fällen in der Bundesliga. Sein Verein reagiert schnell. Nach der Partie in Frankfurt müssen vier FC-Akteure **Wasser lassen**. »Wir haben einen Journalisten gebeten, die Auslosung vozunehmen. Dadurch war absolute Objektivität gewährleistet«, sagt Kölns Manager Michael Meier. Schumacher: »Wenn wirklich Dopingkontrollen eingeführt werden, dann bezahle ich sogar die Uniform für die Doping-Polizei.«

★ ★ ★

Stichtag 8. August 1986: Von nun an begrüßt **Moderator Heribert Faßbender** die »Sportschau«-Zuschauer stets mit einem gut gelaunten »Guten Abend allerseits«.

★ ★ ★

Die spätere Bayer-Legende Reiner Calmund als Manager in Köln? Im November 1986 wäre es um Haaresbreite so weit gewesen. Calmund: »Es tut mir wirklich leid, einen so anständigen und fähigen Menschen wie Michael Meier enttäuschen zu müssen. Dies ist kein Lippenbekenntnis, Meier allein war für mich der Ansprechpartner beim FC, allein der Grund, warum die Ereignisse überhaupt so weit gedeihen konnten. Aber ich konnte nach dem Gespräch mit Fischer nicht mehr über meinen Schatten springen. Aber noch mal: Es tut mir weh!« Und damit beginnt der steile Aufstieg zu einem der besten Manager und größten Entertainer der Bundesliga!

Wie Bayer Leverkusen Talente findet und bin

Der Name dieses Mannes ist nur Eingeweihten bekannt: Rainer Calmund (Foto) gilt als der Talentspäher des Leverkusener Bayer-Klubs. Werner Schilling legt dar, wie Bayer junge Begabungen findet und an sich bindet

Die Masche des Machers

Einmal nicht aufgepasst: Die Partie zwischen Uerdingen und Mannheim wird erst mit zwölf Minuten Verspätung angepfiffen, weil die Waldhöfer **die falschen Hosen** eingepackt haben. Bayer 05 hilft mit roten Hosen aus einem nahe gelegenen Klubhaus aus. Hilft aber auch nichts, Waldhof verliert die Partie mit 3:2.

★ ★ ★

Bundesliga

Ein nettes Vorspiel: Samantha beim HSV

Pop und Sport – unter diesem Motto eröffnet der Hamburger SV am 8. August die neue Fußballsaison im Volksparkstadion.

Samantha Fox, attraktives englisches Fotomodell und erfolgreiche Sängerin, soll der Höhepunkt des musikalischen Rahmenprogramms sein. Wobei die Zuschauer ihren Hit „Touch me" allerdings nicht wörtlich nehmen dürfen.

Aus England kommen auch die sportlichen Gäste des HSV. Zum erstenmal nach der Katastrophe von Brüssel tritt der FC Liverpool wieder auf dem europäischen Kontinent an. Der englische Meister und Pokalsieger, mit 15 Nationalspielern im Kader, soll für die Happel-Elf der „Ersatzgegner" für den auf den 19. August verschobenen Bundesliga-Start in Gladbach sein. **Bernd Jankowski**

Samantha Fox, schillerndes Top-Mannequin und Sängerin („Touch me") aus England tritt im Volksparkstadion vor dem Spiel HSV gegen Liverpool auf – ein nettes Vorspiel. Foto: amw

Junger Klotz

„Ein Klotz gehört ins Mannheimer Spiel", dachte sich der 21 Monate junge Filius des Waldhof-Stürmers beim 7:1-Gastspiel des Bundesligisten beim Landesligisten Olympia Lampertheim. Mehrfach war Mario seiner Mutter entwischt, aufs Spielfeld „gestürmt". Trainer Klaus Schlappner hatte schließlich Einsehen, wechselte nach der Pause Vater Bernd ein. Mario war zufrieden, rannte nicht mehr aufs Spielfeld.

Neuer Briegel

Thomas Rizzi, Zehnkämpfer bei der MTG Mannheim, hat sich eine elfte Disziplin ausgesucht. Seit einigen Tagen rennt, kämpft und schwitzt der Leichtathlet beim Training des Bundesligisten Waldhof Mannheim. Ob Rizzi echte Ambitionen hat, möglicherweise der 22. Mann in Schlappners Kader wird, wollte er nicht verraten. Zur Erinnerung: Auch Weltmeister Hans-Peter Briegel war Zehnkämpfer.

Die Vereine werben mit allen Mitteln um ihre Zuschauer.

★ ★ ★

Am Nikolaustag ist alles etwas anders. Bei der Partie zwischen Borussia Dortmund und Eintracht Frankfurt merkt Heimkeeper **Teddy de Beer** schon nach wenigen Minuten, dass hier und heute etwas besonders ist: »Als der Smolarek auf mich zulief und zum zweiten Mal nach Holger Friz gegen den Pfosten setzte, da wusste ich: Heute ist der Nikolaus mit dir, heute kannst du nicht mehr geschlagen werden, heute können wir nicht verlieren. Jetzt nicht mehr!« Und so kommt es auch: Durch ein Tor von Erdal Keser gewinnt die Borussia mit 1:0!

★ ★ ★

Mit **neusten Erkenntnissen fürs Schiedsrichterwesen** sorgt der Arzt der Nationalelf, Prof. Dr. Heinrich Liesen, für reichlich Diskussionsstoff: »Ein Marathonläufer kann nie ein guter Schiedsrichter sein, weil sein Kopf nach zehn Minuten zu ist. Überhöhte Laktatwerte schränken seine Wahrnehmungs- und Entscheidungsfähigkeit im Gehirn stark ein.« Beim DFB verändert man direkt nach diesem Vorgang die jährlichen Tests für die Männer in Schwarz.

★ ★ ★

Vor der Bundesligapartie Borussia Dortmund gegen den Hamburger SV sind Unbekannte ins Westfalenstadion eingebrochen und haben auf den Rasen den folgenden Satz geschrieben: **»Boykottiert und sabotiert die Volkszählung«.** Unmöglich, den mit weißer Lackfarbe aufgetragenen Schriftzug bis zum Anpfiff noch zu entfernen. Man erwägt eine Absage des Spiels. Bis Dortmundern Offiziellen ein genialer Einfall kommt. Sofort engagieren sie einen Maler und machen sich an die Arbeit. Nach wenigen Stunden steht auf dem Rasen des Westfalenstadions der Satz: »Der Bundespräsident: Boykottiert und sabotiert die Volkszählung nicht.« So haben wenigstens alle 41.850 Zuschauer die Möglichkeit, eine spannende und torreiche Partie (4:3) zu verfolgen.

So richtig glücklich sind nicht alle Bundesliga-Zuschauer. Vor allem auf Schalke liegt im Bereich »Service« wohl einiges im Argen, wie Klaus und Ralf K. aus Lingen schreiben: »Ein paar Anmerkungen zum Gelsenkirchener Parkstadion. 1. Die Anzeigetafel ist fast immer defekt, Aufstellung und Torschützen können nicht eingeblendet werden. 2. Die Ansage ist viel zu leise. **3. Die Musik ist eine Zumutung.** Da werden Titel gespielt, die hat schon Hannibal gehört.«

★ ★ ★

Endlich schießt **Wolfram Wuttke** wieder Tore. Mittlerweile für den 1. FC Kaiserslautern. Und schon lüftet er ein körperliches Geheimnis: »Mein rechter Fuß ist leicht nach innen gedreht. Der liebe Gott hat mir diese Füße in die Wiege gelegt, mit ihnen bringe ich die Bälle zum Flattern, und so wird jeder Schuss für den Torwart schwieriger. Normalerweise muss bei dieser Spielweise der Meniskus rausfliegen und die Bänder Schaden erleiden.« Gott sei Dank kann ihn der Arzt bei der Nationalmannschaft, Professor Heß, von dem letzten Irrglauben befreien: »Egal, auf welch eigenartige Weise Wuttke den Ball ins Tor schießt, kaputtgehen kann da nichts.«

★ ★ ★

Im Oktober geht plötzlich der **»Mathy-Virus«** in der Bundesliga um. Erst legt er die Mannschaft des FC Bayern flach, dann betrifft es auch die Gegner der Münchner. Schüttelfrost, Fieber, Magenkrämpfe, Durchfall und Erbrechen sind die Symptome. Wie schlimm der Virus tatsächlich ist, beweist eine Aussage von Lothar Matthäus. Kurz vor den wöchentlichen Festivitäten an einem Samstagabend sagt der Jungprofi: »Ich fühle mich schlapp, bin überhaupt nicht unternehmenslustig.« Bochums Walter Oswald muss noch vor dem Spiel passen. Während sein Team 3:2 unterliegt, sitzt er bereits im Flieger heimwärts – auf einer Toilette hoch über den Wolken!

★ ★ ★

Dieter Burdenski geht nicht nur unter die Autoren, sondern veröffentlicht sein Werk »Dieter Burdenski. 18 Jahre die Nr. 1« auch gleich noch selbst, im Eigenverlag. »Die reine Wahrheit« will der Torhüter in seinem Band erzählen, das mit einer Auflage von 6.000 Stück startet. Ein ganzes Kapitel ist dem Bundesliga-Skandal gewidmet: »Eine schlimme Zeit. Monatelang konnte ich nur mit Valium schlafen.«

★ ★ ★

Trainer Rolf Schafstall ist die Welt auf Schalke ein bisschen zu sehr mit Wattebäuschen ausstaffiert: **»Ja, leck mich doch am Arsch.** Immer wurde die Hand draufgehalten. Die sollen Geld verdienen, aber dafür müssen die verdammt noch mal auch Leistung bringen. Das ist es. Nur das zählt. Das allein. Mein Gott. Das ist doch so einfach. Als ich da rein bin, da standen da fünf Massagebänke. Alle belegt – wie in einem OP.« Aber irgendwie ist auch von Anfang an der Wurm drin: »Jürgen Wegmann bricht sich am ersten Trainingstag den Fuß. Der Opitz läuft ein paar Autodieben in die Fäuste. Schipper hat nach acht Spielen einen dreifachen Bänderriss. Skibbe Kreuzbandriss, Prus bricht sich in der Schule den Zeh. Dierßen bekommt im Training von Kleppinger eins ab – Bänderriss!«

★ ★ ★

In München ist **Dampf im Kessel**. Uli Hoeneß droht sogar damit, den Verein zu verlassen: »Zehn Tage habe ich Zeit, mir meine Kündigung zu überlegen!« Streitpunkt ist ein »blonder Engel«: Hoeneß möchte unbedingt Bernd Schuster aus Barcelona verpflichten, doch Präsident Prof. Fritz Scherer tut dies als eine »Privatidee« des Managers ab. Hoeneß: »Bisher sind meine Privatideen immer realisiert worden. Ich lasse mir auch vom Präsidenten nicht meine Meinung verbieten. Manche können wohl die Höhenluft nicht vertragen.«

Nach Bayerns 3:3 in Mannheim tobt Trainer Udo Lattek noch lange nach dem Spiel. Schiedsrichter Berthold Schneider aus Püttlingen hat er im Visier: »Dem hätte ich am liebsten mit der Fahne einen Scheitel gezogen.« Auch Tage später hat er sich noch nicht beruhigt: »Mancher will einen Scheitel haben und mancher keinen. Der sah so aus, als wenn er einen bräuchte.« Und als Hans Kindermann vom DFB die Aussagen kritisiert, wird Lattek erst richtig fuchsig: »Der kann mich mal langsam gern haben. Ich habe nichts getan, nur gedacht. Wenn Herr Kindermann gegen mich etwas unternehmen möchte, dann müssen auch zehn Millionen deutscher Ehemänner angeklagt werden, weil die irgendwann einmal ihre Frauen verprügeln wollten.« Hä, Udo, der potenzielle Frauenschläger? Zum Glück beruhigt seine Ehefrau die Situation mit einer erfreulichen Aussage: **»Ich kenne keinen friedlicheren Menschen als Udo!«**

★ ★ ★

★ ★ ★

Frankfurts Dave Mitchell, **der erste Australier in der Bundesliga**, muss tief in die Tasche greifen, wenn er mit den Lieben zu Hause telefonieren will. Die Deutsche Bundespost lässt sich jede Einheit in Mitchells Heimat wie üblich mit 23 Pfennig bezahlen. Das Problem ist: Die einzelne Einheit dauert nur 3,762 Sekunden. Verständlich, dass das Heimweh für den Australier ein großes Thema ist.

★ ★ ★

In Düsseldorf trainiert zum Ende der Saison Gert Meyer die Profis. Der Trainer liebt Philosophiebücher und Yoga. Titel seines aktuellen Lieblingsbuchs: **»Dein Wille geschehe«**. Yoga hat er allwöchentlich schon mit den Fortuna-Amateuren, die er bis jetzt betreute, gemacht. Die mochten die Einheiten. Die Profis bleiben jedoch fern. Doch »Yoga-Meyer« reagiert entspannt, schließlich will er niemanden belehren: »Ich bin kein Guru!«

★ ★ ★

Trainer **Uwe Klimaschefski** genießt die arbeitslose Zeit und nutzt sie sinnvoll. Bei einer Operation lässt er sich die O-Beine richten. Noch als Spieler hatten ihn seine Kameraden so sehr gehänselt, dass er sich nachts die Knie mit Bettlaken zusammenband. Nun ist er wieder zu Späßen aufgelegt: »Wenn du jetzt einen mit geraden Beinen triffst, bin ich es.«

★ ★ ★

Gladbachs Torjäger **Uwe Rahn ist in einer Topform** – wenigstens bei der TV-Show »Wetten, dass ...?«. Mit dem Flugzeug geht es nach der Partie gegen Leverkusen (2:1) nach Basel. Dort erwartet ihn Moderator Frank Elstner schon sehnsüchtig. Rahn muss im Elfmeterschießen gegen einen Bagger antreten und entscheidet das Spiel souverän für sich. Stolz meint er hinterher: »Wir können das Ding noch ein paar Mal wiederholen, ich gewinne immer.« In Mönchengladbach hofft man, dass es demnächst dann auch wieder gegen »normale« Gegner klappt.

Seit 14 Jahren ist Hermann Gerland nun schon beim VfL Bochum. Zum Start der Saison wechselt der Ur-Bochumer auf den Posten des Cheftrainers. Als ihn daraufhin der langjährige Geschäftsführer Otto Stratemeier von einem Tag auf den anderen plötzlich mit »Herr Gerland« anredet, packt sich »Tiger« Hermann ob so viel Förmlichkeit nur an den Kopf: **»Otto, sag mal, bist du bescheuert?«**

★ ★ ★

Max Merkel hat immer noch Sehnsucht nach der Bundesliga, auch wenn er dieses Gefühl schön hinter einer Fassade aus Sarkasmus zu verstecken weiß. Dafür sind seine Anekdoten immer noch klasse. Hier zwei Beispiele: »Verklagt hat mich nur einer: der Günter Neues, der mal bei Lautern gespielt hat. Ich schrieb seinerzeit sinngemäß, dass alle Kaiserslauterer Mütter froh wären, wenn der Neues ginge, denn dann könnten ihre Töchter wieder in Ruhe über die Straßen spazieren. Er verklagte mich, die Sache kostete mich 10.000 Mark. Als ich ihn dann wieder mal traf, lachte er und fragte: Herr Merkel, können Sie mich nicht wieder beleidigen. **Ich bräuchte wieder ein bisschen Geld!**« Aber, wie gesagt, früher war dennoch alles besser und lustiger, wie sich Merkel erinnert: »Da wurde im Bus auch noch mehr Karten gespielt. Heute studieren sie lieber im Flugzeug die neuesten Börsenkurse. Der Fußball ist todernst geworden. Wenn ich früher im Bus eingenickt war als Trainer, dann bin ich mit einer abgeschnittenen Krawatte aufgewacht. Heute machen Sie nur noch ihren Diener vor dem Chef.«

★ ★ ★

Manfred Amerell ist bereits 39 Jahre alt, als er in dieser Spielzeit seine zweite Fußball-Karriere startet. Der langjährige Geschäftsführer des Karlsruher SC hat die Seiten gewechselt. Früher legte er sich gerne mit den Männern in Schwarz an – nun ist er selber einer von ihnen. Und wahrlich kein ganz einfacher Vertreter seiner Zunft. Einige Jahre später wird er auf dem Betzenberg nach einer Partie der Lauterer gegen den VfL Bochum splitterfasernackt in der Kabine stehen und über VfL-Trainer Reinhard Saftig herziehen. Den schamvoll erröteten Journalisten diktiert Amerell in ihre Notizblöcke: »Denen haben wir es jetzt mal gezeigt, **den saublöden Herren Sportlehrern**.«

★ ★ ★

Klaus »Tanne« Fichtel hört endgültig auf. Denken wenigstens alle. Nach 21 Jahren, in denen er Fußballgeschichte schrieb, beendet der Königsblaue sehr emotional nach 552 Spielen bei der Partie FC 08 Homburg gegen den FC Schalke 04 (1:1) am dritten Spieltag seine Karriere. Sein erstes Spiel bestritt Fichtel im Jahr 1965 gegen den VfB Stuttgart. Doch nur ein Jahr später ist Fichtel wieder da – reaktiviert auf Zeit! Am 21. Mai 1988 mit 43 Jahren, sechs Monaten und zwei Tagen bestreitet er schließlich tatsächlich sein letztes Bundesligaspiel, bis heute hält er damit den Rekord für den ältesten Bundesliga-Profi. Im Parkstadion hängt ein Plakat, auf dem steht: **»Der Wald stirbt, die Tanne steht!«**

★ ★ ★

Dieter Eckstein ist verschwunden. Auf dem Weg zum Trainingslager der Nationalelf ist der Nürnberger seiner Reisegruppe verschütt gegangen. Als er eine halbe Stunde später dort eintrifft, liegen die ersten Nationalspieler schon lachend auf dem Boden. Dabei ist die Begründung so einfach. Eckstein: »Ich musste mal auf die Toilette. Auf einmal war der Bus verschwunden.«

★ ★ ★

In Bochum ist man sauer auf den Filmemacher Lucas Maria Böhmer. Sein Streifen **»Fußball über alles«** erzählt vom Alltag der Spielerfrauen in den 1980er Jahren – doch irgendwie hat Böhmer damit nicht den richtigen Nerv getroffen. Sabine Wilhelm, die Freundin von Stefan Kuntz, ist entsetzt: »Wir wurden kräftig durch den Kakao gezogen, als einfältig hingestellt, als notwendiges Übel und Anhängsel der Profifußballer.« Der »harte Hund« Rolf Schafstall zeigt sich vor den Kameras eines

TV-Teams in heimischer Küchenatmosphäre überraschend handzahm: »Ich brauche einen sehr starken Background, würde ich mal sagen, durch meine Frau, die sehr gut zuhören kann.« Während die Gattin im Hintergrund fleißig den Abwasch macht, redet Schafstall im Vordergrund mit verschränkten Armen: »Meine Frau hat doch keine Probleme, mein Gott noch mal, die Probleme hab doch nur ich. Meine Frau hat doch Probleme, die lassen sich in fünf Sätzen ganz leicht abhandeln. Das ist doch nicht viel! Für solche Probleme habe ich doch gar keine Zeit.« Dem gut gemeinten Vorschlag des Filmemachers Böhmer, die Damen doch mit ins Trainingslager zu nehmen (»Da gibt es ein bisschen gemeinsame Zeit und auch ein schöneres Klima«), kann Schafstall nicht wirklich etwas abgewinnen: »Nein, ich mein, das ist überzogen. Wir haben da einen knallharten Job. Von uns wird etwas verlangt, wir müssen Punkte machen, müssen in der Tabelle etwas erreichen. Wir wollen in der Bundesliga, gerade wir, speziell der VfL Bochum, bleiben. Da sind dann alle anderen Dinge Nebensächlichkeiten. Frauen gehören eben an den heimischen Herd, dürfen zu Hause bleiben, und wir Männer wollen dann schon ganz gerne unter uns sein!«

★ ★ ★

Rudi Kargus ist zurück in der Bundesliga. In Düsseldorf wird der 34-Jährige wieder gebraucht. Und zu alt ist er nun wirklich nicht. Kargus: »Ich hatte immer das Wort des großen italienischen Torwarts Dino Zoff im Kopf: ›Wenn sie 40-jährige Astronauten ins Weltall schicken, dann kann ein Torwart doch wohl mit über 30 noch im Tor stehen.‹«

★ ★ ★

Gladbachs Günther Thiele klagt: »Ach, wäre ich doch besser in Düsseldorf geblieben. Die wollen aus mir hier einen Schlangenmenschen machen. Aber ich bin doch ein Rammbock da vorne drin. Ich muss doch meinen Körper einsetzen können.« Nach einem langen Gespräch mit Trainer Jupp Heynckes und der Einsicht, dass er zu viel wiegt (»Zehn Pfund hatte ich zu viel drauf«), nimmt der Stürmer schließlich ab. Vor allem auch, weil er nicht mehr täglich an seinen alten Heimatverein denkt: **Novesia Neuss**. Die Schokolade gleichen Namens war stets sein bester Freund!

★ ★ ★

Vor dem Spiel am 13. Spieltag zu Hause gegen den SV Werder Bremen verteilen die Profis des VfB Stuttgart rund um das Neckarstadion knapp 500 Flugblätter und demonstrieren so für ihren Verein und ihren Trainer Egon Coordes. Nach dem 4:0-Heimsieg herrscht erst einmal wieder **eitel Sonnenschein**.

★ ★ ★

Missgeschick in Mannheim: Stürmer Fritz Walter prallt beim Training so unglücklich mit seinem Trainer Klaus Schlappner zusammen, dass dieser sich einen dreifachen Bänderriss zuzieht. Einmal im Krankenhaus, stellen die Ärzte bei einer Herzuntersuchung fest, dass Schlappner dringend Ruhe benötigt. Doch daraus wird nur ganz eingeschränkt etwas: Das spannende 3:3 der Waldhöfer gegen die Bayern erlebt er live am Telefon. Der Stadionsprecher spricht für ihn den Kommentar. Und einer seiner Spieler ist an diesem Tag sehr glücklich. Fritz Walter: »Bei meinem Tor habe ich zuallererst an den Trainer gedacht!«

★ ★ ★

Als Bochums Ata Lameck nach dem Spiel in Bremen (0:0) den Werder-Trainer Otto Rehhagel trifft, der ihn in den Tagen zuvor als »Treter« bezeichnet hat, kennt der Abwehr-Recke nichts. Er schleudert dem Coach und ehemaligen Bundesligaprofi Rehhagel auf der Tartanbahn entgegen: »Du warst doch früher auch **nur ein Klopper!**«

Chefankläger Hans Kindermann, ein Ausbund an Tadellosigkeit, offenbart eine dunkle Seite an sich: »Strafmandate sind mir nicht fremd, etwa für zu schnelles Fahren. Ich bin ja auch gegen die Gurtpflicht, bekam 80 Mark Bußgeld aufgebrummt, ging bis zur Verfassungsbeschwerde, hatte aber leider keinen Erfolg. Wenn Sie mich danach fragten, ob ich mich nun angurte, dann kann ich Ihnen diese Frage wahrheitsgemäß leider nicht beantworten. Nur so viel: Erstaunlicherweise sieht unsere Polizei nicht alles.«

★ ★ ★

Berlins Wolfgang Schüler ist nach der Partie von **Blau-Weiß 90 bei den Bayern** (2:0) komplett bedient: »Bei Halbzeit wollten wir schon rote Trikots anziehen. Der Schiedsrichter konnte eh nicht unterscheiden zwischen Blau und Rot.« Auch die Zuschauerzahl stimmt den Berliner nicht milde, vor allem weil die Besucher wohl eher wegen des Tagesmottos »Für fünf Mark sind Sie dabei!« im Olympiastadion sind: »Ich gewinne lieber vor 5.000 Zuschauern, als vor 31.000 zu verlieren.«

★ ★ ★

Damit konnte er ja nicht rechnen: **Bodo Illgner** hatte kurz vor der folgenreichen Buchveröffentlichung von Toni Schumacher bereits einen Vertrag in Nürnberg unterschrieben. Nun steht er wie eine Eins im FC-Tor und ist natürlich unverkäuflich. Der 1. FCN zeigt sich gesprächsbereit – möchte aber gerne eine Abstandssumme von 300.000 Mark haben. Viel Geld für die Kölner, schließlich ist es ja eigentlich ihr Spieler.

★ ★ ★

Am 32. Spieltag schmeißt Stuttgarts Trainer Egon Coordes in Frankfurt (3:1) die Nummerntafel für die Auswechselspieler auf den Fotografen Herbert Rudel. Seine Ausrede nach der Partie klingt abenteuerlich: »Ich habe keinen Fotografen gesehen. Ich wollte nur probieren, wie der Wind steht!« Warum er dann Rudel noch zugerufen hat: **»Nachher komm ich und hau dir auf die Fresse«**, konnte er allerdings nicht mehr so schlüssig erklären.

★ ★ ★

Abstiegskampf ist eben nicht jedermanns Sache. So bezeichnet der Berliner Horst Feilzer zuerst die gegnerische Mannschaft aus Düsseldorf als **»Gurgentruppe«** (was als souveräner Tabellenletzter schon als mutig zu bezeichnen wäre), und kurz danach stellt er fest, dass seine Mannschaftskameraden alles nur »Blinde« seien. Das sehen diese anders und setzen sich dafür ein, dass Feilzer ab sofort alleine spielen darf.

★ ★ ★

Nur für kurze Zeit hat der Engländer Dave Watson bei Werder Bremen gespielt, doch er hat den deutschen Fußball geprägt. Benno Möhlmann, der Gründer der **»Spielergewerkschaft«**, über Watson: »Er erzählte mir oft von der britischen Spielergewerkschaft und ihrer wichtigen Arbeit. Damals erschien mir die Idee, so etwas auch in Deutschland auf die Beine zu stellen, absolut utopisch. Doch mittlerweile ist die Zeit dafür reif!«

Die Frau des Bochumer Präsidenten Ottokar Wüst kommt aus München. Grund genug, jedes Mal vor einem Spiel seines VfL gegen die Bayern die Prämie zu erhöhen. Eine todsichere Angelegenheit. Gewinnt der VfL, ist die Freude so groß, da bezahlt Wüst gerne ein paar Tausender mehr, aber meist geht es ja eh anders aus, und der Präsident sagt schlau: »Na ja, **wenigstens das Geld gespart**!«

★ ★ ★

Einer der größten »Schauspieler der Bundesliga« darf endlich sein Talent beim Film beweisen. Frank Mill spielt eine Rolle im WDR-Krimi **»In den Todeskrallen des Dr. Do«**, einer Persiflage auf den Film »James Bond jagt Dr. No«. Mill spielt sich im Krimi selbst und wird vom verrückten Dr. Do, dargestellt von Piet Klocke, entführt.

★ ★ ★

»Wenn er nicht auf dem Teppich bleibt, kriegt er einen auf die Glatze.« Hermann Gerland behält seinen **Torjäger Uwe Leifeld** fest im Auge. Seinen Namen hat der junge Uwe übrigens tatsächlich vom alten »Uns Uwe« Seeler. Einen Tag nachdem Deutschland bei der WM 1966 gegen Uruguay mit 4:0 (»Da hat der Uwe Seeler ein Supertor geschossen«) gewann, kam der kleine Leifeld auf die Welt: »Natürlich hat mein fußballverrückter Vater mich dann Uwe genannt!«

Klaus Schlappner

Poetisch im September 1981: »Sebert und Pradt und Böhni sind der Baumstamm, an dem hervorragende Knospen sprießen, die den Waldhof wieder in volle Blüte bringen, wenn etwas Zeit und Geduld bleibt.«

»Ich verkaufe das Produkt Fußball mit Spaß und Humor. Wenn das ein paar Eiertänzer nicht verstehen, sollen sie daheim bleiben. Im Fußball gibt es wie überall gewisse Blindhühner.«

»Ich bin halt immer live. Bei mir gibt es kein Playback.«

»Schau dir doch mal die Herren aus der Bundesliga an. Viele meiner Kollegen da oben sind doch gequetschte Typen. Die kommen zum Training auf den Platz und sagen: So, jetzt jage ich meine Deppen zwei Stunden, bis sie nach Luft japsen. Dabei sind die Trainer heute die größten Sozialhelfer in den Städten.« Schlappner im Jahr 1983.

»Mich versteht man in Albanien wie im Hunsrück. Entscheidend sind in unserem Job Fachwissen und Menschenkenntnis und nicht, ob einer Hochdeutsch oder Dialekt spricht.«

Kämpferisch für die Sache: »Die alte Waldhof-Anlage war doch vor der Renovierung ein Zoo für Kleingetier.«

»Ich habe es geschafft, mit früheren Vorbildern wie Lattek, Happel, Heynckes oder dem Franz auf einer Ebene zu stehen – obwohl ich selber kein Nationalspieler und kein Sportlehrer war. Die großen Kollegen im Trainerrat haben mich in manchen Dingen sogar zu ihrem Sprecher erkoren.«

1987 | 88

Rehhagels Rentnerband wird zu Rehhagels Rasselbande

Die Saison startet spektakulär. Beim Supercup zwischen Bayern München und dem Hamburger SV (2:1) streckt Keeper Uli Stein den Doppel-Torschützen der Bayern, Jürgen Wegmann, mit einem Faustschlag nieder. Er sieht völlig zu Recht die Rote Karte und wird umgehend vom Hamburger SV entlassen. Die Liga ist geschockt. Die **Ausfälle von Uli Stein** häufen sich. In einem Leserbrief zitiert ein Fußballfan den Tennisstar Boris Becker. Der hatte einmal über John McEnroe gesagt: »Ich schätze ihn als Sportler, als Mensch tut er mir leid.« Man ersetze McEnroe durch Stein.

Ansonsten ist es die Saison des SV Werder Bremen – vor allem, weil der Erfolg so unerwartet kommt. Eigentlich hat man sich an der Weser auf ein Jahr des Übergangs eingerichtet. Ohne Völler und Pezzey geht man in die neue Spielzeit, und die Zeitungen titeln: »Aus ›Rehhagels Rentnerband‹ wird ›Rehhagels Rasselbande‹.« Der Trainer selbst sagt: »Ich baue das Werder-Team der 1990er Jahre.« Und dieser Umbau gelingt schnell. Mit **Karl-Heinz Riedle** holt man vom Absteiger Blau-Weiß 90 Berlin einen hervorragenden Ersatz für Rudi Völler, und in den eigenen Reihen reifen Gunnar Sauer und Rune Bratseth zu souveränen Abwehrstrategen heran. Bremen kassiert nur 22 Gegentreffer. Auch dank des großartigen Teamgeistes, den Trainer Otto Rehhagel fast poetisch besingt: »Bei uns ist es der Zusammenhalt, der uns so stark macht. Mir nutzen Stars nichts, ich brauche elf Leute. Bei einem Geigenvirtuosen mag das gehen. Aber eine Mannschaft ist wie ein Chor. Wenn da einer einen Kloß in der Kehle hat, kommen schiefe Töne raus.«

Bremen wird Meister, und eine lange Torwart-Karriere geht zu Ende. Am Ende trennt man sich im Unfrieden. **Dieter Burdenski** darf nicht einmal mehr mit auf die gemeinsame Abschlussfahrt des Meisters. Die Begründung: »Aufgrund seiner Kritik wäre es sinnvoller, wenn er nicht mitkäme.« Was hatte Burdenski Schlimmes verbrochen? Er hatte kritisiert, dass er zum Abschied nicht – rein symbolisch, als die Meisterschaft schon längst entschieden war – noch einige Minute spielen durfte. Trotz der Aufforderung der Zuschauer, den verdienten Bundesligaprofi mit seinem 479. Einsatz zu belohnen, bleibt Rehhagel stur. Die anschließenden kritischen Worte Burdenskis kommen im Staate Ottos natürlich nicht gut an.

Saisonverlauf 1987/88

Platz	Tore	Punkte
1.	61:22	52:16
2.	83:45	48:20
3.	57:28	48:20
4.	69:49	40:28
5.	44:40	37:31
6.	63:68	37:31
7.	55:53	33:35
8.	53:60	32:36
9.	51:50	31:37
10.	59:60	31:37
11.	59:61	31:37
12.	47:51	30:38
13.	51:54	29:39
14.	53:62	29:39
15.	37:55	29:39
16.	35:50	28:40
17.	37:70	24:44
18.	48:84	23:45

Die besten – Torjäger der Saison

Jürgen Klinsmann (VfB Stuttgart)	19
Karl-Heinz Riedle (Werder Bremen)	18
Siggi Reich (Hannover 96)	17
Lothar Matthäus (Bayern München)	17

In Köln ist **Nachwuchstrainer Christoph Daum** mit der Abschluss-Platzierung auf dem dritten Rang sehr zufrieden. Ganz gewieft sagt er: »Wären wir Zweiter geworden, dann gäbe es in der nächsten Saison nur noch eine einzige Steigerung.«

In der Winterpause hat das lustige Schalker Original Charly Neumann bereits Muffensausen, was den Klassenerhalt angeht: **»Ich muss für Schalke beten.** Ich bin ein gläubiger Christ. Trainer und Mannschaft haben alles getan in der Vorbereitung. Jetzt muss uns auch der liebe Gott helfen.« Doch der Fußball-Gott ist kein Schalker. Sang- und klanglos steigt man als Tabellenletzter ab. Zusammen mit dem FC Homburg.

Der letzte Spieltag wird zu einem **Krimi-Finale um den Relegationsplatz** zwischen Waldhof Mannheim und dem Karlsruher SC. Als das Spiel der Waldhöfer in Stuttgart bereits aus ist (1:1 durch einen späten Treffer der Mannheimer in der 86. Minute durch Bührer), kämpft man in Karlsruhe gegen die Frankfurter Eintracht noch um den entscheidenden Ausgleich. Das weiß man aber in Stuttgart nicht. Die Mannheimer liegen sich in den Armen und jubeln. Sie glauben, es geschafft zu haben. Erst als sie die entsetzten Gesichter ihrer Fans und Frauen auf der Tribüne beim Ausgleichstreffer in der 88. Minute durch Arno Glesius in Karlsruhe sehen, wissen sie Bescheid. Roland Dickgießer stellvertretend für alle Waldhöfer: »Das war Wahnsinn. Erst dieses Supergefühl, und Sekunden später denkst du, dir fällt ein Stein auf den Kopf.« In der anschließenden Relegation setzen sich die Waldhöfer denkbar knapp mit 5:4 im entscheidenden Elfmeterschießen gegen Darmstadt 98 durch.

Mit Andreas Möller beginnt eine **neue Ära im deutschen Profifußball**. Spieler werden extra für die Medien geschult. Ende November bekommt Möller von seinem Rechtsanwalt ein Fax: »Vorschläge für Antworten gegenüber der Öffentlichkeit«! Es sind typische Standardfloskeln, die man von nun an immer wieder und überall hören wird: »Ich spiele seit meinem … Lebensjahr für Eintracht Frankfurt. Ich bin Frankfurter und Eintrachtler. Ich fühle mich Eintracht Frankfurt und seinen Anhängern sehr eng verbunden.« Thema Geld: »Entscheidend ist für mich die sportliche Fürsorge durch meinen Verein. Geld ist für mich nebensächlich.« Und auf Nachfragen zu einem möglichen Wechsel, z. B. zu Bayern München, soll Möller antworten: »Ich verhandele nicht mit Bayern München. Ich will in Frankfurt bleiben.« Wie die Realität um den Jungstar Möller tatsächlich aussieht, zeigt sich in seinem späteren Werdegang. Dieses Papier wird Jahre danach von seinem Mitspieler Axel Kruse »Lügenfibel« genannt.

Deutscher B-Jugend-Meister 1984/85: der VfL Bochum mit Thorsten Legat (li.).

★ ★ ★

Bochum hat eine neue Nachwuchshoffnung: **Thorsten Legat**. Schon als Kind ist er ein Fußball-Fanatiker, wie seine Mutter erzählt: »Wenn morgens um acht Uhr in unserer Straße eine Blechdose schepperte, wussten alle Bescheid: Der Legat ist unterwegs!« Auch Thorstens Freundin Nicol ist hin und weg vom gutgebauten VfL-Profi: »Von dem Tag an, als sie mich in Werne spielen sah, war sie hinter mir her.« Und Thorsten weiß schon jetzt, dass er auf ewig dem runden Leder verfallen ist: »Ohne Fußball bräche für mich die Welt zusammen.«

★ ★ ★

Vor der Partie des FC gegen den FC Bayern München gibt Kölns Technischer Direktor Udo Lattek in der Kabine letzte Anweisungen an seine beiden Stürmer Allofs und Povlsen: »Geht Augenthaler nicht aus dem Weg, riskiert Zweikämpfe. Ihr gewinnt sie, denn er hat nichts drauf. Und dann verliert er die Nerven.« Klar, dass Latteks Duzfreund Klaus von dieser Aussage nicht begeistert ist. Nach der Partie sagt er: »Das war kein Fußball, **das war Krieg**. Und den haben wir Lattek zu verdanken.« Das Spiel endet 3:1 für Köln.

★ ★ ★

Willi Lemke führt in Bremen den **»Superschuss«** ein. In der Halbzeitpause können Zuschauer von der Mittellinie versuchen, direkt ins Tor zu treffen. Wer es schafft, kassiert 1.000 Mark. Die Bundesliga erfindet die Halbzeitshow, und Lemke ist ganz vorne mit dabei.

★ ★ ★

Der Karlsruher SC ist wieder in der ersten Liga angekommen. Das haben die Badener ausgiebig gefeiert. Nach dem entscheidenden Spiel zu Hause gegen St. Pauli (1:1) am vorletzten Spieltag lässt es sich Wolfgang Trapp in der Kabine richtig gut gehen. Zigarettchen hier, Sektchen da – und das genau wie seine Mannschaftskameraden **im Adamskostüm**. Nach einiger Zeit klatscht Trapp in die Hände und fordert seine Kollegen auf: »So, Jungs, jetzt wollen wir uns unten rum ein bisschen waschen. So können wir uns ja im Lokal nicht sehen lassen!« Gelächter in der Kabine und noch eine Runde Sekt auf den Aufstieg mit dem ehrgeizigen Trainer Winfried Schäfer.

★ ★ ★

Jeder kennt ihn noch, den **»Scheiß Tribüne!«**-Schlachtgesang, den man Ende der 1980er Jahre in den Bundesligastadien immer dann hört, wenn die »La Ola«-Welle durch die Arenen schwappt und sich die Sitzplatzbesucher nicht von ihren Plätzen erheben wollen.

In Köln ist am Anfang der Saison die Welt rosarot. Da mag man manch misslungenen Vergleich auch eher poetisch sehen. Udo Lattek über sein Verhältnis zu Christoph Daum: »Wir sind wie zwei Brüder, ein Paar **wie Frank Sinatra und Dean Martin**. Die ersten zwei, drei Wochen waren wir in den Flitterwochen. In dieser Zeit war Christoph Daum noch argwöhnisch, wenn ich beim Training zuguckte.«

Christoph Daum: »Du musst den Menschen kennen und dann richtig anpacken. Udo kann das. Er sagt nur ein paar Worte, aber die sitzen. Lattek ist mehr als die Einzeldinge, die wir hier nennen können. Zum Beispiel sein Blick: Der bringt oft mehr als großes Gerede.« Lattek: »Mir hat mal eine spanische Tänzerin gesagt, dass ich die Augen eines Pumas habe!«

★ ★ ★

Leverkusens Stürmer Falko Götz flüchtete vor einigen Jahren aus der DDR in den sogenannten goldenen Westen. Mittlerweile fährt er natürlich ein standesgemäßes Fahrzeug aus westlicher Produktion. Aber auch damals in der DDR hatte Götz es schon zu einem schicken Auto gebracht: »Es war **ein Trabant 601 Sport**.« Vor allem die Typbezeichnung »Sport« hört sich schick, rasant und modern an – war aber nur eine Erfindung von Götz selbst: »Zwei ausgelatschte Turnschuhe hinten auf die Hutablage, und fertig ist der Sport!«

★ ★ ★

Bayern hat einen neuen Stürmer. **Uwe Tschiskale** kommt von der SG Wattenscheid 09 nach München. Man erhofft sich von dem Stürmer eine ganze Menge an der Isar. Für die Fußballfans in Deutschland ist Tschiskale allerdings ein noch weitgehend unbeschriebenes Blatt. Da hilft der Papa von Uwe natürlich gerne, das ein bisschen zu ändern. Und so erzählt er munter drauflos: »Als Kind war der Uwe ein Fuzzy. Einen Schub bekam er erst mit Sechzehn.« Aber fußballinteressiert sei er immer schon gewesen. Als kleiner Dötz habe er ihn damals zu seinen eigenen Vereinsspielen mitgenommen, und wenn der Mini-Tschiskale mal musste, wäre das auch kein Problem gewesen: »Da bin ich dann raus und hab dem Uwe beim Pipimachen geholfen!«

★ ★ ★

VfB-Keeper Eike Immel kassiert beim Spiel VfB Stuttgart gegen Hannover 96 (3:1) **das dümmste Gegentor seiner Karriere**, wie er selbst erzählt: »Wir hatten das 2:0 gegen Hannover erzielt. Ich stand am Strafraum, schimpfte noch mit Abwehrspielern, weil es vorher brenzlige Situationen gegeben hatte. Und was macht der Reich? Er schießt den Ball direkt vom Anstoß weg in meinen Kasten. Ich hätte ihn sogar noch kriegen können, aber ich dachte, das Ding geht drüber.«

★ ★ ★

In Karlsruhe feiert man sich in der neuen, bescheidenen Fußballwelt. Wo früher auch gerne mal ein bisschen Geld den Schornstein raufgepulvert wurde, regiert nun **König Schmalhans** – und das sehr erfolgreich. Man ist trotzdem zufrieden. Michael Harforth: »Nirgendwo in der Bundesliga wird so wenig verdient wie bei uns. Mein monatliches Grundgehalt ist hier so hoch wie die Telefonrechnung von Lothar Matthäus in München.« Griffig fasst er den Wandel zusammen: »Die Porsches stehen in Frankfurt. Ein alter Bock für 20.000 Mark im Monat, das kommt nicht mehr in Frage. Da würden 15 Mann geschlossen aufstehen und die Fußballschuhe ausziehen.« Geld ist eben doch nicht alles, wie Karlsruhe in der Tabelle beweist.

Der Homburger Trikotsponsor »London« musste zwischenzeitlich von einem schwarzen Balken verdeckt werden, rechts: Zweikampf zwischen Thomas Dooley und Hannovers Gregor Grillemeier, links: Werders Torhüter Oliver Reck und Michael Blättel.

Riesenwirbel in Homburg: Der FC läuft auf seinen Trikots Werbung für eine Firma (»London«), die Kondome vertreibt. Der DFB ist empört und spricht ein Verbot aus. Offiziell wird vonseiten des DFB erklärt: »Wir sind der Meinung, dass das den Auffassungen von Sitte und Moral zumindest von Teilen der Bevölkerung widerspricht. Aus diesem Grund haben wir uns gegen die Trikotwerbung ausgesprochen.« Homburgs Vorsitzender Udo Geitlinger reagiert auf die schüchternen Fragen der Medienvertreter, wie man denn »mit der Sache« umzugehen gedenke, sehr unverkrampft: »Sie meinen die Sache mit den Gummihüten? Die werden wir auch weiter anbehalten.« Daraufhin droht der DFB mit einem Punktabzug. Als Homburgs Trainer Cendic das hört, lacht er laut auf: »Was für Punkte wollen die uns eigentlich abziehen?« Schließlich beugt sich der FC kurzfristig dem Druck des DFB. Homburgs Stadionsprecher Kürten verkündet beim 3:1-Sieg über Schalke: »Unsere Mannschaft spielt heute mit einem schwarzen Balken auf der Brust. Jeder, der die Hauptstadt Englands kennt, weiß, was sich unter diesem Balken verbirgt.« Am Ende setzt sich Homburg durch und berichtet, dass »London« auch Schnuller herstelle und sehr fürsorglich einmal im Monat den Eltern im Team ein Päckchen für die Kinder zugeschickt würde. Klar wären da auch immer ein paar Kondome mit dabei, aber, so Präsident Manfred Ommer, das wäre ja eigentlich Quatsch, weil es bei denen schon zu spät sei. Er fügt noch hinzu, dass es eh wichtiger sei, dass »wir in der Abwehr dichtmachen« als im heimischen Bette.

Frau Süssmuth weiß es schon lange

Nicht verwerflich

(Betr.: Kondomwerbung)

Wie verknöchert die Statuten und die Gehirne einiger Herren des DFB sind, zeigt das Gerangel um die Kondomwerbung des FC Homburg. Inwiefern verstoßen denn Kondome gegen Moral und Ethik, wenn doch sogar Frau Süssmuth seit Monaten eifrig für sie wirbt?

Außerdem besteht die Werbung ja nicht aus moralisch verwerflichen Abbildungen, sondern lediglich aus dem Schriftzug der betreffenden Firma, die ja nun wirklich keinen unanständigen Namen trägt.

Philipp Köster, Bielefeld

★ ★ ★

Eine **Rote Karte mit Ansage** gibt es beim Spiel zwischen Bayer Uerdingen und Borussia Dortmund (2:1). In der Woche vor der Partie hatte die »Bild« getitelt: »Treter Thommessen gegen Schauspieler Mill«. Und genau so kam es auch. Nach einer eher harmlosen Hakelei im Mittelkreis schickt Schiri Kautschor den Uerdinger vom Feld. Frank Mill: »Wäre ich Schiri gewesen, hätte es dafür kein Rot gegeben.« Vielleicht hätte er sich aber auch einfach nicht so theatralisch fallen sollen …

★ ★ ★

Schalke hat sich für die neue Saison die Dienste eines potenten Sponsors gesichert. 1,4 Mio. Mark für zwei Jahre ist einer Firma die Zusammenarbeit mit den Königsblauen wert. Dafür dürfen sich die Fußballfreunde auf schmissige Werbesprüche á la **»Toni im Tor, Dual im Ohr«**, »Zum guten T(h)on gehört Dual« oder »Die Tore von Schalke, der Ton von Dual« freuen.

HSV-Masseur Hermann Rieger hat einen Nebenjob. Für seine Heimat dichtet er eigene kleine Werbeslogans und trägt sie in die Welt hinaus. Eine Kostprobe: »Mittenwald ist der Wallfahrtsort der Bundesliga.« Das Fremdenverkehrsamt ist begeistert und lässt Rieger weiter schwärmen: »Die halbe Bundesliga hat schon im Flösserstüberl gesessen und das bayerische Bier probiert.« Happel, Matthäus, Stein oder Rummenigge – alle seien dem Charme des Mittenwalds erlegen. Und Rieger? Der plant schon 1987 seine Zeit nach der Bundesliga, natürlich im Mittenwald: »Vielleicht werde ich dann das Schwimmbad übernehmen und für das körperliche Wohl der Touristen sorgen.«

★ ★ ★

Im feinen München macht man sich Sorgen um die Sicherheit in den Fußballstadien. Und da hat Bayern-Präsident Prof. Fritz Scherer eine revolutionäre Idee, die dann Gott sei Dank für Entsetzen sorgt: Er möchte die **Krawalle von Soldaten bekämpfen lassen!** Seine Begründung klingt einleuchtend wie bedrohlich: »Das müssen Leute sein, die mit Waffen umgehen können.«

★ ★ ★

»Ich hätte ja auch durchtreten können, aber mir war in dem Moment der Kopf von Mill wichtiger als ein Gegentor«, sagt Hannovers Torwart Ralf Raps und ist stinksauer auf den Stürmer. Denn Mill schoss ein Tor der Marke »Schlitzohr«. Als Raps den Ball beim Abschlag hochwirft, köpft Mill das Leder weg und schiebt die Kugel in aller Seelenruhe ins Netz. **Regulär, kurios und spektakulär.** Die Begegnung endet mit 3:3.

★ ★ ★

Der **Schreck der Liga** heißt Waldhof Mannheim. Die gegnerischen Profis spielen nicht gerne gegen die Waldhof-Buben, weil es da »immer kräftig auf die Socken« (Frank Mill) gibt und »die immer reinhauen« (Alois Reinhardt). Und die heimischen Fans bleiben bei Auswärtsspielen der Mannheimer den Stadien fern. Nur knapp 6.000 in Homburg, 7.000 in Mönchengladbach und 7.200 in Hamburg bezahlten Eintritt für eine Partie mit Waldhöfer Beteiligung. Die unattraktive Spielweise und die Holzhacker-Mentalität (über 70 Gelbe Karten) lassen manchen Fußballanhänger insgeheim hoffen, dass die Mannheimer absteigen.

★ ★ ★

Man kann den Ärger von **KSC-Trainer Winfried Schäfer** nachvollziehen. Da steht es bis zur 93. Minute 1:1 im Münchner Olympiastadion, und dann gibt Schiedsrichter Boos einen Foulelfmeter für die Bayern. Wegmann verwandelt, und Schäfer ist nicht mehr zu halten. Vor der Umkleidekabine der Karlsruher tobt er: »Der Schiri soll hier rein! Der ist sogar noch hochgesprungen, als der Elfer drin war.« Präsident Schmider sieht es ähnlich, formuliert es aber höflicher: »Der soll lieber an den Bodensee zum Angeln gehen!«

★ ★ ★

Mit dem neuen HSV-Trainer Josip Skoblar kommt auch Mladen Pralija in die Hansestadt. **Ein »Fliegenfänger« vor dem Herrn**, wie die Fans ihn schnell bezeichnen. Trotz eines 5:1-Siegs gegen Kaiserslautern ist der Trainer des kommenden Gegners im Europapokal, Michel Clement von Avenir Beggen aus Luxemburg, entsetzt: »Gegen uns mag es mit dem Torwart noch gehen. Wenn der HSV aber die nächste Runde erreichen sollte, werden sie mit dem Jungen Schwierigkeiten bekommen. Ich kann nicht verstehen, dass ein Spitzenklub wie der HSV auf so einen schlimmen Torwart setzen kann.« Und Paul Breitner ringt um Fassung: »Kein Wunder, dass dem Jakobs die Muffe geht. Mit dieser Praline im Tor spielt kein Abwehrrecke sicher.«

Am 8.8.1987 hat Pralija wahrlich nicht seinen besten Tag. Bei den Bayern kassiert er sechs Gegentore.

Einer der Beweggründe für Jupp Heynckes, von Gladbach nach München zum FC Bayern zu wechseln, ist etwas kurios: Er hat Schmacht! Heynckes: »Nach jedem Titelgewinn habe ich mir eine Zigarette genehmigt. Da hat mir unser Präsident Dr. Beyer stets das Feuer gereicht. Ich hoffe, dass ich in München öfter die Gelegenheit habe, mir eine Zigarette anzustecken. Seit acht Jahren bin ich jetzt schon **Abstinenzler.**«

★ ★ ★

Die Bremer stellen sich aber auch zu dumm an. Beim 2:1-Sieg des FC Bayern über Werder muss Kalle Riedle nach einem Laufduell mit Hansi Pflügler ausgewechselt werden. Otto Rehhagel ist sauer: »Im vergangenen Jahr hat der Pflügler dem Ordenewitz die Nase zertrümmert, diesmal dem Riedle das Jochbein.« Der Bayern-Spieler weiß allerdings gar nicht, was die ganze Aufregung überhaupt soll: »Der Riedle ist mir genau **in den Arm gelaufen.**«

★ ★ ★

Ein seltenes, dafür umso mehr beklatschtes Kunststück gelingt Hannovers Bernd Dierßen bei der Partie gegen Waldhof Mannheim (3:1). In der 17. Minute der Begegnung knallt er mit voller Wucht dem Schiri den Ball in die Achillessehne. Dieter Pauly fällt wie ein angeschossenes Reh um, rappelt sich aber geschwind wieder auf. Dem Schützen und seinem Opfer ist der Vorfall zutiefst peinlich – das Publikum kann sich vor Schadenfreude unterdessen kaum einkriegen!

★ ★ ★

Schon nach acht Spieltagen und einem 3:1-Sieg über die Bayern heißt der neue Sportdirektor Udo Lattek nur noch »Udo, der Guru«. Einen möglichen Erfolg über seinen ehemaligen Verein, so hatte Lattek einen Tag vorher angekündigt, wolle er tüchtig feiern: »Wenn wir die Bayern schlagen, liege ich morgen schon besoffen vor der Sportschau.« Doch mit den Bierchen muss er noch etwas warten – Lattek ist Studiogast in der ARD-Sendung. Thema ist natürlich sein **blauer Pullover**. In Frankfurt will man am 13. Spieltag endlich den ominösen blauen Glückspullover von Kölns Sportdirektor waschen. Deshalb umrundet auch immer wieder eine gesponserte Waschtrommel das Feld. Da das Spiel 1:1 ausgeht, hält der Mythos weitere zwei Wochen. Aber nach 15 Partien ist der Pulli schließlich bei Werders 2:1-Sieg über Köln fällig. Am Ende schließt Lattek das gute Stück sogar nachts im Tresor ein, aus Angst vor Dieben. Als der Pullover versteigert wird, erlöst er stolze 36.000 Mark für die Mainzer Kinderkrebshilfe (gekauft hat ihn »4711«). Eine Menge Geld, wiewohl Lattek eigentlich noch mehr wollte. Als ein Fan das kostbare Kleidungsstück bei einem Spiel mit ihm tauschen möchte, sagt der Sportdirektor: »Mein Pullover kostet vier Millionen!« Der Neupreis lag übrigens bei 80 Mark.

★ ★ ★

Oskar Siebert ist von seinem Lebensmittelpunkt auf Gran Canaria ins kalte Deutschland gekommen, um sich für zwei Jahre im Amt des Präsidenten des FC Schalke 04 bestätigen zu lassen. Die Wahl findet im »Sportparadies«, einem Freizeitzentrum in Gelsenkirchen, statt. Kurz darauf sagt Siebert: »ich werde Schalke zu neuer Blüte verhelfen. Und wenn man mich trotzdem absolut nicht mehr haben will, dann kehre ich ins Paradies zurück. Allerdings nicht ins Sportparadies, sondern in mein **Paradies in Porto Rico.**«

In Stuttgart geht das **Jungtalent Gerhard Poschner** neben dem Fußball noch zur Schule – er will sein Abitur bestehen. Doch Poschner relativiert seine schulischen Leistungen ein wenig: »Ein typischer Gymnasiast bin ich nicht, mit intellektuellen Anwandlungen und so. Ich kenne gerade mal den Unterschied zwischen CDU und SPD!«

★ ★ ★

Die Leverkusener reizen den Bayern-Keeper Jean-Marie Pfaff, als sie zum Auswärtsspiel in München (3:2) in blauen Trikots antreten – normalerweise die Standardfarbe des Torwarts. Schnell schickt er seine Frau nach Hause, um ihm das gelbe Jersey zu holen, denn Rot mag Pfaff überhaupt nicht: »Als 13-Jähriger habe ich einmal ganz in Rot gespielt und fünf Tore kassiert. Seither habe ich nie mehr ein rotes Trikot getragen. **Rot ist Blut.** Rot ist Ampel. Rot ist ganz einfach Unglück.« Ähm, in welchen Farben spielt für gewöhnlich noch einmal der FC Bayern?

★ ★ ★

Beate Rehhagel wird als die »Gaby Schuster des deutschen Fußballs« bezeichnet, und Otto regt sich darüber furchtbar auf: »Das können nur Primitivlinge schreiben!« Optisch tatsächlich ein sehr gewagter Vergleich …

Links: Beate Rehhagel mit Willy Brandt
Rechts: Gabi und Bernd Schuster

★ ★ ★

Der Keeper des FC Bayern München, Jean-Marie Pfaff, spielt im Kinofilm **»Zärtliche Chaoten«** an der Seite von Thomas Gottschalk, Helmut Fischer und Pierre Brice. Seine Rolle: Er soll Koffer voller Dynamit und Teller, die aus dem Fenster fliegen, fangen. »Ein Gag, der sicherlich ankommt«, kann Christoph Gottschalk, der Bruder des Star-Moderators, seine Vorfreude nur schwer verbergen. Pfaff will sich aber auch weiterhin voll auf den FC Bayern konzentrieren, denn »da verdiene ich mein Geld«. Wahrscheinlich die richtige Entscheidung: »Schlampig inszenierte, mit talentlosen Darstellern besetzte ›Sommerkomödie‹, langweilig und voller abgedroschener Späße«, urteilt das »Lexikon des internationalen Films«. Bei seinem Abschied aus Belgien hat es Pfaff auch schon als Sänger versucht. Mit der Schallplatte »Denk je vaak aan mij« wollte sich der Bayern-Keeper bei seinen belgischen Fans für immer im Gedächtnis festsetzen. Das probiert er einige Jahre später dann auch in München. Mit dem Gassenhauer »Jetzt bin ich Bayer« erstürmt Pfaff die Herzen seiner rot-weißen Anhänger und die blau-weißen Festzelte. Textprobe des Smashhits gefällig? Bitteschön: »Ich war ein Belgier und jetzt bin ich ein Bayer. **Ich trinke Bier und esse Leberkäs mit Eier.** Und jeden Samstag steh ich froh in meinem Tor, und kein Stürmer macht dem Jean-Marie was vor.«

Das Wichtigste aber überhaupt: Jean-Marie Pfaffs Familie ist stolz auf ihren berühmten Bayern-Torwart. Onkel Camille erzählt der Presse: »In Belgien reden die Menschen nur drei Landsleute mit dem Vornamen an: Baudouin, den König, Fabiola, die Königin – und den Jean-Marie!« Auch Pfaff selbst genießt seine Popularität. Jeder Fan bekommt von ihm seine volle Aufmerksamkeit geschenkt. Es kann jedoch passieren, dass er Menschen sieht, die da gar nicht sind. Wenn er mit seinem Mercedes 420 SEL unterwegs hupt und aus dem Fenster freundlich grüßt, guckt ihn seine Frau schon einmal verwundert an: »Aber Jean-Marie, da draußen war doch niemand?!«

Eine rege Flucht nach Italien hat bei den deutschen Bundesligaspielern eingesetzt. Doch nicht alle werden im Lire-Paradies mit offenen Armen empfangen. Hellas Verona ist schon nach kurzer Zeit nicht mehr ganz so angetan von ihrer Neuerwerbung Thomas Berthold. »Statt eines deutschen Rennwagens hat Verona einen Traktor gekauft«, schreibt die »Gazetta dello sport«. Und Diego Maradona lästert über einen anderen deutschen Import: »Hansi Müller würde sich besser als Fotomodell eignen. Und **Karl-Heinz Rummenigge ist eine Mimose**, die nach jedem Spiel die blauen Flecken zählt. Nur die ganz Harten setzten sich hier durch.«

★ ★ ★

In Frankfurt hat man vor der Saison tief in die Tasche gegriffen und für zwei Millionen Dollar den Ungarn **Lajos Detari** verpflichtet. Doch schon bald spottet Max Merkel über ihn: »Wie eine Stradivari ohne Saiten!« Und auch Trainer Kalli Feldkamp ist angesichts der ersten erfolglosen Dribblings auf dem Platz etwas verwirrt: »Die Frage ist nicht, wie Detari den Ball bekommt, sondern wer ihn wieder bekommt!« Dieses Problem hat man auch nach 24 Spieltagen nicht gelöst, und mittlerweile ist auch Detari sauer: »Mit dem Großteil der Mannschaft bin ich fertig. Die über mich lachen, sollen erst einmal gut spielen. Ich will weg!«

Klinsmanns »Tor des Jahrzehnts«.

★ ★ ★

Deutschland hat einen neuen »blonden Engel«. Jürgen Klinsmann rettet seinen Gegenspieler Norbert Nachtweih beim 3:0 des VfB gegen die Bayern vor einer Roten Karte. Der Stuttgarter krümmt sich nach einem Zweikampf mit Nachtweih vor Schmerzen auf dem Rasen des Neckarstadions. Als er sieht, dass Schiedsrichter Pauly die Rote Karte zücken will, springt er auf, rennt zum Schiri und fleht diesen an, den Bayern-Spieler nicht zu bestrafen. Mit Erfolg. Dass es zu diesem Zeitpunkt bereits 2:0 steht und Klinsmann selbst mit einem Fallrückzieher ein **»Tor des Jahrzehnts«** geschossen hat, mag den Stuttgarter ein wenig in seinem Handeln unterstützt haben. Egal. Deutschland hat einen echten Sonnyboy dazugewonnen. Und darüber freut sich nicht nur der ebenfalls hellblonde Nachtweih. Der ist gar so glücklich, dass er verspricht, Champagner zu schicken, »falls Klinsmann denn weiß, was das überhaupt ist«!

★ ★ ★

Zur Winterpause ist Klaus Schlappner als neuer Trainer für Sepp Stabel auf dem Betzenberg im Gespräch. Doch das will außer dem Präsidium offensichtlich niemand. Schwere Geschütze werden aufgefahren. Das Publikum skandiert unablässig **»Schlappner, Schlappner, hahaha! – Stabel, Stabel!«**, und der langjährige Stadionsprecher Udo Scholz meint gar: »Ich habe schon vor zwei Jahren gesagt: Wenn der Schlappner kommt, höre ich auf!« Und Schlappner selbst gibt kleinlaut von sich: »In Darmstadt bleibt viel für mich zu tun.«

★ ★ ★

Vollidioten gibt es leider überall. Beim 4:1-Sieg des BVB über Schalke 04 trifft den Dortmunder Frank Mill beim Einlaufen eine Feuerwerksrakete. Verbrennungen zweiten Grades an den Oberschenkeln sind die Folge. »Es hat gebrannt wie Pech und Schwefel«, berichtet Frank Mill – und schießt das letzte Tor an diesem Tag.

In Gladbach gibt es **eine echte Opposition**. Nach über 25 Jahren versucht erstmals eine Gruppe bei der Jahreshauptversammlung an die Macht zu kommen. Einer der Herren trägt sogar einen prominenten Namen: Jimmy Hendrix. Da der Musiker bereits tot ist, klärt sich recht schnell, dass »Jimmy« der Spitzname des Bauunternehmers Hans-Wilhelm Hendrix ist. Am Ende scheitern die Oppositionellen jedoch kläglich.

★ ★ ★

Bremens **Uli Borowka** ist von 216 Profis zum größten »Treter der Bundesliga« gewählt worden. Seine Frau Carmen reagiert etwas geschockt, als sie von der »Auszeichnung« erfährt: »Jetzt weiß ich erst, mit was für einem Rüpel ich verheiratet bin. Eigentlich müsste ich mich von Uli scheiden lassen.« Borowka selbst nimmt die Sache auch eher mit Humor. Er findet es nur schade, dass er nichts Vorzeigbares in den Händen halten kann: »Es gibt doch immer Nadeln und Pokale. Ich bestehe jetzt auf einen eisernen Schuh!«

★ ★ ★

Udo Lattek will nie mehr Trainer sein. Nicht, weil er keine Lust hat, nein, es hat mit den Bänken am Spielfeldrand zu tun: »Der Platz ist einfach zu hart für mich geworden.« Als Sportdirektor sitzt er nun in bequemen Ledersesseln. Dafür muss er länger am Tag arbeiten als zu seiner Zeit als Trainer. Aber auch das bringt Vorteile mit sich: »Meine Frau meinte schon, wir hätten nicht einmal mehr Zeit zum Streiten.« Vielleicht Grund dafür, warum er mitten in der Saison für ein Monatsgehalt von 50.000 Mark die Seiten wechselt und es ihn als Kolumnist zur neuen »Sport Bild« zieht: »Ich schreibe selbst oder lasse schreiben. Aber sicher ist, dass kein Wort von mir erscheint, das ich nicht kontrolliert und abgesegnet habe. Ich bin doch kein kleiner Dummer!«

★ ★ ★

Als der Brasilianer Tita in der 90. Minute das 3:3 für Bayer Leverkusen bei Werder Bremen macht, startet er zu einem Jubelmarathon der besonderen Art. Stadiongast Uwe Reinders ist so begeistert wie irritiert: »Ich dachte, **der frisst das Trikot!**« Sein Trainer Erich Ribbeck kann da allerdings nicht mitreden. Als Bremen Sekunden vor dem Abpfiff das 3:2 schießt, verschwindet er im Kabinengang – und verpasst so das Tor seines Brasilianers. Tita ist fassungslos: »Not see?« Und Ribbeck antwortet ebenso im feinsten Oxford-Englisch: »Not see!«

★ ★ ★

In München herrscht **Torwart-Krieg**. Platzhirsch Jean-Marie Pfaff wehrt sich gegen den jungen Widersacher Raimond Aumann – und zwar mit allen Mitteln. Nachdem Aumann gesagt haben soll: »Wirst alt, Jean-Marie!«, hat der Belgier ihn angeblich geschlagen. Angeblich deshalb, weil Pfaff, angesprochen auf den Vorwurf, gut zu kontern weiß: »Wenn ich schon hinlange, dann landet der andere im Krankenhaus!« Am Ende unterliegt der Belgier dennoch. Jean-Marie Pfaff muss bei den Bayern gehen. Doch er weigert sich. Findet die Art und Weise des Abschieds nicht richtig: »Einen Welttorwart wie Jean-Marie kann man nicht von heute auf morgen abservieren. Innen ist alles zerstört. Ich bin ein gebrochener Mann.« Auch seine Frau reagiert betrübt: »Der Pfaff hat seine Schuldigkeit getan. Jetzt kann er gehen.«

1988/89

Jupp Heynckes: »Der Daum soll Lotto spielen!«

Die neue Saison ist noch keine 75 Minuten alt, da gibt es bereits den ersten großen Aufreger. Frankfurts Keeper Uli Stein verlässt nach dem 1:0 durch Bayerns Klaus Augenthaler das Spielfeld und lehnt sich an die Werbebande. Schiri Witke zögert keine Sekunde, eilt zum Torwart und zeigt ihm die Gelbe Karte. Stein applaudiert, sieht daraufhin die Rote Karte und ist verzweifelt: **»Ich habe nichts gesagt!«** Und Schiedsrichter Witke: »Wir sind dazu angehalten, den Regeln Geltung zu verschaffen!« Irritiertes Staunen allenthalben. Nur Eintracht-Trainer Kalli Feldkamp findet schnell die Worte wieder: »Ich glaube nicht, dass der Schiedsrichter wegen der Hitze so schlecht gepfiffen hat. Denn dann dürfte er ja nie mehr pfeifen, wenn die Sonne scheint!« Und ZDF-Kommentator Thomas Hermann rundet das Gesamtbild über den Mann in Schwarz noch ab: »Schiedsrichter Kurt Witke, in dessen linker Brust noch immer ein Regelheftchen die Gefühle beherrscht.« Es ist der Auftakt zu einer katastrophalen Saison für die Frankfurter, die sich am Ende mit unglaublichen 30 Toren auf den 16. Platz der Tabelle retten und erst in der Relegation gegen den 1. FC Saarbrücken die Liga halten.

In München hat Uli Hoeneß zur Mitte der Spielzeit nur einen Wunsch fürs neue Jahr: »Es soll alles so bleiben, wie es ist!« Ein frommer Wunsch. Der, durch die Erfolgsserie des 1. FC Köln und dessen Trainer Christoph Daum bedrängt, nur knapp in Erfüllung geht. Der FC-Coach gibt im Meisterschaftsrennen alles. Vor dem 2:1-Auswärtssieg bei Werder Bremen schickt er den Kölner Geschäftsführer Schänzler zur Bank, um 35.000 Mark abzuheben. Es ist die Prämie, die jeder Spieler im Falle des Gewinns der Meisterschaft erhalten soll. Er klebt das Geld zusammen mit seinem kongenialen Partner Koch auf Pappe und pinnt es im Besprechungsraum an eine Tafel. Daum zu seinen verblüfften Spielern: »Damit ihr seht, um was es heute geht!«

Ab dem 24. Spieltag steigt der **Druck auf die Bayern**. Nach dem Sieg der Kölner in Hamburg und der gleichzeitigen Niederlage des Vorjahreszweiten in Gladbach steht der 1. FC Köln nur noch drei Punkte hinter München in der Tabelle. Doch was sagt Daum: »Wir sind bis auf einen Punkt an den Bayern dran.« Der Kölner Trainer baut öffentlich einfach darauf, dass der FC sein Heimspiel gegen die Münchner gewinnt. Jupp Heynckes reagiert verschnupft auf so viel Offensivdrang: »Der Daum soll Lotto spielen, da kann er Millionär werden, wenn er alles im Voraus weiß!«

Pierre Littbarski (links) und Trainer Christoph Daum präsentieren vor dem Spiel bayerische Spezialitäten.

Der mediale Wirbel des FC-Trainers belebt die Liga ganz im Sinne Daums: »Ich bin für alles zu haben, was die Bundesliga interessant macht.« Sein Motto: »Bei einer Flaute lässt sich auch keine Regatta fahren. Ich sorge für frischen Wind.« Doch auch das Sprachrohr des FC Bayern, Manager Uli Hoeneß, gibt vor dem vorentscheidenen Spiel im Müngersdorfer Stadion tüchtig Gas: »Nach Köln fahren wir in Lederhosen.«

Vor der Partie am 31. Spieltag malt Daum **ein Plakat mit roten Totenköpfen** drauf. Er sagt: »Männer, ab acht Uhr ist Kampf angesagt. Ihr müsst giftig sein. Es geht um alles. Mehr will und kann ich nicht mehr sagen.« Illgner sitzt um 8:57 Uhr beim Frühstück. Der FC-Arzt Enderer:

Saisonverlauf 1988/89

Platz	Tore	Punkte
1.	67:26	50:18
2.	58:30	45:23
3.	55:32	44:24
4.	60:36	43:25
5.	58:49	39:29
6.	44:43	38:30
7.	56:40	37:31
8.	45:44	34:34
9.	47:44	33:35
10.	41:42	32:36
11.	48:51	32:36
12.	43:52	31:37
13.	50:60	31:37
14.	36:54	26:42
15.	37:57	26:42
16.	30:53	26:42
17.	41:68	26:42
18.	36:71	19:49

»Wer vor ihm kommt, der ist nervös!« Als Letzter schleicht lächelnd der Däne Flemming Povlsen in den Raum: »Der hat so die Ruhe weg, den könntest du heute Abend um zehn vor acht wecken.«

Die besten

Torjäger der Saison

Thomas Allofs (1. FC Köln)	17
Roland Wohlfarth (Bayern München)	17
Uwe Bein (Hamburger SV)	15
Uwe Leifeld (VfL Bochum)	13

Letztendlich scheitert Köln auch an Daums übersteigertem Ego und seinem Drang, die extremen Situationen heraufzubeschwören. Als es kurz vor Schluss 1:1 steht, riskiert der FC-Coach alles: Er wechselt Ralf Sturm für den Wohlfarth-Bewacher Jürgen Kohler ein. Doch nicht Sturm schießt ein Tor, sondern Bayerns Roland Wohlfarth deren zwei. 3:1 gewinnen die Münchner und entscheiden an diesem Abend die Meisterschaft für sich.

Im Tabellenkeller sind **vier Mannschaften punktgleich,** dahinter ist Hannover abgeschlagen Letzter. Nürnberg und Bochum retten sich mit ihren 26:42 Punkten, Frankfurt geht in die Relegation, und die Stuttgarter Kickers müssen absteigen. Vor dem letzten Spieltag und der Partie beim feststehenden Meister Bayern München ahnte Bochums Walter Oswald schon Böses: »Von wegen gewinnen. Gala werden sie spielen, die Bayern-Gala – ausgerechnet gegen uns. Die Situation haut mich einfach um.« Er behielt Recht. 5:0 verlor der VfL, doch die anderen Teams machten es nicht besser als die Bochumer.

Umweltschutz in den Stadien: Man beachte die »rohrfreie« Druckfanfare.

★ ★ ★

Kölns Trainer Christoph Daum verspricht den FC-Fans an Silvester, zur neuen Saison **einen absoluten Kracher fürs Mittelfeld** holen zu wollen. Er möchte den Sohn des legendären Pelé nach Köln transferieren. Die Geschichte schlägt ein wie eine Bombe. Ein echter Pelé im Müngersdorfer Stadion! Die erfolgshungrigen FC-Anhänger jubilieren bereits. Doch die Sache hat einen Haken: Osvaldo spielt zwar Fußball, aber erstens nicht sonderlich erfolgreich und zweitens auch noch im Tor. Aber das wusste Daum bereits, als er den Journalisten die sensationelle Nachricht unterbreitete. Mit einem Lächeln auf den Lippen entschuldigt er sich: »Sorry, war nur ein Werbegag. Aber ich musste doch mal wieder einen raushauen, oder?!«

★ ★ ★

Bayerns Stürmer Jürgen Wegmann versteht es, sich gepflegt auszudrücken: »Ich bin giftiger als die giftigste Schlange.« Und auch in der Selbsthypnose ist er geübt: »Du musst nur wollen. Du musst fest dran glauben, dass die Kugel reinfährt. Dann fährt sie auch rein.«

★ ★ ★

Die Bayern sind etwas pikiert ob der Berichterstattung beim Kölner Auswärtsspiel im Stadionmagazin »Geißbock-Echo«. Norbert Nachtweih wird dort als Münchens größter Unsicherheitsfaktor und Stürmer Jürgen »Kobra« Wegmann gar als **»Blindschleiche«** bezeichnet. Man beschwert sich direkt beim FC und bekommt als Antwort: »Das verstehen wir jetzt nicht. Den Bericht hat doch euer Pressesprecher Markus Hörwick höchstpersönlich für uns verfasst!«

★ ★ ★

Die Kölner hatten vor einem Jahr – nach dem Eklat um das Schumacher-Buch – die erste freiwillige Doping-Kontrolle gemacht, nun sind sie auch bei der offiziellen **Bundesliga-Premiere** dabei. Und Paul Steiner hat so seine Probleme. Vier Flaschen Wasser, vier Flaschen Bier und eine Cola muss er trinken, bis es dröppelt. Leicht benommen sagt er: »Wenn ich jetzt den Führerschein verliere, ist die erste Klage fällig!« In Bochum einige Wochen später hält Abwehrrecke Lothar Woelk nicht viel von den Tests. Seine Begründung: »In der Bundesliga gibt's keine Ben Johnsons.« Das sieht sein Trainer Jupp Tenhagen ein wenig anders: »Jetzt nicht. Aber in der Endphase der Bundesliga sollte man die Tests verdoppeln.«

Nürnbergs neuer Trainer Hermann Gerland hat seine ganz eigene Methode, mit Niederlagen umzugehen. Frau **Gudrun Gerland** erzählt: »Wir stehen sonntags früh auf, werfen die Sauna an und schwitzen den ganzen Frust raus. Oft fahren wir zu Freunden auf einen Bauernhof, wo mein Mann den Stall ausmistet, Traktor fährt oder sonstwie mithilft!«

★ ★ ★

Vor dem Rückspiel im Derby St. Pauli gegen den HSV (1:2) stellt der Abwehrrecke vom Millerntor, **André Trulsen**, klar: »Meine Freundin schwärmt für Manni Kaltz. Deshalb ist ein Sieg für mich so wichtig. Dann sind die Machtverhältnisse bei uns zu Hause ein für allemal richtiggestellt.«

★ ★ ★

Duisburgs Jungtalent Thomas Strunz regt sich über den Bayer-Manager auf: »Calmund aus Leverkusen rief mich nachmittags an und sagte mir, der Vertrag läge bereit. Er wolle morgen mal vorbeikommen, und ich könnte dann ja unterschreiben. Der kam sich fast wie ein Herrgott vor.«

★ ★ ★

In Bremen herrschen **klare Verhältnisse**, wie dieser Witz dokumentiert, den man sich an der Weser gerne erzählt.

Werders Vorsitzender Dr. Franz Böhmert meckert Manager Willi Lemke an: »Ein für allemal: Der Präsident bin immer noch ich!« Lemke ganz cool: »Ach ja, und wer schmeißt den Laden hier bei Werder? Ich doch! Das hat mir der liebe Gott persönlich gesagt!« Von der Seite ruft Otto Rehhagel herein: »Was soll ich gesagt haben?«

★ ★ ★

Bochums Uwe Leifeld liegt fast mehr in Krankenhausbetten als zu Hause im heimischen Ehebett. Eine Narbe am Knie musste mit dreißig Stichen genäht werden. Der behandelnde Arzt meint hinterher zum Stürmer: »Die erinnern dich immer daran, wie viele Punkte der VfL pro Saison braucht.« Leifeld klagt vor allem die Unfairness der gegnerischen Abwehrhaudegen an: »Der Emanuel Günther trat mir zweimal mit den Stollen in die Knöchel und sagte dann zu mir: ›Ich trete dich so klein, dass du nie wieder spielen kannst.‹« Lauterns Torwart Gerry Ehrmann griff ihm in den Schritt und zischte trocken: »Ich reiß dir alles ab!« Besonders harte Jungs seien laut Leifeld vor allem aber die beiden Waldhöfer Roland Dickgießer und Dimitrios Tsionanis: »Die sind wie Bud Spencer und Terence Hill. Die hauen auf alles drauf, was sich bewegt. Die wissen, wie sie an den Schienbeinschützern vorbeitreten müssen, um dich zu treffen.«

Die beiden Waldhöfer Bud Spencer und Terence Hill, besser bekannt als Roland Dickgießer (links) und Dimitrios Tsionanis.

★ ★ ★

Trainer Helmut Schulte erklärt den Reiz seines Vereins, des FC St. Pauli: »Sie müssen das so sehen: St. Pauli, der Stadtteil, ist **total heruntergekommen**. Da ist die Hafenstraße, die Reeperbahn, auf der fast nichts mehr geht wegen der Angst vor Aids, jede Menge kaputter Umgebung. Die Leute, die da leben, die brauchen irgendetwas, was sie mal auf andere Gedanken bringt. Denn eigentlich sind das alles positive Typen, viele interessieren sich für Fußball. Die haben jetzt mit uns eine Mannschaft, mit der sie sich identifizieren können. Die kommen zu uns und feiern bei jedem Spiel eine Party. Dabei schreien sie dann St. Pauli und meinen sich selbst. Und sie sagen sich, unser Stadtteil ist doch nicht so kaputt!«

In Frankfurt ist man alles andere als zufrieden mit dem Ausleihspieler **Maximilian Heidenreich** von Hannover 96. Das gefallene Talent muss sich von Eintracht-Manager Atze Friedrich die Frage gefallen lassen: »Weißt du eigentlich, wie groß so ein Fußballfeld ist?« Als Heidenreich irritiert nickt, schiebt Friedrich süffisant hinterher: »Aber warum läufst du dann immer nur 20 Meter?«

★ ★ ★

Jürgen Klinsmann kündigt zum Ende der Saison seinen Wechsel nach Italien zu Inter Mailand an. Viele Experten hatten auch einen Transfer zum FC Bayern nicht ausgeschlossen – im Gegensatz zu Klinsmann selbst: »Bayern München war für mich nicht möglich, schon von meinem Naturell her!«

★ ★ ★

Vielleicht ein Grund, warum **Hermann Gerland** so beliebt ist. Er ist Club-Trainer, im Abstiegskampf und wahrhaft eine ehrliche Haut: »Ich kann nicht verlieren. Niederlagen machen mich fertig. In dieser Saison haben wir oft verloren. Dann sitze ich im Bus, erste Reihe links, gleich hinter dem Fahrer, und rede kein Wort. Ich kann nicht begreifen, dass die Spieler ein paar Reihen weiter lachen und flachsen. Die Fans weinen, die Spieler lachen – das geht in meinen Kopf nicht rein. Zu Hause angekommen, starre ich gegen die weiße Wand. Meine Familie weiß, dass sie mich jetzt nicht ansprechen darf.«

★ ★ ★

Was es in den 1980er Jahren nicht alles gibt: Wegen einer **Hundeschau** wird tatsächlich ein Bundesligaspiel verlegt. Eigentlich nicht zu glauben, aber im Jahr 1988 noch möglich. Das Heimspiel des SV Werder Bremen gegen Borussia Dortmund muss wegen der Invasion der Vierbeiner später stattfinden.

★ ★ ★

Die Niederländer haben Angst vor Eike Immel? Lothar Matthäus vermutet, Stuttgarts Trainer Arie Haan habe seinen Spieler Immel zum Rücktritt bewogen, weil er damit die deutsche Nationalelf bewusst schwächen wolle. Immerhin träfe man in der WM-Qualifikation aufeinander. Arien Haan hat dazu allerdings ein ziemlich klare Meinung: »**Ach, Matthäus** … Was der Lothar sagt, interessiert mich nicht. Der soll bloß die Klappe halten!«

★ ★ ★

In Bremen lässt sich **der pfiffige Manager Willi Lemke** mal wieder etwas komplett Neues einfallen: Familientag bei Werder Bremen. Lemke verkauft das Bundesligaspiel gegen Waldhof Mannheim an einen Sponsor und ist zufrieden: »12.000 Zuschauer kommen normalerweise zum Spiel gegen Waldhof. Das macht rund 70.000 Mark Nettoeinnahmen. Jetzt habe ich das ganze Spiel für 120.000 Mark verkauft, so dass wir 50.000 zusätzlich verdienen.« 37.204 Zuschauer sehen im Weserstadion nicht nur einen 2:1-Sieg, sondern auch Moderator Günther Jauch und Sänger Gottlieb Wendehals. Im Bierzelt des Autosponsors wird dieses historische Ereignis noch bis tief in die Nacht gefeiert.

Am 15. Spieltag siegt der Karlsruher SC über Borussia Mönchengladbach mit 3:1, doch in der 45. Minute kommt es zu einem folgenschweren Zwischenfall: **Christian Hochstätter** wird von einem Gegenstand im Auge getroffen und muss auf einer Trage vom Feld getragen werden. Zu diesem Zeitpunkt führt Gladbach noch mit 1:0. Das Spiel wird neu angesetzt und endet 2:2.

★ ★ ★

Am Millerntor droht die Situation mit den eigenen Anhängern häufig außer Kontrolle zu geraten. **Chaoten bombardieren die gegnerischen Spieler** mit allen möglichen Gegenständen. Grund genug für eine Fangruppe, die eigenen Anhänger um Mäßigung zu bitten: »Bitte stoppt Aktionen, die Spieler, Zuschauer und das Spiel gefährden! Auch wenn es schwer fällt, sich bei dieser Superstimmung zu bremsen. P.S.: Dieses Papier ist nach dem Lesen ideal als Konfetti zu verwenden.«

★ ★ ★

Es ist eines der legendärsten Gespräche, die je im »Aktuellen Sportstudio« des ZDF stattgefunden haben. **Das Rededuell** vom 20. Mai zwischen Christoph Daum und Udo Lattek auf der einen und Uli Hoeneß und Jupp Heynckes auf der anderen Seite ist in die Bundesliga-Geschichte eingegangen. Nachdem der FC-Trainer in einem Interview gesagt hatte: »Ich habe Heynckes überall gesehen: in Venlo, in Rotterdam und im Fernsehen. Aber wir sind wie die Königskinder. Wir kommen nicht zusammen«, gelingt es ZDF-Moderator Bernd Heller vor dem Duell des 1. FC Köln gegen den FC Bayern München am 31. Spieltag im Müngersdorfer Stadion, die vier Streithähne zu sich ins Studio einzuladen. Dort ist die Stimmung spürbar angespannt. Es entspinnt sich eines der seltsamsten Gespräche, die je im deutschen Fernsehen geführt werden. Die besondere Dramatik ergibt sich aus der Vorgeschichte. Über Wochen hat der Kölner Trainer verbale Attacken Richtung München und dort vor allem auf den Coach Jupp Heynckes gefahren. Daum lässt sich zu Äußerungen wie »Heynckes könnte auch Werbung für Schlaftabletten machen« oder »Jeder Wetterbericht ist aussagekräftiger als ein Gespräch mit Heynckes« hinreißen. Als er auch noch sagt: »Die Münchner Journalisten haben mich nach dem Unterschied zwischen Heynckes und einem großen Trainer gefragt«, ist Bayern-Manager Uli Hoeneß richtig sauer: »Das Semester der Rhetorik hat der Daum wohl versäumt.« Auch Heynckes teilt nach dem ersten Schock kräftig aus: »Der Daum ist eine billige Lattek-Imitation. Er hat zu viel Hafenstraßen- und Kreuzberg-Niveau. Er hätte den Knopf finden müssen, um sich abzustellen, der braucht doch **Medikamente gegen Höhenrausch**.«

Von Ferne mischt sich auch noch Erich Ribbeck in den Streit ein und urteilt über Daum: »**Dieser Schwartlappen.** Ich bin schon länger als zehn Jahre im Geschäft und immer noch dabei. Daum wird in der Bundesliga keine zehn Jahre erleben.« Als ARD-Moderator Waldemar Hartmann den Kölner Coach nach der ganzen Geschichte fragt, ob er sich bei Heynckes entschuldigen wird, antwortet Daum: »Wofür? In seinem Schneckenhaus kann man sich ohnehin nicht zu zweit unterhalten!« Mit einem bisschen Abstand äußert sich Trainerjüngling Daum etwas moderater: »Ich wollte zwei Dinge erreichen. Ich wollte Meister werden – und den Bayern-Mythos demontieren. Die haben ja immer einen Bonus, weil jeder vor ihnen Angst hat. Sogar ein Unentschieden zu Hause wird als Erfolg gewertet. Die Ansicht von Uli Hoeneß, dass alle Mannschaften gegen die Bayern besonders motiviert sind, stimmt nicht. Alle haben die Hosen voll!«

Schiedsrichter Dieter Pauly ist ein ganz Großer seiner Zunft. Das merkt man auch daran, dass er als einziger Mann in Schwarz bereits vor den Spielen seine eigenen Autogrammkarten verteilt. Im Spiel selbst dann natürlich eher andere Karten. Und von denen in der gelben Version erhalten sowohl Klaus Augenthaler wie Norbert Nachtweih jeweils eine im Spiel der Bayern beim VfB Stuttgart (1:2). Beide sind nicht ganz damit einverstanden, wie Pauly eine Mauer der Bayern vor einem Freistoß des VfB stellt. Augenthaler: »Ihre Schritte sind aber ziemlich klein.« **Zack, Gelbe Karte!** Nachtweih aus dem Hintergrund: »Und verzählt haben Sie sich auch noch.« Und wieder der gelbe Karton! Der Mann verteilt eben gerne Karten – auf und außerhalb des Spielfelds.

★ ★ ★

Als ob der VfL Bochum nicht genug **Probleme im Abstiegskampf** hätte. Zudem erlaubt sich ein anonymer Anrufer einen fiesen Scherz, als er dem WDR meldet, dass die Partie gegen den 1. FC Köln (1:3) ausfällt. Und das auch noch ausgerechnet an dem eh problematischen verkaufsoffenen Samstag. Präsident Ottokar Wüst ist entsetzt: »Mindestens 3.000 Zuschauer sind uns durch diese Aktion durch die Lappen gegangen.« Doch es gibt Anlass zur Hoffnung. Der Anrufer hat sich als Mitarbeiter des VfL ausgegeben und eine mysteriöse Nummer hinterlassen. Mit Hilfe der Polizei will der VfL Bochum Mister X nun fangen!

★ ★ ★

Der 1. FC Kaiserslautern spielt 2:2 in Köln – mit Wolfram Wuttke. Das ist keine Selbstverständlichkeit, denn der Lauterer hat am Freitag nach dem Abschlusstraining seine Schuhe vergessen. Abhilfe schaffen die Treter eines Kindes, das beim Vorspiel noch selbst aktiv ist. Wuttke total erleichtert: »Weil kaum jemand so kleine Füße hat wie ich **(Schuhgröße sechs)**, musste ich mich bei den kleinen Jungs bedienen.«

★ ★ ★

RTL ermittelt seit Saisonbeginn **den härtesten »Bums der Liga«**. Der Bochumer Martin Kree führt die Liste mit 142,9 km/h an. Das Ganze wurde mit aufwendigen Messgeräten ermittelt. Eigentlich völlig umsonst. Denn schon 1985 hatte Mannschaftskamerad und Torhüter Ralf Zumdick gesagt: »Der Martin hat den härtesten Schuss der Bundesliga.« Und weil ihm das als Keeper zu gefährlich wurde, trainierte er in keiner Einheit ohne seinen Unterleibsschutz – wie ihn Handballtorhüter tragen. Im Spiel brauchte Zumdick übrigens keinen.

★ ★ ★

Am vierten Spieltag feiert Schiedsrichter Markus Merk (»Beide Male nur mit einem K«) bei der Partie VfL Bochum gegen Bayer Uerdingen (1:1) sein Debüt – und bringt gleich seinen eigenen Fanklub mit. An den Eisenstangen im Ruhrstadion hängt gut sichtbar ein Plakat mit dem Aufdruck: **»Merk merkt alles«**.

★ ★ ★

Das Bundesliga-Geschäft ist nicht immer nur ein Zuckerschlecken – vor allem nicht für die Familien der Stars. Weil Christoph Daum im Trainingslager ein bisschen **zu nah an »Miss Banana«** steht, dies ein Fotograf zufällig sieht und schnell knipst, muss sich am nächsten Tag Frau Daum beim Einkaufen einige zotige Bemerkungen anhören wie: »Ah ja, ihr Mann ist mit den Kölnern im Trainingslager. Er muss hart ran, haben wir gesehen!«

Domenica

In Hamburg freut sich der **»Förderverein St. Pauli«** außerordentlich, dass der Viertelklub den Aufstieg in die Bundesliga geschafft hat. Und weil man sich besonders von den Abendspielen zusätzlichen Umsatz auf der Vergnügungsmeile Reeperbahn erhofft, setzt man sich sehr dafür ein, dass eine entsprechende Flutlichtanlage installiert wird.

★ ★ ★

In Nürnberg wird der Neuzugang aus Freiburg herzlich aufgenommen. So wird berichtet, dass sich Sturmkollege Dieter Eckstein bereits mit dem Mann aus dem Senegal angefreundet und sogar etwas gemeinsam mit ihm unternommen habe: »Er trank Kaffee mit Sane«! Was **Souleymane Sané** allerdings zu dieser Schlagzeile sagte, ist leider nicht überliefert.

★ ★ ★

Jürgen Wegmann schießt die Bayern in Hamburg zum 1:0-Sieg und ist im Anschluss sicher: »Das Schicksal will, dass ich künftig die Nummer neun trage!« Das Schicksal hat einen Namen und überlegt noch: Jupp Heynckes. Ein paar Spieltage später – Wegmann hat gerade mit einem Seitfallzieher gegen Nürnberg ein Traumtor geschossen (O-Ton Hoeneß: »Um solch ein Tor zu schießen, muss man schon **schlangenhaft Fußball spielen«**) – hat Heynckes eine prima Idee: Die »Kobra« könne ja ein Trikot mit der 9 unter der 11 tragen. Denn die 9 werde weiter für Wohlfarth reserviert.

★ ★ ★

Uli Hoeneß nimmt seinen ehemaligen Spieler **Lars Lunde** bei sich zu Hause auf, als sich dieser nach einem schweren Unfall – er raste bei Rot über einen Bahnübergang und wurde von einem Zug erfasst – und zehn Tagen im Koma erst einmal wieder erholen muss. Lunde spielt zu diesem Zeitpunkt bereits beim FC Aarau.

★ ★ ★

St. Paulis Torhüter Volker Ippig legt einen kolossalen Auftritt im »Aktuellen Sportstudio« hin. Der ehemalige Entwicklungshelfer bringt den Moderator Bernd Heller an die Grenzen seiner Künste. Recht einsilbig, betont unaufgeregt und wie einer, der nicht aus der Reserve zu locken ist, gibt sich Ippig und lässt Heller verzweifeln. Da helfen auch die Karteikärtchen mit den hübschen Stichworten – Tätowierungen links (Schildkröte) wie rechts (Inka-Gott) und kein Auto, sondern Fahrrad zum Training – nichts. Entwicklungshelfer in Nicaragua, Sympathisant der Hausbesetzer von der Hafenstraße und Fußballprofi – wie das denn zusammenginge, will der Moderator wissen? Ippig antwortet knapp, aber prägnant: »Ich hab diese Schwierigkeiten nicht, um es ehrlich zu sagen!« Kurz darauf verpasst er Heller dann einen vorzeitigen Knockout. Auf die recht gewöhnliche Frage, wie Ippig denn mit der psychischen Belastung als Profi umginge, denkt der Torhüter lange nach und sagt dann: »Das ist mein Privatdings!«

★ ★ ★

Willi Lemke sammelt eifrig **Geld für die Erdbebenopfer in Armenien**. Sein Plan: 100 Plätze zum Auswärtsspiel bei Dynamo Tiflis für jeweils 1.000 Mark zu verkaufen – alles inklusive. »Mit mindestens 100.000 Mark will ich dort ankommen«, sagt der Werder-Manager und hält am Ende Wort.

★ ★ ★

Ulli Potofski ist für einen Moment sprachlos. Bei seiner RTL-Sendung »Anpfiff« hat erstmals ein Gast abgesagt – zehn Minuten vor der Sendung. Schiedsrichter Wolf-Dieter Ahlenfelder könne nicht kommen, weil er einen **»Termin bei der Polizei«** habe, so der Moderator. Schön umschrieben vom Anti-Alkoholiker Potofski. Er hätte Ahlenfelder auch anders in die Pfanne hauen können …

Der Bremer **Frank Ordenewitz** wechselt zum 1. FC Köln und Trainer Christoph Daum. Zuvor muss er sich noch mit Kokain-Vorwürfen einer Boulevard-Zeitung herumplagen. Ein in Wien inhaftierter Zuhälter hat den Bremer des Kokain-Handels bezichtigt. Ordenewitz: »Alles Blödsinn, damit soll mir und dem Verein geschadet werden.«

★ ★ ★

Der Lauterer **Michael Schulz** ist ein ganz raffiniertes Kerlchen. Sein BMW-Cabriolet hat er in einem bundesweiten Inserat angeboten, und ausgerechnet in der Stadt des nächsten Gegners wird ihm »ein guter Preis« geboten. So verlässt Schulz Nürnberg nach dem 1:1 mit dem Satz: »Mein Auto habe ich dagelassen, einen Punkt nehmen wir mit!«

★ ★ ★

Der Ex-Bremer Rigobert Gruber eröffnet eine Herren-Boutique namens **»Rigo's Nouveau«** und bildet sich auch sonst beruflich in Sachen Bekleidung weiter: »Ich wollte sehen, ob ich Mode nicht nur verkaufen, sondern auch präsentieren kann. Deshalb habe ich einen Dressman-Lehrgang absolviert.« Mit Bravour: »Mich hat sogar ein anderer Bremer Boutique-Besitzer engagieren wollen. Aber professionell will ich nicht als Dressman arbeiten.« Stattdessen wünscht er sich ein weiteres Standbein, die Musikbranche. Locker-leicht erzählt Gruber: »Vielleicht mache ich ein bisschen auf Michael Jackson!« Den Schritt hat der ehemalige Gladbacher Hans Klinkhammer schon hinter sich. Seine Band heißt »Hundeblume«.

Ailton (re.) probiert im Laden von Ex-Spieler Rigobert Gruber einen Anzug an und sieht damit verdammt cool aus.

★ ★ ★

BVB-Profi Günter Breitzke träumt von den oberen Tabellenregionen und dem Gedanken daran, was dann in Dortmund passieren würde: »Auf Monate wäre jedes Spiel ausverkauft. Gegen Bayern, Bremen und Hamburg würden die das Stadion abreißen. Und die Rote Erde noch dazu.« Na, diese Saison ist doch schon gar nicht so schlecht. Norbert Dickel: »Die Südtribüne ist irre. Sie hat den Effekt eines Staubsaugers oder Magneten. Irgendwie muss man da Tore schießen, zwangsläufig.« Walter Maahs, Geschäftsführer: »Zu uns kommen Zuschauer, die mit Fußball überhaupt nichts am Hut haben. Sie bezahlen ihr Eintrittsgeld rein für das atmosphärische Erlebnis. Viele von ihnen kommen dann wieder.«

★ ★ ★

Kölns Neuzugang Uwe Rahn ist ganz begeistert von der lockeren Stimmung beim FC, das kannte er aus seiner Zeit bei Borussia Mönchengladbach überhaupt nicht. Der Tag beginnt bereits mit entspannten Klängen aus riesigen Lautsprecherboxen. Rahn ist richtig angetan von der Hi-Fi-Anlage, die noch Toni Schumacher angeschafft hat: »Wenn ich morgens in die Kabine komme, läuft schon heiße Musik. Da ist man gleich gut drauf!« Für eine schöne Soundmischung sorgt **Haus-DJ Bodo Illgner** höchstpersönlich.

★ ★ ★

Der **Neu-Lauterer Stefan Kuntz** zum Abschied über seinen Ex-Klub Bayer Uerdingen: »In Uerdingen ist alles ein bisschen tot. Es geht jedem Spieler gut. Drum gibt es nie Krach in der Kabine, nie eine harte Konfrontation, aber man geht auch nie mit der gesamten Mannschaft gemeinsam ein Bier trinken. Da ist es im Grunde jedem egal, was passiert. Mit dem Verein identifiziert sich kaum ein Fan und kaum ein Spieler. Wir erhalten, was ja bekannt ist, pro Punkt 2.200 Mark, das heißt, wir können mit einem Sieg so viel verdienen, wie mancher Stadionbesucher in zwei Monaten nicht nach Hause bringt. Aber selbst das Geld scheint einige in Uerdingen nicht zu motivieren.«

Wolf-Dieter Ahlenfelder

»Mit meinem Bauch habe ich immer gut gelebt. Es ist doch egal, ob ich die 100 Meter in 10,1 mit 75 Kilo laufe oder mit 100 Kilo.«

»Die Hasen haben nicht gerade ihre Hacken verloren, wenn ich in den Wald rannte, aber ich habe meine Leistung gebracht.«

Dieter Eckstein zu Ahlenfelder: »Ey, willste nicht mal pfeifen?« Ahli: »Ey, willste dich nicht mal auswechseln lassen?« Trainer Heinz Höher tat dies wenige Minuten später wirklich. Ahlenfelder zufrieden: »Als der meinen Spruch mitkriegte, wusste er, was Sache ist. Und hat sich hinterher sogar noch dafür bedankt.«

»So, mein Jung, wird jetzt langsam Zeit, dass du dich verabschiedest. Sonst tu ich das für dich, und zwar mit Pauken und Trompeten. Dann kriegst du sogar noch ein Solo geblasen.«

»Rechts getroffen, links massiert.« Ahli kann mit den Schauspielern auf dem Platz nichts anfangen.

»Guck ma, da kommt Deutschlands Größter!« Rufen einige Zuschauer bei einem Spiel im Senegal.

Ahli wollte so gerne zu »Wetten, dass…?«: »Ich wäre ein Kandidat nach Maß. Die Leute würden sich biegen vor Lachen.«

»Es hat mir wehgetan, als ich gehen musste. Es war so, als ob man **Charly Chaplin** den Stock weggenommen hätte.«

»Das hat riesigen Spaß bereitet. Vor allem habe ich mich immer gefreut, wenn die Spieler in diesen Begegnungen **wie Karajan** aufgetreten sind. Dann habe ich meine Leistung ebenfalls gesteigert und habe versucht, wie ein Präsident die Spiele zu leiten.«

Bei seinem 100. Spiel pfeift Wolf-Dieter Ahlenfelder die Partie zwischen Hannover und Nürnberg (1:2). Nach der Begegnung steht der Clubberer **Stefan Reuter** bei Journalisten, Ahli kommt hinzu: »Sie unterhalten sich doch wohl nicht über den Elfmeter?« Reuter kleinlaut: »Für mich war das kein Strafstoß, aber Sie standen ja direkt daneben!« Ahlenfelder lächelt sanft: »Gut, dass Sie einem alten Mann noch etwas zutrauen!«

»Wenn die Karriere vorbei ist, stelle ich mich auf meinen Balkon und flöte da. Und wenn meine Frau mich fragt, was los sei, sage ich: ›Abseitstor‹.«

Für die Fuji-Kampagne bekommt Ahlenfelder ein Honorar in Höhe von 2.875 Mark. Ein **»Erbsengeld«**, wie er es selbst nennt.

1989/90

Klassenkampf in der Bundesliga: Pauli gegen Bayern!

Nach dem spannenden und lauten Meisterschaftsendspurt in der letzten Saison möchte sich Kölns Trainer Christoph Daum etwas zurücknehmen: »Ich werde **nicht mehr auf die Pauke hauen**, sondern die Querflöte spielen mit leiseren Tönen. Sprüche sind Begleiterscheinungen. Davor steht harte Arbeit. 80 Stunden pro Woche. Nur wer das Handwerk beherrscht, darf trommeln.« Aber einen kleinen Spruch lässt Daum dann doch noch verlauten: »Natürlich möchte ich Titel gewinnen. Aber wenn ich einen Geländewagen habe und die Konkurrenz einen Formel-1-Flitzer, wird es schwierig, das Rennen durch eine bessere Kurventechnik zu gewinnen.«

Die Bayern-Spieler (v.l.) Radmilo Mihajlovic, Stefan Reuter, Klaus Augenthaler, Hans Pflügler, Thomas Strunz und Alan McInally feiern am 12.05.1990 im Münchner Olympiastadion ausgelassen den Gewinn der Deutschen Meisterschaft.

Und tatsächlich gewinnen die Bayern diese Meisterschaft souverän. Bereits zwei Spieltage vor Schluss dürfen die Münchner jubeln. **Fünf Punkte Vorsprung** sichern ihnen den Titelgewinn schon vorzeitig. Aus einer Laune heraus verspricht Bayern-Trainer Jupp Heynckes den Anhängern vom Rathausbalkon auf dem Münchner Marienplatz aus: »Und im nächsten Jahr holen wir den Europapokal!« Eine spontane Aussage, die ihm noch Probleme bereiten soll.

Im Kampf gegen den Abstieg kommt es am letzten Spieltag zu der Begegnung zweier direkter Konkurrenten. Die punktgleichen Teams von Bayer 05 Uerdingen und Borussia Mönchengladbach treffen in der Grotenburg-Kampfbahn aufeinander. Die Zuschauer dieser Partie fühlen sich an diesem Nachmittag an die Schande von Gijón erinnert, als beim sogenannten **Nichtangriffspakt** zwischen der deutschen und der österreichischen Nationalmannschaft am Ende Algerien das Nachsehen hat. Nach der 1:0-Führung für Deutschland, was beiden Teams zur Qualifikation für die Endrunde reichte, schob man damals bei der WM 1982 in Spanien nur noch lustlos den Ball hin und her. Ein ähnliches Drama spielt sich knapp acht Jahre später in Krefeld ab.

Bereits vor der Partie wettet die Bochumer Mannschaft auf ein Unentschieden bei der Begegnung in der Grotenburg-Kampfbahn – immerhin mit **20.000 Mark aus der Teamkasse**. Stürmer Uwe Leifeld:

Saisonverlauf 1989/90

	Platz	Tore	Punkte
1	1.	64:28	49:19
2	2.	54:44	43:25
3	3.	61:40	41:27
4	4.	51:35	41:27
5	5.	40:32	39:29
6	6.	53:47	36:32
7	7.	49:41	34:34
8	8.	42:46	33:35
9	9.	41:41	32:36
10	10.	32:39	32:36
11	11.	39:46	31:37
12	12.	42:55	31:37
13	13.	31:46	31:37
14	14.	41:48	30:38
15	15.	37:45	30:38
16	16.	44:53	29:39
17	17.	36:53	26:42
18	18.	33:51	24:44

Die besten Torjäger der Saison

Jörn Andersen (Eintracht Frankfurt)	18
Stefan Kuntz (1. FC Kaiserslautern)	15
Roland Wohlfarth (FC Bayern München)	13
Fritz Walter (VfB Stuttgart)	13

»Wenn wir schon verschaukelt werden, dann kriegen wir wenigstens noch Geld raus. Ich verwette mein Haus, dass dieses Spiel unentschieden ausgeht.« Und genauso kommt es. Der Vorsitzende des Bochumer Wirtschaftsrats, Werner Altegoer, fragt nach dem 0:0 in Krefeld höhnisch: »Haben die sich überhaupt noch die Mühe gemacht, die Tore aufzustellen?«

Der VfL Bochum muss nach diesem Ergebnis – trotz eines eigenen Sieges im letzten Spiel – in die **Relegation gegen den 1. FC Saarbrücken**. Das passt VfL-Stürmer Uwe Leifeld ganz und gar nicht, denn eigentlich hatte er ganz andere Pläne: »Unser Wunschkind sollte in der Sommerpause kommen. Dann hätte ich keinen Stress mehr gehabt und mich um das Baby kümmern können.« Das ging knapp daneben. Doch wenigstens sorgt Leifeld mit seinem Tor zum 1:1 im Rückspiel im Bochumer Ruhrstadion für doppelte Freude bei seiner Familie. Nach dem 1:0-Sieg in Saarbrücken gelingt dem VfL Bochum der verspätete Klassenerhalt.

Zum »Klassenkampf« in der Bundesliga kommt es in Hamburg. Viel Stress gibt es schon vor dem Spiel des FC St. Pauli gegen den FC Bayern München (0:2). Die Stadionzeitung »MillernTor-Magazin« wird kurzerhand zurückgezogen, weil sich Bayern-Manager Uli Hoeneß massiv beschwert hat: »Das Heft enthält eine Hetzkampagne.« Auf Seite 4 steht: »In einem Interview gab der Wurstfabrikant Hoeneß (›Nürnberger Bratwürstl‹) ein **Gastspiel als Sozialethiker**: ›Wenn ich das über Arbeitslose höre, muss ich mich totlachen. Die Hälfte, davon bin ich überzeugt, hat kein Interesse zu arbeiten.‹« Der verantwortliche Redakteur Werner Langmaack ist ob des Verkaufsstopps empört: »Das ist ein Anschlag auf die Pressefreiheit!« Und der Politiker und Vizepräsident des FC St. Pauli, Hans Apel, meint gar: »Vor 1918 gab es im deutschen Strafrecht einen Paragrafen der Majestätsbeleidigung. Offenbar glaubt das Bayern-Präsidium, dass es diesen Paragraphen immer noch gibt. Ende der Durchsage!«

Auch Udo Lattek stellt den Münchnern kein gutes Zeugnis aus. Für ihn ist die derzeitige Mannschaft zu »nichtssagend«: **»Bayern hat keine Stars mehr.** Wenn die Bayern in Zivilkleidung über die Düsseldorfer Kö gehen, würde doch nur Klaus Augenthaler erkannt.«

Den **Stellenwert des Fußballs** Ende der 1980er Jahre beschreibt Matthias Kleiner, Leiter der Öffentlichkeitsarbeit bei Daimler, sehr eindrucksvoll. Er sagt, er würde gerne den Fußball fördern, aber das sei gar nicht so einfach: »Ich bin ja ein Fußballverrückter. Aber wir haben noch nicht dieses Fußball-Bewusstsein im Betrieb, im Vorstand. Wenn ich heute sagen würde, wir investieren in den Fußball 15 Mio. Mark, könnte ich das nicht durchhalten.«

Der BVB ist der Vorreiter einer musikalischen Entwicklung in den Stadien: In Dortmund erklingt vor dem Spiel der Triumphmarsch aus der Oper »Aida« von Giuseppe Verdi. Tore feiert man im Westfalenstadion mit dem Cancan aus der Operette **»Orpheus in der Unterwelt«** von Jacques Offenbach.

„Modehaus Seide" heißt das Geschäft, das Bochums Mittelfeldspieler Woelk (links) mit seiner Frau Ellen eröffnet hat

Woelks neue Branche: Damen-Unterwäsche

● Bochums Kapitän **Lothar Woelk** (34) gilt bei seinen Kollegen in der Bundesliga als eisenharter Mann. Dreimal in seiner Karriere war er der Spitzenreiter in der Gelben-Karten-Liste. Nun hat sich Woelk einer seidenweichen Sache verschrieben: In Recklinghausen eröffnete er ein Geschäft für Damen-Unterwäsche – nur reine Seide aus Hongkong. Natürlich muß sich der Fußballer gelegentlich in seinem Modehaus sehen lassen, „aber die Beratung macht meine Frau", hat er seinen grinsenden Mannschaftskameraden versichert.

★ ★ ★

Die Geschichte mit dem » Klassenkampf«-Titel der (schließlich verbotenen) Ausgabe des »Millerntor-Magazins« geht übrigens noch weiter. Nachdem das Stadionheft des FC St. Pauli vor dem Spiel gegen den FC Bayern deutschlandweit Schlagzeilen gemacht hat, rudern die Macher in einer Presseerklärung mit einem zwinkernden Auge zurück: 1. Hoeneß wirkt nicht wie ein Kredithai, sondern wie ein Samariter und Bekämpfer von Armut und Hunger in der Dritten Welt. 2. Er hat keine verbitterten Gesichtszüge, sondern ein frisches, offenes und sympathisches Antlitz, seine Brille ist nicht affig, sondern todschick, seine Hautfarbe ist nicht käsig, sondern rosig, insbesondere wenn er vor Fernsehauftritten aus der Maske kommt. 3. Hoeneß verschoss bei der EM 1976 nicht den entscheidenden Elfmeter, sondern verwandelte ihn **elegant und unhaltbar**.

★ ★ ★

Andreas Thom wechselt nur einen Monat nach dem Fall der Mauer als erster Spieler der DDR offiziell in den Westen zu Bayer Leverkusen. Als Ablösesumme sind 3,8 Mio. Mark plus Arzneimittel im Gegenwert von einer Million Mark im Gespräch, auch wenn Calmund sagt: »Es steht keine Fünf vor dem Komma, keine Vier und keine Drei. Das schwör ich beim Augenlicht meiner Kinder!« Thom ist ganz bgeistert: »Ich find das gut, der erste Legale zu sein. Denn **abgehauen wär ich nie!**« Der Transfer nach Leverkusen kommt auch deshalb zustande, weil Calli eines Mittags bei den Thoms höchstpersönlich klingelt, nur kurz die Dame des Hauses mit einem Blumenstrauß und den Herrn mit einem Händedruck begrüßt und dann direkt ins Kinderzimmer durchläuft. Dort packt er zusammen mit Thoms Tochter Janine das große Paket mit der Holz-Eisenbahn aus, setzt sich auf den Boden und spielt erst einmal in Ruhe eine Runde Dampflok. Den begeisterten Eltern ruft er jovial und gelassen zu: »Dat mit dem Vertrach machen wir dann nachher janz gemütlich bei einem Happen Essen!«

Andreas Thom posiert vor einem Plattenbau in seiner Heimatstadt Berlin.

Andreas Möller geht nach der Saison zurück nach Frankfurt, doch der Wechsel läuft nicht geräuschlos ab. Vor über 50.000 Zuschauern im Stadion erklärt Möller, dass er nicht daran denke, innerhalb der Bundesliga zu wechseln. Als der Transfer zur Eintracht dann schließlich bekannt gegeben wird, reagieren die Zuschauer verärgert. Sie buhen Möller aus und schreien ihn nieder. BVB-Trainer Köppel wechselt den Mittelfeldstar aus: »Gegen Frankfurt nahm ich Andy raus, weil ich ihn erlösen wollte.« Möllers Berater, Dortmunds Ex-Manager Klaus Gerster, reagiert pikiert: »Okay. Sollten mal ›Köppel raus‹-Rufe kommen, müsste der Horst ja am meisten Verständnis haben, wenn der Vorstand dieser Forderung nachgibt.«

★ ★ ★

Beim Spiel des FC St. Pauli gegen den 1. FC Kaiserslautern (0:2) bringt Heimtrainer Helmut Schulte in der 77. Minute Manzi ins Spiel. Dummerweise ist der Brasilianer bereits nach Ivo Knoflicek und Jan Kocian **der dritte Ausländer** auf dem Platz. Direkt nach der Einwechslung geht Lauterns Trainer Kalli Feldkamp zum jungen Hamburger Übungsleiter, klopft ihm väterlich auf die Schulter und zeigt lächelnd auf die drei Akteure. Schulte kapiert, nimmt Knoflicek vom Platz und setzt sich nachdenklich auf seinen Stuhl. Einen besseren Zeitpunkt für seinen Fauxpas konnte sich Schulte allerdings nicht aussuchen: Am Ergebnis ändert sich nichts!

★ ★ ★

Kaiserslauterns neuer Trainer Gerd Rogensack **(»Zick, zack, Roggensack«)** ist in den ersten Trainingstagen etwas erschrocken: »Es war zunächst schwieriger, als ich angenommen hatte. Einige sind nicht so durchtrainiert aus dem Urlaub zurückgekommen, wie sich das für einen Profi-Fußballer gehört.« Nachfrage: »Mit Übergewicht?« Roggensack: »Das ist sogar noch freundlich ausgedrückt.«

★ ★ ★

Stefan Effenberg in Landestracht mit der Meisterschale auf dem Rathausbalkon, li. Ehefrau Martina.

Stefan Effenberg versucht sich beim Hochseeangeln.

Hinter jedem starken Mann steht eine starke Frau. So auch bei Gladbachs blondem **Jungprofi Stefan Effenberg**: »Sie ist keine Disco-Maus, die freitags und samstags ausgehen will. So eine brauche ich nicht. Martina sonnt sich nicht in meinem Licht. Sie hilft mir. Ich will nach ganz oben. Und Martina ist eine Frau, die mir den Rücken stärkt und ihn mir freihält. Eine Frau, wie ich sie brauche!« Und so eine sollte man natürlich festhalten, am besten sogar heiraten. Doch wann? Effenbergs Terminkalender ist prall gefüllt. Aber der Gladbach-Profi sieht das ganz locker und pragmatisch: »Irgendwann werde ich schon mal wegen der vierten Gelben Karte pausieren müssen.« Dann ergibt sich in der Winterpause aber doch noch eine andere Möglichkeit. Der von vielen schon als »Wuttke vom Bökelberg« verschriene Effenberg bricht sich während des Urlaubs im Schnee das Steißbein – beim Rodeln. Zwar ist vertraglich fixiert, dass alle Winteraktivitäten verboten sind, aber Effenberg meint ganz cool: »Ich lasse mir nicht vorschreiben, was ich alles machen darf und was nicht!«

Karl Allgöwer (VfB Stuttgart, li.) erzielt das Tor zum 3:0 gegen Torwart Volker Ippig. Man beachte die gewagte Farbkombination der Hamburger Trikots …

Mit 4:0 wird der FC St. Pauli vom VfB Stuttgart heimgeschickt. Eine **deftige Klatsche** mit einer kuriosen Vorgeschichte. Weil Schiedsrichter Assenmacher meint, dass die weißen Hosen der Hamburger die Unterscheidbarkeit der beiden Teams für die Zuschauer an den Schwarz-Weiß-Geräten (!) erschweren würde, sollen sie zu ihren hellbraunen Trikots andere Buchsen anziehen. Die haben sie aber nicht dabei. Freundlicherweise stellt der VfB Stuttgart rote Hosen zur Verfügung. Optisch auf jeden Fall schon einmal äußerst gewagt. Doch was viel schlimmer ist: Es handelt sich um Kleidung für Jugendliche. Alle Hosen sind einige Nummern zu klein. VfB-Spieler Jürgen Hartmann amüsiert sich nach dem Spiel köstlich: »Vielleicht war das doch ein bisschen unbequem.« Die TV-Zuschauer sollen aber sehr zufrieden gewesen sein.

★ ★ ★

Eine der seltsamsten Roten Karten der Bundesligageschichte kassiert Dieter Eilts beim 0:0 in Bochum. In der 88. Minute zieht der Bochumer Olaf Dressel an ihm vorbei, und als Eilts erkennt, dass er nicht mehr an dem Ball kommt, bremst er ab. Leider fällt Dressel in diesem Moment zu Boden. Schiedsrichter Kurt Witke zögert keine Sekunde und zeigt dem Bremer die Rote Karte. Als der VfL Bochum am Abend zu Gast im »Aktuellen Sportstudio« ist (die Sendung wird aus der nahegelegenen »Starlight Express«-Musicalhalle übertragen), gibt Dressel zu: »Ich bin wegen eines Krampfs gestürzt!«

★ ★ ★

Beim 4:0-Sieg des Hamburger SV über Werder Bremen ereignet sich um genau 20:14 Uhr ein **Bundesliga-Drama voller Schmerz und Leid**. Bei einer Rettungsaktion nach einem Heber des Bremers Wynton Rufer über Keeper Golz hinweg fliegt HSV-Kapitän Ditmar Jakobs ins Tornetz. Mit voller Wucht rutscht er über den Rasen. Am Boden öffnet sich ein Karabinerhaken und schnappt wieder zu: Jakobs hängt fest. Alle Rettungsversuche gehen zunächst ins Leere. Die Scheibe einer Flexmaschine bricht, und so muss Jakobs über 20 Minuten am Boden verharren. In den Armen des HSV-Masseurs Hermann Rieger leidet er fürchterlich. Auch beim Abtransport steckt der Haken immer noch in der Nierengegend fest.

Ohne zu wissen, wie schlimm die Verletzung tatsächlich ist, stellt HSV-Vize Becker fest: »Es ist zum Verzweifeln, wir haben die Seuche. Erst stürzt Fred Klaus in München in den Umlaufbahngraben und jetzt das mit Ditmar Jakobs!«

Nach dem Bundesligaspiel zwischen dem Karlsruher SC und Borussia Dortmund (2:1) kommt es zu einem Zwischenfall, der im Schiedsrichter-Zusatzbericht so beschrieben ist: »Nach dem Schlusspfiff kam Linienrichter Paulus in Richtung Mittellinie. Dort ging der Spieler mit der Rückennummer 2, Michael Schulz, auf den Linienrichter zu, trat ihm auf den Fuß und sagte: ›Man sollte dir auf die Fresse hauen, **du blinde Nuss!**‹ Das hörte auch der zweite Linienrichter!«

★ ★ ★

In Bochum will man das Talent Thorsten Legat unbedingt längerfristig an den Verein binden. Präsident Ottokar Wüst: »So dumm können wir doch gar nicht sein, einen 21-Jährigen laufen zu lassen, von dem sich der Verein in Zukunft noch viel erhofft.« Dumm nur, dass Manager Hilpert ausgerechnet den Tag der Vertragsunterzeichnung mit Legat komplett vergessen hat. Der Jungstar sitzt stundenlang **wie ein kleiner Schuljunge** vor dem Büro des Managers und wartet. Doch Klaus Hilpert ist bereits außer Haus. Ein bisschen verarscht sei er sich da schon vorkommen, sagt Legat und unterzeichnet wenige Tage später doch.

★ ★ ★

Bremen freut sich über einen exotischen Neuzugang. Über den Umweg Schweiz kommt **Wynton Rufer aus Neuseeland** zu Werder und wird deshalb bald nur noch »Kiwi« gerufen. Als er sich im Sommer aus der Schweiz verabschiedet, reist er nur mit einigen Koffern voller privater Gegenstände nach Bremen. Seine Möbel hat er verschenkt – an Passanten vor seiner Haustür. Rufer: »Ich bin bei der Heilsarmee. Meine Auffassung ist, dass ich durch den Fußball gutes Geld verdiene. Warum soll ich nicht denjenigen etwas davon zukommen lassen, die nicht so reich sind?« Rufer ist noch nicht lange so fromm und brav. Bis zu einer wundersamen Begegnung galt er als Lebemann, der seinem Trainer schon einmal bat, das Training am Donnerstagmorgen nach Europapokalspielen ausfallen zu lassen, mit der Begründung: »Ich muss abends immer so lange fernsehen, da kann ich am anderen Morgen nicht trainieren.«

★ ★ ★

Ein herrlicher Anblick: Beim Heimspiel des BVB gegen Homburg (3:0) sitzen 17 Kinder in schwarz-gelben Pullovern mit ihren aufgestickten Namen und der Aufschrift »Pokal 89« auf der Tribüne. Die Erklärung für dieses tolle Bild ist ganz einfach. Magrit Niebaum, die Mutter des Präsidenten Gerd, berichtet von der Einlösung einer **Wettschuld**: »Wenn Borussia in Berlin Deutscher Pokalsieger wird, stricke ich für jedes Spielerkind einen BVB-Pullover.«

★ ★ ★

Der Frankfurter **Peter Hobday** muss seine Karriere beenden. Am 14. Februar ist er mit seinem Auto gegen eine Hauswand geprallt. Bei seinem Comeback schießt Hobday sogar ein Tor, doch eine Woche später muss er sich gegen den HSV auswechseln lassen. Ihn plagen Kopfschmerzen. Nach einer Untersuchung sagt er: »Warmwasser kam ins rechte Ohr. Ich habe nichts gespürt. Warmwasser kam ins linke Ohr, mir wurde schwindelig.«

★ ★ ★

Homburgs neues Maskottchen »Pucki« (Bucky) ist ganz genauso heiß auf den Ball wie die Spieler des FC. In der Halbzeitpause der Partie gegen Karlsruhe (2:0) sprintet der Vierbeiner eifrig zwischen den Ersatzspielern der Gäste hin und her und schnappt freudig nach dem Leder.

VfB-Trainer **Arie Haan** gibt in den Niederlanden ein Buch heraus: »Genoeg gelachen!« (Genug gelacht). Auch das angebliche Nacktbaden bei der WM 1974 mit attraktiven Zimmermädchen ist ein Thema. Natürlich ist Haan unschuldig: »Vielleicht glaubt mir dann einer, dass ich nicht dabei war.«

★ ★ ★

Ein bisschen mehr Beherrschung bitte, Herr Fuchs: Obwohl die Düsseldorfer Fortuna mit 3:1 in Köln siegt und Uwe Fuchs ein Tor schießt, ist er **mächtig sauer** auf den Schiedsrichter. Der zeigt ihm wegen Meckerns die Gelbe Karte – und das will sich Fuchs nach Spielschluss noch einmal in Ruhe erklären lassen. Doch Schiri Dellwing hat dazu keine Lust, bittet den Düsseldorfer zu gehen und droht mit einem Zusatzbericht an den DFB. Fuchs ist nun richtig böse und tritt mit aller Gewalt gegen die Tür. Das Sport- und Bäderamt notiert noch vor Ort die Anschrift von Fuchs: Die Rechnung für die Reparatur geht wenige Tage später bei ihm ein!

★ ★ ★

Manni Burgsmüller 1975 im Trikot von RWE und 1989 auf der Ersatzbank bei Werder Bremen.

Manni Burgsmüller beendet seine lange Karriere. 1985 kam er mit 36 Jahren vom Zweitligisten Rot-Weiß Oberhausen zu Werder Bremen – persönlich beobachtet und verpflichtet durch Otto Rehhagel: »Mit Bart und Schlapphut verkleidet bin ich nach Oberhausen gefahren, hab mich auf einen Stehplatz gestellt. Die Fans neben mir schwärmten von Manni. Der war körperlich noch hundertprozentig drauf. Dazu diese Leichtfüßigkeit, die Spielintelligenz. Frau Burgsmüller ist damals vom Hocker gefallen, doch dem Manni habe ich etwas geschenkt, das ist einmalig. Der wollte aufhören und wurde zwei Jahre später Deutscher Meister. Sein erster Titel.« In der letzten Saison spielt Burgsmüller noch elfmal für Werder. Der Abschied ist nicht ganz fair verlaufen, wie Rehhagel findet: »So einen Mann muss ich lieben. Ich will das mal mit der Oper vergleichen. Manni war bis zuletzt ein großartiger Sänger. Etwas älter zwar, aber noch immer mit einer sehr guten Stimme. Und er hat uns so herrliche Arien gesungen, den darf ich gar nicht auspfeifen.«

★ ★ ★

Mannschaftsvorstellung Bayern am 12. Mai 1990 samt bayrischer Bananen.

Zitate der Saison

Nach einem überzeugenden 3:0-Sieg der Bayern zu Hause über Kaiserslautern sagt **Olaf Thon**: »Wir haben unheimlich viel Tempo gespielt. Ich glaube, sogar der Schiedsrichter hat sich eine Zerrung geholt.«

»Dieser Plastikklub macht die Preise kaputt!« Kölns Trainer **Christoph Daum** regt sich über Bayer Leverkusen auf.

Peter Lux kommt bei Waldhof Mannheim nicht zurecht. Er hat dafür nur eine vernünftige Erklärung: »Der Trainer versteht mich nicht, weil ich als einziger Spieler den Mannheimer Dialekt nicht beherrsche.«

»Bitte nicht, wir Schwatten müssen doch zusammenhalten.« **Anthony Baffoe**, der dunkelhäutige Spieler von Fortuna Düsseldorf, zum Schiedsrichter Werner, als dieser ihm die Gelbe Karte zeigen will.

»Ich kannte den Thom schon, als der Calmund noch das Bayer-Kreuz in die Aspirin-Tabletten drehte.« Karlsruhes Trainer **Winfried Schäfer** über den ersten Ost-West-Transfer.

Ankündigungsplakat des **1. FC Köln**: »DDR-Flüchtlinge haben freien Eintritt!« Darunter handschriftlich: »Haben die nicht schon genug gelitten?«

»Komisch, immer, wo wir gerade hinkommen, macht der Gegner auch prompt sein schlechtestes Spiel.« **Manfred Ommer**, Präsident des FC Homburg.

»Vielleicht liegt's daran, dass sie mit ihrer Werbung etwas verhindern wollen: Diesmal hat es Homburg geschafft, ein Fußballspiel zu verhindern.« **Helmut Schulte** nach dem 1:1 von St. Pauli gegen den FC.

»Ich bin doch kein Bewährungshelfer«, sagt Schalke Trainer **Peter Neururer**, als er hört, dass Charly Neumann gerne Wolfram Wuttke verpflichten wolle.

Dortmunds **Günter Breitzke** hat einen konsequenten und nachvollziehbaren Schlussstrich gezogen. Die Trennung von seiner Freundin begründet er so: »Sie hat immer gefragt: Wann spielst du wieder? Das ging mir schließlich auf die Nerven!«

Pierre Littbarski feiert die Grenzöffnung auf praktische Weise: »Wenn jetzt die Kinder beim Spielen einen Ball über die Mauer schießen, können sie ihn wenigstens wiederholen.«

So ganz hat sich **Klaus Augenthaler** mit seinem neuen Trainer bei den Bayern, Jupp Heynckes, noch nicht angefreundet: »Er weiß genau, wer raucht, und zählt deine Bierchen. Das war bei Udo Lattek anders. Der hat selbst am meisten gesoffen.«

Nürnbergs **Thomas Kristl** ist nach dem 4:0-Sieg über die Bayern riesig drauf. Sein Tor kommentiert er launig: »Als ich auf Raimond Aumann zulief, war ich sicher, dass ich das Tor machen würde. Ich überlegte noch, ob ich mit dem Ball in Richtung Haupttribüne oder Gegengerade laufen sollte. Dann entschied ich mich für die Gegengerade, weil ich da mehr Karten verkauft habe. Alle meine Freunde saßen dort.«

1990/91

»Wenn's lange regnet, wird jeder mal nass!«

In der Sommerpause sagt Leverkusens Reiner Calmund: »Vor den Bayern brauchen wir uns nicht mehr in die Hosen zu machen. In dieser Saison werden wir am Thron der Münchner kratzen.« Das sieht Bayerns Lautsprecher Stefan Effenberg allerdings ganz anders: »Die anderen sind **zu dumm zum Titelgewinn**.« Doch wenn zwei sich streiten, freut sich ja bekanntlich der Dritte. In diesem Fall die »Roten Teufel« aus der Pfalz. Unter der Leitung ihres neuen Trainers Karl-Heinz Feldkamp hatte Kaiserslautern in der Vorsaison ab März eine überragende Serie hingelegt, die Feldkamp zu folgender Aussage verleitete: »Wenn wir eine ganze Saison so gespielt hätten, wären wir vielleicht sogar Meister geworden.« Nun greifen sie tatsächlich an.

Der Sportliche Leiter Rainer Geye (li.) und Präsident Norbert Thines präsentieren überglücklich die Meisterschale.

Am Ende wird es ein **Zweikampf zwischen dem 1. FC Kaiserslautern und Bayern München**. Nachdem die Bayern am 23. März auf dem Betzenberg mit 1:2 verlieren, erzählen sie hinterher trotzig in die TV-Kameras: »Die Lauterer können doch nur Einwürfe und Eckbälle.« Woraufhin Stefan Kuntz, der Kapitän der »Roten Teufel«, spitzfindig entgegnet: »Erstaunlich, dass sie dann gegen uns verloren haben.« Auch Bayern-Manager Uli Hoeneß sagt trotz der Niederlage der Münchner auf dem Betzenberg: »Jeder, der Ahnung hat, weiß, dass Kaiserslautern nicht Deutscher Meister wird.« Es ist das berühmte Pfeifen im Wald, wie sich später herausstellt.

Zum Schluss der Saison wagen die Lauterer schließlich selbst einen ironischen **Großangriff auf die Bayern**. Nach dem 0:0 am 30. Spieltag in Düsseldorf und nur noch zwei Punkten Vorsprung auf die Münchner präsentieren sie der Presse T-Shirts mit ganz speziellen Aufdrucken: »Bayern ist schön. Lautern ist oben«, »München, Weltstadt mit Schmerz«, »Bayern sind laut, wir sind Lautern« und »Let's go Viezemeister«. Absichtlich mit »ie«, wie Stefan Kuntz erklärt: »Wie ernst wir das nehmen, zeigt die Schreibweise.« Die Shirts sind die Antwort auf eine Reihe von Sprüchen aus München, wie dieser von Olaf Thon: »Lautern wird Meister. Vizemeister!«

Nach dem 32. Spieltag dürfen sich die Lauterer schließlich wie der kommende Deutsche Meister fühlen. Vier Punkte auf die Bayern, die

Saisonverlauf 1990/91

Platz	Tore	Punkte
1.	72:45	48:20
2.	74:41	45:23
3.	46:29	42:26
4.	63:40	40:28
5.	60:38	40:28
6.	57:44	38:30
7.	50:43	37:31
8.	47:46	35:33
9.	49:54	35:33
10.	46:57	34:34
11.	42:51	33:35
12.	40:49	32:36
13.	46:52	31:37
14.	50:52	29:39
15.	40:54	29:39
16.	33:53	27:41
17.	34:54	23:45
18.	37:84	14:54

im Ruhrstadion gegen Wattenscheid 09 durch ein spätes Tor von Fink mit 3:2 unterliegen, lassen die Pfälzer jubeln. Dankbar schickt man 40 Kisten Sekt auf den Weg nach Bochum 6. Der Sieg ist nach der 7:0-Hinspiel-Klatsche eine besondere Genugtuung für die SG 09. Trainer Bongartz ist aus dem Häuschen: »**Ein großer Tag für Wattenscheid**, ein großer Tag für Wattenscheid 09!«

Die besten – Torjäger der Saison

Roland Wohlfarth (Bayern München)	21
Jan Furtok (Hamburger SV)	20
Andreas Möller (Eintracht Frankfurt)	16

Der große Tag des 1. FC Kaiserslautern muss aber nach dem 33. Spieltag noch warten. Bereits nach 20 Minuten liegt man zu Hause gegen Borussia Mönchengladbach mit 0:2 hinten. Nach 82 Minuten gar 0:3. Doch dann schießen Kranz und Labbadia die Lauterer in der 89. und 90. Minute noch einmal auf 2:3 heran. Stefan Kuntz, der gesperrte Kapitän, erlebt die dramatischen Schlussszenen als Co-Kommentator von Reinhold Beckmann für »Premiere«. Immer wieder schreit Kuntz völlig aufgelöst Kommandos wie »Hintermann« ins Mikrofon. Zwischendurch atmet er für einen Moment durch und realisiert, wo er sich gerade befindet: »Ich bitte meine Aufschreie zu entschuldigen – aber ich bin **kurz vor einem Herzinfarkt**!« Als das Spiel aus ist, reißt er die Kopfhörer hinunter und schmeißt sein Mikrofon in die Ecke. Gladbachs Christian Hochstätter entschuldigt sich hinterher fast ein wenig: »Wir konnten hier und heute doch nicht nur Spalier für den Deutschen Meister stehen.« Eine Woche später fegen die Lauterer den 1. FC Köln im Müngersdorfer Stadion vom Platz. 6:2 gewinnen sie und haben sich den Titel redlich verdient.

Der Spruch der Saison kommt von Wattenscheids **Trainer Hannes Bongartz**. Ende Mai haben seine Spieler in der Lohrheide endlich wieder eine Partie erfolgreich mit 2:0 gegen Düsseldorf nach Hause gebracht. Der erste Sieg zu Hause seit dem 9. November des letzten Jahres. Bongartz sichtlich erleichtert: »Ich habe gewusst, dass wir noch einmal ein Heimspiel gewinnen. Nach dem Motto: Wenn's lange regnet, wird jeder mal nass!«

Wattenscheid rettet sich schlussendlich genauso wie Düsseldorf sicher vor dem Abstieg. Bei der Fortuna wird der Österreicher **Josef Hickersberger** in der Winterpause als neuer Trainer vorgestellt. Ein Mann mit Prinzipien, der sofort unmissverständlich feststellt: »Ich werde auf keinen Fall der Clown oder Wurschtl der Bundesliga. Ich werde Ristic nicht kopieren.«

Alexandar Ristic

Ein **Galaabend für Brian Laudrup**. Zwei Tore schießt er selbst, drei bereitet er vor. Die SG Wattenscheid 09 wird mit 7:0 nach Hause geschickt. Doch beinahe hätte der Däne diesen Abend gar nicht erlebt. Coach Jupp Heynckes ist stinksauer auf Laudrup, als er am Freitag vor der Abfahrt ins Trainingslager statt der verabredeten 1.000 unterschriebenen Autogrammkarten nur 100 dabei hat. Ohne zu zögern schickt Coach Heynckes den dänischen Nationalspieler nach Hause. Am nächsten Mittag steht ein nervöser und übermüdeter Laudrup am Olympiastadion und wartet auf seine Mannschaft. Sichtlich geschafft überreicht er Jupp Heynckes die fehlenden 900 Karten. In einer Nachtschicht hat sich Laudrup die Finger wund geschrieben.

★ ★ ★

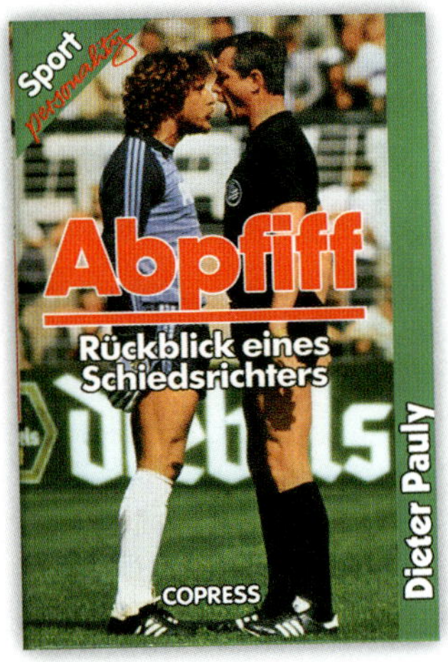

Ex-Schiedsrichter **Dieter Pauly** ist schon immer ein guter Geschäftsmann gewesen. Sein Sportgeschäft in Mönchengladbach bewirbt er gerne medienwirksam im TV mit dem Slogan: »Das Sporthaus mit dem besonderen Pfiff!« Als er nun sein Buch »Abpfiff« auf den Markt bringt, schmückt das Cover natürlich das weltberühmte »Sportfoto des Jahres 1981« mit ihm und Toni Schumacher (Pauly: »Der Toni kam nach einer Aktion vor dem Kölner Tor wütend auf mich zugerannt und rief: ›Wollen Sie nicht mal pfeifen?‹ Ich blieb stur stehen und sagte, er möge in seinen Kasten zurückgehen. Doch vorher zückte ich noch die Gelbe Karte«). Doch irgendetwas ist anders an dem Bild – nur was genau? Pauly hat das Foto manipulieren lassen. Statt »Stiebel Eltron« steht nun hinten auf der Werbebande »Diebels«. Der Brauerei soll der Deal geschätzte 20.000 Mark wert gewesen sein. Und es ist nicht der einzige Trick im Buch: Weil Pauly kein echtes Foto mit sich und dem Kaiser hatte, lässt er sich mit einer Pappfigur von Franz Beckenbauer ablichten.

Im Buch verrät Dieter Pauly (»Ich wollte immer ein Spielleiter und kein Richter sein«), wie er durch ein Erlebnis als A-Jugendspieler zum Schiedsrichter wurde: »Es war ein Freistoß, der mein Leben verändern sollte. Wutschnaubend, schweißnass und – so erinnere ich mich heute – wahrscheinlich unzufrieden mit meiner eigenen Leistung fuhr ich Rolf Göttel an: ›Mach doch deine Augen auf, bevor du pfeifst!‹ Göttel blieb absolut ruhig und blitzte mich freundlich, aber lakonisch an: ›Mach's doch erst einmal besser, wenn du so klug bist.‹« Kein Fußballspieler hat sich übrigens während seiner Karriere darüber gefreut, dass es diesen Tag für Pauly gab. Stellvertretend für diese Fraktion sagt Frank Mill: »Früher der Ahlenfelder – das war eine Granate, unheimlich locker. Aber das gefiel dem DFB nicht. Die wollen solche Figuren wie den Pauly haben. Immer adrett, akkurat, Brust raus, Stock ins Kreuz und dann wie eine Primadonna über den Platz. Und schön winken wie ein Polizeimeister. Vielleicht sollten sie denen noch einen Hochsitz wie beim Tennis besorgen.« Am 21. August erfährt Pauly trotz allem eine besondere Ehre: Als erster DFB-Schiedsrichter wird er mit einem **Abschiedsspiel** in den Ruhestand geschickt. Auf dem Bökelberg treffen Borussia Mönchengladbach und Ajax Amsterdam aufeinander.

★ ★ ★

Hans Kindermann feiert Jubiläum. 20 Jahre ist er nun bereits der Chef des DFB-Kontrollausschusses. Richtig viele Freunde hat er sich in der Fußballszene in dieser Zeit nicht gemacht, was aber auch nicht verwundern darf, schließlich ist Kindermann vor allem bekannt unter seinem Spitznamen **der »Chefankläger«**. Er selbst beschreibt in seinen Urteilen Übeltäter wie den Torwart Uli Stein gerne einmal als »charakterlos, kriminell und menschlich fies«. Die Gegenseite geht nicht weniger zimperlich mit ihm um. Karl-Heinz Feldkamp unterstellt ihm ein »Rechtsverständnis aus dem Jahr 1963«, und Winnie Schäfer

hält es gar für eine »Katastrophe, wenn Kindermann wiedergewählt« werden würde. Auch Bremens Manager Willi Lemke ist kein Freund des Chefanklägers: »Gerichtsverhandlungen arten zu Tribunalen aus, Trainer werden wie Schwerverbrecher behandelt. Ich unterstütze die Initiative, Kindermann abzusetzen.« Bereits 1983 hatte Hennes Jäcker, der damalige Präsident von Eintracht Braunschweig, beklagt: »Zum DFB kannst du mit dem lieben Gott als Verteidiger fahren. Es hilft nichts!« Kindermann selbst weiß allerdings auch, dass er nicht ganz ohne ist. Er glaubt aber, dies müsse so sein: »Wenn ich mal nicht mehr um mich beißen kann, bin ich auf meinem Posten wertlos.«

★ ★ ★

Der FC Bayern geht neue Wege. Für die Jugendmannschaften und die Amateure hat man **Hermann Gerland und Wolf Werner** verpflichtet – zwei ehemalige Bundesligatrainer. Auch für die beiden ein neues, noch etwas ungewohntes Leben. Gerland zu Werner: »Mensch, Wolf, vermisst du auch dieses tolle Gefühl?« Werner schaut ihn neugierig an: »Welches Gefühl genau?« Gerland lächelnd: »Na, vor Bundesligaspielen nachts um vier Uhr schweißgebadet aufwachen.«

Hermann Gerland hat alles im Griff.

★ ★ ★

Abwehrhaudege Michael Schulz verdient sich seinen Spitznamen »Rambo« immer mehr. Bei der Partie seines BVB beim KSC schickt Schiedsrichter Werner Föckler den Dortmunder mit Gelb-Rot vom Platz. Als dieser gerade wutschnaubend den Rasen im Karlsruher Wildparkstadion verlassen will, sieht er am Spielfeldrand einen Eimer stehen, der – so Schulz – »einfach umgetreten werden musste«. Der Fotograf Bodo Goeke hält die Kamera im richtigen Moment drauf und schießt so das **»Sportfoto des Jahres«**. Der gefoulte KSC-Akteur Daniel Simmes ist auch weit nach Spielschluss immer noch entsetzt von Schulz' Verhalten: »Er hat mich von der ersten Minute an beschimpft. Die Sprüche ›Ich räum dich ab‹ oder ›Du wirst das Spiel nicht heil überstehen‹ waren noch harmlos. Seine Fouls waren gemeingefährlich. Auch noch im Kabinengang hat er mich regelrecht gejagt. Wenn ihn Dortmunder Spieler nicht zurückgehalten hätten, wäre es zur Schlägerei gekommen.« Der BVB-Profi ist ein Wiederholungstäter. Knapp ein Jahr vorher fühlte er sich bei der Partie gegen den 1. FC Köln am 16. September vom Schiedsrichtergespann um Manfred Amerell benachteiligt. Damals marschierte Schulz nach dem Spiel schnurstracks zum Linienrichter Gerhard Paulus, stellte sich mit beiden Stollenschuhen und seinem vollen Gewicht auf einen von Paulus' Füßen und meinte trocken: »So, und jetzt haue ich dir einen in die Schnauze!« Obwohl es dazu nicht mehr kam, sperrte man Schulz für acht Wochen. Der Vorfall in Karlsruhe ist der dritte innerhalb eines Jahres. Und so urteilt DFB-Chefankläger Hans Kindermann streng: »Wenn ein zweifacher Dieb bei seinem dritten Vergehen wegen Betrugs vor Gericht steht, wird er auch nicht wie ein Ersttäter behandelt. Herr Schulz muss mit einer sehr harten Strafe rechnen.« In den Bundesligastadien wird der Dortmunder ab sofort mit »Schulz, du Sau«-Gesängen empfangen!

★ ★ ★

Der ehemalige St.-Pauli-Trainer Helmut Schulte ist gerade einmal ein paar Tage entlassen, als er Anfang März beim Spiel seines Ex-Klubs in München mitten in der Fankurve auftaucht. **Mit Schal und Bierbecher** ist er der Blickfang für die Fotografen. Den Überraschungssieg des FC St. Pauli (0:1) feiert Schulte in den Armen der Anhänger. Neu-Trainer Horst Wohlers ist allerdings nicht wirklich angetan von Schultes Aktion.

Der 17. Spieltag ist nicht der Tag der SG Wattenscheid 09. Bereits am Freitag um 13 Uhr startet der Klub zu seinem **Auswärtsabenteuer ins Frankenland**. Doch aufgrund des dichten Schneetreibens kommen die Wattenscheider nicht weit. Die erste Endstation ist Düsseldorf. Der Flughafen ist komplett gesperrt. Nichts geht mehr. Das Team fährt zurück nach Essen und übernachtet im Hotel. Um 5:30 Uhr am Spieltag werden die Profis geweckt. Nach dem Frühstück steigen die Wattenscheider um 7:03 Uhr in den IC »Franz Liszt« nach Nürnberg. Sitzplatzkarten für alle hatte der Verein so kurzfristig nicht organisieren können. Man wechselt sich auf den wenigen Plätzen ab. Mit einer Verspätung von 110 Minuten kommt man am Nürnberger Bahnhof an und wird von einer Polizeieskorte ins Stadion geleitet. Ankunft: 14:41 Uhr. Wattenscheid bittet sofort um eine Verschiebung der Anstoßzeit. Da sich die Trainer Haan und Bongartz allerdings nicht einigen können, entscheidet Schiri Dellwing: Es wird pünktlich angepfiffen. In der 13. Minute gehen die Wattenscheider nach einem Tor von Sané sogar noch in Führung, doch dann bricht das Unheil im dichten Schneetreiben über die Wattenscheider herein. 4:2 lautet das Endergebnis. Am Sonntagmorgen um 1:19 Uhr sind die Spieler schließlich völlig übermüdet und enttäuscht zurück in Essen.

Alf muss als Maskottchen der SG Wattenscheid 09 herhalten und ist an den Zaun gefesselt.

★ ★ ★

Die Bundesligisten haben ein Problem: den dritten Ausländer in der Mannschaft bei nur zwei erlaubten auf dem Spielfeld. Zumeist haben die Vereine mindestens drei sehr gute ausländische Akteure in ihren Reihen. Bei Bayern beispielsweise Alan McInally, Radmilo Mihajlovic und Brian Laudrup. Auch in Köln würde man gerne gleichzeitig mit Andrzej Rudy, Henrik Andersen und Anders Giske auflaufen. Besonders kurios: In Leverkusen stehen nach UEFA-Kriterien gleich fünf Ausländer unter Vertrag. Neben dem Rumänen Ioan Lupescu, dem Brasilianer Jorginho und dem Polen Marek Lesniak auch die ehemaligen DDR-Auswahlspieler Andreas Thom und Ulf Kirsten. Wenigstens bei den beiden entspannt sich die Lage nach der Wiedervereinigung am 3. Oktober. Das Gebot der Stunde: Es wird verzweifelt nach irgendeiner deutschen Großmutter im Stammbaum gefahndet. In Dortmund hat man allerdings bereits aufgegeben. Der **Russe vom Scheitel bis zur Sohle**, Sergej Gorlukowitsch, bietet einfach keine Angriffsfläche, wie Manager Michael Meier erkannt hat: »Mit dem Namen können wir ihn nicht eindeutschen.«

★ ★ ★

Das **Jungtalent Michael Sternkopf** kommt bei den Bayern irgendwie nicht richtig auf die Beine. Manager Uli Hoeneß gibt Sternkopfs ehemaligem Trainer Winfried Schäfer die Schuld an seiner schlechten Verfassung: »Der hat in Karlsruhe nur Geradeauslaufen gelernt.« Schäfer nimmt die Kritik locker und erwidert angesichts der üppigen Transferentschädigung von 3,5 Mio. Mark, die der KSC kassierte: »Nächstes Jahr verkaufe ich dem Uli Hoeneß eine Schaufensterpuppe von Hertie – für vier Millionen.« Und noch mit etwas anderem haben die Bayern bei Sternkopf so ihre Probleme: den langen Haaren. Hoeneß: »Er muss bei uns richtig erwachsen werden, muss sich durchsetzen. Aber das schafft er nur, wenn er sich auch als Typ verändert. Also, ab mit den Haaren!« Auch Klaus Augenthaler sieht Handlungsbedarf: »Wir haben in der Mannschaft schon beraten, ob wir sie ihm nicht irgendwann in der Nacht abschneiden sollen.« Die Hoffnung auf die Bundeswehr müssen die Bayern aufgeben. Aufgrund eines Bandscheibenvorfalls fällt er für den Dienst an der Waffe aus. Dabei hatte sich der Friseur dort schon sehr gefreut!

Im September ist **Udo Lattek zurück in Köln**. Seinen Job bei der »Sport Bild« hat er drangegeben, weil ihn das tägliche Fußballgeschäft wieder zu sehr gejuckt hat. Der Sportdirektor geht auch gleich auf die Suche nach neuen Spielern: »Mir wurde Bernd Schuster angeboten, ich werde mit ihm reden. Aber ich bezweifele, dass er uns helfen kann. Er ist zu langsam geworden, war noch nie stark im Zweikampf. Und er ist zu dick. Beim Abschiedsspiel von Woodcock soll er mit acht Kilo Übergewicht aufgelaufen sein.«

★ ★ ★

Charly Neumann liebt seinen Verein – und sein Verein liebt ihn. Der Großgastronom ist aber auch eine Seele von Mensch: »Ich mache alles auf Schalke. Den Alleinunterhalter, den Fahrer, den Clown – und wenn es sein muss, putze ich den Jungs auch noch die Schuhe. Für Schalke würde ich mein letztes Hemd geben. Auch wenn ich arm wie eine Kirchenmaus wäre. Ich bin **der letzte wahre Schalker**.« Und neuerdings ist Neumann auch der »Charly von Müllermilch«. 36.000 Mark kassieren die Königsblauen von ihrem Sponsor, weil das Schalker Unikum bei den Spielen vor der Nordkurve mit Käppi und Pullover vom Milchproduktehersteller herumtänzelt.

Präsident Günter Eichberg (re.) im Gespräch mit Mannschaftsbetreuer Charly Neumann.

★ ★ ★

Alan McInally (li.) und Roland Wohlfarth in der Startposition.

Bayern-Stürmer **Roland Wohlfarth** ist kein ganz einfacher Typ. Damit es bei ihm läuft, braucht es auch schon mal die Brachialmethode von Trainer Udo Lattek, der den zaghaften Torjäger eines Tages fragte: »Was machst du, wenn einer in dein Haus kommt, dir das Bier wegtrinkt, die Wurst wegisst und dir die Frau wegnimmt?« Wohlfarth antwortete völlig korrekt: »Dem hau ich eine in die Schnauze, Trainer!« Lattek war zufrieden: »Dann wehr dich gefälligst auch auf dem Fußballplatz!« Mittlerweile ist der Stürmer dazu übergegangen, sich selbst zu motivieren. Der Konkurrenzkampf mit McInally und Sternkopf fordert ihn heraus: »Ich rede mir laufend ein, dass die beiden sich warm laufen, dass der Trainer schon die Nummer 9 aus dem Kasten zieht, um mich auszuwechseln.« Eines von Wohlfarths größten Problemen ist sein Gewicht. Aber auch das versucht er sich inzwischen irgendwie schönzureden: »Obwohl bei mir sogar Mineralwasser Kalorien bekommt, bin ich überzeugt, dass Bayern nie einen findet, der mehr Tore schießt als ich.«

★ ★ ★

Helmut Grashoff ist bei Borussia Mönchengladbach als Manager ausgestiegen und redet Klartext: »Wir hatten immer die besten Trainer – **bis auf Wolf Werner**. Er war ein Flop.« Auch bei der Verpflichtung von Igor Belanow redet er nicht um den heißen Brei herum: »Herr Werner wollte Belanow und sagte zu mir: ›Den bekommen Sie nicht, das ist unmöglich.‹ Da wurde ich in meinem Ehrgeiz gepackt und habe den Transfer möglich gemacht. Ich würde Belanow heute nicht mehr verpflichten.«

Igor Belanow (li.) und Norbert Meier.

In der Bundesliga grassiert das **»Na gut, ja gut«-Fieber**. Ex-Teamchef Franz Beckenbauer war der Vorreiter, nun machen es ihm seine ehemaligen Nationalspieler und fast alle anderen Bundesligaprofis nach. Beinahe jede Antwort eines Interviews mit Möller, Völler, Kohler, Littbarski und Co. wird mit einem nachdenklich dahingehauchten »Na gut« oder »Ja gut« begonnen. Für Fernsehzuschauer nur schwer zu ertragen – außer, man zählt fleißig mit, wie viele »Na/ja gut«-Satzeinleitungen die Herren Fußballprofis in einem Interview unterbringen können. Ein weiterer Trendsetter, Andreas Brehme, verspricht einem Fan sogar in seinem nächsten Interview statt »Ja gut« einfach »Ja mei« zu sagen: »Dann weißt du, dass ich an dich gedacht habe!«

★ ★ ★

Am 27. Oktober wird auf dem Lauterer Betzenberg **Schiedsrichter Wolf-Rüdiger Umbach** von einem Feuerzeug niedergestreckt. Ein 20-jähriger Zuschauer hat es ihm nach Wattenscheids Führungstreffer genau an den Kopf geworfen. Nur einen Moment bleibt der Mann in Schwarz auf dem Boden liegen, steht dann wieder auf und leitet die Partie bis zum Ende. Hinterher erzählt er: »Ich hatte nie an einen Abbruch gedacht. Den absoluten Personenschutz gibt es nicht. Die Attentate auf die Politiker (Anmerkung: am 25. April 1990 wurde SPD-Kanzlerkandidat Oskar Lafontaine bei einem Wahlkampfauftritt in Köln-Mülheim niedergestochen) belegen das. Dagegen kann der Verein nichts tun.« Kaiserslauterns Trainer Kalli Feldkamp ist begeistert: »So souverän, wie Dr. Umbach die Sache wegsteckte und das Spiel zu Ende führte, hat er neue Maßstäbe gesetzt!«

★ ★ ★

Der neue Deutsche Meister feiert den Titelgewinn auf einem Schiff **den Rhein hinunter**. Mitten hinein in die ausgelassene Stimmung an Bord überraschen die Spielerfrauen zusammen mit Andy von der Band »Vanden Plas«, ein Cousin von Kapitän Stefan Kuntz, die Mannschaft mit einem selbst komponierten Lied: »Keep on running, keep on fighting«. Und die Damen singen den Song mit Unterstützung von Andy komplett selbst. Hier ein Textauszug: »Hör auf den Wind, fang an, ihn zu versteh'n / Du kannst die Kraft, die in dir liegt, auch in ander'n Dingen seh'n / Sometimes in life, a man feels like a stone / Thousand years of strength in him, without a real home / Wie lange fliegt ein Drachen ohne Wind / und wär so gerne ohne Schnur, wenn der Sturm beginnt? / Keep on running, and keep on fighting / Run for the best of your life! / Keep on running, and keep on fighting!«

★ ★ ★

Im Februar verpflichtet Schalke den Bayern-Spieler Radmilo Mihajlovic. Dabei kommt es zu einer kleinen Privatfehde zwischen dem königsblauen **Sonnenkönig Günter Eichberg** und Uli Hoeneß. Die Geschichte dieses Streits gelangt an die Öffentlichkeit, weil sich der Bayern-Manager diebisch freut, dass er die Ablösesumme durch einen Trick um eine halbe Millionen anheben konnte. Eigentlich ist alles klar: Schalkes Manager Helmut Kremers hat als fixen Betrag bereits 2,5 Mio. mit den Bayern ausgehandelt. Doch Eichberg will lieber selbst ran und verkündet, noch bevor die Verträge unterschrieben sind, etwas voreilig den Wechsel des Jugoslawen nach Gelsenkirchen. Das passt Hoeneß überhaupt nicht. Er lässt Eichberg ausrichten: So nicht! Der kontert wiederum selbstsicher: »Der Hoeneß glaubt immer noch, dass er der Größte ist. Der kann mich mal am Hobel blasen.« München stellt sich ein bisschen bockig, Eichberg legt noch etwas drauf, und Mihajlovic bekommt die Erlaubnis zum Wechsel. Hoeneß jubiliert: »Hätte der Kremers die Verhandlungen geführt, wäre Mihajlovic eine halbe Millionen billiger gewesen. Wenn wir mit solchen Komödien immer 500.000 Mark verdienen, dann darf mich der Eichberg so oft am Hobel blasen, wie er will. Er braucht nur Ort und Zeitpunkt bekannt geben. Ich bin sofort bereit.«

Viele Jahre ist Ruhe. Die Geschichte wird immer weiter ausgeschmückt, bunter und größer. Bis sich eines Tages Günter Eichberg selbst zu Wort meldet, einiges klarstellt und die Story um eine Pointe erweitert: »Da sind abenteuerliche Sachen im Umlauf. Wahr ist Folgendes – und das ist keine Geschichte, in der ich besonders gut abschneide. Ich war damals selbst in München. Niemand anderes. Und die Ablösesumme mit Bayern war relativ schnell fix. Die haben mir gesagt, du kannst den McInally kriegen oder den Mihajlovic. Einer von beiden konnte damals bei Bayern nur spielen. Ich habe mich für Mihajlovic entschieden. Und die Ablösesumme, das waren damals auch fünf Millionen, die habe ich höchstpersönlich – bis zum heutigen Tag – bezahlt und nicht einen Pfennig davon zurückbekommen. Das ist die Wahrheit und was immer da geschrieben und von wem auch immer behauptet wird, ist **totaler Stuss**. Und das ist hinterher auch noch weitergegangen, weil er ein Handgeld bekam, das musste auch noch versteuert werden – das hatte er natürlich nicht getan, er hatte es nach Jugoslawien geschafft. Dafür musste ich dann auch noch die Steuern bezahlen.

Bei den Verhandlungen war ich mit ihm um nur eine Ecke auseinander, was seine eigenen Bezüge anging. Und das Gespräch hat in der Wohnung meines Bruders, der in München wohnte, stattgefunden, also im privaten Zirkel. Mic ging allerdings öfter ans Telefon, und offenbar waren auf der anderen Seite Fritz Scherer, der damals Bayern-Präsident war, und Uli Hoeneß, der schon Manager war, am Telefon. Und die haben ihm immer ins Ohr geflüstert, was er mir sagen soll.

Irgendwann war ich es mal leid, da habe ich gesagt: ›Pass mal auf, Mic, gib das Formular mal her. Ich unterschreib jetzt den Vertrag und habe **das Handgeld offen gelassen**. Ich gehe jetzt auf die Toilette, und wenn ich wiederkomme, hast du da eine Zahl eingesetzt und unterschrieben oder eben nicht.‹ Und als ich dann wiederkam, habe ich gesehen, dass er eine Zahl eingesetzt hatte, die eher in der Nähe dessen war, was ich mir in unserem Gespräch so vorgestellt hatte – nicht das, was er gedacht hatte. Erst drei Tage später habe ich dann bemerkt, als ich mir das noch einmal angeguckt habe, dass dieser kleine Sausack ein Dollarzeichen davor gemacht hatte. Da war dann nichts mehr zu machen und das wurde auch bezahlt und irgendwann vergessen. Vergeben aber bis heute nicht.«

★ ★ ★

Bei Bayer Uerdingen bemerkt **Trainer Timo Konietzka** bei seinem Nachwuchsspieler Andreas Sassen, dass dieser die ganze Woche über schon heftig schwitzt. Sassen entgegnet seinem Coach: »Logisch, Trainer, ich lauf ja auch am meisten!« Konietzka lässt nicht locker: »Gib zu, dass du nervös bist vor deinem ersten Bundesligaspiel und heimlich Bier trinkst.« Sassen will davon jedoch nichts wissen: »Ich und nervös? Quatsch. Niemals!« In den Folgejahren wird Sassen bei all seinen Vereinen Probleme mit Alkoholeskapaden haben. 1996 ist seine Fußballerkarriere schließlich beendet, nachdem er aus dem Wattenscheider Trainingslager an der Algarve mit einer holländischen Bardame abhaut und tagelang verschwunden bleibt. Seine Mannschaft reist ohne ihn ab. Konietzkas Vermutung bestätigt sich. Leider auf tragische Weise – im Jahr 2004 stirbt Sassen an einem Gehirnschlag.

Die Bundesliga rätselt: **Wer ist wer?** Bei den Kremers-Zwillingen war es ein Muttermal, an dem man Erwin von Helmut unterscheiden konnte, wenn man ganz genau hinsah. Bei den Stuttgarter Schmäler-Zwillingen gibt es äußerlich nicht einen einzigen Ansatz zur Unterscheidung. Olaf gibt zu, dass es sehr, sehr schwierig sei, die beiden auseinanderzuhalten – einzig beim Essen könne es gelingen: »Zwischen Nils und mir gibt es bloß einen gravierenden Unterschied – ich mag keine Zwiebeln!« Für die Zuschauer ist es etwas einfacher, da zumeist nur Nils Schmäler im Kader ist. Zwilling Olaf tun deshalb die Momente besonders weh, wenn der Bruder mit der Mannschaft zu den Spielen abreist. Die Verbindung ist sehr eng: »Nils steckt in mir drin. Er ist die zweite Hälfte von mir.« Das müssen auch die Trainer leidvoll erfahren, wie Olaf erzählt: »Wenn ich mir im Training einen blauen Zeh hole – passiert dem Nils am nächsten Tag genau das Gleiche. Verrückt, oder?«

★ ★ ★

Rico Steinmann wird zur nächsten Saison vom Chemnitzer FC zum 1. FC Köln wechseln. Ein gutes Geschäft für Steinmann, wie die »Wunschliste« des Chemnitzers an den FC zeigt: »Ein Jahresgehalt von 620.000 Mark«, »ein Handgeld von 250.000 Mark netto pro Vertragsjahr«, »ein Haus in entsprechender Umgebung und meinen Bedürfnissen entsprechend (zwei Kinderzimmer, ruhige Lage) als mein Eigentum« und die »Bereitstellung eines Autos während der Vertragszeit beim 1. FC Köln«. Sportdirektor Udo Lattek kann die aufgebrachten FC-Fans jedoch beruhigen. Der Vertrag sei völlig normal, und außerdem läge »Rico in unserer Gehaltstabelle erst auf Platz fünf oder sechs.«

★ ★ ★

Nürnbergs **Vlado Kasalo** wird verdächtigt, in den Spielen gegen den VfB Stuttgart (0:1) und den Karlsruher SC (0:2) jeweils absichtlich ein Eigentor erzielt zu haben. Nachdem der 1. FC Nürnberg erfährt, dass Kasalo Stammkunde in verschiedenen Spielcasinos ist, wird er vom Club beurlaubt. Die Absicht bei seinen Eigentoren kann man Kasalo allerdings nicht nachweisen. Es ist jedoch der Beginn einer Phase, in der kuriose Gerüchte um den Kroaten die Runde machen. Es wird erzählt, dass er Militärfahrzeug-Bestände der Bundeswehr in großem Stil legal aufkauft. Überwiegend Jeeps, natürlich ohne die Waffen auf den hinteren Trageflächen. Die wurden vorher von einer Spezialfirma entsorgt – einem Unternehmen, das unter Kasalos Namen laufen soll.

★ ★ ★

Und da sage noch einer, in der Bundesliga gebe es keinen Humor: Bei der Gladbacher Weihnachtsfeier bekommt der in München-Milbertshofen geborene Bayer Thomas Kastenmaier **ein Deutsch-Wörterbuch** geschenkt. Und Torhüter Uwe Kamps darf sich über einen Besen und ein Fernrohr freuen. Ex-Manager Helmut Grashoff schmunzelnd: »Lieber Uwe, mit dem Besen kannst du endlich deinen Strafraum sauber halten. Und das Fernrohr soll dir helfen, gegnerische Flanken rechtzeitig zu erkennen.«

★ ★ ★

Die Bundesliga bestaunt die **»Kuntzsäge«** des Lauterer Kapitäns: »Die habe ich mir im Winter im Eishockey abgeschaut. Diese sägende Armbewegung des Torschützen nach einem Treffer fand ich so irre, dass sie mir gleich ins Blut ging. Prompt habe ich sie nachgemacht. Nicht absichtlich. Nur ganz intuitiv. Rein aus der Euphorie.«

Peter Neururer verzweifelt in Berlin. 6:0 hat Werder Bremen seine Hertha besiegt, und dennoch spricht der genervte Trainer von einer hundertprozentigen Steigerung gegenüber den vorherigen Spielen. Ironie pur. Dass Neururer die Gesamtlage überaus humorig sieht, beweist er schon vor der Partie. Als Ergebnistipp gibt er ein 7:7 an, und auf die Verletzungsmisere angesprochen, reagiert er so: »Es war einmal ein Trainer, der warf elf Leibchen in die Luft. Und alle seine Spieler, die sich eins schnappten, spielten.«

★ ★ ★

Charly Körbel hört auf. Bereits nach dem 600. Spiel überreicht ihm sein Präsident Matthias Ohms eine Magnum-Flasche Champagner mit den Worten: »In dieser Flasche sind die Tränen des Präsidiums!« Dass es am Ende »nur« 602 statt der möglichen 603 Spiele werden, hat vor allem ein Mann zu verantworten: Schiedsrichter Michael Prengel. Als er am 8. Juni 1991 in seine Brusttasche greift und den gelben Karton zückt, läuft Charly Körbel ein eiskalter Schauer den Rücken hinunter. Die vierte Gelbe Karte der Saison durchkreuzt seinen Plan, die Laufbahn im heimischen Waldstadion gegen den VfB Stuttgart mit dem Einzug in den UEFA-Pokal stilvoll ausklingen zu lassen. Obwohl Körbel vor der Partie Prengel die besondere Situation extra erklärt hatte, kann der Schiri die Aufregung um seine Person nicht verstehen. Für ihn trägt ganz alleine Körbel die Schuld: »Es hat mir nicht leid zu tun, er hätte sich anständig benehmen sollen.«

Zitate der Saison

Kölns Trainer **Erich Rutemöller** zeigt wenige Tage vor seinem berühmten Ausspruch im Pokal-Halbfinale, »Mach et, Otze«, zu seinem Spieler Frank Ordenewitz, wie emotional er im knallharten Bundesligageschäft agiert: »Vor dem Spiel gegen Wattenscheid standen wir unter Druck. Ich lag nachts um ein Uhr in meinem Hotelbett. Da klingelte das Telefon. Litti war dran. Gerade mal 60 Minuten nach seiner zweistündigen Operation. Er wünschte mir viel Glück fürs Spiel. Da hatte ich Tränen in den Augen und wusste: In dieser Mannschaft bin ich zu Hause!«

»In Gladbach stehe ich vor einem Müllberg, in München stehe ich vor dem Brenner!« **Stefan Effenberg**

»Es könnte mir einen Punkt besser gehen.« KSC-Trainer **Winfried Schäfer** im Oktober auf die Frage, wie es ihm gehe.

»Der hat 56 Länderspiele auf dem Buckel, aber keinen Videorekorder.« Kaiserslauterns **Demir Hotic** über seinen Mannschaftskameraden aus der DDR, Rainer Ernst.

»Wir haben grundsätzlich keine Schmerzen, wir haben Aspirin.« Der Vorsitzende von Bayer Leverkusen, **Gert-Achim Fischer**, auf die Frage, wo denn die Schmerzgrenze bei der Ablösesumme für Jorginho liege.

»Meine Taktik ist nicht ganz aufgegangen. Der Gegner hatte zu viele Torchancen.« Düsseldorfs Trainer **Josef Hickersberger** nach dem 1:0-Sieg seiner Fortuna beim FC Bayern München.

Der Neu-Stuttgarter **Matthias Sammer** hat immer noch Angst vor den Nachwirkungen der DDR: »Bei unserer Meisterschaftsfeier 1989 musste ich Stasi-Boss Erich Mielke die Hand geben. Bis jetzt ist sie mir Gott sei Dank nicht abgefault!«

1991 | 92

»Leider gibt es auch drei schwarze Männer, die dazugehören!«

»Vielleicht bin ich heute ein Stück unsterblich geworden«, sagt Guido Buchwald, der Schütze des entscheidenden Tores für den neuen Deutschen Meister VfB Stuttgart. Im letzten Saisonspiel bei Bayer Leverkusen trifft er wenige Minuten vor Schluss per Kopf. Während die VfB-Fans jubeln, herrscht in Frankfurt und Dortmund Katzenjammer. Nur die Tordifferenz lässt den BVB trotz eines gleichzeitigen Sieges in Duisburg auf dem zweiten Platz verharren, während die Eintracht nach der 2:1-Niederlage in Rostock mit dem Schiedsrichter hadert. Völlig zu Recht, wie dieser selbst zugibt. Nachdem sich Alfons Berg im Fernsehen die strittige Szene angesehen hat, sagt er: »Es war ein klarer Elfmeter. Ich habe **Mitleid mit der Eintracht**.« Am nächsten Tag auf dem Balkon des Römerbergs ist die Enttäuschung über die Benachteiligung bei den Spielern noch nicht verflogen. Stellvertretend für alle meint Torwart Uli Stein: »Dass es nicht gelangt hat, war nicht nur unsere Schuld. Leider gibt es auch drei schwarze Männer, die dazugehören.«

Eine Vorentscheidung gegen einen Deutschen Meister Borussia Dortmund fiel bereits am 31. Spieltag. Nürnbergs Stürmer Wück flog an diesem Tag so elegant durch den Dortmunder Strafraum, dass Schiri Kasper nicht lange zögerte und auf den Elfmeterpunkt zeigte. Den Strafstoß verwandelte Sergio Zarate in der 12. Minute sicher. Am Ende unterliegt der BVB dem Club mit 2:1, und Dortmunds Abwehrrecke Günter Kutowski ist stinksauer: »Ein absoluter Schwalbenkönig, dieser Wück. Ich werde wahnsinnig, wenn uns dieses linke Ding die Meisterschaft kostet.« Doch diesen Schuh will sich **der »fliegende Nürnberger«** Wück nicht anziehen: »Nicht ich entscheide die Meisterschaft, sondern die Vereine selbst.« Damit hat er natürlich Recht, aber tatsächlich fehlt dem BVB am Ende genau dieser eine Punkt auf den VfB Stuttgart.

Zwischenzeitlich durfte Borussia Dortmund am vorletzten Spieltag nach einem 3:1 gegen Bayer Leverkusen wieder Hoffnung im Titelkampf schöpfen. Mit großem Interesse verfolgt man die Zwischenergebnisse aus Stuttgart (1:1 gegen Wattenscheid) und Frankfurt. Als dort das 2:1 für Bremen fällt, schreit das komplette Westfalenstadion »Werder, Werder«. **Trainer Hitzfeld** gesteht: »Da ist es mir kalt den Rücken hinuntergelaufen!« In Frankfurt trauert man nach dem 2:2 gegen Bremen den verpassten Chancen nach. Da helfen auch die aufmunternden Worte des Gästetrainers Otto Rehhagel nicht mehr viel: »Wenn die Eintracht Meister wird, wäre das ein Triumph für den Fußball!«

Saisonverlauf 1991/92

Platz	Tore	Punkte
1.	62:32	52:24
2.	66:47	52:24
3.	76:41	50:26
4.	58:41	44:32
5.	58:42	44:32
6.	53:39	43:33
7.	54:51	43:33
8.	48:50	41:35
9.	44:45	38:38
10.	59:61	36:40
11.	45:45	34:42
12.	32:43	34:42
13.	37:49	34:42
14.	34:50	34:42
15.	38:55	33:43
16.	50:60	32:44
17.	53:64	31:45
18.	43:55	31:45
19.	43:55	30:46
20.	41:69	24:52

Am Anfang der Spielzeit mischt der letzte Meister der DDR, **Hansa Rostock**, die Bundesliga tüchtig auf. Bis zum siebten Spieltag steht Hansa fünfmal auf dem ersten Tabellenplatz. Auch ein Verdienst von Trainer Uwe Reinders, der zu Beginn seiner Zeit im Osten der Republik erst einmal Entwicklungsarbeit verrichten musste: »Wenn früher einer den Ball abgewehrt hatte, war für den der Fall erledigt. Der hat dann nur noch in der Nase gebohrt.« Zum Schluss gerät Rostock immer mehr ins Trudeln und steigt ab. Immerhin hat man zweimal den großen FC Bayern mit 2:1 besiegt. Wobei das in diesem Jahr nicht allzu schwierig war. Denn lange Zeit sind sie direkte Tabellennachbarn der Rostocker. Und als hätte er es geahnt, sagte Manager Uli Hoeneß vor der Saison: »Unser Ziel muss es sein, nicht gegen den Abstieg zu spielen.« Das gelingt in einer turbulenten Spielzeit allerdings nicht immer. Anfang März wird Torwart Raimond Aumann auf eine für Münchner Verhältnisse völlig neue Entlohnung angesprochen. Angewidert antwortet der Bayern-Keeper: »Nichtabstiegsprämie. Alleine bei dem Wort bekomme ich eine Gänsehaut.«

Die besten – Torjäger der Saison

Fritz Walter (VfB Stuttgart)	22
Stéphane Chapuisat (Bor. Dortmund)	20
Roland Wohlfarth (Bayern München)	17

KSC-Trainer Winfried Schäfer fragt nach dem 37. Spieltag mit einem schelmischen Grinsen: »Warum soll Mehmet Scholl zu den Bayern gehen? Er wird sich doch nicht verschlechtern wollen!« Die Karlsruher stehen auf Platz acht und die Bayern nach dieser **Katastrophensaison** auf Platz zehn.

Trainer Uwe Reinders (li.) und Assistent Jürgen Decker mit der Meisterschale des NOFV.

Die SG Wattenscheid 09 kann sich retten, und Trainer Hannes Bongartz ist erleichtert. Nach nur 13 Punkten am Ende der ersten Halbserie hatte es noch übel ausgesehen: »Wir lagen schon in der Kiste, der Deckel war drauf, nur die Nägel fehlten noch.« Nun ist Bongartz optimistisch: »Wenn es stimmt, dass Totgesagte länger leben, dann haben wir noch eine **lange Zeit in der Bundesliga** vor uns.«

Stefan Effenberg und Andreas Keim am 4.4.1992 beim Spiel Stuttgarter Kickers gegen Bayern München.

Die Stuttgarter Kickers müssen in die zweite Liga. Einen Mann trifft dieser Abstieg besonders hart: **Andreas Keim**. Bereits mit dem Karlsruher SC, Fortuna Düsseldorf, dem FC Homburg und 1989 ebenfalls mit den Kickers hatte er den Klassenerhalt nicht geschafft. Ein Mann, der weiß, wie sich Keim jetzt fühlt, ist Jürgen Rynio. Im »kicker« tröstet er den Profi der Stuttgarter Kickers: »Fünfmal abgestiegen aus der Bundesliga! Andreas Keim hat meinen ›Rekord‹ eingestellt. Ich kann ihm dazu nur sagen: Lass den Kopf nicht hängen, Andy, such nicht die Schuld bei dir. Jeder weiß, dass man im Fußball als Einzelner kaum etwas ausrichten kann. Darüber habe ich nach manchem Abstieg nachgedacht, und immer wieder kam ich zu der Feststellung, dass ich allein nicht allzu viel bewirken konnte, obwohl ich stets überdurchschnittliche Leistungen gebracht habe. Fünfmal abgestiegen ist in erster Linie etwas für die Statistik. Mich hat dieser ›Rekord‹ nie ernsthaft belastet, und ich hoffe, dass es Andreas Keim ebenso gehen wird.«

★ ★ ★

TV-Showmaster Thomas Gottschalk löst im November im Münchner Olympiastadion beim Bundesligaspiel zwischen dem FC Bayern München und Bayer Leverkusen eine verlorene Wette ein und sitzt vor der Partie zwischen Lerby und Hoeneß auf der Bayern-Bank. In Trachtenjacke und mit einer rot-weißen Pudelmütze auf dem Kopf begeistert er nicht nur die Münchner Offiziellen. Im VIP-Bereich unterschreibt der »Wetten, dass …?«-Moderator schließlich noch einen Mitgliedsantrag – allerdings ohne zu bezahlen. Präsident Fritz Scherer ist jedoch gnädig: »Wir werden dem Herrn Kredit einräumen!«

★ ★ ★

Schalke braucht Geld und hat eine ebenso simple wie gewinnversprechende Idee: Man möchte im Parkstadion vor den Spielen ein eigenes Wettbüro einrichten, zusammen mit der Nordwest-Lotto. Und die ist begeistert, wie deren Sprecher erklärt: »Wenn man sieht, was in Schalke auf der Tribüne allein unter der Hand verzockt wird, kann man als Lottogesellschaft neidisch werden.« Der Gewinn pro Partie wird auf 75.000 Mark geschätzt. Bis kurz vor Spielbeginn können die Fans wie gewohnt auf eine Vielzahl von Möglichkeiten tippen. Und direkt nach dem Spiel eventuelle Gewinne gleich realisieren.

★ ★ ★

Udo Lattek hört endgültig auf, da ist er sich ganz sicher. Nach dem 1:1 gegen die Bayern am siebten Spieltag räumt er freiwillig die Bank des 1. FC Köln. Er ist müde, ausgelaugt und merkt, dass er den Job nicht mehr richtig ausüben kann: »Ich habe keine Lust mehr, den Affen zu machen. Wenn ich Trainer bin, muss ich mit den Spielern leben, leiden, schwitzen. Aber es interessiert mich nicht mehr, ob der mit rechts oder links flankt.«

Michael Köcher und Heinz Kühne produzieren gemeinsam mit dem Sänger Christian Fuchs den Song **»Meine Diva vom Main«**. Anlässlich des möglichen Titels ist die Platte bereits vor dem entscheidenden Spiel in Rostock mit dem Aufkleber »Eintracht Frankfurt Deutscher Meister 1992« versehen. Manager Gerster möchte das Lied zunächst nicht zulassen, da es bei einem Testpublikum nicht gut ankam. Viele empfinden die Textzeile »Mach ihn rein / meine Diva vom Main / zeig mir, dass es bei uns funkt / treib mich zum Höhepunkt / mach ihn rein« schlicht zu obszön. Der Song erscheint trotzdem. Genau wie eine Sonderpostkarte für den neuen Deutschen Meister – der am Ende allerdings doch nicht Eintracht Frankfurt, sondern VfB Stuttgart heißt.

★ ★ ★

Frankfurts Torwart **Uli Stein** erzählt, dass er bereits seit 1979 mit einem tauben Finger spielt. Nach einem doppelten Sehnenriss konnte ihm kein Mediziner mehr helfen: »Die Ärzte haben mir gesagt: ›Wenn der kleine Finger Sie stört, nehmen wir ihn ab.‹ Aber lieber einen krummen Finger als keinen.« Im Spiel tapet er den kleinen Finger an den Ringfinger. Die einzig mögliche Variante, aber auch eine mit Tücken: »Bei Schüssen oder Flanken kommst du manchmal nur mit den Fingerkuppen an den Ball. Das ist so, als wenn Boris Becker einen Ball nur mit dem Rahmen seines Tennisschlägers erwischt.«

★ ★ ★

Dragoslav Stepanovic geht bei schönem Wetter nie ohne Sonnenbrille aus dem Haus, und an Spieltagen trägt er Anzug: »Nach einer Woche harter Trainingsarbeit ist das mein Sonntag, und sonntags zieht man sich in Jugoslawien fein an.« Neben all den Äußerlichkeiten zeigt der Trainer der Frankfurter Eintracht auch eine nachdenkliche Seite von sich. In einer Art Tagebuch hat er sich Gedanken zu seiner Arbeit und seinen Spielern notiert: »Ich warne euch: Versucht nicht, mich von meinem Weg abzubringen. Ich gebe euch keine Chance.« – »Ihr wisst, in was ihr euch eingelassen habt: Die Bundesliga ist zu vergleichen mit der Fremdenlegion. Ihr müsst jedes Mal das Beste geben, um euren Kopf zu retten.« – »Eure Schwäche ist, zu schnell aufzugeben, wenn es nicht läuft!«

Jetzt ist die Eintracht sein Bier

Den Job hinter dem Tresen in seinem Lokal „Stepi's Treff" muß Dragoslav Stepanovic aufgeben: „Keine Zeit."

Reguläre Spiele sehen anders aus. Die Partie am 17. Spieltag zwischen Borussia Dortmund und der SG Wattenscheid 09 (1:1) fällt buchstäblich ins Wasser. Michael Rummenigge beschwert sich lautstark: »Der Ball ist mindestens achthundertmal in irgendeinem Wasserloch liegengeblieben.« Auch Dortmunds Präsident Gerd Niebaum ist sauer, weiß sich aber ironisch-pointiert auszudrücken: »Das war mehr **eine Seifenoper** als ein Fußballspiel.«

★ ★ ★

Schalke schnappt Frankfurt in letzter Minute den Dänen **Bent Christensen** weg – und das kam so, wie sich Schalkes Präsident Günter Eichberg erinnert: »Bent hat in dem Jahr Eintracht Frankfurt und Bayer Leverkusen im Alleingang durch sechs oder sieben Tore aus dem UEFA-Cup geschossen. Er war begehrt bei vielen europäischen Vereinen, bei denen bestimmt viel mehr Geld da war als bei Schalke 04. Durch geschickte Taktiererei und viele Gespräche, die wir da geführt haben in Kopenhagen, ist es uns gelungen, denen allen eine lange Nase zu zeigen. Ich kann mich noch genau daran erinnern, dass wir einen Vertrag hatten, den Bernd Hölzenbein bereits fix und fertig für Eintracht Frankfurt ausgehandelt hatte. Wir sind dann selbst nach Kopenhagen gefahren und haben genau diesen Vertrag in der Nacht mit den Leuten von Bröndby im Hotel durchgearbeitet. Überall dort, wo Eintracht Frankfurt stand, haben wir Schalke 04 hingeschrieben, und weil die Frankfurter nur Ratenzahlung machen wollten, haben wir das durchgestrichen und Barzahlung hingeschrieben. Und was soll ich sagen: Das hat denen von Bröndby wohl irgendwie gefallen!«

★ ★ ★

Michael Tönnies wird diesen Tag nie vergessen. Der Duisburger schießt mit seinen fünf Toren den Karlsruher SC fast im Alleingang aus dem Wedaustadion. Innerhalb von sechs Minuten, zwischen der 10. und 15., erzielt Tönnies den schnellsten Hattrick der Bundesligageschichte. Am Ende heißt es 6:2, und Tönnies sagt an seinem größten Fußballtag lächelnd: »Jeder Schuss ein Treffer. Ich hatte einfach das Glück, das ein Torjäger braucht.« Im Kasten der Karlsruher steht übrigens kopfschüttelnd ein junger Mann mit strohblonden Haaren. Es ist der spätere Nationaltorhüter Oliver Kahn!

★ ★ ★

So richtig sauber verläuft die **Entlassung von Coach Rolf Schafstall** bei Fortuna Düsseldorf nicht. Man wirft ihm vor, heimlich eine Affäre ins Trainingslager eingeschleust zu haben. Raus kommt die Geschichte, weil die Frau des Vizepräsidenten Gärtner einen Tag vor dem Team anreist und für sich und die Kinder ein Zimmer mit angeschlossenem Nachbarraum verlangt. Dies ist jedoch bereits an die Masseure vergeben, die dort ein Behandlungszimmer einrichten wollen. Als daraufhin die Frau wütend den kompletten Belegungsplan durchgeht, fällt ihr ein »Herr Krüger« auf, den niemand kennt und der sich recht bald als »Frau Krüger« herausstellt. Und diese Dame ist der Mannschaft bereits von anderen Auswärtspartien bekannt. Kurz darauf wird Trainer Schafstall entlassen, und in Düsseldorf beginnt eine öffentliche Schlammschlacht.

★ ★ ★

Ein Magazin aus Österreich führt die Bundesliga vor. Mit einem Scheinangebot nehmen Journalisten des »Wiener«, getarnt als Vertreter einer Sportagentur, Kontakt zu verschiedenen Trainern auf. KSC-Coach Winfried Schäfer zeigt sich sehr interessiert und gibt zu verstehen, dass es überhaupt keine Probleme mit Karlsruhe gebe, da sein Verein eh vertragsbrüchig sei: »Ich habe einen Vertrag, in dem sind sechs Punkte fixiert. Mindestens vier davon sind nicht erfüllt.« Ebenso freizügig soll Schäfer über das gängige **Vergnügungsangebot für die Männer in Schwarz** geredet haben: »Wenn etwa Schiedsrichter D. auf dem Lauterer Betzenberg pfeift, dann sitzen eben am Abend an der Hotelbar zwei Mädels neben ihm. Gut geführte Vereine wissen genau, wer auf welchen Typ steht, ob blond oder brünett. Und ob auf dem Bett ein oder zwei Kissen liegen müssen.« Auch Gladbachs Gerd vom Bruch soll auf die Journalisten reingefallen sein. Er wird mit den Worten über den Weltmeister Lothar Matthäus zitiert: »Lothar ist kein Profi. Der trinkt zu viel und isst zu viel. Er hat keine Ausdauer, ist über den Zenit.« Lothar reagiert sauer, aber auch gelassen: »Ich hätte nie so viel erreichen können, wenn ich nur gesoffen und gefressen hätte.«

★ ★ ★

Karlsruhes Supertalent Mehmet Scholl ist wechselwillig, kann sich aber einfach nicht entscheiden: »Ich weiß abends nicht, was ich machen soll. Mal bin ich sicher, dass ich zur Eintracht gehe. Dann kommt ein Anruf, dann will ich zu Bayern, dann wieder Frankfurt, dann wieder Bayern. Das habe ich jetzt schon fünfmal umgeschmissen. Es ist nicht einfach, damit klarzukommen. Es geht so weit, dass ich schon lieber unterwegs bin als zu Hause. Ich hänge immer öfter das Telefon aus.« Seine Freundin Susanne Pfannendörfer ist bei der Entscheidungsfindung leider auch keine gute Hilfe: »Sie ist ein bisschen verliebt in Stepi. **Aber sie sagt, dass München die schönere Stadt ist.**«

★ ★ ★

Die Bundesliga reist neuerdings nach Colorado zu Dr. Steadman. In seinem Amerika-Urlaub hat Bayerns Mannschaftsarzt Dr. Müller-Wohlfarth einen **Fachmann für Knieverletzungen** kennengelernt, und nun werden die maladen Stars per Flugzeug nach Vail geschickt. Angeblich verheilen die Operationsnarben von Dr. Steadman schneller als die seiner deutschen Kollegen. Doch genau diese finden die neue Konkurrenz aus Übersee natürlich nicht ganz so prickelnd. Vor allem, weil der Arzt aus Colorado eigentlich spezialisiert ist auf die Knie von Footballern. Doch Müller-Wohlfarth lässt dieses Argument nicht gelten und entgegnet spitzfindig: »Steadman hat selbst Fußball gespielt, als er mit der US Army in Bad Tölz stationiert war.« Radmilo Mihajlovic ist allerdings immer noch ein wenig über die eigenartige Vorsorge-Praxis des US-Arztes erstaunt. Eigentlich hatte er sich nur mit einem Schaden an der linken Patellasehne auf den Operationstisch gelegt; als er aufwacht, muss er feststellen, dass auch sein anderes Bein schmerzt: »Steadman hat mich auch gleich am rechten Knie operiert, weil das angeblich in zwei Jahren auch fällig gewesen wäre. Mit diesem Knie habe ich die größten Probleme.«

Dr. Richard Steadman (USA, re.), Mannschaftsarzt des US Alpine Ski Teams und berühmter Kniespezialist, mit seiner Frau und Mannschaftsarzt Dr. Hans-Wilhelm Müller-Wohlfahrt (Bayern) auf der Tribüne.

In Frankfurt hat Eintracht-Trainer Dragoslav Stepanovic eine Platte aufgenommen. **»Stepi und die Strassenjungs«** nennt sich die musikalische Zusammensetzung. Der Song »Eintracht« wird der Hit des Jahres im lokalen Radio. Ein Ausschnitt aus dem Liedtext: »Jetzt geht es rund / die fangen jetzt ein Pfund / und der Stepi, der feuert sie an. / Und das Team kämpft hart wie ein Mann / und zeigt denen, was es so kann. / Wer feiert Feste / und wer lacht am Beste? Der, der zuletzt lacht / – Eintracht. 1, 2 / hau ihn rein / 3, 4 wollen wir!«

★ ★ ★

Uli Stein reißt sich gerade noch einmal zusammen. Eintracht Frankfurt hat in der letzten Partie der Saison bei Hansa Rostock **die Meisterschaft verspielt**, und Andreas Möller hat, wie Stein in seinem Buch »Halbzeit. Eine Bilanz ohne Deckung« schreibt, über neunzig Minuten »völlig abseits« gestanden. Der Torwart der Eintracht spart nach der verlorenen und alles entscheidenden Begegnung nicht an deutlichen Worten: »Er kann oder will kein Spiel herumreißen. Er macht sich nicht kaputt. Er kämpft zu wenig.« Und er fällt schließlich ein – für alle Eintracht-Fans – bitteres Fazit: »Jetzt überkommt mich die Gewissheit, dass wir das Spiel in Rostock gewonnen hätten, wenn er nach einer Stunde ausgewechselt worden wäre. Jeder Reservespieler ist balltechnisch zwar schlechter, hätte sich aber die Lunge aus dem Leib gerannt.«

In der Mannschaft hat es – trotz aller Erfolge – schon lange vor dieser letzten Partie der Saison gebrodelt. Eintracht-Stürmer Axel Kruse liefert sich einige Wochen zuvor in der ersten Halbzeit des Heimspiels gegen den 1. FC Köln auf dem Platz ein erbittertes Rededuell mit Andreas Möller. Es gipfelt in Kruses kernigem Ausspruch: **»Halt die Fresse.«** Der junge Frankfurter Mittelfeldspieler läuft daraufhin postwendend und mit heruntergezogenen Mundwinkeln zu Dragoslav Stepanovic und verpetzt den blonden Eintracht-Stürmer beim Trainer. In der Kabine steigert sich schließlich der Lärmpegel zwischen den beiden Kontrahenten, und die Aggressivität, die die Mannschaft auf dem Platz über 45 Minuten vermissen ließ, droht sich in einer handfesten Auseinandersetzung zu entladen. Erst die wieder einmal unmissverständlichen und deutlichen Worte von Axel Kruse an die Adresse des beleidigten Möller lassen Ruhe einkehren: »Halt die Fresse, du Penner. Dein Geheule kotzt mich an.«

ubelt schon: Bundesliga, wir Marino Fioretti auch. Auf sein Fans und sogar die Spieler

Schalke bläst zur Attacke

Kennen Sie eigentlich das große Geheimnis von Schalke? Die Mannschaft spielt zu Hause mit zwölf Mann. Denn in der Südkurve steht Marino Fioretti (25). Wenn der Deutsch-Italiener auf seiner Trompete zum Angriff bläst, schreit das ganze Stadion: „Attacke!" Ein Zeichen für die Mannschaft: Gas geben, Jungs! Fioretti: „Es sind schon häufig kurz nach meinem Trompeten-Signal Tore gefallen."

Die Herren auf Schalke wissen, was sie am lautesten Fan des Parkstadions haben. Fioretti: „Harry Bruchhagen von der Schalke-Marketing GmbH hat mir das Geld für die Trompete gegeben. Das hat ja alles ziemlich angefangen."

Und zwar so: Zum Saisonauftakt gegen Saarbrücken nimmt Fioretti eine Tröte mit, bläst beim allgemeinen Jubel wild ins Horn: „Die Melodie, die heute alle kennen, habe ich zwei Wochen später bei den ZDF-Mainzelmännchen gehört. In Osnabrück habe ich sie dann geblasen."

Die Schalke-Fans scheinen darauf gewartet zu haben. Fioretti: „Schon beim dritten oder vierten Male schrien einige: „Attacke!" Beim nächsten Spiel gegen Havelse brüllte die ganze Südkurve mit."

Ein Fan erklärte Fioretti, was er da für berühmte Noten spielt: „Das ist das Angriffsignal der Südstaatler aus dem amerikanischen Bürgerkrieg." Liegt irgendwie nahe: Schließlich gehört Fioretti zum Schalke-Fan-Club „Blue White Confederation" – auch die Südstaatler nannten sich „die Konföderierten".

★ ★ ★

Auf Schalke haben sie den ersten Vollzeit-Fan der Liga engagiert. **Trompeter Mario Fioretti** bekommt das Geld für sein Instrument von Heribert Bruchhagen von der Schalke-Marketing GmbH, und ein Sponsor entlohnt den ehemaligen Baggerfahrer für seine Blas-Dienste mit einem monatlichen Gehalt. Seine berühmteste Melodie, die vor dem gemeinsamen Schlachtruf »Attacke!« erklingt, hat er aus dem Fernsehen: »Die habe ich bei den ZDF-Mainzelmännchen gehört.« Nun probt er fleißig neue Musikstücke. Für die Erfolgsstunden soll es »So ein Tag, so wunderschön wie heute« und für einen anderen, ganz besonderen Moment dies hier sein, wie Fioretti mit leuchtenden Augen erzählt: »Wenn wir Thon haben, spielen wir in fünf Jahren um die Meisterschaft mit. Bis dahin muss ich unbedingt den Triumphmarsch aus ›Aida‹ draufhaben.«

Zitate der Saison

Oliver Kreuzer, Neuzugang der Bayern vom KSC: »Ich bin so teuer wie eine neue Tennishalle.«

Uli Borowka: »Mein Talisman ist eine Krawattennadel mit einem Hackebeil. Ein Geschenk meiner Frau, die meint, das würde zu meinem Erscheinungsbild auf dem Fußballplatz passen.«

Frankfurts scheidender Interimstrainer **Horst Heese** ist ernüchtert: »Wenn ich noch einmal Trainer in der Bundesliga wäre, ich würde nie mehr ehrlich sein.«

Reiner Calmund zum bevorstehenden Reinhardt-Transfer: »Ich spiele jetzt Frosch und warte auf die Mücken.«

Bodo Illgner erwägt einen Wechsel vom 1. FC Köln zu einem anderen Verein. Wohin es geht, ist ihm im Grunde offenbar fast egal: »Wenn zum Beispiel Pisa sagt, du kannst den schiefen Turm haben, dann gehe ich auch nach Pisa.«

Holger Osieck, der Trainer des VfL Bochum, auf die Frage, wie er denn die Leistung des Schiedsrichters Hans-Peter Best bei der 2:3-Niederlage gegen den HSV gesehen habe: »Tja, was soll ich sagen? Er war einfach da!«

Nie um eine Ausrede verlegen. Nachdem Werder-Keeper **Oliver Reck** beim Spiel gegen die Stuttgarter Kickers unter einem Flankenball hindurchgetaucht war, erklärt er: »Mich trifft nur eine Teilschuld. Immerhin habe ich versucht, an den Ball zu kommen.«

»Wenn du dem Frantisek Straka sagst, friss den Gegner auf – dann schluckt der Knoblauch und frisst ihn auf.« Hansa-Trainer **Uwe Reinders**

Franz Beckenbauer über den großmäuligen Stefan Effenberg: »Zu meiner Zeit wäre der entweder nach zwei Wochen geheilt gewesen oder in der Versenkung verschwunden.«

Werder-Trainer **Otto Rehhagel** über den Nachwuchs-Journalisten Jürgen Rollmann: »Ich bin der einzige Trainer der Welt, der einen Journalisten ins Tor stellt. Und da heißt es, ich hätte etwas gegen die Presse.«

Am achten Spieltag holt sich der VfL Bochum beim VfB Stuttgart eine Klatsche ab. VfL-Trainer **Holger Osieck** nach der Partie: »Wenn man mit 1:4 verliert, erkennt es Amnesty International sogar als Folter an.«

Stefan Effenberg möchte die Bayern verlassen. Warum eigentlich? Effenberg: »Weil der Garten in München zu klein ist!«

Holger Osieck

1992/93

»Das Wort ›Meister‹ haben wir einfach weggeschnitten!«

In der Sommerpause zeigt sich **VfB-Trainer Christoph Daum** noch sehr optimistisch: »Wir haben im letzten Jahr viel erreicht. Aber die Meisterschale steht in der Vitrine, die Bilder kleben in den Fotoalben. Wir schlagen jetzt ein neues Kapitel auf. Noch sind da lauter leere Blätter. Aber wir werden darauf die Geschichte unserer Titelverteidigung schreiben.« Das klappt sehr deutlich nicht. Der VfB schließt die Saison auf dem siebten Tabellenplatz ab.

Ausgelassene Meisterfeier im Entmüdungsbecken: Legat (2. v. re.) scherzt mit Vizepräsident Fischer (re.), daneben: v. re.: K. Allofs, Beiersdorfer und Kohn.

Wieder gefangen hat sich hingegen der FC Bayern München. Mit **Lothar Matthäus** hat der deutsche Rekordmeister einen absoluten Topspieler aus Italien in die Bundesliga zurückgeholt. Bayern-Vizepräsident Franz Beckenbauer schwärmt von dem Neuzugang: »Auch wenn die Mannschaft 14:0 vorne liegt, der Lothar kann sie immer noch verstärken.« Nach einem packenden Duell mit Werder Bremen haben die Bayern und Lothar Matthäus aber schließlich das Nachsehen in der Titelfrage – und das, obwohl sie eine sehr souveräne Saison gespielt haben, wie der zweite Vizepräsident des FC Bayern, Karl-Heinz Rummenigge, betont: »Es ist grausam, wenn man 32 Spieltage führt und dann nur Zweiter wird.« Am Abend des letzten Spieltags wird bei Feinkost »Käfer« der Nachtisch festlich arrangiert präsentiert. In Marzipan-Buchstaben steht auf dem Eis: »1993 FC Bayern«. Das Ganze sieht etwas seltsam aus. Ein Ober gibt schließlich offenherzig zu: »Das Wort ›Meister‹ haben wir einfach weggeschnitten.«

Werder Bremen holt den Titel. Nach dem entscheidenden 3:0-Sieg in der allerletzten Partie in Stuttgart und dem gleichzeitigen Titelgewinn geht die Frau des Trainers, Beate Rehhagel, in die Kabine des neuen Deutschen Meisters. Sat1-Reporter Jörg Wontorra kommentiert das so: **»Beate Rehhagel gelüstet es nach Männerschweiß.«** Ihr Mann Otto selbst sagt dazu: »Beate ist die einzige Frau, die nach

Bremens Trainer Otto Rehhagel steht nach dem Spiel mit seiner Frau Beate beim »ran«-Interview mit Reinhold Beckmann.

Saisonverlauf 1992/93

Platz	Tore	Punkte
1.	63:30	48:20
2.	74:45	47:21
3.	56:39	42:26
4.	61:43	41:27
5.	64:45	40:28
6.	60:54	39:29
7.	56:50	36:32
8.	50:40	35:33
9.	59:59	35:33
10.	42:43	34:34
11.	42:44	31:37
12.	41:51	28:40
13.	30:47	28:40
14.	46:67	28:40
15.	32:49	27:41
16.	45:52	26:42
17.	35:64	24:44
18.	37:71	23:45

Spielen in unsere Kabine darf. Sie holt mich dann ab, und es interessiert überhaupt keinen, wenn die Jungs da nackt rumstehen – sie gehört einfach dazu.« Am Abend der Feierlichkeiten nimmt Rehhagel seinen Mittelfeldregisseur Andy Herzog in den Arm und sagt zu ihm: »Schau her, das hätten wir nie gedacht, dass wir mit einem Wiener mal Meister werden.« Vor der Saison hatte Rehhagel seine Frau alleine nach Österreich geschickt, um »den Andreas zu beobachten«.

Die besten – Torjäger der Saison

Anthony Yeboah (Eintracht Frankfurt)	20
Ulf Kirsten (Bayer Leverkusen)	20
Wynton Rufer (Werder Bremen)	17

In Köln ist während der Saison das Chaos ausgebrochen. Nach dem 25. Spieltag steht der Klub auf dem 16. Tabellenplatz. Der ehemalige FC-Spieler Herbert Neumann fordert in einem Interview entschlossen: »Es muss ein **Stadionverbot auf Lebenszeit** für all diejenigen geben, die in den letzten zehn Jahren den FC in diese Lage gebracht haben.«

Aufsteiger Saarbrücken muss nach einer Spielzeit schon wieder zurück in die zweite Liga. Bereits vor der ersten Partie hatte Trainer Peter Neururer seine Saarbrücker Spieler gefragt: »Seid ihr wirklich so blind, wie alle sagen?« Um sich dann selbst die Antwort zu geben: »Nein, seid ihr nicht! Aber beweisen müsst ihr es ab sofort in der Bundesliga, Woche für Woche.« Und anfangs klappt das wirklich gut. Nach zwei Spieltagen und einem 2:0-Sieg über den Karlsruher SC jubelt man beim Aufsteiger aus Saarbrücken über die 3:1-Punkte-Ausbeute. Schatzmeister Peter Donauer (»Es ist wie ein Traum«) und Trainer Peter Neururer (»Jetzt haben wir es Millionen sogenannter Fußballexperten in Deutschland gezeigt«) sind freudetrunken. Neururer freut sich sogar so sehr, dass er beim zweiten Tor von Eric Wynalda an diesem Tag seinen Jubelsprung mit einer Achillessehnenverletzung bezahlen muss. Bei der Pressekonferenz drängen schließlich sämtliche Saarbrücker Präsidiumsmitglieder aufs Podium, so dass für den KSC-Trainer Winnie Schäfer kein Platz mehr bleibt. Doch die Ernüchterung kommt schneller als erwartet.

In Bochum verkraftet man den Abstieg nur schwer. Zu ungerecht empfindet man die unterschiedliche Auslegung der Lizenzbedingungen. Man kann nicht einsehen, warum Dynamo Dresden für sein finanzielles Vergehen in dieser Spielzeit erst in der nächsten Saison bestraft werden soll. VfL-Manager Klaus Hilpert fasst den Unmut zusammen: »Dynamo Dresden hat jetzt einen neuen Trikot-Werbepartner: DFB. **Dresdener Fußball-Bund**.« Auch einen anderen VfLer (im Herzen) nimmt das Schicksal seines ehemaligen Vereins sehr mit. Mitten im Meistertrubel wird Thorsten Legat von Bochums Abstieg unterrichtet. Legat sackt zusammen: »Am liebsten könnte ich jetzt weinen!«

Noch nicht ganz in der Bundesliga angekommen, schon produzieren die Saarbrücker **richtig große Schlagzeilen**. Das vom Verein zur Verfügung gestellte Auto von Peter Neururer ist in ein geparktes Fahrzeug gelenkt worden. Von der Unfallstelle war es allerdings entfernt und an einem anderen Ort abgestellt worden. Sachschaden: 15.000 Mark. Doch Neururer selbst ist gar nicht gefahren. Er hat den Wagen seinem Spieler Michael Krätzer geliehen. Nun behauptet aber auch Krätzer, das Auto nicht bewegt zu haben: »Ich habe den Schlüssel an jemanden weitergegeben, weil ich zu viel getrunken hatte. Ich kann mich an nichts mehr erinnern.« Auch sonst scheint Krätzer ein lustiger Zeitgenossen zu sein, wie sein Trainer erzählt: »Der wird bei uns nur ›Doc‹ genannt. Wenn in der Mannschaft etwas zu besorgen ist, macht er das. Zu seinem Spitznamen kam er, als er während eines Spiels einen Teamkollegen behandelte und der Gegner gleichzeitig ein Tor erzielte.«

★ ★ ★

Manchmal kann es von Vorteil sein, wenn der eigene Präsident einen ungewöhnlichen Beruf hat. Als Schalkes »Sonnenkönig« Günter Eichberg zum ersten Mal die nackten Beine von Mannschaftsbetreuer Charly Neumann sieht, ist der Fall für ihn klar: Der Mann muss seine Krampfadern in einer von Eichbergs Kliniken behandeln lassen. Neumann ist erst skeptisch, freut sich nach der erfolgreichen Operation aber umso mehr. Lachend verspricht er seinem Präsidenten: »In der neuen Saison hüpfe ich durch das Parkstadion **wie ein junger Gott**!«

★ ★ ★

Die Szene ist legendär. Manfred Bender sprintet bei der Partie des VfL Bochum gegen seine Karlsruher in der 70. Minute beim Stand von 2:2 auf das Tor von Ralf Zumdick zu – mutterseelenallein. Als er den VfL-Keeper auch noch ausgeschaltet hat, schießt er den Ball statt in den verlassenen Kasten nur vor das Bochumer Tor. Niemand weiß warum, Bender selbst angeblich auch nicht. Später erzählt ein VfL-Spieler mit einem breiten Grinsen im Gesicht, was passiert ist. Gerade in dem Moment, als Bender abschließen will, habe er **»Spiel ab!«** gerufen – und der KSC-Profi habe das, warum auch immer, tatsächlich getan!

★ ★ ★

In Kaiserslautern scheint schon vor der Saison nicht viel zu stimmen. Der Meisterkapitän und **»Fußballer des Jahres 1991«**, Stefan Kuntz, erhält bei der Spielführer-Wahl gerade einmal vier von 23 Stimmen. Ein Skandal. Die Suche nach den Gründen fällt Kuntz leicht: »Neid spielt dabei die größte Rolle. Mir ist es übelgenommen worden, dass sich die Deutsche Meisterschaft für mich als Kapitän ausgezahlt hat. Doch ich kann nur wiederholen: Dafür bin ich nicht verantwortlich. Jeder im Team hatte die Chance, sich nach seinen Möglichkeiten zu vermarkten. Was mich am meisten enttäuscht: Kein einziger Mitspieler hat in den vergangenen zweieinhalb Jahren den Mut aufgebracht, auf mich zuzugehen und zu sagen: ›So missfällt uns deine Arbeit!‹«

★ ★ ★

Dass Mannschaftsführer-Wahlen auch eher lustig sein können, beweisen die Bremer. Weil dort seit Jahren Mirko Votava ohne Probleme immer wieder aufs Neue gewählt wird, hat sich Werders Neuseeländer Wynton Rufer für die Presse eine etwas andere Geschichte über die Spielführer-Wahl ausgedacht. Es sei zu einer »Kampfabstimmung« gekommen, hitzigen Auseinandersetzungen zwischen den Kontrahenten, und am Ende habe sich **Dieter Eilts**, so erzählt Rufer, tatsächlich knapp gegenüber dem langjährigen Kapitän Votava durchgesetzt. Die Meldung, die eigentlich eine Zeitungsente ist, steht genau so am nächsten Tag im »Weser-Kurier« – und sorgt bei den Werder-Stars für Lachkrämpfe!

Stuttgarts **Meistertrainer Christoph Daum** ist nach einer langen Sommerpause schon wieder voller Tatendrang und gewohnt poetisch in seiner Wortwahl: »Die Zitrone hat im Sommer genug Zeit gehabt zu reifen. Jetzt ist wieder Presszeit!« Auf den Lorbeeren des Triumphs der letzten Spielzeit möchte sich Daum nicht ausruhen: »Ich meißele den Spielern ins Gehirn, dass wir uns nicht im Ruhm sonnen dürfen. Die Meute lauert doch nur darauf, dass wir abstürzen. Jeder will uns die Prämie klauen, unser Ansehen zerstören. Ich sage den Spielern: Dir nehmen sie deinen Mercedes weg, du musst wieder in eine Zweizimmerwohnung.« Und die Profis hören ihm zu, denn »Fußballer sind eine besondere Gattung Mensch«: »Ich nenne sie Homo fußballiensis. Sie reagieren nur auf Druck.«

★ ★ ★

Beckenbauers Co-Trainer bei der WM 1990 in Italien, **Holger Osieck**, ist als Coach beim VfL Bochum gescheitert. Als das Ende naht, versucht Osieck den Stress mit Essen zu bekämpfen: »Ich hatte ein unheimliches Verlangen nach Süßem. Schon seit Saisonbeginn haute ich mir Marzipan und Kuchen rein.« Die Zeit in Bochum verläuft insgesamt eher unglücklich. In Erinnerung bleiben Osiecks denkwürdige Worte nach einem Spiel bei brütender Hitze gegen Borussia Dortmund (0:0). Schwitzend rechtfertigt er die Nicht-Leistung beider Mannschaften mit den Worten: »Da kommst du raus und kriegst erst einmal einen Schlag vor die Birne. Da erholst du dich 90 Minuten nicht von!« Legendär auch der Gebrauch eines lateinischen Begriffs vor staunenden Pressevertretern nach einem anderen Spiel. »Das sind eben die Imponderabilien des Fußballs«, sagt Osieck und genießt sichtlich den sprachlichen Triumph über die Journalisten vor ihm. Als er rausgeschmissen wird, verabschieden sich einige Medienvertreter genüsslich mit genau diesen Worten bei Osieck. Die »Unwägbarkeiten« des Fußballs haben ihm am Ende den Job beim VfL gekostet.

★ ★ ★

Als der Dortmunder Michael Schulz im kalten Dezember nach einem Spiel in Leverkusen ein Interview lieber im warmen Kabinentrakt als draußen in der winterlichen Frische geben will, weist ihn ein Ordner zurecht: »Bitte verlassen Sie den Gang, Herr Schulz. Oder ich muss Sie rausschmeißen. **Sie stehen hier im Weg.**« Schulz' eiskalter Konter: »Wieso, kommt hier noch ein LKW durch?«

★ ★ ★

In Kaiserslautern entbrennt ein Streit über den ersten zünftigen Einstand der Saison. Eigentlich möchte Stürmer Thomas Vogel den gerne geben, da er bereits ein Jahr bei den »Roten Teufeln« spielt und es bisher versäumt hatte, eine Runde zu schmeißen, doch der neue Coach der Lauterer Rainer Zobel ist strikt dagegen: »Junge, lass mich mal ran. Als Trainer weißt du nie, wie lange du noch da bist!« Und tatsächlich: Nach einer durchwachsenen Saison trennt man sich beim 1. FC Kaiserslautern am Ende der Spielzeit von beiden. So können **Zobel und Vogel** wenigstens den Ausstand ohne Probleme gemeinsam geben.

Die zwei bekanntesten Biertrinker Deutschlands heißen in dieser Saison **Tim und Jens** – wenigstens nennen sich die beiden Schauspieler Peter Cleal und Stephan Rabow im Fernsehen so. Für knapp 14 Mio. Mark laufen die Spots mit den norddeutschen Bierbrauern bis zu 30-mal pro Woche im Umfeld der Sat1-Sendung »ran«. »Nach nur drei Monaten«, so Marketingleiter Werner Reineke im Fachblatt »Sponsor-News«, »ist der Bekanntheitsgrad der Biermarke von 50 auf 65 Prozent gestiegen.« Fußballgucken heißt in dieser Spielzeit für die Fans, gemeinsame Zeit mit den beiden eifrigen Pilstrinkern Tim und Jens zu verbringen!

★ ★ ★

Tassen, Badehandtücher und Quietscheentchen gibt es schon länger im Merchandisingsortiment der Vereine, nun geht der Club aus Nürnberg ganz neue Wege. Für das Heimspiel hat der Verein Kondome entwerfen lassen, die das Klubemblem zieren und mit pfiffigen Sprüchen versehen sind: »Wir stehen zum Club« und »Wir haben das beste Stellungsspiel« garantieren in jedem Fall eine humorige Trainingseinheit in heimischen Betten.

★ ★ ★

Die Geschichte hatte sich angedeutet. Mitte Oktober soll sich **Gladbachs Trainer Jürgen Gelsdorf** einen neuen Vereinsanzug aussuchen. Mit einem gequälten Lächeln fragt er einen anwesenden Journalisten: »Na, was meinen Sie? Lohnt sich das überhaupt noch?« Dann geht es auf einmal tatsächlich ganz fix. Gerade war Jürgen Gelsdorf noch der Coach von Borussia Mönchengladbach, jetzt ist er schon als Trainer des VfL Bochum aktiv. Der gebürtige Duisburger hat damit den schnellen Wechsel vollzogen. Weil er bei den Gladbachern nicht mehr zurechtkommt, kündigt er am Bökelberg und unterschreibt quasi direkt danach in Bochum. Überall ist man zufrieden. Beim VfL Bochum, weil man endlich einen neuen Coach hat, und in Gladbach, weil man »einen Neubeginn machen kann« (Präsident Drygalsky).

★ ★ ★

Es ist immer schön, gute Fans zu haben. Hamburgs Carsten Kober hat einen echten Bewunderer seiner Kunst gefunden. Beim Heimspiel gegen Saarbrücken (2:0) hat sein Anhänger ein T-Shirt mit einem Foto und der Aufschrift **»Master of Grätsche«** an. Das steht vorne. Hinten prangt groß die Frage: »Wer ist Deutschlands bester Abwehrspieler? Helmer, Kohler oder Kreuzer?« Ein fettes »Nein« steht hinter den Namen. Die Antwort ist etwas weiter unten notiert und lautet natürlich: Carsten Kober!

★ ★ ★

Anfang der Saison brennt in Köln der Baum. Littbarski: »Viele von denen denken doch nur ans Geld, an den nächsten Vertrag. Sie spielen egoistisch, denken nur daran, selbst gut auszusehen. Ich habe mich früher bei TV-Interviews nach dem Spiel noch ungeniert geschnäuzt. Die Jungs heute aber föhnen sich erstmal die Haare, bevor sie ihre Sprechblasen absondern, und denken schon auf dem Spielfeld nach, was sie gleich Kluges zur Entschuldigung in die Kameras sagen.« Quasi mit Ansage reagiert einer der Angesprochenen, **Rico Steinmann**: »Ich fühle mich durch Littbarski an der Entfaltung meines wahren Könnens gehindert.«

★ ★ ★

Frankfurts Stürmer Edgar Schmitt möchte die Eintracht unbedingt verlassen. Dumm nur, dass er kürzlich im Trainingslager noch einer Vertragsverlängerung zugestimmt hat. Schmitt entschuldigt die Unterschrift damit, dass er **unter Alkoholeinfluss gestanden** habe. Als Zeugen benennt er seinen Mannschaftskameraden Axel Kruse. Und der kann Schmitts Version tatsächlich bestätigen. Er sagt nur ein Wort über des Stürmers damalige Verfassung: »Hackezu«!

Franz Beckenbauer und seine Frau Brigitte mit den gemeinsamen Söhnen Stephan (li.) und Michael (re.) auf der heimischen Couch. Thomas, aus einer früheren Beziehung Beckenbauers, steht dahinter.

Franz Beckenbauer mit seinen Söhnen Stephan (li.), Michael (Mitte) und Thomas.

Es ist nicht immer leicht, der Sohn eines berühmten Vaters zu sein. Weil Franz Beckenbauer im TV Schiedsrichterschelte betreibt, muss es sein Sohn Stephan ausbaden. Beckenbauer, der ältere, hatte zuerst Schiri Hans-Peter Dellwing kritisiert (»Es gibt 300.000 Jugendmannschaften. Warum muss ausgerechnet dieser Mann in der Bundesliga pfeifen?«) und dann auch noch dessen Kollegen Kurt Witke verbal angegangen: »Der soll in der Kreisliga pfeifen!« Eben diesen Witke trifft jedoch Sohnemann Stephan einige Tage später mit seinen Saarbrückern beim Spiel in Bremen. Und dort soll Witke schon vor der Partie zum jüngeren Beckenbauer gesagt haben: »Du wirst heute noch für einiges büßen müssen!« Was er dann auch tut: Stephan Beckenbauer fliegt in der 87. Minute vom Platz – quasi mit Ansage, aber vollkommen berechtigt. Denn als Stefan Kohn für Werder zum 2:0 trifft, glaubt Beckenbauer an eine Abseitsstellung der Bremer. **Mit Wut im Bauch** nimmt er den Ball und will ihn ins Aus schießen. Das gelingt ihm auch – dummerweise steht genau dort der Linienrichter. Und den trifft Stephan Beckenbauer mit Karacho!

★ ★ ★

Es gibt sie immer wieder, die kleinen Fußballwunder. Uwe Stöver von Bayer Leverkusen hat bis zu seinem 17. Lebensjahr eigentlich nur nebenbei Fußball gespielt. »Tischtennis war eher mein Ding«, erzählt die Nachwuchshoffnung von Bayer. Jetzt ist er 25 und Bundesligaprofi. Sein Trainer Reinhard Saftig ist begeistert von ihm. Stöver dankt jedoch vor allem seinem Amateurcoach Gerd Kentschke: »Ich war am Anfang **Karl Arsch**. Ihm habe ich alles zu verdanken.«

★ ★ ★

Bei der 4:0-Auswärtsniederlage am zehnten Spieltag in Karlsruhe sitzt Uerdingens **Friedhelm Funkel** zwar auf der Bank – aber nicht als Coach. Die Verletztenmisere lässt den Bayer-Trainer Funkel in den Spielerkader zurückkehren. Seinen Posten hat kommissarisch sein Assistent Armin Reutershagen übernommen. Obwohl Funkel als Libero vorgesehen war, spielen die Uerdinger neunzig Minuten ohne ihren etatmäßigen Trainer. Nach der Partie entspannt sich die Lage bei den verletzten Spielern wieder, und Funkel kehrt als Chefcoach auf die Bank zurück.

★ ★ ★

Schalkes Steffen Freund beschert den Königsblauen am 17. Spieltag durch sein Tor einen Punkt beim FC Bayern München. Trainer Udo Lattek sieht seinen 22-jährigen Schützling bereits auf dem Weg in die Nationalmannschaft und sagt mit einem breiten Grinsen im Gesicht: »Das Spiel stand heute unter dem Motto: Mein Freund ist Ausländer. Aber mein Freund ist der Größte!«

Udo Lattek, 57 Jahre jung, ist zurück in der Bundesliga. Der Schalker Sonnenkönig Eichberg will es jetzt richtig wissen und verpflichtet den alten Meistercoach, der eigentlich schon lange kein Trainer mehr sein will: »Obwohl ich wirklich mal geglaubt hatte, es wäre vorbei für mich. Doch dann kommt mit der Zeit die Überlegung: Das Einzige, was ich im Fußball machen kann, ist Trainer – und sonst nichts. Ich bin kein Bürositzer, das ist nicht meine Welt. **Ich bin ein Berufsidiot.** Es wäre fürchterlich, wenn ich wieder als Lehrer in die Schule ginge. Nein, Fußball – und speziell die Bundesliga – ist wie eine Droge.« Und weil Lattek das weiß, malocht er auf Schalke fast für lau, wie Präsident Günter Eichberg bei der Vorstellung des Erfolgscoachs freudestrahlend erklärt. Handschriftlich setzt der Besitzer einiger Krampfadern-Kliniken einen Vertrag auf und verkündet gerührt: »So etwas wie den Udo Lattek habe ich in diesem Fußballgeschäft noch nicht erlebt. Ein wirklich menschlich feiner Typ. Er arbeitet hier in Schalke quasi umsonst.« Und quasi ist auch das entscheidende Stichwort. Denn Lattek bekommt tatsächlich nicht das sonst übliche Monatsgehalt, sondern verschiedene Zahlungen zu bestimmten Anlässen. Erst einmal 100.000 Mark Startgeld, dann 8.000 Mark pro Punkt und eine Mark für jede verkaufte Heimspielkarte. Zusätzlich eine Suite im Maritim-Hotel, freies Telefonieren und die Nutzungskosten für den eigenen PKW inklusive. Die Prämie von 1.000.000 Mark für den UEFA-Cup-Platz und 1.500.000 Mark Erfolgshonorar für einen Platz vor Borussia Dortmund am Ende der Saison kassiert Lattek allerdings wegen anhaltender Erfolglosigkeit nicht mehr. Um den Trainer zu finanzieren, schließt Schalke einen speziellen Deal mit seinem Trikot-Sponsor ab. Fortan trägt Lattek eine Mütze des Milchproduktefabrikanten und einen feschen Trainingsanzug. Die lebende Litfaßsäule Lattek prägt sich als ein legendäres Bild der Bundesliga ein.

★ ★ ★

Und Eichberg ist auch sonst nichts zu teuer. Für seinen Nachwuchstorwart Jens Lehmann engagiert er Toni Schumacher. Der ehemalige Nationaltorwart soll dem talentierten, aber manchmal etwas hitzigen Lehmann auch abseits des Platzes das Rüstzeug zum Weltklassekeeper verpassen. Denn die Kritik am Torhüter war in der Vorsaison von Netzer auf den Punkt gebracht worden: **»Der Jens überschätzt sich maßlos.«** Auf die gemeinsamen Übungsstunden mit Schumacher freut sich der Schalker aber sehr: »Toni war für mich schon immer ein großes Idol. Was gibt es Besseres, als beim Besten zu lernen?«

★ ★ ★

Lauterns **Torhüter Gerry Ehrmann** ist für seine klaren Ansagen bekannt. Als er wegen eines Muskelfaserrisses einige Wochen aussetzen muss, vertritt ihn sein Stellvertreter Michael Serr. Und der macht seine Sache eigentlich sehr gut. Doch das passt dem wiedergenesenen Ehrmann natürlich überhaupt nicht, und er erzählt eine Geschichte aus der Vergangenheit: »Der hat doch schon einmal zehn bis fünfzehn Spiele hintereinander gemacht. Damals standen wir drei Punkte hinter dem Vorletzten.« Als er merkt, dass das Argument nicht richtig zieht, schiebt er breitbeinig hinterher: »Es wird Zeit, dass ich wieder spiele. Sonst könnte hier ja jeder Sauerstofftyp die Klappe aufreißen.«

★ ★ ★

Einen anderen Weg geht auch der ehemalige Bundesligaspieler **Stefan Mees**. Trotz eines Angebots der Bayern beendet er seine Karriere und zieht ins Kloster. Mit dem Leben des Profifußballers hat er schon vorher komplett abgeschlossen: »Mir bedeutet die Wertewelt des Fußball-Profis nicht besonders viel. Schnelle Autos, schicke Frauen und ein dickes Konto – das ist für viele Spieler das pralle Leben. Die Menschlichkeit kommt da bisweilen zu kurz.«

Lothar Matthäus ist zurück in der Bundesliga. Nach einem Kreuzbandriss traut Inter Mailand dem Weltmeister nicht mehr viel zu. Durch seinen persönlichen Arzt, Dr. Müller-Wohlfarth, der auch der medizinische Betreuer der Bayern ist, wissen die Münchner jedoch um den wahren Gesundheitszustand von Matthäus. Nach einem geschickten Transferpoker kehrt der Mittelfeldstratege zu Bayern zurück. Gegen Leverkusen schießt er nach einer Ecke sein erstes Tor. Scholl flankt direkt auf Matthäus, der aus knapp 20 Metern die Kugel volley in den Kasten der Leverkusener knallt. Ein Traum von einem Treffer!

★ ★ ★

Aufsteiger Saarbrücken erarbeitet sich schon nach kurzer Zeit den Ruf des **Vereins der Sprücheklopfer**. An der Spitze der Männer mit den schönen Zitaten steht natürlich Trainer Peter Neururer. Über seinen Torwart Stefan Brasas sagt er: »Der ist so lang, der kann aus der Dachrinne saufen.« Auch der US-Amerikaner Eric Wynalda weiß mit dem einen oder anderen Spruch zu begeistern. Zum SPD-Landtags-Fraktionsvorsitzenden Reinhard Klimmt sagt er: »Ah, du bist also der Indianer-Häuptling. Wo ist deine Feder?« Und mit Arno Glesius wächst ein würdiger Nachfolger von Trainer Peter Neururer heran. Drei seiner schönsten Sprüche – innerhalb einer Woche geäußert: Nummer 1: »Ich habe mein Übergewicht bisher immer gehalten.« Nummer 2: »Ich habe mir gerade eine Eigentumswohnung mit Einmachküche gekauft.« Und Nummer 3: »Ey, Masseur, hast du mal was zum Infizieren für mich!?«

★ ★ ★

Beim Heimspiel gegen Werder Bremen gedenkt der Hamburger SV seines langjährigen Trainers Ernst Happel. Die Mannschaft läuft mit einem Trauerflor auf. Zudem gibt es eine **Gedenkminute für den österreichischen Meistercoach**. Diese wird jedoch von asozialen Fußballanhängern durch »Asylanten«-Rufe gestört. Das Publikum ist entsetzt und reagiert mit Pfiffen auf die Unbeherrschtheit dieser kleinen Gruppe.

Schweigeminute mit Wynton Rufer (Mitte), Waldemar Matysik (re.) und Frank Rohde.

★ ★ ★

Gladbachs ehemaliger **Bundesligatrainer Wolf Werner** ist zurück in der Schule – als Grund- und Hauptschullehrer. Bei Aurich in Ostfriesland unterrichtet er an fünf Tagen die Woche wieder Kinder auf der hölzernen Schulbank anstatt Erwachsene auf dem grünen Rasen. Die harte Ansprache des Fußballerlehrers schlägt aber in den ersten Tagen noch bei Werner durch. Als es zu einer Rangelei auf dem Schulhof kommt, eilt er herbei und ruft die Störenfriede zur Ordnung: »Wenn ihr frech werdet, gibt's ein paar auf die Nuss!« Der ehemalige Trainer ist glücklich – lässt sich aber ein Hintertürchen offen: »Schwer zu sagen, ob ich nicht doch noch mal in die Bundesliga gehe …«

★ ★ ★

Otto Rehhagel schreibt für die »Sport Bild« und plaudert exklusiv aus dem Nähkästchen: »In Bremen habe ich mir im Laufe der letzten Jahre meine Machtposition erarbeitet. Hier quatscht mir niemand rein, und keiner kann sich hinter meinem Rücken bei irgendeinem ausheulen. Nach schlechten Spielen werde ich schon mal sehr laut und schreie was heraus. Am nächsten Tag frage ich dann meinen Assistenten Kalli Kamp: ›War ich wieder so laut? Was habe ich Samstag nach dem Spiel gesagt?‹ Kalli antwortet dann: ›Trainer, Sie haben nach dem Schlusspfiff zwei Spieler entlassen.‹ Ich antworte: ›Sag den Jungs, sie sind wieder eingestellt!‹«

1993/94

Frankfurts pervers praktizierter Offensivfußball reicht nicht!

Bernd Schuster kehrt mit seiner Frau Gaby und seinen Hunden und Pferden zurück in die deutsche Fußballlandschaft. Bayer-Manager Reiner Calmund hat sich zur neuen Saison richtig was einfallen lassen. Nach der Verpflichtung von Dragoslav Stepanovic (»Der ist einer zum Anfassen, der bringt uns hier mal Zirkusmief in die Bude«) ist der Transfer des Europameisters von 1980, Bernd Schuster, die zweite große Nummer in Leverkusen. Und es klappt. Bayer steht oben, und Calmund ist total begeistert: »Alle reißen sich um Schuster und Stepi!« Kein Wunder, spielt der langjährige Spanien-Legionär doch spektakulär auf und ist fürs Vereinsmarketing eh unschlagbar, wie Calmund es auf den Punkt bringt: **»Der hat einen PR-Wert wie Frank Sinatra.«** Der Mut der Bayer-Offiziellen wird belohnt, nachdem man Schuster vorher genau unter die Lupe genommen hat: »Unserem Co-Trainer Peter Hermann war das sogar ein bisschen peinlich, dass er so einen Spitzenfußballer erst noch beobachten sollte, bevor wir ihn verpflichten.« Alle Bedenken über Schusters körperlichen Zustand haben sich spätestens zu Saisonbeginn erledigt. Stepanovic zufrieden: »Der braucht kein Auto mehr. Demnächst kann er nach Hause laufen.« Leverkusen wird am Ende Dritter.

Bernd Schuster (li.) mit seiner Frau Gabi.

Jahrelang hat er für die Bundesliga geworben, immer höhere Erlöse aus der TV-Vermarktung gefordert und nun, wo die Liga durch die bunte TV-Präsentation der Privatsender immer populärer wird, beschwert sich Bayern-Manager **Uli Hoeneß** über die gesteigerte Aufmerksamkeit: »Wir kommen noch so weit, dass die Meldung über mein Treffen mit Anicic in der Tagesschau vor der Meldung vom Jelzin-Rücktritt gesendet wird.« Bremens Willi Lemke erkennt hingegen, dass die neuen Entwicklungen die zwei Seiten einer Medaille sind. Er sieht eher die Vorteile, die die Bundesliga im Moment genießen darf: »Jeder Zirkusdirektor träumt davon, dass über seine Vorstellung so intensiv berichtet wird wie über unsere.«

Und eigentlich darf sich der **»FC Hollywood«** über das Medieninteresse auch nicht beschweren – sorgt man doch selbst durch überraschende Taten für besonderes Aufsehen. Kurz vor Weihnachten überreden die Bayern-Offiziellen Franz Beckenbauer, die Mannschaft von Erich Ribbeck zu übernehmen. Der hatte es sich zusehends mit dem Team verscherzt. Bereits in der Vorsaison hatte ihm der Spieler

Saisonverlauf 1993/94

Platz	Tore	Punkte
1.	68:37	44:24
2.	64:36	43:25
3.	60:47	39:29
4.	49:45	39:29
5.	57:41	38:30
6.	46:43	38:30
7.	51:43	37:31
8.	51:44	36:32
9.	41:52	36:32
10.	65:59	35:33
11.	49:51	34:34
12.	48:52	34:34
13.	34:44	30:34
14.	38:50	29:39
15.	54:57	28:40
16.	41:55	28:40
17.	48:70	23:45
18.	32:69	17:51

Jan Wouters mitten in der Mannschaftssitzung gesagt: »Trainer, Sie sind der Einzige hier im Verein, der von Fußball nichts versteht.« Das haben im Winter nun wohl auch die Verantwortlichen des FC Bayern eingesehen und entlassen Ribbeck. Am Ende der Saison dürfen sie sich für ihre mutige Entscheidung selbst auf die Schulter klopfen. Das ewige Glückskind Beckenbauer gewinnt die Meisterschaft mit einem Punkt Vorsprung vor dem 1. FC Kaiserslautern.

Die besten Torjäger der Saison

Stefan Kuntz (1. FC Kaiserslautern)	18
Anthony Yeboah (Eintracht Frankfurt)	18
Stéphane Chapuisat (Bor. Dortmund)	17
Toni Polster (1. FC Köln)	17
Paulo Sergio (Bayer Leverkusen)	17

Dass es überhaupt dazu kommen kann, liegt am sensationellen Verfall einer glorreich gestarteten Frankfurter Mannschaft. Nach dem furiosen Start und einem »pervers praktizierten Offensivfußball« (O-Ton Klaus Toppmöller) der Herren **Gaudino, Bein und Yeboah** steht Frankfurt Ende August in der Tabelle ganz oben. In dieser Situation wird Eintracht-Trainer Toppmöller gefragt, ob sein Freund Rudolf Scharping eher Kanzler oder er eher Meister mit Frankfurt wird. Toppmöller antwortet: »Beide haben die gleichen Chancen. Und die Chancen beider sind sehr groß.« Am Ende wird es für beide allerdings doch ziemlich deutlich nicht reichen. Was bei der Eintracht vor allem an einer schwarzen Serie liegt. Als man am 19. Spieltag schon wieder verliert, werten die Offiziellen die Niederlage dennoch schon als kleinen Erfolg. Denn dieses Mal gewinnt Werder Bremen immerhin nur mit 1:0. Ein Lichtblick nach drei 0:3-Niederlagen in Folge. Das sieht auch Bernd Hölzenbein so, mit einem gequälten Lächeln sagt er: »Es geht eindeutig aufwärts!«

Ein Kuriosum der Bundesligageschichte ereignet sich am 22. Spieltag. Der **MSV Duisburg übernimmt die Tabellenführung** – und das erstmals in der Ligahistorie mit einem negativen Torverhältnis von minus einem Tor.

Bayer-Manager Reiner Calmund freut sich sehr, dass **Dragoslav Stepanovic**, den er für den genau richtigen Mann hält, endlich in Leverkusen ist: »Nur ein bunter Hund, das wäre zu wenig gewesen. Da hätten wir auch den Dackel vom Platzwart anmalen können. Unsere Forderungen hießen: Power, Durchsetzungsvermögen, Fachkenntnis, Menschenführung. Stepanovic war der Mann, der alle Kriterien erfüllte. Seine Ausstrahlung kommt dazu. Er ist nicht der Typ ›Handlungsbevollmächtigter eines Groß-Konzerns‹, er kommt elegant daher, haut einen Spruch raus, pafft sein Zigarillo. Es passt alles zusammen.«

Dragoslav Stepanovic mit den Jacob Sisters.

★ ★ ★

Nach Stuttgarts Auftaktniederlage in Bremen (5:1) sagt **Schiedsrichter Manfred Führer** aus Steinhagen, er habe die VfB-Abwehr schnarchen gehört. Grund genug für den »kicker«, einmal bei den Ehefrauen der Verteidiger nachzuhören, ob sie denn nachts überhaupt schlafen können. Sylvia Buchwald: »Guido schnarcht nicht. Weder im Bett noch auf dem Platz. Da hat der Schiedsrichter wohl jemand anderen – vielleicht sogar sich selbst – gehört.« Heike Berthold: »Ich schlafe sehr gut, habe Thomas noch nie schnarchen gehört. Aber wenn Herr Führer so gute Ohren wie Augen hat, dann muss man ihm glauben ...« Und Doreen Kracht: »Ich weiß nicht, wen Schiedsrichter Führer gehört hat – Torsten war's sicher nicht. Vielleicht hat er die Aussage aber witzig gemeint, um von seinen eigenen Fehlern abzulenken.«

★ ★ ★

Der SC Freiburg ist tatsächlich **der etwas andere Verein**, als der er häufig bezeichnet wird. Als die Breisgauer in Dresden spielen, sollen sie für eine gemeinsame Busreise von einem knappen Kilometer 600 Mark bezahlen. Das ist zu viel, entscheidet Trainer Volker Finke und lässt fünf Taxen vor dem Hotel vorfahren: »Der Bus ist einfach zu teuer. Da setzen wir uns doch lieber für 7,80 Mark ins Taxi.« Nach dem 2:1-Sieg macht die Fahrt in den kostensparenden Beförderungsmitteln gleich noch einmal so viel Spaß. Diesmal auf direktem Weg zum Flughafen. Das eingesparte Geld wurde nämlich gleich in die allererste Flugreise in der Bundesligageschichte der Freiburger investiert!

★ ★ ★

Ein kleines Duschgeheimnis plaudert Saarbrückens Trainer und Ex-S04-Coach Peter Neururer live im Fernsehen über den Wattenscheider Profi Thomas Langbein aus: »Thomas hat das Vereinsemblem von Schalke 04 auf dem rechten Arm tätowiert.«

★ ★ ★

Bei der Partie des fünften Spieltags zwischen Borussia Dortmund und Dynamo Dresden (4:0) verteilt **Schiedsrichter Manfred Schmidt** eifrig Rote Karten. Gelb-Rot für Matthias Sammer (29.), Matthias Maucksch (55.) und Markus Kranz (71.). Rot für Günter Kutowski (46.). Nach der Begegnung fragt Dortmunds Manager Michael Meier den Schiri: »Glauben Sie, dass ein Spieler Sie ernst genommen hat?« Manfred Schmidt antwortet ehrlich:»Ich wusste von Anfang an, dass ich nicht ernst genommen werde.«

Die Euphorie in Duisburg ist riesig. Der vierte Platz nach dem 14. Spieltag wird von den Fans groß gefeiert und von der Presse interessiert verfolgt. Besonderer Liebling der Medien ist der langhaarige, Harley fahrende Bayer in Diensten des MSV, Peter Közle. Doch beim 1:0-Sieg über Nürnberg kommt der Stürmer erst in der 76. Minute in die Partie. Trainer Lienen trotzig: »Diese Nichtberücksichtigung hat er sich redlich verdient!« Dem Coach geht der Medienrummel zu weit. Die Mannschaft ist nun gewarnt. **Abwehrhaudege und Stahlkocher** Joachim Hopp hat schon Angst, ihn könne es als nächsten treffen. Wie richtig Hopp mit seiner Vermutung liegt, beweist eine Aussage seines Trainers. Lienen rollt genervt seine Augen: »Ich glaube, jetzt will schon das zwölfte Team bei Thyssen drehen.«

★ ★ ★

Weil am Tag zuvor im Olympiastadion eine Hundeschau stattgefunden hat, ist der Rasen vor der Partie der Bayern gegen den Karlsruher SC (1:0) komplett mit **Hundekot** übersät. Nach einer Beschwerde von KSC-Trainer Winfried Schäfer, dem die Haufen mächtig stinken, rücken einige Herren in Blaumännern mit Schippe und Eimern an und reinigen den Rasen, so gut es geht. Gäste-Torwart Oliver Kahn schmeißt sich jedoch wie gewohnt beherzt und ohne Rücksicht auf Verluste in jeden Ball. Schließlich möchte er sich für einen möglichen neuen Arbeitgeber empfehlen und sagt: »Ich bin nicht mit dem KSC verheiratet!«

★ ★ ★

Alle schwärmen vom stimmungsvollen **Freiburger Dreisamstadion** und seinen Zuschauern. »Diese Fans sind mindestens genauso gut wie die in Dortmund oder Kaiserslautern«, sagt Trainer Rainer Zobel. Und vor allem sind sie laut Leverkusens Andreas Thom muss gar ein Interview nach Spielschluss abbrechen: »Ich versteh kein' Ton, ey!« Leider passen nur knapp 15.000 Anhänger in das Stadion des Sport-Clubs. Deshalb denkt Trainer Volker Finke bereits über innovative Ideen nach: »Ich glaube, ich werde die Trainerbank verbreitern lassen, damit wir mehr Platz für Zuschauer haben!«

★ ★ ★

Am 15. Spieltag spielt Bayer Leverkusen bei Dynamo Dresden. Obwohl die Gäste haushoch überlegen sind, steht es nach neunzig Minuten nur 1:1. Bayer-Trainer Dragoslav Stepanovic versucht den Punktverlust mit Humor zu nehmen: »Wir spielen so souverän, dass wir darüber fast eingeschlafen sind.« Auch Manager Reiner Calmund ist bemüht, sich gewählt auszudrücken, kann seinen Ärger über die vergebene Chance zum Sieg aber nicht komplett verbergen: »Wir sind doch nicht beim Eiskunstlauf, wo es fürs **Sterben in Schönheit** Noten gibt!«

★ ★ ★

Christoph Daum verlässt den VfB Stuttgart zur Winterpause. Man verabredet, wie üblich, Stillschweigen. Zuerst versucht Manager Dieter Hoeneß auch, sich daran zu halten, doch dann bricht die Enttäuschung der letzten Monate aus ihm heraus, und er lässt kein gutes Haar am scheidenden Trainer: »Ich habe bisher wenig besser inszenierte Theaterstücke gesehen«, »Manchmal habe ich gedacht, ich wäre im falschen Film«, »Christoph Daum hat gesagt, er wolle keine verbrannte Erde hinterlassen. Aber er hat ganz schön gezündelt« – und als abschließender Höhepunkt des Rundumschlags: »Alle Trainer, mit denen ich bisher gesprochen habe, sind der Meinung, dass der VfB besser ist, als es der augenblickliche Tabellenstand aussagt.« Und was sagt Daum selbst, der von den Fans mit minutenlangen »Olé, super Christoph Daum«-Gesängen beim 4:0-Erfolg über den MSV Duisburg verabschiedet wird: »Ich trage ein Stückchen VfB in mir. Das waren Emotionen pur, wie beim Karneval in Köln!«

Es ist der Treffer der Saison. Frankfurts Jay-Jay Okocha spielt mit der gesamten Abwehr des KSC Hase und Igel. Sat.1-Reporter Jörg Dahlmann lässt sich in der »ran«-Sendung über das Tor in epischer Breite aus: »So, liebe Zuschauer, und jetzt stehen Sie in Ruhe auf, damit Sie keinen Herzschlag bekommen. Stellen Sie den Ton Ihres Fernsehers lauter, kommen Sie nahe an den Monitor heran – und genießen Sie. Bein. Okocha. Geht er? Okocha, Jay-Jay Okocha. Immer noch. Jay-Jay Okocha. Noch ein Dreher, noch einer – und drin! Da reißt er sein Trikot vom Leib, tanzt noch einen Samba fürs ausflippende Publikum. **Ekstase im Waldstadion!** Das haben wir seit Libuda nicht mehr erlebt. Das ist das Beste, was der Fußball bieten kann. Oh, wie ist das schön, oh, wie ist das schön! Liebe Zuschauer, die Zeit für meinen Bericht ist zwar abgelaufen, aber egal. Sollen sie mich rausschmeißen. Ich zeige Ihnen die Szene bis zum Umfallen. Toll, dieser Jay-Jay Okocha, wie er hier Kahn aussteigen lässt. Dann ist es Reich und auch noch Bilic. Dann versucht sich auch noch Lars Schmidt. Was soll's! Drin ist der Ball! Klasse! Mannomann, ist das eine tolle Szene gewesen! Komljenovic. Uwe Bein. Hätte allein schon schießen können. Schön gesehen – und da ist er, Jay-Jay Okocha. Beckenbauer, Baresi, Kohler – alle Liberi und Manndecker der Welt hätten hier stehen können. Sie wären allesamt von ihm ausgetanzt worden! Ich weiß nicht, wie es Ihnen ergeht, liebe Zuschauer, mir zittern die Knie hier noch vor Begeisterung. Ich sehe jetzt das Tor zum sechsten, zum siebten, zum achten Mal – und dann dieser Samba! Das war's, liebe Zuschauer. Tolle Szenen hier im Waldstadion. Drei zu eins für Frankfurt. Eine geniale Schlussphase. Und anschließend genießen wir noch diesen Umreißer von Maurizio Gaudino mit Jay-Jay Okocha …« Hinterher wird Okocha in aller Schlichtheit sein Tor so beschreiben: »Ich habe das Loch gesucht!«

★ ★ ★

Am achten Spieltag trifft der FC Schalke 04 auf den 1. FC Nürnberg. Die befreundeten Anhänger beider Vereine zelebrieren den Tag mit der Fertigstellung eines 1.800 Meter langen Schals in Blau-Weiß und Rot-Schwarz als dem **»längsten Freundschaftsbanner der Welt«**. Doch der Eintrag ins »Guiness-Buch der Rekorde« schlägt leider fehl. Das Banner hätte gestrickt und nicht genäht sein müssen.

★ ★ ★

Toppmöllers Ehefrau Roswitha hat sich das Vereinsemblem der Eintracht einmal genauer angeschaut und ihren Mann, den Trainer der Frankfurter, danach auf eine Idee gebracht. Und so fliegt vor der Partie des 13. Spieltags gegen den FC Bayern München (2:2) ein Steinadler über den Köpfen der Spieler durch den Sitzungsraum. Toppmöller nutzt die angespannte Stille und hält beschwörend eine Rede vor seinem Team: »Der Steinadler war schon im Christentum das **Sinnbild für Wiedergeburt**. Guckt ihm genau in die Augen, dann feiern wir heute eine Auferstehung. 75 Kilogramm kann er packen. Das reicht nicht für Lothar Matthäus, er hat 76,2 Kilogramm. Also müsst ihr ihn greifen. Der Adler schwebt in den Lüften, wir sind an der Spitze. Der Adler führt seine Raubzüge am Tag durch, zieht sich dann in seinen Hort zurück. Wir jagen Samstag für Samstag die Beute und ziehen uns zwischendrin zurück. Ich will, dass ihr die Gegner so seht wie ein Adler – von oben. Der Schreiadler soll die Bundesliga sein, die über unsere Erfolge zetert. Den Kaiseradler hole ich, wenn wir die absolute Krönung geschafft haben: die Deutsche Meisterschaft 1994!«

★ ★ ★

Nach der Partie zwischen der Eintracht und den Bayern kommt es noch zu einer kleinen verbalen Auseinandersetzung zwischen Toppmöller und seinem ehemaligen Trainer und heutigen Bayern-Coach Erich Ribbeck. Weil Toppmöller vor der Partie bluffen wollte, hatte er Okocha und Mihajlovic zuerst nicht auf dem Spielberichtsbogen stehen. Ribbeck kann über diesen Taschenspielertrick nur müde lächeln: »Das ist für mich die **Abteilung Sandkasten**, fünftes bis siebtes Lebensjahr.« Toppmöller kontert geschickt: »Das hat der Trainer Ribbeck mir in Kaiserslautern vorgemacht!«

Schalkes Keeper Jens Lehmann begeht Stadionflucht und zwar mit der S-Bahn. In der Pause der Partie in Leverkusen, Halbzeitstand 3:0 für Bayer, fährt Schalkes ausgewechselter Torhüter **mit der S-Bahn in seine Heimatstadt** Essen zurück. Der von den eigenen Anhängern verhöhnte Jens Lehmann am nächsten Tag ganz geknickt: »Ich muss auf die Fans zugehen. Ich will hören, was Sache ist.« Das Problem: Gegen seinen Konkurrenten Holger Gehrke hat Lehmann in puncto Beliebtheit keine Chance.

★ ★ ★

Bayerns **Thomas Helmer** stochert am 23. April 1994 gegen Nürnberg (2:1) den Ball am Gehäuse des Clubs vorbei. Doch Schiedsrichter Osmers erkennt den Treffer an. Bayerns Vizepräsident Karl-Heinz Rummenigge nach dem Schauen von zig Wiederholungen des Phantomtors: »Wir werden den Ball nicht reinkriegen.« Der DFB entscheidet: Es gibt ein Wiederholungsspiel. Das gewinnen die Bayern schließlich mit 5:0.

★ ★ ★

Auch nach dem 15. Spieltag sind die Königsblauen Tabellenletzter. Der 3:1-Sieg über den VfB Leipzig setzt bei den Schalke-Profis jedoch positive Energien frei. Besonders der Doppeltorschütze Dieter Eckstein wirkt gelöst. Lachend steht er vor der Kabine und zieht erst einmal genüsslich an einer Zigarette: »Jetzt meckert wenigstens keiner, weil der Trainer selbst raucht!« Mit leuchtenden Augen erzählt er von den besonderen Motivationspraktiken seines neuen Trainers. Nachdem es mit Helmut Schulte nach sechs Punkten aus 14 Spielen nicht mehr weiterging (Schulte verständnisvoll: »Eichberg musste reagieren«), soll es nun **Jörg Berger** richten. Und der versucht es bei seinen Akteuren mit dem Prinzip Angst, wie Eckstein berichtet: »Er hat uns erzählt, wie hoch die Arbeitslosenquote im Revier ist, dass ein Teil der Arbeitslosen immer noch das Geld zusammenkratzt, um uns spielen zu sehen. 588,60 Mark bekommt ein kinderloser Arbeitsloser als Höchstsatz in der Woche. Denkt mal dran: Auch einige von euch können am Ende der Saison auf der Straße stehen.«

★ ★ ★

»Ich spiel nun mal lieber mit zehn fröhlichen Menschen zusammen als mit zehn verbissenen«, ist das munter klingende Lebensmotto des Autors des Buchs **»Litti. Meine Geschichte«**. Nationalspieler Pierre Littbarski plaudert in seinem Werk humorvoll aus dem berühmten Nähkästchen: »Daum war nicht nur ein Trainer, der sehr viel von Taktik verstand, sondern er konnte die einzelnen Spieler und die ganze Mannschaft auch hervorragend motivieren, da war er ein richtiger Künstler. Er hatte jeden Tag originelle Ideen und war immer wieder in der Lage, uns mit irgendetwas Neuem zu überraschen, da besaß er eine fast unbegrenzte Energie. Er meinte, dass das beste Training ohne Abwechslung langweilig wird und die Spieler dann keine Lust mehr haben mitzuziehen. Das immer gleiche Schema frustriert. Darum ließ er sich ständig etwas einfallen: Einmal brachte er eine Aerobic-Lehrerin mit, das gab natürlich ein großes Hallo, und alle machten dann schon allein aus ›Spaß an der Freud‹ mit.«

Jo Geistler, Ex-Manager und Ehemann von Gitte Haenning und in der Künstlerbranche nur »Der Magier« genannt, ist begeistert: »Wenn die Botschaft, besser die Message stimmt, dann wird die Platte ein Knaller. Und hier kommt die Message voll rüber!« Wovon Geistler so angetan ist? Vom Song **»Vom HSV, da bin ich Fan von«**. Textprobe gefällig? »Vom HSV da bin ich Fan von, / da steh ich stundenlang im Stadion. / Und macht der Ivan einmal Ding-Dong, / dann lauf ich splitternackt nach Hongkong. / Mir ist egal, wo der HSV spielt, / nur wichtig, dass ich pünktlich in der Fankurve steh'. Und spielen meine Jungs auch in Amerika, / bin ich schon lange vor der Mannschaft da. / Thomas von Heesen legt los wie ein Stier, / und über mir da flattert das Toilettenpapier. / Der Schiri auf dem Rasen ist mal wieder blind. / Das war ein Foul, das sieht jedes Kind!«

Zitate der Saison

»364 Tage gab es Sonnenschein, einen Tag war es bewölkt und fast alles kaputt.« **Winfried Schäfer** nach der verspielten UEFA-Cup-Qualifikation mit dem KSC.

»Seid's vorsichtig, vielleicht komme ich wieder!« **Franz Beckenbauer** bei der offiziellen Verabschiedung von der Mannschaft.

Nürnberg unterliegt zu Hause gegen Eintracht Frankfurt mit 1:5. Zwei Tore steuert Anthony Yeboah bei, der in der Form seines Lebens ist. Der Nürnberger **André Golke** verneigt sich vor dem Frankfurter: »Normal darf so einer nicht spielen – das ist Wettbewerbsverzerrung!«

Wattenscheids Trainer **Hannes Bongartz** über seinen Abwehrspieler Carsten Wolters: »Als er auf der Seite vor der Trainerbank spielte, ging's ganz ordentlich. Später war dann Dr. Oetker zu Besuch.«

Frankfurts Trainer **Klaus Toppmöller** ehrlich: »Ein Spieler muss auf dem Platz eine Wildsau sein. Den Kölner Konopka habe ich auch einmal mit der Faust niedergestreckt. Der hat nur dummes Zeug erzählt, da bin ich ausgerastet.«

Beim 2:2 des BVB in Duisburg wird Dortmunds **Michael Schulz** nach einer Auseinandersetzung mit MSV-Publikumsliebling Alfred Nijhuis fast die komplette Spielzeit ausgepfiffen. Schulz ist nach der Partie immer noch aufgebracht über die Fans. Direkt vor der pfeifenden Zuschauerkulisse schreit er: »Ich wusste gar nicht, wie viele Idioten in einen Fanblock gehen!«

Bayer-Trainer **Dragoslav Stepanovic** über den Werder-Coach Otto Rehhagel: »Er ist mir unsympathisch, weil ich Leute nicht mag, die auch reden, wenn sie nicht gefragt sind.«

Volker Finke: »In der Regel habe ich drei Meinungen. Eine für mich, eine für den Präsidenten und eine für die Presse.«

Mehmet Scholl über sich selbst: »Mehmet Scholl – das sind 67 Kilo geballte Erotik!«

»Mein Name ist Wiesel, ich kann schnell laufen!« **Schiedsrichter Wiesel** auf die Frage, ob er Angst vor Fans habe.

Trainer Volker Finke (re.) und Co-Trainer Achim Sarstedt (beide Freiburg) bei einer Tasse Kaffee.

Die Stasi und die Bundesliga

Der Minister für Staatssicherheit Erich Mielke gratuliert der Meistermannschaft des BFC Dynamo. Oben: Shakehands mit Thomas Doll. Unten: herzliche Umarmung mit Andreas Thom.

Nach und nach erreichen die **Stasi-Enthüllungen** auch die Bundesliga und sorgen für Aufregung in den Vereinen – vor allem bei denen im Osten. Ulf Kirsten ist einer der ersten, der »enttarnt« wird. Er war bei der Stasi unter dem Decknamen »Knut Krüger« geführt. Aber der Dresdener weigerte sich erfolgreich gegen eine konstruktive Mitarbeit. Sein Stasi-Betreuer notiert: »Kirsten zeigt sich uneinsichtig, arbeitet nicht richtig mit. Wir müssen uns jetzt mal um seinen Vater kümmern.« Ein anderer Eintrag: »Kirsten kann Fragen nach Fluchtgefahr bei Mitspielern und mit wem sie sich unterhalten, nicht beantworten. Die Vermutung liegt nahe, dass er mehr weiß, als er sagt.« Später wird man ihm sagen, dass die Stasi ihn dem »Fluchtkader Nummer eins« zugeordnet hat. Für die DDR-Behörden galt er als potenzieller Flüchtling.

Auch **Trainer Ede Geyer** war in den Diensten der Stasi und gibt allerdings vor, keine andere Möglichkeit gesehen zu haben: »Ich war einfach viel zu feige, mich dagegen aufzulehnen. Dafür müssen Sie Verständnis haben. Wer in diesem System nicht mitgemacht hat, musste immer damit rechnen, dass er spurlos verschwindet.«

Einer der populärsten Fälle ist Dresdens **Torsten Gütschow**. Auch er war bei der Stasi, geführt unter dem Decknamen IM Schröter. Er sagt: »Ich habe immer versucht, sehr viel zu schreiben, ohne wirklich etwas zu sagen, was Mitspieler belastet. Ich weiß nicht genau, ob ich wirklich jemandem geschadet habe. Ich hoffe, dass es nicht so ist, aber ich kann es nicht ausschließen.« Er beichtet der Mannschaft seine Geschichte: »Ich konnte den Jungs nicht richtig in die Augen gucken – und sie mir auch nicht. Aber sie haben mir gesagt, dass sie mir verzeihen. Vielleicht haben sie es nur deshalb gesagt, weil sie mich im Kampf gegen den Bundesliga-Abstieg brauchen. Ich brauche jetzt Vertrauen, und das will ich zurückgeben. Und wenn es nur mit Toren ist!«

Trainer **Jörg Berger** ist Anfang der 1980er Jahre in den Westen gekommen. Bei einem Gespräch nach der Wende mit Rostocks Präsident Kische fühlt er sich jedoch sofort an diese längst vergangene Zeit erinnert: »Wie der Kische mich behandelt hat, das erinnert mich sehr an die Machenschaften in der ehemaligen DDR. Das macht mir Angst. Die, die früher die Macht missbraucht haben, die vom Regime profitiert haben, sind auch jetzt wieder an der Macht. Die, die 40 Jahre gelitten haben, sind jetzt arbeitslos.« In Rostock ist Uwe Reinders Trainer. Als Berger einen Job in Rostock ablehnt, wird Kische deutlich: »Er hat mich aufgefordert, unser Telefonat zu vergessen. Ich sollte sagen: Wir haben nie miteinander geredet.«

Frankfurts **Axel Kruse** kommt aus der ehemaligen DDR und ist empört über Rostocks Florian Weichert: »Ein Perverser. Er arbeitete für die Stasi und war auf mich angesetzt, verriet seine eigenen Kumpels. Als wir letzte Saison in Rostock spielten, wollte er mich umarmen. Da habe ich Hass gekriegt, bin drei Schritte zurückgegangen und zischte nur: ›Hau ab.‹ Was gibt es ekelhafte Typen!«

1994/95

»Als Schwalbe würde ich es mir verbitten, mit Möller verglichen zu werden!«

Vor dem Duell am 29. Spieltag im proppenvollen Bremer Weserstadion (O-Ton Willi Lemke: »Ich hätte **über 100.000 Tickets** verkaufen können«) gegen Borussia Dortmund sagt Werders Mario Basler noch zuversichtlich: »Wer heute gewinnt, wird auch Meister!« Bremen schlägt den BVB mit 3:1 – und hat am Ende doch das Nachsehen.

Aber im Grunde ist das auch okay so, denn an 25 von 34 Spieltagen führen die Dortmunder die Tabelle an, spielen **eine herausragende Hinrunde** und holen nach einer Schwächephase, deren Höhepunkt die Niederlage in Bremen ist, im Schlussspurt 8:2 Punkte aus den letzten Begegnungen. Torwart Stefan Klos feiert die erste Deutsche Meisterschaft seit 1963 mit einem schelmischen Grinsen: »Endlich haben wir mal was zu präsentieren!«

Die Wochen vor dem Titelgewinn sind geprägt von einem Kleinkrieg zwischen **»Großmaul« Mario Basler** und dem BVB. Immer wieder stichelt der Bremer gegen seine Dortmunder Kollegen und versucht, die nervöse Anspannung beim BVB noch zu steigern. Auch Trainer Ottmar Hitzfeld wird zur Zielscheibe von Baslers Attacken. Besonders gewagt ist die Prophezeiung des Werder-Profis, dass man sich aufgrund eines beruhigenden Vorsprungs im letzten Spiel bei den Bayern sogar eine Niederlage leisten könne: »Der Herr Hitzfeld weiß gar nicht, dass wir die zwei Punkte in München am letzten Spieltag wahrscheinlich gar nicht brauchen.« Als die Anspannung nach dem Gewinn der Meisterschaft bei den Dortmundern weicht, fließen bei Coach Ottmar Hitzfeld die Tränen, und bei den Spielern sprudeln die Worte. Knut Reinhardt: »Schön, dass der Mario so auf den Putz gehauen hat. Das hat uns wachgerüttelt. Nun wird er wohl die Retourkutsche von seinen Bremer Mannschaftskameraden bekommen.«

Die entscheidende Niederlage verpasst der FC Bayern den Werderanern im letzten Saisonspiel. Mit 3:1 siegen die Münchner und vermiesen ihrem neuen Trainer einen schönen Ausstand. Die Partie ist deshalb besonders pikant und ein mediales Großereignis, da Otto Rehhagel nach dieser Spielzeit Bremen nach 14 Jahren verlässt, um in München anzuheuern. Werders ewiger Trainer steht ab der

Saisonverlauf 1994/95

Platz	Tore	Punkte
1.	67:33	49:19
2.	70:39	48:20
3.	66:44	46:22
4.	58:41	46:22
5.	66:41	43:25
6.	55:41	43:25
7.	62:51	36:32
8.	51:47	36:32
9.	41:49	33:35
10.	54:54	32:36
11.	48:54	31:37
12.	52:66	30:38
13.	43:50	29:39
14.	41:57	27:41
15.	37:52	25:43
16.	43:67	22:46
17.	31:64	20:48
18.	33:68	16:52

Die besten Torjäger der Saison

Mario Basler (Werder Bremen)	20
Heiko Herrlich (Borussia M'gladbach)	20
Toni Polster (1. FC Köln)	17

kommenden Spielzeit beim FC Bayern an der Seitenlinie. Auch kulturell ein großer Schritt für den mehrfachen Meistercoach – raus aus dem beschaulichen Bremen, hinein in die Weltstadt mit Herz. Doch Rehhagel zeigt offensichtlich **keinerlei Respekt**. Er regt sogar allen Ernstes an, dass man seine Frau Beate zur bayrischen Kultusministerin ernennen könne. Ein Vorschlag, der vor allem im Ministerium selbst ein großes Echo erzeugt. Man fertigt eigens eine Presseantwort an, in der es heißt, dass man im Moment leider keinerlei Bedarf habe (man sei mit Hans Zehetmaier sehr gut besetzt auf dieser Position) und man sich »angesichts der finanziellen Situation der öffentlichen Haushalte« fast sicher sei, die »Ablösesumme für Frau Rehhagel« nicht stemmen zu können. In einem Gegenvorschlag empfehlen sie aber die Neubesetzung der Bayern-Bank noch einmal zu überdenken: Ihr Wunschkandidat wäre August Everding auf der Trainerposition!

In Dortmund feiert man den Titelgewinn ausgelassen. Nachdem man drei Jahre zuvor noch auf den Nürnberger Wück geschimpft hatte, der durch seine Schwalbe maßgeblich dazu beigetragen hatte, dass der BVB hinter dem VfB Stuttgart nur Zweiter in der Tabelle wurde, profitiert man in dieser Saison von dem weit unsportlicheren Vergehen eines eigenen Mannes. Andreas Möller fliegt am 26. Spieltag seine berühmte **»Schutzschwalbe«** im Spiel des BVB gegen den Karlsruher SC. Es steht 0:1 an diesem Tag, als der Dortmunder Möller im Strafraum des KSC spektakulär abhebt. Sein Gegenspieler

Dirk Schuster ist meterweit entfernt, dennoch zeigt Schiri Habermann auf den Strafstoßpunkt. Zorc verwandelt, und in der 86. Minute schießt Sammer den BVB sogar noch zum Sieg. Wenige Wochen später wird die Borussia Meister – mit einem Punkt Vorsprung vor Werder Bremen. Die Aufregung in Fußball-Deutschland ist riesig. Möller wird für zwei Spiele gesperrt (»Ich bin auch nur ein Mensch«) und muss 10.000 Mark Geldstrafe zahlen. Dirk Schuster meint abschließend: »Als Schwalbe würde ich es mir verbitten, mit Möller verglichen zu werden.«

Stefan Effenberg ist zurück aus Italien und gleich wieder der umjubelte Star der Bundesliga. Nach einer verlorenen Wette in Thomas Gottschalks »Wetten, dass...?«-Sendung lässt sich der Neu-Gladbacher in der RTL-Late-Night-Show »Gottschalk« im September eine aufsehenerregende **Frisur im Tigerlook** verpassen. Der englische Punk-Coiffeur Collin Watkins darf den Hinterkopf des Fußballstars scheren und einen Tigerkopf aufmalen. Ehefrau Martina wird mit einem Rosen-Tattoo im Haar beglückt. Natürlich ist ihr Mann am kommenden Spieltag der Star in der Manege Bundesliga.

★ ★ ★

Schiedsrichter **Wolf-Günter Wiesel** ist ein Mann der Tat, dennoch muss der 18. Spieltag in Kaiserslautern mit zehnminütiger Verspätung angepfiffen werden – es sind keine Fähnchen für die Linienrichter vor Ort. Doch dann kommt Hobbyhandwerker Wiesel zum Einsatz: »Da haben wir einen Besenstiel zersägt, ein gelbes Trikot zerschnitten, und in drei Minuten war alles behoben. Schließlich sind wir noch handwerklich geschickt.«

★ ★ ★

Spektakuläre Verhaftung: Im Dezember wird nach der RTL-Sendung »Gottschalk Late Night« der von Eintracht Frankfurt freigestellte Autonarr Maurizio Gaudino verhaftet. Er muss eine Nacht hinter Gittern verbringen. Der Fall sorgt für Aufsehen, und der Star der letzten Jahre entschließt sich spontan zu einem Wechsel auf die Insel – zum Traditionsklub Manchester City.

★ ★ ★

Die **bunte Bundesliga** lebt vor allem von ihren Anhängern – und deren Kreativität. Die zeigt sich besonders bei den Namen von Fanklubs. Hier einige Beispiele: HSV: Die schwarz-weißen BHs – FC Schalke 04: Einmal blau immer blau – 1860 München: Löwengrube – Dynamo Dresden: FC Schlaubi – FC Bayern München: A Ruh' is – Werder Bremen: Fischköppe – SC Freiburg: Schwarzbrenner – Bayer Leverkusen: Grasnarbenküsser – Bayer Uerdingen: Chaos-Club Crefeld – 1. FC Köln: Zum Blauen Bock – Kaiserslautern: Pfälzer Fegefeuer – Borussia Mönchengladbach: Der Berg ruft – VfB Stuttgart: Heiligs Blechle.

Für Eintracht Frankfurt zieh ich blank.

BVB-Merchandising findet seine Abnehmer.

Bundesliga-Charaktere

Physiotherapeut Dieter Trzolek (auch »Der Druide« genannt): »Früher haben sich die Leute an den Kopf gefasst und gesagt, dass ich doch entlassen werden müsste, weil ich einen Bluterguss mit einem Quarkverband behandelte. Später haben sie dann aber gemerkt, dass diese Methode gar nicht so schlecht ist.« Von Saunagängen hält er hingegen nichts: »Durch die Hitze werden die Gifte im Körper aber nicht ausgeschieden, das ist nur durch körperliche Betätigung möglich.«

★ ★ ★

In Gladbach sitzt ein Mann auf dem Zaun. Es ist der Türke Ethem Özerenter, den aber alle nur **»Manolo«** rufen. Er hat ein buntes Käppi auf dem Kopf und eine große Trommel vor sich. Er ist bei jedem Heimspiel, auch wenn er zugibt: »Von Fußball ich aber nix verstehen. Ich mache nur bum-bum, um die Mannschaft anzufeuern!« Als einmal seine Trommel kaputt ist, greift Stefan Effenberg spontan in die Tasche und spendiert für 300 Mark eine neue. Manolo kreiert daraufhin den legendären »Effenberg-Rhythmus«. 80 Mark pro Partie kassiert er in den 1990er Jahren von einem Sponsor für seine Trommeleinsätze.

★ ★ ★

Die Leistungen des Gladbachers in der Bundesliga sind ein kleines Wunder – denn **Wilfried Hannes** hat seit seinem siebten Lebensjahr nur noch ein Auge. Damit ein Tumor nicht auf das Gehirn übergreifen konnte, entfernte man ihm sein rechtes Auge. Doch Hannes schafft es mit bedingungslosem Ehrgeiz, diesen Makel zu besiegen. Er wird sogar Nationalspieler. Auch wenn er weiß, dass die Behinderung ihn tagtäglich immer wieder einholt und jedermann sie erkennt: »Mir fehlt das räumliche Sehen. Deshalb muss es einem Zuschauer manchmal komisch erscheinen, wie ich mich zum Ball postiere. Aber völlig falsch stehe ich meines Erachtens selten.«

★ ★ ★

Der HSV-Star **Charly Dörfel** ist so ein bisschen der Klassenclown der Bundesliga, immer auf der Suche nach dem nächsten Auftritt. Nach seiner Karriere sagt Dörfel über sich selbst: »Ich war ein großes, verspieltes Kind, die Ernsthaftigkeit hat oft gefehlt.« Er liebt die spektakulären, die außergewöhnlichen Momente des Fußballs. Wenn er, die Melodie von »Horch, was kommt von draußen rein?« pfeifend, an seinem Gegenspieler vorbeispurtet, sieht man ihm den Spaß, den er dabei hat, an. Vielleicht wäre aus Charly Dörfel auch ein toller Entertainer abseits des Platzes geworden. Doch als er mit dem Fußball aufhört, findet er selbst, dass er den richtigen Zeitpunkt dafür verpasst hat. Träumen kann er von dieser Laufbahn dennoch ein Leben lang: »Mit einer richtigen Ausbildung im Koffer hätte ich bestimmt im Zirkus auftreten oder nach Hollywood gehen können.«

Stürmer **Roland Wohlfarth** vom VfL Bochum, der in seinem Leben nie ein Kostverächter war, langt beim Essen mal wieder so tüchtig zu, dass er in seiner kalorienreichen Misslage keinen anderen Ausweg sieht, als in die nächstbeste Apotheke zu laufen und sich den Appetitzügler »Recatol N« zu besorgen. Zwar verliert der Torjäger daraufhin das eine oder andere Kilo, aber nach einem Dopingtest bei einem Hallenturnier auch die Berechtigung zu spielen. Die im Appetitzügler enthaltene verbotene Substanz »Norephedrin« macht Wohlfarth und dem VfL Bochum einen fetten Strich durch die Rechnung. Zwei Monate Sperre und 60.000 Mark Bußgeld sind die gerechte Strafe – im ersten Doping-Urteil der Fußball-Bundesliga vom 16. Februar 1995.

★ ★ ★

»Ob das Auto unseres Masseurs Hans Hodrius mit Bierkisten eingemauert wird oder ein Kaltwasserstrahl durch die Mannschaftsdusche peitscht und alles trifft, was sich bewegt – man kann ziemlich sicher sein, dass Peter dahintersteckt. Über seine Streiche kann er sich dann diebisch wie ein kleiner Junge freuen«, schreibt der 60er-Angreifer Bernhard Winkler über seinen Freund und Mitspieler **Peter Pacult** im Vorwort des Buchs mit dem Titel »Einer von euch. Der Löwe aus Wien«. In diesem widmet Pacult dem unvergessenen Kroaten Otto Baric eine Passage über einen Vorfall, den er während eines Essens bei einem gemeinsamen Trainingslager mit Baric in dessen Heimat erlebt hat: »Wir langten kräftig hin und sprachen zwischen den Gängen ausgiebig den verschiedenen Alkoholika zu. Mit deren Pegel stiegen Stimmung und Lautstärke. Dennoch schaffte es Otto Baric mühelos, uns alle zu übertönen, und er sang eine Lobeshymne auf seine Heimat nach der anderen. Kein Thema war ihm dabei zu banal. Als er selbst auf das Stichwort ›Apfel‹ hin zu berichten wusste, die besten auf der ganzen Welt wüchsen selbstverständlich in Kroatien, riss mir der Geduldsfaden. Ich sagte ihm laut und für sämtliche Anwesenden deutlich hörbar: ›Bei euch ist einfach alles unglaublich super. Das Meer, die Wohnungen, der Fußball, der Speck und natürlich die Cevapcici. Aber bei uns in Österreich wachsen auch gute ›Golden Delicious‹.‹ Daraufhin war Otto eingeschnappt – und er redete mit mir bis zum Ende der Feier, kurz vor Sonnenaufgang, kaum noch ein Wort.«

★ ★ ★

Beim KSC reden sie nicht mehr über einen möglichen Abstieg, die Karlsruher haben Selbstvertrauen getankt, wichtige Verträge mit ihren Sponsoren und ihren Spielern langfristig verlängert und eine Präsentation ausgearbeitet. Die nennt sich **»Der KSC auf dem Weg ins Jahr 2000«** und mündet in dem finalen Satz von Trainer Winfried Schäfer: »Irgendwann in den fünf Jahren bis 2000 will ich Deutscher Meister werden.«

★ ★ ★

In München ist ein Kampf zwischen Schulmedizin (Uli Hoeneß) und alternativen Heilmethoden **(Alain Sutter)** entbrannt. Der Schweizer Profi hat seit der WM 1994 durch einen »verschleppten Salmonellenbefall« (Sutter) neun Kilo verloren. Er versucht jedoch, die Krankheit, anders als vom FC Bayern gewünscht, nicht von einem Arzt mit einem Antibiotikum kurieren zu lassen, sondern von einem Homöopathen auf alternative Weise. Hoeneß ist sauer, er schimpft: »Wir haben die Marotten lange genug erduldet!« Nun setzt er ein Ultimatum für einen Arztbesuch und rät dem bekennenden Vegetarier zudem: »Der Sutter soll Schweinsbraten mit Knödeln essen und nicht das Körnerfutter.« Dass der Schweizer noch nicht

Alain Sutter

alle seine Kräfte eingebüßt hat, beweist sein schlagfertiger Konter: »Wie man aussieht, wenn man zu viel Schweinebraten isst, sieht man ja an Herrn Hoeneß.«

★ ★ ★

Kurz vor Schluss steht es am 19. Spieltag 1:1 zwischen dem VfB Stuttgart und 1860 München. Die Löwen sind platt. Seit der 44. Minute spielen sie nur noch mit zehn Mann. Bernhard Trares hat das Feld nach einer Gelb-Roten Karte verlassen müssen – weil er das Spiel verzögert hatte. Nun bekommen die Sechziger einen Freistoß vom Schiedsrichter zugesprochen und traben ausgepumpt zum Ball. Manni Schwabl nimmt noch einen kleinen Umweg und geht langsamen Schrittes rüber zu Schiri Jürgen Aust. Mit heraushängender Zunge fragt er den Mann in Schwarz: »Schiedsrichter, können wir uns ein bissel Zeit lassen? **Wir sind vollkommen fertig!**« Aust lacht, pfeift energisch und deutet Schwabl an, er solle sich sputen. Die Hand hat der Schiri dabei bereits wieder nestelnd an sein Oberhemd gelegt …

★ ★ ★

Der KFC Uerdingen im Kino und der bärtigste Trainer der Liga, Friedhelm Funkel, in der Rolle seines Lebens als Superman. Mit strengem Scheitel und den Hoden unter den roten Shorts eng zusammengedrückt, präsentiert sich der KFC-Coach in einem Klassiker der Kinospotwerbung. Der frisch umbenannte Verein KFC Uerdingen (vormals Bayer) hat für den Imagefilm den prägnanten wie irreführenden Titel »Natural Born Winners« gewählt. Und der ewige Sunnyboy und Liebling der Massen Funkel muss dafür nicht nur die ihm auf den Leib geschriebene Paraderolle Superman, sondern auch den charmanten Humphrey Bogart geben. Mit einem schicken Hut auf dem Kopf und einem Trenchcoat um die Lenden sagt der Trainer zu einer komplett elektrisierten Blondine den berühmten Satz: »Schau mir in die Augen, Kleines.«

★ ★ ★

Warum als Spieler nicht einfach mal selbst die Sache in die Hand nehmen? Als Gladbach im Winter im Trainingslager ist, klingelt am Nachmittag das Handy von **Rolf Rüssmann**. Den Anruf hat der Manager der Borussia schon erwartet. Es soll um ein Angebot aus Italien für Stefan Effenberg gehen. Doch am anderen Ende der Leitung meldet sich in schwer verständlichen Englisch-Brocken ein gewisser Paolo aus Porto. Der Südländer prahlt, er habe viel Geld und würde mindestens zwölf Millionen Mark für Stefan Effenberg im Paket mit Martin Dahlin bieten. Rolf Rüssmann zuckt zusammen. So viel Geld, das hört sich gut an. Doch die Stimme? Irgendwoher kennt er diese Stimme. Der Manager kratzt sich am Kopf und schaut nervös über seine rechte Schulter. Nur zwanzig Meter von ihm entfernt sitzt Martin Dahlin, grinst und zeigt mit der linken Hand an sein rechtes Ohr: An dem hält er mit der anderen Hand ein Mobiltelefon.

★ ★ ★

Schalke gegen BVB vor leeren Rängen? Die ungewohnte Farbkombination täuscht, hier kicken gelb-blaue Schalker gegen die Münchner Löwen. Zunächst wollte Schalkes neuer Trikotsponsor »Kärcher« die Königsblauen sogar in seinen Firmenfarben Schwarz-Gelb auflaufen lassen…

1995/96

Dortmund gewinnt die »Meisterschaft der Nerven«!

Die Liga boomt. Kamen in der Saison 1988/89 nur durchschnittlich 17.631 Zuschauer in die Stadien, sind es in dieser Spielzeit über 30.000 Besucher pro Partie. Das Fernsehen lässt die Bundesliga bunt, fröhlich und populär erscheinen – und profitiert von der gestiegenen Aufmerksamkeit selbst in nicht unerheblichem Maße. Für Werbekunden wird die deutsche Eliteliga immer attraktiver. Junge Stars, eine neue Form der Gesellschaftsfähigkeit, Spannung in der Tabelle oben wie unten bis zum letzten Spieltag und Offensivfußball mit vielen Toren sind die Erfolgsformeln der Bundesliga in diesen Tagen.

Attraktive Geschichten, wie beispielsweise die Trainertätigkeit von **Otto Rehhagel im Scheinwerferlicht** der Medien-Metropole München, sind zudem das Salz in der Suppe. Dass das Abenteuer des ehemaligen Werder-Coachs an der Isar so schnell vorbei ist, deutet sich spätestens Mitte Februar an. TV-Komiker Harald Schmidt lästert in seiner Sendung über den gelernten Anstreicher und Lackierer Rehhagel: »Eines Tages Uli Hoeneß: ›Otto, das Training macht jetzt der Augenthaler. Du kannst schon mal die Wand streichen.‹«

Als auch noch der Start in die Rückrunde misslingt – zu Hause setzt es eine deutliche 1:4-Klatsche gegen den KSC –, bringt Markus Babbel das, was alle sehen, mit einer mathematisch interessanten Feststellung auf den Punkt: »In der Truppe stimmt es überhaupt nicht. Im Vergleich zur Vorrunde fehlen uns 100 Prozent!« Und so überrascht es am Ende niemanden mehr, als der FC Bayern, punktgleich mit dem Tabellenführer BVB, der allerdings noch ein Spiel ausstehend hat, nach der 0:1-Niederlage am 30. Spieltag gegen Hansa Rostock seinen Trainer Otto Rehhagel entlässt. Karl-Heinz Rummenigge: »Der Zeitpunkt war gekommen, da wir reagieren mussten!« Neuer Coach der Bayern ist wieder einmal ein alter Bekannter: **Franz Beckenbauer**.

Der BVB gewinnt schließlich mit sechs Punkten Vorsprung auf die Münchner den Titel. In einem Zwischenspurt hatte **Borussia Dortmund** am 23. und 24. Spieltag mit 11:0-Toren aus den Spielen in Stuttgart (0:5) und gegen Eintracht Frankfurt eindrucksvoll seine Meisterschaftsambitionen untermauert.

Saisonverlauf 1995/96

	Platz	Tore	Punkte
1	1.	76:38	68
2	2.	66:46	62
3	3.	45:36	56
4	4.	52:51	53
5	5.	52:47	50
6	6.	47:43	49
7	7.	53:47	48
8	8.	52:46	45
9	9.	39:42	44
10	10.	59:62	43
11	11.	30:41	42
12	12.	33:35	40
13	13.	40:47	40
14	14.	37:38	38
15	15.	43:51	38
16	16.	31:37	36
17	17.	43:68	32
18	18.	33:56	26

1 2 3 4 5 6 7 8 9 10 11 12 13 14 15 16 17 18 19 20 21 22 23 24 25 26 27 28 29 30 31 32 33 34

Die besten – Torjäger der Saison

Fredi Bobic (VfB Stuttgart)	17
Sean Dundee (Karlsruher SC)	16
Giovane Elber (VfB Stuttgart)	16
Jürgen Klinsmann (Bayern München)	16

Zwar verlieren sie danach das Spiel gegen den direkten Konkurrenten Bayern München (1:0), doch das Selbstvertrauen aus diesen beiden Partien reicht bis zum Saisonende.

Bei diesem Spitzenspiel am 25. Spieltag zwischen den Bayern und Dortmund liefern sich Mehmet Scholl und Stéphane Chapuisat einen erbitterten Zweikampf mit allen erlaubten wie illegalen Tricks und Kniffen. Es wird geschlagen, getreten und gespuckt. Und weil der Dortmunder Scholl »übelst beschimpft mit Worten, die noch nie jemand« so zu ihm gesagt habe, verpasst der Bayern-Profi Chapuisat »einen Faustschlag auf die Nase«, wie BVB-Trainer Hitzfeld beobachtet. Da Schiri Dr. Merk die Tätlichkeit nicht sieht, kommt Scholl ohne Rote Karte davon. Uli Hoeneß sieht eh keinen Anlass, Scholl zu bestrafen. Er schimpft über den **»Hofschauspieler« Chapuisat**, der »immer auf blöd macht«, aber »in jedem Zweikampf foult«.

Präsident Niebaum feiert den Titelgewinn als »Meisterschaft der Nerven«. Auch BVB-Trainer Hitzfeld ist eher erleichtert als glücklich: »Weder Bayern noch wir haben eine glorreiche Rückrunde gespielt.« Und Bayerns Lothar Matthäus bringt die Sache mal wieder auf den Punkt: »Wir sind nicht Meister geworden, weil wir **noch dümmer als Dortmund** waren.«

Im Bundesliga-Keller kommt es zu einem denkwürdigen **Abstiegsendspiel** zwischen Bayer Leverkusen und dem 1. FC Kaiserslautern. Acht Minuten vor Schluss schießt Markus Münch, in seiner letzten Partie für die Leverkusener, das wichtigste Tor seiner Karriere. Es ist der 1:1-Ausgleich, der Bayer rettet und Lautern in die zweite Liga befördert. Nach der Begegnung kommt es im TV-Studio von »Premiere« zu herzzerreißenden Szenen. Lauterns Andreas Brehme weint in den Armen seines Weltmeister-Kollegen Rudi Völler live vor einem Millionenpublikum bittere Tränen des Abstiegsschmerzes. Er ist untröstlich. Erst als sein Trainer Eckhard Krautzun eintrifft, schnäuzt sich Brehme und spricht mit verstopfter Nase und tränenerstickter Stimme einige schwer verständliche Worte ins Mikrofon. Rudi Völler, der an diesem Tag das letzte Spiel seiner Karriere bestritten hat, hält Brehme die ganze Zeit über tröstend im Arm.

Dass Bayer-Spieler **Markus Münch** in der 82. Minute überhaupt den entscheidenden Treffer zum 1:1-Ausgleich am 34. Spieltag gegen den 1. FC Kaiserslautern machen kann, hat er vor allem auch der Unfairness seiner eigenen Mitspieler zu verdanken. Zwei Minuten vorher hat Lauterns Kadlec den Ball ins Seitenaus geschossen, weil sich Olaf Marschall auf dem Feld vor Schmerzen krümmt. Doch anstatt die Kugel zu den »Roten Teufeln« zurückzuspielen, wirft Sergio den Ball zu seinem Torwart Heinen, und der schlägt das Leder ab zu Stürmer Völler. Innerhalb der nächsten Sekunden entwickelt sich das entscheidende Tor. Kadlec ist auch weit nach Spielende noch konsterniert: »Was hätte ich anderes machen sollen. Olaf war verletzt und musste behandelt werden.«

Mario Basler ist in seiner Freizeit gern als Jäger unterwegs, ausgerüstet mit Fernglas und Flinte und einem Jagdhund als treuem Begleiter.

★ ★ ★

Bremens Mario Basler nimmt die **Wasserbomben**, die sie auf ihn in München schmeißen, gelassen hin: »Solange die Leute nicht mit Leuchtraketen auf mich schießen oder mit Flaschen schmeißen, ist es mir egal.« Und zu den Schmähungen, die er sich 90 Minuten anhören durfte, sagt er ebenso ungerührt: »Die Leute zahlen Eintritt, da dürfen sie alles sagen.« Wer so freiheitlich denkt, nimmt das Recht auf freie Entfaltung natürlich auch für sich in Anspruch. Als er im September verletzt pausieren muss, spielen seine Mannschaftskameraden im Europapokal gegen Glenavon Belfast – während Basler selbst im TV-Studio von Thomas Koschwitz' Sendung »RTL Late Night Show« sitzt und genüsslich an einer Zigarette zieht. Dann lehnt er sich entspannt zurück und trinkt einen Schluck aus seinem Kölsch-Glas. Die Werder-Offiziellen reagieren beim Betrachten der Bilder nicht ganz so entspannt.

★ ★ ★

Lars Ricken ist kein Fan des neuen »Biene Maja«-Songs des BVB. Der Dortmunder hört lieber Heavy Metal, gibt als sein aktuelles Lieblingslied »One« von »Metallica« an und hat gerade mit der Band »Phantoms of Future« einen eigenen Song eingespielt. Doch die Geschmäcker sind bekanntlich verschieden, und so haben Schlagerbarde Karel Gott (»Die goldene Stimme von Prag«) und BVB-Stadionsprecher Norbert Dickel das Lied »Schwarzgelb – wie Biene Maja« aufgenommen. Unterstützt werden sie bei ihrem Song von einem stimmgewaltigen Männerchor: den Vorsitzenden der Dortmunder Fanklubs. Und die singen voller Inbrunst den Refrain: »Und alle Freunde sehen aus wie Biene Maja, schwarz-gelb wie die Biene Maja«!

★ ★ ★

Otto Rehhagel lernt die Münchner Presselandschaft in ihrer vollen Breitseite schnell kennen. Als enttarnt wird, dass an seinem Klingelschild in der Schwabinger **»Casa Schellissima«** nicht Rehhagel, sondern »Rubens« steht, titeln die Boulevardblätter spöttisch: »Vom Malermeister zum Meistermaler«. Natürlich lesen auch die Bayern-Profis hier und da Zeitungen und nennen ihren Übungsleiter ab sofort nur noch »Rubens«. Die Kratzer an Rehhagels Autorität hätte selbst ein Meistermaler wie der flämische Barockkünstler nicht übertünchen können.

★ ★ ★

Borussia Mönchengladbach ist der erste deutsche Verein, der im **»Computernetz Internet«** vertreten ist. Manager Rolf Rüssmann ist total begeistert von der eigenen Homepage und der Möglichkeit, bis zu 40 Mio. Menschen, »zum Beispiel Fußballinteressierte, die nicht zu uns ins Stadion kommen« (Marketingleiter Thomas Röttgermann), per Modem auf der ganzen Welt zu erreichen.

Anfang Oktober wird Benno Möhlmann beim Hamburger SV entlassen. Zuvor hat er sich in der Kabine noch dazu hinreißen lassen, seinem Spieler **Harald Spörl** vors Schienbein zu treten. Ein grober Verstoß gegen alle Regeln der Fairness. Doch Spörl nimmt die Sache humorvoll. Auf die Frage, ob er nun auch vor seinem neuen Trainer Felix Magath Angst habe, antwortet der HSV-Profi: »Nee, seit damals trage ich extra dicke Schienbeinschoner – auch in der Kabine!«

★ ★ ★

Stuttgarts Marc Ziegler wird während seines vierten Bundesligaspiels (1:1 auf dem Betzenberg) von den Lauterer Fans ordentlich mit Schmährufen bedacht. Das Harmloseste, was er sich anhören muss, sind die »Ziegler, du bist nervös!«-Gesänge. Auf die Nachfrage eines Journalisten, ob er denn gerne Ohropax gegen die Rufe in den Ohren gehabt hätte, antwortet der VfB-Keeper: »Nee, die Rufe habe ich gar nicht gehört. Und Ohropax brauche ich höchstens nachts im Trainingslager. Mein Zimmergenosse Radoslav Gilewicz schnarcht fürchterlich.«

★ ★ ★

Am 13. Spieltag unterliegt der Karlsruher SC zu Hause gegen Bayer Leverkusen mit 1:4. Da ist es eigentlich egal, dass KSC-Trainer Winnie Schäfer zur Pause **ein grober Fehler** unterläuft. Obwohl ihn der Stadionsprecher noch über die Lautsprecher warnt (»Winnie, zähl deine Ausländer«) und auch Präsident Schmider von der Tribüne hinunter aufs Feld rast, wechselt Schäfer mit Kirjakow für Metz den vierten Ausländer ein. Als er eine Minute später Schmitt für den Schweizer Knup bringt, lächelt ihm Gästetrainer Ribbeck bereits mit einem Augenzwinkern zu. Gut, dass es zu diesem Zeitpunkt eh schon 0:2 steht.

★ ★ ★

»Keksi und die falschen Freunde« bringen das Lied **»Ohne Dich«**, ein Cover der Band »Münchener Freiheit«, auf den Markt – eine Dancenummer mit dünnem Gesang und stampfenden Beats. Hinter der Gruppe mit dem komischen Namen stecken die Bayern-Profis Alexander Zickler, Christian Ziege und Didi Hamann sowie deren Musikerfreunde Robert »Keksi« Larasser und Markus »Rigo« Riegel. Der Song entsteht als Gag zum 22. Geburtstag von Alex Zickler. Viel Hoffnung, dass das Ding die Charts stürmen könnte, haben die jungen Männer nicht, wie Zickler verrät: »Wir wollen jetzt nicht unbedingt in die Top Ten kommen, um großartig Geld zu verdienen.« Wenigstens finden die eigentlichen Urheber des Liedes, die »Münchener Freiheit«, »die Idee recht lustig«. Eine vorsichtige Formulierung. Der schließen sich dann auch die potenziellen CD-Käufer an – und bleiben den Läden fern.

★ ★ ★

Beim Nachholspiel des HSV in Rostock (2:0) ereignet sich Einmaliges. Trainer Felix Magath wechselt in der 83. Minute seinen Spieler Daniel Stendel aus und dafür den Torwart Holger Hiemann ein. Nun stehen **zwei Torhüter auf dem Platz**. Doch nur für einen Moment. Keeper Nummer eins, Richard Golz, schmeißt die Handschuhe hinter seinen Kasten, entblößt seinen Oberkörper, streift ein Feldspieler-Trikot über und orientiert sich gleich Richtung gegnerischer Strafraum. Aushilfsstürmer Golz: »Der Trainer hat mich am Tag vor dem Spiel gefragt, ob ich es mache. Leider konnte ich in den knapp zehn Minuten nicht so viel zeigen.« Weil der HSV über eine lange Verletztenliste klagt, hatten die Hamburger beim DFB beantragt, drei Amateure einsetzen zu dürfen. Dies wurde dem HSV verweigert. Die Aktion ist deshalb ein stiller Protest von Coach Felix Magath gegenüber dem DFB.

Trotz der 0:2-Niederlage seiner Bremer ist **Mario Basler** klasse drauf. Der Profi hatte wegen einer verspäteten Landung seines Fliegers das Abschlusstraining verpasst und war daraufhin von Trainer Aad de Mos suspendiert worden. Ein klassisches Eigentor des umstrittenen Coachs. Schon zur Halbzeit albert Basler mit einem Bremer VIP-Fan herum. Eckhard ist Großhändler im Bereich Auslegeware und wird von allen nur Ecki gerufen, so auch von Basler. Der sitzt auf der Tribüne, stupst seinen Sitznachbarn an und zeigt mit dem rechten Zeigefinger Richtung Rasen: »Ecki, leg da unten mal Teppichboden, damit die besser Fußball spielen!«

★ ★ ★

»Für mich ist Rudi Völler die größte Fußball-Persönlichkeit überhaupt. Schade, dass er nicht Trainer wird«, sagt kein Geringerer als Bundestrainer Berti Vogts höchstpersönlich beim Abschied des großen deutschen Nationalstürmers, den alle immer nur **»Tante Käthe«** rufen. Natürlich ahnen auch die beiden Autoren Ulrich Kühne-Hellmessen und Tom Bender des von »Neckermann Reisen« präsentierten Bands »Ruuuuudi. Mein Leben, meine Karriere, meine Geheimnisse« da noch nicht, dass dieser Wunsch von Vogts schon recht bald in Erfüllung gehen sollte. Im Buch kommt auch Völlers Mutter Ilse unter der Überschrift »Der listige Trick mit Beckenbauers Eintopf« mit sehr privaten Geschichten aus dem Hause Völler zu Wort: »Wie der Vater und er auf dem Boden gesessen haben und den Netzer zusammengeklebt haben. Für den hat er nämlich früher geschwärmt – und also musste er auch in Lebensgröße in seinem Zimmer hängen. Eine Kultfigur als Vorbild, an die der Rudolf nie etwas kommen ließ. Mein Bruder, also Rudolfs Onkel, konnte den Netzer wegen seiner langen Haare nie leiden. Darum hat er immer gesagt: ›Häng den Kerl da runter …‹ Und der Rudolf hat zurückgebrüllt: ›Nein, der bleibt hängen, wo er ist.‹ Er konnte schon stur sein. Wenn es früher Eintopf gab, wollte er den nie essen. Da habe ich ihm mal erzählt, dass das der Eintopf vom Beckenbauer aus der Werbung ist. Und plötzlich wurde der ›Beckenbauer-Eintopf‹ zu seinem Leibgericht.«

★ ★ ★

Vor seinem Wechsel hatte **Heiko Herrlich** den Fans noch versprochen: »Ich bleibe bei der Borussia!« Und eigentlich hat er auch gar nicht gelogen, denn sein Transfer von Mönchengladbach nach Dortmund war auch der Wechsel von einer Borussia zur anderen. Die Anhänger der schwarz-weiß-grünen Borussia sind dennoch richtig sauer. Acht Monate später kehrt Herrlich mit dem BVB auf den Bökelberg zurück und wird dementsprechend wenig freundlich empfangen. Neben »Judas, Judas!«-Rufen hängen die Zuschauer auch ein Transparent an den Zaun, auf dem steht: »Erst Gelbsucht, jetzt Geldsucht!« Als Stefan Effenberg den Neu-Borussen unsanft von den Beinen holt, applaudiert ein Großteil des Publikums begeistert. BVB-Manager Michael Meier ist nach der Partie sichtlich bedient. Sarkastisch verpackt er seine Kritik: »Als Spieler würde ich mir überlegen, in Mönchengladbach zu unterschreiben. Weggehen kannst du nämlich hinterher kaum!«

Der Hausherr ganz privat. Dariusz Wosz mit Ehefrau Steffi, den Töchtern Nancy (6), Jolanta (4,5 Wochen) und Terrier Benni.

In Bochum wird er **die »Zaubermaus«** genannt. Er ist 26 Jahre jung und aus Halle an der Saale zum VfL gekommen. Dariusz Wosz ist zum Star gereift und unterschreibt einen Vertrag, der sieben (!) Spielzeiten bis ins ferne Jahr 2003 läuft. Der Mann weiß eben, was er aus seinem Leben machen möchte: »Nach einem Platz in einem Bochumer Altersheim habe ich noch nicht geschaut, dazu hatte ich keine Zeit. Aber aufgeschoben ist nicht aufgehoben. Schließlich will ich noch mit 40 für den VfL spielen und dann anschließend eine Jugendmannschaft übernehmen.«

Pendelmobil: Die „fantastischen Vier" tuckern mit dem Trabi jeden Tag zum Trainingsplatz

★ ★ ★

Kuriosum bei der Partie zwischen Hansa Rostock und dem 1. FC Kaiserslautern am 16. Spieltag (3:0). In der 52. Minute muss Schiedsrichter Georg Dardenne aus Nettersheim wegen eines Muskelfaserrisses verletzt ausscheiden. Nach einer 15-minütigen Spielunterbrechung übernimmt für ihn Linienrichter Josef Funken den Posten an der Pfeife. Doch wer kann für ihn den Platz an der Seitenlinie einnehmen? Peter Gabor, der offizielle DFB-Beobachter der Begegnung, veranlasst sofort eine »dringende Stadionansage«, auf die sich vier Bewerber auf der Tartanbahn des Ostseestadions einfinden. Gabor entscheidet sich für einen gewissen Helmut Hübner aus Güstrow, den er bereits in der Oberliga Nord-Ost betreut hatte. Der DFB-Beobachter glaubt, dass dies der neutralste von allen sei. Und tatsächlich: Helmut Hübner macht seine Sache ganz prima. Der füllige Mittfünfziger ist im wahren Leben Taxifahrer und hat nach den aufregenden 38 Minuten auf dem Rostocker Rasen nur eine Sorge: »Ich wollte um 18 Uhr zu Hause sein und ›ran‹ sehen. Meine Frau interessiert sich nicht für Fußball und wird das Interview mit mir ganz bestimmt nicht aufnehmen.« Die Freude beim Aushilfslinienrichter ist groß, als sich der Reporter als Mann vom ZDF vorstellt: **»Bis zum Sportstudio bin ich längst zu Hause!«**

★ ★ ★

Dortmunds **Michael Zorc** erinnert sich an die Zeit nach der 5:0-Niederlage am 31. Spieltag in Karlsruhe: »Zur Strafe habe ich mich nicht mehr rasiert, sechs oder sieben Wochen lang. Ich sah aus wie der Nikolaus. Aber das Gute: Mit Bart habe ich in jedem Spiel getroffen, Woche für Woche. Ich wollte den Bart nie wieder abnehmen, aber meine Frau war dagegen.«

★ ★ ★

Auch **ein alter Hase** wie Werder-Manager Willi Lemke erlebt in seinem Job noch Neues und Unvorhergesehenes. Als die Bremer mit ihrem Mannschaftsbus am 28. Spieltag am Millerntor zur Partie gegen den FC St. Pauli (1:2) ankommen, sitzen direkt am Zaun vor den Kabinen zwei junge Männer und rauchen einen Joint. Etwas verdutzt schauen die Werder-Profis zu den beiden Jungs hinüber. Vielleicht eine Sekunde zu lange, wie Lemke erzählt, denn dann passiert das Unerwartete: »Die haben uns doch tatsächlich was angeboten!«

»Da sprichst du quasi in den leeren Raum hinein und kommst dir schon ziemlich komisch vor. Aber das legt sich mit der Zeit!« Nein, Bayern-Star Jürgen Klinsmann erzählt nicht von einem Gespräch mit seinem Mannschaftskameraden Lothar Matthäus, sondern von der Produktion des Videos **»Die Fußball-Regeln kommentiert von Jürgen Klinsmann«**. Co-Schauspieler in dem 50-minütigen Film ist eine kleine, imaginäre Figur namens »Kickolino«. Mit ihr zusammen gibt Klinsmann Kindern einen Einblick in die DFB-Regelkunde – in seiner Sprache: »Nur wenn ich so rede wie immer, kann ich die Leute auch erreichen und die Message rüberbringen.«

★ ★ ★

Julio Cesar bringt mit verführerischen Samba-Tänzerinnen Flair aus der Heimat auf die Meisterschaftsfeier.

Den Brasilianern in der Bundesliga geht der Ruf voraus, dass sie es nie schaffen, pünktlich aus den Ferien zu kommen. Einer der absoluten Experten in dieser Disziplin ist der Dortmunder **Julio Cesar**. Wie ein Igel nach einem mehrmonatigen Winterschlaf muss sich auch der BVB-Abwehrspieler immer erst langsam an den neuen Zustand herantasten. Verspätungen nach dem Urlaub von einem Tag bis zu einer Woche sind deshalb absolut üblich. Da die Zeit im Winter für die Vorbereitung stets besonders knapp bemessen ist, hat sich sein Verein etwas Spezielles überlegt: Man schlägt das Trainingslager gleich dort auf, wo Cesar zu Hause ist. Und so reisen die Borussen nach Brasilien. Alle Mann in einem Flugzeug, bis auf Cesar, denn der ist ja schon vor Ort. Dummerweise aber nicht dort, wo der BVB sein Trainingslager abhalten möchte. Brasilien ist groß, die Ferien kurz, und so trudelt Cesar wie gewöhnlich mit Verspätung bei seiner Mannschaft ein. Manager Meier ist trotzdem zufrieden: »Er hat seinen guten Willen gezeigt und sich sofort ins Auto gesetzt. Am zweiten Tag war er bereits da!«

★ ★ ★

Freiburgs Trainer Volker Finke kann sich nicht beruhigen. Sein Spieler Martin Spanring erhält eine Gelbe Karte von Schiedsrichter Kemmling, obwohl er den Düsseldorfer Frank Mill gar nicht berührt hat. Auch der Fortuna-Stürmer muss sich einige böse Worte anhören. Da rennt Mill zu Finke hin und klopft ihm nach einem kurzen Gespräch gönnerhaft auf die Schulter. Mill: »Der Finke hatte Angst, dass Spanring vom Platz fliegt. Da habe ich zu ihm gesagt: ›Bleib ruhig. Ich pass schon auf ihn auf!‹«

★ ★ ★

BVB-Profi Andreas Möller erzählt **eine persönliche Geschichte** von ihm und seinem Trainer Ottmar Hitzfeld: »Mir ging es wegen einer Magenschleimhaut-Entzündung sehr schlecht. Ottmar Hitzfeld nahm mich – meine Frau Michaela war damals bei ihren Eltern in Frankfurt – jeden Mittag mit zu sich nach Hause. Seine Frau kochte mir Haferbrei und andere Schonkost. Dabei führten der Trainer und ich sehr offene Gespräche über meine Rolle im Fußball, die mir sehr weitergeholfen haben.«

★ ★ ★

Man nennt ihn nicht umsonst »Professor«. Am 13. Spieltag führt der FC Schalke 04 kurz vor Schluss gegen einen drängenden FC St. Pauli mit 2:0, als **Olaf Thon** zur verbalen Höchstform aufläuft. Am Seitenrand schreit sein Trainer Jörg Berger permanent irgendwelche Dinge aufs Spielfeld, was Schiedsrichter Winfried Buchhart überhaupt nicht passt. Um den Coach zur Räson zu rufen, bittet er den königsblauen Kapitän zu sich. Eine Aufgabe, der Thon gerne nachkommt, denn so weiß er endlich, wofür »diese Binde überhaupt gut ist«. Zwei Minuten unterhält er sich angeregt mit dem Schiedsrichter, bis er schließlich langsam zu seinem Trainer trabt und diesen freundlich bittet, etwas ruhiger zu agieren. Als Thon hinterher gefragt wird, was er denn die ganze Zeit mit Schiri Buchhart besprochen habe, erzählt der Mannschaftsführer des S04, dass er dem Schiedsrichter nur gesagt habe, er solle den Trainer ruhig auf die Tribüne schicken, denn dann müsse er eine Strafe in die Teamkasse zahlen. Das habe Buchhart zwar gefallen, doch habe er der Bitte leider nicht nachkommen können. Als Thon bemerkt, dass seine Dönekes vom Spielfeld den Journalisten gut gefallen, lächelt er und sagt: »Naja, eigentlich habe ich nur gedacht, dass **ein netter Plausch** eine gute Gelegenheit wäre, mal tüchtig durchzuschnaufen. Wir waren nämlich schon ziemlich platt!«

Lothar Matthäus: »Früher habe ich sehr oft gemacht, was die Silvia wollte!«

Das Leben des Lothar Matthäus ist die Schnittmenge aus öffentlicher **Person des Boulevards** und dem überragenden Fußballer, der maßgeblich dafür verantwortlich war, dass Deutschland 1990 Weltmeister wurde. Auf alle Fälle ist er ein Bälle-Narr, wie sein Entdecker Nowak so schön sagt: »Wenn in Herzogenaurach ein Ball aufgepumpt wurde, war der Lothar schon in der Nähe.«

Sein erster Profitrainer in Mönchengladbach, Jupp Heynckes, erinnert sich genau an die ersten Tage mit dem Jungtalent: »Ich ließ sie fünf gegen zwei spielen, im Kreis. Da kam der Lothar und haute denen auf die Socken. Die Älteren haben natürlich geschimpft. Da hat der Lothar sich hingestellt und gemeint: ›Mensch Jungs, ihr müsst doch merken, dass ich hier bin!‹«

Ein Haudrauf und ein Pedant ist er auf und neben dem Platz: »Als ich in der Nationalmannschaft immer wichtiger wurde, habe ich mir teilweise Sorgen gemacht, ob meine Mitspieler auch **die richtigen Socken** zu ihren Ausgehanzügen tragen.« Sein größtes Manko: Er kann den Mund nicht halten. Und so gelangen Dinge an die Öffentlichkeit, die sie besser nie erfahren hätte: »Ich war von frühester Jugend an ganz verschossen in sie. Ich habe sogar meine täglichen Trainingsläufe so gelegt, dass ich stets am Haus von Silvias Eltern vorbeikam.« Und eine andere private Offenbarung: »Meinen Beruf als Fußballprofi übe ich sehr gern aus, aber meine Frau liebe ich. Privat muss bei mir alles stimmen. Noch heute kann ich sicher sein: Wenn ich mich vor einem Spiel einmal mit Silvia streite, spiele ich garantiert schlecht. Zum Glück kommt das selten vor.«

So macht sich Matthäus bereits in den Anfängen seiner Karriere beliebt beim Boulevard. Eine Falle, in die er da hineintapst und aus der er bis heute nicht mehr herausgekommen ist. In einer seiner ersten großen Personality-Storys für das »fußball-magazin« berichtet der Nationalspieler von der EM 1980 und lässt die interessierte Leserschaft dabei auch an den intimsten Nebensächlichkeiten teilnehmen: »Ich telefonierte jeden Tag zweimal mit meiner Verlobten Silvia, und da habe ich mich dann zum ersten Mal geärgert, denn das Hotel hat so hohe Telefongebühren verlangt, dass ich nach der ersten Rechnung bald umgefallen wäre vor Schreck. Kaum eine Minute hatte ich mit Silvia telefoniert, da wollten die mir über 6.000 Lire aus der Tasche ziehen, das waren etwa 14 Mark. ›**Bin ich denn ein Multimillionär?**‹, fragte ich den an der Rezeption. Von dem Augenblick an habe ich überall Münzen gesammelt und es vom öffentlichen Fernsprecher aus versucht. Nur hat der meist nicht funktioniert. Das hat mir dann ganz schön gestunken. Irgendwie habe ich es aber doch geschafft, jeden Tag zweimal mit Silvia zu telefonieren.« Bernard Dietz, der Matthäus bei dieser EM übrigens zu seinem ersten Länderspieleinsatz verhalf, als er sich für ihn auswechseln ließ, erzählt Jahre später einmal, dass der Gladbacher Jungstar damals eigentlich nicht nach Italien mitfahren wollte. Seine Begründung: Er hätte doch schon den Urlaub mit seiner Verlobten gebucht!

Noch vor der Hochzeit trennt sich Matthäus von eben dieser Verlobten Silvia. In der »Bild« steht: »Jungstar Matthäus warf Verlobte raus!« Und was sagt der junge Mann? Kein Kommentar? Nein, Matthäus gibt genauestens Auskunft über sein Seelenleben: »Früher habe ich sehr oft gemacht, was die Silvia wollte. Aber ich bin älter geworden und habe mich entwickelt. Dann hat es eben nicht mehr geklappt.« Er lernt Rosi aus Augsburg kennen. Jedoch: »Aber wenn die Silvia, mit der ich ja über 15 Monate zusammen war, ein Problem hat, dann helfe ich ihr selbstverständlich.« Zwei Monate später rief er reumütig bei Silvia an und heiratete sie dann später doch noch.

1996/97

Das magische Dreieck und der Verein für Ballzauber!

Die Attraktion der Liga sind die Stuttgarter **Elber, Balakov und Bobic**. Sie begeistern als »Magisches Dreieck« mit herrlichem Offensivfußball Fans und Gegner gleichermaßen. Unter der Leitung ihres Trainers Jogi Löw legen sie einen Blitzstart hin, der den Stuttgarter Coach dazu verleitet, ungewöhnlich euphorisch vom VfB als »Verein für Ballzauber« zu sprechen.

Nach acht Spieltagen haben die Stuttgarter bereits 22 Tore geschossen und nur sechs Treffer kassiert. Der neue VfB-Keeper Franz Wohlfarth zeigt sich erstaunt: »Da hatte ich in der österreichischen Operettenliga mehr zu tun!« Das hohe Tempo können die Stuttgarter nicht bis zum Schluss gehen und landen am Ende auf dem vierten Tabellenplatz.

Auch die Leverkusener spielen groß auf. Bayers neuer Trainer **Christoph Daum** schwört seine Mannschaft vor der Saison zur Geisterstunde in der Kabine des Ulrich-Haberland-Stadions auf die bevorstehende Meisterschaftsrunde ein: »Männer! Wer nicht zumindest an einen UEFA-Cup-Platz glaubt, der soll sofort die Kabine verlassen!« Niemand verlässt den Raum. Alle sind wie hypnotisiert von Daums Aura. Der Brasilianer Paulo Sergio glaubt sogar an höhere Mächte: »Ich stehe seit unserer Mitternachtsbesprechung im Bann des Zauberers Daum. Jetzt glaube ich sogar, dass unser Coach über geheimnisvolle Voodoo-Kräfte verfügt!«

Der fühlt sich durch das Lob des Brasilianers zwar gebauchpinselt, verweist aber nach dem 4:2-Auftaktsieg über Borussia Dortmund auch auf eine andere, wichtige Komponente seines Erfolgs: »Mit **Voodoo-Zauber** ist diese Mannschaft nicht zu schlagen, dazu bedarf es harter Arbeit.« Und wie die aussieht, beschreibt er in einem anderen Zusammenhang: »Ein Tag hat 24 Stunden. Wenn ich acht Stunden für den Schlaf abziehe, bleiben 16 übrig. Und ich erwarte, dass die Spieler davon acht Stunden für Bayer investieren – also 50 Prozent ihres wachen Lebens.«

Da bleibt viel zeitlicher Spielraum für komische Ideen. Am 20. Spieltag in Düsseldorf (0:0) lässt sich Daum etwas ganz und gar Ungewöhnliches einfallen: »Ich brauchte Alarmstimmung. Deshalb habe ich mich entschieden, einen starken Spieler rauszunehmen. Damit wollte ich ein Zeichen setzen, jedem im Kader zeigen, dass er eine Chance hat.« Der rausrotierte Zé Elias findet die Aktion nicht ganz so lustig. Der neu ins Team gekommene **Nico Kovac** hingegen ist begeistert. Toll finden die Spieler auch die Zusammenarbeit von Daum mit seinem Co-Trainer. Ulf Kirsten: »Christoph Daum und Roland Koch sind wie ein ideales Ehepaar. Die beiden ergänzen sich unheimlich gut.«

Am Ende wird Leverkusen jedoch nur Zweiter hinter dem FC Bayern München. Das findet **Kölns Trainer Peter Neururer** allerdings ganz und gar nicht schade, denn vor der Saison hatte er versprochen: »Wenn Christoph Daum Meister wird, verlese ich Lobeshymnen in Gedichtform auf dem Kölner Neumarkt. Das habe ich gesagt, dazu stehe ich.«

Der Rekordmeister schlich sich fast unsichtbar durch die Saison. Nur die Nackenschläge kurz nach der Winterpause finden ein größeres mediales Echo. Nach der 5:2-Niederlage in Leverkusen wettert

Saisonverlauf 1996/97

Platz	Tore	Punkte
1.	68:34	71
2.	69:41	69
3.	63:41	63
4.	78:40	61
5.	54:51	53
6.	55:44	49
7.	56:56	49
8.	53:52	48
9.	44:49	45
10.	62:62	44
11.	46:48	43
12.	35:40	43
13.	46:60	41
14.	46:54	40
15.	35:46	40
16.	26:57	33
17.	43:67	29
18.	32:69	27

Die besten – Torjäger der Saison

Ulf Kirsten (Bayer Leverkusen)	22
Toni Polster (1. FC Köln)	21
Fredi Bobic (VfB Stuttgart)	19

Bayern-Präsident Beckenbauer gewohnt gnadenlos: »Ich weiß nicht, wie das heißt, was die Mannschaft heute in der ersten Halbzeit gezeigt hat – aber Fußball war es nicht. Dafür müssen wir erst ein neues Wort erfinden.«

Freiburgs Vorsitzender Achim Stocker ist bereits im März verzweifelt angesichts der **aussichtslosen Lage im Tabellenkeller**: »Ich würde auch zwei Millionen Mark an die Caritas spenden, wenn wir in der Bundesliga blieben. Und sie können mir glauben, ich mag die Caritas nicht.« Hilft alles nichts. Neben Freiburg steigen Düsseldorf und St. Pauli ab.

Klinsmann geht weg von den Bayern und nimmt zum Abschied den Meistertitel mit nach England zu Tottenham. Seine Schlussworte nach intensiven Jahren bei den Bayern: **»Schön war's, verrückt war's, irgendwie!«**

Kaiserlautern steigt auf, mit Otto Rehhagel als Trainer. Dem Coach, der in München entlassen worden war, weil man beim FC Hollywood nicht bedacht hatte, dass man in der bayerischen Landeshauptstadt nicht die Zeit habe, eine Mannschaft in Ruhe aufzubauen. Diese Zeit gibt man Rehhagel nun offensichtlich in Kaiserslautern. Auch wenn einige Jungprofis aufmucken, weil sie nicht spielen dürfen. Rehhagel lässt die Kritik wie gewohnt an sich abprallen und kontert Journalistenfragen mit einer Gegenfrage: »Wissen Sie, von wem Jelzin operiert wurde – der Mann ist 82 Jahre alt!«

Die VfB-Profis Marco Haber, Gerhard Poschner und Fredi Bobic singen zusammen als »Tragisches Dreieck« ihren Song »Steh auf. Eo Amama Eo«. Fredi Bobic ist von den musikalischen Fähigkeiten der Combo echt überzeugt: »Wer das Lied gehört hat, findet es sicher nicht lächerlich. Es ist ein wirklich guter Song. Ab und zu sollte man Fußball Fußball sein lassen und einfach Spaß haben – und den hatten wir!« Und Team- und Musikerkollege Gerhard Poschner meint: »Ich wollte sein wie Hartmut Engler.« Bobic und Poschner betreiben in Sindelfingen übrigens zusammen auch eine Sportsbar mit dem Namen **»Freddy & Pos«**.

★ ★ ★

Der legendäre Tritt in die Tonne. Doch Jürgen Klinsmann verspricht: »Das wird nicht wieder vorkommen. Werbetonnen brauchen sich vor mir nicht zu fürchten.«

★ ★ ★

Bei Hansa Rostock wirbelt der **»Ostsee-Maradona«** die Bundesliga durcheinander. »Paule«, wie Stefan Beinlich von seinen Mitspielern gerufen wird, wäre beinahe nie Profi geworden. 1986, als er gerade zum BFC Dynamo Berlin gewechselt ist, muss er wegen eines angeblichen Herzfehlers mit dem Fußball aufhören. Eineinhalb Jahre lässt man ihn wegen dieser lebensgefährlichen Erkrankung nicht mehr vor den Ball treten. Als er erfährt, dass er gar nicht krank ist, sondern der Stasi »nur« seine Tante im Westen nicht passt, bricht für Beinlich eine Welt zusammen: »Das war ein Schlag für mich!«

★ ★ ★

Stefan Kohn ergattert beim 1. FC Köln einen zweifelhaften Rekord: 86-mal ist er in seiner Bundesliga-Karriere nun schon eingewechselt worden. Was für den einen eher das halbleere Glas bedeuten würde, ist für den optimistischen 31-Jährigen ein Erfolg: »Für einen, den man schon hundertmal totgesagt hat, ist dieser Rekord doch nicht schlecht.« Kohn wird es noch auf insgesamt **91 Einwechselungen** bringen und dabei 13 Tore erzielen.

★ ★ ★

Bremens Stürmer Bernd Hobsch setzt die Reihe der Fußballer fort, die mit lustigen Anrufbeantwortersprüchen glänzen: »Vorsicht, Sie befinden sich in meinem Strafraum. Jetzt nicht kopflos reagieren. Immer daran denken, was der Trainer gesagt hat: **Druff, einfach druff!**« Legendärer Vorgänger: Ansgar Brinkmanns Ansage: »Momentan bin ich nicht zu Hause. Wer aber Taste 3 drückt, bekommt von mir einen Planetenkasper. Bei Taste 4 einen LKW voll Waschpulver. Und wer mit mir persönlich sprechen will, erreicht mich täglich zwischen 17 Uhr abends und fünf Uhr morgens in meiner Stammkneipe Pane et Vino.«

Die ganzen Scheingefechte haben nichts genützt. Am 30. August um 23:56 Uhr unterschreibt der Kölner Keeper Bodo Illgner einen **Vertrag bei Real Madrid**. Am Tag zuvor hat Trainer Peter Neururer noch getönt: »Illgner ist absolut unverkäuflich. Wir verkaufen ja auch nicht den Kölner Dom.« Und Manager Wolfgang Loos am 30. August selbst: »Der 1. FC Köln denkt nicht daran, Illgner ziehen zu lassen. Nicht einmal für zehn Millionen Mark.« Das Problem: Den Dom kann der FC tatsächlich nicht verkaufen, da er ihm nicht gehört. Illgner dagegen kann jederzeit ins Ausland gehen, da er seit über sechs Jahren eine Freigabeklausel hat, die es ihm erlaubt, für eine Ablösesumme von vier Millionen Mark den Verein zu verlassen. Von diesem Vertragsdetail hat Bodos Managerin, seine Ehefrau Bianca, den Spaniern natürlich erzählt. Und so erfährt der 1. FC Köln erst nach Illgners Unterschrift von dessen Wechsel zu Madrid!

★ ★ ★

Reiner Calmund sieht man den Erfolg von Bayer Leverkusen an. Je größer seine Macht und sein Ansehen werden, desto leibesfülliger wird der Bayer-Manager. Um diese Entwicklung ein wenig abzumildern, fährt Calmund regelmäßig zur Kur. In diesem Winter ist er extra nach Florida gereist, um dort bei einer Körner-Kur den Körper zu entschlacken und einige überzählige Pfunde zu verlieren. Und es läuft gut. Doch dann erreicht ihn ein Anruf aus Deutschland. Am Apparat ist der Fußballchef von Bayer Leverkusen, Kurt Vossen. Der hat auf dem Weg in den Winterurlaub einen kleinen Abstecher zum Hallen-Masters, an dem Bayer nicht teilnimmt, gemacht. Für Calmunds Abspeckpläne ein verhängnisvoller Zwischenstopp, wie Vossen berichtet: »Als ich ihm von den tollen Büffets in München berichtete, legte er sofort einen Tag Kur-Pause ein.«

★ ★ ★

Meister sind gefragt. Ende Februar muss **BVB-Spieler Knut Reinhardt** mit einer zugeklebten Brille blind in der ZDF-Sendung »Wetten, dass …?« einen Elfmeter gegen den Bielefelder Torhüter Uli Stein verwandeln. Kommentiert wird der launige Spaß wie immer von Showmaster Thomas Gottschalk höchstpersönlich. Hintergrund der ungewöhnlichen Aktion ist eine Wette der Amateure des SV Hohenlimburg. Die Mannschaft ist sich sicher, dass sie gegen die Profis des amtierenden Deutschen Meisters Borussia Dortmund ein Elfmeterschießen gewinnen – ohne, dass sie etwas dabei sieht. Die Wette haben sie übrigens leider verloren.

★ ★ ★

Das Kapitel **»Kuriose Verletzungen«** kann immer weiter geschrieben werden. Dieses Mal von Dirk Dammann. Der Abwehrrecke des FC St. Pauli rutscht im Mannschaftshotel aus und knallt mit dem Kopf gegen die Badewanne. Die Folge: eine schmerzhafte Jochbeinprellung. Das ist zwar schlimm, wäre aber noch kein Grund gewesen, nicht zu spielen. Doch dann putzt sich Dammann die Nase, bricht sich dabei das Siebbein, und Blut läuft in die Nasennebenhöhlen. Damit, so entscheidet der Mannschaftsarzt, ist ein Einsatz tatsächlich nicht möglich.

Im Buch **»Der Traumhüter«** schildert der ehemalige Hobbykicker Lars Leese seinen Aufstieg zum Bundesligaprofi bei Bayer Leverkusen und die außergewöhnliche Vertragsverhandlung mit dem Bayer-Manager Reiner Calmund: »In seinem Büro ging Reiner Calmund um den Schreibtisch herum, öffnete eine Schublade und zog zwei Formulare heraus. Standard-Lizenzspielerverträge. ›Und, was schreiben wir jetzt hier rein?‹ Calmund unterbrach sich selbst. ›Ach, komm, machen wir es anders; machen wir ein Spielchen.‹ ›Spielchen?‹ ›Wir nehmen zwei Zettel, jeder schreibt einen Betrag auf, und dann schauen wir mal, wie weit wir auseinander liegen.‹ Ich glaubte das nicht. Ich glaubte es nicht. Ich glaubte … zu versinken. ›Herr Calmund, das kann ich nicht machen. Da kann ich nur verlieren. Ich habe doch keine Ahnung, was so ein Profi verdient. Schreib ich zu viel auf, sagen Sie mir: Was bist du denn für ein überhebliches Arschloch. Fordere ich zu wenig, lachen Sie sich tot.‹ Calmund überlegte kurz. ›Gut, Jung. Machen wir es so: Du bekommst mindestens das, was ich aufschreibe. Abgemacht?‹ Abgemacht.«

★ ★ ★

Stuttgarts Frank Verlaat lässt sich das nicht zweimal sagen. Nachdem ihn ein Journalist in einem Artikel als »Softie« bezeichnet hat, zeigt der Verteidiger dem Medienvertreter höchstpersönlich, was er von dieser Titulierung hält. Er reißt dem Journalisten die Brille von der Nase, schmeißt sie auf den Boden und trampelt auf ihr herum, bis nur noch einzelne kleine Stückchen übrig bleiben. Als er geht, fragt Verlaat mit einem Lächeln auf den Lippen: **»Softie? Echt?«**

★ ★ ★

Bielefelds Trainer **Ernst Middendorp** hat die Arminia aus der dritten Liga in die Bundesliga geführt. Mit alternden Stars wie Thomas von Heesen, Fritz Walter, Stefan Kuntz, Armin Eck, Peter Hobday und dem bereits 41-jährigen Torwart Uli Stein will er nun die Klasse halten. Ein schwieriges Unterfangen, aber Middendorp tut alles für den Erfolg. Als beim Mannschaftstraining zwei Kinder mit ihren Fahrrädern eine Abkürzung über den Rasen nehmen, rastet der junge Bielefelder Coach aus: »Seid ihr denn komplett verrückt? Sofort runter mit euch!«

★ ★ ★

Das Foto der Saison: Beim Spitzenspiel am 19. April im Dortmunder Westfalenstadion geraten Bayern-Kapitän Lothar Matthäus und **»Heulsuse« Andreas Möller** aneinander. Die Begegnung endet friedlicher mit 1:1.

★ ★ ★

Stuttgarts Fredi Bobic gewährt einen Blick hinter die Kulissen des VfB und seinen Spielern. Franco Foda ist kein Liebling der Physiotherapeuten, weil er der **»Massagekönig«** ist und sich fast täglich auf die Bank legt. Hendrik »Herze« Herzog fährt das hässlichste Auto – einen knallgelben Volvo. Kapitän Frank Verlaat singt gerne mit seiner Frau Cassandra auf Vereinsbällen im Duett – ihr gemeinsamer Hit: »New York, New York«. Und Thorsten Legat heißt bei seinen Mannschaftskameraden nur noch »Doso«, weil er bei einer Korea-Reise so tat, als ob er Koreanisch sprechen könne. Dauernd habe er versucht, mit Einheimischen ins Gespräch zu kommen, doch egal, was er auch sagte, es hörte sich wie »Doso« an – und die Koreaner verstanden natürlich kein Wort. Ansonsten läuft Legat gerne oben ohne rum. Seine starken Muskeln soll nicht nur er allein genießen dürfen.

Toni Polster ist ein echter Spaßvogel und jederzeit für einen guten Spruch zu haben. Weil es mit seinem Trainer Peter Neururer nicht wirklich gut läuft, wird der Österreicher des Öfteren auf das schwierige Verhältnis angesprochen. Doch Toni weiß zu kontern; er behauptet einfach das genaue Gegenteil und hat die Lacher auf seiner Seite: »Wir lassen uns beide von unseren Frauen scheiden und ziehen zusammen!« In Wahrheit würde Polster seine Frau natürlich nie hergeben, schließlich hat er sie sich hart erkämpft, wie er einmal in lauschiger Runde erzählt: »Elisabeth hat in der Wiener Disco ›Jack Daniels‹ an einer Miss-Wahl teilgenommen. Obwohl sie die Hübscheste war, wurde sie nur Dritte. Da habe ich mich als Reporter vom ›Rennbahn-Express‹ ausgegeben und um ein Interview gebeten. So kamen wir ins Gespräch, und nun sind wir schon seit fünf Jahren glücklich verheiratet.«

★ ★ ★

Mehmet Scholl produziert abseits des Platzes mehr Nachrichten als auf dem grünen Rasen für den FC Bayern – und ist darüber selbst am meisten irritiert: »Ich habe mehr Schlagzeilen gemacht als das Geiseldrama in Peru. Da stimmen doch die Relationen nicht!« Zum Großteil ist der gealterte Teeniestar jedoch selbst schuld an seiner Lage. Freizügig erzählt er der Presse aus seinem Privatleben. Ehefrau Susanne habe einen Neuen und sei mit dem gemeinsamen Sohn bereits ausgezogen. Zeitgleich berichtet »Momo«-Darstellerin Radost Bokel in großer Aufmachung über den »liebestollen« Mehmet, der »einfach nicht locker lässt«. Und zu guter Letzt gelangt eine Kneipenschlägerei im Winterurlaub, den er mit sechs Bayern-Kollegen verlebt, in die Medien, obwohl »kein einziger Journalist dabei war«: »Also muss einer von uns am nächsten Tag sofort die Presse informiert haben. Es gibt also einen Verräter!« Aus der Kneipe zerrten ihn, um ihn zu beruhigen, seine Mitspieler Kreuzer und Kahn. Scholl soll das gar nicht gepasst haben, schreibt die Boulevardpresse, und angefangen haben, auf die beiden einzuprügeln. Das kann Titan Oliver Kahn so allerdings nicht stehen lassen. Als er die Schlagzeilen liest, sagt er trotzig: »Bei einer echten Prügelei hätte der Mehmet mit seinen 68 Kilo keine Chance gegen mich gehabt.« Klar, dass die Saison auch sportlich alles andere als rosig für Scholl verläuft!

★ ★ ★

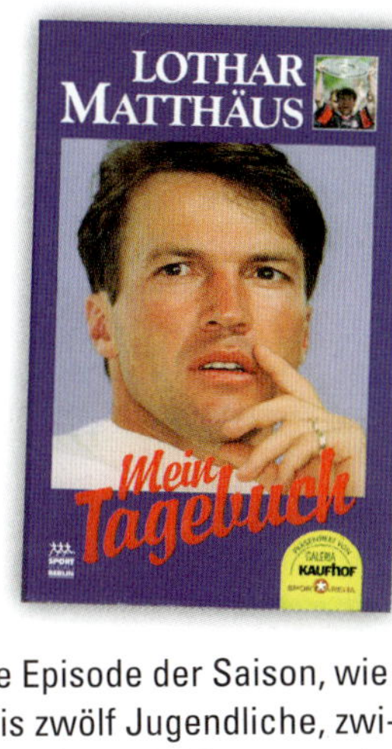

Lothar Matthäus nimmt in seinem Werk **»Mein Tagebuch«** Stellung zu verschiedenen Themen seines Alltags. Auch zu dem Vorwurf, er sei ein Verräter, schreibt er etwas: »Dann legen sie los. Listen auf, was ich alles ›verraten‹ haben soll. Die Sache mit Scholl in Zürs und andere Interna, die an die Öffentlichkeit gekommen sind. Der scheußlichste Vorwurf: Ich soll sogar als Doppelagent tätig sein, Sachen aus dem Präsidium weitergegeben haben. Da werden sogar schon private Freundschaften benutzt, mich an die Wand zu nageln. Mit Mühe bewahre ich die Fassung. Versuche, Fall für Fall, Vorwurf für Vorwurf zu entkräften. Sage dann nur: ›Im Gegensatz zu euch bin ich kein Schleimer. Ich stehe zu meinen Freunden. Mit denen rede ich auch, wenn einer von euch vorbeikommt. Ihr aber setzt euch ins Auto und schleicht euch davon. Und wenn ihr an der Säbener Straße um die Ecke gebogen seid, habt ihr noch vor der ersten Ampel telefoniert.‹« Auch eine andere Episode der Saison, wie er sich in Köln mit Fans anlegt, beschreibt Matthäus in seinem Buch: »Acht bis zwölf Jugendliche, zwischen 14 und 18 Jahre alt, fangen plötzlich an, mich wüst zu beschimpfen. Schmeißen mit allem, was sie finden können: Brezeln, Äpfeln, Orangen. Ich stehe da in meinem piekfeinen Anzug und muss alles über mich ergehen lassen. ›Flippi‹ flüchtet schon, bringt sein Auto in Sicherheit. Ordner und Polizisten stehen da, schauen seelenruhig zu. Auf den Gedanken, hilfreich einzugreifen, sind sie wohl nicht gekommen. Da reißt mir der Geduldsfaden: ›Ihr schmeißt mit Lebensmitteln, und zu Hause habt ihr nichts zu essen.‹ Natürlich habe ich gebrüllt, natürlich habe ich mich auch im Ton vergriffen. Aber ›Bayern-Sau‹ war noch das Harmloseste, was ich mir anhören musste.«

1997 | 98

»Ich hätte eigentlich einen Fußball-Nobelpreis verdient!«

In Dortmund und Leverkusen meldet man vor der Saison Ansprüche an. Reiner Calmund und Christoph Daum unisono: **»Wir wollen Meister werden!«** Und beim BVB äußert sich Torwart Stefan Klos: »Es ist unser Anspruch, ja unsere Pflicht, Deutscher Meister zu werden. Und das wird auch klappen, wenn wir von Verletzungen verschont bleiben.« Niemand rechnet mit dem Aufsteiger Kaiserslautern. Niemand? Nicht ganz. Einer hat die Erfolgsserie bereits vorher geahnt, Berti Vogts: »Der 1. FCK ist nicht mit den Augen eines Aufsteigers zu sehen. Vom Potenzial her ist der FCK mit sechs aktuellen Nationalspielern eine Bundesliga-Spitzenmannschaft.«

Und die Lauterer selbst? »Wir kämpfen nur um den Klassenerhalt. Es wird noch Jahre dauern, bis der FCK den Absturz des Jahres 1996 in die zweite Liga endgültig aufgearbeitet hat.« Das sind die Worte von Lauterns Trainer Otto Rehhagel nach dem **Auftaktsieg (1:0) in München** bei den Bayern. Nach dem 13. Spieltag und mittlerweile 30 Punkten auf der Habenseite nimmt ein Lauterer das erste Mal das Wort »Meisterschaft« in den Mund, wiewohl Trainer Otto Rehhagel eigentlich erst den Klassenerhalt gesichert wissen will. Doch Andy Brehme hat nicht mehr viel zu verlieren; am Ende der Saison hört er auf: »Und da wäre es natürlich das Größte, wenn ich mit dem Meistertitel abtreten könnte.« Es klappt! Der Aufsteiger sichert sich am Ende mit zwei Punkten vor den Bayern die Meisterschale.

Die Bundesliga boomt wie nie. Über zehn Millionen Zuschauer wollen die Spiele der 18 Erstligisten sehen. Einen Schnitt von über 50.000 Besuchern pro Begegnung können Hertha, Schalke, Dortmund und die Bayern vorweisen. In Leverkusen und Kaiserslautern sind sämtliche Partien der Saison ausverkauft. Am letzten Spieltag fällt gar eine uralte Bestmarke aus dem Jahre 1965/66. **402.937 Zuschauer** kann die Liga an diesem Tag stolz vermelden.

In Dortmund hat der zweifache Meistercoach Ottmar Hitzfeld für einen neuen Coach seinen Platz auf der Trainerbank geräumt und ist auf den Posten des Sportdirektors gerückt. Für Hitzfeld übernimmt der Italiener Nevio Scala das Traineramt. Bei seiner Vorstellung sagt BVB-Präsident Dr. Niebaum: »In einem Intensivkurs haben wir ihm klargemacht, was wichtig ist: **Schalke schlagen.«** Das gelingt sogar, doch nach einer sehr durchwachsenen Saison muss Scala die Borussia nach der Spielzeit bereits wieder verlassen. Zu diesem Zeitpunkt ist Hitzfeld auch schon länger kein Sportdirektor mehr. Er wechselt zur kommenden Runde an die Isar, zum FC Bayern München.

Saisonverlauf 1997/98

Platz	Tore	Punkte
1.	63:39	68
2.	69:37	66
3.	66:39	55
4.	55:49	52
5.	38:32	52
6.	54:46	51
7.	43:47	50
8.	43:44	44
9.	38:46	44
10.	57:55	43
11.	41:53	43
12.	41:49	41
13.	43:54	41
14.	38:54	39
15.	54:59	38
16.	48:60	38
17.	49:64	36
18.	43:56	32

Die besten Torjäger der Saison

Ulf Kirsten (Bayer Leverkusen)	22
Olaf Marschall (1. FC Kaiserslautern)	21
Michael Preetz (Hertha BSC)	14
Stéphane Chapuisat (Bor. Dortmund)	14

Dort ist Trainer Giovanni Trapattoni spätestens nach seiner berühmten Pressekonferenz-Rede **(»Was erlauben Strunz?«)** nicht mehr zu halten. Der italienische Gentleman gibt selbst seinen Rücktritt zum Saisonende bekannt – und kommt so einer zwangsläufigen Entlassung durch die Bayern zuvor.

In Köln ist die Trauer groß. Der erste Deutsche Meister der Bundesliga steigt ab. Eine Entwicklung, die absehbar war. Als FC-Trainer Peter Neururer Ende September entlassen wird, bringt er mit einem beleidigten Unterton das Problem des 1. FC Köln dieser Jahre auf den Punkt: »In Köln rauszufliegen ist keine Schande. Ich habe meinen Vertrag sogar zweimal verlängert – wer hat das denn in Köln sonst noch geschafft. Einen **Fußball-Nobelpreis** gibt es ja nicht. Aber eigentlich hätte ich ihn verdient!« Spätestens nach der 3:5-Heimniederlage am 16. Spieltag gegen den direkten Konkurrenten im Abstiegskampf, Arminia Bielefeld, wird in Köln jedem der Ernst der Lage bewusst, doch es gelingt niemandem mehr, das Ruder rumzureißen. Das Gründungsmitglied der Bundesliga büßt für die Verfehlungen der letzten Jahre mit dem Absturz in die zweite Liga.

Ein echtes **Fern-Finale um den Klassenerhalt** findet am letzten Spieltag zwischen dem Karlsruher SC und Borussia Mönchengladbach statt. Fast ausweglos schien die Lage für den dritten Trainer der Gladbacher in dieser Saison, Friedel Rausch, als er die Nachfolge von Bongartz und Meier bei der Borussia übernahm. Doch mit dem eigenen Sieg in Wolfsburg (2:0) und der gleichzeitigen Niederlage des KSC in Rostock (2:4) kann der Gang in die zweite Liga tatsächlich noch verhindert werden.

Bielefeld und Köln steigen ab, und Kaiserslautern wird Meister. Für Arminias Stürmer Uwe Fuchs emotional kein einfacher Tag. Sein eigener Verein muss ebenso in die zweite Liga wie der FC, bei dem er einmal spielte, und sein Heimatklub, der 1. FC Kaiserslautern, feiert den Titelgewinn. Uwe Fuchs will diesen Tag auf seine Weise beenden: »Ich werde wohl stündlich die Getränke wechseln, von Champagner über Bier bis Selters ist heute alles dabei.«

Ein Souvenirverkäufer verkauft schon Monate vor dem Ende der Spielzeit Schilder mit der Aufschrift: »1. FCK Deutscher Meister 1997/98«.

»Der Prinz aus dem Pott« (»Sports«, Zürich), Dortmunds Lars Ricken, spricht weihevolle Werbeworte: »Ich sehe VIP-Logen, wo früher Stehplätze waren. Ich sehe Spieler, die öfter mit der Presse reden als mit ihrem Coach. Ich sehe Vereine, die teure Profis kaufen, statt den eigenen Nachwuchs zu fördern. Ich sehe Typen in Nadelstreifen und Geschäftemacherei ohne Ende. Und dann sehe ich, was wirklich wichtig ist.« Ein anderer Dortmunder ist fast noch bekannter als Ricken: Busfahrer **Horst Kowalski, Borussias treuster Fan,** kommentiert in den neuen Spots eines Sportartikelherstellers die Spiele und Spieler des BVB. Schauspieler und Kowalski-Darsteller Willi Thomczyk stolz: »Ich glaube, es gibt nicht viele Spots, an die man sich nach über zehn Jahren noch erinnern kann. Da ist schon ein Stück Werbegeschichte geschrieben worden.«

★ ★ ★

Jens Jeremies kündigt im November seinen Wechsel innerhalb von München vom TSV 1860 zu den Bayern an. Vielleicht ein bisschen zu früh. Die kommenden Monate in der Stadt werden für ihn zum **Spießrutenlauf**. Bei den Sechzigern hängen die Fans Plakate mit Sprüchen wie »Wir wollen keine Bayernschweine. Jeremies raus!« auf, und bei Bayern platzieren sie ein Transparent an den Zaun, auf dem steht: »Feind bleibt Feind – Jeremies raus!«

★ ★ ★

Abseits passiert, gesagt, gehört

Der freie Flug von Norbert Pflippen. Sein Trick: er hängt an einem Kranseil (kleines Foto unten)

Matthäus-Manager Pflippen – der „Überflieger"

● Was schenke ich zum Geburtstag: Blumen für die Frau, einen Cognac für den Mann? Norbert Pflippen (43), Manager von Lothar Matthäus, ist das zu langweilig. „Flippi" verschenkt Karten ganz besonde-

Sonst tut Norbert Phlippen, hauptberuflich beim Werbeamt der Stadt Mönchengladbach beschäftigt, alles, um den Profis der Mönchengladbacher Borussia das Leben zu erleichtern. Dieses Mal revanchierten sich (von links) Frank Mill, Lothar Matthäus und Winfried Schäfer: Sie posierten mit einer Schallplatte, die „Flippi", der Hansdampf in allen Gassen, produziert hat. Sinniger Titel der Sprechplatte: Superspitze – Flippi-Witze. Na ja. Foto: Tillmann

Der Spielerberater **Norbert »Flippi« Pflippen** hat ein Markenzeichen: seine jährlich neu aufgelegten Geburtstagskarten. Immer mit viel Aufwand produziert, zeigen sie den ehemaligen Angestellten der Bußgeldstelle der Stadt Mönchengladbach (dort lernte er auch seinen ersten Klienten Günter Netzer kennen) in ganz speziellen Situationen. Für das Jahr 1990 macht Flippi den Flieger und grüßt in seiner Karte so: »Hatte in Mailand zu tun … wollte rechtzeitig zum Geburtstag gratulieren … Lufthansa und Alitalia ausgebucht … selbst geflogen.« Ein anderes Mal zeigt er sich auf der Karte komplett in weißes Verbandszeug eingepackt. Nur sein rechter Arm hält mit letzter Kraft einen Telefonhörer an sein Ohr. Darunter steht der Spruch: »Ich wollte zum Geburtstag gratulieren und habe mehrfach versucht anzurufen. Aber immer war ich falsch verbunden.« Pflippens größtes Hobby hat der pfiffige Geschäftsmann ebenfalls zu einer Einnahmequelle gemacht. »Irre Spitze Flippi Witze« lautet einer der vielversprechenden Titel seiner Witze-Sammlungen auf Schallplatte. Auf dem Cover warnt rot unterlegt ein Hinweis: »Nur für Erwachsene!«

★ ★ ★

Was waren das für herrlich verrückte Torhüter in den 1960er und 1970er Jahren in München. Sepp Maier und Petar Radenkovic waren für so manchen Spaß zu haben. Jahrelang vermisste die Bundesliga dieses lockere Gemüt bei ihren Schlussmännern. Nun scheint in Berlin ein Torhüter heranzuwachsen, der den beiden in nichts nachsteht. Herthas ungarischer **Torhüter Gabor Kiraly** bringt mit seinem

Sinn für Juxereien seinen Trainer Jürgen Röber zur Weißglut. Besonders eine Geschichte will Röber gar nicht erst hören: Kiraly plant einen Abwurf zu machen, bei dem er den Ball gegen die Torlatte wirft. Röber eindeutig: »Wenn er das macht, stand er das letzte Mal im Tor.«

★ ★ ★

Bayerns langjähriger **Manager Robert Schwan** greift als Aufsichtsratschef bei Hertha BSC von seinem Wohnsitz in Kitzbühel aus ins Tagesgeschäft der Berliner ein und fordert schlagzeilenträchtig: »Wir brauchen Stars – wie Möller oder Chapuisat aus Dortmund. Ich sage nicht, dass wir beide holen, beide sind ja zurzeit nicht frei. Aber ich will damit einfach ein Zeichen setzen. Hertha will zugreifen.« Und er verspricht trotz der Finanznot bei der Hertha: »Das Geld kriegen wir – weil es Leute in der Industrie gibt, die Hirn haben und sehen, was bei Hertha möglich ist. Statt mehrere für je eine Million hole ich lieber im Sommer einmal für sieben Millionen einen Spieler.«

★ ★ ★

Einen herrlichen Kopfballtreffer erzielt der Bremer Bernhard Trares zu Hause in der Partie gegen Hertha BSC Berlin – **leider ins eigene Tor.** Weil Werder-Keeper Oliver Reck aus seinem Kasten geeilt ist, um die Flanke aus der Luft zu pflücken, kann Trares den Ball wunderschön über seinen eigenen Torwart lupfen. Ob Reck an diesem Abend gerufen und seinen Abwehrspieler gewarnt hat oder nicht, den Gästefans ist es egal. Sie skandieren: »Olli, wir danken dir!«

★ ★ ★

Herthas Axel Kruse knallt mit voller Geschwindigkeit auf den aus seinem Tor stürzenden Schalker Keeper Jens Lehmann und bleibt benommen auf dem Rasen des Parkstadions liegen. Berlins Mannschaftsarzt Dr. Schleicher: »Acht Minuten war der Axel völlig weg, denn beide sind ungebremst gegeneinander gerasselt.« Kruse weiß von der Szene nichts mehr. Aber als er wieder bei Sinnen ist, weiß er ganz genau, dass er nicht ins Krankenhaus möchte. Dr. Schleicher und Hertha-Manager Dieter Hoeneß müssen ihn »sehr behutsam« überreden, doch wenigstens ein paar Untersuchungen über sich ergehen zu lassen. Am nächsten Morgen wacht Kruse im Bochumer Krankenhaus Bergmannsheil wieder auf und erkundigt sich erst einmal nach dem Knockout. Doch nicht nach seinem eigenen, sondern nach denen von Dariusz Michalczewski und Ralf Rocchigiani, die in der Nacht zuvor geboxt haben und deren Kämpfe der Boxfan Kruse nun wegen seines eigenen Knockouts verpasst hat. Übrigens: Lehmann konnte weiterspielen. Und auch die Partie endete 1:0 für Königsblau.

Zitate der Saison

»Wenn ich nicht Fußballprofi geworden wäre, dann wäre ich wohl in einer Bank gelandet. Und dann wäre ich heute vielleicht Finanzminister von Österreich.« **Andreas Herzog**

»Steh auf, wenn du Schalker bist«, rufen die **Gladbacher Fans** beim Spiel gegen den FC Schalke 04, als der S04-Spieler Jiri Nemec nach einem Zweikampf mit Michael Klinkert nicht aufstehen will.

»Ich war einmal Delegations-Chef bei einem Mannschaftsausflug.« **Thomas Helmer** erklärt seinen Spitznamen »Egidius«. DFB-Präsident Egidius Braun ist Delegationsleiter bei Länderspielen.

»Wir wollten in Bremen kein Tor kassieren. Das hat bis zum Gegentor auch ganz gut geklappt.« **Thomas Häßler,** Karlsruher SC

»Auch wenn hier der Fußball-Gott steht. Ich muss mal durch.« Schalkes **Mike Büskens** nach dem 1:0 über den BVB, als ihm Jürgen Kohler »im Weg steht«.

In Bielefeld stürmt der **»Welt-Torjäger des Jahres 1996«**, der Iraner Ali Daei. Die Arminia-Fans lieben ihren schnauzbärtigen Stürmer vom ersten Tag an und singen auf die Melodie vom Boney-M.-Klassiker »It's a Holiday«: »Hooray, hooray it's Ali, Ali Daei«.

★ ★ ★

Am 5. August pfeift Schiri Malbranc ein Foul des Münchners Abédi Pelé an Markus Schroth vom Karlsruher SC – laut und für das gesamte Stadion hörbar. Doch Sean Dundee ignoriert den Pfiff und erzielt das 2:2. Auch wilde Proteste der Löwen ändern nichts an Malbrancs seltsamem Sinneswandel: »Ich habe nicht gepfiffen. Das Geräusch muss woanders hergekommen sein.« Die Auswertung der TV-Bilder ergibt jedoch zweifelsfrei, dass Malbranc sehr wohl gepfiffen hat, was er angesichts der eindeutigen Lage nun auch zugibt: »Ich habe wohl einen Fehler gemacht. Die Situation auf dem Feld wurde von mir falsch eingeschätzt. Das Tor war nicht regelgerecht.« Doch das Eingeständnis kommt zu spät: Der DFB wertet die Partie mit 2:2, da es sich um eine bedauerliche, aber leider unwiderrufliche **Tatsachenentscheidung** handelt.

★ ★ ★

HSV-Trainer Frank Pagelsdorf vertraut am 24. Spieltag dem Zauberer Jens Strohschein, der Nadeln hinter das HSV-Tor steckt. Als Schalkes Charly Neumann von der Aktion Wind bekommt, kontert er mit dem Verteilen von Glückspfennigen. Hilft beides nicht viel: Das Endergebnis lautet 1:1. Nur Schalkes Manager **Rudi Assauer hat seinen Spaß.** Trocken meint er zu der Aktion des HSV: »Hauptsache, von unseren Jungs reißt sich keiner den Hintern auf.«

★ ★ ★

Der vereinslose Trainer und Schalke-Mitglied **Peter Neururer** möchte vor der Partie gegen den VfL Bochum (2:0) wie immer sein Auto auf dem VIP-Parkplatz des Klubs abstellen. Doch heute winkt der Ordner ab; er habe einer eindeutigen Anweisung von ganz oben Folge zu leisten, und die besagt, dass er Herrn Neururer nicht auf diesen Parkplatz lassen dürfe. Wer ihm diese Direktive hat zukommen lassen, verrät der Mann nicht. Es ist Neururer aber auch egal, er hat die Schnauze voll von seinem Lieblingsverein: »Ich trete aus dem FC Schalke aus und werde dieses Stadion nie wieder betreten, es sei denn als Gegner.«

★ ★ ★

Schalkes Torwart Jens Lehmann schreibt mit seinem Feldtor gegen Dortmund Fußballgeschichte. Am 20. Spieltag steht es in der 90. Minute 2:1 für Borussia Dortmund, als Lehmann mit nach vorne kommt und per Kopf den 2:2-Ausgleich erzielt. Es ist das erste Feldtor eines Keepers in 34 Jahren Bundesliga. Auf Schalke ruft man ab sofort in brenzligen Situationen kurz vor Schluss: »Auf geht's, Lehmann, köpf ein Tor, köpf ein Tor …«

Krachende Verletzungen

Der Düsseldorfer **Gerd Zimmermann** verletzt sich in der Saison 1978/79 schwer am Knie. Er schildert den Vorgang so: »Ich wollte über meinen Gegenspieler wegspringen und spürte, wie mich irgendjemand in der Luft foulte. Als ich mit dem Fuß auf die Erde kam, blieb ich hängen. Ich hörte ein Geräusch, wie wenn man mit dem Rasiermesser auf einen Lederriemen klatscht, es schmerzte ekelhaft.«

Der Nagel, den man dem Bochumer **Jupp Kaczor** in seinen gebrochenen Unterschenkel gepflanzt hat, ist 34,5 Zentimeter lang und 14 Millimeter dick. Als er entfernt wird, meint der stets prächtig aufgelegte Stürmer: »Wenn ich mal Schluss mache, dann haue ich den Nagel in die Wand des Wohnzimmers und hänge meine Schuhe dran!«

Das von Paul Steiner zertrümmerte Schien- und Wadenbein des Sechzigers **Heinz Flohe** muss mit acht Schrauben und einer Platte versehen werden. Flohes Arzt verdeutlicht die Schwere der Verletzung: »Es ist dasselbe, als wenn dir jemand mit einem Beil das Bein abgehauen hätte.«

Bei einem Hallenturnier reißt sich Bayerns **Bernd Dürnberger** alle Kreuzbänder, das Innenband und den Meniskus: »Es war damals ein Schmerz, wie wenn dich einer mit einem heißen Bügeleisen streift.«

Frankfurts **Charly Körbel** und Trainer Gyula Lorant: »Einmal war mein Knöchel so dick, die Schmerzen so groß, dass ich wirklich nicht spielen konnte. Lorant nahm mich zur Seite: ›Charly, kannst du essen mit Zahnschmerzen?‹ Als ich nickte, stand für ihn fest: ›Also kannst du auch spielen mit Schmerzen im Knöchel.‹ Ich habe tatsächlich gespielt.«

Was für ein Mann – er ist wirklich sehr tapfer! Am 31. Spieltag bei der Partie von Eintracht Frankfurt gegen den 1. FC Nürnberg in der Saison 1983/84 liegt **Charly Körbel** auf einer Trage und wird über die Laufbahn hinaustransportiert. Seine Frau eilt herbei, sie weint fürchterlich. Von der Trage herab spricht Körbel im ruhigen Ton zu seiner Gattin: »Mach dir keine Gedanken, es ist nicht so schlimm – nur ein Schienbeinbruch.«

Die **Regenbogentrikots** des VfL Bochum sind der letzte Schrei in der Liga. Die Kaiserslauterer Fans skandieren minutenlang: »Ihr habt hässliche Trikots!« Doch das brauchen sie den VfL-Anhängern eigentlich nicht zweimal zu sagen. Bei der Vorstellung der Leibchen während einer Feierstunde aus dem Bochumer Schauspielhaus zum erstmaligen Einzug in den UEFA-Pokal ist live im WDR-Fernsehen gut die Stimme eines entsetzten VfL-Fans zu hören, der beim Öffnen des Vorhangs ruft: »Boah, wie scheiße sieht das denn aus!« Bochums Sponsor Norman Faber hat die Produktion der Trikots in Eigenregie übernommen und dabei die bunte Farbenpracht seiner Lotto-Firma auf den Leibchen verewigt. Als die Mannschaft einen Tag später auf dem Bochumer Rathaus empfangen wird, singen die Anhänger unten auf dem Vorplatz immer wieder: »Wir wollen blau-weiße Trikots, blau-weiße Trikots, wir wollen blau-weiße Trikots«. Der Wunsch wird nicht erhört. Schlimmer. Durch die europaweite Präsenz mit den Spielen gegen Trabzonspor, Brügge und Amsterdam werden die VfL-Anhänger auch lange nach dieser Saison in ihrem Urlaub von Fußballfans auf die »hässlichsten Trikots der Welt« angesprochen.

1998/99

»An jeder Tür klopfe ich an, doch keiner kennt den Weg nach Unterhaching!«

Es ist die Saison des FC Bayern München. Mit **15 Punkten Vorsprung** vor Bayer Leverkusen wird man Meister. Dabei hatten die Verfolger aus dem Rheinland bis zum zehnten Spieltag sogar noch echte Ambitionen. Unter dem Motto »Träumen darf man ja mal« äußerte sich Bayer-Manager Reiner Calmund zwar sehr vorsichtig, aber zwischen den Zeilen dennoch ehrgeizig – wenn man denn genau hinhörte: »Wir wollen den Bayern keinen roten Teppich ausfahren und keine Blümchen streuen, aber bei normalem Verlauf werden sie Meister.«

Andere haben zu diesem Zeitpunkt schon lange aufgegeben. Kaiserslauterns Trainer Otto Rehhagel zeigt sich ernüchtert: »Bayern ist der Mercedes in der Bundesliga. Alle anderen fahren im Golf hinterher.« Naturgemäß ist die eigene Souveränität dem Bayern-Manager Uli Hoeneß nicht unangenehm. Mit stolzgeschwellter Brust sagt er: »Wenn bei uns das A- gegen das B-Team spielt, ist das Fußball von Weltniveau.« Und ketzerisch fragt er: »Sollen wir denn schlechter spielen, damit die anderen nachkommen?« Auch Franz Beckenbauer ist zufrieden mit seinem Verein: »Die Leute wollen ein Spektakel sehen, Entertainment. Der **Spaß am Fußball** ist wichtiger als jeder Titel. Und die Mannschaft und Ottmar Hitzfeld haben uns den Spaß am Fußball zurückgegeben.«

Ein bisschen viel Unterhaltung bietet im April beim 2:2 in Dortmund der Bayern-Keeper Oliver Kahn. Völlig übermotiviert springt er zuerst Stéphane Chapuisat **in Kung-Fu-Manier** fast ins Gesicht und versucht später, Heiko Herrlich ins Ohr zu beißen. Hinterher gibt Kahn den Klassenclown und sagt: »Ich habe einer meiner ruhigsten Partien gespielt, sehr sachlich.« Und weiter: »Der Trainer hat von uns verlangt, wir sollen uns am Gegner festbeißen. Das habe ich getan.« Als er merkt, dass die umstehenden Reporter immer noch geschockt, ob seines Verhaltens sind, reagiert Kahn trotzig: »Der Chapuisat war doch einige Meter entfernt. Und wenn schon: dann hätte ich das Bein eben weggezogen!«

Nach der Rettung in letzter Minute in der Vorsaison gehen dieses Jahr die Lichter in Mönchengladbach nun doch endgültig aus. **»Kater für Rausch«** titelt der »kicker« bereits nach dem neunten Spieltag.

Saisonverlauf 1998/99

Platz	Tore	Punkte
1.	76:28	78
2.	61:30	63
3.	59:32	62
4.	48:34	57
5.	51:47	57
6.	54:49	55
7.	47:46	50
8.	48:45	49
9.	49:56	41
10.	41:54	41
11.	41:48	39
12.	36:44	39
13.	41:47	38
14.	49:58	38
15.	44:54	37
16.	40:50	37
17.	40:65	29
18.	41:79	21

Die besten – Torjäger der Saison

Michael Preetz (Hertha BSC)	23
Ulf Kirsten (Bayer Leverkusen)	19
Oliver Neuville (Hansa Rostock)	14
Anthony Yeboah (Hamburger SV)	14

Borussia Mönchengladbach hatte die erste Partie der Saison mit 3:0 gegen den FC Schalke 04 gewonnen und für einen Spieltag die Tabellenführung übernommen. Nun ist man Letzter, der Trainer steht in der Kritik und nur wenige ahnen, dass es diesmal nicht reichen wird am Saisonende. Doch die nächsten beiden Begegnungen verschaffen erste Klarheit: 2:8 zu Hause gegen Bayer Leverkusen (»Hätte Leverkusen ernst gemacht, dann hätten wir noch fünf weitere Dinger kassiert«, Torwart-Nachwuchstalent Robert Enke) und 1:7 in Wolfsburg. »Borussia ist ein multimorbider Risiko-Patient. Krank ist das Herz, das Hirn und der Bewegungsapparat. Zudem leidet sie an Immunschwäche.« So beschreibt Wilfried Jacobs, Gladbachs Präsident und zudem Vorstandsvorsitzender der AOK Rheinland, seinen eigenen Verein – als schwerkranken Fall.

Am Ende zelebrieren die Gladbach-Anhänger den Abstieg ihres Klubs mit einem Schuss Galgenhumor. Auf die Melodie des alten Schlagers »Mendocino« dichten sie den neuen Klassiker »Unterhaching« mit der Liedzeile: »An jeder Tür klopfe ich an, doch keiner kennt den Weg nach Unterhaching.« Doppelt blöd für die Fans der Borussia: Ausgerechnet die Spielvereinigung steigt in dieser Saison auf und spielt – anders als die Gladbacher – in der kommenden Runde in der ersten Liga. Den Gang von Unterhaching in die Beletage kommentiert deren Mittelfeldakteur Markus Oberleitner selbstironisch: »Unser Aufstieg, das ist doch im Grunde so, als ob das Nationalteam von San Marino Weltmeister wird.«

Dass im Abstiegskampf traditionell anders gezählt wird, beweist **Pavel Kuka** vom 1. FC Nürnberg nach dem Spiel gegen den direkten Konkurrenten Eintracht Frankfurt. Da die Partie 2:2 endet, fasst der Club-Stürmer das Ergebnis folgendermaßen zusammen: »Heute ging's um sechs Punkte – also haben wir vier verloren!«

Und **eine bittere Pointe** ganz zum Schluss. Dieses Schreiben des Absteigers 1. FC Nürnberg liegt schon vor dem letzten und entscheidenden Spiel gegen den SC Freiburg im Briefkasten der Dauerkartenkunden – mit der Bitte, bereits jetzt Tickets für die kommende Spielzeit zu bestellen: »Wir haben die erste Saison in der Bundesliga mit Erfolg hinter uns gebracht!«

Der Paradiesvogel Giovane Elber mit aufgeknöpfter Lederhose auf seiner Maschine.

Felix Magath macht jeden Spaß gerne mit.

Eine der ungewöhnlichsten **Freundschaften im Profifußball** existiert zwischen dem HSV-Spieler Bernd Hollerbach und dem Werder-Trainer Felix Magath. Seit ihrer gemeinsamen Zeit in Hamburg treffen sich die beiden regelmäßig auch außerhalb der offiziellen Begegnungen im Ligaalltag. Hollerbach gerät ins Schwärmen, wenn er von Magath spricht: »Ich halte Felix Magath für einen der besten Trainer in der Bundesliga. Er ist ein absoluter Profi, der fast alles sieht, der alles kennt, dem die Spieler nichts vormachen können.« Vielleicht sind die Jubelschreie aus Frankfurt deshalb auch besonders laut, als Felix Magath Trainer bei Werder wird. Eintracht-Profi Ansgar Brinkmann: »Zum Glück ist Magath jetzt in Bremen gelandet. Den können wir nicht mehr bekommen.«

★ ★ ★

Als Schiri Aust dem jubelnden Belgier Marc Wilmots nach seinem entscheidenden Tor gegen Borussia Mönchengladbach (1:0) gerade die Gelbe Karte zeigen will, eilt Schalkes Kapitän Andreas Müller zum Schiedsrichter und ruft ihm zu: »Mensch, Schiri, lass doch stecken. Ist sein erstes Spiel. Muss nicht sein, oder?« Aust nestelt weiter an seiner Brusttasche, guckt Müller nachdenklich an und lässt Wilmots dann tatsächlich ungeschoren davonkommen. Was **der nette Schiedsrichter** allerdings nicht weiß: Es ist bereits die fünfte Partie des Belgiers im Trikot des FC Schalke 04!

★ ★ ★

Irgendetwas werden sich die Verantwortlichen des VfB Stuttgart schon dabei gedacht haben, ausgerechnet den langjährigen Trainer des lokalen Konkurrenten zu verpflichten. Nur was genau, das bleibt die Frage. Denn mit **Winnie Schäfer** vom Karlsruher SC kommt ein Coach nach Stuttgart, der verhasster bei den eigenen VfB-Anhängern fast nicht sein könnte. Neben der lokalen Rivalität spielen bei Schäfer auch noch einige kritische Äußerungen gegenüber dem VfB und seinen Angestellten eine nicht zu unterschätzende Rolle. Im Januar 1990 meinte Schäfer: »Wenn VfB-Präsident Mayer-Vorfelder um Mercedes buhlt, muss ich darauf hinweisen, dass unsere Mannschaft viel mehr Potential hat und Daimler-Benz besser fahren würde, mit uns einen Sponsoren-Vertrag abzuschließen.« Und auch den ehemaligen VfB-Trainer Christoph Daum ist KSC-Coach Schäfer gerne verbal angegangen: »Christoph Daum hat mal gesagt, der Karlsruher SC sei wie ein Hund, der zwischendurch mal mit dem Schwanz wedelt. Warum hat er uns dann nicht als Blindenhund mit nach Leeds genommen?« Man muss wissen: Leeds ist eine der größten Wunden in der jüngeren Geschichte des VfB. Damals schied Stuttgart aus der Champions League aus, weil Christoph Daum einen Ausländer zu viel einwechselte.

★ ★ ★

Als **Hany Ramzy** ›verletzt‹ vom Platz trabt, kann er sein Lächeln nicht mehr unterdrücken. Beim Spiel seiner Lauterer gegen den VfL Bochum steht es kurz vor der Halbzeit 0:0, als Trainer Otto Rehhagel einen folgenschweren Fehler begeht, den er selbst so beschreibt: »Durch die tragische Verletzung von Michael Schjönberg war die Mannschaft geschockt. Selbst ich als alter Hase, so dass ich mit Ojigwe einen vierten nicht-europäischen Ausländer einwechselte. Die Niederlage geht allein auf meine Kappe. Ich habe mich bei der Mannschaft entschuldigt. Aber: Es ist unentschuldbar!« Doch weitaus schlimmer als der blöde Fehler, ist das hinterlistige Täuschungsmanöver, das sich Rehhagel in den Minuten nach der Einwechselung Ojigwes überlegt. Er gibt Ramzy die Anweisung, so zu tun, als sei er verletzt und müsse ausgetauscht werden. Das macht der Ägypter schließlich mit einem solch überragenden schauspielerischen Talent, dass niemand im weiten Rund etwas bemerkt. Nur die Kameras fangen das verräterische Grinsen von Ramzy genau ein. Doch offensichtlich sind die Lauterer naiv genug zu glauben, sie würden mit diesem billigen Trick durchkommen. Anders sind die Kommentare der Offiziellen nicht zu begreifen. Als Dr. Hubert Keßler, Präsident des 1. FC Kaiserslautern, auf den Fehler angesprochen wird, sagt er in der Halbzeitpause sichtlich nervös: »Nein, nein, das ist die Regelung, also die ist neu, also die ist uns nicht bekannt.« Und der Aufsichtsratsvorsitzende Dr. Robert Wieschemann meint gar: »Für uns sind Nicht-Europäer genauso Menschen wie Europäer. Also, da sollte man sich mal drauf besinnen.« Das abenteuerliche Getue wird von »Sat1« in der Abendsendung genüsslich ausgeschlachtet. Das Spiel endet übrigens 2:3. Aber das interessiert an diesem verlogenen Nachmittag eh nur noch die Bochumer.

★ ★ ★

Bayern-Manager **Uli Hoeneß ist sauer.** Wenn es nach ihm ginge, würden die Sonntagsspiele ersatzlos gestrichen und stattdessen Montagsbegegnungen ausgetragen. Seine Begründung: Sonntags können nicht alle Bayern-Anhänger aus dem Umfeld anreisen. Hoeneß: »Sonntags könnte bei uns Real Madrid spielen, auch dann wäre das Stadion nicht ausverkauft.« Zum Spitzenspiel gegen Bayer Leverkusen (2:0) kommen tatsächlich nur 36.000 Besucher. Aktueller Schnitt der Bayern: 57.889 Zuschauer pro Heimspiel.

★ ★ ★

In Berlin wird musiziert. **Die Hertha Boys** Michael Preetz, Jolly Sverrisson, Andreas Thom und Sixten Veit intonieren den Erfolgshit: »La Ola für Hertha«. Das Ganze kann man sich als Sprechgesang und Frauenstimme im Refrain-Part mit einer im Kirmes-Stil unterlegten Melodie vorstellen. Hier eine Textprobe des aufwändig produzierten Gassenhauers: »Du bist einfach wunderbar. Ob Schalke oder Bayern, das ist uns ganz egal, wir wollen Siege feiern. Warum nicht den Pokal? Mit unseren Fans im Rücken, ist alles für uns drin. Da finden wir die Lücken und zack, da geht er rinn!«

Aufnahmen zur ersten Hertha-Single. Eyjólfur Sverrisson, Michael Preetz, Andreas Thom und Sixten Veit singen, was das Zeug hält.

★ ★ ★

Ewald Lienen hat in Rostock keinen leichten Stand. Weder beim Präsidium, noch bei den Fans. Noch vor der Partie gegen Borussia Mönchengladbach (1:1) graben einige Chaoten einen Elfmeterpunkt im Ostseestadion aus und fackeln die beheizbare Trainerbank von Ewald Lienen ab. Schaden: 32.000 Mark. Im Gegensatz zu den eigenen Fans behält das Präsidium aber zunächst die Ruhe. Lienen wird erst einige Monate später am 1. März durch Andreas Zachhuber ersetzt.

★ ★ ★

Eine feurige Idee haben die Verantwortlichen des SV Werder zum 100-jährigen Bestehen ihres Klubs. Vor der Partie gegen den VfL Bochum (1:1) dürfen Fans 100 bengalische Feuer entzünden. Doch das leuchtende Spektakel geht nach hinten los. Bereits nach wenigen Sekunden kann im Stadion niemand mehr irgendetwas sehen, so verraucht ist der Innenraum des Stadions. Und der Rauch will sich auch nach dem Abbrennen der Bengalos einfach nicht mehr aus dem weiten Rund des Weserstadions verflüchtigen. Bochums Manager Klaus Hilpert ist von der Aktion so begeistert, dass er hustend seine Bremer Kollegen fragt: »Mensch, sagt mal, wo kann man denn diese tollen Dinger kaufen? Das wollen wir jetzt auch jede Woche im Ruhrstadion machen!« Mit achtminütiger Verspätung wird die Begegnung schließlich doch noch angepfiffen.

★ ★ ★

In Frankfurt empfangen die Eintracht-Fans den Bayern-Profi Stefan Effenberg nach seinem Führerscheinentzug nicht gerade zimperlich, aber durchaus kreativ. Aus vollen Kehlen intonieren sie immer wieder **»Effe, zeig den Führerschein«** und »Effe, du riechst nach Alkohol«.

Ein Radio-Nachmittag im Mai. Die Schlusskonferenz der Bundesligasaison 1998/99

Aus dem Frankenstadion in Nürnberg meldet sich ein aufgeräumter Reporter Günther Koch und beginnt stakkatoartig redend die Schlusskonferenz des 34. und alles entscheidenden Spieltags der Bundesligasaison 1998/99. Abstiegskampf pur. Ein denkwürdiger Nachmittag, 13 Minuten, die für immer im Gedächtnis aller Fußball-Fans bleiben werden, stehen noch bevor…

Günther Koch: Im Moment ist es 17:11 Uhr, ist der Club nach '79, nach '84, nach '94 und nach '99 fast abgestiegen, alles hängt jetzt von Bochum gegen Hansa Rostock ab. Frankfurt ist besser, der Club taumelt, der Club hängt am Abgrund…

Mitten in Kochs emotionale Rede, die geprägt ist von den Gefühlen eines mitleidenden Fans, der die Geschehnisse um sich herum rational einzuordnen versucht, aber angesichts sich ständig verändernder Rahmenbedingungen langsam die Fassung verliert, ruft Manni Breuckmann aus Bochum dem der Verzweiflung nahen Günther Koch eine weitere Hiobsbotschaft zu:

Manfred Breuckmann: Und Toooor, Tor für Rostock. Majak, der eingewechselte Majak macht ein Kopfballtor und 7.000 Ostseeanrainer, die 7.000 Fans, die mitgereist sind, sie sind aus dem Häuschen. Hansa Rostock führt um 17:12 Uhr mit 3:2… *Aus dem Off ertönt riesiger Jubel, kurz gefolgt von einem hysterisch schreienden Günther Koch, der langsam von der Regie lauter eingepegelt wird. Seine »Tor, Tor, Tor«-Rufe erinnern an Herbert Zimmermann 1954 beim Finale im Berner Wankdorfstadion.* …und alles kann gut werden für Hansa…

Günther Koch *(die Stimme überschlägt sich noch immer):* Tooor in Nürnberg, ich pack das nicht, ich halt das nicht mehr aus, ich will das nicht mehr sehen *(die Stimme quieckst ähnlich einem Jugendlichen in der Pubertät),* aber sie haben ein Tor gemacht, ich glaube es nicht, aber der Ball ist drin, ich weiß nicht wie. Kopfball von Nikl. Die Leute haben es gehört, dass Frankfurt vorne liegt, dass Rostock vorne liegt, jetzt liegt der Ball im Netz, nur noch 1:2, ich halt das nicht mehr aus, nein, es tut mir leid, 1:2, Nikl per Kopf, Flanke von Kuka, Treffer für die Clubberer, es ist nicht zu fassen.

Manfred Breuckmann: Welch ein Abstiegsdrama und die Sache ist ja vielleicht noch gar nicht gelaufen. Es gibt Freistoß für Hansa Rostock, die Mannschaft, die drei Tore geschossen hat, der VfL Bochum nur zwei, Hansa Rostock ist im Augenblick in der Fußball-Bundesliga…

Dietmar Schott *(aus dem Studio in Köln):* Ganz kurz eine Unterbrechung der Konferenz: Wieder Kinder auf der Autobahn. Achtung Autofahrer, auf der A45 Hagen Richtung Gießen, Kreuz Hagen und Lüdenscheid Nord, diese Kinder auf der Fahrbahn!

Manfred Breuckmann: Jetzt bleiben wir an den drei entscheidenden Spielorten und rufen zunächst einmal wieder Dirk Schmitt in Frankfurt!

Dirk Schmitt: Wo die Frankfurter Eintracht natürlich nach wie vor Druck macht. Sie weiß, ein Tor könnte wieder den 1. FC Nürnberg in den Abgrund stoßen, überhaupt keine Frage, und sie kommen jetzt wieder mit Christoph Westerthaler in der zentralen Position, nur Sforza hat er vor sich, dann ist es Fjörtoft, der ist im Strafraum, und er trifft. Toor, Toor für die Frankfurter Eintracht, 5:1, herrje, welche Leistung! Und damit ist wieder der 1. FC Nürnberg in der zweiten Liga!

Sekundenlang hört man nur den Nachjubel aus Frankfurt. Eine fast gespenstische Stille – verglichen mit den zurückliegenden, lauten, aufregenden Minuten. Für kurze Zeit macht sich der Zuhörer Sorgen um Günther Koch. Dann, mitten in die Stille hinein, die gefasst wirkende und doch so resigniert klingende Stimme des Reporters aus dem Frankenstadion.

Günther Koch: Hallo, hier ist Nürnberg, wir melden uns vom Abgrund, Nürnberg 1:2. So wie Bayern wegen des linken Torpfostens im Nou Camp in Barcelona verloren hat, steigt der Club ab, wenn er absteigt, wegen des linken Torpfostens vor der Nordkurve. Nikl drosch den Ball an den Pfosten, der war nicht zu erreichen, Torhüter Golz flog durch die Luft, der Ball klatscht vom Pfosten zurück und ging nicht ins Tor, sondern vor die Füße von Frank Baumann; Frank Baumann bringt dann aus sechs Metern den Ball nicht im Tor unter, und so steht es nach wie vor nur 1:2. Der Club, der schon abgestiegen war, zwischen 17:08 Uhr und 17:10 Uhr, ist im Moment abgestiegen, denn das Spiel hier ist aus! Ade liebe Freunde, es ist nicht zu fassen, was der Club seinen Fans, was er seinen Anhängern, und was er seinem treuen Publikum zumutet, die noch gar nicht mal ahnen, was in Frankfurt die Mannschaft von Otto Rehhagel, die mit einem sensationellen Ergebnis am letzten Spieltag aufwartet, alles bietet. Der Club verliert mit 1:2, und er hat wenig Haltung bewiesen, erst in der Schlussminute, in den Schlussminuten hat er gekämpft. Liebe Clubberer, es tut mir Leid, das musste nicht sein, das musste nicht sein. Respekt und Anerkennung an die Adresse der anderen Vereine, der Spieler und der Offiziellen, wenn es denn dabei bleibt, und ich rufe noch einmal Manni Breuckmann in Bochum.

Manfred Breuckmann: Und Günther, du tust mir auch Leid, erlaube mir dieses persönliche Wort an der Stelle…

Präsidenten

1980 ist **Reinhard Rauball** mit 33 Jahren der jüngste Präsident der Bundesliga – und wahrscheinlich einer der vermögendsten noch dazu. Denn der Vorsitzende von Borussia Dortmund ist gemeinsam mit seinem Bruder »über ihre kanadische Familienfirma TRV Minerals Corporation mit rund einem Fünftel an einem lange Zeit unbeachteten Ölvorkommen bei Bakersfield in Kalifornien, etwa 150 Kilometer nördlich von Los Angeles, beteiligt«, wie »Der Spiegel« im Herbst 1979 berichtet. Nachdem er bisher immer nur die üppigen Gehälter der Herren Fußballprofis vor Augen hatte, ist Reinhard Rauball »endlich mal für ein eigenes Millionengeschäft« unterwegs. Dass das alles überhaupt bekannt wurde, ist dem gebürtigen Bochumer nicht so recht. Doch das amerikanische Börsenrecht deckt das lukrative Hobby des Scheidungsanwalts auf.

★ ★ ★

Bayern-Präsident **Wilhelm Neudecker** zeigt sich in den 1970er Jahren den Spielern in der Kabine nur in ganz speziellen Fällen und zumeist geht es dabei allein um eine Sache, wie sich Paul Breitner erinnert: »Der kam nur zu uns rein, um uns die Scheine ins Maul zu stopfen!«

★ ★ ★

Ein Mann der frühen Stunde ist Frankfurts Boss **Rudi Gramlich**. Das hört man auch an diesen Worten aus dem Sommer 1968, als die Bundesliga gerade fünf Jahre jung geworden ist: »Schreiben Sie, dass ich mir eine Eintracht wünsche, die sportlich und wirtschaftlich immer vorn mitmarschiert und deren Vielseitigkeit erhalten bleibt. Dass durch die Anerkennung der gegenseitigen Leistung die Erziehungsaufgabe gewährleistet wird und dass die Leistungssteigerung der Bundesliga anhält. Dann kommen auch Zuschauer, dann ist auch die Wirtschaftlichkeit garantiert.«

1999/00

Bayer wird zu Vizekusen: »Die hatten voll den Zitteraal!«

Bayer Leverkusen ist **reif für den Titel**. Vor der Saison sagt Trainer Christoph Daum: »Wenn wir am Ende Dritter werden, war es ein verlorenes Jahr.« Daum hat den Verein in den letzten Spielzeiten immer weiter nach vorne gebracht. Mit Vorliebe erzählt er die Geschichte von seinem Ausflug nach Hongkong. Mitten in einem kleinen Restaurant in einer Seitenstraße der asiatischen Metropole tippen ihm zwei Chinesen zaghaft auf die Schulter und fragen neugierig: »Sie sind Trainer von Bayer Leverkusen, ja?« Daum bezeichnet dieses überraschende Treffen »als Quantensprung für den Klub«. Doch Daum weiß auch, dass es schwierig wird. Gewohnt eloquent bringt er den Sachverhalt auf den Punkt: »Für so ein Ding muss ein Rädchen ins nächste greifen. Alle müssen hochkonzentriert sein. Das ist wie bei der NASA. Die haben schon zig Raketen in den Himmel geschickt. Aber vor jedem Start arbeiten alle so konzentriert, als wäre es das erste Mal.«

Am Ende wird es wieder einmal ein **hitziges Duell mit den Bayern**. Die Giftpfeile zwischen den beiden Vereinen fliegen hin und her, bis sich kurz vor Saisonschluss Hoeneß und Calmund auf einen Waffenstillstand einigen. Bei Leverkusens Co-Trainer Roland Koch gehen die Attacken aus München allerdings eh ins eine Ohr rein und aus dem anderen sofort wieder hinaus: »Wir lesen die Sprüche, aber sie prallen an der Haut ab. Es gibt über die Jahre einfach Abnutzungserscheinungen. Das ist wie mit dem Jäger und dem Hasen. Wenn der Jäger zehn Mal nur blind in den Wald schießt, läuft der Hase beim elften Mal auch nicht mehr weg. Der weiß dann: Da passiert sowieso nichts. Wir schauen nur bis zum Rhein, was dahinter passiert, interessiert uns nicht.«

Zuvor hatte sich **Uli Hoeneß** bemüht, bei den überraschend starken und beständigen Leverkusenern für Nervosität zu sorgen: »Der Daum wird in 100 Jahren nicht vor uns Meister sein!« Oder: »Platz eins ist für uns reserviert!« Und

Saisonverlauf 1999/00

	Platz	Tore	Punkte
1	1.	73:28	73
2	2.	74:36	73
3	3.	63:39	59
4	4.	55:48	53
5	5.	54:59	50
6	6.	39:46	50
7	7.	51:58	49
8	8.	44:47	48
9	9.	65:52	47
10	10.	40:42	44
11	11.	41:38	40
12	12.	45:50	40
13	13.	42:44	39
14	13.	42:44	39
15	15.	44:60	38
16	16.	36:62	35
17	17.	40:61	30
18	18.	37:71	22

Die besten – Torjäger der Saison

Martin Max (1860 München)	19
Ulf Kirsten (Bayer Leverkusen)	17
Giovane Elber (Bayern München)	14
Ebbe Sand (FC Schalke 04)	14

noch einer. Hoeneß über die Idee, bei einem Abendessen mit Daum mögliche Missverständnisse auszuräumen: »Dazu hätte ich nicht unbedingt Lust. Ich glaube nicht, dass mir das viel bringen würde. Das wäre ein sehr anstrengender Abend. Ich kann mir nicht vorstellen, dass man mit Daum Spaß haben könnte.«

Als Bayer nach dem 25. Spieltag und dem 9:1 beim SSV Ulm 1846 auf dem zweiten Tabellenplatz steht, sagt Reiner Calmund: »Ich unterschreibe sofort einen Vertrag, der uns garantiert, dass wir in den nächsten fünf Jahren immer Zweiter werden.« Ein Vorschlag, den er am 34. Spieltag möglicherweise noch einmal überdacht hat. An diesem Tag spielt Bayer bei der **Spielvereinigung Unterhaching**, nur wenige Kilometer von den Bayern entfernt, die zu Hause gegen Werder Bremen antreten. Den Leverkusenern reicht ein Punkt bei dem Verein, über den vor der Saison der eigene Präsident Engelbert Kupka noch so weitsichtig gesagt hat: »Natürlich sind wir in der kommenden Saison die Underdogs. Aber die können auch beißen – und zwar in die Wadln, weil wir höher nicht kommen.« Nun können sie an diesem letzten Spieltag der Runde Geschichte schreiben. Und die Profis der Spielvereinigung Unterhaching merken schnell, dass die Bayer-Akteure irgendwie nicht richtig auf dem Platz sind. André Breitenreiter: »Die hatten voll den Zitteraal!« Sichtlich nervös schleppen sich die Leverkusener übers Feld – und dann passiert es: In der 20. Minute fliegt die Flanke des Hachingers Schwarz in den Strafraum, Michael Ballack versucht zu klären, schießt den Ball jedoch mit dem linken Fuß ins eigene Tor. Am Ende siegt Unterhaching 2:0, Bayern gewinnt locker-leicht mit 3:0 und ist Deutscher Meister. Nach drei zweiten Plätzen in den letzten vier Jahren wird der Titel »Vizekusen« geboren und zum neuen Stigma des ehemaligen »Pillenklubs«.

Der Leverkusener, der schon mal Meister war
Ballack
„Bayer wird Meister – ich weiß das genau"
„Ein irres Gefühl": Ballack 1998 mit Kaiserslautern Deutscher Meister

Doch so traurig die Situation für Bayer auch ist, so dramatisch entwickelt sich die Saison für Borussia Dortmund. 19-mal hintereinander schafft es der Klub nicht zu gewinnen. Der BVB spielt **eine ganz miese Saison.** Mit einem Banner im Westfalenstadion zeigen die Zuschauer auf amüsante Art und Weise ihren Unmut: »SV Rödinghausen. Kreisliga C. Sollen wir uns warmlaufen?«

Als letzte Lösung verpflichtet die Borussia den alten Startrainer Udo Lattek. Noch eine Woche vor seiner Einstellung als BVB-Coach hatte Lattek in einer Kolumne geschrieben: »Ob jetzt ein neuer Trainerwechsel etwas hilft? Eigentlich bin ich dagegen. Und es ist auch eine Frage der Alternativen. Wer ist auf dem Markt?«

Udo Lattek wird Trainer in Dortmund. Zusammen mit Matthias Sammer soll er in den letzten fünf Spielen helfen, die Borussia vor dem Abstieg zu bewahren. Es ist genau der Lattek, der im September 1991 auf die Frage, wer der beste Trainer sei, bescheiden antwortete: »Der Lattek, als er noch Trainer war.« Nun kehrt er im Jahr 2000 zu einer seiner früheren Stationen im Revier zurück. Borussia Dortmund steht kurz vor dem Ende der Saison direkt am Abgrund, als Präsident Gerd Niebaum die irre Idee hat, Udo Lattek noch einmal auf den Posten des Cheftrainers zu befördern. Doch bevor er Dortmund retten kann, muss man sich erst einmal in Geldsachen einig werden. Stolz erzählt Lattek später, es wäre schlussendlich nicht die kolportierte eine Million gewesen, die Dortmund für diese fünf Spiele zahlte, sondern deren zwei. Und zusätzlich soll es einen neuen Mercedes 500 gegeben haben, da Lattek gesehen hatte, dass Gerd Niebaum solch ein ebenso schönes wie seltenes Auto bereits fuhr. »Du Hund«, habe der Präsident bei dieser Forderung gerufen, aber schließlich doch eingeschlagen. Lattek hat mal wieder das Optimale herausgeholt. Frei nach seiner Maxime: »Ich habe das Geld immer genommen. Ich wollte schließlich niemandem wehtun.«

★ ★ ★

Reiner Calmund und Rudi Assauer singen gemeinsam das alte Lied: »Früher war zwar nicht alles besser, aber schöner.« Der Bayer-Manager: »Die Spieler sind heute zum Teil kleine Bratwürste. Schlafmützen, die pennen, und kommen nicht aus den Füßen. Heute schleicht sich keiner aus dem Trainingslager, früher mussten wir die Jungs mit dem Lasso einfangen. Heute holen sich die Spieler brav den Schlüssel an der Rezeption, nehmen ihr Handy, ihren Kopfhörer – dann geht es ding, ding, dumm. Den ganzen Tag: Essen, Massage, ding, ding, dumm. Früher haben die Frauen angerufen, dass die Männer nicht ausbüxen. Heute rufen die Jungs an, ob ihre Frauen noch zu Hause sind.« Assauer stimmt ins Klagelied mit ein: »Beim Mannschaftsabend darf Bier getrunken werden, aber 80 Prozent bestellen Wasser. Was hätten wir uns früher einen gezogen.«

★ ★ ★

2. Liga

Unterhaching und seine Fans:

„Wir würden so gern mal die Welle machen"

...swärts lassen sich die Fans des (Fast-)Aufsteigers beinahe an einer Hand abzählen. Aber dafür sind sie um so stimmgewaltiger

★ ★ ★

HSV-Torwart **Jörg Butt** auf dem Weg zum Torschützenkönig der Saison 1999/2000? Manch einer sieht das so. Denn Butt ist Hamburgs Elfmeterschütze Nummer eins. Da der HSV in der letzten Spielzeit 14 Strafstöße zuerkannt bekam, ist es tatsächlich nicht unwahrscheinlich, dass der Keeper in den vorderen Rängen der Torjägerliste landet. Vor allem seine Treffsicherheit ist beeindruckend. In dieser Spielzeit hat Butt neun von zehn Elfmetern verwandelt. Schiedsrichter-Sprecher Manfred Amerell weiß einen möglichen Grund für diese tolle Quote: »Wenn es Elfer gibt, ist oft Theater. Da wird reklamiert, man gibt den Ball nicht raus. Und, und, und. Bis der Butt vorn ist, hat der Schiedsrichter die ganze Sache unter Kontrolle. Er ist der einzige Elfmeterschütze, der kommt, und der Ball liegt schon auf dem Punkt.« Am Ende der Saison sagt er: »Elfmeterschießen ist wie Zähneputzen, da denkt man nicht nach.«

Trends

Liebestöter
Uli Borowka: »Ich würde diese Hosen sogar im Bett anziehen, wenn ich friere.«

Nasenpflaster
Eine Zeitlang der letzte Schrei bei den Profis! Olaf Marschall im »spox«-Interview: »Der Hersteller kam auf die Idee, mich zu sponsern – und es lief optimal für uns beide. Keine Ahnung, ob mir das Nasenpflaster tatsächlich geholfen hat, das löste damals ja eine wissenschaftliche Diskussion aus. Aber zumindest brachte es mir Glück. Ich wurde mit Kaiserslautern Meister und während der Saison so oft fotografiert, dass keine bessere Werbung für die Nasenpflaster denkbar gewesen wäre.«

Bixente Lizarazu ohrfeigt Lothar Matthäus beim Training – und ganz Deutschland guckt zu. Trainer Ottmar Hitzfeld bleibt nichts anderes übrig, als das Vergehen mit einer Geldstrafe zu ahnden. Er fragt seinen Kapitän Stefan Effenberg um Rat, und der hat so seine eigene Meinung: »Wieso Geldstrafe? Er müsste eigentlich Geld bekommen für das, was er gemacht hat. Dafür, dass einer dem Lothar mal was vor den Koffer gegeben hat.«

★ ★ ★

Oliver Kahn ist der erste Bundesligaprofi, der **eine eigene Webseite** hat. Aktuell ist eine neue, überarbeitete Version im Netz, die pro Tag zwischen 2.000 bis 4.000 User anlockt. Kahn ist ganz begeistert von seiner Seite, die ihm im Monat »nur ein paar Tausend Mark« einbringt, wie der »kicker« auf seinen neuen Seiten »www.bundesliga.de im Netz« berichtet: »Man ist präsent und besitzt ein eigenes Medium, um mit den Leuten zu korrespondieren.«

★ ★ ★

HSV-Trainer **Frank Pagelsdorf** ist ein Schelm – und immer noch sauer auf seinen früheren Übungsleiter bei Borussia Dortmund, Timo Konietzka. Als er damals Spieler bei den Schwarz-Gelben war, habe ihn Konietzka nicht mehr aufgestellt, nachdem er ihn kurz nach Anbruch der Bettruhe erwischt hatte, wie er sich vom Kiosk einen »kicker« holen wollte. Das erzählt er knapp zwanzig Jahre später eben diesem Sportmagazin. Eine Version, die Timo Konietzka zum Schmunzeln bringt: »Wenn es nur der ›kicker‹ gewesen wäre, den er sich damals geholt hat. Dagegen hätte ich ja überhaupt nichts einzuwenden gehabt. Was er wirklich in den Händen hatte, war aber ein Kasten Bier. Und das bei seinen Fitness-Werten. Die waren damals schon schlimm. Im Vergleich dazu macht er ja heute fast einen schlanken Eindruck.«

In der Endphase der Meisterschaft greift Christoph Daum zur Verwunderung aller noch einmal ganz tief in die **Trickkiste der Psychologie** und verteilt Suppenlöffel an seine Spieler. Die sinnige Begründung Daums: »Es soll bewusst machen, dass alle von einem Teller essen. Die Mitarbeiter haben zwar aufgrund der unterschiedlichen Qualifikation verschieden große Löffel, aber wenn einer in die Suppe spuckt, schmeckt es keinem mehr.«

★ ★ ★

Beim 1:0-Sieg in Freiburg bekommt Oliver Kahn kurz vor Ende der Partie einen **Golfball an die Stirn**. Der Täter: ein 16-Jähriger. Nach Spielschluss rennt der geschockte Kahn mit Platzwunde und Golfball in der Hand über den Freiburger Rasen. Er wird schließlich von Bayern-Manager Uli Hoeneß beruhigt und vom Platz geführt.

★ ★ ★

Manager Rudi Assauer mit Zigarre und Zeitung in der Sauna.

★ ★ ★

Ebbe Sand ist gerade angekommen auf Schalke. Der Däne freut sich auf seinen neuen Verein, ohne genau zu wissen, dass dies ein ganz spezieller ist. Und das gilt nicht nur für die fanatischen Fans, sondern auch für die Mitarbeiter auf der Geschäftsstelle. Assauers Sekretärin Sabine Söldner, eine Enkelin des königsblauen Unikats Charly Neumann, ist immer gerade heraus und eine Frau der Tat. Und: Sie hat eine »Top 10 der strammen Waden« eingeführt auf Schalke. Neuzugänge haben sich sofort in ihrem Büro einzufinden. So auch Ebbe Sand, wie sich Sabine Söldner in der Fan-Zeitung »Schalke Unser« erinnert: »Und dann kam Ebbe in mein Büro, stand da, und ich sagte zu ihm: ›Okay, gehst du bitte mal drei Schritte zurück, kannst du dich bitte mal umdrehen, kann ich auch mal deine Waden anfassen?‹ Der wusste nicht, wie ihm geschah. Und dann habe ich den Waden- und Oberschenkeltest gemacht. Ich glaube, so schnell ist nie wieder einer aus meinem Büro gelaufen. Und alle standen vor meiner Tür und haben sich kaputtgelacht. Abgerollt und Pipi in den Augen.« Trainer Huub Stevens ist übrigens sauer, dass er nur auf Platz sechs gelandet ist.

★ ★ ★

Jörg Berger wird in Frankfurt entlassen. Nach Dragoslav Stepanovic, Horst Ehrmanntraut und Gernot Rohr ist das der vierte Trainerrauswurf des Präsidenten Rolf Heller, der seit 1996 im Amt ist. Ein hoher Verschleiß an Übungsleitern in so kurzer Zeit. Das sieht Heller nicht anders und sagt: »Ich würde gern mal länger mit einem Trainer arbeiten. Aber man kommt ja nicht dazu!«

Auf Schalke wird ein Film gedreht: **»Fußball ist unser Leben«** heißt der Streifen, in dem Schalke-Spieler Yves Eigenrauch, Mannschaftsbetreuer Charly Neumann, Manager Rudi Assauer und Trainer Huub Stevens mitwirken. Auch Olaf Thon und Mike Büskens haben Mini-Rollen im Film, der die Geschichte eines entführten Profis erzählt und mitten auf Schalke spielt. WDR-Kommentator Manni Breuckmann, Ulli Potofski und Helmut Schulte glänzen ebenfalls in kurzen Auftritten neben den Hauptdarstellern Uwe Ochsenknecht, Tana Schanzara und Ralf Richter. Die Stadion-Szenen wurden in der letzten Saison vor den Heimspielen gegen den 1. FC Kaiserslautern und Eintracht Frankfurt gedreht.

Udo Lattek

Am 2. Januar 1975 wird Udo Lattek bei den Bayern entlassen. Franz Beckenbauer beschreibt in seinem Buch »Ich – wie es wirklich war« die Umstände, die irgendwann zwangsläufig zu Latteks Rausschmiss führen mussten: »Er neigte dazu, beim Trinken das Maß zu verlieren, was seine Privatsache war, solange er nicht bei Reisen mit der Mannschaft für **peinliche Zwischenfälle** sorgte. Aber vor einem Freundschaftsspiel in Liechtenstein warf er die Hotelbesitzerin in den Swimmingpool, im Hotel Krummweg bei Düsseldorf, wo wir immer während Reisen in den Westen wohnten, diente ihm ein Relief in der Halle als Zielscheibe. Er bewarf es mit Äpfeln, Birnen, Orangen, Bananen. Es sah am nächsten Morgen aus wie ein an die Wand geklebter Obstsalat. Dies und mehr warf ihm Neudecker vor. Das Gespräch endete mit der Entlassung Latteks, der bei Bayern München so erfolgreich war und das so schlecht verkraftet hatte.«

»Ich bin zu gut, um keinen Erfolg zu haben auf Dauer.«

»Wenn ich verliere, fühle ich mich, als wenn ich ein bisschen sterbe.«

»Norbert, was passiert denn, wenn sich einer erlaubt, in dein Haus zu kommen, eine Flasche Bier aus deinem Kühlschrank holt und danach deine Frau küsst? Haust du dem etwa nicht gehörig auf die Schnauze?« Als Bayern-Trainer zum Spieler **Norbert Eder**.

Max Merkel: »Lattek oder Pattek, egal. Diese Bayern-Mannschaft mit Franz, Sepp und dem Gerd Müller, die könnte ich auch telefonisch trainieren. Der Müller macht ihm seine Tore, und der Uli Hoeneß zupft das Laken zurecht.«

Reporter zu Lattek: »Nun sind Sie tatsächlich Deutschlands erfolgreichster Trainer aller Zeiten.« Lattek: »Ja, aber nur, weil der Hennes Weisweiler inzwischen tot ist.«

»Auslaufen. Die sollen auslaufen, wir gehen jetzt zum Aussaufen!«

2000 / 01

»Wir müssen weitermachen. Immer weitermachen. Immer weiter.«

Die Saison beginnt mit einem Paukenschlag: **Andreas Möller** wechselt von Borussia Dortmund zum Reviernachbarn FC Schalke 04. Ein Transfer, der weit über das gewöhnliche Maß hinaus für Furore sorgt. BVB-Manager Michael Meier meint mit einem verschmitzten Lächeln: »Möller hat mit seinem Berater bei uns um mehr Geld gepokert, gleichzeitig gesagt, er stünde bei einem anderen Klub im Wort. Dann hat er offenbart, dass er nach Schalke gehen will. Wir haben ihm nicht gesagt, dass er bekloppt ist. Aber gedacht haben wir es schon.« Meiers Worte sind der allgemeine Bundesliga-Tenor. Natürlich ist sich auch S04-Manager Rudi Assauer sehr genau bewusst, was er da tut: »Ich gehe keinen einfach Weg, ich weiß, dass viele Fans sagen: ›Nun holt der diese Heulsuse.‹ Aber ich mache keine Fanbefragung, bevor ich jemanden verpflichte. Sonst könnte ich den Laden schließen.« Der ehemalige Nationalspieler Möller nimmt die Sache selbst erstaunlich gelassen. Er versucht sich bei seiner Vorstellung sogar an einem Scherz: »Mein Lieblingswort heißt ab sofort Attacke.« Beim ersten Auftritt von Möller im Parkstadion hängen die beiden Plakate »Zecke Möller – willkommen in der blau-weißen Hölle« und »Kampfschwein Möller« im weiten Rund. Für viele überraschend erkämpft sich der Ex-Dortmunder jedoch recht schnell den Respekt der Schalker. Seine guten bis überragenden Leistungen und der hervorragende Start der gesamten Mannschaft helfen hierbei natürlich sehr. Schalke spielt groß auf und gewinnt bereits bis zur Winterpause dreimal auswärts mit 4:0 (Berlin, Rostock, Dortmund). Während Assauer dies alles als »Momentaufnahme« gewertet wissen will, schreiben die Zeitungen die kommende Meisterschaft bereits herbei. Für den »kicker« haben am königsblauen Aufschwung vor allem »Schalkes ruhende Pole(n)« **Tomasz Waldoch und Tomasz Hajto** einen großen Anteil. Das Team versteht sich auch abseits des Platzes und trifft sich einmal die Woche im »Kronski« oder »Zutz« zum Stammtisch. Fast die Hälfte der Mannschaft erscheint an diesen Abenden. Das spricht für den Zusammenhalt beim Herbstmeister.

Doch nach der Winterpause schwächelt Schalke plötzlich. Über 400 Minuten bleibt das Team ohne Treffer. Die Konkurrenz aus Dortmund, München und Leverkusen schöpft wieder Hoffnung. Bei Bayer meint Manager Reiner Calmund gar: »Für den Titel würde ich mir 29 Kilo absaugen lassen.«

Anfang März liegen die Münchner in Rostock 2:3 hinten, als in der Nachspielzeit Bayern-Keeper **Oliver Kahn** beim Eckball nach vorne rennt und die Kugel im Strafraum mit beiden Fäusten ins Hansa-Tor boxt. Eine seltsam irritierende Situation für alle. Am schnellsten schaltet schließlich Schiedsrichter Dr. Markus Merk und zeigt dem Torhüter die Gelb-Rote Karte.

Nach und nach fängt sich Schalke wieder. Und als am 28. Spieltag **»Dumm gegen Doof«** (O-Ton: BVB-Keeper Jens Lehmann), Dortmund gegen Bayern, nur 1:1 spielt, während Schalke 5:1 gegen Kaiserslautern triumphiert, ist man erneut ganz oben mit dabei. Bereits eine Woche später, nach dem 3:1-Auswärtssieg im Olympiastadion gegen den FC Bayern München, übernimmt Schalke die Tabellenführung. In diesen Tagen sagt Manager Rudi Assauer einen denkwürdigen Satz: »Wir reden erst vom Titel, wenn wir als Meister feststehen.«

Saisonverlauf 2000/01

Platz	Tore	Punkte
1.	62:37	63
2.	65:35	62
3.	62:42	58
4.	54:40	57
5.	58:52	56
6.	54:37	55
7.	53:48	53
8.	49:54	50
9.	60:45	47
10.	59:52	46
11.	43:55	44
12.	34:47	43
13.	58:58	41
14.	38:52	39
15.	42:49	38
16.	35:59	35
17.	41:68	35
18.	30:67	27

Und sein Understatement scheint berechtigt: Am 31. Spieltag spielt Schalke nur 1:1 in Bochum. An Stürmer **Ebbe Sand** nagt das enttäuschende Unentschieden hörbar: »Ich weiß nicht, woran das liegt. Wir gewinnen locker gegen die starken Mannschaften, und dann verlieren wir beim Tabellenletzten.« Nach dem 33. Spieltag – Bayern gewinnt 2:1 gegen Lautern, Schalke verliert 0:1 in Stuttgart – sind die Münchner den Königsblauen drei Punkte voraus, haben aber ein um drei Treffer schlechteres Torverhältnis. So kommt es zum legendären Finale am letzten Spieltag. Schalke trifft zu Hause auf die um den Klassenerhalt kämpfende Spielvereinigung Unterhaching, und Bayern muss in Hamburg antreten.

Erst in der Schlussviertelstunde können die Königsblauen den 5:3-Sieg über Unterhaching klarmachen. Doch ohne einen Sieg des HSV wird es nichts mit der Meisterschaft. Umso grenzenloser ist der **Jubel im Parkstadion**, als Sergej Barbarez in der Schlussminute das 1:0 für die Hamburger erzielt. Als schließlich »Premiere«-Reporter Rollo Fuhrmann auch noch das Signal gibt, dass die Partie in Hamburg beendet sei, gibt es kein Halten mehr. Nur Sekunden später erscheint jedoch das Fernsehbild aus der Hansestadt auf der Leinwand in Gelsenkirchen. Im TV wird – entgegen der Ansage von Fuhrmann – noch gespielt. Und in diesem Moment erhält Bayern einen Freistoß. Sekunden später ist der Ball drin. In der Nachspielzeit. Schiri Merk pfeift gar nicht erst wieder an. Bayern-Torwart Oli Kahn wird später sagen, dass er in den Augenblicken nach dem Führungstor des HSV nur gedacht habe: »Wir müssen weitermachen. Immer weitermachen. Immer weiter.«

Die besten Torjäger der Saison

Sergej Barbarez (Hamburger SV)	22
Ebbe Sand (FC Schalke 04)	22
Claudio Pizarro (SV Werder Bremen)	19

Es wird immer von dem **»Meister der Herzen«** und dem »Vier-Minuten-Meister« gesprochen. In Wahrheit haben die königsblauen Anhänger an diesem Nachmittag im Mai nur 120 Sekunden Zeit zum echten Jubel. Genau zwischen 17:18 Uhr und 56 Sekunden, als die Falschmeldung kommt, und 17:20 Uhr und 56 Sekunden, als in Hamburg das Bayern-Tor fällt, sind sie gefühlte Meister. Der schwer angeschlagene Rudi Assauer sagt an diesem Tag mit tränenerstickter Stimme einen legendären Satz: »Wenn es einen Fußballgott gibt, ist er ungerecht. Der ist für mich gestorben.« Und wenige Zeit später schiebt er etwas gefasster hinterher: »Immer wieder läuft das 1:1 der Münchner im Fernsehen. Ich hätte die Kiste kaputt treten können. Stattdessen heule ich wie ein Schlosshund.«

★ ★ ★

Am 12. August hat Daum – Jahre nach der Präsentation seiner eigenen Christoph-Daum-Hemden-Kollektion – einen modisch extravaganten Auftritt. Beim Spiel gegen den VfL Wolfsburg erscheint er ganz in Blau. Reiner Calmund ist begeistert: »Ich fand den Anzug sehr gut. In einer Diskothek hätte **Christoph Daum als Popstar** sicher einen noch besseren Eindruck gemacht. Ich war überrascht, dass er wie ein moderner Elvis Presley aussah. Es hat nur ein bisschen Glitzer gefehlt.«

Der schwergewichtige Bayer-Manager ist auf den Bundesligatrendsetter Daum fast ein wenig neidisch. Energisch fordert Calmund: »Ich hoffe, dass ich jetzt auch einen blauen Anzug kriege. Bei mir würde das mehr wirken. Ich biete mehr Fläche.« Doch dazu kommt es nicht mehr. Kurz nach dem Auftritt als »blauer Daum« ist die Karriere des Leverkusener Trainers in Deutschland vorerst beendet.

★ ★ ★

Die Geschichte des Christoph Daum im Herbst 2000 ist **die Geschichte vom tiefen Fall eines großen Hoffnungsträgers** der Republik zum geächteten Kokain-Schnupfer, der das Land schließlich in einer Nacht-und-Nebel-Aktion verlässt. Als Erich Ribbeck nach der katastrophalen EM in Belgien und den Niederlanden seinen Posten räumen muss, bildet man beim DFB eine Task-Force, deren Chef Karl-Heinz Rummenigge ist. Diese schafft es, Christoph Daum davon zu überzeugen, nach dieser Spielzeit Bayer Leverkusen zu verlassen, um die Nationalelf zu übernehmen. Teil des Deals: Übergangsweise wird Rudi Völler zum Bundestrainer ernannt. Doch dann wird die Sache kompliziert. Da Völler schnell erste Erfolge feiert, während es in Leverkusen für Daum nicht mehr richtig rund läuft, entbrennt Ende September eine Diskussion über die Frage, ob Daum tatsächlich noch der geeignete Bundestrainer sei. Da Bayer so schwächelt, reagiert Calmund zunehmend empfindlich und deutet an, den Schwarzen Peter nach München zu schieben: »Wenn es Christoph nicht machen sollte, wenn er bei uns bleiben will oder ins Ausland geht, dann ist Ottmar Hitzfeld aufgerufen, Bundestrainer zu werden.« Und Daum selbst sagt: »Nichts ist klar. Die Verträge sind noch nicht unterschrieben.«

Das Chaos ist perfekt, als die DFB-Elf in Wembley England mit 1:0 schlägt und parallel Uli Hoeneß in München zur »Abendzeitung« sagt: »Der DFB kann doch keine Aktion ›Keine Macht den Drogen‹ starten, und Herr Daum hat damit vielleicht etwas zu tun.« Der Bayern-Manager spricht auch von den Gerüchten über »Prostitution« und »Erpressungsversuchen«, die über Daum im Umlauf seien, und gelangt zu dem Fazit: »Wenn alles Fakt ist, worüber geschrieben wurde, auch unwidersprochen, über den verschnupften Daum, dann kann er nicht Bundestrainer werden. Ich habe noch keinen Beweis. Aber wenn ihn einer erbringt, dann mache ich das nicht mit.«

Eine Lawine ist ins Rollen geraten. Daum kontert gereizt, dass er sich am 9. Oktober in einer Pressekonferenz zu den Vorwürfen äußern werde. Absurde Gerüchte machen die Runde. In Medienkreisen spekuliert man gar darüber, dass möglicherweise Ergebnisse einer Nasenscheidewand-Operation aus dem Jahr 1996 veröffentlicht werden sollen. Doch dann tut Daum selbst etwas vollkommen Überraschendes. Er geht als Beschuldigter tatsächlich in die Offensive, gibt eine Haarprobe ab und erklärt: »Diese Haarprobe wurde unter notarieller Aufsicht entnommen, versiegelt und wird heute dem Institut für Gerichtsmedizin in Köln übergeben. **Ich tue das, weil ich ein absolutes reines Gewissen habe.**« Sein Anwalt Matthias Prinz stellt nach diesem mutigen Schritt fest, dass Daum »lückenlos nachweisen kann, nie Drogen konsumiert« zu haben.

Fußball-Deutschland ist mittlerweile in zwei Lager gespalten: Die Daum-Anhänger und die Hoeneß-Befürworter. DFB-Präsident Mayer-Vorfelder will klare Verhältnisse schaffen: »Die Sache kann nicht beerdigt werden. Sie muss ausgetragen werden. Es muss auf den Tisch, wer Recht hat. Und dann müssen gegebenenfalls Konsequenzen gezogen werden.«

Nach einem DFB-Friedensgipfel mit Mayer-Vorfelder, Calmund und Hoeneß verkündet Daum, der selbst nicht teilgenommen hatte, vollmundig: »Die Voraussetzung für ein Gespräch zwischen Gerhard Mayer-Vorfelder, Uli Hoeneß und mir ist, dass sich Uli Hoeneß bei meinen Kindern und mir in aller Form persönlich entschuldigt.«

DER SCHOCK!
DIE FOLGEN
Die Nachricht schlug ein wie eine Bombe: Christoph Daum (46) hat Drogen konsumiert! Dies ergab die Haarproben-Analyse, die der Trainer selbst hatte vornehmen lassen. Der Fall Daum, offenbar eine menschliche Tragödie – mit vielen offenen Fragen.

Unterdessen geht der Ligaalltag weiter. Bayern-Manager Hoeneß wird bei der 1:0-Niederlage der Münchner in Cottbus übel vom Publikum beschimpft (»Hoeneß, mach dich ins Sanatorium«). Doch dann kommt endlich Klarheit in die Geschichte: Das Ergebnis der Haarprobe ist da. Nicht wie vorgesehen am 13. Oktober, sondern erst eine Woche später, weil die Mediziner die Probe insgesamt dreimal untersuchen. Sie sind von den »extrem hohen Werten« so überrascht, dass sie lieber auf Nummer sicher gehen wollen. Uli Hoeneß anschließend: »Dass die Haarprobe positiv war, hätte ich nie für möglich gehalten. An dem Freitagabend, als das Ergebnis intern in Leverkusen auf dem Tisch lag, gab mir Reiner Calmund einen Tipp. Am folgenden Sonntag wollte Daum mit mir in Frankfurt eigentlich über seine Schadenersatzforderung verhandeln.« Die Bundesliga wundert sich, wie der Bayer-Trainer, der noch in der Nacht, nachdem das Ergebnis feststeht, in die USA fliegt, die Haarprobe in Auftrag geben konnte. Bayer-Geschäftsführer Wolfgang Holzhäuser hat eine mögliche Erklärung: »Ich glaube, dass Christoph Daum **nicht mehr rational gehandelt** hat.« Rudi Völler sagt noch unter Schock: »Matthias Sammer, Reiner Calmund und ich werden versuchen, ihm zu helfen.« Und der ebenfalls völlig überraschte Calmund: »Ich habe dem Christoph gesagt: Wenn die Probe stimmt, dann bist du krank, Junge, dann helfe ich dir.«

Noch am Tage der Verkündung der Ergebnisse resümiert Franz Beckenbauer äußerst weitsichtig: »Er ist möglicherweise krank. Jeder kann von einer Krankheit geheilt werden. Wenn Christoph Daum gesund ist, warum soll er dann nicht auf die Trainerbank zurückkehren?« Bereits wenige Tage später steht fest: Rudi Völler übernimmt den Posten als Bundestrainer endgültig von Christoph Daum.

Nur knapp drei Monate danach, am 12. Januar 2001, gibt Daum bereits wieder eine **Pressekonferenz** auf deutschem Boden. In Köln, moderiert von Werner Hansch, hören 30 Kamerateams, 50 Fotografen, über 200 Journalisten, wie der ehemalige Startrainer der Bundesliga sagt: »Die Haaranalyse, die ich habe machen lassen, muss man im Nachhinein sagen, war ein Fehler *(Gelächter unter den Zuhörern)*. Ich habe es mir auch anders vorgestellt.« Unter den Medienvertretern ist auch ein Team der ProSieben-Show »tv-total«. Nachdem der Musiker Helmut Zerlett die etwas irritierende Frage: »Haben Sie sich mit Barbara Becker getroffen«, gestellt hat, meldet sich Moderator Stefan Raab zu Wort und verwandelt die Pressekonferenz im Handumdrehen zu einer Comedy-Veranstaltung mit Slapstick-Einlagen: »Ich möchte mich erst einmal vorstellen: Stefan Raab von den ProSieben-Nachrichten. Ich möchte mich auch für die beschissene Frage des Kollegen Zerlett entschuldigen. Die Dinge, wie sie sich entwickelt haben, gefallen mir besonders gut, da ich es als FC-Fan immer schon scheiße fand, dass Sie Leverkusen trainiert haben. Die zweite Sache, die ich sehr zutreffend finde, ist die, dass Sie sich als mitmoderierenden Kollegen den Kollegen Werner Hanf ausgesucht haben …«

★ ★ ★

In Unterhaching spielt bei jedem Heimspiel die Band **»Blechschaden«** auf. Unter der Leitung des Schotten Bob Ross ertönt bei den Angriffen der Hachinger der »Radetzky-Marsch«. Erhält ein Spieler des Gästeteams die Gelbe Karte, erklingt der schöne Klassiker »Hoch auf dem gelben Wagen«.

★ ★ ★

Jürgen Friedrich, Kaiserslauterns Vorstandsvorsitzender, hat eine klare Meinung zu **Schalkes Aufsichtsratschef Jürgen Möllemann**: »Der ist ein Politiker, der wie ein Erdhörnchen alle fünf Jahre auftaucht. Der ist ein Außerirdischer, der in das Geschäft drängt, populistisch redet, aber keine Ahnung hat.« Interessanterweise ist auch Schalke-Manager Rudi Assauer ein wenig genervt von seinem Aufsichtsratsboss. Über die Fallschirmlandungen von Jürgen Möllemann sagt er: »Wir haben das Dach der Arena jetzt extra so eng gebaut, dass er nicht mehr durchkommt.« Was allerdings schade wäre, denn der Mann, der gerne 18 Prozent mit seiner FDP holen will, hat einen Traum: »Ich komme 2002 als Bundeskanzler einer Minderheitenregierung zur Meisterfeier nach Schalke.«

★ ★ ★

Bochums **Peter Peschel** geht auf Nummer sicher. Er hat sich nicht ohne Grund seinen Mannschaftskollegen Martin Meichelbeck als Zimmergenossen gewählt: »Martin hat seinen Zivildienst im Krankenhaus absolviert. Neulich hatte ich mal heftiges Herzrasen, da hat er mich gleich durchgecheckt.«

Ede Geyer vom Aufsteiger Energie Cottbus: »Mich kotzen Spieler an, wenn sie drei Ohrringe tragen. Oder wenn der Spieler mit einem Pferdeschwanz ankommt und aussieht wie ein Mädchen, aber dann keinen Ball trifft.« Geyer gibt also den harten Hund. Nicht umsonst sind die Profis von Energie Cottbus deshalb sehr trickreich in ihrem täglichen Tun. Selten auf dem Platz, aber dafür abseits des grünen Rasens umso mehr. Weil Coach Ede Geyer jeden Morgen noch vor dem Training das Gewicht der Spieler aufs Gramm genau auswiegt, gehen die Profis hungrig aus dem Haus und auf Geyers Waage. Sobald sie das Zimmer des Übungsleiters aber verlassen haben, hasten sie eilig zu ihren Trainingsbeuteln und packen die bereits fertig geschmierten Stullen aus. Dann wird schnell der Magen aufgefüllt, bevor es mit dicken Bäuchen raus auf den Platz geht. Das erklärt dann vielleicht auch, warum das Spiel der Cottbusser des Häufigeren eher etwas behäbig wirkt.

★ ★ ★

Ein Mario Basler sagt immer, was er denkt. So ist wenigstens sein Selbstbildnis. Und die Journalisten wissen es sehr zu schätzen, dass der Lauterer zu allem und jedem eine Meinung hat. Weil Boris Becker gerade wegen seiner »Wäschekammer-Affäre« in den Schlagzeilen ist, fragen sie Basler eben auch etwas über das ehemalige Tennisidol. Und der Lauterer Profi antwortet gewohnt pointiert: »Mal ehrlich – wenn diese Russin damals genauso hässlich war wie heute auf den Fotos, dann hat es Boris nicht besser verdient. Ich weiß zwar nicht, was er alles getrunken hat – vielleicht hat er sie mit Babs verwechselt.« Die neue Affäre von Becker, die Sängerin **Sabrina Setlur**, hat aber Baslers Segen: »Tolle, attraktive Frau. Boris Becker macht keinen Fehler, falls er mit ihr zusammen ist.«

Zitate der Saison

Oliver Kahn ist nach der 1:0-Niederlage der Bayern in Cottbus genervt: »Für die Cottbusser war es das Spiel ihres Lebens. Wahrscheinlich kriegen sie in den kommenden vier Spielen wieder was auf den Sack!«

»Inzwischen ist er 30 Jahre alt und immer noch auf der Titelseite der ›Bravo Sport‹. Er hat es wirklich weit gebracht.« **Oliver Kahn** über seinen Mannschaftskameraden Mehmet Scholl.

In Frankfurt herrscht lange Zeit trotz eines Trainers namens **Felix Magath** gute Laune. Dafür sorgt schon der lustige Norweger Jan Åge Fjørtoft mit seinen Sprüchen:

»**Horst Heldt** hat anscheinend während der Sommerpause in der Sonne gewohnt. Den könnt ihr jetzt von der Gesichtsfarbe her auf eine Stufe mit Salou und Guié-Mien stellen.«

Felix Magath antwortete auf die Frage Horst Heldts, wann es denn im Januar wieder mit dem **Training** losgehe mit einer Gegenfrage: »Horstl, wer sagt denn, dass wir erst wieder im Januar trainieren?« Das wurde von Fjørtoft folgendermaßen kommentiert: »Trainer, ich freue mich schon sehr auf den Waldlauf an Silvester, bei dem wir alle ein Champagnerglas in der Hand haben.«

Lach- und Sachgeschichten von und mit Thorsten Legat

Weil Thorsten Legat im Fitnessraum seines früheren Vereins **VfB Stuttgart** auf ein Poster, das seinen dunkelhäutigen Mannschaftskollegen Pablo Thiam mit einer Trinkflasche in der Hand zeigt, das Wort »Negersaft« geschrieben hat, muss er die Schwaben verlassen. Nun spielt er beim FC Schalke 04 und hat wieder nur Unsinn im Kopf. Als das offizielle Mannschaftsfoto der Schalker geknipst werden soll, raunt ihm von der Seite sein Mitspieler Olaf Thon zu: »Legat, wenn du deine Hose bis zum Anschlag hochziehst, bekommst du von mir 500 Mark.« Aus dem Hintergrund schaltet sich Andreas Möller ein: »Ich erhöhe auf 1.000, Thorsten!« Da lässt sich Legat nicht lange bitten, schiebt das Hemd in die Hose und zieht diese bis unter die Achseln hoch. Und tatsächlich schafft es Legat mit dieser Aktion unbemerkt in das »kicker«-Sonderheft. Dumm nur, dass Manager Assauer, als er das Magazin in den Händen hält, nicht viel Sinn für Humor zeigt: »Mensch, Thorsten, was haste jetzt wieder angestellt? **20.000 Mark Geldstrafe, 5.000 Mark in die Mannschaftskasse und noch ein Essen für alle obendrauf.**« Als Legat noch kurz einwendet, dass sich das für ihn aber nicht rentieren würde, da er doch nur 1.000 Mark bekommen hätte für die Wette, schmeißt ihn Assauer hochkant aus seinem Büro.

Dass es immer gut ist, wenn man auf alle Eventualitäten vorbereitet ist, erfährt Legat eines Abends auf einem Remscheider Rastplatz. Sechs spätpubertäre **Raufbolde** malträtieren Legat und seinen Audi bei einer McDonald's-Filiale an der Autobahnraststätte Jägerwald so lange, bis dieser in Panik aufs Gaspedal drückt und auf einer Straßenschwelle laut scheppernd aufschlägt. Die Jungs jubeln, johlen und lachen herzhaft. Das allerdings ist endgültig zu viel für den ehrlichen Malocher aus dem Ruhrgebiet. Legat steigt aus seinem Audi A4 aus, rennt zum Kofferraum und zieht unter den entsetzten Blicken der jugendlichen Straftäter ein gefährlich funkelndes **Samurai-Schwert** hervor. Einige Male fuchtelt Legat mit dem Schwert in der Luft herum und gibt erst Ruhe, als alle Angreifer in die Flucht geschlagen sind. Anschließend verstaut er seine Waffe in aller Seelenruhe wieder im Kofferraum. Bei der Abfahrt soll Legat mit einem Blick in den Rückspiegel noch ein abschätziges »Scheißkindergarten« gemurmelt haben.

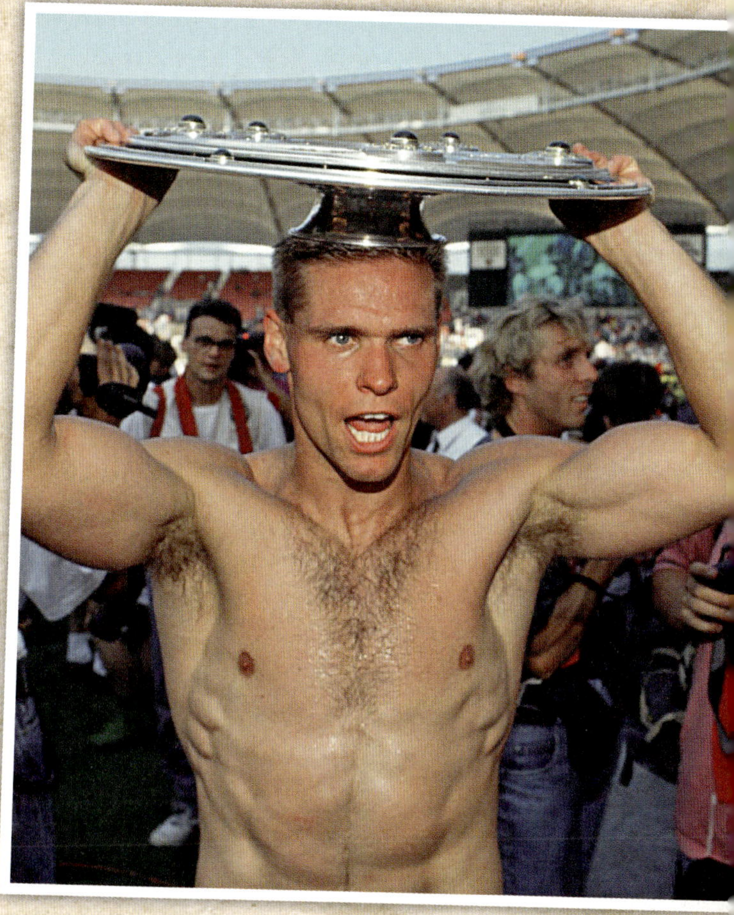

Beim **Meisterschaftsgewinn** mit Werder Bremen in der Saison 1992/93 ist Legat auch deshalb komplett aus dem Häuschen, weil Werder den Titel, wie er sagt, »mit zwei Bochumern« geholt hat. Der Haken an der Sache: Der Mitspieler, den Legat meint, ist Stefan Kohn. Und der hat für den VfL nur ganze 55 Spiele bestritten – und kommt gebürtig aus Ellwangen in Baden-Württemberg!

Da der VfL-Profi Legat schon in jungen Jahren erhebliche Probleme mit seinem Rücken hat, rät ihm ein Arzt, diesen durch **Fitnesstraining** zu stabilisieren. Das macht Legat fortan mit großer Freude und Begeisterung. Sein Körper sieht schnell sehr beeindruckend aus, doch die wenigsten wissen, warum Legat seine Muskeln stählt. Und so fragt ihn ein Journalist, wie er denn in jungen Jahren zum Bodybuilding gekommen sei. Und Legat antwortet: »Immer die Castroper Straße rauf!«

Als Thorsten Legat schließlich beim VfB Stuttgart spielt, wollen die **schwäbischen Reporter** natürlich von ihm wissen, ob er schon die regionale Spezialität Spätzle probiert habe. Und Legat, der Junge aus dem Ruhrgebiet, antwortet ehrlich: »Die hab ich noch nicht probiert, im Allgemeinen mag ich Geflügel aber sehr gerne!«

Noch eine weitere Anekdote ist von Legat und seinem ehemaligen Mannschaftskollegen Thomas Epp in Umlauf. Als die beiden für Eintracht Frankfurt spielen, müssen sie eines Tages verletzt nach München zu Doktor Müller-Wohlfahrt. Nach einer etwas längeren Wartezeit kommt der große Schauspieler **Pierre Brice**, gestützt von seiner Frau, durch die Tür herein. Er schreit vor Schmerzen. Offensichtlich plagt ihn ein Hexenschuss. Seine Frau bittet die beiden Profis inständig, ihren Mann vorzulassen. Doch Legat kennt kein Erbarmen und antwortet ohne lange zu überlegen: »Nee!« Etwas nachdenklicher schiebt er hinterher: »Außerdem dachte ich, ein Indianer kennt keinen Schmerz!«

2001 | 02

Vizekusen: »Deutscher Meister werden wir beim nächsten Mal!«

Die Bayern wedeln mit ihrem Scheckheft die Bundesliga ordentlich durcheinander. Erst zahlen sie an den Freiburger Sebastian Kehl ein »Darlehen« in Höhe von 1,5 Mio. Mark, weil er zusagt, demnächst zu den Münchnern wechseln zu wollen, und dann stellen sie dem Herthaner Sebastian Deisler einen Scheck über 20 Mio. Mark aus. Die Sache kommt heraus, weil ein Bankangestellter den Fall öffentlich macht. Deisler zahlt die volle Summe an die Bayern zurück, als das Finanzamt erste Forderungen erhebt. Bei Kehl stellt sich der Sachverhalt komplizierter da, weil er schließlich doch einen anderen Arbeitgeber wählt und zu Borussia Dortmund wechselt. Die haben durch den Börsengang offensichtlich noch mehr Geld zu verteilen als die Münchner.

Teure und erfolgreiche Neuzugänge: Koller und Rosicky.

Bereits in der Winterpause der Vorsaison hat man 29 Mio. Mark in Tomas Rosicky investiert, nun legt man weitere 21 Mio. für Jan Koller und über 50 Mio. für Marcio Amoroso auf den Tisch. Doch BVB-Manager Michael Zorc zeigt sich immer noch nicht ganz zufrieden: »Den einen oder anderen Spieler können wir noch brauchen!« Die 260 Mio. aus dem Börsengang sind anscheinend noch nicht aufgebraucht.

Gerade die Dimension des Amoroso-Transfers sorgt für Gesprächsstoff in der Liga. Nur einer zeigt sich völlig unbeeindruckt, Stefan Effenberg: »Amoroso? Wo hat der denn gespielt?« BVB-Geschäftsführer Michael Meier wurmt Effenbergs Äußerung allerdings nicht im Geringsten: »Wir haben einen weiteren Star verpflichtet und unsere Kasse nicht überstrapaziert. Die Bundesliga kann sich freuen! Und wenn uns keiner auf die Schulter klopft, machen wir es eben selbst.« Wenigstens die eigenen Anhänger wissen den Transfer zu würdigen und dichten auf die altbekannte »Mendocino«-Melodie beschwingt das Lied **»Keiner spielt so schön wie Amoroso«.** Und es läuft gut an für den BVB. Amoroso schwärmt: »Wenn ein Tomas Rosicky in deiner Mannschaft steht, hast du als Stürmer einen Vertrag zum Toreschießen!«

Neben dem BVB spielt auch Leverkusen eine sehr gute Runde. Bayer-Trainer **Klaus Toppmöller** wähnt im Erfolg sogar die Anhänger eines Rivalen im Titelkampf auf seiner Seite: »Ich komm ja viel rum, da gibt es sogar viele Bayern-Fans, die uns die Daumen drücken. Man kann sich ja auch totsiegen. Bayern war jetzt dreimal Meister, Pokalsieger, Champions-League-Gewinner, Weltpokal-Sieger. Wenn du die Spieler 100-mal im Fernsehen gesehen hast, kannst du die Gesichter nicht mehr sehen.«

Und lange Zeit sieht es für Bayer Leverkusen richtig gut aus im Meisterschaftsrennen. Noch nach dem 31. Spieltag hat die Mannschaft von Klaus Toppmöller fünf Punkte Vorsprung auf Borussia Dortmund. Doch dann bricht Bayer ein. Am 32. Spieltag unterliegt man zu Hause 1:2 gegen Werder Bremen, während der BVB durch ein Tor von Amoroso in der 89. Minute 2:1 gegen den 1. FC Köln gewinnt. Die Sticheleien aus Dortmund werden lauter und intensiver. »Am Ende gewinnt immer der Jäger«, heißt es von Seiten des BVB, doch Toppmöller wischt solche Phrasen lächelnd beiseite: »An diese **Kindergarten-**

Saisonverlauf 2001/02

Platz	Tore	Punkte
1.	62:33	70
2.	77:38	69
3.	65:25	68
4.	61:38	61
5.	52:36	61
6.	54:43	56
7.	62:53	56
8.	47:43	50
9.	59:59	50
10.	57:49	46
11.	51:57	40
12.	41:53	39
13.	36:60	35
14.	35:54	34
15.	34:57	34
16.	37:64	30
17.	26:61	29
18.	37:70	22

Die besten Torjäger der Saison

Marcio Amoroso (Borussia Dortmund)	18
Martin Max (TSV 1860 München)	18
Michael Ballack (Bayer 04 Leverkusen)	17
Giovane Elber (FC Bayern München)	17

Psychologie glaube ich nicht.« Muss er aber schließlich doch. Am 33. Spieltag verlieren die Leverkusener mit 1:0 in Nürnberg, während der BVB 4:3 in Hamburg siegt. Zwar mit der Unterstützung des Schiedsrichters, wie HSV-Manager Beiersdorfer meint (»Da fällt ein 2,02-Meter-Mann, als habe er Luftballons im Bauch. Und Fandel fällt darauf rein«), aber am Ende ist das natürlich egal. Der BVB hat die Tabellenführung übernommen und will sie nun selbstverständlich nicht mehr hergeben. Doch dafür müssen die Dortmunder im letzten Saisonspiel Werder Bremen schlagen. Lange Zeit sieht es in dieser Partie nach der Bremer Führung durch Stalteri und trotz Kollers Ausgleich noch vor der Pause nicht gut aus. Doch als in der 74. Minute Ewerthon die Führung schießt, ist das Spiel gelaufen. Der BVB wird nach einer packenden Aufholjagd Deutscher Meister.

Und in Leverkusen ist man niedergeschlagen. Weil das Team innerhalb von elf Tagen nicht nur den Meistertitel verspielt, sondern auch das Champions-League-Endspiel gegen Real Madrid (1:2) und das Pokalfinale gegen Schalke (2:4) verliert, ist Bayer nun endgültig zu **Vizekusen** geworden. In der Bundesliga hat der Verein viermal in den letzten sechs Jahren den zweiten Platz in der Endabrechnung belegt. Ulf Kirsten, der schon ein Jahr zuvor in Unterhaching voller Pathos in der Stimme gefragt hatte: »Was habe ich verbrochen, dass ich nie Deutscher Meister werde?«, ist völlig aufgelöst. Und Teamkollege Carsten Ramelow versteht die Welt nicht mehr: »Du denkst, du bist im falschen Film. Du arbeitest jahrelang wie ein Bekloppter, und nix kommt dabei rum. Den Lohn für unsere Arbeit haben wir nicht bekommen.« Doch wie heißt es in der Leverkusener Vereinshymne »Bayer 04, wir stehen zu dir« so treffend: »Wir haben den UEFA-Cup und den DFB-Pokal / und Deutscher Meister werden wir beim nächsten Mal.«

Ach, als letzte Randnotiz dieser Spielzeit: In Stuttgart gibt am Anfang der Saison Trainer **Felix Magath** ein ganz besonderes Versprechen ab: »Der VfB ist meine letzte Station als Bundesliga-Trainer.«

Cottbus-Profi Radoslav Kaluzny fälscht im April einen harmlosen Schuss des Gladbachers Marcel Witeczek ab. Der Ball macht eine hohe Bogenlampe, senkt sich unmittelbar vor der Torlatte wie ein schwerer Stein nieder und tropft vom Hinterkopf des verdutzten bosnischen Torwarts **Tomislav Piplica** zum 3:3-Endstand ins eigene Netz. Der Keeper von Energie Cottbus ist konsterniert: »Es ist meine Schuld. Ich habe gedacht, der Ball fällt auf die Latte.« Und Witeczek meint schmunzelnd: »Fast schon eine Geschichte für Stefan Raab.«

★ ★ ★

Peter Neururer ist erleichtert. Endlich hat eine Mannschaft seinen Rekord aus der Spielzeit 1992/93 gebrochen. Damals hatte sein Team, der 1. FC Saarbrücken, 964 Minuten keinen Treffer erzielt. Ein Rekord für die Ewigkeit, hatte Neururer damals befürchtet und freut sich nun umso mehr, diese »eigenartige« Bestmarke an den 1. FC Köln weitergegeben zu haben. Zuletzt hatte der FC am 14. Spieltag zu Hause gegen St. Pauli ein Tor erzielt. Nun, am 25. Spieltag, ist Hertha BSC zu Gast in Köln. Als es nach sechs Minuten immer noch 0:0 steht, singen die verzweifelten FC-Fans: »Und wir haben den Rekord, halleluja«. Saarbrücken hingegen ist ihn los. Doch die Uhr tickt erbarmungslos weiter. Erst in der 75. Spielminute erlöst Thomas Cichon den Klub und seine Anhänger von dem bösen Tor-Fluch. Geschlagene 1.034 Minuten musste der 1. FC Köln auf einen Treffer warten. Am Ende steigt der FC in die zweite Liga ab. 26 Tore in einer kompletten Spielzeit sind einfach zu wenig für den Klassenerhalt.

★ ★ ★

Denkwürdiges Datum in der Fußball-Bundesliga. Am 22. September steht in der **Startformation von Energie Cottbus** erstmals in der Liga-Geschichte kein einziger deutscher Spieler. Die Partie gewinnt der Gast aus München locker-leicht mit 3:0. Als die Begegnung abgepfiffen wird, spielen an diesem Tag bei den Bayern übrigens ebenfalls neun Ausländer. Nur Torhüter Oliver Kahn und Michael Tarnat sind gebürtige Deutsche.

★ ★ ★

Das Buch »Daum: **War es ein Komplott?** Neue Erkenntnisse, Daten, Fakten, Hintergründe« erscheint – und wird kaum beachtet. Dabei wirft es einen spektakulären und völlig neuen Blick auf die Kokain-Affäre um Christoph Daum. Der ehemalige Leverkusener Trainer soll nach Ansicht des Autors Peter Grunert das Opfer einer »halbseidenen und teilkriminellen wirtschaftlichen Interessengruppe«, vereinfacht ausgedrückt, der Mafia, geworden sein. Sie hat Daum und Angelica Cramm, seine Dauer-Lebensgefährtin, zusammengebracht. Und: Die Interessengruppe will ihn anschließend mit dieser außerehelichen Affäre erpressen (»Ohne Angelica Cramm nahetreten zu wollen, möglicherweise ist sie ja selbst auch Opfer und unwissentlich benutzt worden – irgendwie erinnert mich das an diese Art von Liebesfallen, in die vor einigen Jahren der Vater von Steffi Graf hineintappte«). Doch der Plan scheitert, da etwas völlig Unvorhersehbares passiert: »Nun haben sich Christoph Daum und Angelica Cramm aber anscheinend ineinander verliebt.« Und die Schlussfolgerung daraus: »Damit bricht die Erpressungstheorie zusammen. Was kann man dann tun? Man muss das ausgewählte Opfer in andere kompromittierende Situationen bringen und somit neues Erpressungsmaterial in die Hand bekommen. Hier sehe ich einen Hintergrund für eine Komplott-Theorie.«

Daum selbst gibt der Geschichte vom Komplott neue Nahrung, als er gegenüber der »Sport Bild« geheimnisvoll andeutet: »Irgendwann, wenn das alles vorbei ist, sage ich Ihnen mal, wie die Nacht vor meinem Abflug wirklich gelaufen ist. Das ist eine richtig große Geschichte! Doch bevor ich keine wasserdichten Beweise anbringen kann, rede ich nicht darüber. Irgendwann wird es Beweise geben. Dann sagen Sie alle: ›Mensch, wir waren verdammt schnell mit unseren Vorverurteilungen.‹« Zeitgleich werden Gerüchte gestreut, die besagen, dass die damals untersuchte Haarprobe gar nicht von Daum stammte.

Eine besondere Ehre für Claus Reitmaier. Jonny Petry aus Burghausen hat seinem Lieblingskeeper vom VfL Wolfsburg die Geschichte **»Clausi der Maikäfer«** gewidmet. Am Ende des Märchenbuchs heißt es: »Clausi, der liebenswerte Maikäfer und weltbeste Torwart, wurde mehr denn je von allen geliebt. Er hatte sein Glück – aber vor allem Freunde, echte, treue Freunde gefunden.«

★ ★ ★

Trauriger Abschied: **Jürgen Kohler** hängt die Schuhe an den berühmten Nagel. Der »Fußballgott« geht nach 398 Bundesligaspielen, und der »kicker« titelt ihm zu Ehren voller Pathos: »Die letzte Grätsche!« Zum Schluss verrät Jürgen Kohler noch ein Geheimnis über sein Verhältnis zu Udo Lattek: »Ich bin Halbwaise und hätte mir einen wie ihn als Vater gewünscht.«

★ ★ ★

Schalkes Jörg Böhme hat einen ungewöhnlichen Wunsch für das neue Jahr 2002: »Ich wünsche mir, dass Sportwissenschaftler endlich mal leckere Getränke erfinden. Unsere Sachen schmecken wie eingeschlafene Füße.« Bayerns Mehmet Scholl hat hingegen handfeste Vorstellungen für das neue Jahr: »Ich wünsche mir, dass der Rasen im Waldstadion gemäht wird, damit ich meinen Freund Horst Heldt besser sehe.« Und Nürnbergs Trainer **Klaus Augenthaler**: »Ich wünsche mir, dass ich in der Karibik einen Blue Martin (drei Meter langer Fisch) angele!«

Klaus Augenthaler auf der Suche nach dem großen Fisch!

★ ★ ★

Eine der interessantesten Bundesliga-Figuren der 1990er Jahre beendet nach 236 Spielen, in denen er vier Treffer erzielte, seine Karriere. Der Schalker **Yves Eigenrauch** prägte mit seinem Auftreten das Bild des »etwas anderen Fußballprofis«. Auch deshalb widmet ihm im Jahr 2000 die Band »Tomte« die Ode »Yves, wie hältst du das aus?« mit den Zeilen: »Das hier sind nur die Spuren einer Zeit, die 180 fährt. Wie mit Kicken, wenn man sich noch nicht mal warmlaufen darf. Yves, wie hältst du das aus?«

In seinem nie erschienenen Erzählband **»leben in funnyland«** stellt sich Eigenrauch die Frage aller Profis am Ende ihrer Karriere: »was werde ich schaffen? jobbe ich in einer kneipe, werde ich doch co-trainer, arbeite ich beim grünflächenamt, werde ich kioskbesitzer oder gar bildender künstler? journalist? nichts werde ich nie mehr sein können. im zweifelsfall bin ich mein leben derjenige, der mal in einem uefa-cup-spiel für schalke jenen glorreichen ronaldo bespielt hat.« Und in einer anderen Passage des Buchs heißt es: »ich bin schlecht, kann nicht schießen, kann nicht köpfen, vielleicht klappt es eben mit dem laufen. jeder hat seine meinung. darf, muss und soll dieselbe kundtun. die emotionen sind ja gerade das schöne am fußball, auch wenn ich als beteiligter manche reaktion nicht unbedingt nachvollziehen kann. wir treten den ball, liegen zurück: pfiffe. Wir treten den ball in gleicher form wie vor zwanzig minuten, liegen nun aber vorne: applaus. Obwohl sich an unserem spiel mit ausnahme des spielstands nicht viel geändert hat, schlägt die stimmung haken.«

2002/03

»Am Ende einer Saison bekommst du, was du verdient hast!«

Ein Kampf um den Titel fällt in dieser Saison aus. **Bayern München dominiert die Liga** und feiert bereits am 30. Spieltag die Meisterschaft. Es zahlt sich aus, dass die Bayern vor der Saison für insgesamt knapp 18 Mio. Euro Michael Ballack und Zé Roberto von Bayer Leverkusen erwerben und so für den nach Wolfsburg wechselnden Stefan Effenberg mehr als nur Ersatz schaffen. Dass die gleichzeitige Schwächung der Bayer-Elf so stark ins Gewicht fällt, haben allerdings auch die Experten in dieser Form nicht erwartet.

Bayern-Fans haben dem Comic-Helden Lucky Luke die rot-weiße Fankluft angezogen und führen Vorjahresmeister BVB ab.

Leverkusen erlebt eine **absolute Horrorspielzeit**. Nach den drei verlorenen Titeln innerhalb von nur elf Tagen der Vorsaison gelingt es Trainer Klaus Toppmöller nicht, sein Team für die neue Spielzeit aus dem tiefen psychologischen Tal zu holen. Doch erst nach seiner Entlassung im Frühjahr geht es bei Bayer endgültig drunter und drüber. Mitte Februar wird zunächst Thomas Hörster der Nachfolger von Toppmöller auf der Bayer-Bank. Eine interne Lösung, die alsbald schon als ein großer Fehler gilt. Lange versucht man jedoch verzweifelt mit dem neuen Sportdirektor Jürgen Kohler an der Spitze, dem Druck der Öffentlichkeit standzuhalten und Hörster nach außen weiterhin als gute Lösung zu verkaufen. Der Coach selbst reagiert gereizt auf den Vorwurf, seine Außendarstellung sei mangelhaft: »Machen die Spieler Fehler, weil mir Charisma fehlt? Nein, da wird einiges vermengt und vermischt und der Öffentlichkeit als Eintopf serviert. Mahlzeit!«

Intern hat man zu diesem Zeitpunkt allerdings ebenfalls große Zweifel, ob Hörster noch lange zu halten sei. Jürgen Kohler erinnert sich in diesen schweren Stunden an seinen alten Trainer und väterlichen Freund Udo Lattek, doch der sagt »aus gesundheitlichen Gründen« ab. Und so bleibt Hörster – vorerst. Nach der 3:0-Niederlage der Leverkusener am 28. Spieltag in Stuttgart sagt Manager Reiner Calmund zu später Stunde immer noch sichtlich angefressen: »Ich musste mich abkühlen. Ich hätte nicht auf den Tisch geschlagen, ich hätte den Tisch kaputt geschlagen.«

Geschäftsführer Reiner Calmund (Mitte), Trainer Klaus Augenthaler (li.) und Sportdirektor Jürgen Kohler.

Und dann ist die Zeit als Cheftrainer von Bayer Leverkusen für Thomas Hörster doch vorbei. Nach der 1:4-Pleite beim Hamburger SV am 32. Spieltag gesteht er ein, er habe »**keine Hoffnung mehr** und nach dieser Leistung aufgegeben«. Für Udo Lattek das

Saisonverlauf 2002/03

Platz	Tore	Punkte
1.	70:25	75
2.	53:39	59
3.	51:27	58
4.	46:36	56
5.	52:43	54
6.	51:50	52
7.	46:40	49
8.	39:42	46
9.	55:56	45
10.	44:52	45
11.	47:57	43
12.	43:45	42
13.	35:41	41
14.	40:42	40
15.	47:56	40
16.	35:46	36
17.	33:60	30
18.	34:64	30

Die besten

Torjäger der Saison

Giovane Elber (FC Bayern München)	21
Thomas Christiansen (VfL Bochum)	21
Ailton (Werder Bremen)	16

Todesurteil als Coach: »Wenn ein Trainer so etwas sagt, muss man ihn nicht entlassen, sondern erschießen.« Ziehsohn Kohler verkündet zerknirscht: »Wir können es uns nicht erlauben, dass hier Angestellte des Vereins nicht mehr an den Klassenerhalt glauben.« Stattdessen wird der kurz zuvor in Nürnberg entlassene Trainer Klaus Augenthaler verpflichtet. Bevor dieser mit den üblichen Abstiegskampfphrasen (»Ich will keine wunderschönen Solo-Auftritte sehen, ich will Kampf sehen. Es helfen nur noch Leute, die an den Klassenerhalt glauben, mit jeder Faser ihres Körpers«) die Mannschaft zu zwei Siegen in den letzten beiden Begegnungen treibt, hat aber noch Bayer-Profi Bernd Schneider ein Hühnchen mit Udo Lattek zu rupfen. Der hatte Schneider vorgeworfen, seinen Platzverweis in Hamburg absichtlich provoziert zu haben, um nicht im Abstiegskampf dabei zu sein. Schneider kontert energisch: »Eine Unverschämtheit. Jeder weiß, dass ich so etwas nie tun würde. Aber es war ja schon nach elf Uhr morgens, da wird Lattek schon genug getrunken haben.«

Thomas Christiansen jubelt im Stil eines Matadors.

Einen dramatischen Absturz erfährt auch die Mannschaft des 1. FC Nürnberg, die zwischenzeitlich im gesicherten Mittelfeld der Liga stand. Bis zum 25. Spieltag holen die Clubberer nur 25 Punkte, am Ende sind es 30. Sie steigen ebenso ab wie Energie Cottbus. Da fällt es schwer, seinen Humor zu bewahren. Dem Nürnberger Stadionsprecher gelingt dies trotzdem. Nach der 0:3-Niederlage gegen Hertha BSC sagt er: »Es ist eine Dauerkarte gefunden worden. Der Besitzer, falls er sie nicht absichtlich weggeschmissen hat, kann sich bei der Stadionaufsicht melden.« Auch in Bielefeld ist man traurig. Zum sechsten Mal steigt man aus der Bundesliga ab.

Katzenjammer ebenfalls in Dortmund. Der Vorjahresmeister schafft es nicht, am letzten Spieltag zu Hause gegen die bereits abgestiegenen Cottbusser den zweiten Tabellenplatz zu verteidigen. Weil Stuttgart ungefährdet mit 2:0 gegen den VfL Wolfsburg gewinnt, reicht dem BVB das 1:1-Unentschieden gegen Energie nicht. Das Fatale: Dortmund muss in die Champions-League-Qualifikation. Eine für den Verein völlig ungewisse und riskante Ausgangslage vor der neuen Saison. Dementsprechend ernüchtert fallen die Kommentare der Spieler nach der Partie aus. Sebastian Kehl: »Ich schäme mich für das, was am Samstag abgelaufen ist.« Und Lars Ricken weise: »Am Ende einer Saison bekommst du, was du verdient hast.«

Während mit Krassimir Balakov das eine Drittel des »Magischen Dreiecks« seine Laufbahn in Stuttgart ganz beendet, kündigt Giovane Elber für 2004 sein Karriere-Aus beim FC Bayern München an. Eine Entscheidung, die unumstößlich für ihn ist: »Da kann Bayern kommen, kann Franz kommen, kann Jesus Christus kommen. Das wird nicht helfen!«

Spielerberater Wolfgang Fahrian hält die Fäden in der Hand.

Haste mal die Telefonnummer? Viel mehr als ein schneller Blick und ein Lächeln kostet **Spielerberater Wolfgang Fahrian** die Aktion nicht – den 1. FC Kaiserslautern aber immerhin 75.000 Euro. So viel zahlt Atze Friedrich, der Präsident des 1. FCK, an Fahrian für die Nummer des Beraters Basilevic, der den Spieler Taribo West vertritt. Eine stolze Summe, die nicht nur zeigt, in welchen finanziellen Dimensionen in der Bundesliga mittlerweile gedacht werden muss, sondern auch, welch ein Irrsinn sich hinter den Kulissen abspielt. Taribo West kommt übrigens tatsächlich zum 1. FC Kaiserslautern, läuft aber nur ganze zehnmal für den Verein auf.

★ ★ ★

»Ich bin ja einverstanden, wenn Sie Ihren Spaß haben«, sagt am Mittag des 18. August der sichtlich irritierte Aufsichtsratsvorsitzende des 1. FC Kaiserslautern, **Robert Wieschemann, beim »DSF-Doppelpass«**. Es ist ein wahrhaft denkwürdiger Vormittag für ein Millionenpublikum daheim vor den TV-Geräten. Als der Moderator der Sendung, Rudi Brückner, verkündet, er wolle den Trainer der Pfälzer, Andi Brehme, gar nicht zitieren, es schließlich aber doch tut und berichtet, dass dieser über Wieschemann gesagt habe, der erzähle sowieso nur dummes Zeug und habe keine Ahnung, geht ein erstauntes Raunen durchs Publikum.

Wieschemann ist sichtlich nervös, verwechselt Wörter bzw. erfindet einige Wörter komplett neu und wirkt die ganze Zeit über seltsam fahrig. Er sagt Sätze wie diesen: »Man muss hier die notwendige Delikatess wahren. Und bitte, ich kann es nicht ändern. Wenn Sie wollen, dass ich den Namen preisgebe, so ist das Ihr gutes Recht, aber es ist nicht Ihre …« *(Der Satz endet mitten im Nichts.)*

Legendär auch folgende Ausschnitte des Gesprächs: »Wir brauchen Klose überhaupt nicht zu vergeben. Also, der ist bei uns in sicheren Tüchern«, und: »Die Sprachlosigkeit von Andi Brehme ist eine Gesundung, nee, Entschuldigung, ist eine Fehlerhaftigkeit im Sein.« Als Wieschemann schließlich zugab: »Wir haben eine anormale Satzung«, konterte Karl-Heinz Feldkamp: »Von dir ausgearbeitet«, und Wieschemann bestätigte treuherzig: »Ja, von mir ausgearbeitet!«

Höhepunkt des Tages ist allerdings folgender Gesprächspart. Wieschemann: »Wir haben zweifellos Schwierigkeiten mit der Umsetzung dessen, was geplant ist. Und wir haben eine … Wie soll ich sagen? Wir haben eine …« Brückner: »Frei raus!« Wieschemann: »Ja. Wir haben ein Defizit an …« Karl-Heinz Feldkamp: »Mitarbeit?« Thomas Herrmann: »Kommunikation?« Wieschemann: »Kommunikation. Ja! Wir haben … ich wiederhole jetzt meinen Satz von vorhin: Wir haben ein **Defizit an Durchblick** und … ja … an Durchblick!« Brückner: »Wer hat den? Sie als Aufsichtsrat?« Wieschemann: »Nein, wir haben ein Defizit an Durchblick – alle! Und wir sind total be …« Brückner: »… beschränkt in der Überlegung, was Fußball angeht. Oder was wollen Sie sagen?« Wieschemann: »Ja!«

★ ★ ★

Jeronimo Claudemir Barreto, besser bekannt unter seinem Namen Cacau, verrät ein Geheimnis, das er bisher lieber für sich behalten hatte, aus Angst, seine Nürnberger Mannschaftskameraden könnten ihn auslachen. Aus diesem Grund hat er sein ganz spezielles Ritual bisher auch alleine und versteckt auf der Toilette vollzogen. Vor jedem Spiel reibt Cacau **frisch gemahlenen Pfeffer** auf seine eingecremten Füße. Nürnbergs Brasilianer erzählt verlegen: »Ein Rezept meiner Mutter. So bleiben meine Füße warm, und ich behalte im kalten deutschen Winter mein Ballgefühl.«

★ ★ ★

Stefan Effenberg tritt von der Bundesligabühne ab und sorgt zum Abschied mit seinem Buch **»Ich hab's allen gezeigt«** für viel Aufregung. Der Medienrummel bei der Vorstellung seines Werks im Berliner »KulturKaufhaus Dussmann« ist riesig. An seiner Seite präsentiert der scheidende Wolfsburger als weibliches Fressen für den Boulevard seine Freundin Claudia Strunz (genau, die ehemalige Frau von Thomas). Eine der Journalistenfragen an diesem Tag ist die nach einem Buch, das Effenberg selbst rich-

tig gut findet. Der ehemalige Nationalspieler antwortet ernsthaft und überlegt: »Hitlers Tagebuch – das hat mich dann doch interessiert.« Die Schlagzeilen für die Artikel des nächsten Tages stehen so bereits frühzeitig fest. Obwohl nicht als Generalabrechnung geplant, bieten die zahlreichen Anekdoten im Buch genug Angriffsfläche für gekränkte Fußballerseelen. Auch Effenbergs ehemaliger Mitspieler Lothar Matthäus kommt nicht gerade gut weg: »Ein paar andere Dinge am ›Menschen‹ Lothar Matthäus gingen mir aber schnell ganz gewaltig auf den Keks. Allein seine Auftritte im Kreis der Nationalmannschaft! Lothar war garantiert der Lauteste. Er war ein absoluter Experte darin, seine Klappe immer und überall aufzureißen. Wenn Fritz Westermann, der damalige Koch der Nationalmannschaft, sein wunderschönes Büfett aufgebaut hatte, war es für alle Spieler selbstverständlich, aufzustehen, sich einen Teller zu nehmen und sich zu bedienen. Auch Berti Vogts und die anderen Trainer luden sich selbst was auf den Teller. Nur für den guten Lothar war alles ein bisschen anders. Er schrie quer durch den Raum: ›Hör mal, Fritz, mach mal was fertig für mich!‹«

Bernard Dietz

Auf dem steinigen Weg zurück in die Bundesliga gibt beim VfL Bochum Trainer Ennatz Dietz Anfang Dezember freiwillig auf. Viele erklären ihn für verrückt, fragen, warum er sich nicht wie alle anderen habe feuern lassen, um die Abfindung zu kassieren – doch Dietz antwortet nur: »Das kann ich nicht. Ich habe von meinen Eltern gelernt: Wenn ich etwas bekomme, muss ich etwas zurückgeben.«

Eine kleine Schwäche hat auch ein Bernard Dietz, wie er offen zugibt, als 1974 sein Sohn geboren wird: »Ganz ehrlich, auf dem Gebiet bin ich absolut eine Null.« Doch ehe irgendwelche falschen Hoffnungen aufkommen – auch das solle nicht von Dauer sein: »Aber das wird sich ändern.«

Schon in jungen Jahren ist Dietz ein Fußballfan und selbst **Spieler bei Bockum-Hövel**. »Für mich war Fußball alles. Spielten wir nicht, fuhr ich nach Dortmund oder Schalke. Um ja nichts zu verpassen, habe ich in der Kampfbahn Rote Erde in den Bäumen gesessen.« Fußballfanatiker, genau wie die Fans auf der Tribüne, und das sah man auch unten auf dem Platz.

Eine Sternstunde erlebt Dietz am 14. Spieltag der Saison 1977/78. Beim legendären 6:3 des MSV gegen die Bayern schießt Ennatz vier Tore.

»Ich habe davon geträumt, einmal ein Kopfballduell gegen **Uwe Seeler** zu gewinnen.«

»Ich versuche immer, mein Bestes zu geben, und **kämpfe in jedem Spiel bis zur Erschöpfung**. Das bin ich den Leuten schuldig, die ihr Eintrittsgeld dafür bezahlen. Auch nach einem verlorenen Spiel muss man guten Gewissens sagen dürfen: An mir kann es nicht gelegen haben.«

»Ich werde immer wahnsinnig, wenn ich **Duisburger mit einem Schalke-Wimpel** in Richtung Gelsenkirchen fahren sehe.«

Dietz regt sich über das Urteil seines Trainers **Kuno Klötzer** auf: »Er kann sagen, ich hätte schlecht gespielt. Er kann sagen, ich hätte dumm gespielt. Aber mangelnder Einsatz? Für einen wie mich ist das ein Todesurteil.«

2003 / 04

»Lasst uns einfach spielen und nicht den Maradona probieren!«

Am 29. Spieltag ist die Meisterfrage quasi entschieden. Obwohl Bremen zu Hause nur 0:0 gegen Hannover spielt, gelingt es den Bayern nicht, näher an Werder heranzukommen. Im Gegenteil. Mit 2:0 verliert man beim BVB und hat fünf Partien vor Schluss bereits acht Punkte Rückstand auf den Tabellenführer von der Weser. Dort spielt der Franzose Johan Micoud eine herausragende Saison und ist der gefeierte Star bei Werder. Sein Teamkollege Ivica Banovic beschreibt ihn so: »Micoud will immer gewinnen. Wenn es dann nicht so läuft, wird er ein anderer Mensch. Aber das muss er wohl sein, um so genial zu sein.« In Bremen erinnern sie sich in den Zeiten des Erfolgs an ihren alten Trainer Otto Rehhagel. Manager Klaus Allofs: »Der hat immer zu den Spielern gesagt: ›Jungs, wenn ihr Tabellenführer seid, gibt's nur eins: rauf aufs Sofa, Bier auf, Fernseher an, ARD-Videotext Tafel 253, die Tabelle angucken und den ganzen Abend anlassen – und dann nur noch genießen.‹«

Dank einer Serie von 23 Spielen ohne Niederlage in Folge setzt sich Bremen nach der Winterpause von der Konkurrenz ab und ist nicht mehr einzuholen. Die Meisterschaft sichert sich das Team am 32. Spieltag durch ein souveränes 3:1 beim direkten Konkurrenten und Verfolger Bayern München. Im Entmüdungsbecken zieht **Torjäger Ailton** vor laufenden Kameras blank und präsentiert sich der Fernsehnation in seiner vollen Pracht. Draußen auf der Tartanbahn des Olympiastadions hatte Ailton schon zuvor überschwänglich von seinen Plänen für den Rest des Tages erzählt: »Champagne, Wasser, Bier brasilian. Musse heute alles. Alle.«

Manager Klaus Allofs hingegen genießt den **Meisterschaftssieg in München** zwar ebenfalls sehr – aber nicht, wie er es noch als Spieler konnte, in vollen Zügen: »Jetzt muss ich bei allen Feierlichkeiten schon noch den Überblick bewahren. Ich kann schließlich schlecht kurz nach Schlusspfiff irgendwo in der Ecke liegen.«

Bayern-Profi **Sebastian Deisler** schreibt das traurigste Kapitel der Saison. Im November erklärt er, er könne nicht mehr. Es stellt sich heraus, dass eines der größten Talente des deutschen Fußballs der letzten Jahre an Depressionen leidet. Vor allem seine langen Verletzungspausen führen die Mediziner als möglichen Auslöser der Krankheit heran. Deislers früherer Manager, Norbert Pflippen, wünscht dem Bayern-Profi alles Gute, fürchtet aber zugleich den Tag der Genesung: »Nach seiner Rückkehr werden ihn die Mitspieler verarschen. Vor allem Gegner.«

Geradezu sensationell kann sich der VfL Bochum für den UEFA-Cup qualifizieren. Weil Dortmund im letzten Saisonspiel in Kaiserslautern nicht über ein Unentschieden hinauskommt, der VfL zeitgleich jedoch Hannover 96 im heimischen Ruhrstadion schlägt, reicht es für den fünften Tabellenplatz. Bo-

Saisonverlauf 2003/04

Platz	Tore	Punkte
1.	79:38	74
2.	70:39	68
3.	73:39	65
4.	52:24	64
5.	57:39	56
6.	59:48	55
7.	49:42	50
8.	47:60	49
9.	55:54	44
10.	56:61	42
11.	40:49	39
12.	42:59	39
13.	42:67	38
14.	49:63	37
15.	39:62	36
16.	36:53	32
17.	32:55	32
18.	32:57	23

Bochums Trainer Peter Neururer tanzt vor Freude.

Die besten — Torjäger der Saison

Aílton (Werder Bremen)	28
Roy Makaay (FC Bayern München)	23
Martin Max (Hansa Rostock)	20

chums Trumpf sind vor allem die ausländischen Spieler **Vahid Hashemian, Raymond Kalla und Sunday Oliseh**. Um den Teamgeist zu stärken, hat Trainer Neururer ihnen verboten, sich in ihren Heimatsprachen zu unterhalten. Beim VfL soll Deutsch gesprochen werden, so der Wunsch des Übungsleiters. Und die Anweisung von Coach Peter Neururer nehmen sich die Spieler zu Herzen. Als Oliseh doch einmal eine andere Sprache wählt, stutzt ihn Kalla mit einem verzagten Lächeln um die Mundwinkel zurecht: »Ey, Sunday, sprich Deutsch, du Arschloch!« Bis zu seiner Suspendierung (er verpasst Hashemian in der Halbzeitpause eines Spiels eine Kopfnuss) ist Oliseh Bochums wichtigster Spieler und ein enger Vertrauter von Neururer. Vor der Saison sagt der Nigerianer bei einer Kabinenansprache zu seinen Mitspielern: »Männer, lasst uns einfach spielen und nicht den Maradona probieren!« Und freut sich anschließend sehr über die Reaktion von Coach Neururer: »Der Trainer hat gesagt: ›Genau!‹ Das werde ich nie vergessen.«

In Berlin läuft es für die Hertha und ihren Trainer Huub Stevens überhaupt nicht. Anfang Dezember muss der Niederländer den Hauptstadtklub nach nur 522 Tagen wieder verlassen. In höchster Abstiegsnot übernimmt zuerst **Interimscoach Andreas Thom** den Verein. Kurz vor Weihnachten kommt schließlich Hans Meyer zur Hertha und wird gleich von den Journalisten gefragt, ob er das Abstiegsgespenst schon durch sein Haus habe geistern sehen. Meyer antwortet gewohnt schlagfertig: »Es ist in Berlin angekommen. Aber noch nicht in meinem Schlafzimmer.«

Auch in Gladbach haben die Fans schon bessere Zeiten erlebt. Im September schmeißt die Borussia Trainer Ewald Lienen raus und holt von Rot-Weiss Essen Holger Fach. Die leidgeprüften Anhänger fragen sich auf Plakaten im Stadion: »Wieder der Richtige für sechs Monate?«.

Einen verbalen Fehltritt leistet sich Schalkes Trainer Jupp Heynckes. Über seinen jungen, türkischen Ersatztorwart **Volkan Ünlü** sagt er: »Der Ünlü ist ja eh ein bisschen kräftiger an den Backen. Dem dürfte der Ramadan ganz gut tun.«

16. Spieltag, Hansa Rostock gegen den 1. FC Köln (1:1). Premiere-Reporter Christian Sprenger mit **Nachwuchstalent Lukas Podolski**: »Das erste Tor von dem jungen Mann neben mir. Herzlichen Glückwunsch dafür, im vierten Spiel, kann man eigentlich nicht meckern?!« Podolski: »Ja, aber, natürlich der Sieg hat gefehlt, ne! Wenn man so knapp davorsteht, dann will man auch schon gewinnen, ne!« Sprenger: »Warum hat es dann letztlich nicht geklappt? Durch den Elfmeter? Ist da ein bisschen Unruhe entstanden? Podolski: »Ja, ich glaub, erst hat man den Elfmeter und dann kriegen wir das Gegentor – das ist natürlich scheiße, ne! Muss man drauf aufpassen.« Sprenger: »Waren gerade einmal 19 Sekunden dazwischen. Haben Sie damit gerechnet, dass Sie heute wieder von Beginn an dabei sind?« Podolski: »Ja, ich denk mal, im Training will man sich zeigen, und dann sieht man auch, wenn ein Trainer einen aufstellt, ne!« Sprenger: »Wenn wir jetzt auf die Tabelle gucken, nach ganz unten. Dieser eine Punkt, so richtig viel bringt der ja nicht, wie…« Podolski: »Wir haben uns vorgenommen, aus den zwei Spielen sechs Punkte zu holen, das ist natürlich scheiße heute, ein Punkt zu wenig.« Sprenger: »Das heißt jetzt, gegen Hertha müssen fünf her!« Podolski lacht: »Hä, ha, natürlich wollen wir gegen Hertha auf jeden Fall gewinnen, ne! Also, das ist das nächste Ziel, drei Punkte gegen Hertha.«

★ ★ ★

Im März kann sich der **Frankfurter Trainer Willi Reimann** nicht beherrschen. Bei der 0:2-Niederlage in Dortmund regt er sich nach einer Gelb-Roten Karte gegen seinen Spieler Henning Bürger so sehr auf, dass er den Schiedsrichter-Offiziellen Thorsten Schriever zweimal wegschubst. Reimann erhält daraufhin eine Sperre von fünf Spielen für den Innenraum.

★ ★ ★

Seit der Saison 2003/04 überträgt die **ARD** in der »Sportschau« wieder als erster Free-TV-Sender Bilder vom aktuellen Spieltag am Samstag. Die Konkurrenz vom **DSF** schläft aber – wie man sieht – nicht!

★ ★ ★

Bei Peter Neururer und dem VfL Bochum läuft es in dieser Saison. Da ist die Laune gut und die Stimmung ausgelassen, wie man hervorragend in diesem Interview mit der Wochenzeitung »Die Zeit« unter der Überschrift **»Zu Höherem berufen«** nachlesen kann. Interviewer: »Jetzt sind Sie oben. Ist es schön, wieder ein gefragter Mann zu sein?« Neururer: »Wieso wieder? Ich war seit 1986 immer gefragt.« I.: »Na ja, Sie waren während Ihrer Trainerkarriere insgesamt drei Jahre lang arbeitslos.« N.: »Aber auch, als ich zu Hause gesessen habe, war ich gefragt. Nur habe ich da aus Überheblichkeit zu lange meine Situation verkannt. Als der erste, zweite, dritte in arger Not befindliche Erstligist anrief, war das nicht mein Ding. Da war Peter Neururer zu Höherem berufen! Als dann nur noch Zweitligisten anriefen, war ich erst recht zu Höherem berufen. Irgendwann rief leider keiner mehr an. Da bin ich in ein verdammtes Loch gefallen.« I.: »Und was war in diesem Loch?« N.: »Stille. Das Telefon klingelt nicht mehr. Es klingelt einfach nicht mehr. Ich dachte: ›Was ist hier los? Jetzt muss was passieren!‹ Wenn es dann doch mal klingelt, hofft man natürlich, dass Berlusconi vom AC Mailand dran ist, aber es ist nur die eigene Mutter.« I.: »Auch ein Grund zur Freude.« N.: »Aber nicht in diesem Moment! Und dann fragt sich die Mutter: ›Was ist bloß mit dem Jungen los? Ich habe dem doch nichts getan!‹ Da war ich oft ungerecht.«

Ein spektakulärer Treffer gelingt dem Schalker Mike Hanke beim Spiel des FC Schalke 04 gegen Bayer Leverkusen (2:3) im April in der Arena Auf Schalke. Nachdem Bayer-Keeper Hans-Jörg Butt einen Elfmeter für seine Mannschaft wie gewohnt sicher im Tor des Gegners versenkt hat, trabt er gemächlich zurück in seinen Kasten. Unterwegs nimmt er die Glückwünsche seiner Teamkollegen freudig entgegen, winkt in aller Ruhe in die Kurve der Bayer-Fans und reckt seine geballten Fäuste gen Himmel. Schalkes Mike Hanke verfolgt Butts Jubel staunend am Mittelkreis. Zusammen mit Ebbe Sand soll er den Anstoß ausführen, doch sein Mannschaftskamerad hat es nicht eilig. Er ist noch dabei, seine Kollegen aufzumuntern, und achtet selbst nicht auf Butt. Ganz anders Mike Hanke. Nervös fixiert er den Leverkusener Torwart, sieht immer noch nur seinen Rücken und denkt: Jetzt muss irgendjemand mal schießen. Und dieser Irgendjemand sollte am besten den Ball direkt auf den Kasten von Butt ballern. Und da Ebbe Sand ausscheidet, tippt Hanke die Kugel kurz an Sands rechtes Bein und haut von dort den Ball in die Gelsenkirchener Luft. Das Leder fliegt wunderschön, immer weiter, über Butt und seine Mannschaftskameraden hinweg, tickt im Fünfmeterraum noch einmal auf und landet dann schließlich und endlich tatsächlich im Tor der Leverkusener. Butt wird hinterher im Fernsehen erzählen, er sei »irgendwie aufgehalten worden« – und irgendwo hat er damit ja sogar Recht!

★ ★ ★

Die fortdauernde **Geldverbrennung in Dortmund** treibt den BVB in die Arme des FC Bayern. Die Münchner helfen dem BVB mit Geld aus der tiefsten Patsche. Uli Hoeneß erinnert sich: »Als die Dortmunder mal gar nicht mehr weiter wussten und Gehälter nicht mehr zahlen konnten, haben wir ihnen ohne Sicherheiten zwei Millionen gegeben für einige Monate.« Sicherlich ein Akt von höchster Peinlichkeit für den BVB-Vorstand. Was allerdings kaum mehr einer weiß: Anfang der 1980er Jahre greift die Borussia den strauchelnden Revierklubs FC Schalke 04 und VfL Bochum finanziell in höchster Not unter die Arme. 1,1 Mio. überweist der BVB zur Saison 1980/81 für Rüdiger Abramczik an den S04 und rettet den Schalkern so die Lizenz. Nur ein Jahr später wechselt Jupp Tenhagen unter Tränen vom VfL nach Dortmund. Der ehemalige VfL-Präsident Ottokar Wüst erinnert sich: »Und dann hat der Reinhard Rauball gesagt: ›Schick uns den Tenhagen und wir schicken euch eine Million Mark.‹ Andernfalls hätte es uns am nächsten Tag nicht mehr gegeben.«

Das legendäre »Aktuelle Sportstudio« des ZDF

Nach dem Einzug des VfL Bochum in den UEFA-Cup lässt es sich **Peter Neururer** – ohne Schnäuzer, den er am Nachmittag am Ruhrstadion wegen einer Wette einbüßte – im »Aktuellen Sportstudio« bei einem Gläschen Rotwein gutgehen.

Günter Netzer trifft als erster Studiogast fünfmal an der Torwand. Am 18. Mai 1974 geht nur der letzte Schuss des Fußball-Nationalspielers knapp daneben.

Günter Thiele von Fortuna Düsseldorf ist 1985 zu Gast: »Vor dem Auftritt hatte ich Wasser in den Schuhen stehen, so nervös war ich. Ich habe mir gesagt, du hättest besser die beiden Tore in Karlsruhe nicht geschossen. Die Maskenbildnerin habe ich noch gefragt, ob sie nicht ein Deo für mich hätte. Hatte sie, Gott sei Dank!«

Aberglaube in der Bundesliga

Peter Neururer ist mit dem VfL Bochum in der Saison 2003/04 überraschend in den Europapokal eingezogen. Dafür gibt es viele Gründe. Manche meinen, auch Neururers Aberglaube spiele da eine gewisse Rolle. Doch das weist der Trainer lächelnd von sich und spricht lieber von »erfolgsorientierten Ritualen«. Die allerdings zelebriert Neururer schon bei einer seiner ersten Trainerstationen, Ende der 1980er Jahre auf Schalke. Dort trägt der Coach bis zu einem äußerst unglücklichen 1:2 in Unterhaching während der Saison 1989/90 sechs Spiele ohne Niederlage stets Unterhosen mit bunten Elefanten drauf. Und weil das so prima funktioniert hat, wird der Erfolgsgarant Boxershorts auch in den nächsten sechs Begegnungen ohne Niederlage eingesetzt. Diesmal schmücken lustige Maulwürfe die Unterwäsche des Trainers. Beide Shorts sind übrigens ein Geschenk seiner Tochter gewesen.

2003/04 trägt Neururer bis weit nach Einzug des kalendarischen Winters luftig-leichte Sommermode bei den Spielen. An einen Mantel hatte der Coach beim Start der Serie nicht gedacht und so bibbert er sich der nächsten Niederlage entgegen.

Bochums **Holger Aden**: »Ich habe einen Pfennig im rechten Schuh!«

Andreas Brehme braucht am Tag vor jedem Spiel den berühmten »mexikanischen Feuertopf« von seiner Frau.

Andreas Brehme im Gespräch mit seiner Frau Pilar während der WM 1990.

In Mönchengladbach kann kein Ersatzspieler die Nummer 15 erhalten. Aus Aberglauben trägt Torhüter **Wolfgang Kleff** das Trikot unter seinem Pullover.

Jürgen Wegmann nimmt seine Fußballtreter mit ins Bett: »Die Schuhe sind meine Freunde. Wenn ich sie nicht nah bei mir habe, verzeihen sie mir das nicht, und ich mache ein schlechtes Spiel.«

St.-Pauli-Spieler **Rüdiger Wenzel** hat den Tick, immer kurz vor dem Spiel mit einem Kugelschreiber das Ergebnis auf den Ball zu schreiben: »Das mache ich immer – ist halt Aberglaube.« Als er sich beim Spiel gegen Kaiserslautern vertut – er notierte ein 2:0 –, sagt er hinterher lächelnd: »Kein Wunder. Der Ball flog ja auf die Zuschauerränge, und die Fans rückten ihn nicht mehr raus. Logisch, dass wir nur zu einem 1:1 kamen.«

Detlef Schößler

Dresdens **Detlef Schößler** muss bei Abendspielen vormittags nicht zum Training erscheinen. Seine Entschuldigung ist der Fußball-Aberglaube: »Ich bin unter Flutlicht einfach besser, wenn ich vormittags nicht trainiere.«

Kölns **Harald Konopka** versteht die Welt nicht mehr. Alles ist planmäßig gelaufen und doch hat sein FC gegen Karlsruhe mit 1:3 verloren. Und er selbst hat zu allem Überfluss auch noch einen Elfmeter verschossen. Dabei war eigentlich alles so, wie es sein muss: »Wenn ich mich kurz vor dem Spiel rasiere, haben wir meistens gewonnen. Wichtig ist auch, dass unser Mannschaftsbus vorwärts ins Müngersdorfer Stadion fährt.«

Wenn **Berti Vogts** schon vor dem Anstoß jubelt, dann hat er mal wieder bei der Platzwahl verloren: »Das ist immer ein gutes Zeichen, denn wenn ich die Platzwahl verliere, gewinnt meine Mannschaft in der Regel.«

Wolfgang Frank geht es im Frühjahr 1980 nicht gut. In der Not nimmt er 300 Mark in die Hand und wendet sich an einen Dortmunder Wahrsager: »Ich musste meine linke Hand auf ein Stück Papier legen, welches er um die Hand abriss. Dann schrieb er auf die Rückseite eine Zahl. Diese konnte ich allerdings nicht sehen. Er schaute sich danach meine andere Hand an, betrachtete die Lebenslinie und sagte zu mir: ›Sie haben zwei ganz schlechte Jahre hinter sich gebracht. Nennen Sie mir eine Zahl von eins bis fünf!‹ Ich überlegte etwas und antwortete dann: ›Drei!‹ Er sagte: ›Wenn die Zahl, die ich vorhin auf das Blatt geschrieben habe, identisch mit der von Ihnen eben genannten ist, haben Sie drei sehr erfolgreiche Jahre vor sich.‹ Er drehte das Papier um – es war die Drei! Warum soll man in einer solchen Lage nicht daran glauben?«

Nach einer verlorenen Partie gegen den Tabellenletzten Bielefeld sagt der Lauterer **Briegel** ganz andächtig: »Ich hatte schon am Morgen ein ungutes Gefühl. Schließlich ist heute der 13.!«

Hans-Peter Briegel schießt während des Aufwärmens nur ein einziges Mal aufs Tor – immer.

Rudi Kargus nimmt stets fünf Paar Handschuhe mit zum Aufwärmen, testet alle durch und spuckt zum Schluss in das Paar, für das er sich entschieden hat.

KSC-Torwart **Rudi Wimmer** trägt über vier Jahre immer eine bestimmte schwarze Hose. Bis sie vollkommen verwaschen ist, aber das stört den Keeper nicht: »Sie ist bequem und erfährt besondere Pflege, denn die wasche ich zu Hause immer selbst.«

Düsseldorfs **Sepp Weikl** leert nach jedem Spiel seine Tasche komplett aus und packt die Sachen in die Waschmaschine. Läuft es allerdings gerade rund bei ihm, dann hat er ein kleines, leicht ruchbares Geheimnis: Er lässt die alten Socken einfach in der Tasche. So lange, bis wieder eine schlechte Phase beginnt. Da kann man fast von Glück reden, dass die in Düsseldorf nicht zu selten sind.

Udo Lattek trägt bei Spielen zwei Uhren: die normale links und rechts die, die er zur ersten Meisterschaft geschenkt bekam.

2004/05

»Im Keller ist es dunkel, macht das Licht an!«

Es ist **die Spielzeit der Persönlichkeiten**. Die Saison hat noch nicht begonnen, da droht einer der ganz großen Bundesligastars bereits mit seinem Abgang. Bayern-Torwart Oliver Kahn reicht es. Die Berichterstattung über sein Privatleben geht seiner Meinung nach »ins Groteske«. Die »Bild«-Zeitung fragt gar: »Zerbricht Olli Kahn?«. Bayerns Vorstandsvorsitzender Karl-Heinz Rummenigge ist sauer und versucht – an das nationale Wohl appellierend – deeskalierend zu wirken: »Wenn das so weitergeht, wird er systematisch aus dem Land getrieben. Oliver Kahn ist ein großer Kämpfer. Aber er ist auch nur ein Mensch, der einen sensiblen Punkt hat. Man treibt ihn, einen der wenigen Hoffnungsträger für die WM 2006, langsam, aber sicher fort.« Doch Kahn bleibt!

Ein anderer hingegen geht. Reiner Calmund tritt im Juni zurück: »Ich habe 27 Jahre immer an vorderster Front gestanden, immer auf dem Bock, immer in der Verantwortung, ob Jugend-, Marketing- oder Profibereich. So habe ich für den Verein gelebt. Ich muss nun sagen: Ich bin platt! Ich kann nicht mehr 100 Prozent geben. Diese Belastung halte ich nicht mehr aus.« Sein Fazit nach dieser langen Zeit als Angestellter von Bayer 04: »Wir haben im Kaninchenstall Haberland-Stadion angefangen, haben es vom Abstiegskandidaten bis zur internationalen Adresse geschafft. Bayer war ein Teil von mir. Von der Bezahlung her habe ich immer auf einem Abstiegsplatz gestanden. Als wir 1993 den Pokal geholt haben, habe ich 150.000 Mark verdient. Ich habe auch Sprünge gemacht, das endete aber bei 350.000 Euro. Das ist weniger als die Nummer 20, aber so bekloppt bin ich. Ich bin aber auch in Zukunft finanziell abgesichert. Dafür möchte ich Bayer danken.« **Tschüss, Calli!**

Und wieder ein anderer geht und kommt schnell wieder zurück. Nach sieben Jahren hatte **Bixente Lizarazu** die Bayern im Sommer gen Marseille verlassen. Endlich wieder in den dauersonnigen Süden, endlich wieder nahe der Heimat leben – alles schien perfekt. Doch nach nicht einmal sechs Monaten steht Lizarazu erneut für die Bayern auf dem Platz. Als es nicht hinhaut in Marseille, erinnert er sich an das Versprechen von Uli Hoeneß, dass er jederzeit gerne zurückkommen könne. Alte Liebe rostet eben nicht. Jetzt ist er wieder zu Hause, beim FC Bayern. Nur seine frühere Trikotnummer, die 3, haben sie bereits an Lucio vergeben. Egal, wie Lizarazu erklärt: »Jetzt habe ich die ›69‹, weil ich 1969 geboren bin, 1,69 Meter groß bin und 69 Kilo schwer. Okay, ich war mal 69 Kilo schwer. Um ehrlich zu sein: Das ist schon ein paar Jährchen her.«

Auf Schalke spielt nun der lebensfrohe Brasilianer Ailton. Er wird nicht unbedingt mit offenen Armen von den königsblauen Anhängern empfangen, hatte er doch im Frühjahr über seine neue Heimatstadt noch geäußert: **»Alles, was ich bisher über Gelsenkirchen gehört habe, ist ein Desaster.«** Als er dann auch noch mit einem Leihwagen mit Dortmunder Kennzeichen vorfährt,

Saisonverlauf 2004/05

Platz	Tore	Punkte
1.	75:33	77
2.	56:46	63
3.	68:37	59
4.	59:31	58
5.	54:40	58
6.	65:44	57
7.	47:44	55
8.	55:50	51
9.	49:51	48
10.	34:36	45
11.	50:55	43
12.	43:52	42
13.	37:49	40
14.	55:63	38
15.	35:51	36
16.	47:68	35
17.	31:65	30
18.	30:75	18

Die besten – Torjäger der Saison

Marek Mintal (1. FC Nürnberg)	24
Roy Makaay (FC Bayern München)	22
Dimitar Berbatow (Bayer 04 Leverkusen)	20

muss er ganz schnell versprechen, sich ein Auto mit Gelsenkirchener Nummer anzuschaffen. In diesem Zuge sichert er den Fans auch zu, die Grünfläche vor seinem Haus ebenfalls an seinen neuen Arbeitgeber anpassen zu wollen: »Den Rasen in meinem Garten färbe ich noch blau. Grün ist die Werder-Farbe, aber jetzt bin ich ein echter Schalker.« Die Schalker Fan-Initiative e.V. schreibt ihm dennoch einen offenen Brief: »Sehr geehrter Herr Goncalves da Silva. Wir haben uns Gelsenkirchen nicht ausgesucht und Schalke auch nicht. Wir sind es! Komm ma lecker bei uns bei – und nach der ersten Meisterfeier mit uns wirst du am nächsten Morgen gar nicht mehr wissen, wo Bremen überhaupt liegt.«

In Dortmund geht die Zeit von **Präsident Gerd Niebaum und Manager Michael Meier** zu Ende. Die Verbindlichkeiten wachsen jeden Tag um unglaubliche 72.000 Euro. Und sportlich läuft es in der Hinrunde ebenfalls überhaupt nicht. Nach dem 17. Spieltag ist der BVB nur 14. Ein Fan-Plakat drückt die Stimmung in Dortmund am besten aus: »Im Keller ist es dunkel, macht das Licht an!« In Deutschland wird mittlerweile gelacht über den BVB. Comedian Michael Mittermeier spottet: »Was haben der BVB und Karstadt gemeinsam? Beide sind pleite. Aber Karstadt hat die bessere Sportabteilung.« Neuer Geschäftsführer bei der Borussia wird **Hans-Joachim Watzke**. Der übt einen Fulltimejob aus, verdient damit aber nichts. Watzke verzichtet nach eigenen Angaben wegen der leeren Kassen bei seinem Arbeitgeber auf sein komplettes Gehalt. Und nicht nur das. Auch alle anfallenden Kosten für Benzin, Telefon und Übernachtungen bezahlt er aus der eigenen Tasche: »Ich bringe im Moment jeden Monat knapp 2.000 Euro mit!«

Das Zitat der Saison kommt von Leverkusens Trainer Klaus Augenthaler: »Wenn heute ein Spieler zehn Mal den Ball hochhalten kann, hat er mit seiner ersten Vertragsunterschrift ausgesorgt.« Ach, Bayern München wird übrigens Meister. 14 Punkte vor dem FC Schalke 04 sind es am Ende. Die Feierlichkeiten am 31. Spieltag in Kaiserslautern (4:0-Sieg für die Bayern) finden ohne Oliver Kahn statt. Der Torwart ist in München geblieben und wird von Michael Rensing vertreten.

Bayerns Abwehrspieler **Tobias Rau ist vom Pech verfolgt**. Zwei Muskelfaserrisse und zwei Muskelbündelrisse lassen ihn in München einfach nicht zum Einsatz kommen. Die Verletzungen sind angesichts einer sehr starken Konkurrenz ein weiteres großes Handicap für ihn. Doch Rau nimmt die Sache wenigstens mit Humor: »Ich habe bei den Bayern jedenfalls einiges mehr gerissen als Kahn und Ballack zusammen.«

Tobias Rau mit seiner Freundin Elsa (li.) und Melanie, Freundin von Torwart Michael Rensing.

★ ★ ★

Bei der Partie des VfL Bochum gegen Borussia Dortmund (2:2) geht es am vierten Spieltag tüchtig zur Sache. Eine hochklassige Bundesligabegegnung mit vielen hitzigen Momenten. Für Bochums **Co-Trainer Frank Heinemann** sogar mit einem Moment zuviel. Denn als BVB-Profi David Odonkor den Bochumer Stürmer Peter Madsen direkt vor seinen Augen unsanft von den Beinen holt, stürmt Heinemann aufs Spielfeld und schubst Odonkor beiseite. Schiedsrichter Herbert Fandel ist sofort zur Stelle und droht dem Bochumer mit einem Vermerk im Spielberichtsbogen. Nach der Partie geht der VfL-Co-Trainer deshalb noch einmal in die Kabine des Schiris und rechtfertigt sich für das Geschehene – auf seine Weise: »Ich wollte dem David doch nur einen Flecken vom Trikot wischen.« Eigenartigerweise verzichtet Fandel schließlich auf den Eintrag.

★ ★ ★

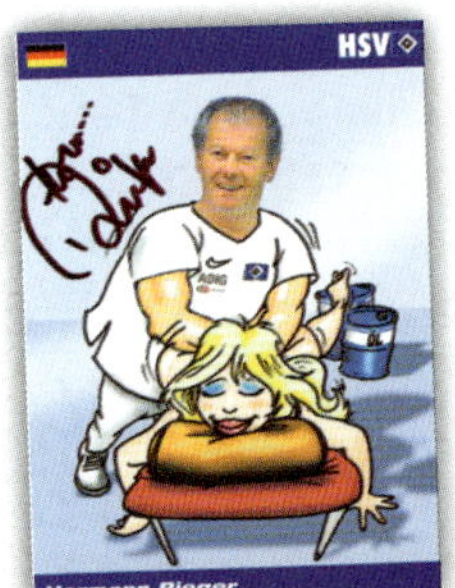

In Hamburg verabschiedet sich nach 26 Jahren der **Kult-Masseur Hermann Rieger** in den Ruhestand – verdientermaßen mit einem Abschiedsspiel zwischen der aktuellen Mannschaft und einem All-Star-Team. Dereinst wurde Rieger von Manni Kaltz aus dem Mittenwald in die Hansestadt geholt. Der HSV-Profi Bernd Hollerbach träumt davon, Rieger nach seiner Laufbahn wieder zurück in seine Heimat zu locken: »Ich gehe mit Hermann Rieger nach Mittenwald. Er macht den Skilehrer, und ich verkaufe die Weißwürste.« Dort tut man auch einiges für den beliebten Masseur und benennt einen Weg in der Nähe seines Elternhauses in »Hermann-Rieger-Weg« – doch es bleibt bei Hollerbachs Traum. Zum Abschied schenkt der HSV Rieger ein Buch mit dem Titel »In Hamburg sagt man Tschüss«. Zurück in der Hansestadt bleiben auch das nach ihm benannte Maskottchen »Dino Hermann« und der größte Fanklub des Klubs »Hermanns treue Riege«. Auf hsv.de erinnert sich Rieger an den Tag, als er zu einer Legende der Bundesliga wurde: »Es war bei einem Nordderby gegen Werder Bremen. Ich lief auf den Platz, um einen unserer Spieler zu behandeln. Auf dem Rückweg zur Trainerbank sah ich, dass ein Bremer einfach umgekippt war, der kriegte keine Luft mehr. Ich lief quer über das Feld, um ihm zu helfen. Der Schiri hatte davon aber nichts mitbekommen, kam zu mir und zeigte mir die Rote Karte. Ich musste also das Feld verlassen und lief an der Bremer Kurve vorbei, mit einem mulmigen Gefühl, denn beim Derby waren ja schon andere Dinge passiert. Aber dann erkannte ich, dass sie meinen Namen riefen. Ich konnte es kaum glauben. Unsere Fans haben es dann übernommen, jedes Mal, wenn ich aufs Feld lief.«

HSV-Masseur-Legende Hermann Rieger auf seinem »fliegenden« Teppich.

Im November spricht **BVB-Großaktionär Florian Homm** (er hält 25,97 % der Anteile an der Gesellschaft) auf der vierten Hauptversammlung der Borussia Dortmund GmbH & Co. KGaA der Geschäftsführung des einzigen deutschen börsennotierten Fußball-Unternehmens und damit den Herren Dr. Gerd Niebaum und Michael Meier sein Vertrauen aus. Homm ist optimistisch, dass sich die Aktie recht schnell erholen wird. Doch das wird sie nicht. Im September 2007 wird Homm, ein Großneffe von Josef Neckermann, sein Aktienpaket verkaufen und urplötzlich abtauchen. Fünf Jahre später, im Mai 2012, ist der Finanzinvestor immer noch nicht wieder aufgetaucht, wird aber mittlerweile von einem Privatermittler weltweit gesucht. Seine von ihm um viele Millionen geprellten Auftraggeber haben eine Belohnung von 1,5 Mio. Euro für Hinweise ausgesetzt, die zur Ergreifung des ehemaligen BVB-Großaktionärs führen. Übers Internet versucht der Detektiv per Video die Öffentlichkeit auf den Fall aufmerksam zu machen. Die Aktie liegt 2012 übrigens unter dem Wert des Jahres 2004.

★ ★ ★

In Bremen soll das allererste Spiel der Saison gegen den FC Schalke 04 angepfiffen werden, doch **das Flutlicht streikt**. Ein Baggerfahrer soll ein Stromkabel beschädigt haben. Schalkes Andreas Müller ist zu Recht erstaunt: »Um halb neun abends arbeitet in Bremen noch ein Baggerfahrer?« Tatsächlich stellt sich heraus, dass es eine von vielen zehntausend Muffen ist, die die Stromkabel untereinander verbinden, die den Geist aufgegeben hat. Mit 65 Minuten Verspätung wird die Partie schließlich angepfiffen und endet 1:0 für Werder. Bremens Südamerikaner Nelson Valdez ist hinterher immer noch erstaunt: »So etwas habe ich selbst in Paraguay nicht erlebt.«

Stromausfall im Weserstadion.

★ ★ ★

Bei der Partie des 23. Spieltags zwischen Bayer Leverkusen und dem VfB Stuttgart (1:1) kommt es zu einem Novum in der Fußball-Bundesliga. Kurz vor der Halbzeitpause kann VfB-Keeper Timo Hildebrand einen Schuss von Jacek Krzynowek gerade noch so eben über die Latte lenken. Die Akteure auf dem Platz richten sich bereits zur Ecke ein, als Schiri Franz-Xaver Wack, überraschend für alle, auf Abstoß entscheidet. Die Leverkusener sind außer sich. Da passiert etwas Einmaliges. Bayer-Spieler Robson Ponte sieht die Szene auf der Anzeigetafel, läuft zu Wack hin und gemeinsam sehen sie die Wiederholung der Torwart-Rettungstat. Schiedsrichter Wack reagiert schnell, deutet zur Ecke und macht damit eigentlich etwas Verbotenes. Hinterher spricht man vom ersten **»Videobeweis«** in der Bundesligageschichte. Und Bayer-Sportdirektor Völler ist zufrieden: »Kompliment an die Stadionregie, dass sie die Szene sofort eingespielt haben.«

2005 / 06

»Ich könnte nicht sagen, was ich falsch gemacht habe!«

In Dortmund wird schon wieder Geld verteilt. Groß-Aktionär Florian Homm möchte eine Million Euro für die Meisterschaft und 500.000 Euro für das Erreichen der Champions League springen lassen. Ganz schön großzügig. Ob solche Summen tatsächlich einen speziellen Anreiz für die gut bezahlten Profis des BVB darstellen, darf angesichts der unglaublichen Summen, die in den letzten Jahren in Dortmund verbrannt wurden, bezweifelt werden.

Wo kein Geld ist, wird die Nachwuchsförderung plötzlich wieder groß geschrieben. Und so läuft am ersten Spieltag der Saison in Dortmund **Nuri Sahin** auf den Platz. Der BVB-Akteur ist mit 16 Jahren, elf Monaten und einem Tag der jüngste Bundesligaspieler aller Zeiten. Das Trikot seiner ersten Partie schenkt er einer ganz besonderen Person: seiner Mutter. Kein Wunder, dass sein Trainer Bert van Marwijk sagt: »Der hebt nicht ab. Da ist der gar nicht der Typ zu.«

In Mainz erarbeitet sich Trainer Jürgen »Harry Potter« Klopp (»Harry Potter ist mir lieber, als wenn sie mich Kermit getauft hätten«) nach Anfangsschwierigkeiten langsam, aber sicher seinen Status als talentierter Bundesliga-Coach. Seine Methoden sind jedoch nicht immer so ganz nach dem Geschmack seiner Spieler – vor allem nicht derer, die noch mit ihm zusammen auf dem Platz gestanden haben, wie Torwart Dino Wache: »Früher war er nach Testspielen immer **die Nummer eins an der Wurstbude.** Heute bevorzugt er diese merkwürdige Trennkost.«

Kaum ist Peter Neururer wieder in Lohn und Brot, ist auch schon die Sprüchemaschine angeworfen. In Hannover möchte der in Bochum vor wenigen Monaten entlassene Trainer endlich einmal langfristig etwas aufbauen. Um die Lockerheit im Verein – nach der etwas angestrengten Zeit unter Ewald Lienen – wiederzufinden, wirft er einige Dinge über Bord. Kiebitze sind wieder herzlich eingeladen zum Training, und in Fragen der Ernährung kommt er den Spielern entgegen. Die Phase der Askese ist vorbei. Die Laster dürfen wieder gepflegt werden. **Bierchen und fettiges Essen** sind nicht mehr komplett tabu, denn für Neururer steht fest: »Fettwerte interessieren mich nicht. Mich interessieren die Lederwerte!«

In Hamburg feiern sie ihren neuen Star. Der Niederländer **Rafael van der Vaart** begeistert nicht nur die Fans. HSV-Torwart Stefan Wächter: »Der kleine Holländer? Der ist ganz gut, ne?!« Die Hamburger starten mit sechs Siegen und zwei Unentschieden in die Spielzeit. Das ist der beste Saisonauftakt einer HSV-Mannschaft in der Bundesliga überhaupt. Auch Trainer Thomas Doll ist ein Anhänger von van der Vaart. Als der Niederländer beim 3:0-Sieg in Kaiserslautern ein Tor mit rechts und eines mit links erzielt und anschließend auch noch ein weiteres mit einem Traumpass vorbereitet, herzt ihn der HSV-Coach innig und ruft ihm begeistert mit einem Klaps auf den Po zu: »Ist das geil, Junge!« Innerhalb kürzester Zeit gehen 6.000 Trikots mit van der Vaarts Namen über den Ladentisch – ebenfalls Rekord in Hamburg. Viele Größen sind schnell ausverkauft!

Saisonverlauf 2005/06

Platz	Tore	Punkte
1.	67:32	75
2.	79:37	70
3.	53:30	68
4.	47:31	61
5.	64:49	52
6.	52:48	48
7.	45:42	46
8.	49:51	44
9.	37:39	43
10.	42:50	42
11.	46:47	38
12.	43:47	38
13.	32:47	37
14.	42:51	36
15.	33:55	34
16.	47:71	33
17.	49:71	30
18.	34:63	27

Die besten Torjäger der Saison

Miroslav Klose (Werder Bremen)	25
Dimitar Berbatow (Bayer 04 Leverkusen)	21
Halil Altintop (1. FC Kaiserslautern)	20

Auf Schalke wird zur Winterpause **Ralf Rangnick** entlassen. Nachdem dieser angekündigt hatte, seinen Vertrag bei den Königsblauen nicht verlängern zu wollen, reagiert Rudi Assauer sofort. Kurz zuvor hatte Oliver Reck noch über Rangnick den geheimnisvollen Satz gesagt: »Ich komme gut mit ihm aus und hoffe, dass beruht auf Gleichgültigkeit.« Assauer hingegen hat nie einen Hehl daraus gemacht, dass er die Personalentscheidung seines Co-Managers Müller nicht verstanden hat. Bei der Vorstellung von Rangnick begrüßte er ihn beharrlich mit dem falschen Vornamen »Rolf«. Zum Eklat kommt es schließlich, als sich Rangnick vor seiner letzten Partie auf Schalke (gegen Mainz 05, Endstand 1:0) mit einer doppelten Stadionrunde von den Fans verabschiedet. »Ich konnte nicht anders«, sagt Rangnick, »kann aber auch verstehen, dass einige Spieler und der Vorstand das als Provokation aufgefasst haben!«

Werder Bremen gewinnt am letzten Spieltag 2:1 beim bis dahin zweitplatzierten Hamburger SV und übernimmt den zweiten Tabellenrang, der zur direkten Teilnahme an der UEFA Champions League berechtigt. Die tragischste Figur an diesem Tag ist der frühere Schalker und Bremer **Ailton**. Er vergibt, inzwischen für den HSV spielend, hochkarätigste Chancen und ist maßgeblich dafür verantwortlich, dass die Hamburger die Partie verlieren.

»Es wird langweilig, den Bayern zu gratulieren«, sagt Jens Nowotny von Bayer Leverkusen zum vorzeitigen Titelgewinn des FC Bayern München und gibt die Stimmung in der Liga treffend wieder. Nur einer kann sich wie immer ganz unbeschwert über den Erfolg seines Vereins freuen. **Uli Hoeneß**: »Wenn man an Weihnachten unter dem Baum den ersten Tabellenplatz sieht – und die anderen sehen das auch –, ist das ein gutes Gefühl.«

Im Abstiegskampf helfen Duisburg auch gute Worte nichts mehr. »Jetzt mach keinen Scheiß, wir brauchen den Sieg«, ruft MSV-Profi Dirk Lottner in der Schlussphase der Partie gegen Wolfsburg Schiedsrichter Peter Sippel zu. Die Duisburger steigen ebenso ab wie der 1. FC Kaiserslautern und der 1. FC Köln. Dort sagt Kölns Trainer **Uwe Rapolder** nach einer Vorrundenausbeute seiner Mannschaft von nur zwölf von 51 möglichen Punkten sehr selbstbewusst: »Ich könnte nicht sagen, was ich falsch gemacht habe!«

Slapstick-Einlage im Dezember in Duisburg: MSV-Trainer **Norbert Meier und Kölns Albert Streit** geraten am Spielfeldrand aneinander. Ihre hitzige Konfrontation beenden die beiden Laien-Darsteller mit einer hollywoodreifen Schauspieleinlage. Nach einem gegenseitigen Kopfstoß-Wischer sacken beide – mit den Händen vor dem Gesicht – zu Boden.

★ ★ ★

Auch abseits des Platzes macht der Neu-HSV-Profi Rafael van der Vaart eine gute Figur. Zusammen mit seiner attraktiven **Ehefrau Sylvie** kommt Glamour in die Hansestadt. Die Hamburger feiern ihre Niederländer abwechselnd als »Hollands besten Importschlager«, die »Holland-Beckhams« oder auch die »Nachwuchs-Becks«. In bunten Geschichten wird berichtet, dass die Trauung des Fußballstars mit der ehemaligen MTV-Moderatorin, die immerhin fünf Jahre älter als ihr Mann ist, über 1,4 Mio. Niederländer live im TV verfolgt haben. Die Senderechte hatten die van der Vaarts exklusiv verkauft und 380 Gäste zur ihrer Hochzeit eingeladen. Eine Traumwelt, in der die beiden da leben. Es gibt nur ein Problem: Sylvie interessiert sich nicht so für Fußball. Oder wie ihr Mann Rafael gegenüber Journalisten sagt, als die seiner Frau auch Fragen zu seinem Beruf stellen wollen: »Sie können ihr viele Fragen stellen – erwarten Sie bloß keine Antworten.«

★ ★ ★

Interessanter, neuer Blick auf Calmunds überraschenden Rückzug als Manager von Bayer 04 Leverkusen zwei Jahre zuvor. Reiner Calmund soll im Streit mit Geschäftsführer Wolfgang Holzhäuser geschieden sein, da im Juni 2003 Bargeldzahlungen in Höhe von 580.000 Euro an den Spielervermittler Volker Graul für die vermeintliche Vermittlung von **Vorkaufsrechten auf serbische und kroatische Spieler** veranlasst worden seien. Das Problem: Es gibt bei Bayer keine Dokumente über diese Vorgänge – und Calmund schweigt. Kurzfristig kursieren Gerüchte, die Gelder könnten auch für Transaktionen im damaligen fulminanten Ligaendspurt eingesetzt worden sein. Bayer 04 hatte nach einer katastrophalen Saison plötzlich drei der letzten vier Partien am Saisonende gegen Arminia Bielefeld, 1860 München und den 1. FC Nürnberg gewonnen. Sportdirektor Rudi Völler ist konsterniert, steht er doch zwischen seinem Arbeitskollegen Holzhäuser und seinem Freund Calmund: »Bei dieser Geschichte wird es keine Gewinner geben. Nur Verlierer.« Alle Vermittlungsversuche von Völler sind gescheitert: »Beide Parteien sind zerstritten, es ist nichts zu kitten.«

★ ★ ★

Seit Bodo Illgner 1996 den 1. FC Köln über Nacht Richtung Spanien verlassen hat, ist es ruhig um **das schillernde Ehepaar Illgner** geworden. Nun stellt der ehemalige Nationaltorhüter zusammen mit seiner Frau Bianca den fiktiven Tatsachenroman »Alles« vor. Viele Geschichten der beiden Hauptcharaktere Kevin (Bodo) und Jasmin (Bianca) spielen sich im Umfeld eines Vereins ab, der im Buch nur »FC« genannt wird. Der Clou: Alle handelnden Personen heißen nicht wie im wahren Leben, sondern haben

»Tarnnamen«. Ein Bundestrainer heißt beispielsweise Hans Eckenhauer, der danach Peter Wadenbein. Und der Trainer von Kevin beim FC wird nur Josch genannt. Offensichtlich ein lustiger und lebensfroher Zeitgenosse mit zwei Gesichtern. Bei einer kleinen Mannschaftsfeier in einem Etablissement steigt er überraschend aus einer großen Torte und entledigt sich anschließend seiner Kleidung, bis er von Kevin »abgeführt« und in seinem Wagen nach Hause gefahren wird: »Ich packte mir den Trainer und trug, oder besser gesagt, schleifte ihn zu seinem Mercedes. Als ich den Motor anließ, betätigte er einen Knopf und öffnete das Schiebedach. Gut! Ein bisschen frische Luft konnte ihm wirklich nicht schaden. Als ich auf der Hauptstraße auf achtzig km/h beschleunigte, stand er plötzlich auf, sein Oberkörper ragte aus dem Wagen heraus. ›FC vor, noch ein Tor‹, grölte er immer wieder. Ich beschwor ihn, sich wieder zu setzen, als eine Ladung von Undefinierbarem auf die Windschutzscheibe klatschte.« Am nächsten Morgen holt Kevin den wie ausgewechselt wirkenden Coach mit dessen Wagen zu Hause ab. Gemeinsam fährt man zum Training. Kurz vor dem FC-Gelände stoppt Josch abrupt: »Was gestern passiert ist, streichst du am besten aus deinem Gedächtnis! So, jetzt steig hier aus und geh die letzten Meter zu Fuß. Nun mach schon, meinst du, ich will gesehen werden, wie ich mit einem Spieler zum Training fahre?!« Kurz vor der WM 2006 machen Gerüchte die Runde, im fiktiven Tatsachenroman sei auch von einem homosexuellen Nationalspieler die Rede, der in einer gemeinsamen Kampagne mit einem Boulevardblatt geoutet werden soll. Doch die Aktion platzt. Wohl ein weiterer Grund, warum das Buch fast ebenso schnell in der Versenkung verschwindet wie die Illgners damals nach Spanien.

★ ★ ★

Auf Schalke ist die Welt für **Rudi Assauer** im Spätsommer noch in Ordnung. Sein junger Nachwuchsmanager Andreas Müller darf ab sofort sogar »Du« zum Rudi sagen, wie Assauer selbst erzählt: »Den Gesellenbrief hat er jetzt schon. Den Meisterbrief noch nicht ganz. Aber es reicht, um du zu mir zu sagen. Den Andi und mich kann kein Mensch der Welt auseinanderdividieren.« Auf seine Arena Auf Schalke ist Assauer immer noch ganz besonders stolz; auch wenn in München mittlerweile der Hoeneß meint, sein Stadion wäre schöner. Jedoch nicht mit Assauer: »Die Allianz-Arena wirkt vor allem außen. Sie hat Charme, aber kein Dach!« Und auch sein Alter – er ist 61 Jahre jung – ist für Assauer kein Grund zur Sorge. Als ihn der Journalist der »Sport Bild« fragt, ob er nicht ab und zu einmal »depressiv« sei, antwortet Assauer: »Depressiv? Ist das eine neue Weinsorte? Oder ein neuer Kaffee? Nein, toi, toi, toi!« Aber wie auch, bei so einer attraktiven Freundin? Zu den Gerüchten, dass die Schauspielerin **Simone Thomalla** nicht mehr bei ihm sei, sagt Assauer zu einem Reporter: »Wie? Die ist ausgezogen? Dann muss ich 14 Tage im Tiefschlaf gelegen haben. Sie geht manchmal weg zum Einkaufen. Ist aber immer wieder zurückgekommen …«

Manager Rudi Assauer und seine Lebensgefährtin, Schauspielerin Simone Thomalla, bei Werbeaufnahmen für Veltins.

In **Hannover** wird Ewald Lienen im Herbst entlassen und Peter Neururer als Trainer vorgestellt. Und der freut sich, kurz nach seinem Weggang aus Bochum, hörbar über den neuen Job: »Dreieinhalb Monate Pause ohne Fußball sind genug. Ich bin meiner Frau und den Kindern schon auf die Nerven gegangen. Nur Golf spielen und mit dem Motorrad fahren, füllt einen Tag nicht aus. Fußball ist mein Leben!«

Doch bevor Neururer mit seiner Arbeit bei Hannover 96 beginnen kann, muss noch eine zehn Jahre alte Kuriosität aus der Welt geschafft werden. Denn am 31. Mai 1995 hatte der damalige Vereinspräsident Klaus-Dieter Müller nach Neururers Entlassung ein Stadionverbot für den damaligen Zweitliga-Coach ausgesprochen. Zwar war Neururer in den Folgejahren bereits häufiger im weiten Rund der Arena zu Gast gewesen, jedoch nur geduldet – als Coach des jeweiligen Gegners der 96iger. Der aktuelle Geschäftsführer der Hannoveraner Karl-Heinz Vehling geht allerdings davon aus, dass das damalige Verbot »ohnehin nicht rechtsgültig« gewesen sei.

Ewald Lienen

1980 möchte Lienen mit dem Fußball bereits aufhören, um endlich sein **Pädagogikstudium** zum Abschluss zu bringen. Doch eine Möglichkeit gibt es noch, hat der schlaue Profi erkannt: »Wenn Borussia mir mehr Geld bietet, könnte ich mein Studium etwas hinausziehen, da ich keine Regelstudienzeit habe.«

»Sie können mich alles fragen über den **Ostermarsch**«, entgegnet Ewald Lienen im Frühjahr 1982 den Journalisten, die ihn zum Spiel Bielefeld gegen Frankfurt interviewen wollen. Werner Lorant, der beinharte Verteidiger der Eintracht, kann das »Gewäsch« von Lienen nicht mehr hören: »Der Depp, dieser Hippie. Der soll bloß den Mund halten. Schließlich verdient er wie wir alle sein Geld mit Fußball!«

Gladbach bemüht sich, Ewald Lienen mit ungewöhnlichen Ideen auch über die Saison 1980/81 an den Verein zu binden. **Trainer Jupp Heynckes** hat sich schon was ausgedacht für den angehenden Sozialpädagogen: »Wenn du noch drei, vier Jahre spielst, hättest du genug Geld, ein Haus zu kaufen und dort mit Behinderten zu arbei-

Ewald Lienen spielt Tischfußball mit Kindern, die eine geistige Behinderung haben (1980).

ten. Wir müssten vom Verein aus mal überprüfen, welche Voraussetzungen gegeben sein müssten, damit du die Heimleiterfunktion erfüllen kannst. Selbstständig arbeiten jedenfalls könntest du dann!«

Heynckes: »Der Ewald ist schließlich niemand, der nach seiner Laufbahn mit einer Sportartikelvertretung zufrieden wäre.«

Im Frühjahr 1982 lässt sich Lienen im Kölner **Strafraum** »theatralisch fallen« und bekommt einen Elfmeter. Nach diesem Vorfall ist der Bielefelder Profi bei »Toni« Schumacher unten durch: »Nach dieser Szene hätte er beweisen können, dass er ein ›Saubermann‹, ein Vorbild, ein ehrlicher Kerl, ein prima Kamerad ist. Er hat es nicht getan, und deshalb ist er für mich auch keinen Deut besser als die anderen. Im Gegenteil: Er ist schlimmer. Er gaukelt der ganzen Welt vor, wie rein und klar er den Fußball haben möchte, und wenn es drauf ankommt, denkt er auch nur an sich, an seinen Profit, an seinen Erfolg.«

»Ich werde nicht für Fotos posieren, für widerwärtigen **Personenkult**, den ich hasse wie die Pest.«

»Nicht ich will was von den **Zeitungen**, sondern die Zeitungen wollen was von mir. Ich bin auf sie nicht angewiesen. Wenn ich also Journalisten Rede und Antwort stehe – weshalb soll ich dann nicht Einfluss nehmen?«

»Ich habe nichts gegen Fußball, ich spiele dieses Spiel gerne. Ich wende mich nur gegen dessen **Pervertierung**. Ich habe Spaß an der individuellen, freiwilligen Leistung. Ich will nicht in einer Gesellschaft leben, die sich im Fußball spiegelt und deren Spiegelung das Zerrbild einer menschlichen Gesellschaft ist. Ich möchte in einer Gesellschaft leben, die mich als mickrigen, kleinen Menschen achtet, anerkennt, akzeptiert und nicht wegen meiner Leistung als Fußballer. Ist das denn nicht verständlich?«

2006 | 07

»Lieber schlecht gefahren als gut gelaufen!«

Die gute Nachricht zuerst: Es ist tatsächlich ein anderes Team Meister geworden als der FC Bayern München. Nachdem in den letzten Jahren ob der Dominanz des FC Bayern ein wenig Langeweile in den oberen Tabellenregionen aufgekommen war, entschädigt diese Saison für vieles. Die Münchner selbst spielen ihre **schlechteste Runde seit der Spielzeit 1994/95.** Zehn Saisonniederlagen wiegen schwer. Am Ende werden die Bayern trotz des Trainerwechsels von Felix Magath zu Ottmar Hitzfeld nach zwei Spieltagen der Rückrunde nur Tabellenvierter und qualifizieren sich damit zum ersten Mal seit zehn Jahren nicht für die Champions League.

Dabei hatte der für eine Ablösesumme von zehn Millionen Euro transferierte Neuzugang vom 1. FC Köln, Lukas Podolski, vor der Saison noch vollmundig »Titel, Titel, Titel« versprochen. Um den spielen am Ende völlig überraschend der **VfB Stuttgart und der FC Schalke 04.** Die Königsblauen hatte vor der Spielzeit kein Experte auf der Rechnung. Bis auf einen, Lothar Matthäus: »Für mich besteht kein Zweifel: Schalke 04 wird der hartnäckigste Konkurrent von Meister Bayern sein. Wegen der Klasse der Spieler müsste Schalke 04 sogar Meister werden.«

Und lange Zeit sieht Schalke tatsächlich wie der kommende Titelträger aus. Doch mit der 2:1-Niederlage am 31. Spieltag in Bochum, als die Königsblauen unter dem Motto **»Nordkurve in deiner Stadt«** einen Fußmarsch mit 6.000 Anhängern vom Bahnhof zum Stadion »Ganz in Weiß« zurücklegen, beginnt die Depression auf Schalke. Zeitgleich schwebt der VfB Stuttgart auf der Wolke des Erfolgs und gewinnt die letzten acht Begegnungen der Saison allesamt. Dabei haben sich die Schalker das Spielzeit-Finale so schön ausgemalt. Gerald Asamoah freut sich schon seit Wochen auf die Partie am 33. Spieltag beim Revierrivalen Borussia Dortmund und verspricht: »Sollten wir den Titel in Dortmund holen, laufe ich wieder nach Hause zurück – mit einem riesigem Glas Bier in der Hand!« Ein Plan, den Manager Andreas Müller so oder so nicht befolgen wird: »Ich laufe auf keinen Fall mit. Lieber schlecht gefahren als gut gelaufen!« Am Ende kommt eh alles ganz anders als gehofft. Während der VfB Stuttgart zeitgleich und nach großem Kampf in Bochum mit 3:2 gewinnt, unterliegen die Schalker mit 2:0 bei Borussia Dortmund. Ein Ergebnis, dass die Schwarz-Gelben natürlich ordentlich feiern. Vorneweg BVB-Internet-Reporter Boris Rupert. Voller Entzücken stöhnt er beim entscheidenden Tor in sein Mikrofon: »Metzel-

Saisonverlauf 2006/07

Platz	Tore	Punkte
1.	61:37	70
2.	53:32	68
3.	76:40	66
4.	55:40	60
5.	54:49	51
6.	43:32	48
7.	43:37	45
8.	49:50	45
9.	41:43	44
10.	50:55	44
11.	41:50	44
12.	47:49	42
13.	38:49	41
14.	46:58	40
15.	37:45	37
16.	34:57	34
17.	46:70	34
18.	23:44	26

Die besten – Torjäger der Saison

Theofanis Gekas (VfL Bochum)	20
Alexander Frei (Borussia Dortmund)	16
Roy Makaay (FC Bayern München)	16

der jetzt auf links, komm, mit links kann er eigentlich nicht so gut flanken. Mit rechts jetzt, Metzelder zieht ab. Aber abgewehrt von Bordon. Noch mal! Tor, Toooor, Tooooorrr, Tor, Tor, Tor – Ebi Smolarek. 2:0 für Borussia Dortmund. Ist das denn zu fassen? 2:0. 2:0 für Borussia Dortmund gegen den FC Schalke 04, gegen den kommenden Vizemeister in der Saison 2, 6, 2, 7. 2:0 für Borussia Dortmund. Und da gibt es noch einmal Gelb für Smolarek. Da gibt es Gelb wegen übertriebenem Torjubels. **Aber wirklich drauf geschissen!**« Der VfB holt schließlich am 34. Spieltag durch einen 2:1-Sieg zu Hause gegen Energie Cottbus seine fünfte Deutsche Meisterschaft.

Am ersten Spieltag beginnt für eines der größten Talente der letzten Jahre die Karriere. Der Schalker **Mesut Özil** wird bei der Partie gegen Eintracht Frankfurt (1:1) in der 80. Minute eingewechselt. Nach nur 30 Erstligaeinsätzen wechselt Özil bereits anderthalb Jahre später in der Winterpause nach Bremen. Ohne ein einziges Bundesligator geschossen zu haben, ist der 19-Jährige Werder eine Ablösesumme von fünf Millionen Euro wert.

Im April erzielt Werders Brasilianer Diego beim Spiel gegen Alemannia Aachen (3:1) in der Nachspielzeit einen Treffer aus 63,14 Metern. Sein Schuss aufs verlassene Tor stellt einen neuen **Rekord in der Bundesliga** auf. Nie traf ein Spieler aus größerer Entfernung.

Seinen letzten großen Auftritt in Wolfsburg zelebriert der Trainer der Wölfe, **Klaus Augenthaler,** mit einer ebenso fulminanten wie kurzweiligen Showeinlage. Genau 42 Sekunden sitzt er bei der Pressekonferenz auf der Bühne: »Guten Tag! Meine Herren, es gibt vier Fragen und vier Antworten. Die Fragen stelle ich und die Antworten gebe ich auch. Stimmung der Mannschaft, wie ist die Stimmung der Mannschaft, Zustand der Mannschaft? Die Mannschaft hat hervorragend gearbeitet. Zur Taktik: Ein oder zwei Stürmer? Das hängt davon ab, wie die personelle Situation ist – es ist der eine oder andere verletzt. Wie ich den Gegner erwarte: Aachen wird sicherlich Druck machen, Aachen muss das Spiel gewinnen, darauf sind wir vorbereitet. Ist die Mannschaft dem Druck gewachsen? Was ich beobachtet habe in der Woche im Training: Die Mannschaft hat sehr gut gearbeitet und wird die Antwort auf dem Platz geben. Danke schön!«

Mittelfeldspieler **Mehmet Scholl** von Bayern München beendet seine Karriere und verabschiedet sich standesgemäß mit einem Spruch von seinen Fans: »Wir heulen heute Abend alle. Wir werden was trinken, und dann heulen wir alle. Und dann tauschen wir die Frauen, und dann geht's weiter.«

Eine Aktion von BVB-Fans, die für Aufsehen sorgt. Das Flugzeug-Banner: Ein Leben lang, keine Schale in der Hand!

★ ★ ★

Der ehemalige Stuttgarter **Kevin Kuranyi** ist irritiert. Sein neuer Cheftrainer beim FC Schalke 04, Mirko Slomka, ist ein Fan des sogenannten REISSprofil-Tests und möchte von seinen Profis allerhand intime Dinge wissen. Vor allem die Themen Sex und Erotik sind den teilnehmenden Schalker Spielern etwas peinlich – gehen sie doch ziemlich ins Detail. Die Ergebnisse sind angeblich aber allein streng wissenschaftlich zu sehen. Kaum zu glauben bei diesen Antwortmöglichkeiten: »Ich versuche, mehr Sex zu haben«, »Ich brauche häufigen Sex«, »Ich bin stolz auf meine erotischen Erfahrungen«, »Ich will jeden Sex, den ich bekomme«, »Ich habe ein starkes Bedürfnis nach häufigen Sex« und »Ich bin das, was man ›sexuell zügellos‹ nennt«.

★ ★ ★

Das Lebensmotto von Leverkusens **Carsten Ramelow** ist schon immer: »Lebe heiter, lebe froh, wie ein Frosch im H_2O.« In diesem Satz steckt schon eine Menge Wahrheit über den Bayer-Profi drin. Neuerdings überzeugt Ramelow auch als Sänger. In Zusammenarbeit mit Produzent Ulf Weidmann hat der Bundesligaspieler eine eigene CD mit dem Titel »Sing when you're winning« aufgenommen. Drei Coversongs sind auf der Scheibe verewigt: »As long as you love me« von den Backstreet Boys, »Still in love with you« von den No Angels und »Hello« von Lionel Richie. Eigentlich war die CD nur für den privaten Hausgebrauch gedacht, doch Freunde und Bekannte drängen Ramelow, die Platte auch offiziell zu veröffentlichen. Und da für Showstars wie für Bundesligaprofis ein rundum gepflegtes Äußeres immer schon wichtig war, wirbt Ramelow ab sofort auch für eine bahnbrechende technischen Neuerung, wie er selbst erzählt, die er, als Kunde der ersten Stunde, schon länger benutzt: »Intimhygiene ist für mich kein Tabu-Thema, besonders dann nicht, wenn alle erdenklichen Annehmlichkeiten geboten werden wie beim **Dusch-WC** von Geberit.« Was das ist? Die Firma erklärt es so: »In der WC-Keramik ist ein Duscharm integriert. Er löst einen angenehm weichen und körperwarmen Duschstrahl aus.« Ramelow: »Es ist wohltuend, sich sanft, aber gründlich mit warmem Wasser zu waschen. Insbesondere dann, wenn es die Hygiene wirklich verlangt: nach dem WC-Besuch.«

★ ★ ★

Bochums Barde Herbert Grönemeyer besucht im Oktober seinen Verein im Ruhrstadion. Stolz wird Herbert vor dem Spiel auf dem Rasen von Manager Stefan Kuntz dem Publikum präsentiert. Der Musiker bekommt ein Trikot mit seiner Mitgliedsnummer 4630 (alte Bochumer Postleitzahl & gleichzeitig Titel seines 1984 erschienenen Erfolgsalbums) und intoniert gemeinsam mit den VfL-Fans die inoffizielle Vereinshymne »Bochum«. Der Song läuft seit 1992 vor jedem Spiel des VfL im Ruhrstadion. An diesem Tag singen die blau-weiß gestimmten Besucher unter den 31.328 Zuschauern besonders inbrünstig die Textzeile: »Machst mit dem Doppelpass jeden Gegner nass, du und dein VfL! Bochum ich komm aus dir ...«. Aber es hilft alles nichts. Ganz im Gegenteil. Der SV Werder Bremen lässt sich von Herbert

Grönemeyer und dem Chor der tausend Kehlen nicht imponieren. Der VfL kassiert an diesem Nachmittag eine empfindliche Klatsche. 0:6 heißt es am Ende. Der beliebte Bochumer Barde soll danach viele Jahre keine Partie seines VfL im Ruhrstadion mehr besucht haben.

★ ★ ★

Herthas **Marcelinho** schreibt ein neues Kapitel der unendlichen Geschichte: »Brasilianer und ihre verspätete Rückkehr aus dem Urlaub«! Diesmal sind es ganze acht Tage, die der Berliner lieber in seiner Heimat verbringt, als zeitgleich mit seinen Kollegen auf dem Trainingsplatz zu schwitzen. Natürlich erhält er dafür eine Abmahnung. Seine vor Erfindungsreichtum sprühenden Ausreden sind aber eigentlich Entschuldigung genug. Ganze Mannschaftsabende könnte man sich an den brasilianischen Märchen erfreuen, die sein Berater Wolfgang Nothdurft über die verhinderte Rückkehr des Marcelinho in mehreren Kapiteln vorträgt: »Das erste Mal waren wir schon fast am Flughafen, als uns eine Straßensperre aufhielt. Ansonsten wären wir pünktlich gekommen.« Beim nächsten Mal kommt dem brasilianischen Star der Konkurs seiner gebuchten Flugfirma dazwischen: »Wir haben keine Flüge mehr gekriegt, denn Marcello wollte mit der gesamten Familie fliegen. Aber das hat mit der Anzahl der Flüge nicht hingehauen.« Dummerweise kreuzt genau in diesem Moment die Justizbehörde wegen einer alten Geschichte beim Brasilianer zu Hause auf: »Die haben jetzt zugeschlagen, als er mal hier war.« Naja, und schlussendlich war dann eh alles egal: »Wissen Sie, das ist halt typisch brasilianisch: Wenn man eh schon drei Tage zu spät ist, dann können es auch fünf werden.«

Marcelinho präsentiert sich mit neuer Haarfarbe – dank »Wella Viva Pure Red«.

Trainingslager

Frankfurts Torwart **Dr. Peter Kunter**: »Der Stumpfsinn des Trainingslagers ist für mich eine unerträgliche Pein.«

Bielefelds Trainer **Horst Franz** im Jahr 1981: »Eine Trainingseinheit vor dem Frühstück ist unwirksam. Man kann das mit dem Kaltstart eines Motors vergleichen. Ich halte das für ein Überbleibsel aus der Zeit des Frühsports, übernommen von Trainern, die noch den großen Krieg mitgemacht haben.«

Bielefelds Manager und Assistenztrainer **Georg Stürz** glaubt: »Junggesellen lieben Trainingslager, weil dort alles für sie geregelt wird, sie gutes Essen kriegen und sich nicht 'ne Butterstulle schmieren müssen.« Trainer Franz vermutet allerdings, Junggesellen interessieren sich für etwas anderes als Essen noch viel mehr.

Andreas Möller und Ralf Weber (beide Frankfurt) beim kraftbringenden Dünenlauf.

Neuzugang **Didier Six** ist in Stuttgart schon nach ein paar Tagen Training vollkommen fertig mit der Welt: »Ich bin ein Arsch. Warum gehe ich in die Bundesliga, wo man so viel laufen und kämpfen muss? Ich hätte in Frankreich doch wesentlich leichter ebenso viel verdienen können.«

2007/08

»Da lach ich mir doch den Arsch ab. Echt!«

Vor zwei Jahren war seine Präsentation in Hamburg noch ein großes Medienereignis. Vor Dutzenden Kamerateams, Fotografen und Journalisten wurde die Ankunft des Niederländers Rafael van der Vaart zusammen mit seiner Frau Sylvie in der Hansestadt zelebriert. Nun sorgt ein schlichtes Wohnzimmerfoto für fast noch mehr Aufmerksamkeit. Hamburgs Kapitän hat sich kurz vor dem Start der neuen Saison mit dem Trikot des spanischen Erstligisten Valencia CF ablichten lassen. Der Niederländer möchte unbedingt und mit allen Mitteln einen **Wechsel nach Spanien** erzwingen. Dafür ist van der Vaart sogar dieses böse Foul an den HSV-Fans Recht. Voller Pathos erklärt der niederländische Nationalspieler: »Wenn ich in Hamburg bleiben muss, werde ich Schmerzen haben. Ich hoffe, Valencia kämpft um mich.« Er ist auf jeden Fall zu einer Schlacht gegen den HSV bereit: »Ich werde dafür kämpfen, dass das mein Trikot wird. Ich denke weiter, dass ich bei Valencia spielen werde. Ich werde vor dem 1. September da sein.« Um für Valencia international spielberechtigt zu bleiben, meldet sich van der Vaart vor dem Qualifikationsspiel zum UEFA-Cup des HSV bei Honved Budapest krank. Er habe sich einen Hexenschuss beim Heben seines Kindes geholt, lässt er ausrichten. Am Ende zerschlägt sich der Wechsel nach Spanien. Van der Vaart bleibt noch diese eine Saison in Hamburg und wechselt schließlich nach der Spielzeit zu Real Madrid.

Einen großen Eklat erlebt die Liga am zweiten Spieltag beim Derby des FC Schalke 04 gegen Borussia Dortmund (4:1). Nachdem Schalkes Asamoah mit gestrecktem Bein in den BVB-Keeper Weidenfeller rutscht, entspinnt sich ein wütender Dialog zwischen den beiden. Während dieser verbalen Auseinandersetzung soll, so Asamoah hinterher, eine Äußerung in Bezug auf seine Hautfarbe in Verbindung mit dem Wort »Sau« oder »Schwein« gefallen sein. Den genauen Wortlaut kann der S04-Profi nicht mehr zweifelsfrei herleiten. Borussias Keeper Roman Weidenfeller hingegen kann sich auf Nachfrage des Vorsitzenden Sportrichters Anton Nachreiner genauer an seine eigenen Worte erinnern. Er habe nicht, so Weidenfeller, »schwarzes Schwein« gerufen, sondern »schwules Schwein«. Ein kleiner, feiner, aber für den DFB und einige Sponsoren des BVB sehr wichtiger Unterschied. Weil kein »rassistischer Hintergrund« vorliegt, sperrt der Fußball-Bund Weidenfeller wegen »einer herabwürdigenden und verunglimpfenden Äußerung« nur für drei Spiele und belegt ihn mit einer Geldstrafe in Höhe von 10.000 Euro. Ein Aufschrei geht durch die Bundesliga, als die Details der Urteilsbegründung bekannt werden.

Jacques Abardonado und Edin Dzeko beim Wasserball.

Die Begegnung des 28. Spieltags zwischen dem 1. FC Nürnberg und dem VfL Wolfsburg ist die erste Partie seit der Gründung der Bundesliga, die

Saisonverlauf 2007/08

Platz	Tore	Punkte
1.	68:21	76
2.	75:45	66
3.	55:32	64
4.	47:26	54
5.	58:46	54
6.	57:57	52
7.	57:40	51
8.	54:56	49
9.	43:50	46
10.	39:44	44
11.	38:53	43
12.	48:54	41
13.	50:62	40
14.	35:56	36
15.	35:60	34
16.	35:51	31
17.	30:52	30
18.	36:55	29

Die besten Torjäger der Saison

Luca Toni (Bayern München)	24
Mario Gomez (VfB Stuttgart)	19
Kevin Kuranyi (FC Schalke 04)	15

wegen schlechter Witterungsbedingungen nicht zu Ende gespielt werden kann. Nach dem Wechsel verschiebt Schiedsrichter Jochen Drees zunächst den Anstoß, um das Spiel nach einem längeren Abwarten schließlich komplett zu beenden. Schiedsrichtersprecher Manfred Amerell spricht von einer **»Entscheidung der Vernunft«** und »dass ein regulärer Spielverlauf nicht mehr gewährleistet« sei. Zu diesem Zeitpunkt haben die Zuschauer bereits eine lebhafte erste Halbzeit im Dauerregen gesehen, in deren Verlauf immer mehr der Zufall das Geschehen bestimmte. Auch der Führungstreffer durch Saenko ist zu großen Teilen den Platzverhältnissen geschuldet. Bei seinem Schuss aus 15 Metern rutscht Wolfsburgs Keeper Diego Benaglio aus, und der Ball flutscht an seinen Händen vorbei ins Tor. Natürlich werden bei allen Beteiligten Erinnerungen an die »Regenschlacht von Frankfurt« bei der WM 1974 zwischen Deutschland und Polen wach. Vor allem als durch die Nürnberger Greenkeeper schweres Gerät aufgefahren wird.

Den Titel holen mal wieder die Bayern. Bereits am 31. Spieltag können die Münchner durch ein torloses Remis in Wolfsburg den **Gewinn der 21. Meisterschaft** perfekt machen. Der amtierende Pokalsieger 1. FC Nürnberg und die beiden Aufsteiger aus Rostock und Duisburg müssen runter in die zweite Liga.

In Dortmund sorgt der scheidende Trainer Thomas Doll auf einer legendären Pressekonferenz Ende April für mediales Aufsehen. Seine »Wutrede« geht in der direkten Nachfolge eines Giovanni Trapattoni in die Geschichte der Bundesliga ein: »Wenn man was Schlechtes sehen will, sieht man was Schlechtes. Wenn man die andere Seite sehen will, kann man vielleicht auch mal die andere Seite sehen. Und das ist das, was mich so ärgert. Wir sollen jetzt am Freitagabend eine Mannschaft auf den Platz bringen, die durchs Feuer geht, aus der aber acht Mann hier eigentlich gar keine Rolle mehr spielen. Da lach ich mir doch den Arsch ab. Echt! Und das ist das, was mich ärgert. Und wir brauchen uns hier nicht jedes Mal hinsetzen, ob 'nen Kehl am Wochenende spielt und ob der am Wochenende spielt! Ist doch alles Blablabla. **Alles Blablabla ist das.**«

Rechtzeitig zur neuen Saison ist er wieder zurück: Ailton. Knapp ein Jahr hat die Bundesliga auf ihn verzichten müssen, nun will er es im Zebra-Trikot des MSV Duisburg noch einmal wissen. Und wie immer ist Ailton hervorragender Dinge – auch wenn er, für alle gut zu sehen, einige Kilo zu viel auf den Rippen trägt. Egal, Ailton Goncalves da Silva glaubt an sich und gibt mit vollem Körpereinsatz alles: »Totale Konzentration auf Fußball. Ohne Sex, ohne Bumbum. Orgasmus gibt es nur, wenn ich ein Tor schieße. **Tor. Bumbum. Ailton ist wieder da.**«

★ ★ ★

Anfang September titelt der »Kölner Express«: **»Daums Ja-Wort im Stadion«.** Im Innenteil findet sich auf einer ganzen Seite »das große Hochzeits-Doppelinterview« mit Daum und seiner neuen Frau, das mit dem Traumpaar kurz vor dem Abflug nach Venedig geführt und mit strahlend schönen Fotos am Schalter des Flughafens aufwendig dokumentiert wurde. Daum sagt über seine Angelica: »Ich liebe diese Frau in jeglicher Form.« Und aus diesem Grund hat er sich für sie auch etwas ganz Besonderes einfallen lassen: eine Hochzeitszeremonie auf dem Rasen des Kölner RheinEnergieStadions! Um Punkt 15:30 Uhr geben sich die beiden am Anstoßpunkt im Stadion das Ja-Wort. Zum Mittelkreis sind beide übrigens einzeln von den gegenüberliegenden Toren aufgebrochen. Daum: »So hatte jeder Zeit, noch mal zu überlegen.« Der ausführende Standesbeamte Hartwig Reimann ist ganz ergriffen und kommt »aus dem Schwärmen nicht mehr heraus«: »Ich habe 1.000 Trauungen vorgenommen. Aber das war eine Märchenhochzeit. So nette Leute wie die Daums begegnen mir selten. Ich werde diese Hochzeit nie vergessen.«

★ ★ ★

Mitte November kracht es im Paulaner-Festsaal auf dem Nockherberg bei der **Jahreshauptversammlung des FC Bayern München** ganz gewaltig, als um 21:25 Uhr Manager Uli Hoeneß das Wort erhebt. Zuvor haben einige der 1.105 anwesenden Mitglieder die schlechte Stimmung in der Arena der Bayern kritisiert. Es fallen Sätze wie: »In der Tiefgarage ist mehr los«, oder: »Mit dem Sektglas in der Hand gibt es halt keine La Ola.« Und dann bricht es aus Hoeneß heraus: »So, so etwa, so etwa kann ich mir vorstellen, als es vor zehn Jahren bei den Sechzigern übers Grünwalder Stadion ging. Da wurde auch diese alte schöne Welt – lieber geh ich in die Regionalliga, und ich geh wieder nach Weinheim, und ich will doch nicht mehr gegen Chelsea spielen! Dann gehen wir doch wieder dahin. Dann müsst ihr euch aber 'nen neuen Vorstand holen, mit uns eben nicht, denn wir … Eure Scheißstimmung! Da seid ihr doch dafür verantwortlich und nicht wir. Das ist doch unglaublich. Was glaubt ihr eigentlich, was wir das ganze Jahr über machen, damit wir euch für sieben Euro in die Südkurve gehen lassen können? Was glaubt ihr eigentlich, wer … wer euch alles finanziert? Die Leute in den Logen, denen wir die Gelder aus der Tasche ziehen. Ohne die hätten wir nämlich keine Allianz-Arena. Da würdet ihr nämlich wieder, da würdet ihr nämlich jetzt wieder, da würden wir nämlich jetzt wieder im Schnee und Eis spielen, dann würden wir gegen Bolton Wanderers 12.000 Zuschauer haben. Dann müsst ihr, dann müsst ihr euch zu diesen, dann müsst ihr diesen Verein euch suchen, der demnächst vielleicht in der dritten Liga spielt. Wenn ich dann höre, bei 1860 ist das alles so toll – da ist gar nichts toll! Der Verein ist mehr oder weniger pleite und … und … und … und wir, äh, haben ihn am Leben erhalten. Und … und … und weil, wer ist schuld dafür? Fans, die von gestern leben.

Ihr und wir, wir werden Ebay nicht verändern! Ja, das muss ich euch mal sagen: Ich brauche Ebay auch nicht und Google auch nicht, und trotzdem werd ich's nicht verhindern. *(Beckenbauer zaghaft: »Also ich …«)* Was glaubt ihr eigentlich, wer ihr seid? *(Beckenbauer: »Ja, ja …«)* Es kann doch nicht sein, dass wir hier kritisiert werden dafür, dass wir uns seit vielen Jahren den Arsch aufreißen, dass wir dieses Stadion hingestellt haben. Aber das hat 340 Mio. Euro gekostet, und das ist nun mal mit sieben Euro in der Südkurve nicht zu finanzieren.«

★ ★ ★

Tim Wiese springt am 32. Spieltag dem HSV-Profi Ivica Olic beim Derby in Hamburg (0:1) mit einem Kung-Fu-Tritt ins Gesicht. Später wird gegen den Torhüter gar wegen »versuchten Totschlags« ermittelt. Wiese zeigt sich entsetzt: »Derjenige, der mich angezeigt hat, forderte, ich solle die gerechte Strafe bekommen. Wahrscheinlich meinte er Knast.«

★ ★ ★

Im Sommer 2008 feiert **Oliver Kahn** seinen Abschied vom FC Bayern München. Ein Jahr zuvor sticht den Keeper bei einem Vorbereitungsspiel eine Wespe. TV-Kommentator Kai Dittmann kommentiert den Vorgang humorig: »Mutig von der Wespe, sich mit Oliver Kahn anzulegen.« Im Winter kommt es noch einmal zu einer hitzigen Auseinandersetzung zwischen Kahn und den Bayern-Verantwortlichen, als der Torhüter mit einer Ausrede der Weihnachtsfeier des FC Bayern fernbleibt, wie Uli Hoeneß erzählt: »Wir hatten Weihnachtsfeier im Palazzo von Alfons Schuhbeck. Und das war die Sturm-und-Drang-Zeit von Oliver. Um halb elf kam er plötzlich, sagte, seine Tochter sei krank, und er müsse die Weihnachtsfeier frühzeitig verlassen. Wir haben alle gesagt: Wenn die Tochter krank ist, kannst du natürlich nach Hause gehen. Das Problem war nur, dass ihn irgendjemand etwa zwei Stunden später im ›Trader Vic's‹ mit einer hübschen Frau gesehen hat. Die war nicht seine Tochter und auch nicht seine Frau. Das hatte zur Konsequenz, dass Trainer Ottmar Hitzfeld ihn mit 25.000 Euro bestraft hat und fürs nächste Bundesligaspiel gesperrt hat. Oliver hat dann natürlich gemeint, dass ich damit auch zu tun hatte – es nicht nur auf Ottmars Mist gewachsen ist. Und dann kann ich mich noch genau an die Szene in meinem Büro erinnern. Er hat schon von vorne gerufen: ›Ist er da?‹ Und dann kam er. Er hatte an dem Tag Cowboystiefel an. Und hat mir einen Vortrag gehalten, was wir uns alle einbilden. Als er fertig war, habe ich ihn gefragt: ›Bist du jetzt fertig?‹ ›Ja, bin jetzt fertig!‹ ›Strafe bleibt bestehen!‹ Bumm! Dann ist er aufgestanden, hat die Tür geknallt, dass ich gemeint habe, wir brauchen eine neue. Und dann war er weg. Kurz darauf hat er aus dem Auto angerufen, hat sich entschuldigt: ›Können wir uns nicht in einer angenehmeren Atmosphäre demnächst treffen?‹ Und drei Tage später kam er zu uns an den Tegernsee zum Frühstück und hat meiner Frau einen Blumenstrauß mitgebracht – den größten Strauß, den sie je gekriegt hat. Das ist auch Oliver Kahn.«

Trauriger Abschied Teil zwei in München: Trainer Ottmar Hitzfeld verlässt die Bayern unter Tränen!

2008 / 09

Der Barack Obama und die Mutter Teresa des deutschen Fußballs

Trainer Jürgen Klinsmann (re.) und Vorstandsvorsitzender K.-H. Rummenigge auf dem Trainingsgelände des FC Bayern neben den Buddhafiguren.

Für ordentlich Furore sorgt in dieser Saison ein Aufsteiger. Die **TSG Hoffenheim** wird überraschend vor den punktgleichen Bayern Herbstmeister. Dem mit viel Geld aus den Niederungen des Amateurfußballs in den letzten Jahren nach oben gepushten Dorfverein Hoffenheim geht in der zweiten Hälfte ein wenig die Puste aus. Am Ende belegt die TSG den siebten Tabellenplatz.

Bei den Bayern ist zum Start in die Spielzeit vieles neu. Doch eines bleibt beim Alten: Uli Hoeneß, der eigentlich seinen Platz auf der Bank gegen einen Sitz auf der Tribüne eintauschen wollte, wird vom neuen **Bayern-Coach Jürgen Klinsmann** gebeten, diese Idee zu verwerfen. Hoeneß freut sich sichtlich über die Bitte des ehemaligen Nationaltrainers und nimmt zwischen ihm und seinem Assistenten Martin Vasquez Platz. Klinsmann zu seiner unerwarteten Entscheidung: »Uli ist mein Chef, aber auch mein Ratgeber. Das sind 30 Jahre Erfahrung neben mir. Es wäre ja dumm, darauf zu verzichten. Darum habe ich ihn gebeten, sich weiter auf die Bank zu setzen.«

Doch am Ende wird auch Uli Hoeneß Klinsmann nicht mehr helfen können. Als die Bayern fünf Spieltage vor Schluss Gefahr laufen, die direkte Qualifikation für die Champions League zu verspielen, handeln sie schnell und schmeißen Jürgen Klinsmann nach der 0:1-Niederlage am 29. Spieltag zu Hause gegen den FC Schalke 04 raus – auch wenn am darauf folgenden Tag der Bayern-Konkurrent VfL Wolfsburg in Cottbus ebenfalls mit 0:2 unterliegt. Nachdem Uli Hoeneß Klinsmann die Nachricht überbracht hat, sagt er: »Ich glaube, **Jürgen war überrascht,** dass wir unsere Entscheidung, die wir gestern getroffen haben, so konsequent durchziehen. Er hat ja das Spiel unserer Freunde in Cottbus gestern auch gesehen und vielleicht gedacht, dass die Entscheidung so aufgeschoben wird.«

Für Klinsmann holen die Bayern völlig unerwartet **Jupp Heynckes** aus seiner Trainer-Rente zurück. Hoeneß: »Ich begrüße meinen alten Kumpel Jupp Heynckes, mit dem wir viele Schlachten geschlagen haben. Ich freue mich sehr, dass er unserer Bitte, für die fünf Spiele einzuspringen, nachgekommen ist.« Und Heynckes hat nichts verlernt. Wie auf Knopfdruck spult er die Floskeln eines geübten Trainers auf seiner ersten Pressekonferenz ab: »Es ist meine Aufgabe, dass die Spieler frei werden, Spielfreude haben. Dass sie befreit werden von den Fesseln, die sie haben.« Bei so viel knöchriger Ernsthaftigkeit hat es Heynckes' neuer Assistent Hermann Gerland leicht, die Runde mit ein paar lockeren Bemerkungen zu bespaßen. Nachdem sein Chef auf die Frage der Journalisten, was denn seine Frau zu seinem Engagement sagen würde, bereits geantwortet hat, ergreift auch Gerland ungefragt das Wort und sagt mit einem verschmitzten Lächeln um die Mundwinkel: »Ich musste meine Frau nicht vorher fragen. Ich müsste sie wohl nur fragen, wenn ich den FC Bayern verlassen wollte. Aber da würde sie wohl kein Okay geben.« Der Plan der Münchner Führungsriege geht auf. Bayern sichert souverän den zweiten Tabellenplatz.

Saisonverlauf 2008/09

Platz	Tore	Punkte
1.	80:41	69
2.	71:42	67
3.	63:43	64
4.	48:41	63
5.	49:47	61
6.	60:37	59
7.	63:49	55
8.	47:35	50
9.	59:46	49
10.	64:50	45
11.	49:69	40
12.	35:50	39
13.	39:60	33
14.	39:55	32
15.	39:62	31
16.	30:57	30
17.	30:54	29
18.	29:56	28

Die besten – Torjäger der Saison

Grafite (VfL Wolfsburg)	28
Edin Dzeko (VfL Wolfsburg)	26
Mario Gomez (VfB Stuttgart)	24

Zum Krach mit Klinsmann – mit dem man wie üblich eigentlich Stillschweigen vereinbart hatte – kommt es nach einem TV-Auftritt des ehemaligen Bayern-Trainers in Günther Jauchs Sendung »stern TV«. Hoeneß reagiert hörbar verschnupft: »Ich habe in Latein gelernt: Si tacuisses, philosophus mansisses – das bedeutet: Wenn du geschwiegen hättest, wärst du ein Philosoph geblieben.« Und auch auf Jauch ist der Manager sauer: »Der hat dem Jürgen eine Plattform gegeben, Dinge zu erzählen, die nicht stimmen, ohne kritische Fragen zu stellen.« Über des TV-Moderators Ankündigung von Jürgen Klinsmann als **»Barack Obama des deutschen Fußballs«** kann Hoeneß hingegen nur lachen: »Wenn Jürgen der Obama des deutschen Fußballs ist, dann bin ich Mutter Teresa.«

Zvjezdan Misimovic (li.) und Edin Dzeko feiern die Deutsche Meisterschaft 2009.

Meister wird völlig überraschend der **VfL Wolfsburg** unter seinem Trainer Felix Magath. Überraschend auch deshalb, weil die Wölfe nach der Hinrunde mit neun Punkten Rückstand auf Hoffenheim und die Bayern nur auf Platz neun der Tabelle stehen. Nach vielen intensiven Trainingseinheiten auf dem extra errichteten »Meisterhügel« (eine aufgeschüttete Anhebung auf dem Übungsgelände des VfL) spielt Wolfsburg eine kolossal erfolgreiche Rückrunde mit einer Ausbeute von 43 Zählern. Der VfL ist damit der erste Verein, der sich seit 39 Jahren neu in die Liste der deutschen Fußballmeister eintragen kann. Höhepunkt der Saison ist der 5:1-Sieg am 26. Spieltag zu Hause gegen den FC Bayern München.

Erfolgreiche „Dreiecke" in der Bundesliga

VfL Wolfsburg – Grafite/Dzeko/Misimovic	2008/09 und 2009/10	104 Tore
VfB Stuttgart – Elber/Bobic/Balakov	1995/96 und 1996/97	89 Tore
Werder Bremen – Klose/Klasnic/Micoud	2004/05 und 2005/06	81 Tore

Ein Kuriosum zum Ende der Saison: **Arminia Bielefeld** schmeißt einen Spieltag vor Schluss Trainer Michael Frontzeck raus und verpflichtet »Feuerwehrmann« Jörg Berger. Doch exakt zehn Jahre nach seiner großen Rettung am letzten Spieltag mit der Frankfurter Eintracht geht die Mission diesmal schief. Bielefeld spielt nur 2:2 gegen Hannover 96 und steigt auf dem 18. Tabellenplatz zusammen mit dem Karlsruher SC ab.

Am 29. Spieltag siegt der FC Schalke 04 mit 1:0 in der Münchner Arena und wirft den FC Bayern im Titelkampf ein gutes Stück zurück. S04-Torwart **Manuel Neuer** genießt die Momente des Triumphs und erinnert sich in diesen Sekunden an Oliver Kahn und seinen Jubel vom 19. Mai 2001 in Hamburg, als die Bayern den Königsblauen im letzten Moment die Meisterschale wegschnappten: »Ich habe mich so wahnsinnig über unseren Sieg gefreut. Und in diesem Augenblick kam mir die Szene von damals wieder hoch. Ich stand damals im Parkstadion und habe mitgelitten. Da habe ich ganz schlimme Minuten erlebt. Vielleicht war das ja jetzt eine kleine Genugtuung für viele unserer Fans.«

★ ★ ★

Bei Bayer 04 Leverkusen haben sie sich zur neuen Saison für ihre Fans richtig was einfallen lassen. Auf den diesjährigen Autogrammkarten sieht man **verschwitzte, verdreckte und muskelbepackte Bauarbeiter** mit schwerem Gerät in der Hand und auf den Schultern. Bayer-Profi Simon Rolfes ist total begeistert von der originellen Idee: »Witzig, endlich mal ein anderes Motiv. Mit einer Schippe kann ich übrigens wirklich umgehen. Schließlich musste ich zu Hause auch immer an die Schippe.« Und Sportdirektor Rudi Völler weiß, warum es die Karten in dieser Form überhaupt gibt: »Ich selbst habe nicht mitgemacht. Aber unsere Spieler hatten sehr viel Spaß. Es geht darum zu zeigen, dass wir diese Saison richtig in die Hände spucken müssen. Und schließlich ist die BayArena auch eine Baustelle.«

★ ★ ★

Der neue Trainer in Dortmund ist **Jürgen Klopp**. Und der geht gemeinsam mit der PR-Abteilung des Vereins erst einmal daran, die vergraulten Fans emotional wieder näher an den Verein zu holen. Bei seiner Vorstellung sagt Klopp: »Ich habe Riesenlust, hier zu arbeiten. Wir werden einige Vollgas-Veranstaltungen ablaufen lassen. Rasenschach wird es bei mir nie geben. Wenn Spiele langweilig sind, verlieren sie ihre Berechtigung.« Eigentlich war Klopp lange Zeit beim HSV als kommender Übungsleiter gehandelt worden, doch das scheiterte an einigen kleinen Details, wie Klopp sich im Interview mit der »Hamburger Morgenpost« erinnert: »Die Vorstände Bernd Hoffmann und Katja Kraus wollten mich. Aber der Sportdirektor Didi Beiersdorfer konnte sich einfach nicht entscheiden. Also hatte er einen Scout losgeschickt, damit der wohl mal so guckt, wie ich ausschaue. Und dann war man überrascht, dass ich so aussehe, wie ich aussehe. Da hab ich dann bei Herrn Beiersdorfer angerufen und gesagt: ›Falls ihr noch Interesse habt – ich sage hiermit ab!‹ Nein, das ging ja gar nicht! Wer in diesem Geschäft arbeitet, der muss wissen, wie ich arbeite. Und dann hieß es noch, ich sei immer nach der Mannschaft auf den Trainingsplatz gekommen, wäre schlecht rasiert und hätte Löcher in den Jeans. Also, diese Beurteilung war echt daneben. Wobei, halt! Das mit dem schlecht rasiert, das stimmte natürlich.«

★ ★ ★

Nach einer Roten Karte für 96-Keeper Florian Fromlowitz nimmt Hannovers Feldspieler **Jan Rosenthal** den Platz zwischen den Pfosten ein – und pariert einen Elfmeter von Wolfsburgs Dzeko. Die Partie des 16. Spieltags endet dennoch mit einem 2:1-Sieg der Wölfe.

Weil Uli Hoeneß von seinem alten Versprechen aus dem Jahr 2004 (»Wenn der VfL Wolfsburg tatsächlich Meister werden sollte, spendiere ich denen einen Meisterbalkon«) nichts mehr wissen will (»Das gilt jetzt nicht mehr«), möchte ein Bauunternehmer einspringen und der Stadt Wolfsburg aus der Patsche helfen. Seine Firma errichtet einen mobilen **Meisterbalkon** und stellt diesen kostenlos zur Verfügung. Balkon-Bauer Marian Pokuta: »100 Leute hätten ohne Weiteres genug Platz zu feiern! Den könnten wir jetzt mitten auf den Rathausplatz stellen. Das wäre natürlich auch ein Augenschmaus.«

★ ★ ★

Für einen Eklat sorgt Werder-Keeper Tim Wiese, als er im Mai nach einem 2:0-Erfolg von Werder Bremen gegen den Hamburger SV in die Werder-Kurve steigt und mit einem Megafon schreit: **»Scheiß HSV!«** Da verstehen die Hamburger keinen Spaß. Richtig lustig wird es dann allerdings, als Wiese kurz darauf mit den Fans die »Humba« anstimmen will. Vor jedem Buchstaben beugt er sich zu einem jungen Mann mit Sonnenbrille hinunter und lässt sich nacheinander ein H, ein U, ein M, ein B und ein A ins Ohr flüstern. Eigentlich gar nicht so schwierig, aber Tim Wiese geht lieber auf Nummer sicher.

Hans Meyer

Hans Meyer ist zurück in Gladbach. Schon einmal war er Trainer der Borussia. Von 1999 bis 2003 betreute er den mehrmaligen Deutschen Meister. Damals sagte er so schön poetisch: »Ich bin auch nur ein Passant, der den Verein ein Stück begleitet.«

»Wir mussten das Training abbrechen, weil einige Spieler in Tränen ausgebrochen sind.« Als er seinen Vertrag in Gladbach verlängert.

»Die Spieler kommen morgens um neun, trinken Kaffee, halten ein Schwätzchen, danach eine kleine Mannschaftsbesprechung, 90 Minuten Training, eine Stunde Nachbereitung. Und nachmittags gehen sie dann mit der Mutti auf die Kö nach Düsseldorf. Die können einkaufen, während andere noch an der Maschine stehen. Als Fußball-Profi hat man eine herrliche Zeit.«

»Wenn ich eine ganze Flasche Rotkäppchen getrunken habe, wurde meine Frau danach regelmäßig schwanger.«

»Vierzig Jahre keine Südfrüchte – und jetzt das!« Hans Meyer während eines Trainingslagers in Portugal vor einem Apfelsinenbaum.

»Bemerkenswert finde ich die Tatsache, dass 3.000 unserer Fans in St. Pauli waren, und davon waren höchstens 2.000 wegen der Reeperbahn da.«

2009 / 10

»Wir sind die Beste von Deutschland!«

Gleich bei seiner allerersten Pressekonferenz als neuer Coach des VfL Bochum präsentiert sich der ehemalige Bundesliga-Profi **Heiko Herrlich als feiner Rhetoriker:** »Fußball ist wie in der Natur. Die starken Tiere fressen die schwachen Tiere schnell weg. Und wenn ich die Tabelle anguck, sehe ich, dass wir gerade im Moment eher zu den schwachen Tieren gehören. Und da ich nicht gerne gebissen werde und lieber zurückbeiße, werde ich versuchen, die Mannschaft zu motivieren, ab jetzt, und am liebsten schon am kommenden Sonntag, zurückzubeißen.« Und als nach der ersten Trainingseinheit die Journalisten wissen wollen, wie denn der Eindruck von der Mannschaft sei, sagt Heiko Herrlich wieder sehr feinsinnig: »Das Potenzial ist da. Verglichen mit der Tierwelt, sehe ich die Bereitschaft des Teams, aus einer großen, schnellen Katze ein Löwe zu werden!« Nach wenigen Wochen bereits ist klar, dass sich der VfL Bochum eher so präsentiert: »Es darf nicht so sein wie beim Stierkampf, wo der dumme Stier immer in das rote Tuch läuft.« Herrlich erlebt das Ende der Saison in Bochum nicht mehr mit. Aber auch sein Kurzzeit-Nachfolger Dariusz Wosz hat kein Glück. Der VfL steigt als Tabellensiebzehnter zusammen mit der Berliner Hertha ab.

Jens Lehmann trifft im »Aktuellen Sportstudio« auf Aron Schulz, den Balljungen von Hannover 96.

VfB-Keeper Jens Lehmann legt in seiner letzten Bundesligasaison die Messlatte für kommende Torwart-Generationen noch einmal sehr hoch. Mit einer Reihe von außergewöhnlichen Aktionen sorgt er in der Liga nicht nur für Schlagzeilen, sondern trägt maßgeblich zum Unterhaltungswert der Spielzeit bei. So steigt Lehmann dem Mainzer Bancé absichtlich auf die Füße, klaut am selben Tag einem FSV-Anhänger die Brille, schmeißt den Schuh des Hoffenheimers Ibisevic hoch auf sein Tornetz, zeigt den Fans des VfL Wolfsburg den Stinkefinger, pinkelt während eines Champions-League-Spiels hinter eine Werbebande und legt sich zu guter Letzt auch noch mit einem Balljungen an. Der hat bei der 1:0-Niederlage der Stuttgarter in Hannover dem heranstürzenden VfB-Keeper die Kugel nicht wie erwartet in die Hände geworfen, sondern über den Kopf. Lehmann verliert daraufhin das Gleichgewicht und stolpert gegen die Bande. Der Balljunge rechtfertigt sich anschließend schulterzuckend: »Ich habe nur meinen Job gemacht. Ich habe ihm den Ball hoch zugeworfen und er kam dann auf seinem Kopf runter. Lehmann hat mich dann gefragt: ›Was soll der Scheiß?‹« Der 40-jährige VfB-Torhüter will sich auch nach Spielschluss nicht beruhigen. Wütend steht er vor den TV-Kameras und sagt in die Mikrofone: »Wir machen Fehler, wir werden mit Fehlern von anderen Leuten konfrontiert. Die Balljungen spielen auf Zeit. Damit muss man in der Bundesliga leben. Am meisten hat mich heute die Kultur des Zeitspielens und des Betrügens gestört. Ich muss jetzt gehen. Ich muss nach Hause, meine Kinder gut erziehen, damit die sich korrekt verhalten!«

Am achten Spieltag feiert Hertha-Trainer Friedhelm Funkel gegen den HSV (1:3) seinen Einstand in Berlin. Ein denkwürdiger Tag, vor allem deshalb, weil sein Keeper **Sascha Burchert** innerhalb kürzester Zeit traurige Berühmtheit erlangt. Nur fünf Minuten nach seiner Einwechslung für den verletzten Timo

Saisonverlauf 2009/10

Platz	Tore	Punkte
1.	72:31	70
2.	53:31	65
3.	71:40	61
4.	65:38	59
5.	54:42	57
6.	51:41	55
7.	56:41	52
8.	64:58	50
9.	36:42	47
10.	47:54	46
11.	44:42	42
12.	43:60	39
13.	33:42	38
14.	35:59	35
15.	43:67	33
16.	32:58	31
17.	33:64	28
18.	34:56	24

Ochs eilt Burchert aus seinem Tor und köpft den Ball weg. Leider direkt vor die Füße von David Jarolim. Aus knapp 35 Metern schießt der HSV-Profi die Kugel ins leere Gehäuse. Keine 100 Sekunden später fast die identische Situation. Burchert sprintet raus, köpft, der Ball landet bei Zé Roberto, und der versenkt das Leder aus 44 Metern im Netz der Hertha. Nicht nur Trainer Funkel ist konsterniert ob dieser sonderbaren Ereignisse.

Die besten

Torjäger der Saison

Edin Dzeko (VfL Wolfsburg)	22
Stefan Kießling (Bayer 04 Leverkusen)	21
Lucas Barrios (Borussia Dortmund)	19

Den 13. Februar würde Wolfsburgs Ersatzkeeper **André Lenz** sicherlich gerne vergessen machen. Es ist einfach nicht sein Tag. Beim Spiel in Leverkusen (2:1 für Bayer) lässt er zuerst eine Freistoßflanke von Toni Kroos aus den Händen fallen – den Ball verwertet Stefan Reinartz –, und anschließend verursacht er ein Eigentor, als die Kugel von der Innenseite der Latte an sein Bein prallt und dann ins Tor springt. Und wären diese beiden Schnitzer eigentlich nicht schon genug, haut er nach der Partie auch noch verbal ordentlich daneben. Denn obwohl die Wölfe nur ein Tor geschossen haben, sagt er nach dem Spiel für alle überraschend: »Ohne meine beiden Dinger hätten wir hier 2:0 gewonnen!«

Eine andere kuriose Begegnung findet am 16. Spieltag in Mönchengladbach statt. Beim 5:3 der Borussia über Hannover 96 schießen die Gäste insgesamt **drei Eigentore**. Constant Djakpa trifft einmal und Karim Haggui gleich zweimal in den eigenen Kasten. Hannovers Trainer Andreas Bergmann meint hinterher lächelnd: »Wir schießen sechs Tore und verlieren. Das ist unglaublich.«

In München wird wieder der Deutsche Meister gefeiert. Diesmal mit dem **»Feierbiest« Louis van Gaal** an der Spitze. Seine Rede am Muttertag auf dem Balkon des Marienplatzes ist legendär: »Okay, zuerst. Ich habe gesehen, viele Frauen sind hier. So, auch viele Mutti. Ein dicke Kuss von den Trainer von der Meister. Und, wer hat die beste Verteidigung? FC Bayern. FC Bayern. Wer hat die beste Angriff? FC Bayern. Und deswegen sind wir Meister. Und nicht nur von München, nicht nur von München, auch von Gel-sen-kir-chen, auch von Bremen und auch in Hamburg. Wir sind die Beste von Deutschland! Und, vielleicht, Europas, jaaaaaa!«

Hermann Gerland

Der Bochumer Junge im Trikot des FC Bayern, Hermann Gerland, freut sich ganz besonders über die Münchner Meisterschaft: »Wissen Sie, ich bin ein besessener Fußballer, aber ich hatte noch nie einen Titel gewonnen. Und nun war ich dabei, wenn der renommierteste Verein Deutschlands einen Triumph feiert. Da habe ich an meine Bochumer Zeiten als Profi gedacht, wo Mutter meine Trainingsklamotten waschen musste, und wir Spieler, wir durften uns beim Mittagessen entweder für Suppe oder Nachtisch entscheiden. Da gab es nur entweder-oder, beides kriegte keiner. In mir war immer der Wunsch, einmal sagen zu können: Einer aus Bochum war ein bisschen am Gewinn der Deutschen Meisterschaft beteiligt. Und jetzt stand ich da auf dem Balkon und war überwältigt von dem Gefühl: Junge, du hier oben – es hat sich alles gelohnt!«

»Wenn ich mal im Training umspielt wurde, habe ich die ganze Woche gedacht: Hermann, wie kannst du so einen Zweikampf verlieren. Das gibt es doch überhaupt gar nicht!«

Über seine Zeit beim **VfL Bochum**: »Wir haben ein paarmal gezittert, sind aber immer dringeblieben. Weil wir eine Mannschaft hatten, die an einem Strang zog – vor allem in die gleiche Richtung!«

»Als ich Trainer wurde, habe ich mir gesagt: Du darfst ein Spiel verlieren, du darfst auch fünf Spiele verlieren. Aber du darfst nie dein Gesicht verlieren.«

»Ich bin heute noch stolz darauf, wenn gesagt wird, der Gerland ist ein Klopper gewesen, ein Treter.«

Eine fast unglaubliche Geschichte ist es, die sich da zwischen dem Fußball-Profi Diego Klimowicz und dem Schiedsrichter Lutz Wagner in den letzten Jahren abgespielt hat. Als Wagner am Nachmittag des 5. Dezember die Rote Karte zückt, ist es seit dem 13. August 2005 bereits das vierte Mal, dass der Schiri Klimowicz des Feldes verweist. Bochums Kapitän Marcel Maltritz ist ebenso erstaunt wie sein Mitspieler: »Man könnte meinen, dass Diego ihm mal die Frau ausgespannt hat.« Doch Diego Klimowicz sieht die Sache nicht ganz so gelassen. »Das ist nicht normal. Der hat was gegen mich«, mutmaßt er und kocht vor Wut. Lutz Wagner zeigt sich nur ein paar Tage nach dem Platzverweis von seiner romantischen Seite und schickt dem Argentinier über die Medien ein Versöhnungsangebot: »Zum Saisonende ist für uns beide ja in der Bundesliga Schluss. Dann möchte ich Herrn Klimowicz gerne zu mir nach Hause einladen. Bei einem Glas Wein kann man alte Spannungen bestimmt lösen.« Und auch die seit über zwanzig Jahren glücklich verheiratete Ehefrau des Schiedsrichters freut sich bereits auf einen Abend mit dem Südamerikaner. Neugierig erkundigt sie sich: »Ich kenne Klimowicz nicht. Schaut der gut aus? Wenn ja, müsste ich mich mal damit beschäftigen …«

★ ★ ★

Vor versammelter Mannschaft zieht Bayern-Trainer Louis van Gaal in der Kabine untenherum blank, wie Stürmer Luca Toni berichtet: »Der Trainer wollte uns klarmachen, dass er jeden Spieler auswechseln kann – egal, wie er heißt. **Weil er Eier hat.** Um das zu demonstrieren, ließ er die Hosen runter. So etwas habe ich noch nie erlebt, das war total verrückt. Ich habe aber nicht viel gesehen, da ich nicht in der ersten Reihe saß!«

Gerade erst ist HSV-Spieler **Paolo Guerrero** nach mehrmaligen vergeblichen Anläufen, in den Flieger zu steigen, aus seinem Heimatland Peru nach Hamburg zurückgekehrt – schon hat er neuen Ärger an der Backe. Wegen seiner Aviophobie (Flugangst) schickten die Hamburger sogar extra einen Betreuer nach Südamerika, um zu erkunden, auf welchen Wegen man den Kicker – außer mit dem Flugzeug – zurück in die Hansestadt bringen könne. Schließlich fliegt er doch und hat offensichtlich Spaß gefunden an Dingen, die fliegen. Nach der Partie seines HSV am 29. Spieltag zu Hause gegen Hannover 96 (0:0) wirft er eine Plastikflasche nach einem pöbelnden Fan – und trifft. Anschließend muss Guerrero mit einer vereinsinternen Strafe und dem Spott der Internetgemeinde leben: • Der Arme Paolo Guerrero war so verzweifelt, dass er zur Flasche griff • Guerreo trifft in der Nachspielzeit • Wurde die Flasche, die Paolo Guerrero geworfen hat, eigentlich vorher gefragt, ob sie unter Flugangst leidet? • Zur Strafe bezahlt ihn der HSV bis Vertragsende nur noch mit Bonusmeilen.

Zitate der Saison

»Heute werde ich keinen **Tee** trinken, sondern einen im Tee haben.« Felix Magath nach dem Saisonfinale beim FSV Mainz 05.

»Ja, auf jeden Fall. Ich habe aber nicht mit ihm zusammengespielt.« Dortmunds Brasilianer **Dede** auf die Frage, ob er Udo Jürgens kenne, der als Stargast bei der 100-Jahr-Feier des BVB auftrat.

»Pass auf, sonst verrate ich, was **Ruud van Nistelrooy** bei euch verdient.« Jürgen Klopps Reaktion auf einen bissigen Kommentar von Bruno Labbadia.

»Wenn ich mit einem Gastronom 2,40 Euro für ein Bier vereinbare und auf einmal soll ich **zehn Euro** zahlen, dann wird es natürlich happig.« Freiburgs Trainer Robin Dutt zum Gehaltspoker seines abwanderungswilligen Stürmers Mohamadou Idrissou.

»Bei Thierry Henry würden alle sagen: **Genial**. Bei Maik Franz heißt es, der grätscht selbst beim Torerfolg.« Frankfurts Präsident Peter Fischer über ein Tor von Maik Franz.

»Ich gebe jede Woche eine Visitenkarte ab, aber ich habe keine Lobby in diesem Land. Trotzdem werde ich weiterkämpfen, bis mir das Blut aus den Ohren tropft.« **Tim Wiese** kämpft um die Nummer 1 im deutschen Tor.

»Wie merkt man in Köln, dass Donnerstag ist? **Lukas Podolski** kommt zum ersten Mal in der Woche zum Training.« Udo Lattek

»Das war heute eine Mannschaft, die hatte eine **Blutgruppe**. Und diese Blutgruppe lautete Sieg.« Kölns Trainer Christoph Daum nach dem 1:0 beim Hamburger SV.

»Wenn es hier nach **Schweiß** stinkt, bin ich das. Das Spiel war so aufregend.« BVB-Trainer Jürgen Klopp zu seinem Schalker Kollegen Fred Rutten nach dem 3:3 am 4. Spieltag.

2010 | 11

»We have a grandios Saison gespielt!«

Cartoon-Zeichner Oli Hilbring selbst ist in dieser Saison erfolgreicher als Felix Magath!

Für S04-Coach Felix Magath laufen die Geschäfte auf Schalke in dieser Saison schnell aus dem Ruder. Das Ansehen und das Vertrauen in den zuvor so mächtigen Herrscher leiden unter dem Misserfolg seiner Mannschaft. Kurzzeitig gerät Königsblau sogar in echte Abstiegsgefahr. Zu viel für die Schalker Führung. Mitte März trennt man sich. In letzter Minute kann eine Schlammschlacht zwischen den im Streit auseinandergehenden Parteien verhindert werden. Vor allem auch deshalb, weil Magath nur zwei Tage nach seinem Rauswurf auf Schalke wieder bei seinem alten Arbeitgeber, dem VfL Wolfsburg, anfängt. Dort erlaubt sich ein Tontechniker beim Mikrofoncheck auf der ersten Pressekonferenz mit Neu-Trainer Magath einen Scherz, als er vor versammelter Medienschar in die akustischen Verstärker haucht: **»Eins, zwo, drei, eins, zwo, drei, Medizinball!«**

Auch in Hamburg gibt es Stress. Weltstar Ruud van Nistelrooy möchte im Januar unbedingt den HSV verlassen und zu Real Madrid wechseln. Doch die Führung verbietet dem Niederländer diesen Transfer. Als van Nistelrooy sich daraufhin beim Vorstandschef Bernd Hoffmann persönlich beschweren will, muss ihn die Empfangsdame leider zurückweisen. Ihr Chef sei nicht da, sagt sie, aber er könne natürlich gerne mit dem neuen Sportchef, dem ehemaligen Mannschaftskollegen von van Nistelrooy, Bastian Reinhardt, reden. Der Niederländer reagiert sauer und eindeutig: »Ich will nicht **›Pipo de Clown‹**. Ich will den Boss sprechen!«

In Frankfurt entlässt die Eintracht ihren Trainer Michael Skibbe. In der Rückrunde läuft nicht mehr viel zusammen. Dabei hatte Eintracht-Geschäftsführer Heribert Bruchhagen in der Winterpause noch getönt: »Wir sind Siebter, und es wäre dumm, wenn wir nicht versuchen würden, Fünfter zu werden. **Absteigen können wir nicht mehr.** Wir müssen die Gunst der Stunde nutzen.« Eine glatte Fehleinschätzung der Lage. Aber auch Coach Skibbe gibt im Abwärtsstrudel keine besonders glückliche Figur ab. Nach Frankfurts 0:0 gegen Kaiserslautern sagt er: »Ich bin nicht ratlos. Ich bitte zu entschuldigen, wenn ich so wirken sollte.« In seiner Not verpflichtet Heribert Bruchhagen entgegen dem Rat vieler Kollegen Christoph Daum. Besonders Uli Hoeneß ist erstaunt und erschrocken über Bruchhagens Aktion: »Da muss irgendwie ein Pulver im Kaffee der Bundesliga gewesen sein, allgemein. Und er hat vielleicht auch etwas da drin gehabt.« Bei den Fans wirkt die Verpflichtung Daums eher humoristisch: »Wenn der Daum seine Linie durchzieht, hat Frankfurt im Abstiegskampf die Nase vorn.« Medial profitiert die Eintracht jedoch von Daums Engagement. Bereits die erste Pressekonferenz gerät zu einem öffentlichen Großereignis. Über 50 Fotografen, zehn Kamerateams und zirka 100 Journalisten notieren die Sätze Daums wie diese: »Es geht jetzt 25 Stunden am Tag um die Eintracht«, »Die Familie steht jetzt erst einmal hinten an. Ich habe zu Hause Bilder von mir aufgestellt. Die kann meine Frau angucken, solange ich nicht da bin« und »Der Kopf spielt im Fußball eine wichtige Rolle. Wenn er funktioniert, ist der Kopf wie ein drittes Bein«. Nach dem Abstieg sagt Christoph Daum noch einen interessanten letzten Satz: »Ich bin in der Zeit etwas gescheiter geworden, aber nicht gescheitert.«

Saisonverlauf 2010/11

Platz	Tore	Punkte
1.	67:22	75
2.	64:44	68
3.	81:40	65
4.	49:45	60
5.	52:39	58
6.	47:45	47
7.	48:51	46
8.	46:52	45
9.	41:50	44
10.	47:62	44
11.	50:50	43
12.	60:59	42
13.	47:61	41
14.	38:44	40
15.	43:48	38
16.	48:65	36
17.	31:49	34
18.	35:68	29

Ein Kuriosum spielt sich in Hamburg ab: Ein technischer Fauxpas verhindert in letzter Minute den Wechsel des HSV-Kickers Choupo-Moting zum 1. FC Köln. Fristgerecht um 17:49 Uhr versucht er seinen Vertrag zum neuen Arbeitgeber nach Köln zu faxen, doch mittendrin bricht die Übertragung einfach ab. Auch ein weiterer Versuch scheitert kläglich. Erst um 18:03 Uhr sind alle technischen Probleme so weit behoben, und das Fax landet beim FC. Leider zu spät. Die DFL kennt keine Gnade. Als um 18:14 Uhr schließlich auch alle Unterlagen in Frankfurt vorliegen, hat man dort bereits das berühmte **Transferfenster geschlossen**. Rien ne va plus – nichts geht mehr.

Die besten

Torjäger der Saison

Mario Gomez (FC Bayern München)	28
Papiss Demba Cissé (SC Freiburg)	22
Milivoje Novakovic (1. FC Köln)	17

Das Fanlied der Saison stammt von den Anhängern des SC Freiburg. Sie dichten für ihren ambitionierten Ex-Spieler den Song **»Idrissou spielt Champions League auf PS3, die ganze Nacht, von zwölf bis acht«**. Der Kameruner war zu Borussia Mönchengladbach gewechselt, um international zu spielen. Sein neuer Verein rettet sich allerdings erst in der Relegation gegen den VfL Bochum.

Meister wird Borussia Dortmund. Die Mannschaft spielt einen hervorragenden Fußball, mit einem sehr jungen Team (Klopp: »Bei unserem letzten Sieg in München wurden die meisten meiner Spieler noch gestillt«), und hält sehr lange die Füße still: »Wir haben uns darauf verständigt, das M-Wort nicht zu benutzen. Aber wir wollen die Tabellenführung mit in die Sommerpause nehmen« (BVB-Stadionsprecher Norbert Dickel). Beim Titelgewinn sagt Trainer Jürgen Klopp: »Wenn du das Glück an dem Tag eingesammelt und es in die Welt rausgeschossen hättest, dann hätte noch ganz China gegrinst.« Das Schlusswort gehört jedoch einem anderen Dortmunder, Keeper Roman Weidenfeller: »We have a grandios Saison gespielt!«

Als der Kölner Keeper Mondragon nach einer Reise zu Testspielen mit der kolumbianischen Nationalmannschaft in Übersee (von den Medien auch als **»Lustreise«** tituliert) zum FC zurückkehrt, wird er von seinem Trainer Soldo auf die Bank verbannt. Das gefällt dem alternden Kolumbianer natürlich überhaupt nicht. Und so beruft er flugs eine Pressekonferenz im Geißbockheim ein und redet sich geschlagene zwanzig Minuten lang auf Spanisch ohne Nachfragen in einem skurrilen Anfall von geistiger Umnachtung um Kopf und Kragen. Höhepunkt seines denkwürdigen Abschiedsmonologs ist die Stelle, als sich »Mondy« mit dem Erlöser höchstpersönlich vergleicht: »Ich fühle mich, als hätte ich ein Messer im Rücken. Auch Jesus Christus wurde hinterhältig behandelt und verraten!«

★ ★ ★

Eklat auf Schalke: Ein Mitarbeiter der Firma, die das durch die extreme Witterung beschädigte Dach der Arena reparieren soll, hat eine weithin sichtbare BVB-Fahne hoch oben auf der weißen Plane gehisst. Der verantwortliche technische Leiter ist außer sich vor Wut: »Unglaublich, wie einer so unsensibel sein kann!« Schnell wird klar, dass es sich bei dem Mann um einen fanatischen Anhänger der Schwarz-Gelben handelt, der die Gunst der Stunde einfach ausnutzen musste. Natürlich wird er sogleich freigestellt. »Der arbeitet hier nicht mehr. Der war hier, um Schnee zu schippen, und nicht, um Dekorationen vorzunehmen«, so der Leiter der Arena eindeutig. Doch trotz einer groß angelegten Suchaktion bleibt der »Sensations-Typ« (O-Ton BVB-Legende Aki Schmidt) unentdeckt. Da helfen auch keine Lockangebote. Ein Dortmunder Hotel will den mutigen Fahnenmann mit einem Jahr Freibier belohnen, doch er genießt seinen Triumph offensichtlich lieber still und für sich.

★ ★ ★

Trotz Toilettengang keine Sekunde vom Spiel verpassen? Das geht ab sofort im neuen Stuttgarter Stadion. Denn für die männlichen Fans sind auf den Klos Guckfenster eingebaut. Während der Verrichtung des kleinen Geschäfts erlauben diese den Blick hinaus aufs Spielfeld. Für so einen Einfall dürfen sich die Architekten auch ruhig einmal selbst feiern. Auf ihren T-Shirts bei der Eröffnung der Stuttgarter Arena steht: **»We have a grandios Stadion gebaut!«**

★ ★ ★

»Chicko, das ist **unser fetziger junger Hahn, der Skateboard fährt,** sich bei Facebook auskennt und jede Bühne rockt«, verkündet der Geschäftsführer von Mr. Chicken stolz und begrüßt den Premierengast Manuel Neuer in Gelsenkirchen-Ückendorf am Drive-In-Schalter. Und der Schalker Torhüter bestellt vor den Augen von »Chicko« gleich einmal ganz gesundheitsbewusst einen selbst zusammengestellten Chicken-Burger: »Ohne Zwiebeln, ohne Knoblauch, mit 'nem bisschen Gemüse, da darf auch Joghurt-Dressing oder Tsatsiki dabei sein – alles kein Problem.«

HSV-Trainer Michael Oenning wird Anfang der Saison live im Fernsehen von seiner Vergangenheit eingeholt. Im NDR-»Sportclub« präsentiert man ihm ohne Vorwarnung ein Video aus dem Jahr 1997. Dort sieht man den Hamburger Übungsleiter in der Sendung »Herzblatt« bei Rainhard Fendrich, wie er den **Gigolo im Leoparden-Look** gibt. Oennings Begrüßungsworte vor einem Millionenpublikum lauten: »Hallo, ich bin der Mad aus Münster.« Lächelnd und in Weste erobert der HSV-Coach im Wettkampf gegen zwei Kontrahenten tatsächlich seine Herzdame. Im »Sportclub« plaudert Oenning gut gelaunt ein pikantes Detail aus: Zum Zeitpunkt der Sendung ist er bereits mit seiner heutigen Frau Veronique zusammen. Darum, so Oenning, wäre damals nach der TV-Aufzeichnung natürlich auch nichts mit der eroberten »Herzdame« in Minirock und Pretty-Woman-Sakko gelaufen.

★ ★ ★

Wer sagt es denn: **Schalke-Trainer Felix Magath** wagt den Schritt in die Moderne und meldet sich bei Facebook an. Dokumentiert wird dies in einem ersten kleinen Filmchen auf seiner Seite. »zeit.de« urteilt über Magaths erste Internet-Schritte: »In einem ganz und gar außergewöhnlichen Video, dessen Konzept auf den Schülerpraktikanten der Schalke-Geschäftsstelle zurückgehen muss, können wir den Trainer dabei bewundern, wie er seinen Facebook-Account anlegt.« Felix Magaths Eröffnungsworte an die königsblaue Fangemeinde sind ebenfalls wenig spektakulär: »Fußball. Da kann ja jeder mitreden, da ist ja immer was los, da wird viel diskutiert – auch in neuen Medien. Facebook ist ja ein Medium, das ich mir jetzt gerne mal ansehen möchte und auch mal mitmachen möchte. *(energisch)* Also, da melde ich mich jetzt doch mal an. Ja, dann wollen wir gleich noch was posten, liebe Schalker. *(Geklapper)* Ich freu mich auf einen regen Austausch mit euch, auf meinem neuen Account, auf Facebook.« Magaths allererster richtiger Post lautet dann übrigens: »So, meine ersten Schritte auf dieser Seite, festgehalten in einem kurzen Video. Unser nächstes Training findet am Donnerstagnachmittag nach der Rückkehr der Nationalspieler statt – da werde ich am Vormittag sicher mal online sein können …« Drei Tage nach seiner Anmeldung haben bereits 39.039 Personen den »Gefällt mir«-Button gedrückt. Zum Vergleich: Lady Gaga finden zum selben Zeitpunkt 28.061.186 Menschen klasse und Mike Krüger immerhin 1.059.

★ ★ ★

Bayern-Trainer Louis van Gaal ist nicht immer ganz einfach im Umgang. Eine Anekdote, die das belegt, kursiert im Sommer rund um die Säbener Straße. Bei einer Partie der Bayern soll der Niederländer fünf Minuten nach Spielbeginn Hermann Gerland angefaucht haben: »Hermann, Sie müssen sofort in Kabine!« Und als der Co-Trainer aufgeregt fragt, ob man etwas vergessen habe, antwortet van Gaal todernst: »Ja. Sie haben die falschen Socken an!« Auch mit seinem Präsidenten legt sich der Niederländer, der über sich selbst sagt: »Ich bin wie Gott. Ich werde nie krank, und ich habe immer Recht«, an. Bei der Präsentation seines mehrere Kilo schweren Buchs **»Biographie & Vision«**, reicht er am Ende auch Uli Hoeneß ein Exemplar. Nachdem er darauf hingewiesen hat, wie viele entscheidende Dinge in seinem Werk stünden, sagt er gönnerhaft zu Hoeneß: »Für Sie ist das auch wichtig zu lesen!« Der Satz des Abends ist jedoch ein anderer. Stolz verkündet van Gaal: »Es geschieht nicht häufig, dass jemand, der noch lebt, eine Autobiografie schreibt.« Van harte bedankt für zwei Jahre »De dood of de gladiolen«.

2011 | 12

»Ich gehe lieber mit meiner Freundin ins Bett!«

Es ist die Saison des BVB. Gleich die Auftaktpartie gegen den Hamburger SV gerät zu einem beeindruckenden Schaulaufen. Die Borussia gewinnt an diesem Eröffnungsabend der 49. Spielzeit mit 3:1 und kann sich hinterher des Respekts der anderen Klubs sicher sein. Selbst Bayern-Präsident Uli Hoeneß lobt die Dortmunder für seine Verhältnisse fast schon ausgelassen enthusiastisch: **»Für das erste Spiel war es schon sehr ordentlich.«**

Mit 81 Zählern stellt der BVB am Ende der Spielzeit einen neuen Punkterekord auf. Nie zuvor hat ein Team zudem in einer Halbserie mehr Zähler (47) geholt als die Borussia in der Rückrunde. Nur der FC Bayern München schaffte in der Spielzeit 1972/73 ebenso viele Saisonsiege (25) wie der BVB. In 28 Partien hintereinander bleiben die Dortmunder ungeschlagen und verzeichnen zu guter Letzt bei den Zuschauerzahlen auch noch einen neuen Bundesligarekord. Im Schnitt sehen **80.522 Anhänger** die Partien des BVB im heimischen Stadion.

Knackpunkt der Saison im Kampf um den Titel ist der 1:0-Erfolg der Borussia gegen den FC Bayern am 30. Spieltag. Als der Niederländer Arjen Robben in der 86. Minute mit seinem Elfmeter an BVB-Keeper **Roman Weidenfeller** scheitert, bedeutet dies den gefühlten Titelgewinn. Franz Beckenbauer ist nach der Partie sauer: »Bei mir als Trainer hätte Robben nicht geschossen. Es ist Gesetz im Fußball, dass der Gefoulte nicht schießt, aber vielleicht ist das Gesetz geändert worden oder noch nicht bis nach Holland durchgedrungen.« **Das atemberaubendste Spiel der Saison** ist die Partie zwischen Borussia Dortmund und dem VfB Stuttgart. 4:4 endet die Begegnung, die in den letzten zwanzig Minuten ein ständiges Auf und Ab der Gefühle ist. Dortmunds Trainer Jürgen Klopp meint hinterher noch sichtlich gezeichnet: »Jetzt wissen wieder alle, warum sie so viel blechen sollen.«

In Hamburg kann der neue Sportdirektor Frank Arnesen seinen Trainer **Michael Oenning** aufgrund anhaltender Erfolgslosigkeit irgendwann nicht mehr halten. Spätestens als ein Sportmagazin enthüllt, dass der HSV-Coach seine Mannschaft vor dem Spiel gegen den FC Bayern München vor deren gefährlichem Stürmer Miroslav Klose gewarnt habe, ist die Zeit für Oenning in Hamburg abgelaufen. Klose geht zu diesem Zeitpunkt bereits seit Wochen einige Kilometer weiter südlich in Italien für Lazio Rom auf Torejagd. Oenning wird ersetzt durch den ehemaligen Bundesligaprofi Thorsten Fink.

Und auch auf Schalke geht ein Trainer. Diesmal allerdings freiwillig. **Ralf Rangnick** gibt völlig überraschend wegen einer Burn-out-Erkrankung auf. Weil zur gleichen Zeit auch die Hamburger auf Trainersuche sind, macht man sich in den königsblauen Fankreisen Sorgen, ob denn nun überhaupt ein guter Fußballlehrer für sie übrig bleibt: »Der Zeitpunkt kommt unglücklich, denn der HSV sucht ja im gleichen Haifischbecken. Das macht es nicht einfacher, denn zum einen gibt es da eine Stadt mit

Saisonverlauf 2011/12

	Platz	Tore	Punkte
1	1.	80:25	81
2	2.	77:22	73
3	3.	74:44	64
4	4.	49:24	60
5	5.	52:44	54
6	6.	63:46	53
7	7.	41:45	48
8	8.	47:60	44
9	9.	49:58	42
10	10.	38:49	42
11	11.	41:47	41
12	12.	45:61	40
13	13.	47:51	39
14	14.	36:49	38
15	15.	35:57	36
16	16.	38:64	31
17	17.	39:75	30
18	18.	24:54	23

1 2 3 4 5 6 7 8 9 10 11 12 13 14 15 16 17 18 19 20 21 22 23 24 25 26 27 28 29 30 31 32 33 34

Die besten Torjäger der Saison

Klaas-Jan Huntelaar (FC Schalke 04)	29
Mario Gomez (FC Bayern München)	26
Robert Lewandowski (Bor. Dortmund)	22

internationalem Flair, weltmännischem Ambiente und dem Duft der großen weiten Welt – und auf der anderen Seite gibt es Hamburg.«

Für **Otto Rehhagel** schließt sich Ende Februar der Kreis. In Berlin begann seine Bundesligakarriere, und nun kommt er mit 73 Jahren als Trainer zur Hertha zurück. Doch auch einem alten Hasen wie ihm wird nichts geschenkt. Bei seinem ersten Spiel auf der Bank unterliegt sein neuer Klub mit 0:3 in Augsburg. Rehhagel wird anschließend gefragt, wie ernüchtert er sei: »Ich bin immer nüchtern, weil ich ja Anti-Alkoholiker bin.« Am Ende scheitert die Hertha in der Relegation gegen Fortuna Düsseldorf. Beim Rückspiel in der NRW-Landeshauptstadt rennen bereits vor dem Abpfiff erste Fans auf den Rasen. Da die Partie erst nach einer längeren Unterbrechung fortgesetzt werden kann, drängen die Berliner in zwei DFB-Verhandlungen auf ein Wiederholungsspiel. Besonders die Vernehmung Rehhagels vor dem Untersuchungsausschuss wird zu einem Spektakel. Der Hertha-Trainer über die Ereignisse auf dem Düsseldorfer Rasen: »Für mich war das alles irregulär, das war ein Ausnahmezustand, wie ich ihn in 40 Jahren als Bundesligatrainer nicht erlebt habe. Ich hatte Halb-Angst. Ich habe 1943 bei der Bombardierung der Amerikaner in Essen im Keller gesessen, da hatte ich Angst. Ich bin ein erfahrener Mensch, habe die Meute kommen sehen. Da habe ich gedacht: Otto, du brauchst einen Ausweg! So etwas habe ich noch nie erlebt! Und das in Düsseldorf, Klein-Paris. Ich dachte, da lustwandeln die Leute nur.«

Torschützenkönig wird der Schalker **Klaas-Jan Huntelaar**. Auf die Frage, ob der Niederländer denn seine Torjäger-Kanone voller Stolz mit ins Bett nehmen würde, antwortet der S04-Stürmer: »Ich gehe lieber mit meiner Freundin ins Bett.«

Glückwunsch an den Hamburger SV, der es als einziger Verein geschafft hat, sich 50 Jahre in der Fußball-Bundesliga zu halten. Auf die nächsten 50 Jahre, liebe Bundesliga. Aber das **Schlusswort** kommt von Nürnbergs Trainer Dieter Hecking. Mit Vorfreude schließt er die zurückliegende Spielzeit ab und freut sich bereits – wie jedes Jahr – auf die Zeit nach der Sommerpause: »Die neue Saison geht los: Wir sind punktgleich mit Dortmund. Schönen Urlaub!«

Hertha-Trainer **Markus Babbel** wird in Berlin zur Winterpause entlassen. Kurz darauf wird er in Hoffenheim als Nachfolger von Holger Stanislawski vorgestellt. Ehrensache, dass er dort gleich bei der ersten Pressekonferenz verspricht, sich demnächst auch ein Tattoo der TSG auf seinen Körper stechen lassen zu wollen. Direkt neben die Wappen des FC Bayern München, VfB Stuttgart, FC Liverpool, Hamburger SV, seines Jugend-Klubs TSV Gilching und eben der Hertha. Babbel: »Das ist meine Fußball-Geschichte, alles wichtige Stationen. Deshalb habe ich sie alle auf einem Arm vereint.«

★ ★ ★

Den Bremern wird es nie langweilig, sie haben ja ihren **Marko Arnautovic**. Wöchentlich sorgt er mit ausgefallenen Aktionen für Schlagzeilen. Kurz vor Ende der Saison schießt Arnautovic wieder einmal den Vogel ab. In seinem Garten spielt er mit seinem dreijährigen Schäferhund Santos. Ein echter Bälle-Narr wie sein Herrchen. Beide tollen auf dem häuslichen Grün herum, als es passiert: Arnautovic nimmt den Ball in die Hand, läuft vor Santos weg, bleibt in einem Loch im Rasen hängen, verdreht sich das Knie und fällt mit einem Innenband-Riss wochenlang aus. Arnautovic: »Der Hund kann aber nix dafür!«

★ ★ ★

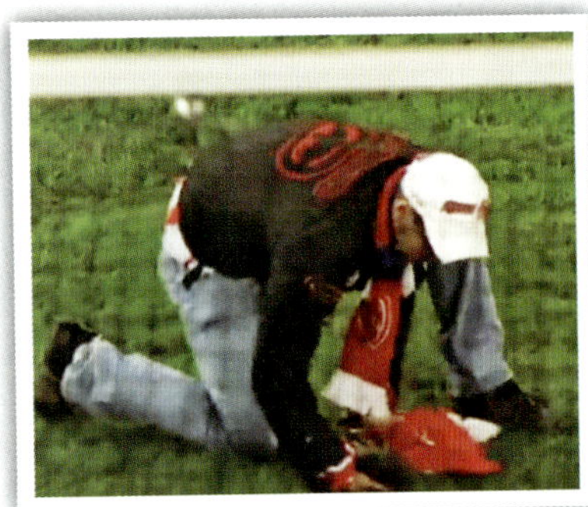

Beim **sogenannten Skandalspiel** der zweiten Partie in der Relegation zwischen Fortuna Düsseldorf und Hertha BSC (2:2, nach einem 1:2 im Hinspiel) entwendet ein junger Mann noch vor Ablauf der Begegnung einen der beiden Elfmeterpunkte aus dem Rasen – live vor einem Millionenpublikum in der ARD. Kommentator Tom Bartels ist entsetzt: » Das ist jetzt bitte wirklich nicht sein Ernst, dass er da versucht, Rasen aus … das ist nicht zu fassen … das ist nicht zu fassen. Da möchte er den Elfmeterpunkt mitnehmen vor Spielende. Das habe ich noch nicht erlebt, das ist unterirdisch, das ist alles nicht wahr …!«

★ ★ ★

Ups, das ging daneben. Eine Bank wirbt für eine gesponserte Auswärtsfahrt zu einem Spiel des BVB in einem Fan-Bulli. Die Anzeige, die im Stadionmagazin der Borussia erscheint, schmückt ein junger Mann mit einem Megafon, der offensichtlich vor einer größeren, begeistert die Hände zum Himmel reckenden Menschenmenge etwas skandiert. Die schwarze Jacke des Mannes ziert auf dem Rücken ein riesiges gelbes BVB-Logo, und auch das Megafon ist in den Vereinsfarben gehalten. So weit, so gut, doch jetzt kommt's: Denn auf dem Bild ist kein BVB-Anhänger zu sehen, sondern der Vorsänger (Capo) der **Ultras Gelsenkirchen**. Mit Photoshop hat man ihm das Logo der Borussia auf den Rücken gemalt und auch das Megafon gelb eingefärbt. Dumm nur, dass der Grafiker auf dem oberen Teil der Flüstertüte den Schriftzug »Ultras Gelsenkirchen« übersah.

Senior Raúl und seine Bundesligabekanntschaften.

★ ★ ★

Es ist die **Saison der Pyrotechnik**. Fast kein Spiel, bei dem keine Leuchtmunition gezündet wird. Überall wird debattiert, was zu tun ist. Freiburgs Trainer Christian Streich hat eine klare Meinung. Nachdem Fans seines eigenen Vereins schon vor der Partie gegen Nürnberg bengalische Feuer abgebrannt haben, sagt er hinterher: »Die sollen doch draußen ein Feuerle machen. Oder brauchen sie dazu etwa 25.000 Leute als Publikum?«

★ ★ ★

»Manuels Entscheidung hat bei zu vielen von uns zu viel zerstört. Er hat uns schmerzlich bewiesen, dass wir unseren Glauben nicht zu sehr an Spieler verschenken sollten. Betrachten wir Spieler als das, was sie fast alle sind, Berufssportler, die zeitlich begrenzt das königsblaue Trikot tragen dürfen«, schreiben die Ultras GE in einem offenen Brief zum Wechsel ihres ehemaligen Mitglieds **Manuel Neuer** zum FC Bayern. Nun hat man in München das Problem mit den eigenen Fans und ist um häuslichen Frieden bemüht. Dort haben einige Gruppierungen den Nationaltorhüter mit dem Plakat »Du kannst auch noch so viele Bälle parieren, wir werden dich nie in unserem Trikot akzeptieren« bereits wenig herzlich empfangen. Nun einigt man sich darauf, die organisierten Proteste einzustellen, wenn Neuer neben »respektvoller Distanz« auch fünf Verhaltensregeln respektiert. Und Manuel Neuer tut dies. Konkret soll das bedeuten: 1. Nie mit dem Megafon die Fangesänge vorgeben, 2. Sich nie vor die Mannschaft knien, um das »Humba«-Lied zu intonieren, 3. Sich nicht der Südkurve nähern, 4. Nie sein Trikot in die Kurve werfen, 5. Nie das Bayern-Wappen auf dem Trikot küssen.

Auszug Schalker Jahrbuch
2007 / 2008 - S. 18

MANUEL NEUER ÜBER...

Vereinswechsel: Innerhalb von Deutschland ist für mich ein solcher Schritt nicht denkbar. Manuel Neuer beim FC Bayern München – das passt nicht. Ich habe früher in der Kurve gestanden und nicht gerade nette Dinge über die anderen Vereine geschrieen... Wie soll ich denn da das Trikot dieser Clubs tragen?

★ ★ ★

Im Frühjahr erreicht die Fußballfans eine traurige Nachricht. **Timo Konietzka,** der Schütze des allerersten Bundesligatores, **ist tot**. Liga-Präsident Reinhard Rauball verneigt sich vor einem großen Sportler und Menschen: »Sein besonderer Humor, seine Listigkeit auf dem Platz und seine Gradlinigkeit im Leben machten ihn zu einem liebenswerten Mitglied der Fußball-Familie.«

Timo Konietzka

2. August 1938 bis 12. März 2012

Liebe Freunde!

Ich möchte mich an dieser Stelle ganz herzlich bei Exit bedanken, die mich am Montagnachmittag von meinen Qualen erlöst und auf dem schweren Weg begleitet haben. Ich bin sehr froh!

Traurig bin ich nur, weil ich meine Claudia, meinen Sohn Oliver mit Moni und unsere Kinder Dina und Manuel mit Sämi und Tanja und die geliebten Enkelkinder Gregory, Larissa, Robin und Yven sowie unsere treue Wegbegleiterin Irma Herger verlassen muss.

Macht alle das Beste aus Eurem Leben! Meines war lang und doch so kurz.

Diese Anzeige gilt als Leidzirkular. Die Trauerfeier findet im engsten Familienkreis statt. Bitte keine Kondolenzen.

Wir hoffen auf Euer Verständnis. Das ist mein Wunsch.

Die letzten Worte von Timo Konietzka.

Für dieses Foul bekommt HSV-Profi Paolo Guerrero acht Spiele Sperre. In der Partie gegen den VfB Stuttgart sprintet er mit einem Anlauf von 56 Metern auf den VfB-Keeper Sven Ulreich zu. Unglaublich: Mit **31,28 km/h** ist die Attacke, laut Datendienst Impire, der schnellste Sprint eines Hamburger Spielers in der ganzen Partie.

★ ★ ★

Ein ganz Großer sagt leise »Auf Wiedersehen«. **Rudi Assauer** leidet an Alzheimer. Seine Familie beschließt den Rückzug aus der Öffentlichkeit. Letztmalig tritt er im Zuge seiner Buchveröffentlichung im Fernsehen auf. Dann wird es still. Die Bundesliga wird ihn vermissen. Tschüss, Rudi Assauer!

★ ★ ★

Der **Skandal der Saison**: Beim Bundesligaspiel zwischen der TSG Hoffenheim und Borussia Dortmund wird die Fankurve des BVB mit einem Störgeräusch beschallt. Immer wenn der Block der knapp 3.000 mitgereisten Anhänger Schmähgesänge gegen Mäzen Dietmar Hopp oder gegen die Heimmannschaft anstimmt, wird eine Maschine gestartet. Nach Protesten des BVB heißt es nach ersten Dementis aus Hoffenheim schließlich, ein einzelner Mitarbeiter habe nach »eigener Aussage ›ein Gegenmittel‹ gegen die aus seiner Sicht nicht mehr erträglichen Beleidigungen gegenüber Herrn Dietmar Hopp einsetzen« wollen. Er allein habe die Maschine entwickelt, ins Stadion geschmuggelt und eingesetzt. Deshalb habe auch nur er diese Tat zu verantworten. Niemand habe ihn beauftragt, er habe aus freien Stücken gehandelt. Die Liga reagiert skeptisch und die Anhänger des FC Augsburg in ihrem Heimspiel gegen Hoffenheim sehr humorvoll. Sie hängen ein Spruchband auf: **»Gegen mangelnde Fußballkompetenz hilft auch keine Hochfrequenz!«**

Otto Rehhagel

Otto Rehhagel ist zurück – wenn auch nur für wenige Monate und nicht sehr erfolgreich. Den Medien ist das aber egal, sie sind wie immer begeistert. Und auch die anderen Trainer in der Bundesliga, vor allem Ståle Solbakken vom 1. FC Köln nach dem 1:1 bei der TSG 1899 Hoffenheim: »Otto Rehhagel ist älter als die sechs Spieler zusammen, die ich auf der Bank hatte.«

»Den Namen konnte ich gar nicht aussprechen, jetzt heißt er nur noch Paradise! Und so hat er auch gespielt.« Otto Rehhagel im März 2012 über Debütant **Fanol Perdedaj**.

Als **Trainer-Neuling** sagt er mit 36 Jahren bei den Offenbacher Kickers in der Saison 1974/75: »Ich gestatte jedem Spieler gewisse Freiheiten im Privatleben und auf dem Spielfeld, um seine Persönlichkeit zu entfalten. Nur so kann er seine Fähigkeiten auch optimal zum Ausdruck zu bringen.«

Rehhagels Träume ehren Eichberg

Betr.: kicker Nr. 28 "Zaubert Otto bald auf Schalke?"

Daß ein Trainer wie Otto Rehhagel davon träumt, einmal in Schalke zu trainieren, ehrt uns natürlich sehr. Sollten wir aufsteigen und sollte in ferner Zukunft bei uns ein Trainerwechsel fällig sein, werde ich an ihn denken. Mit seiner Verehrung für Schalke steht er jedoch nicht allein.

Günter Eichberg, Präsident Schalke 04

»Lasst **echte Kerle** um mich sein!«

»Die Krönung einer Trainerlaufbahn betrachte ich in einem Engagement bei einem spanischen oder italienischen Verein, wo die Zuschauer dermaßen begeistert sind, dass sie schon bei Einwürfen oder Eckstößen in **Ekstase** geraten.«

Sein Spieler **Erwin Kostedde**: »Unter Otto ist mir auf dem Spielfeld kein Weg zu weit!«

Günter Netzer im Jahr 1977 über Rehhagel: »Ich sehe ihn auf der Trainerbank so, wie er auf dem Spielfeld aufgetreten ist. Er ist wohl nicht für die Feinheiten des Fußballs empfänglich, die im Grunde erst die großen Mannschaften ausmachen.«

»Lieber ein Scheißspiel gewinnen, als in Schönheit sterben. Aber immer dem Publikum, eurem **Zahlmeister**, zeigen, wie ihr euch quält.«

»Ein Spruch gehört zum Fußball, aber ich bin kein Sprücheklopfer. Ich verkaufe **Fußball made in Germany**. Das heißt, bei mir wird anständig trainiert, gearbeitet und erzogen.« Otto Rehhagel im Jahr 1984

»Ich bin immer ehrlich. **Ich bin Sohn eines Bergmanns**, und die können unter Tage gar nicht anders, als ehrlich sein. Das färbt ab. Aber das will keiner hören.«

Nach dem Spiel Kaiserslautern gegen Rehhagels Bielefelder im Mai 1979 echauffiert sich der Lauterer Libero Neues: »Rehhagel hat seine Spieler immer wieder lautstark **aufgefordert, uns zu treten**.«

Herthas Zoltan Varga beschwert sich nach dem Spiel seiner Berliner auf dem Betzenberg (2:0) bitterlich über Kaiserslauterns Verteidiger Otto Rehhagel: »So etwas habe ich noch nie erlebt. Härte soll sein, damit muss jeder Stürmer rechnen. Aber Rehhagel hatte es nur darauf abgesehen, mich zu foulen. Sollte ich mich revanchieren? Das liegt mir nicht. Ich habe den Schiedsrichter fast angefleht, etwas zu unternehmen und nicht nur Freistöße zu verhängen. Er hat mich ermahnt, den Mund zu halten. Rehhagel nannte mich ›ungarisches Schwein‹ und sagte, ich wäre nur nach Deutschland gekommen, um Geld zu kassieren. Ich kann gar nicht alles wiedergeben, was er mir an den Kopf warf. Fünfmal hat er mich **angespuckt**. Der Schiedsrichter stand daneben, aber er unternahm nichts.«

Elfmeter

30. Spieltag der Saison 2011/12, BVB gegen Bayern. Dortmund liegt drei Punkte vor den Münchnern und führt mit 1:0. Dann kommt die 86. Minute. **Arjen Robben** erhält einen umstrittenen Elfmeter und läuft selbst an. Weidenfeller hält, und BVB-Spieler **Neven Subotic** rast auf Robben zu: »›Ich habe keinen Bock auf Schwalben!‹ Irgendwas in der Art habe ich gesagt. Ich hab's als Schwalbe empfunden und habe gehofft, dass Gott das sieht. Zu Recht hat Roman den gehalten.« Robben ist untröstlich: »Ich habe in den letzten drei Jahren zehn oder elf Elfmeter in Folge verwandelt. Heute war es der erste, den ich verschossen habe. In so einem Moment, das ist bitter. Ja, das ist peinlich.«

Harald Nickel entwickelt eine für die Bundesliga völlig neue Variante: Er schießt quasi aus dem Stand. Sein Erfolgsgeheimnis erläutert der Braunschweiger selbst so: »Ich muss dem Torwart möglichst wenig Zeit geben, sich auf meinen Schuss einzustellen. Das kann ich aber nur, wenn er nicht weiß, wann ich wirklich abziehe. Und das wiederum ist nur bei einem Schuss aus dem Stand möglich.«

Am 32. Spieltag der Saison 1978/79 kommt es beim Spiel Kaiserslautern gegen Borussia Mönchengladbach (1:3) in der ersten Halbzeit zum Duell **Seppl Pirrung gegen Wolfgang Kneib**. Der Torhüter erzählt später: »Ich habe beim Schuss von Pirrung seinen Anlauf beobachtet und mich danach in die linke Ecke geworfen.« Erfolgreich, gehalten! In der Halbzeit trifft er den etatmäßigen Lauterer Elfmeterschützen Reinhard Meier, der ihm sagt, dass er den Ball in die andere Ecke geschossen hätte. Zweite Halbzeit, erneuter Elfmeter für Lautern, Meier tritt an. Kneibs Lehrstück in Psychologie: »Nachdem er mir das gesagt hat, schießt er jetzt wohl in die andere Ecke!« Und genau so kommt es: Links unten, Kneib hält und ist der Held des Spiels.

Wolfgang Sidka 1983 beim 1:1 zu Hause gegen Köln: »Ich habe mir das Elfmeterschießen gegen Frankreich angesehen. Da ist der Schumacher immer in eine Ecke gesprungen. Also dachte ich mir: Wenn du einen Elfer schießen musst, knallst du ihn einfach in die Mitte. **Der Toni wird schon wegspringen!**«

Wolfgang Kleff 1983 nach dem Spiel Düsseldorf gegen Hertha (1:1): »Ich wusste, dass der Remark immer in die rechte Ecke schießt. Nur: Weiß der Remark, dass ich weiß, welches seine Ecke ist? Und **wenn er weiß, dass ich es weiß**, schießt er dennoch in seine Ecke? Aber als er sich den Ball hingelegt hatte und zurückging, um anzulaufen, schaute er ganz kurz in die rechte Ecke. Da wusste ich Bescheid!«

Am 33. Spieltag der Saison 1983/84 hält FC-Torwart Toni Schumacher beim 4:6 in Uerdingen einen Elfmeter von Friedhelm Funkel und hat hinterher eine kuriose Begründung: »Wie der Funkel Elfmeter schießt, hatte ich bei einem **Tatort-Krimi** im Fernsehen gesehen.« Tatsächlich hatte es kurz zuvor in der Folge »So ein Tag …« einen kleinen Ausschnitt der Partie Frankfurt gegen Kaiserslautern zu sehen gegeben. Und in dieser Szene am Ball: der damalige Lauterer Friedhelm Funkel beim Elfmeterschießen.

»Ich habe ihm die rechte Ecke angeboten. Aber ich wusste, dass er nach links zielen würde.« Düsseldorfs Torhüter **Jörg Schmadtke**, nachdem er einen Elfmeter des Gladbachers Winfried Hannes im März 1986 gehalten hat.

Beim 2:1-Sieg der Bochumer über Leverkusen in der Saison 1986/87 ballert Ata Lameck einen Elfmeter **links am Tor vorbei**: »Normalerweise schieße ich in die andere Ecke. Aber ich habe überlegt: Hat der Vollborn vielleicht beim letzten Mal Fernsehen geschaut, als ich einen Elfmeter geschossen habe? Das war ein Fehler. Man soll sich immer treu bleiben.«

Fußballer und Tiere

Hund – Ditmar Jakobs: Pinka; Matthias Baranowski: Kim; Hans Dorfner: Benyi; Christian Hausmann: Berry; Dirk Bakalorz: Bobby; Dieter Eckstein: Joschi; Norbert Wagner: Sheila; Alexander Strehmel: Tinkse; Bertram Beierlorzer: Aljoscha; Wolfgang de Beer: Charly; Manfred Bockenfeld: Cherry; Michael Schröder: Gringo; Olaf Thon: Assi (Pudel); Günther Schäfer: Nini; Ronnie Borchers: Zotti; Didier Six: Sara; Lutz Eigendorf: Sandra; Ferdi Keller (HSV): Anka; Felix Magath: Konopf & Mora; Sepp Maier: Bessy & Quarry; Wolfgang Kneib: Daisy; Heinz Flohe: Gina; Manfred Kaltz & Kevin Keegan (ein Hund): Samson; Horst Hrubesch: **Ex von Winnloh, Barno vom Iserlohner Land**, Max; Wolfram Wuttke: Senta & Debby; Jean-Marie Pfaff: **Dona vom Säuliamt** und Targa; Wolfgang Kraus: Snoopy; Klaus Augenthaler: Cindy; Roland Wohlfarth: Ho(r)rus; Egon Coordes: Rex (Schäferhund); Klaus Allofs: Merlin; Uli Stein: Alissa; Rudi Völler: Jimmy; Bernard Dietz: Tessi; Rainer Zobel: Asta, Kipp und Dizzy; Willi Reimann: Bianca; Jürgen Kohler: Susi; Hansi Flick: Sherry; Jupp Kapellmann: Noel; Gerd Müller: Stupsi und Harras; Dieter Hoeneß: Steffi; Rüdiger Abramczik: Tschiko; Dr. Peter Kunter: Tacco & Blanca; Flemming Lund: Kinch; Uli Stielike: Pinky; Ronald Worm: Rasputin; Mirko Votava: Laila; Helmut Kapitulski: Fesse; Guido Buchwald: Natalie (Rehpinscher); Walter Junghans: Xandie; Srecko Bogdan: Kiddi; Jürgen Klopp: Emma; Günter Netzer: Kira; Thomas Müller: Micky

Günter Netzer

Felix Magath

Der Gladbacher Keeper **Marc-André ter Stegen** ist verzweifelt – Hund Bali ist weg. Über Facebook startet er eine Suchaktion. Und tatsächlich taucht Bali schon bald wieder auf!

Hansi Müller

Thomas Müller

Katze – Jupp Heynckes: Pussy; Holger Hieronymus: Ossi; Alexander Strehmel: Kalina; Matthias Baranowski: Whisky; Olaf Janssen: Charly; Michael Sternkopf: Mohrle

Vogel – Ronnie Worm: Papagei Jockel, der ihn nicht mag und mit seinem Schnabel angreift. Doch Worm nimmt es gelassen: »Na ja, so ein Papagei, der wird ja mindestens 80 Jahre alt. Und bis dahin wird er mich schon eines Tages mögen.« Guido Buchwald: Bubi (Wellensittich)

Pferd – Klaus Allofs: Tropenglanz, Trupper, Wadima; Stephan Engels: Manitu; Eike Immel & Erdal Keser: Illinois; Norbert Nigbur: Finki

Hase – Katsche Schwarzenbeck: Snoopy; Thomas Kempe: Mucki

Ronnie Worm

2012 | 13

FC Bayern – Eine Saison wie ein Märchen!

Was war das für eine **Fabelsaison**, die der FC Bayern München da gespielt hat! Nachdem Borussia Dortmund nur ein Jahr zuvor die Messlatte mit 81 Punkten aus 34 Spielen scheinbar uneinholbar höher gelegt hatte, brechen die Münchener nur zwölf Monate später mit 91 Punkten spielerisch alle Rekorde – und dies nun wahrscheinlich endgültig bis in alle Ewigkeit.

Vorstandschef Karl-Heinz Rummenigge sagt nach dem beispiellosen Durchmarsch seines Klubs: »Der FC Bayern 2012/13 war ein Sommer-, ein Herbst-, ein Frühjahrs- und ein Wintermärchen – alles in einem.« Und sie können ihre traumhafte Zeit völlig unbeschwert genießen. Schon früh in der Saison ist allen klar, in dieser Spielzeit gehört der Titel nur einem Team. Bereits am 28. Spieltag steht der neue Deutsche Meister fest – mitten in den letzten hartnäckigen Zügen eines kalten Winters. Der 68-jährige Bayern-Trainer Jupp Heynckes merkt lächelnd an: **»Bei solch kühlen Temperaturen bin ich noch nie Meister geworden**, weder als Spieler noch als Trainer.«

Eine ernsthafte Konkurrenz gibt es in dieser Saison für die Bayern nicht. Spätestens, als Borussia Dortmund am vierten Spieltag mit 2:3 in Hamburg verliert und die Serie von 31 Partien ohne Niederlage des BVB reißt, ist klar, dass die alte Dominanz des FC Bayern wiederhergestellt ist. Dortmunds Trainer Jürgen Klopp sagt zwar: »Wir werden trotzdem weitermachen«, aber das stellt sich schnell als Pfeifen im dunklen Wald heraus. In der Liga ist die Borussia ein Schatten ihrer selbst. Es hat den Anschein, als ob sich die Mannschaft recht bald auf die Champions League konzentriert. Und da ihr das immer erfolgreicher gelingt, ist der **Finaleinzug** der gelungene Ausgleich für eine eher durchschnittliche, aber trotzdem erfolgreiche Bundesligasaison.

Die Spannung in der Liga resultiert vor allem aus dem Kampf um die europäischen Plätze und dem bis zum letzten Moment abwechslungsreichen Treiben im Tabellenkeller. Nachdem Fürth **auf den Spuren von Tasmania Berlin** schon kurz nach der Winterpause nur noch theoretische Chancen auf den Klassenerhalt hat – »Wir treffen alles, nur nicht ins Tor« (Fürths Trainer Mike Büskens unmittelbar vor seiner Entlassung) –, versuchen Hoffenheim und Augsburg alles, um wenigstens nicht direkt abzusteigen. Der Relegationsplatz scheint für beide Vereine das höchste der Gefühle, da bereits sieben bzw. zehn Punkte Rückstand auf den rettenden 15. Tabellenrang bestehen. Doch am Ende kommt mal wieder alles anders als gedacht.

Die Düsseldorfer Fortuna, die nach dem 17. Spieltag vermeintlich beruhigende 21 Punkte auf dem Konto verbucht hat, steigt zusammen mit den Fürthern ab. Unglaublich, aber wahr: Düsseldorf kann nach dem 21. Spieltag keine einzige Partie mehr gewinnen. Gewohnt nüchtern betrachtet Fortuna-Trainer Norbert Meier nach dem 0:3 am letzten Spieltag bei Hannover 96 die Lage: »Letztlich lügt die Tabelle nach 34 Spieltagen nicht.« Düsseldorfs Mittelfeldspieler Axel Bellinghausen reagiert hörbar emotionaler: »Wo Worte fehlen, sind Tränen manchmal das beste Ausdrucksmittel.«

Saisonverlauf 2012/13

	Platz	Tore	Punkte
1	1.	98:18	91
2	2.	81:42	66
3	3.	65:39	65
4	4.	58:50	55
5	5.	45:40	51
6	6.	49:46	51
7	7.	42:53	48
8	8.	45:49	47
9	9.	60:62	45
10	10.	39:47	44
11	11.	47:52	43
12	12.	37:55	43
13	13.	42:44	42
14	14.	50:66	34
15	15.	33:51	33
16	16.	42:67	31
17	17.	39:57	30
18	18.	26:60	21

1 2 3 4 5 6 7 8 9 10 11 12 13 14 15 16 17 18 19 20 21 22 23 24 25 26 27 28 29 30 31 32 33 34

Die besten

Torjäger der Saison

Stefan Kießling (Bayer Leverkusen)	25
Robert Lewandowski (Bor. Dortmund)	24
Alexander Meier (Eintracht Frankfurt)	16

Die Schwäche der Fortuna hat der FC Augsburg mit einer **fulminanten Aufholjagd** am besten genutzt. Durch einen Sieg gegen Fürth in der letzten Partie der Saison schaffen sie den nicht mehr für möglich gehaltenen Sprung auf den rettenden 15. Tabellenplatz. Auf den roten T-Shirts des stolzen Nichtabsteigers steht: »Die Puppen tanzen weiter durch die Bundesliga.«

Die größte Sensation spielt sich aber am 34. Spieltag in Dortmund ab. Eigentlich ist die TSG Hoffenheim schon seit langer Zeit mausetot. Durchhalteparolen wie die des zwischenzeitlichen Managers Andreas Müller (»Wir haben noch Sauerstoff«) verpuffen, weil drei Tage nach diesem Ausspruch nicht nur er, sondern auch Trainer Marco Kurz bereits wieder entlassen sind. Zuvor musste schon Coach Markus Babbel seinen Platz räumen. Trainer Nummer drei Markus Gisdol sieht in Dortmund über 60 Minuten eine hoch überlegene Borussia, die es nur versäumt, nach ihrem 1:0 noch ein zweites Tor zu schießen. Was dann in den letzten 15 Minuten geschieht, ist in der Bundesligageschichte in dieser Form einmalig. BVB-Profi Mats Hummels tritt bei einem Rettungsversuch im eigenen Strafraum in die Luft und trifft am Ende die Beine seines Gegenspielers Volland. Strafstoß für die TSG, und Hummels muss verletzt den Platz verlassen. Den fälligen Elfmeter verwandelt Sejad Salihovic. Drei Minuten später senst Torwart Roman Weidenfeller Schipplock im Strafraum um. Rote Karte für den BVB-Keeper, Elfmeter für die TSG, und da der BVB bereits dreimal gewechselt hat, muss Feldspieler **Kevin Großkreutz ins Tor**. Wieder verwandelt Sejad Salihovic sicher. Hoffenheim ist zu diesem Zeitpunkt in der Relegation. Und dann kommt die Minute 90 +4: Schmelzer trifft aus 22 Metern ins Tor, die Dortmunder jubeln, der Schiri zeigt zur Mittellinie, und Düsseldorf hat sich in die Relegation gerettet. Doch es passiert etwas sehr Seltenes: Schiedsrichter Dr. Jochen Drees nimmt nach Rücksprache mit seinem Linienrichter das Tor aufgrund einer Abseitsstellung zurück. Hoffenheim kommt in die Relegation, gewinnt dort gegen Kaiserslautern zweimal und bewahrt den Verein vor dem Gang in die Zweitklassigkeit. So ist Fußball. So ist die Bundesliga. 50 Jahre Spiel, Spaß und Spannung!

Jupp Heynckes Hermann Gerland

»Josef, Champions-League-Sieger, ich habe einen Wunsch. Ich möchte, dass du mal ein wenig lockerer wirst. Denn irgendwann kommt der Sensenmann. Du kommst in den Himmel, **ich komme in die Hölle**. Davor müssen wir noch mal richtig die Sau rauslassen!« Hermann Gerland zu Jupp Heynckes

★ ★ ★

Die Rekorde des FC Bayern

Folgende Rekorde wurden neu aufgestellt:

Die meisten Punkte: 91 (vorher: 81, Dortmund 2011/12)
Der größte Vorsprung: 25 Punkte (vorher: 16 Punkte, Bayern 2002/03)
Der früheste Meister: 28. Spieltag (vorher: 30. Spieltag, Bayern 1972/73 und 2002/03)
Die meisten Saisonsiege: 29 (vorher: 25, Dortmund 2011/12, Bayern 1972/73)
Die längste Siegesserie innerhalb einer Saison: 14 Siege (vorher: 10, Mönchengladbach 1986/87 und Wolfsburg 2008/09; gleichzeitig bester Rückrunden-Start)
Die wenigsten Gegentore: 18 (vorher: 21, Bayern 2007/08)
Die meisten Spiele ohne Gegentor in einer Saison: 21 (vorher: 19, Bremen 1987/88 und Bayern 2001/02)
Die beste Tordifferenz: +80 (vorher: +64, Bayern 1972/73)
Die meisten Auswärtssiege: 15 (vorher: 11, Dortmund 2011/12, Bremen 2003/04)
Die meisten Auswärtspunkte: 47 (vorher: 37, Dortmund 2011/12, Bremen 2003/04)
Die längste Auswärts-Siegesserie: 9 Siege (vorher: 8, Dortmund 2010/11)
Die wenigsten Auswärts-Gegentore: 7 (vorher: 10, Bremen 1987/88)
Der früheste Herbstmeister: 14. Spieltag (vorher: 15. Spieltag, Dortmund 2010/11, Kaiserslautern 1997/98, Frankfurt 1993/94)
Die beste Tordifferenz in einer Hinrunde: +37 (vorher: +33, Bayern 2011/12)
Die wenigsten Auswärts-Gegentore in einer Hinrunde: 1 (vorher 2, Stuttgart 2003/04)
Die ersten fünf Auswärtsspiele einer Saison ohne Gegentor (bzw. 495 Minuten bis zum ersten Auswärts-Gegentor)
Der beste Saisonstart: 8 Siege (vorher: 7 Siege, Bayern 1995/96, Kaiserslautern 2001/02, Mainz 2010/11)
Die beste Rückrunde: 49 Punkte (vorher: 47, Dortmund 2011/12)
Der beste Rückrundenstart: 14 Siege vom 18.-31. Spieltag (vorher: 7, Dortmund 2011/12)

Folgende Rekorde wurden eingestellt:

Zum fünften Mal 34 Spieltage in Folge Spitzenreiter (vorher 1968/69, 1972/73, 1984/85 und 2007/08)
Die wenigsten Niederlagen: 1 (wie Bayern 1986/87)
Mindestens ein Tor in jedem Spiel (wie Köln 1963/64)
Die wenigsten Auswärtsniederlagen: 0 (wie Bayern 1986/87)
Die wenigsten Gegentore in einer Hinrunde: 7 (wie Stuttgart 2003/04)

★ ★ ★

Uli Hoeneß

Ende Dezember 2009 hat Uli Hoeneß als Manager bei den Bayern nach über 30 Jahren seinen Posten geräumt. Anschließend wird er zum Präsidenten gewählt und überlässt seinen Nachfolgern Christian Nerlinger und Matthias Sammer ein von ihm seit 1979 erfolgreich bestelltes Feld. Als im Frühjahr 2013 publik wird, dass Hoeneß viele Jahre Steuern in der Schweiz hinterzogen hat, bröckelt die Fassade des großen Vorbilds. Uli Hoeneß: »Das ist für mich ein ganz großes Problem. Ich fühlte mich in diesen Tagen auf die andere Seite der Gesellschaft katapultiert, ich gehöre nicht mehr dazu. Ich mache mir natürlich riesige Vorwürfe. **Ich habe Riesenmist gebaut**, aber ich bin kein schlechter Mensch.«

Eine der ersten Amtshandlungen des Jungmanagers ist **im Frühjahr 1980** eine höchst kuriose. Beim Spiel auf dem Betzenberg fällt Hoeneß etwas auf: »Die Lauterer spielten mit Bällen, die hatten einen Zug zum Tor, das war nicht mehr normal! Schon ein paar Mal zuvor sah ich im Fernsehen, wie die es bei ihren Heimspielen dauernd mit Fernschüssen versuchten, herrlich den Ball trafen und eine Menge Tore auf diese Art machten.« Hoeneß lässt sich vom Lauterer Zeugwart einen dieser Wunderbälle zeigen: »Ich hielt einen von unseren Bällen daneben, die gleiche Marke, und sah, dass deren Ball einen etwas größeren Umfang aufwies als unserer, damit auch mehr Trefferfläche.« Hoeneß erwirbt sofort einige Bälle und siehe da, die Münchner holen im Olympiastadion fortan einen Kantersieg nach dem nächsten. Hoeneß: »Der tolle Ball gab den Spielern Selbstvertrauen. Zuspiele, die sie früher erst abstoppten und unter Kontrolle brachten, nahmen sie jetzt volley aus der Luft und trafen.« Die Bälle werden fortan auch zu Freundschaftsspielen ins Gepäck gepackt.

»Glücklich zu sein, ist ein Gefühl. Das ist kein Zustand«, sagt Uli Hoeneß. Einen Moment hätte er aber gerne auf ewig festgehalten. Über die Tage um sein grandioses Europapokalspiel in Dresden im Jahre 1973 und seine **Hochzeit mit Susi** wenige Stunden später sagt Hoeneß rückblickend: »Wenn ich da die Zeit hätte anhalten können, hätte ich es getan.«

»Am Anfang meiner Laufbahn habe ich den Fehler gemacht, nur ans Geld zu denken. Ich wollte möglichst viel auf die hohe Kante scheffeln und vergaß manchmal dabei, dass es noch wichtigere Dinge gibt als ein **dickes Bankkonto**.«

»Ich bin weniger von materiellen Dingen und Konsumgläubigkeit abhängig als er.« **Dieter Hoeneß** über seinen Bruder.

Nach dem Flugzeugunglück: »**Günter Netzer** hat sich damals rührend um mich gekümmert. Was da gewachsen ist, kann nie mehr kaputtgehen. Wir können noch so sehr hinter einem Spieler her sein, wir werden uns nie übers Ohr hauen.« Und ein anderes Zitat von Hoeneß über dieses Ereignis: »An diesem Tag ist der Sunnyboy in mir gestorben.«

»Wenn ich an die Börse gehe, dann lese ich nicht mehr den ›Kicker‹, sondern die **Börsennachrichten**. Ich lese aber lieber den ›Kicker‹.« Hoeneß zu den Börsenplänen der Bayern.

Gut gelaunt startet man bei Hertha BSC das Projekt »Wiederaufstieg« nach einer katastrophalen Vorsaison. Genau so locker wie sich Maik Franz und Pierre-Michel Lasogga hier beim Fotoshooting zeigen, wirkte letztlich auch Herthas Gang durch die 2. Bundesliga.

Das Thema dieser Saison ist auch das Sicherheitspapier **»Sicheres Stadionerlebnis«**, das die DFL unter dem Protest der Fans und dem Beifall der Politik am 12.12.2012 verabschiedet. Vor allem der Gebrauch der bengalischen Feuer wird heiß diskutiert. In der TV-Sendung »hart aber fair« möchte Johannes B. Kerner anhand eines simplen Versuchaufbaus zeigen, wie schnell ein Kind bei der Berührung mit einem Bengalo in Flammen aufgehen kann. Er kommentiert unter dem Eindruck der im Feuer schmelzenden Versuchspuppe: »Also, wer bei Ansicht dieser Bilder immer noch sagt, das sei stimmungsvoll, der gehört eigentlich … ey … ich will's gar nicht aussprechen … dem kann man nicht mehr helfen, sagen wir es mal so!«

★ ★ ★

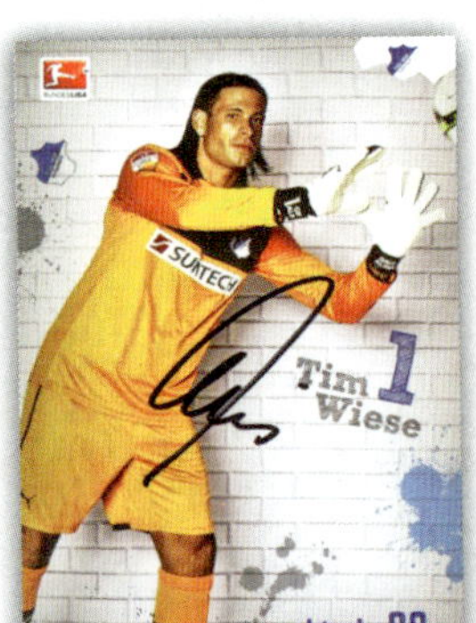

Noch in der Vorsaison hatte Tim Wiese als Werder-Keeper gesagt: »Wenn man mir **das Maul stopfen** will, dann muss man früher aufstehen.« Nun ist der Torwart in der Provinz gelandet und tatsächlich am Tiefpunkt seiner Karriere angekommen. Die eigenen Anhänger verhöhnen den suspendierten Keeper mit einem Spruchband. In der Fankurve der TSG Hoffenheim werden beim Auswärtsspiel in Fürth zwei Transparente hochgehalten: »Ey Tim, fahr ma auswärts – Wir zahlen den Alk.« Es ist für Tim Wiese der negative Höhepunkt einer total verkorksten Saison.

★ ★ ★

Es ist die **ungewöhnlichste Gelb-Rote Karte der Ligageschichte**. Hannovers Mittelfeldmann Szabolcs Huszti reißt sich nach seinem späten Siegtreffer gegen Werder Bremen (3:2) sein Trikot über den Kopf, läuft anschließend in die Fankurve und klettert auf den Zaun. Schiedsrichter Deniz Aytekin zieht Gelb fürs Trikotausziehen und Gelb-Rot dafür, dass er auf den Zaun geklettert ist. Hinterher sagt er: »Ich musste das als Exekutive durchziehen.« Huszti hingegen ist noch lange nach Spielschluss verwirrt. Immer wieder stammelt er ungläubig: »Ich habe keine schlimme Sache gemacht, ich wollte doch nur mit unseren Fans feiern.«

★ ★ ★

Sportchef Rudi Völler ist von den neuen Autogrammkarten gar nicht begeistert. Direkt nach der Veröffentlichung werden sie bereits wieder eingesammelt und eingestampft. Die neuen Autogrammkarten von Bayer Leverkusen erscheinen kurz darauf – allerdings ohne Karikaturen.

★ ★ ★

Der diesjährige Torschützenkönig kommt von Bayer Leverkusen, heißt Stefan Kießling und hat ein **Erfolgsgeheimnis: Kochen**. Und weil er sein Geheimnis nicht länger für sich behalten will, schreibt Kießling für Freunde und Verwandte ein Buch über seine große Leidenschaft und nennt es »Erfolgsrezepte«. Die erste Auflage ist schnell vergriffen und ein so großer Hit, dass der Stürmerstar sein Kochbuch anschließend allen zugänglich macht. Bayer-Sportchef Rudi Völler ist begeistert: »Wäre Stefan nicht erfolgreicher Bundesligaprofi geworden, wäre er heute sicherlich ein gefeierter Chefkoch, wahrscheinlich irgendwo in einem Golfhotel im schönen Oberfranken.«

Nach der Saison ist vor der Saison – auch mit einem neuen Trainer!

2013 | 14

Don't frag mich Meisterschaft

Die Liga hat einen neuen Guru. Mit dem spanischen Erfolgstrainer Pep Guardiola zieht der sogenannte Ballbesitz-Fußball in die Bundesliga ein. Die Experten jubilieren, die Bayern triumphieren und die Fans schauen nach dem 27. Spieltag **fassungslos auf die Tabelle**: Der FC Bayern München steht unter dem katalanischen Wundercoach bereits sieben Runden vor Schluss als neuer Deutscher Meister fest. So etwas gab es noch nie! Ein weiterer Rekord also, den die Roten für sich verbuchen können.

Auch wenn die Situation an der Tabellenspitze schon sehr früh klar ist, wehrt Guardiola jede vorzeitige Gratulation immer wieder entschieden ab. »Don't frag mich Meisterschaft« wird zum geflügelten Wort. Am Ende der Spielzeit ist der Spanier mit seiner Mannschaft dennoch nicht ganz zufrieden. In der Champions League scheitern die Bayern im Halbfinale kläglich am späteren Sieger des Cups, Real Madrid. Auch Sportdirektor Matthias Sammer ist alles andere als begeistert. Mit hochrotem Kopf spricht er einen denkwürdigen Satz: »Aber wenn immer alles gut ist, neigt man natürlich auch ein bisschen dazu, und jetzt ist es eben mal nicht gut, und das ist gut, wenn es auch mal nicht gut ist.«

Vor der Saison hatte es ordentlich Wirbel um den Wechsel eines hochtalentierten Nationalspielers von Borussia Dortmund zum FC Bayern München gegeben. Seit der früheren Jugend spielte Mario Götze für den BVB. Nun läuft er in den Farben der Münchner auf. Und obwohl er in insgesamt 27 Bundesligapartien zum Einsatz kommt und wie in der Vorsaison zehn Tore erzielt, werten die Experten die Saison als Rückschritt. Daran kann auch das vermutlich wertvollste Tor seiner Karriere nix ändern: Sein Siegtreffer im WM-Finale bringt Deutschland nicht nur den Weltmeistertitel, sondern beschert Mario Götze auch einen **Ehrenplatz im Herzen der deutschen Fußballfans**.

Einen anderen Spieler lässt der BVB hingegen nicht vorzeitig ziehen. Robert Lewandowski muss seinen Vertrag in Dortmund erfüllen. Doch bereits in der Winterpause unterzeichnet der polnische Nationalspieler beim FC Bayern einen Vertrag bis zum 30. Juni 2019. Wie wertvoll Lewandowski für seinen Klub auch in dieser Saison ist, zeigt der Gewinn der Torjägerkanone. Mit 20 Toren sichert sich der Nationalkicker die begehrte Trophäe.

Ein Zitat von Marco Reus sorgt im Zuge dieser beiden Transfers für Aufregung. Die britische Zeitung »Daily Mirror« zitiert den Mittelfeldprofi mit dem Satz: »I wish luck to Lewa and Götze, but Bayern will never have me. **Money is not everything.**« Und obwohl die Fans Reus' Worte euphorisch feiern, entlarvt dieser das Zitat schon kurz danach als »Fake News«.

»Ich mag die kleine Bier, kalt. Aber große ist nach drei Minuten nicht kalt. Und Bier nicht kalt ist nicht gut.« Bayern-Trainer Pep Guardiola ist kein großer Fan der Oktoberfest-Maß.

Platz	Tore	Punkte
1.	94:23	90
2.	80:38	71
3.	63:43	64
4.	60:41	61
5.	63:50	60
6.	59:43	55
7.	52:54	53
8.	47:47	52
9.	72:70	44
10.	46:59	42
11.	40:48	41
12.	42:66	39
13.	40:57	36
14.	43:61	36
15.	49:62	32
16.	51:75	27
17.	37:70	26
18.	29:60	25

Die besten Torjäger der Saison

Robert Lewandowski (Borussia Dortmund)	20
Mario Mandžukić (FC Bayern München)	18
Josip Drmić (1. FC Nürnberg)	17

Der BVB belegt nach einer durchwachsenen Hinrunde am Ende den zweiten Tabellenplatz. Grund für das schwache Abschneiden in der ersten Halbserie sind vor allem Verletzungsprobleme. Aber auch in dieser schwierigen Zeit – man verpflichtet als Notlösung sogar den vereinslosen Manuel Friedrich – verliert einer seinen Humor nicht. Jürgen Klopp sagt über das Verletzungspech seiner Mannschaft: »Das ist wie im Leben. Wenn heute die **Waschmaschine kaputt** ist, ist morgen der Trockner im Arsch. Und dann gibt der Fernseher den Geist auf.«

Im Tabellenkeller sorgt der 1. FC Nürnberg für ein Novum in der über 50-jährigen Geschichte der Fußball-Bundesliga. Das Team schafft in der kompletten Hinserie nicht einen einzigen Sieg. Am Ende steigt der Club zum achten Mal ab und ist in dieser Rubrik damit alleiniger Rekordhalter.

Wieder einmal dramatisch entwickelt sich die Lage beim traditionsreichen Hamburger SV. Mit Ach und Krach schleppt man sich in die Relegation. Dafür reichen dem HSV in diesem Jahr **unglaubliche 27 Punkte**. So wenige wie noch nie. Als am 33. Spieltag die Bayern nach ihrer spektakulären Halbfinalniederlage in der Champions League gegen Real Madrid (0:4) in die Hansestadt reisen, sagt Franz Beckenbauer: »Wenn der HSV es nicht schafft, gegen so eine angeschlagene Mannschaft wie die Bayern zu gewinnen, gehören sie in die zweite Liga.« Und obwohl sie auch an diesem Tag gegen die Münchner untergehen (1:4), retten sie sich in der Relegation mit zwei Unentschieden (!) – 0:0 zu Hause und 1:1 auswärts – gegen die SpVgg Greuther Fürth gerade noch so vor dem Abstieg.

Randnotiz: Am Bundesliga-Himmel deutet sich erstmals, dafür umso entschiedener eine **neue Macht** an. RB Leipzig ist in die zweite Liga aufgestiegen und rüstet weiter kräftig auf. Fußball-Deutschland schaut sehr genau hin und beäugt den unaufhaltsamen Aufstieg des Klubs, den die allermeisten Fans nach ihrem Hauptsponsor »Red Bull« nennen, mit manch bissigem Kommentar. Der Satz des Managers des FSV Mainz 05, Christian Heidel, steht für viele ähnliche Äußerungen: »Wir als Mainz 05 müssen Tickets und Spieler verkaufen, um investieren zu können, andere verkaufen dafür Autos und Brause.«

Lasoggas Tor zum Klassenerhalt. 27 Punkte und ein 1:1 in Fürth reichten dem HSV, um weiterhin erstklassig zu spielen.

Immer wieder mal etwas Neues. Die **Trikotpräsentation des FC Augsburg** vor der Saison wird von der Presse in »Busen-Show« umgetauft. Statt des aktuellen Jerseys tragen die Models das Trikot nur als aufgesprühtes Bodypainting auf der Haut. Während die Medien (»Der FC Augsburg zieht bei der Präsentation der neuen Trikots blank«) und einige Fans (»Gratulation FCA, das dürfte dann der absolute Tiefpunkt in Sachen Marketing gewesen sein«) irritiert sind, scheint den Spielern die Idee durchaus zu gefallen. Gemeinsam mit den nackigen Damen laufen sie grinsend über den Catwalk und zeigen fröhlich das Design der neuen Trikots – mal mit mehr, mal mit weniger Stoff auf der Haut.

★ ★ ★

Seit dem Ende der Saison 2007/08 ist der **FC Schalke 04** schon fünfzig Jahre ohne Deutsche Meisterschaft. Doch auch einige Spielzeiten später beschäftigt dieses besondere Ereignis die Fans und Medien immer noch. Dazu passend kursiert im Netz ein Bild, das die berühmte HSV-Uhr zeigt, die in der Arena genau mitzählt, wie lange der Bundesliga-Dino bereits in der Beletage spielt. Angesichts der aktuell wieder einmal prekären Lage der Hanseaten schlägt ein User vor: »Im Falle des Hamburger Abstiegs kauft Schalke die Stadionuhr und nennt sie ›**Zeit ohne Schale**‹«. Wie treu die Knappen jedoch zu ihrem Klub stehen, zeigt ein Werbeplakat der ARD, das die Frage aufwirft: »Was ist Glück für Sie?« Die Antwort lautet ganz simpel: »Als mein Kind zum ersten Mal Schaaalke sagte!«

★ ★ ★

Jürgen Klopp versteht es immer wieder aufs Neue, das bunte Treiben in der Bundesliga trotz aller Ernsthaftigkeit nicht zu überhöhen. Und deshalb gelingen ihm Momente wie dieser. Nach dem DFB-Pokalspiel zwischen dem BVB und dem VfL Wolfsburg (2:0) möchte Dortmunds Pressesprecher Sascha Fligge die Fragerunde für die Journalisten eröffnen, doch Klopp ergreift selbst als Erster das Wort: »Ich will nur ganz kurz was dazu sagen, ich weiß, die Jungs müssen heim. Aber **ich muss mal** für kleine Trainer. Falls jemand eine Frage hat, gerne. Wenn nicht, dann ist einfach Schluss. Das Spiel hat für sich gesprochen.« Klopp schaut sichtlich angespannt in die Runde. Weil niemand etwas sagt, fährt er fort: »Also ich muss wirklich, sonst wird es unangenehm.« Im Raum entspannt sich die Atmosphäre schlagartig. Lächelnd meint der Pressesprecher: »Du kannst auch noch mal wiederkommen.« Doch von diesem Vorschlag hält Klopp wenig und macht aus seinen Gedanken keine Mördergrube: »Da, wo ich hinmuss, da komme ich nicht mehr wieder.« **Wolfsburgs Trainer Hecking** lächelt und blickt erwartungsfroh auf die Pressevertreter: »Ich muss noch nicht.«

★ ★ ★

Eines der größten Talente des deutschen Fußballs, **Leon Goretzka** (Träger der Fritz-Walter-Medaille in Gold für den Nachwuchsspieler des Jahres 2012 der U17-Junioren), wechselt Ende der Saison mit viel Trubel und Tamtam vom VfL Bochum zum Lokalrivalen FC Schalke 04. Zwischen den beiden Klubs herrscht lange Uneinigkeit über eine Ausstiegsklausel. Am Ende reicht das Bochumer Eigengewächs sogar schweren

Herzens eine **Klage** vor dem Arbeitsgericht **gegen seinen Lieblingsverein** ein. Später sagt er dazu: »Ich musste durch die Klage meine Vorstellungen klar zum Ausdruck bringen, wusste aber, dass sie nie vor Gericht landen würde.« Noch ein halbes Jahr zuvor hatte Leon Goretzka beim Fußball-Videoformat »So ist Fußball!« vor der Kamera gestanden und sämtliche Wechselofferten mit einem Herz für den VfL beantwortet.

★ ★ ★

In Spanien sorgt ein Skandal für internationales Aufsehen. Mit einer Banane hatten Anhänger des FC Villarreal den Verteidiger des FC Barcelona, Dani Alves, bei einem Eckball von der Tribüne aus beworfen. Doch anstatt sie einfach aus dem Weg zu kicken, nahm der Nationalspieler sie in die Hand, schälte die Banane und biss in aller Seelenruhe in sie hinein. Hinterher sagte er: »Ich sehe das als Joke. Man muss diese Hinterwäldler einfach auslachen.« Die coole Reaktion von Dani Alves begeistert Fußballer auf der ganzen Welt. So auch die BVB-Profis Robert Lewandowski und Pierre-Emerick Aubameyang. Unter dem Motto **»We are all Monkeys«** beißen die beiden in die Banane gegen Rassismus.

★ ★ ★

In Hoffenheim fällt ein **Jahrhunderttor**. Beim Spiel gegen Bayer Leverkusen köpft Bayer-Stürmer **Stefan Kießling** die Kugel ans Außennetz. Leider befindet sich genau an dieser Stelle ein Loch im Netz, durch das der Ball im Tor landet. Schiedsrichter Felix Brych gibt den Treffer und sorgt damit für ein weiteres legendäres »Phantomtor« in der Bundesliga. Der Hohn und Spott Fußball-Deutschlands ist dem Schiri anschließend sicher: »Für mich ist das jetzt auch keine tolle Situation, ein Tor zu geben, das keins war.« Aber auch der Humor kommt nicht zu kurz. Der DFB-Sportrichter Hans Lorenz meint bei der Verhandlung zum verhinderten Nationalspieler Stefan Kießling augenzwinkernd: »Jetzt haben Sie endlich mal eine Einladung vom DFB bekommen.«

Hoffenheimer Fans verspotteten Stefan Kießling beim Aufeinandertreffen nach dem Phantomtor-Spiel auf kreative Art und Weise.

★ ★ ★

Der 1. FC Nürnberg steigt nach einer kuriosen und turbulenten Saison ab. Nur für kurze Zeit sorgt ein Liga-Neuling aus den Niederlanden an der Seitenlinie für Hoffnung beim ehemaligen Bundesligameister. **Gertjan Verbeek** begeistert durch seine erfrischende Spielweise die Fans: »Wenn man etwas erschaffen will, muss man offensiv denken, beim Defensivdenken wird man nicht kreativ.« Doch noch vor dem endgültigen Abstieg muss Verbeek bereits wieder seine Koffer packen. Nicht nur der Niederländer trauert schon bald der kurzen Zeit beim Club hinterher: »Ich hoffe, dass ich 90 Jahre alt werde. Dann kann ich sagen, ich hätte 100 werden können. Aber ich habe in Nürnberg gearbeitet.«

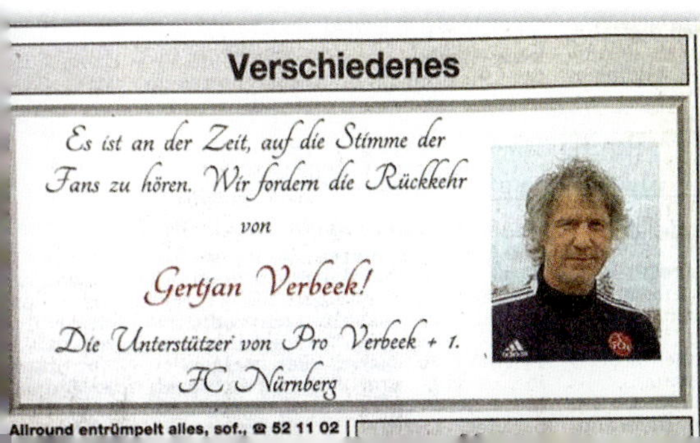

Verschiedenes

Es ist an der Zeit, auf die Stimme der Fans zu hören. Wir fordern die Rückkehr von

Gertjan Verbeek!

Die Unterstützer von Pro Verbeek + 1. FC Nürnberg

Allround entrümpelt alles, sof., ☎ 52 11 02

2014 | 15

Tomorrow, my friend, tomorrow!

Was ist das nur für eine **gruselige erste Halbserie für den BVB** gewesen? Und auch nach dem 19. Spieltag Anfang Februar und einer Heimpleite gegen den FC Augsburg (0:1) stehen die Dortmunder noch immer auf dem letzten Tabellenplatz der Fußball-Bundesliga – mit nur 16 Punkten. Ein ungewohntes Bild. Einen solchen Saisonverlauf hatte sich nach sechs Jahren im Fußballrausch unter Klopp niemand vorstellen können – auch der Trainer selbst nicht. Noch im Dezember kontert er Fragen zur aktuellen Lage der Borussia gewohnt launig: »Wer nur Erfolg haben will, hat nur eine Chance: Bayern-Fan werden.«

Doch dann spitzt sich die Lage um den BVB immer mehr zu. Ein harter **Abstiegskampf** scheint bevorzustehen. Das zehrt an den Nerven der Fans und zunehmend auch an denen der Offiziellen. Bereits zu diesem noch frühen Zeitpunkt in der Saison reift in Jürgen Klopp eine Entscheidung heran, die er am 15. April auf einer viel beachteten Pressekonferenz verkünden wird: Zum Ende der Spielzeit wird er seinen Posten als Cheftrainer von Borussia Dortmund zur Verfügung stellen!

Dass die Saison für den BVB keine gute werden könnte, konnte man bereits nach neun Sekunden des ersten Spieltags erahnen. In diesem Augenblick schießt der Leverkusener Karim Bellarabi seine Mannschaft in Dortmund so schnell in Führung, wie es zuvor noch kein Akteur in der Liga-Geschichte getan hatte. Am Ende siegt Bayer mit 2:0, und der Fehlstart der Borussia ist perfekt.

Vorne an der Tabellenspitze macht sich schnell die in den letzten Jahren **gewohnte Langeweile** breit. Der FC Bayern München überbietet seine eigene Bestmarke aus der Vorsaison und bleibt insgesamt unglaubliche 22-mal ohne Gegentor. Damit fällt auch ein alter Rekord aus der Saison 2001/02. Mit seinen 20 Spielen zu null löst Manuel Neuer den ehemaligen Nationalkeeper Oliver Kahn in dieser Statistik ab. Der Ballbesitz-Fußball der Bayern gipfelt am sechsten Spieltag gegen den 1. FC Köln in einer weiteren Bestmarke: Xabi Alonso ist in dieser Partie 206-mal am runden Leder.

Die übermächtige Dominanz des Rekordmeisters drückt der Werder-Profi Sebastian Prödl so aus: »München ist wie ein Zahnarztbesuch. Muss jeder mal hin. Kann ziemlich weh tun. Kann aber auch glimpflich ausgehen.« Die 0:6-Niederlage der Bremer fällt wohl eher in die Rubrik: ziemlich schmerzhafter Zahnarztbesuch.

Der zunehmend klinisch reine Fußball, der unter dem Katalanen Pep Guardiola in München fast zur Perfektion gereift ist, begeistert in seiner Art immer weniger Zuschauer. Zu offensichtlich, zu vorhersagbar sind die Ergebnisse. Auch der Erzfeind des Bayern-Trainers, José Mourinho, lästert: »Wenn einer genießt, was er macht, verliert man seine Haare nicht. Er hat eine Glatze bekommen. Guardiola genießt den Fußball nicht.« Da freut sich der unparteiische Fußballzuschauer umso mehr, wenn Bayerns Vorstandsvorsitzender Karl-Heinz Rummenigge mal wieder ein sprachliches Bonmot liefert. Anlässlich des 100. Tores von Franck Ribéry gratuliert Rummenigge mit den Worten: **»Ich ziehe meinen Hut und sage Champs-Élysées.«**

Aufsteiger Paderborn muss nach einer ereignisreichen Saison sofort wieder den Gang in die zweite Liga antreten. Übungsleiter André Breitenreiter verzweifelt schon früh an den Trainingsbedingungen in Ostwestfalen: »Hier laufen Kinder auf den Platz, hier fahren Fahrräder und Hunde pinkeln in die Ecke!« Zwei Rekorde werden die Erinnerung an den SC dennoch länger wachhalten. Am vierten Spieltag schießt

Saisonverlauf 2014/15

Platz	Tore	Punkte
1.	80:18	79
2.	72:38	69
3.	53:26	66
4.	62:37	61
5.	43:43	49
6.	42:40	48
7.	47:42	46
8.	49:55	44
9.	56:62	43
10.	50:65	43
11.	45:47	40
12.	34:40	40
13.	40:56	37
14.	42:60	36
15.	36:52	35
16.	25:50	35
17.	36:47	34
18.	31:65	31

Moritz Stoppelkamp beim Heimspiel gegen Hannover 96 den Ball in der 93. Minute aus einer Distanz von 82,3 Metern zum Endstand von 2:0 ins leere Gästetor. Und am 19. Spieltag foult der Paderborner Patrick Ziegler den Hamburger Marcell Jansen so unglücklich im Strafraum des SC, dass der HSV einen Elfmeter zugesprochen bekommt. Gespielt sind zu diesem Zeitpunkt gerade einmal acht Sekunden.

Die besten

Torjäger der Saison

Alexander Meier (Eintracht Frankfurt)	19
Robert Lewandowski (FC Bayern München)	17
Arjen Robben (FC Bayern München)	17

Doch auch die Saison der Hanseaten bietet nur wenige dieser glücklichen Momente. Bis zum sechsten Spieltag muss der HSV warten, ehe er nach 508 Minuten zum ersten Mal ins Tor trifft. Auch danach läuft es nicht rund. Trainer Mirko Slomka muss im September gehen, sein Nachfolger Josef Zinnbauer im März. Nach einem kurzen Intermezzo des Sportdirektors Peter Knäbel auf der Bank kommt zum Saisonfinale Bruno Labbadia. Mit ihm verbessert sich schlagartig die Stimmung in Hamburg: »Ich habe meine Frau vor die Wahl gestellt. **Mallorca oder HSV?** Ich habe sie nicht ausreden lassen.« Und sichtbar gut gelaunt fügt Labbadia hinzu: »Das Leben ist zu kurz, um sich immer alles ganz genau zu überlegen.«

Mit Bruno Labbadia retten sich die Hamburger spektakulär und buchstäblich erst in allerletzter Sekunde im Relegationsrückspiel in Karlsruhe. Mit einem direkt verwandelten Freistoß in der Nachspielzeit erzwingt Marcelo Diaz die Verlängerung, die der HSV am Ende mit 2:1 für sich entscheidet. So wenig amüsante Augenblicke die Saison für die Hamburger bietet, so unterhaltsam ist die Story dieses Freistoßes. Denn eigentlich will ihn der etatmäßige Schütze Rafael van der Vaart schießen. Er hatte sich den Ball auch schon zurechtgelegt. Als er den herbeigeeilten Diaz zur Seite schiebt und sagt, »Ich schieße«, schnappt sich der Chilene die Kugel vom Niederländer, nickt diesem abgeklärt zu und meint: »Ja, ja. Tomorrow, my friend, tomorrow.« Was dann folgt, ist Geschichte!

»Ihr seid Affen!«, hatte VfB-Trainer Huub Stevens seinen Spielern beim Training zugerufen. Als Martin Harnik anschließend im Abstiegsduell gegen den HSV das 2:1 für Stuttgart erzielt, zelebriert das Team den Treffer mit einem Affentanz.

Auf Schalke wurde er mit großen Erwartungen empfangen und am Ende durch die Hintertür verabschiedet. Sportvorstand Horst Heldt stellt **Kevin-Prince Boateng** Anfang Mai frei. Das endgültige Ende eines großen Missverständnisses – sollte man wenigstens denken. Doch Kevin-Prince Boateng wäre nicht er selbst, würde er die Dinge nicht etwas anders bewerten. Unter einer gewissen Größe macht es der ghanaische Nationalspieler eben einfach nicht: »Ich habe meinen Stempel bei Schalke ganz fett aufgedrückt. Wenn man heute etwas über den Verein liest, fällt mein Name immer noch. Es gab keinen Spieler, an dem die Öffentlichkeit mehr interessiert war. Es ist der größte Stempel, den je ein Profi bei Schalke hinterlassen hat – ob es positiv oder negativ ist.«

★ ★ ★

Die Ankunft des Josef „Joe" Zinnbauer in Hamburg wird mit Spannung erwartet. Ins Blickfeld der modebewussten Hanseaten ist **das spezielle Gespür** des neuen Trainers **für eine ausgefallene Optik** geraten, das der frühere Leiter eines Finanzberatungsunternehmens bereits mit Mitte zwanzig an den Tag legte. Im Nu kursieren verschiedene Fernsehauftritte Zinnbauers aus den 1990er Jahren in den sozialen Netzwerken. Doch die Sorgen der HSV-Offiziellen sind völlig unbegründet: In Hamburg streift er ohne Widerworte den schlichten Trainingsanzug mit der Raute über.

★ ★ ★

Nachdem Armin Veh in Stuttgart bereits nach 146 Tagen den Posten des Cheftrainers freiwillig wieder zur Verfügung gestellt hat, übernimmt mit Huub Stevens ein alter Bekannter das Ruder. Der Team-Betreuer mit dem schönen Namen **Ralph Herkommer** erklärt dem Coach gleich auf dem Weg zum ersten Training alles Neue seit seiner letzten Anstellung in Stuttgart im Frühjahr. Als die Journalisten von Stevens wissen möchten, wie er denn den drohenden Niedergang des VfB noch zu verhindern gedenke, antwortet der Niederländer gewohnt pointiert: »Ich bin jetzt nicht ratlos, aber ich bin auch nicht der Messias. Oder habe ich etwa Sandalen an?«

★ ★ ★

Als junger Kerl sei Reus falsch abgebogen, meint sein Trainer Jürgen Klopp, und »irgendwann kommt der Punkt, da ist es schwierig, als Marco Reus in eine Fahrschule zu kommen und den Führerschein nachzumachen«. Doch Reus macht es trotzdem. Nachdem er erwischt wurde und eine hohe Strafe gezahlt hat, nimmt der BVB-Profi endlich Fahrstunden. Außer natürlich, wenn es sportlich eng ist!

Es ist der Tag, an dem **Jürgen Klopp** bei Borussia Dortmund seine **Vertragsauflösung** bekannt gibt. Nach emotionalen 28 Minuten kündigt Pressesprecher Sascha Fligge die letzte Frage für den heutigen Tag an und übergibt das Wort an einen Mann in der ersten Reihe. Dieser stellt sich als Vertreter des »Handwerkblatts« aus Düsseldorf vor. Nach kurzen, etwas fahrigen Eingangsworten kommt er zu seinem eigentlichen Anliegen. Nicht nur Jürgen Klopp, auch alle Pressevertreter im Raum reagieren irritiert: »Ich habe eine Bitte: Sie haben mir versprochen – das darf ich vielleicht –, dass ich eine Karte für meinen Sohn kriege. Und das möchte ich heute auch noch einfordern, dass ich die Karte für den David kriege.« Jürgen Klopp benötigt einen Moment, um sich zu fassen. Dann antwortet er gewohnt souverän: »Ich sage Ihnen ganz ehrlich – ihr Selbstvertrauen hätte ich gerne. *Das* als letzte Frage *dieser* Pressekonferenz, da muss ich schon sagen … von mir aus können wir gerne noch eine stellen. Karte kriegen wir hin … ich habe noch eine.«

Was bleibt von diesem Tag, sind diese anderen Worte von Jürgen Klopp: »Es ist nicht wichtig, was man über einen denkt, wenn er kommt, sondern wenn er geht.«

★ ★ ★

Zum Ende der Saison verlässt Bastian Schweinsteiger den FC Bayern München. Am letzten Spieltag bestreitet der Weltmeister sein 500. und zugleich letztes Pflichtspiel für die Münchner. Zu Hause in der Arena gegen den 1. FSV Mainz 05 erzielt Schweinsteiger dabei sein 45. Bundesligator. Nicht nur in München wird man den Mann aus Kolbermoor vermissen. Kurz zuvor hatte sich der Vater eines kleinen Jungen auf Facebook überschwänglich bei ihm für eine besondere Geste bedankt: »Lieber Bastian Schweinsteiger, meinem fünfjährigen Sohnemann haben Sie am Freitag einen wunderschönen Moment geschenkt: Als der Mannschaftsbus zur Abfahrt bereitstand, gaben Sie freundlicherweise noch Autogramme und bemerkten den kleinen Raphael an der Schranke, wie er zu Ihnen aufschaute. Sie strichen ihm über den Kopf und fragten, ob es ihm gut geht. Er war natürlich zur Salzsäule erstarrt und konnte nichts entgegnen. Er hat sich aber unendlich darüber gefreut und weigert sich seitdem strikt, sich die Haare waschen zu lassen. **Ihnen auf jeden Fall ein großes Vergelt's Gott,** dass Sie trotz aller Erfolge so ein lebensfroher, sympathischer und bodenständiger junger Mann geblieben sind!«

★ ★ ★

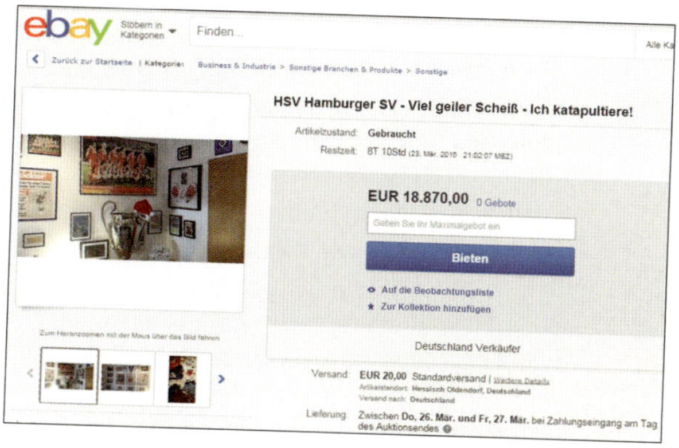

Ein HSV-Fan kann nicht mehr. Bei eBay stellt er seine komplette Sammlung ein – und spart nicht mit deutlichen Worten in Richtung seines ehemals geliebten Vereins: »Schnauze voll! Flasche leer! Alles muss raus! Ich kann die Sachen nicht mehr sehen! Ich bin jetzt über 40 und muss auf meine Gesundheit achten. Der festgelegte Startpreis setzt sich übrigens wie folgt zusammen: Die 1887 steht für das Gründungsjahr (ja, langweilig), die 0 für null Erfolge in den letzten zwölf Jahren (ja, ich habe den Ligapokal im Jahr 2003 als Erfolg gewertet)!« Im Angebot: »Stringtanga mit Raute und ›Mitglied‹-Schriftzug (nie angehabt, ein Scheiß-Geschenk)«. Auch der aktuelle Fußball wird kritisiert: »Fragt euch wohl, warum ich das Angebot in Business/Industrie eingestellt hab, was? Ich mich nicht!« Aber trotz des harschen Umgangstons – Kundenfreundlichkeit kann man dem vergraulten HSV-Fan nicht absprechen: »Für 'nen Zwanni bringe ich die Ladung auch gern vorbei, aber nur in Deutschland! Versand ins Ausland müsste erst noch abgeklärt werden. Also, Herr Kühne, wenn Sie das Zeug ersteigern, müssten wir noch mal telefonieren, bevor ich in die Schweiz düse!«

★ ★ ★

Der Bremer Sportdirektor und frühere Manager der Kölner Haie, Thomas Eichin, legt sich mit dem großen FC Bayern an. Öffentlich wirft er den Bundesliga-Schiedsrichtern vor, sie hätten zu großen Respekt vor den Münchnern. Der Konter des Rekordmeisters lässt nicht lange auf sich warten und kommt in Person von Matthias Sammer. Der sagt über Eichin: »Der hat beim Eishockey zwischendurch mal **einen Puck an den Kopf** bekommen, und das sind die Spätfolgen.«

★ ★ ★

Und zum Schluss noch eine Neuerung: Am achten Spieltag wird erstmals unter dem Jubel der Zuschauer das Freistoßspray eingesetzt. Eigentlich sollte schon zu Saisonbeginn damit gestartet werden, doch zuerst fehlte ein Prüfsiegel, und dann mussten auch noch die Schiedsrichter im Umgang mit dem neuen Spray geschult werden.

Auf Schalke geht man neuerdings durch einen nachgebauten Stollen raus auf den Platz. Dazu erklingt vor dem Spiel in der völlig dunklen Arena das Steigerlied. Glück auf, S04!

2015 / 16

Ich packe die Tabelle in den Eiskühlschrank

Pep Guardiola bekommt sein Abschiedsgeschenk von Rummenigge.

Das schnellste Tor der Saison fällt gleich am zweiten Spieltag durch den Hoffenheimer Kevin Volland in der Partie der TSG gegen den FC Bayern. Nach nur neun Sekunden netzt der Nationalspieler ein. Ein neuer Bundesligarekord! Offiziell werden zwar die Tore von Karim Bellarabi (Saison 2014/15 gegen den BVB) und Kevin Volland als gleich schnell gewertet, Volland traf aber 0,3 Sekunden früher.

Für seine Meisterschaft braucht der FCB dagegen so lange wie schon einige Saisons nicht mehr. Bis zum 33. Spieltag muss der Rekordmeister warten, bis er auch in dieser Runde endgültig als Deutscher Meister feststeht, obwohl es am Ende zehn Punkte Vorsprung auf Borussia Dortmund sind. Mit seinem **dritten Bundesligatitel in Folge** verabschiedet sich Pep Guardiola aus der bayerischen Landeshauptstadt und zieht weiter nach England zu Manchester City. Vor Guardiolas letztem Spiel in der Arena überreicht Vorstandschef Karl-Heinz Rummenigge dem Katalanen ein sehr spezielles Geschenk: Ein brasilianischer Künstler hat für 3.000 Euro eine Acryl-Figur des Bayern-Maskottchens Bernie angefertigt.

In Stuttgart sind am Anfang der Saison die Hoffnungen groß, dass es endlich mal wieder eine sorgenfreie Spielzeit gibt. Der neue VfB-Trainer Alexander Zorniger verbreitet Optimismus und verspricht Fußball ohne angezogene Handbremse: »Wir werden Gas geben, **bis der Akku leer ist**. Dann werden wir sehen, wie lange noch zu spielen ist.« Doch das Konzept des Alexander Zorniger geht nicht auf. Bereits Ende November und nach nur zehn gewonnenen Punkten in 13 Partien muss der Mann aus Mutlangen seinen Platz auf der Stuttgarter Bank wieder räumen. Anfang Dezember hängt im VfB-Stadion ein Banner, auf dem steht: »Ihr seid nicht der Nikolaus – hört auf, Geschenke zu verteilen.« Doch alle Appelle kommen zu spät. Auch Zornigers Nachfolger Jürgen Kramny gelingt es nur kurz, die Lage in der Tabelle zu verbessern. Am Ende steigt der VfB Stuttgart nach 39 Jahren ununterbrochener Ligazugehörigkeit in die Zweitklassigkeit ab.

Völlig konträr dazu ist die **Stimmung in Berlin**. Im Spätherbst wird den Fans beim Blick auf die Rangliste des deutschen Fußballs warm ums Herz. Nach einem berauschenden Spiel gegen Borussia Mönchengladbach klettert die Hertha für eine Nacht hoch auf den ersten Tabellenplatz. Trainer Pál Dárdai ist begeistert. Lächelnd verrät er seinen Plan für den nächsten Morgen: »Ich werde mir eine Zeitung kaufen. Ich werde eine Schere nehmen und die Tabelle ausschneiden. Die pack ich in den Eiskühlschrank, lasse das gefrieren, und dann im Mai – wenn ich das rausnehme – stehen wir immer noch da.«

In Wolfsburg träumt man nach dem Gewinn des Supercups gegen den FC Bayern von einer erfreulichen Spielzeit. Doch Trainer Hecking (»Wir haben Blut geleckt«) und sein Team erleben eine turbulente Saison. Und das liegt vor allem an den Skandalen um seine Spieler. Während Max Kruse in den Fokus der Öffentlichkeit gerät, weil er nach einer Pokernacht 75.000 Euro in einem Taxi vergisst, scheinen die Vorkommnisse um das Enfant terrible Nicklas Bendtner weitaus schlimmer zu sein. Bei seiner Freistellung im April wählt Wolfsburgs Sportdirektor Klaus Allofs drastische Worte: »Bei Nicklas sind kon-

Saisonverlauf 2015/16

Platz	Tore	Punkte
1.	80:17	88
2.	82:34	78
3.	56:40	60
4.	67:50	55
5.	51:49	52
6.	46:42	50
7.	42:42	50
8.	47:49	45
9.	38:42	43
10.	40:46	41
11.	33:42	40
12.	42:52	38
13.	50:65	38
14.	38:53	38
15.	39:54	37
16.	34:52	36
17.	50:75	33
18.	31:62	25

Die besten – Torjäger der Saison

Robert Lewandowski (FC Bayern München)	30
Pierre-Emerick Aubameyang (Borussia Dortmund)	25
Thomas Müller (FC Bayern München)	20

krete Dinge vorgefallen. Wir haben ihn als Gefahr für unsere Gemeinschaft gesehen. Da mussten wir reagieren.« Und auch eine dänische Zeitung fällt in diesen Tagen ein verheerendes Urteil: »Bendtner hält wohl den dänischen Rekord für vergeudetes Talent. Er ist ein Karriere-Clown!« Natürlich hinterlässt der ganze Wirbel Spuren bei der Mannschaft. Sky-Kommentator Marc Hindelang bringt es bei der Auswärtspartie in Ingolstadt auf den Punkt: **»Beim VfL war so viel Sand im Getriebe, da könnte man Beachvolleyball spielen.«**

In die Relegation muss am Ende Eintracht Frankfurt. Doch das erste Spiel gegen den 1. FC Nürnberg rückt von einem Moment zum anderen in den Hintergrund, als bekannt wird, dass Abwehrrecke Marco Russ an Hodenkrebs erkrankt ist. Nur durch Zufall wurde der Tumor kurz zuvor entdeckt. Weil bei einer Dopingkontrolle ein extrem hoher Wert des Wachstumshormons HCG beanstandet wurde, ordneten die Ärzte beim Eintracht-Verteidiger sofortige Untersuchungen an. Trotz seiner Erkrankung absolviert Russ sogar noch das Hinspiel. Die Rettung der Eintracht in Nürnberg erlebt er dann im Krankenhaus. Am Morgen des Spieltags war Marco Russ erfolgreich operiert worden.

Zum Relegationsrückspiel in Nürnberg laufen alle Eintracht-Spieler im Trikot mit der Nummer 4 von Marco Russ aufs Feld.

Ach ja. Damit ist auch klar: **Der HSV muss in diesem Jahr nicht in die Relegation.** Dennoch haben sich einige Anhänger der Hanseaten insgeheim sogar noch viel mehr versprochen. Denn nach 33 Jahren Abstinenz ist der SV Darmstadt 98 in die höchste deutsche Spielklasse zurückgekehrt. Warum das Anlass zur Hoffnung für die HSV-Fans bot? Ganz einfach: Immer wenn Darmstadt in der Bundesliga spielte, konnte der Hamburger SV die Meisterschaft gewinnen!

Neben den Darmstädtern bleibt auch der andere Aufsteiger in der Liga. Der FC Ingolstadt 04 ist seit dem Start 1963 der 54. Bundesligist. Unter Trainer Ralph Hasenhüttl absolvieren die Schanzer eine solide Saison, auch wenn ihre Spielweise nicht jedermann gleichermaßen begeistert. Gladbachs Stadionsprecher Torsten Knippertz meint nach der Heimpartie gegen den FCI: »Wenn der Mannschaftsbus so oft liegenbleibt wie die Spieler zum Schluss, wird's für Ingolstadt 'ne lange Heimreise!«

Im August 2015 schaut ganz Fußball-Deutschland fasziniert auf einen Rucksack, der auf einer Wiese liegend in einem Hamburger Park gefunden wird. Es ist **der Ranzen des HSV-Sportdirektors** Peter Knäbel. Wie der Rucksack dorthin gelangen konnte, wird nie genau geklärt werden. Vermutlich wurde er aus dem Auto von Knäbel gestohlen. Das Problem: Im Rucksack befindet sich eine Liste mit einer Aufstellung der Gehälter der HSV-Stars. Die Geschichte bleibt mysteriös und sorgt dafür, dass das Image des Sportdirektors beschädigt ist. Von der sogenannten Rucksack-Affäre erholt sich der frühere Spieler des FC St. Pauli nicht mehr und muss im Mai 2016, wie die Presse schreibt, »seinen Rucksack nehmen«.

★ ★ ★

Die **Karriere nach der Karriere** ist häufig die schwerste Prüfung für die Ex-Profis. Der ehemalige Deutsche Meister Thorsten Legat scheint den Sprung ins neue Leben ganz gut gemeistert zu haben. Als **Trash-Promi** tingelt er durchs Fernsehen und macht sich bei über sieben Millionen Zuschauern im RTL-Dschungel einen Namen. Auch als Trainer gerät gleich seine erste Pressekonferenz zu einem medialen Highlight. Aus dem bergischen Städtchen Remscheid macht Legat flugs das Örtchen »Reehmscheid«. Mehrere seiner Sätze in diesem Jahr erlangen schon recht bald Kultstatus: »Der Klügere lässt nach«, »Da habe ich mich beirren lassen von meiner Kompetenz«, »Die Einstellung ist immer Fakt«, »Ich kann das kommentarlos nicht beantworten« oder auch das fast schon philosophische Bonmot: »Ich wüsste mehr, wenn ich es wüsste.«

Zwei Altstars sorgen bei Twitter für gute Unterhaltung.

★ ★ ★

Das Fan-Banner ging ins Auge. Weil der VfL Wolfsburg den Nachbarn aus Braunschweig in der ewigen Bundesligatabelle überholt, schreiben die VfL-Anhänger beim Heimspiel gegen Gladbach eine Grußbotschaft an ihre Rivalen: »Blau-gelbe Schweine seht es ein, wir werden auf **ewig hinter uns** sein«. Natürlich lassen sich die Fans der Eintracht nicht lange um eine Antwort bitten und hängen schon beim nächsten Spiel gegen den MSV Duisburg ein Spruchband mit den folgenden Worten auf: »Verein für Legastheniker! Ihr bleibt ewig hinter euch!!!« Äußerst gelungen ist hingegen das Banner der Darmstädter Fans in der Veltins-Arena: »Wir wären heute auch mit einer Knappen-Niederlage zufrieden!«

★ ★ ★

Die Kölner fühlen sich bei ihren Spielen in dieser Saison häufig an eine andere Sportart erinnert: Handball. Im Heimspiel gegen Hannover 96 erzielt Leon Andreasen aus drei Metern für alle Stadionbesucher gut sichtbar ein Tor mit der Hand – doch der Treffer zählt. Manager Jörg Schmadtke bezeichnet Schiri Bastian Dankert und seine beiden Assistenten daraufhin als »Handballschiedsrichter«. Auch FC-Trainer Stöger spart nicht mit Kritik: »Ich habe dem Linienrichter meine Brille angeboten. **Aber auch das hat er nicht gesehen.**« Andreasens Worte zu seinem klaren Handspiel gehen in die Liga-Geschichte ein: »Ich habe gespürt, dass mich etwas am Arm trifft, aber es ging alles sehr schnell. Das ist jetzt ein blödes Gefühl, ich bin normal ein fairer Spieler.«

Kurz darauf spielen die Kölner gegen die TSG Hoffenheim, und wieder nervt ein Handspiel den FC-Coach Stöger. Jetzt hat er endgültig genug und zieht öffentlich weitreichende Schlüsse aus den ärger-

lichen Vorkommnissen: »Hand wird in Köln etwas anders bewertet. Wir nehmen das zur Kenntnis und werden im Training das eine oder andere umstellen. Denn wenn es nicht geahndet wird, dann können wir uns selbst ein bisschen in den Bereich reinarbeiten und bald auch etwas mehr mit der Hand spielen.«

★ ★ ★

Was für ein Rekord, was für ein unbeschreiblicher Tag für Robert Lewandowski! Am 6. Spieltag muss der polnische Nationalspieler die erste Halbzeit von der Bank aus ansehen. Als er dann zur Pause der Partie gegen den VfL Wolfsburg eingewechselt wird, kennt er kein Halten mehr. Lewandowski schießt fünf Tore innerhalb von neun Minuten für den FC Bayern. **Der Stürmerstar trifft in der 51., 52., 55., 57. und 60. Spielminute** und hält somit ab diesem Tag den Rekord des schnellsten Hattricks (3 Minuten, 20 Sekunden), Vierer- und Fünferpacks in der Bundesligageschichte. Lewandowski löst den Duisburger Michael Tönnies ab, der am 27. August 1991 in fünf Minuten dem KSC-Keeper Oliver Kahn drei Tore eingeschenkt hatte (Endergebnis: 6:2 für den MSV). Tönnies war auch der letzte Spieler bis zu diesem Tag, der in einer Bundesligapartie fünf Treffer erzielt hatte.

Robert Lewandowski mit einem Model auf dem Titel eines polnischen Modemagazins.

Das zweite Jahr in Folge feiern die Bayern ihr gemischtes Double – die Meisterschaft des Frauen- und des Männerteams. Hier präsentieren Gina Lewandowski und Robert Lewandowski (nicht verwandt!) die jeweilige Meisterschale.

★ ★ ★

Statt eines Wechsels innerhalb der Bundesliga entscheidet sich der langjährige BVB-Profi **Jakub Błaszczykowski** für einen Transfer **zum AC Florenz** nach Italien. Seine Begründung, warum er nicht in der Nachbarschaft blieb: »Schalke wollte unbedingt. Aber aus Respekt für die Fans des BVB habe ich diese Möglichkeit nicht in Betracht gezogen. Ich glaube immer noch daran, dass es im Fußball und im Leben um mehr geht als nur Geld.«

★ ★ ★

Als Augsburgs Keeper Marwin Hitz im Dezember mutwillig mit seinen Stollen den **Elfmeterpunkt** im RheinEnergieSTADION **malträtiert**, ist die Aufregung unter den Fans und Offiziellen des FC groß. Vor allem, weil Anthony Modeste auf dem ramponierten Stück ausrutscht und den Strafstoß nicht im Gehäuse unterbringen kann. In die Enttäuschung über die 0:1-Niederlage mischt sich auch Wut über die Freveltat des Augsburger Torwarts. Doch einer reagiert besonnen, überlegt und mit einer typisch kölschen Prise Humor: Hans Rütten, der Chef der Kölner Sportstätten, schickt umgehend eine Rechnung in Höhe von 122,92 Euro an Marwin Hitz. Die Summe soll den Schaden ausgleichen, der der Stadt Köln beim Austausch des Rasenstücks entstanden ist. Lächelnd erklärt Rütten: »Es geht mir nicht um das Geld. Aber ein bisschen Strafe schadet nicht.« Die Rechnung begleicht Hitz übrigens umgehend – als Spende an die Kinderklinik in der Amsterdamer Straße.

2016 | 17

Ein Bauer und seine Kühe und Schweine

Wegen der Meisterschaftsshow mit US-Star Anastacia dauert die Halbzeitpause sieben Minuten länger. Der Freiburger Trainer Streich: »Man muss schauen, dass man das Rad nicht überdreht.«

Standesgemäß wird der FC Bayern München am 31. Spieltag mit einem 6:0-Sieg bei stark abstiegsgefährdeten Wolfsburgern zum fünften Mal hintereinander Deutscher Meister. Nach der deutlichen Klatsche sagt der ehemalige Bayern-Stürmer Mario Gomez: »Am Ende war es vom Gefühl her wie **Männerfußball gegen Jugendfußball**.«

Kuriosität am Rande: Nun schon zum elften Mal in Folge machen die Münchner den Titel nicht in ihrer heimischen Arena, sondern bei einer Auswärtspartie klar. Da man jedoch sowohl im DFB-Pokal wie in der Champions League vorzeitig ausgeschieden ist, entlädt sich die Freude in geordneten Bahnen.

Mit dem Aufsteiger RB Leipzig scheint eine neue Konkurrenz für die Bayern heranzuwachsen. Bis zum 14. Spieltag sind die Sachsen ungeschlagen. Dann verspricht Karl-Heinz Rummenigge dem Nachbarn FC Ingolstadt bei einem Sieg ein **Weißwurst-Essen** – und siehe da, es hilft. Nach Leipzigs 0:1-Niederlage bei den Schanzern und einem gleichzeitigen 5:0 der Bayern über Wolfsburg schieben sich die Münchner an die Tabellenspitze. Fast bis zum Schluss bleiben die Leipziger der einzige ernst zu nehmende »Feind« (Uli Hoeneß) der Bayern. Als die beiden Topteams am 33. Spieltag aufeinandertreffen, endet die spektakuläre Partie mit 5:4 für die Alt-Bullen – nach einem zwischenzeitlichen 4:2-Vorsprung der Neu-Bullen. RB-Trainer Ralph Hasenhüttl ist dennoch zufrieden: »Wir haben heute keine Punkte gewonnen, aber viel, viel mehr, wie ich finde: Herzen und Sympathien für das, was wir gespielt haben. Wir sind Zweiter in dieser Saison, das ist Wahnsinn.«

Die Überraschungsmannschaft der Saison ist jedoch noch ein anderes Team: Die TSG Hoffenheim mit dem bislang jüngsten **Bundesligatrainer: Julian Nagelsmann** (nach Bernd Stöber, der am 23. Oktober 1976 mit 24 Jahren allerdings nur für ein Spiel den FC Saarbrücken coachte). Die Medien lieben den eloquenten Übungsleiter. Schnell wird er als zukünftiger Bayern-Coach gehandelt. Nagelsmann pariert das Gerücht wie ein alter Hase: »Ich bin im Austausch mit Hasenhüttl und Tuchel. Wir einigen uns gerade, wer Trainer und wer Co-Trainer wird.« Schon früh steht fest, dass Nagelsmann mit Rudy und Süle zwei seiner Spieler in der kommenden Saison an die Münchner verlieren wird. Doch auch das kann den jungen Coach nicht aus der Ruhe bringen: »Ein Bauer muss sich auch ab und zu von seinen Kühen und Schweinen trennen. Das gehört dazu.«

In der Rückrunde dreht eine Mannschaft ganz besonders auf. 40 Tore schießt das Team des SV Werder Bremen. Beim 5:2-Auswärtssieg in Freiburg netzt der dänische Nationalspieler und Winterneuzugang

»Das war nicht rosa. Das war so pinklila. Aber wenn nicht in Köln, wo dann? Ich bin gut angekommen. In alle Richtungen.«
Peter Stöger über seinen Besuch des Kölner Oktoberfests (mit Lebensgefährtin Ulrike Kriegler und Lukas Podolski).

Saisonverlauf 2016/17

Platz	Tore	Punkte
1.	89:22	82
2.	66:39	67
3.	72:40	64
4.	64:37	62
5.	51:42	49
6.	43:47	49
7.	42:60	48
8.	61:64	45
9.	45:49	45
10.	45:40	43
11.	36:43	42
12.	53:55	41
13.	35:51	38
14.	33:61	38
15.	44:55	37
16.	34:52	37
17.	36:57	32
18.	28:63	25

Thomas Delaney gleich dreimal ein. Der erfolgreiche Musiker und Werder-Fan Jan Delay ist nicht mehr zu halten: »Das Bezirksamt Hamburg-Altona hat meinem Antrag stattgegeben. Ich heiße jetzt ›Jan Delaney‹.« Nach dem Spiel steht der gefeierte Däne den Journalisten allerdings nur kurz Rede und Antwort. Delaney hat Wichtiges vor: **»Ich muss jetzt erst einmal schauen, ob mein Wikipedia-Eintrag auf dem neuesten Stand ist.«**

Die besten – Torjäger der Saison

Pierre-Emerick Aubameyang (Borussia Dortmund)	31
Robert Lewandowski (FC Bayern München)	30
Anthony Modeste (1. FC Köln)	25

Schon früh in der Saison wird Kölns Trainer Peter Stöger gefragt, was denn passieren würde, wenn sich der 1. FC Köln für die Europa League qualifizieren sollte. In der ihm eigenen Art antwortet der Österreicher nüchtern: »Dann würden wir daran teilnehmen.« Dies tun sie nun auch – nach 25 Jahren zum ersten Mal. Beim Saisonfinale gegen Mainz steht ein ganzer Klub kopf und trällert fröhlich den Klassiker: »Eines Tages, eines Tages, eines Tages wird's geschehen. Und dann fahren wir nach Mailand, um den FC Köln zu sehen.«

REPORT

China: Der Boom am „Reisbrett“

Auch die zwischenzeitlichen China-Gerüchte um Anthony Modeste können den 1. FC Köln auf dem Weg nach Europa nicht stoppen!

Wieder einmal gibt es die **größte Spannung im Abstiegskampf**. Am vorletzten Spieltag rettet sich Mainz 05 nach einem Kraftakt (4:2 nach 0:2 gegen Eintracht Frankfurt) vor dem Absturz in die zweite Liga. Als ein Journalist im Anschluss der Partie 05-Sportdirektor Rouven Schröder nach seinen Plänen für die kommende Saison fragt, entgegnet dieser im Überschwang der Gefühle: »Heute will ich einfach nur planen, was ich trinke.«

So lustig geht es bei Darmstadt 98 und dem FC Ingolstadt an diesem Tag nicht zu. Nach ihrem gemeinsamen Aufstieg vor zwei Jahren müssen beide Vereine die Liga auch zusammen verlassen. Dass es am 34. Spieltag zu einem echten **Endspiel um die Plätze 15 und 16** kommt, liegt an einem späten Ausgleichstreffer des HSV auf Schalke in der 33. Runde. 386 Tage nach seinem letzten Tor schießt Pierre-Michel Lasogga in der zweiten Minute der Nachspielzeit die Hamburger zu einem 1:1 beim S04. Und so ist die Ausgangslage vor dem 34. Spieltag klar: Gewinnt der HSV sein Spiel gegen den VfL Wolfsburg im Volksparkstadion (seit Januar 2015, zuvor hatte man das Stadion regelmäßig umbenannt) und verliert Augsburg nicht bei der TSG in Sinsheim – müssen die Wölfe in die Relegation. Als Luca Waldschmidt in der 88. Minute mit dem Kopf das 2:1 erzielt, kennen die Hamburger kein Halten mehr. Über 40.000 Fans skandieren minutenlang: »Niemals zweite Liga, niemals, niemals«!

Die Wolfsburger retten sich in der Relegation gegen den Nachbarn aus Braunschweig. Doch das größte Lob geht nach Hamburg: 55 Jahre Fußball-Bundesliga. Das ist schon eine echte Nummer, lieber Dino. Und die Uhr läuft immer weiter!

In nur einem Jahr vom Fast-Nobody zum Superstar. Nach dieser Saison wird RB-Trainer Ralph Hasenhüttl niemand mehr, wie hier bei Günther Jauch, mit Sepp Hundehuus verwechseln.

»Ich glaube, dass Wrestling gut zu Tim Wiese passt. Er muss sich relativ wenig bewegen und fliegt durch die Luft.« Werder-Manager Frank Baumann über Tim »The machine« Wiese.

Der Spruch der Saison kommt vom Leverkusener **Julian Baumgartlinger**. Der Bayer-Profi aus Österreich sagt im Dezember zum »Standard«: »Sportliche Wünsche habe ich keine. Ich könnte mir Weltfrieden wünschen, aber das klingt ein bisserl zu sehr nach **Miss Oberösterreich**.«

★ ★ ★

Als die Lilien langsam, aber sicher Richtung zweite Liga rutschen, fällt einem eifrigen Internetuser ein in der Tat kurioser Fakt auf: Der ehemalige Präsident der USA, **Barack Obama, folgt bei Twitter** nur einem einzigen Bundesligaverein: **dem SV Darmstadt 98!**

★ ★ ★

Enthüllungen (»Football Leaks«) aus dem Innersten des Fußballs werden veröffentlicht und sorgen für Aufregung. Manch pikantes Detail lädt jedoch eher zum Schmunzeln ein: Bayer-Stürmer Chicharito hat sich für den Gewinn der **Meisterschaft mit »Vizekusen«** eine 100.000-Euro-Prämie in seinen Vertrag schreiben lassen. Dass Vatersein sich auch finanziell rentieren kann, zeigt die Familie Brandt. Denn der Vater von Julian kassiert richtig viel Geld – nicht nur im Falle einer Meisterschaft: 250.000 Euro bekommt der Erzeuger des großen Talents für jede Saison, die sein Sohn bei Leverkusen spielt.

★ ★ ★

Es ist nicht die Saison der Schalker. Ex-Mainz-Manager Christian Heidel und Ex-Augsburg-Coach Markus Weinzierl haben sich viel vorgenommen – doch die Fans sind skeptisch. Zu viele Trainer sind in den letzten Jahren verschlissen worden. Schon vor dem Beginn der Spielzeit fragt deshalb ein Anhänger in einem Forum: »Weinzierl soll zwischen drei und fünf Mio. Euro Ablöse kosten. Macht es da nicht Sinn, wir leihen ihn für ein Jahr aus???« Nach fünf Niederlagen zum Start wird der Scherz fast schon zum bitteren Ernst. Doch Schalke fängt sich etwas und hat in der Rückrunde nach dem Heimspiel gegen den BVB plötzlich ganz andere Sorgen. **Das S04-Maskottchen Erwin hatte Schiedsrichter Felix Zwayer die heruntergefallene Rote Karte gezeigt.** Kurzfristig denkt der DFB über eine Bestrafung der Aktion nach. Heidel kann darüber nur lachen: »Wenn das bestraft wird, gehen wir in die mündliche Verhandlung – Erwin wird dann vorgeladen, kommt in Uniform nach Frankfurt und erscheint im Kostüm vor Gericht. Wir sollten alle schön nach Hause fahren und Erwin in Ruhe lassen.«

★ ★ ★

Eine Spielzeit zum Verstecken! Und dann auch noch das: Beim letzten Spiel in Ingolstadt halten S04-Fans dem Team ein sehr spezielles Plakat entgegen: »Wir danken der Mannschaft, dass sie uns auch in dieser Saison so zahlreich hinterher gereist ist.«

Nachdem mehrmals Plakate und Spruchbänder in den Stadien vom DFB beanstandet wurden und es nach diffamierenden Bannern gegen RB Leipzig sogar zu einer Sperre der Südtribüne in Dortmund kommt, initiieren Fans auf Twitter die humorvolle Aktion **#faireGesänge**. Bekannte Schlachtrufe werden dabei familienfreundlich umgedichtet. Hier eine kleine Auswahl: »Erbnachfolge-Eintritt und stark abgeneigte Emotionen dem S04« / **»Ihr steht auf Kuscheln und auf Schmusen, ihr seid die Fans von Bayer Leverkusen«** / »Schiri, wir wussten, wo dein Auto stand – ist aufgetankt, ist aufgetankt« / »Wir sind aus Frankfurt, wir sind aus Hessen. Du hast Hunger? Komm zum Essen« / »Ihr seid Schalker, gesellschaftsfähige Schalker. Ihr schlaft in eurer Wohnung oder im Drei-Sterne-Hotel« / »Wer nicht hüpft, der wird wahrscheinlich gute Gründe dafür haben, die es zu respektieren gilt« / »Wolfsburg, wir hören nichts. Kann aber auch an uns oder den Windverhältnissen liegen«.

★ ★ ★

Die Reporter-Legende Fritz von Thurn und Taxis verabschiedet sich gewohnt pointiert mit einem Spruch über den Bundesligadino in den Ruhestand: **»Das ist eine Spezialität des HSV – einfach mal hoch nach vorne.«** Auch in dieser Saison müssen die Hamburger reichlich Spott über sich ergehen lassen. In einem Bericht der Polizei Emsland geht es inhaltlich um eine Autofahrt unter Drogeneinfluss, die mit zwei Punkten in Flensburg bestraft wurde. Der Internetbeauftragte der Polizei macht daraus jedoch in einem Tweet: **»19-Jähriger jetzt punktgleich mit dem #HSV.«** Die Netzgemeinde jubelt, während sich in Farmsen ein Familienvater denkt: Jetzt erst recht! Und als dann im September seine Tochter geboren wird, nennt er sie mit Zweitnamen »Raute«. Mehr Fanliebe geht wohl nicht. Übrigens: Wäre es ein Junge geworden, hätte er nach den großen HSV-Idolen Hrubesch und Seeler Horst oder Uwe geheißen.

★ ★ ★

Einer der ganz Großen beendet nach 385 Bundesligaspielen seine Karriere. Mehmet Scholl lobt **Philipp Lahm** live im Fernsehen: »Weil du gerade dastehst … jetzt hörst du es mal von mir persönlich: 75 Prozent aller Spiele, die du gespielt hast, hast du überragend gespielt. **Und die anderen 25 Weltklasse.«** Lahms Entdecker und Förderer Hermann Gerland erinnert sich an die Anfänge des Münchners: »Ich habe zu Felix Magath gesagt: ›Ich habe einen Spieler für dich. Der sieht aus wie 15 und spielt wie 30. Der kann jede Position außer Torwart spielen, weil er ein super Fußballer ist.‹ Und dann hat er Philipp Lahm genommen, ohne ihn gesehen zu haben. Ich bin nach Hause gekommen und habe meiner Frau jeden Tag von Philipp Lahm erzählt. Ich habe zu ihr gesagt: ›Wenn Philipp Lahm kein super Spieler wird, gebe ich meinen Fußballlehrer zurück und werde Volleyball- oder Wasserballtrainer.‹ Philipp Lahm Fußball spielen zu sehen, ist, wie jeden Tag eine leckere Bratwurst zu essen!«

Förderer und Entdecker Hermann Gerland verpasst seinem einstigen Zögling eine ordentliche Bierdusche.

Zitate der Saison

Frage an **Julian Nagelsmann**, Trainer der TSG Hoffenheim: »Haben Sie Ihr Verhalten als Bundesligatrainer in der Öffentlichkeit geändert?« Nagelsmann: »In der Sinsheimer Badewelt gehe ich nicht mehr so gerne in den Nacktbereich.«

»Sie haben noch eine Möglichkeit vergessen: 21 Monate in Landsberg.« **Uli Hoeneß** auf der Mitgliederversammlung zu einem fülligen Mitglied, das Möglichkeiten nannte, wie es in die gängigen Fanklamotten passen könnte

»Ich habe bei der Wohnungssuche schon eine Absage bekommen, weil der Vermieter einen langfristigen Mieter wollte.« **Markus Weinzierl** bei der Vorstellung als neuer Trainer von Schalke 04

»Ich habe noch nie in Dortmund verloren, ich habe dort aber auch noch nie gespielt.« Mönchengladbachs Trainer **André Schubert** vor der 1:4-Niederlage in Dortmund

»Jeder läuft strahlend wie ein Reaktor durch die Gegend.« Frankfurts Trainer **Niko Kovac** über die Stimmung im Team

»Meine Buslinie zum Training in Basel war die 36.« Schalke-Neuzugang **Breel Embolo** über die Bedeutung seiner Trikotnummer

»Das Gras wächst nicht schneller, wenn man daran zieht.« BVB-Trainer **Thomas Tuchel** über den Mangel an Erfahrung bei seinen jungen Spielern

»Ich bin bei meinen Eltern und Großeltern groß geworden – na ja, groß geworden nicht so. Aber bei ihnen aufgewachsen.« **Philipp Lahm** in Anspielung auf seine Körpergröße von 1,70 m

»Es macht mich sehr glücklich, zu sehen, dass Uli zurückkehrt, allein schon, weil ich weiß, dass er zu Hause bloß die Möbel auffressen würde.« Ex-Trainer **Pep Guardiola** über Uli Hoeneß

»Sie glauben doch nicht, dass ich, wenn ich neun Punkte hole, in Darmstadt bleibe?! Dann unterschreibe ich in Las Vegas als Magier.« Darmstadts Interimscoach **Ramon Berndroth**

»Ich miete mir ein Häuschen mit Terrasse, installiere als Allererstes den Computer und richte mir einen Arbeitsplatz ein. Die Familie schwimmt im Meer, und ich sitze dann mit Laptop und Telefon auf der Terrasse in der Sonne. Sie glauben ja gar nicht, wie viele Transfers ich schon in Badehose abgewickelt habe. Mein Gegenüber bekommt das ja nicht mit.« Schalkes Manager **Christian Heidel**

Mittlerweile fährt der Ex-Autohändler und heutige Schalke-Manager Christian Heidel mit deutlich komfortableren »Untersätzen« in den Sommerurlaub.

Bundesliga-Alben...

ISBN 978-3-7307-0282-6

Je 160 Seiten, Paperback
9,99 €

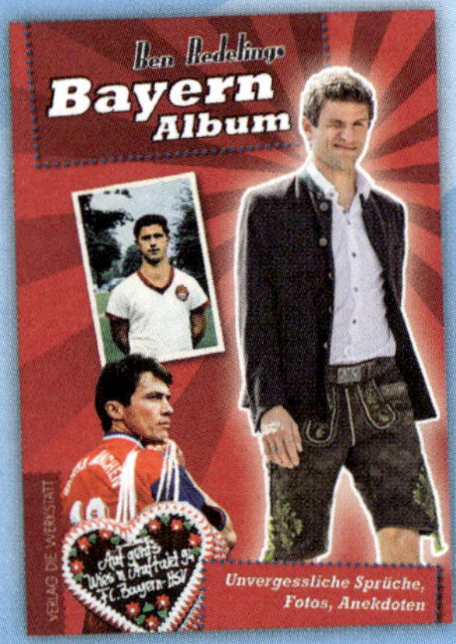

ISBN 978-3-7307-0110-2

ISBN 978-3-7307-0111-9

ISBN 978-3-7307-0108-9

»Ben Redelings ist der Chronist des Fußball-Wahnsinns, der ›Baby Schimmerlos‹ der bunten Kickerwelt. Er kennt sie alle, die Geschichten der Genies und der Malocher, der Durchgeknallten und der Gernegroßen. Das ist alles so passiert. Vielleicht haben sie nur vergessen, ihm Schweigegeld zu zahlen.«

WDR-Moderator Manni Breuckmann über Ben Redelings

www.werkstatt-verlag.de | facebook.com/verlagdiewerkstatt